MW01705618

Chronique de l'année 1989

Chronique de l'année 1989

a été conçu et réalisé sous la direction de Jacques Legrand

Rédacteurs en chef	Jean des Cars, Carole Thierry
Comité de rédaction	Anik Blaise, Laurence Caracalla, Frédérique Hatt, Jean-Philippe Réthacker, Jean-Pierre Wauters
Conseiller éditorial	Robert Maillard
Correction révision	Denis Coursin, Josiane Saintis
Informatique	*Direction :* Catherine Balouet *Conseiller :* Dominique Klutz *Assistantes :* Martine Colliot, Véronique Gronnier, Claudia Wetzel
Direction artistique	Henri Marganne
	Iconographie : Christian Danger, Martine Detier (Sipa Press) *Cartes et tableaux :* Christian Baude *Composition :* Berger-Levrault *Photogravure :* Christian Bocquez *Fabrication :* Alan Turpin

© 1989 Jacques Legrand S.A. - Éditions Chronique S.A., Paris
pour l'édition en langue française

© Harenberg Kommunikation, Dortmund pour le système Chronique

I.S.B.N. 2-905969-28-8
Dépôt légal : janvier 1990

Imprimé et relié en Belgique
par Brepols, Turnhout

Chronique de l'année 1989

Editions
Chronique

Janvier

1989

Lu	Ma	Me	Je	Ve	Sa	Di
						1
2	3	4	5	6	7	8
9	10	11	12	13	14	15
16	17	18	19	20	21	22
23	24	25	26	27	28	29
30	31					

1er. France : l'année du bicentenaire de la Révolution s'ouvre sur un lâcher de montgolfières dans 98 villes du pays.

1er. RFA : le *New York Times* accuse une entreprise allemande de construire une usine d'armes chimiques à Rabta en Libye (→ 8).

1er. Grande-Bretagne : Margaret Thatcher écarte toute idée de représailles après l'attentat contre le Boeing 747 de la Pan Am qui s'est écrasé le 21 décembre 1988 sur le village écossais de Lockerbie.

1er. Cuba : à La Havane, le régime castriste fête son trentième anniversaire. →

3. Australie : Adam Maguire, un jeune surfeur qui évoluait au large des côtes nord de la Nouvelle-Galles du Sud, est attaqué par un requin et sauvé par des dauphins.

5. France : le bureau de l'OLP à Paris devient « délégation générale de Palestine », sans statut diplomatique (→ 26.3).

6. Cambodge : Hanoi propose le retrait de ses dernières troupes pour septembre.

7. Paris : François Mitterrand préside l'ouverture de la conférence internationale sur l'interdiction des armes chimiques (→ 8).

8. Paris : le ministre soviétique des Affaires étrangères Edouard Chevarnadze annonce que l'URSS va détruire, unilatéralement, son stock d'armes chimiques (→ 11).

8. France-Algérie : Paris accorde à Alger un crédit de sept milliards de francs (→ 12).

8. Angola : le Congrès national africain retire ses troupes, afin de faciliter le processus d'indépendance de la Namibie (→ 10.4).

8. Terre Adélie : quinze militants de Greenpeace venus s'opposer à la construction d'une piste d'atterrissage sur la base française de Dumont-d'Urville sont évacués de force.

DECES

7. Hirohito, empereur du Japon (*29.4.1901). →

Hirohito aura été le dernier Fils du Ciel

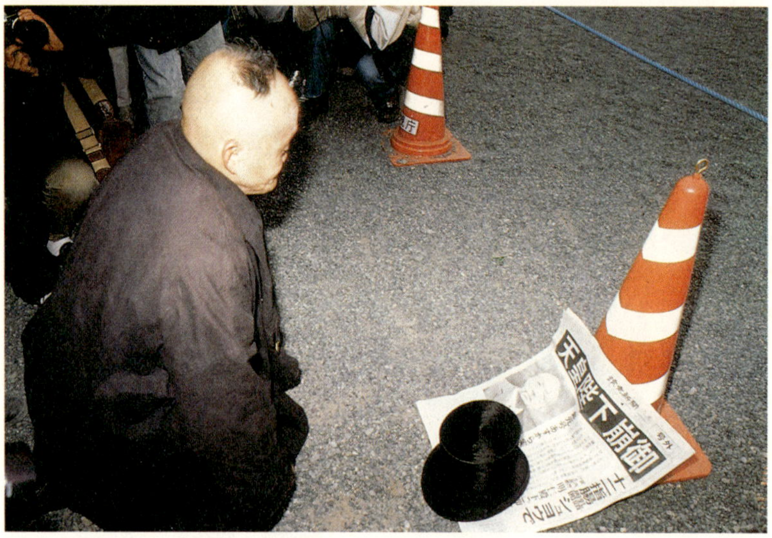

Un Japonais agenouillé devant le portrait de son souverain défunt.

7 janvier. Hirohito, 124e empereur du Japon, est décédé à l'âge de quatre-vingt-sept ans dans son palais de Tokyo, après une agonie de trois mois. L'ère dynastique de la Brillante Harmonie qu'il avait inaugurée en montant sur le trône a duré soixante-deux ans, et son règne a été marqué par le renoncement au culte impérial, une tradition vieille de quinze siècles. En décembre 1945, au lendemain d'une défaite qui avait humilié un Japon militaire et conquérant, Hirohito, contesté, avait été contraint d'abolir l'article 3 de la Constitution qui stipulait que « l'empereur est d'essence céleste, divine et sacrée ». Ainsi, chacun de ses sujets pouvait désormais lever les yeux sur lui et le regarder en face, une audace qui jusqu'alors était jugée comme un crime et valait au coupable d'être décapité d'un coup de sabre. Devenu simple mortel, Hirohito vivait retranché du monde et n'avait quitté sa résidence qu'en 1971 pour une visite dans plusieurs Etats européens. Son fils Akihito, cinquante-six ans, lui succède (→ 23.2).

Tintin, un jeune homme de soixante ans

6 janvier. Tintin a toujours bon pied bon œil. Le plus célèbre reporter de la BD fête, avec quelques jours d'avance, son soixantième anniversaire. C'est le 10 janvier 1929 que sa première aventure fut publiée dans *le Petit Vingtième*, un supplément de huit pages pour les jeunes qui paraissait une fois par semaine dans le journal belge *Vingtième Siècle*. Georges Rémi, alias Hergé, en était le rédacteur en chef. Il avait vingt et un ans à peine et s'occupait de tout, qu'il s'agisse des dessins, des scénarios ou des contes illustrés. Hergé croyait peu au succès de son personnage. Mais le récit de *Tintin chez les Soviets* fut un triomphe immédiat, l'obligeant à inventer chaque semaine de nouvelles péripéties jusqu'à faire du petit bonhomme à la houppe un héros universel présent dans vingt-deux albums traduits en trente langues. Aujourd'hui, l'ancien *Journal de Tintin* change de formule et prend le titre de *Tintin reporter*. Pour vivre d'excitantes aventures jusqu'à 77 ans au moins...

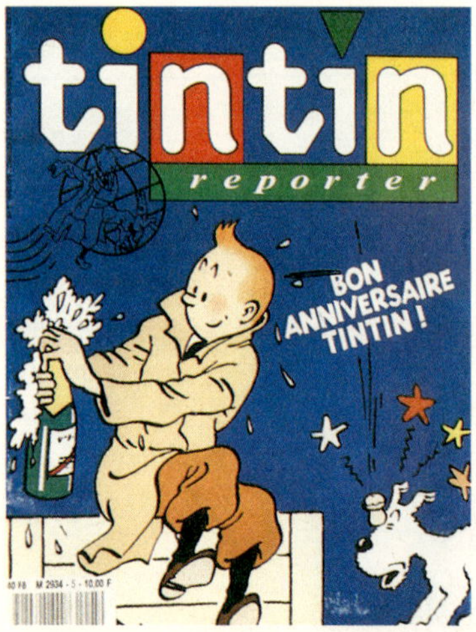

« Tintin reporter » est en kiosque.

Fidel Castro dit non à la perestroïka

1er janvier. « Ce sera le marxisme-léninisme ou la mort. » C'est par ces termes sans nuance que Fidel Castro a terminé, à l'occasion du trentième anniversaire de sa prise de pouvoir, un violent réquisitoire contre « les déviations capitalistes de la perestroïka ». Si Mikhaïl Gorbatchev semble découvrir les vertus de l'économie de marché, le leader cubain fait mine d'oublier que son pays ne peut survivre que grâce à l'aide soviétique : quarante milliards de dollars depuis 1961, dont cinq milliards en 1988. L'URSS continue de faire à Cuba un appréciable cadeau en lui achetant du sucre à un prix plus élevé que le prix mondial et en lui vendant du pétrole à des conditions inférieures au cours international (→ 29.1).

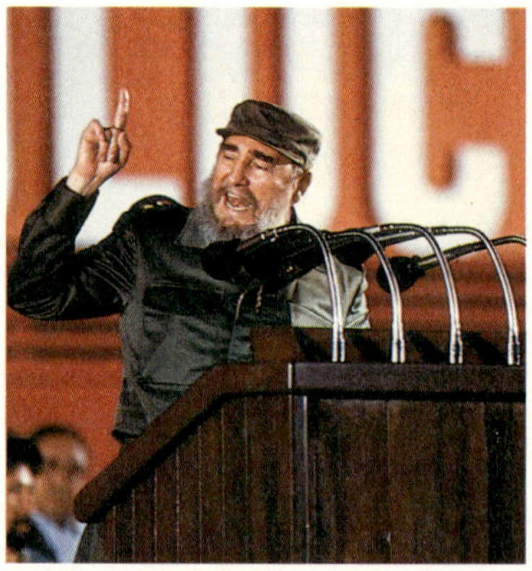

Fidel Castro s'exprime à la tribune.

Réveillon funeste dans la baie de Rio

1er janvier. Le bateau-mouche IV, où s'entassaient près de cent cinquante passagers dont de nombreux touristes venus passer sur l'eau la nuit de la Saint-Sylvestre, a brusquement sombré par vingt-sept mètres de fond face à la plage de Copacabana. C'était à peine quelques minutes avant minuit et le traditionnel feu d'artifice. La catastrophe, due selon toute vraisemblance à une trop grande surcharge et à un nombre nettement insuffisant de gilets de sauvetage, a fait, selon le premier bilan, cinquante morts et une centaine de disparus. La responsabilité des propriétaires du bateau est d'ores et déjà établie et ils sont recherchés par la police.

Deux F-14 de l'US Navy abattent deux Mig-23 libyens

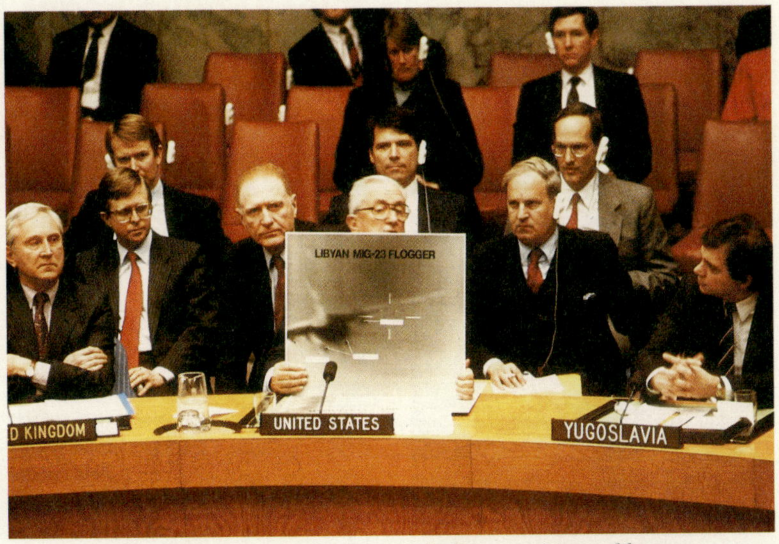

Le Conseil de sécurité de l'ONU examine l'affaire américano-libyenne.

4 janvier. Il était onze heures lorsque deux chasseurs F-14 Tomcat américains qui avaient décollé du porte-avions John F. Kennedy pour une patrouille « de routine » ont tiré quatre missiles air-air sur deux Mig-23 libyens de fabrication soviétique. L'incident a eu lieu à l'est du golfe de Syrte, au nord-ouest de la base aérienne d'Al Bumbeh, près de Tobrouk. Selon le Pentagone, les avions abattus étaient en position d'attaque. Pour la Maison Blanche, il n'existe « aucun lien, quel qu'il soit » entre cet événement et l'usine en cours de construction de Rabta à soixante kilomètres de Tripoli, destinée, selon les Américains, à la fabrication d'armes chimiques (→ 8.1).

27 millions d'autos

1er janvier. Le parc automobile français n'a jamais été aussi riche. Selon la chambre syndicale des constructeurs, le pays compte à ce jour 27 090 000 véhicules en état de marche, dont 22 520 000 voitures particulières. Plus révélateur encore, le nombre d'automobiles privées a grossi d'un million en moins de deux ans. Les spécialistes de cette industrie soulignent que c'est l'amélioration des services après-vente qui a surtout contribué à cet accroissement spectaculaire des immatriculations.

TV : les progrès du réseau par câble

5 janvier. L'installation du réseau TV Câble se poursuit dans les grandes villes de l'Hexagone et notamment à Paris. Les PTT sont chargés d'aménager le dispositif qui permet la distribution des programmes sans utiliser d'antenne. Le centre de réception des émissions étrangères convertit ces programmes au système français Secam. Au total, on peut recevoir dans la capitale dix-sept chaînes françaises et étrangères. Outre le choix, la qualité du son et de l'image est nettement améliorée. La télévision de demain est là.

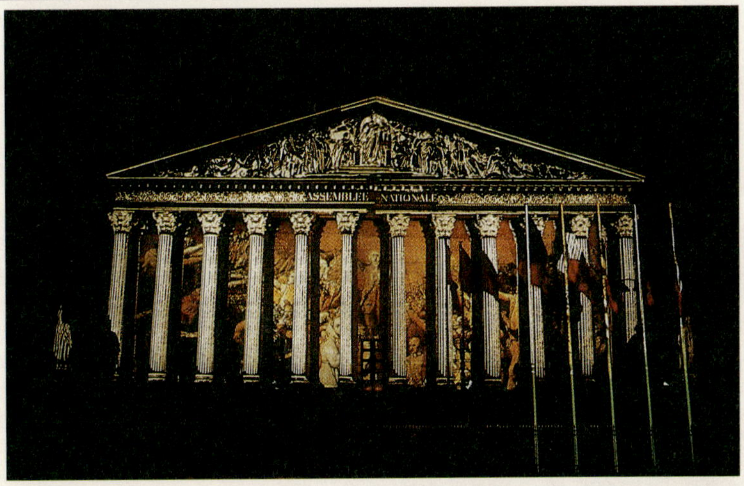

L'illumination de l'Assemblée nationale constitue l'un des premiers événements officiels qui, tout au long de l'année, célébreront, à Paris comme en province, le bicentenaire de la Révolution française.

La mystérieuse usine de Kadhafi

8 janvier. Les deux cent cinquante journalistes internationaux qui attendaient depuis quatre jours à Tripoli ont finalement pu se rendre à l'usine de Rabta, en Libye, pour une visite vraiment très guidée. Embarqués dans des cars aux vitres teintées, ils sont restés ensuite sous une tente située à un kilomètre du site de Pharma 50 pour entendre un long discours et apprendre que le complexe pharmaceutique avait été « construit par des bras et des cerveaux libyens ». Mais il faisait nuit noire quand ils ont franchi le portail de l'usine, et la visite des cinq bâtiments non éclairés leur a été refusée sous prétexte de sécurité. Après quoi, ils ont été reconduits à l'hôtel et priés fermement de faire leurs bagages (→ 11.1).

Alerte aux fausses cartes de crédit

6 janvier. Malgré une très relative diminution, la fraude sur les cartes bancaires est loin d'être enrayée en France. En 1987, elle avait augmenté de 50 % ; et si elle a baissé de 9 % en 1988, elle porte néanmoins sur 320 millions de francs. Une perte énorme pour les commerçants qui en sont victimes. Les services de police et de gendarmerie ont démantelé cinq ateliers de fabrication ou de falsification et mis au jour des complicités au sein des circuits commerciaux : mille magasins ont été radiés et cinq mille ont vu le montant de leur garantie diminuer.

Un Boeing 737 anglais s'écrase sur l'autoroute : 44 morts

8 janvier. Un Boeing 737 de la compagnie British Midland Airways qui assurait la ligne Londres-Belfast s'est écrasé à 21 h 15 heure française près de Leicester. Le réacteur gauche en flammes, l'avion a heurté un talus en bordure de l'autoroute M1 à quelques centaines de mètres de la piste d'atterrissage. Quarante-quatre passagers ont péri sur les cent vingt-six inscrits sur ce vol. Le décryptage des deux boîtes noires devrait confirmer l'hypothèse des enquêteurs selon laquelle le pilote, Kervin Hunt, aurait coupé le réacteur resté intact à la suite de la défaillance de l'un des voyants de contrôle du tableau de bord.

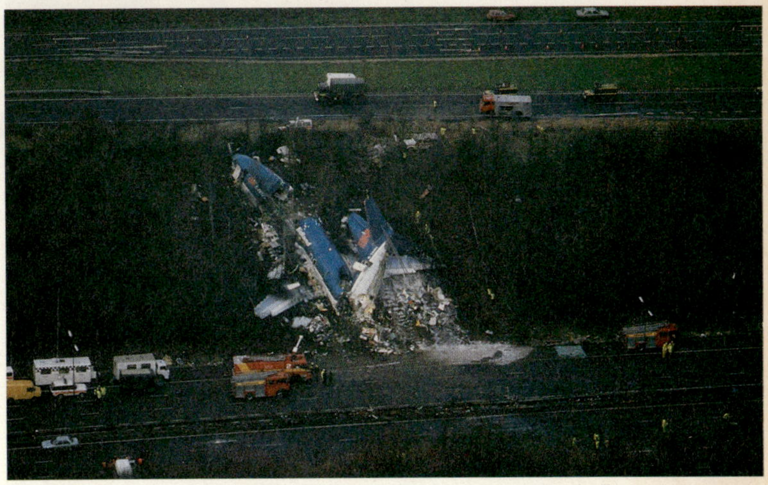

Les restes de l'avion britannique après son crash très près de l'autoroute.

Janvier

1989

Lu	Ma	Me	Je	Ve	Sa	Di
						1
2	3	4	5	6	7	8
9	10	11	12	13	14	15
16	17	18	19	20	21	22
23	24	25	26	27	28	29
30	31					

9. Etats-Unis : la poupée Barbie a trente ans.

9. URSS : quatre Canadiens qui, au printemps 1988, avaient traversé le pôle Nord à skis pour aller du Canada en URSS sont décorés à Moscou.

9. Liban : les affrontements entre milices chiites ont fait une cinquantaine de morts en huit jours dans le sud du pays.

10. Etats-Unis : le président Ronald Reagan fait ses adieux au peuple américain (→20).

10. Yougoslavie : à la suite de la manifestation de plusieurs milliers de personnes hier à Titograd, les dirigeants communistes du Montenegro présentent leur démission (→19).

11. France : le gouvernement autorise le redémarrage du surgénérateur Superphénix de Creys-Malville (Isère), en arrêt de fonctionnement depuis vingt mois.

12. France-Algérie : signature d'un accord sur la fourniture du gaz algérien, après deux ans de contentieux.

12. France-Madagascar : Paris annule un tiers de la dette malgache.

13. RFA : ouverture d'une information judiciaire contre la Imhausen Chemie, la firme suspectée d'avoir participé à la construction de l'usine chimique de Rabta, en Libye.

14. Belgique-Zaïre : suspension de l'aide belge au développement du Zaïre, Kinshasa ayant dénoncé les traités le liant à la Belgique.

14. France : réclusion à perpétuité pour les quatre membres d'Action directe reconnus coupables de l'assassinat du P-DG de la Régie Renault Georges Besse, le 17 novembre 1986.

15. Brésil : face à l'inflation qui atteint 1 000 %, le président Sarney met en route un plan d'austérité.

15. Territoires occupés : en cinq jours, cinq Palestiniens ont été tués et trente autres blessés par des balles en plastique tirées par l'armée israélienne.

Le monde condamne l'arme chimique

11 janvier. Les cent quarante-neuf Etats présents à la conférence de Paris se sont engagés à ne pas utiliser d'armes chimiques et ont demandé l'établissement d'une convention sur l'interdiction de la mise au point, de la fabrication, du stockage et de l'emploi de ce type d'armes ainsi que sur leur destruction. Le texte final précise que cet accord sera universel, général et d'application effectivement vérifiable. Ce sommet réunissait les représentants des nations des deux blocs Est et Ouest mais aussi une majorité de pays du tiers monde. Les négociations ont buté sur le lien entre désarmement chimique et désarmement nucléaire, un débat auquel tenaient les pays arabes. Leur double objectif était de protéger l'Irak qui avait utilisé des gaz toxiques contre l'Iran et de mettre en cause l'armement nucléaire qu'Israël est seul à détenir au Proche-Orient. Un compromis a été trouvé en ajoutant au document officiel un article sur la nécessité d'un « désarmement général et complet ».

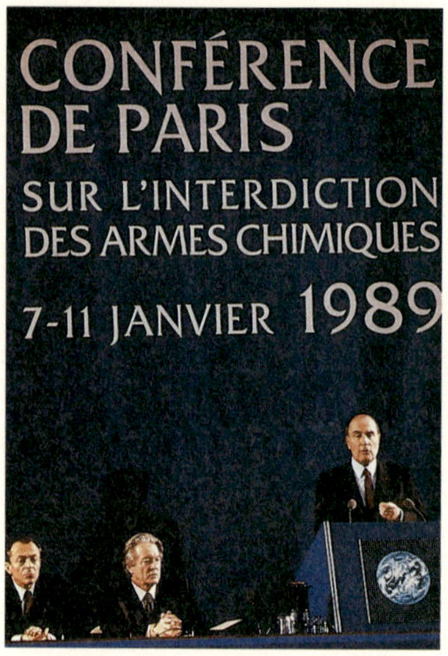

Mitterrand inaugure la conférence.

Essai tragique du téléphérique géant

13 janvier. C'est la consternation dans le village de Vaujany : la cabine du téléphérique géant qui devait être mis en service à la fin du mois dans cette commune de l'Isère s'est brusquement décrochée pour s'écraser deux cents mètres plus bas et tuer les huit techniciens qui procédaient aux essais de fonctionnement. L'enquête est ouverte. Pour l'heure, ce drame met fin aux espoirs de la petite station de sports d'hiver : son téléphérique avait coûté la somme énorme de 150 millions de francs et devait la relier à l'Alpe d'Huez en transportant, autre record, 165 personnes sur une distance de 4 300 mètres.

Un livre "sacrilège" voué aux flammes

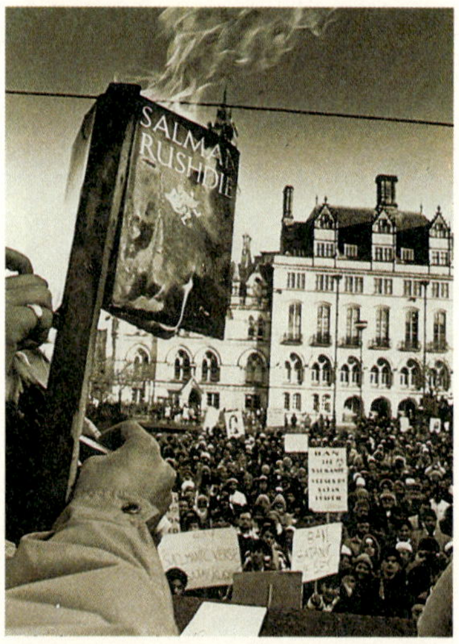

Autodafé du livre de Rushdie.

14 janvier. Les habitants de Bradford ont pu se croire revenus au temps de l'Inquisition, quand on jetait les livres au feu sur la place publique. Quelque 1 500 musulmans se sont rassemblés devant la mairie de cette ville industrielle du nord de l'Angleterre et ont solennellement brûlé des piles d'exemplaires des *Versets sataniques*, le dernier ouvrage de l'écrivain Salman Rushdie. Nombre de partisans de l'islam, et pas seulement en Angleterre, ont crié au blasphème. Le récit constitue à leurs yeux une insulte à Mahomet et ils n'ont pas apprécié que les douze femmes du Prophète soient représentées par des prostituées.

Voici la brigade franco-allemande

12 janvier. La brigade militaire franco-allemande est opérationnelle. Elle compte 4 200 hommes cantonnés à Boeblingen, une bourgade au sud de l'Allemagne fédérale. Son commandement a été confié au général français Sengeisen et au colonel allemand Wassenberg. A la caserne Wildermuth, soixante officiers et sous-officiers encadrent les appelés des deux pays. Premier problème de cette unité pas comme les autres : celui de la mixité, qu'il s'agisse du choix de la langue, de la discipline, de la couleur du béret... ou de la longueur des cheveux.

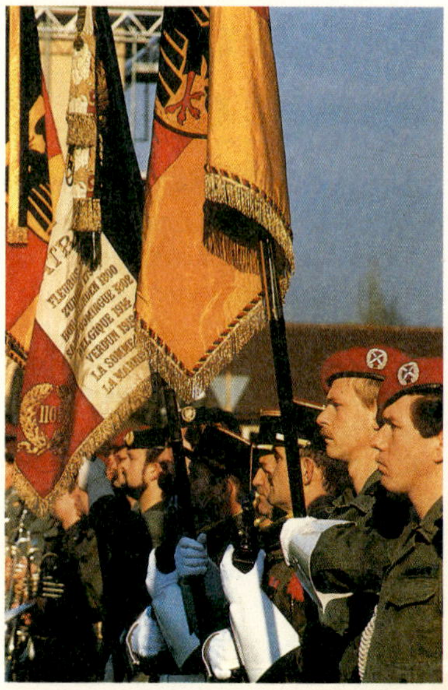

Drapeaux symboles des deux pays.

On a enlevé Paul Vanden Boeynants

14 janvier. L'ancien Premier ministre belge, Paul Vanden Boeynants, a été enlevé par des inconnus au moment où il rentrait chez lui, à Bruxelles, vers 18 h 30. Dans son garage, à côté de sa Mercedes, on a retrouvé sa pipe, son appareil acoustique et l'une de ses chaussures. Agé de 69 ans, « VDB », comme on le surnomme, est, pour ses amis, l'homme politique belge « le plus célèbre de l'après-guerre » et il a obtenu, à la tête d'une liste sociale-chrétienne, 27,78 % des voix aux dernières élections communales. Ses ennemis lui reprochent d'être « le pire magouilleur du royaume » ; le 25 juin 1986, il avait été condamné à trois ans de prison avec sursis et à deux millions de FB d'amende, pour fraude fiscale. Le 12 octobre dernier, il avait été contraint de renoncer à la mairie de Bruxelles (→17.1).

Les Français redécouvrent Gauguin

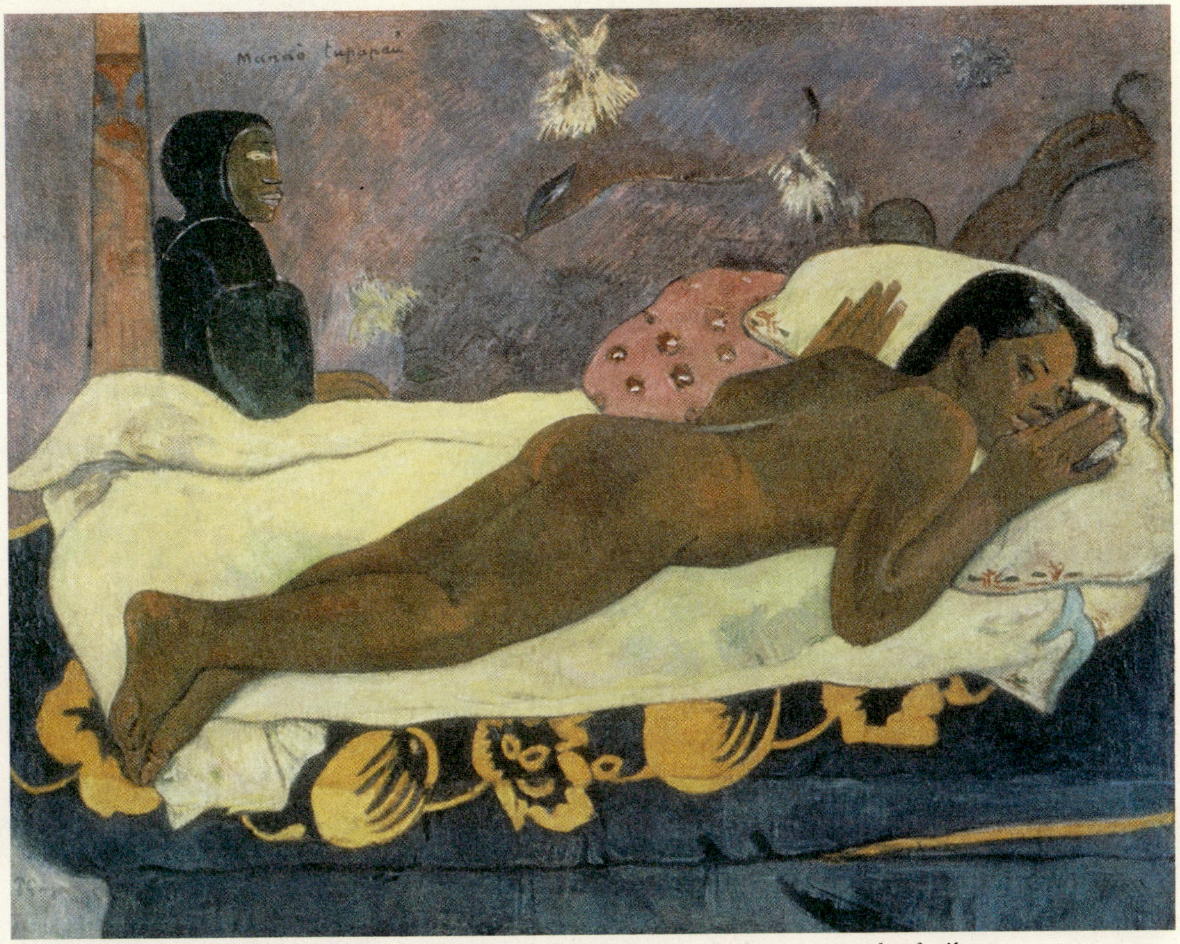

« L'esprit des morts veille » : une toile, disait Gauguin, « sonnant dans l'œil comme un glas funèbre ».

14 janvier. La rétrospective Gauguin qui s'est ouverte aujourd'hui au Grand Palais à Paris est née de la collaboration de trois grandes institutions : la National Gallery de Washington, l'Art Institute de Chicago et le Musée d'Orsay, sans laquelle il eût été impossible de rassembler les quelque 200 œuvres qui, d'emblée, font de cette exposition un des événements majeurs de l'année artistique. Chaque époque de la carrière mouvementée de l'artiste y est, en effet, représentée par des tableaux clés où s'affirme avec force la totale nouveauté de son entreprise. Le sentiment de modernité qui s'en dégage est si fort qu'on en vient à oublier que la majorité de ces toiles ont été peintes voici un siècle déjà. Les qualités qui nous enchantent sont celles-là mêmes qui ont fait scandale du vivant de Gauguin : l'audace des couleurs, l'absence de modelé, le refus de la perspective. L'heure n'est plus à défendre le génie de Gauguin, mais à redécouvrir, par-delà l'exotisme de son imagerie, quel immense peintre il fut : là, seules comptent les œuvres, et l'exposition offre de quoi confondre les critiques les plus exigeants.

Rencontre israélo-palestinienne à Paris

13 janvier. Comment peut-on parvenir à nouer le dialogue sans parler ? Cette question cruciale était à l'ordre du jour lors du colloque qui a réuni dans la capitale française de nombreux députés israéliens et différentes personnalités palestiniennes. La difficulté d'un échange entre les deux parties est liée au fait qu'à ce jour la loi israélienne punit d'une peine de prison tout citoyen coupable d'avoir rencontré un représentant officiel de l'OLP, celle-ci restant qualifiée d'« organisation terroriste ». Orateurs palestiniens et israéliens se sont pourtant succédé à la tribune et se sont même applaudis. Seule une femme, député travailliste, s'est pliée à la loi de la Knesset et a refusé de prendre la parole. Cette rencontre, qui était organisée par l'Association pour une initiative européenne de paix au Proche-Orient, illustre le climat nouveau qui s'installe dans les rapports entre les deux ennemis jurés.

Triste Paris-Dakar

13 janvier. Le 11e Paris-Dakar s'est terminé sur une nouvelle victoire de Peugeot avec la première place de la 405 turbo d'Ari Vatanen et de Bruno Berglund. Mais, cette année, c'est une pièce de monnaie qui a désigné les vainqueurs... Ces derniers étaient au coude à coude avec l'autre 405 de Jacky Ickx et Christian Tarin, lorsque Jean Todt, le patron de l'écurie Peugeot, a décidé, cinq jours avant l'arrivée, de tirer à pile ou face le duo gagnant.

La polémique naît autour de six bébés

14 janvier. Les premiers sextuplés nés en France s'appellent Gaëlle, Dorian, Kévin, Mélanie, Coralie et Cédric. Ils pèsent entre 1,3 et 1,5 kilo et ont vu le jour à la maternité de Port-Royal, à Paris. Leur mère, Marie-Claude Adam, a vingt-neuf ans et vit à Saint-Pierre-lès-Elbeuf en Seine-Maritime. Elle suivait depuis huit ans un traitement contre la stérilité. Mais cette sextuple naissance suscite déjà des réactions dans le milieu médical. Des obstétriciens parlent même d'« échec thérapeutique », estimant préférable que la jeune femme ne mette au monde qu'un ou deux enfants.

Violente répression en Tchécoslovaquie

15 janvier. La police a brutalement dispersé un rassemblement de plusieurs milliers de Tchécoslovaques. Ceux-ci avaient bravé l'interdiction pour célébrer, dans le centre de Prague, le vingtième anniversaire du sacrifice de Jan Palach, l'étudiant qui s'était immolé par le feu pour protester contre l'intervention soviétique en Tchécoslovaquie. Les manifestants n'ont eu que le temps de chanter l'hymne national et de crier Liberté ! avant d'être chargés par les unités antiémeutes. Les policiers, accompagnés de chiens, ont fait usage de canons à eau et de gaz lacrymogènes, tandis que certains manifestants se laissaient traîner par les cheveux ou porter pour être emmenés. Quatre-vingt-onze personnes ont été arrêtées, et les blessés sont nombreux.

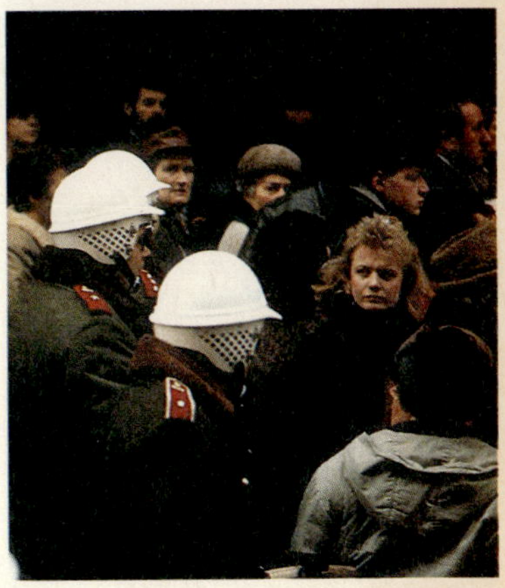

Policiers antiémeutes dans la foule.

Janvier

1989

Lu	Ma	Me	Je	Ve	Sa	Di
						1
2	3	4	5	6	7	8
9	10	11	12	13	14	15
16	17	18	19	20	21	22
23	24	25	26	27	28	29
30	31					

17. Belgique : l'enlèvement de VDB est revendiqué par une organisation inconnue, les BSR (Brigades socialistes révolutionnaires)(→24).

18. Canada : les brasseurs Molson et Carling-O'Keefe fusionnent leurs entreprises dans l'intention de percer le marché américain de la bière.

19. Est-Ouest : à Vienne, Moscou annonce le retrait d'Europe de l'Est de 12 % de ses moyens militaires.

19. Italie : la pollution atmosphérique à Milan atteint la cote d'alerte. En pleine nuit, le maire intervient sur les radios et télévisions locales pour demander à ses administrés de ne plus utiliser leurs voitures.

19. Pologne : le général Jaruzelski admet que la relégalisation de Solidarité est « négociable » (→24.3).

19. Yougoslavie : le Croate Ante Markovic, 60 ans, est chargé de former un nouveau gouvernement.

19. Canada (province d'Alberta) : native de Vancouver et âgée de 22 ans, Hearther Erxleben devient la première femme soldat à être incorporée dans l'armée canadienne (→20.2).

21. Pérou : éboulement d'une mine d'or à 300 km de Lima. 200 mineurs sont ensevelis.

21. Pologne : assassinat d'un prêtre proche de l'opposition, le père Stefan Wiedzielak.

21. Etats-Unis : George Bush démontre à la télévision ses talents de guitariste rock.

22. Argentine : panne générale de courant à cause de la sécheresse qui a considérablement réduit le niveau d'eau des fleuves et donc empêché le fonctionnement des centrales électriques.

22. URSS : le premier concours de beauté en Union soviétique, « Miss Charme 89 », est remporté par un mannequin turc, Hakarar Mettem.

DECES

16. Pierre Boileau, du tandem d'écrivains et scénaristes Boileau-Narcejac (*28.4.1906).

George Bush à la Maison Blanche

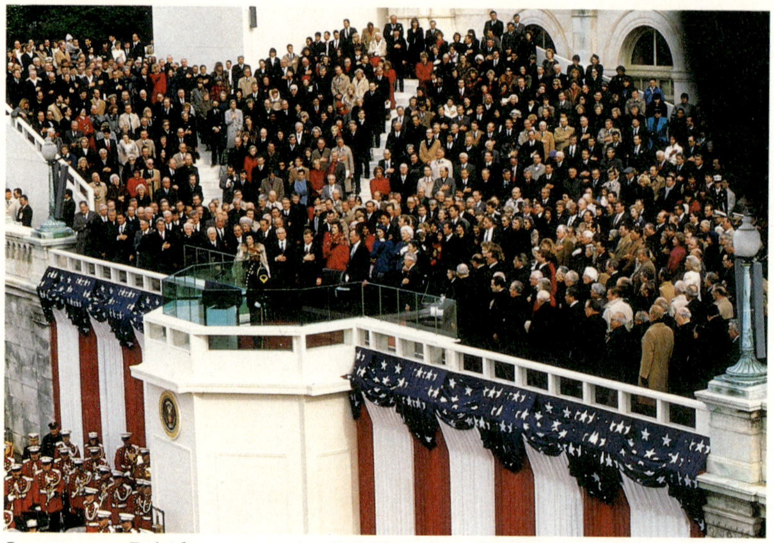

Le nouveau Président et son vice-Président dans leur prestation de serment.

20 janvier. Jour d'investiture à l'américaine avec drapeaux et fanfares, mais avec solennité aussi. La cérémonie aura coûté trente millions de dollars et s'est déroulée sous un ciel clair, en présence de cent quatre mille spectateurs massés devant l'estrade dressée au pied du Capitole. Entouré de sa famille, George Herbert Walker Bush devient, à 64 ans, le 41e président des Etats-Unis. Le successeur de Reagan a prêté serment sur la Bible, celle-là même qui avait servi à George Washington en 1789. Selon le rituel, le nouveau chef de la Maison Blanche a juré de « protéger et défendre la Constitution ». Il s'est aussi engagé a œuvrer pour une Amérique « plus aimable et plus bienveillante ». Elu en novembre dernier au côté de son vice-président Dan Quayle, Bush a, dans son discours, lancé un avertissement à peine voilé à ses compatriotes : « J'assume la présidence à un moment riche en promesses. Nous vivons une époque de paix et de prospérité. Mais nous pouvons faire mieux. » Le Président sait qu'il va devoir s'attaquer, entre autres, au plus grand déficit jamais enregistré dans l'histoire des Etats-Unis.

Différend franco-canadien sur la pêche

20 janvier. La négociation s'est ouverte à Matignon et promet d'être âpre. Rien ne va plus entre les marins de Saint-Pierre-et-Miquelon qui ne veulent plus partager leur zone d'activités, l'une des plus poissonneuses du monde, et ceux de Saint-Malo qui revendiquent le droit de pouvoir continuer à y travailler. La querelle, qui remonte à la découverte du Canada par des pêcheurs bretons, s'est envenimée ces dernières années : en s'appuyant sur l'une des clauses du statut de l'archipel, les Canadiens refusent de concéder le droit de pêche aux seuls Français dans une zone enclavée à l'intérieur des eaux territoriales canadiennes. La presse du pays traite avec ironie les exigences des Bretons et parle de « guerre des Malouins » (→31.3).

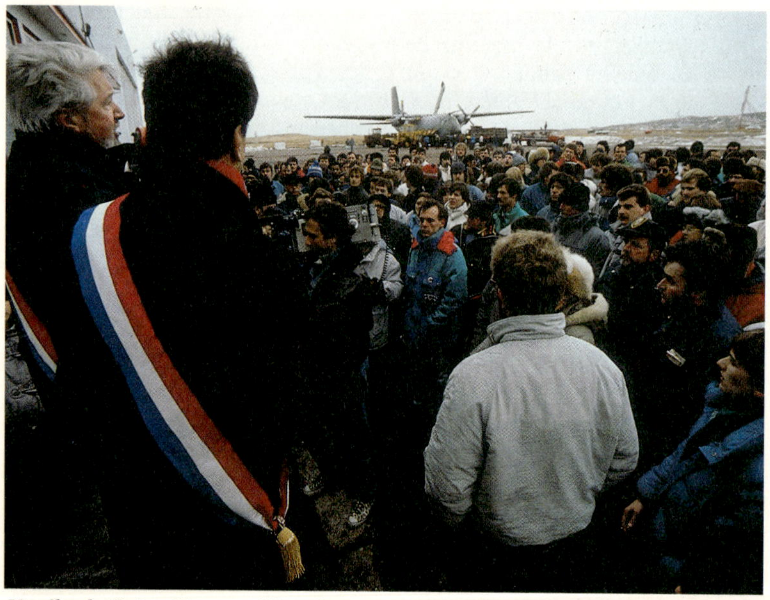

Un élu de Saint-Pierre-et-Miquelon aux côtés des pêcheurs inquiets.

Ute Lemper, l'autre Marlène Dietrich

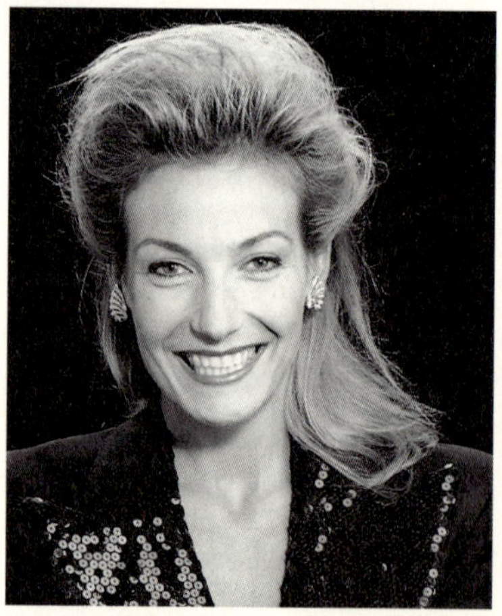

Ute Lemper à la conquête de Paris.

20 janvier. Ce soir, l'Olympia a vu le triomphe d'une nouvelle diva. Elle est allemande, elle a vingt-trois ans et elle s'appelle Ute Lemper. Elle avait été la révélation de *Cabaret*, la comédie musicale montée à Paris par Jérôme Savary et inspirée du célèbre film du réalisateur et chorégraphe américain Bob Fosse. Pour quelques jours, la Marlène des années 80 sera sur la scène avec ses danseurs et s'offrira le luxe de chanter, de sa voix superbe, sans play-back.

Des fausses notes à l'Opéra-Bastille

16 janvier. La crise couvait, la crise vient d'éclater. En début d'après-midi, Daniel Barenboïm, directeur artistique et musical de l'Opéra-Bastille depuis juillet 1987, a reçu une lettre de Pierre Bergé, président de l'Association des théâtres de l'Opéra de Paris, lui signifiant qu'il était mis fin à ses fonctions. Avec le renvoi du célèbre chef d'orchestre, le contentieux, vif, entre les deux hommes met l'accent sur des conceptions fort différentes. Pierre Bergé reproche au musicien une rémunération trop élevée (plus de 7 millions par an) et son refus de lui laisser un droit de regard sur la programmation. Daniel Barenboïm réplique que son cachet a été fixé par contrat. Il ajoute qu'il conteste à M. Bergé une réelle compétence musicale et artistique et souligne qu'il lui paraît difficile d'être en même temps à la tête d'une maison de haute couture (Yves Saint-Laurent) et d'un Opéra...

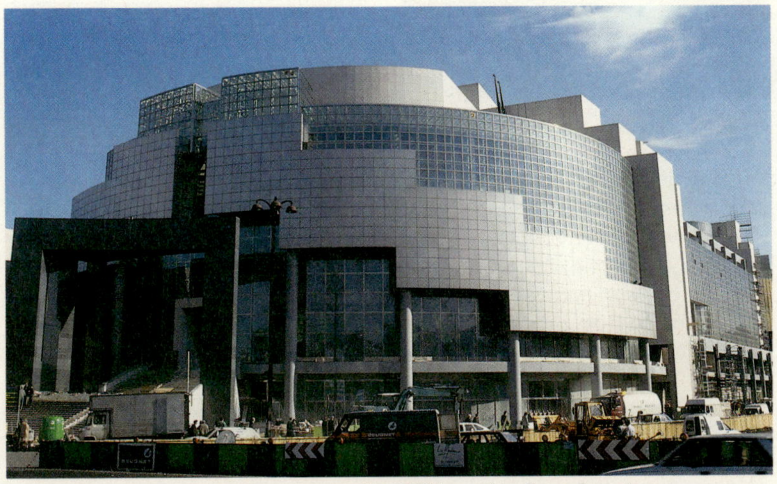

L'imposante façade de l'Opéra-Bastille édifié sur la place du même nom.

Un "Rambo" fou massacre cinq écoliers

17 janvier. Un forcené armé de deux revolvers et d'un fusil d'assaut AK-47 a froidement abattu cinq enfants, pour la plupart d'origine asiatique, dans la cour de récréation d'une école élémentaire de Stockton, en Californie. Le meurtrier, Patrick Purdy, est un vagabond de vingt-quatre ans déja fiché par la police pour usage d'armes à feu et affaires de drogue. Après avoir mis le feu à sa voiture pour faire diversion, Purdy, en treillis et gilet pare-balles, est entré dans la cour et a ouvert le feu sur les élèves et leurs enseignants. Outre les cinq victimes, dix-huit personnes ont été blessées. Le meurtrier s'est ensuite tiré une balle dans la tête.

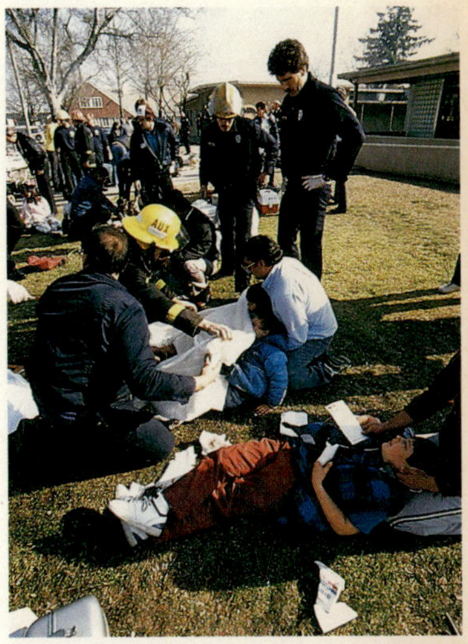

Premiers secours après la tragédie.

L'Europe choisit de s'installer à Bruxelles

18 janvier. Lourd revers et déception pour Strasbourg : après des débats longs et houleux, le rapport du Britannique Derek Prag, favorable au transfert à Bruxelles de sessions spéciales du Parlement européen, a été adopté par 222 voix pour, 172 voix contre et 4 abstentions. L'essentiel du travail parlementaire européen se fera donc à l'avenir dans la capitale belge où seront rapatriés la plupart des fonctionnaires actuellement en poste au grand-duché de Luxembourg. A Bruxelles, on doutait si peu du choix que, depuis une semaine, des bulldozers avaient ouvert le chantier d'un nouvel hémicycle.

La fantastique remontée du XV de France

21 janvier. Le Quinze tricolore a brillamment commencé le Tournoi des Cinq Nations. Il a remporté à Dublin une victoire âprement disputée sur le score de 26 à 21. Les surprenants Irlandais ont en effet mené par deux fois et de façon apparemment décisive (15-0 puis 21-7), et ce grâce au talent de leur buteur Brendan Mullin, auteur de 19 points à lui seul. Mais, à partir de la 52e minute, la belle machine offensive française s'est mise en marche, sous l'impulsion de Serge Blanco et de Franck Mesnel. En moins de dix minutes, la France avait refait son retard grâce à deux essais de Lagisquet et de Blanco, et deux coups de pied de Lafond. A la 73e minute, une nouvelle attaque, menée par Mesnel et Blanco, offrait à l'ailier Patrice Lagisquet l'essai de la victoire. Quant à Blanco, il est maintenant le meilleur marqueur d'essais (24) de l'histoire du Quinze de France.

La mère Denis était une vraie vedette

21 janvier. Elle reposera auprès de son lavoir. Celle qui était la doyenne des stars de la pub a été inhumée au petit cimetière de Saint-Hymer, dans le Calvados, où elle est morte le 17 à l'âge de quatre-vingt-quinze ans. Depuis 1972, Jeanne Denis vantait, avec son savoureux accent, les mérites des machines à laver Vedette au petit écran. Les apparitions de la lavandière en blouse bleue, ponctuées de son éternel « Ça c'est vrai, ça ! » et ses joues rougies par le bon air normand avaient fait de la mère Denis... une vedette !

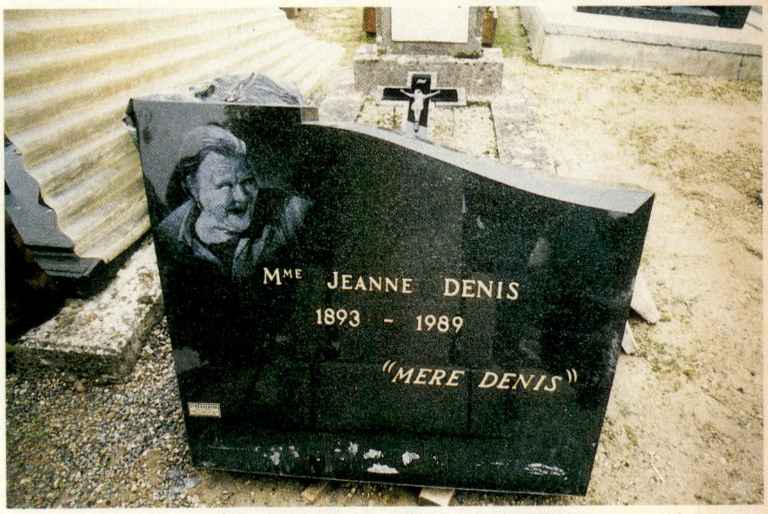

La stèle funéraire de la vieille dame la plus connue de la publicité.

Avoriaz à l'heure du palmarès

22 janvier. C'est le cinéaste David Cronenberg (*la Mouche*, nouvelle version) qui remporte le grand prix du XVIIe Festival international du film fantastique. *Faux-Semblants* raconte l'histoire de ces jumeaux gynécologues qui partagent travail, honneur et vie privée jusqu'à ce qu'une femme les sépare. La force et l'habileté de la mise en scène ont impressionné le jury présidé par l'acteur anglais Terence Stamp. La performance de Jeremy Irons dans ce double rôle a été unanimement saluée. Le grand prix de l'Etrange revient à *Paper House*, un film de Bernard Rose, et le prix de la Critique est décerné à *Parents*, de l'Américain Bob Balaban. Avoriaz se porte si bien que les Japonais pourraient créer chez eux son équivalent.

Janvier

1989

Lu	Ma	Me	Je	Ve	Sa	Di
						1
2	3	4	5	6	7	8
9	10	11	12	13	14	15
16	17	18	19	20	21	22
23	24	25	26	27	28	29
30	31					

23. Argentine : l'armée reprend la caserne de Tablada située à l'ouest de Buenos Aires, qu'un commando de 50 civils rebelles avait prise le matin.

23. France : quatre éditeurs, La Découverte, Gallimard, les Editions de Minuit et Le Seuil, fondent l'Association pour le développement de la librairie de création.

24. France : les neuf membres du Conseil supérieur de l'audiovisuel sont désignés.

24. Belgique : le journal *le Soir* reçoit de Paul Vanden Boeynants retenu en otage une lettre manuscrite prouvant qu'il est en vie (→ 13.2).

25. Etats-Unis : Ronald Reagan signe un contrat de plusieurs millions de dollars pour la publication de ses Mémoires par les éditions Simon and Schuster.

27. Afghanistan : la RFA, les Etats-Unis, le Japon, la Grande-Bretagne et la France ferment leurs ambassades.

27. RFA : l'effigie de Mikhaïl Gorbatchev apparaît sur des flippers exposés à la Foire de Francfort.

29. RFA : succès de l'extrême droite (7,5 % des voix) aux élections locales de Berlin-Ouest.

29. URSS : 27 nourrissons contaminés par le sida dans un hôpital de Kalmoukie.

30. Liban : signature d'un accord mettant fin à la guerre interchiites entre les milices Hezbollah et Amal, dans le sud du pays.

31. Belgique : collision de 90 véhicules sur l'autoroute, près de Hingeon. 4 morts.

DECES

23. Salvador Dali, peintre espagnol (*11.5.1904). →

27. Sir Thomas Sopwith, pionnier de l'aviation (*18.11.1888).

28. Le Panchem-Lama, seconde autorité spirituelle du lamaïsme (*environ 1938).

31. Alfonso de Bourbon Dampierre, duc d'Anjou (*20.4.1936). →

Des spectateurs tués au Monte-Carlo

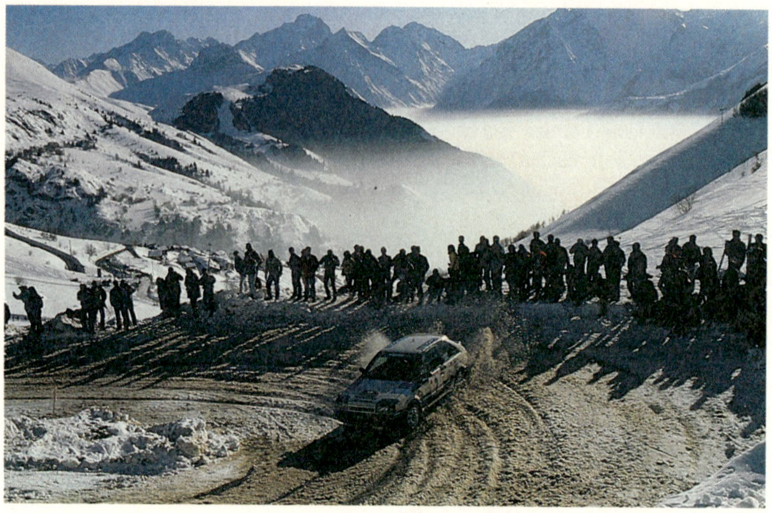

Une piste à prouesses mais où tous les risques ne sont pas bons à prendre.

23 janvier. La deuxième journée du Rallye de Monte-Carlo a été endeuillée par un grave accident qui a fait deux morts et trois blessés parmi les spectateurs. Les victimes sont deux jeunes Suédois, Bertil Rhenfeldt et Wilhelm Torp. Au cours de l'épreuve spéciale, la Lancia Delta du pilote italien Alessandro Fiorio a quitté la route et est venue faucher un groupe de personnes situé légèrement en contrebas avant de terminer sa course dans le ravin. Les pilotes sont indemnes. Cet accident remet de nouveau en cause le problème de la sécurité dans les rallyes automobiles, celle des coureurs et celle du public qui, pour l'intérêt du spectacle, accumule les imprudences en se massant au bord des routes. Un danger qui s'était révélé d'actualité en 1985 et 1986 lors des deux drames survenus au Portugal.

La crise de Cuba, 17 ans plus tard

29 janvier. L'extrême tension autour de Cuba qui, à la mi-octobre 1962, avait poussé les Etats-Unis et l'Union soviétique au bord de l'abîme atomique, refait la une de l'actualité. Une série de révélations faites à Moscou lors d'une réunion d'experts américains, soviétiques et cubains a contraint les historiens à modifier leur jugement d'alors. Ainsi, Sergueï Khrouchtchev, fils du dirigeant soviétique de l'époque, a révélé que vingt ogives nucléaires, toutes capables de frapper des villes américaines, se trouvaient dans l'île avant le début du blocus américain. Vingt autres têtes atomiques ont été interceptées par l'US Navy avant d'être livrées. De son côté, l'ancien secrétaire américain à la Défense, Robert McNamara, a admis que le gouvernement Kennedy avait nettement sous-estimé les effectifs soviétiques stationnés à Cuba en 1962. Le Pentagone était persuadé que dix à vingt mille soldats de l'Armée rouge étaient présents là-bas pour repousser toute attaque américaine alors qu'on avance aujourd'hui le chiffre de quarante mille.

La terre a encore tremblé en URSS

23 janvier. Un mois et demi après la catastrophe qui a anéanti l'Arménie, un autre séisme a frappé cette nuit la République du Tadjikistan en Asie centrale. Selon l'agence Tass, le tremblement de terre, d'une intensité de 5,5 sur l'échelle de Richter, a provoqué deux très forts glissements de terrain qui ont englouti les villages de Charora et de Okouli Bolo et partiellement détruit celui de Okoulipoen. Un premier bilan fait état de mille morts. Le désastre est partout visible : toutes les lignes de communication sont coupées, des milliers de têtes de bétail sont restées prisonnières des décombres, et plusieurs milliers d'hectares de culture ont été recouverts de sables argileux. Les secours, dont l'efficacité à Erevan continue d'être contestée, sont arrivés sur place deux heures après le séisme pour donner de la nourriture et des logements provisoires à une population en état de choc.

Le Dé d'or au doigt de Guy Laroche

26 janvier. Parrainé par Helena Rubinstein et créé par Pierre-Yves Guillen, le 26e Dé d'or a été attribué à Guy Laroche. La fête était, comme chaque année, présidée par Mme Jacques Chirac qui recevait à l'hôtel de ville de Paris. Les trente et un jurés parmi lesquels ne figurait qu'un seul homme ne se sont pas facilement rassemblés sur le nom du lauréat ; celui-ci ne l'a emporté qu'au troisième tour, par 18 voix contre 13 à Christian Lacroix.

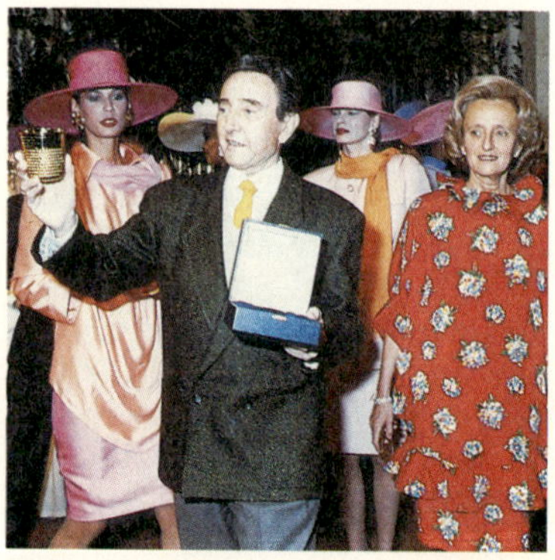

Guy Laroche et le Dé d'or 1989.

Déjà récompensé par cette distinction pour sa collection 1985-1986, le couturier a été ovationné. La manifestation qui l'a consacré aujourd'hui pour la sobriété et la pureté de son style est devenue, au fil des années, un rendez-vous important de la mode et de la vie parisienne (→ 17.2).

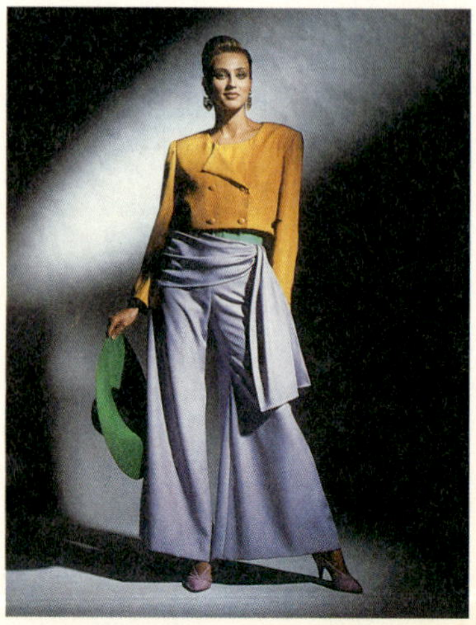

L'une des créations du couturier.

Les "délits d'initiés" secouent la France

23 janvier. Les derniers développements politiques et financiers de l'affaire Pechiney mettent en cause, une nouvelle fois, un ami très proche du président de la République, Roger-Patrice Pelat. Et les soupçons, alimentés par les révélations du *Monde* de samedi ne peuvent que rejaillir sur François Mitterrand. L'imbroglio est total dans cette série d'accusations et de faits. Pechiney, troisième producteur mondial d'aluminium, est devenu le numéro deux de l'emballage en rachetant le holding américain Triangle. A Wall Street, la SEC (Securities and Exchange Commission) a dénoncé la fraude et parle ouvertement de délit d'initié. Relayées par les investigations de la COB (Commission des opérations de Bourse), les graves accusations d'aujourd'hui sont portées contre ceux qui ont profité ou fait profiter leurs amis ou relations d'informations confidentielles concernant des sociétés cotées. La règle d'égalité aurait été faussée entre les opérateurs. L'Elysée se tait et la COB annonce un rapport (→ 16.2).

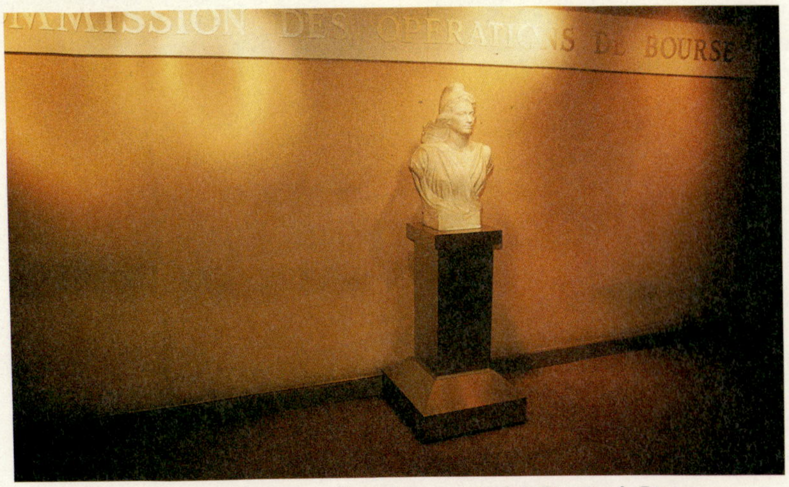

Le hall du siège de la COB, situé sur le quai André-Citroën à Paris.

Ourasi déçoit au Grand Prix d'Amérique

29 janvier. Les turfistes français sont consternés : Ourasi a été battu alors que tous les espoirs des parieurs s'étaient logiquement reportés sur lui pour une quatrième victoire consécutive dans le Prix d'Amérique. François Mitterrand et Pierre Joxe, le ministre de l'Intérieur s'étaient même déplacés à l'hippodrome de Vincennes pour voir le champion battre un record jamais atteint. Mais Ourasi n'a pu trouver un second souffle à la sortie de la montée de Vincennes et placer sa pointe de vitesse finale. Le cheval de Jean-René Gougeon a été dépassé d'abord par Queila Gédé qui a réussi l'exploit de battre le record du kilomètre en 1' 15"5, puis par l'inattendu Potin d'Amour.

Accident de ski mortel pour le duc d'Anjou

31 janvier. Un Capétien est mort dans les montagnes du Colorado. Alphonse de Bourbon, duc d'Anjou et de Cadix, chef de la maison de Bourbon, s'est tué en se heurtant à un câble tendu en travers d'une piste. Né le 20 avril 1936 à Rome, ce descendant de Louis XIV était cousin du roi d'Espagne, Juan Carlos. Très sportif, il avait présidé le Comité olympique espagnol. Par ailleurs, le prince avait récemment triomphé d'une polémique judiciaire intentée par le comte de Clermont, fils du comte de Paris. Si la rivalité entre les Bourbons et les Orléans, prétendants au trône de France, avait navré les partisans de la monarchie, elle avait favorisé le prestige croissant du duc d'Anjou en France. En témoigne la foule qui, il y a deux jours, l'avait entouré lors de la messe anniversaire célébrée à la mémoire de Louis XVI.

Le retour des pin-up sur les carlingues

24 janvier. Les pulpeuses beautés qui, pour le plus grand plaisir des pilotes, avaient déployé leurs charmes sur les carlingues des avions de l'US Air Force jusqu'à la fin de la Seconde Guerre mondiale repartent à l'attaque. Le Pentagone vient de décréter que les aviateurs américains pourront de nouveau dessiner de ravissantes jeunes femmes sur leurs appareils. « Les hommes sont ravis », a déclaré le colonel John Walter. Mais cette décision n'a pas manqué de provoquer un tollé général au sein des diverses organisations féministes du pays.

Le génial Dali au royaume de l'au-delà

23 janvier. Le peintre espagnol Salvador Dali est passé de l'autre côté du miroir : il est décédé ce lundi à l'hôpital de Figueras sur la Costa Brava. Il sera enterré selon son vœu dans une crypte au centre du musée de Figueras qui porte son nom et où sa dépouille momifiée sera déposée sous une voûte de verre parmi ses tableaux et quelques objets symboliques, dont une Cadillac. Conformément à l'un de ces paradoxes dont il aimait à parer ses actions ou ses pensées, ainsi aura-t-il mis la dernière main à sa propre mort. Celui qui fut le plus éblouissant des surréalistes avant de devenir le plus conventionnel mais aussi le plus fou des peintres « pompiers » laisse une œuvre où le meilleur côtoie le pire. Il apporta en effet la même passion exacerbée à mettre son génie et son art au service de ses rêves et de sa paranoïa qu'à faire ensuite de son immense talent l'instrument d'une quête médiatique. C'est ainsi que sa peinture se trouva progressivement réduite à un ensemble de recettes fondées sur les procédés les plus conventionnels.

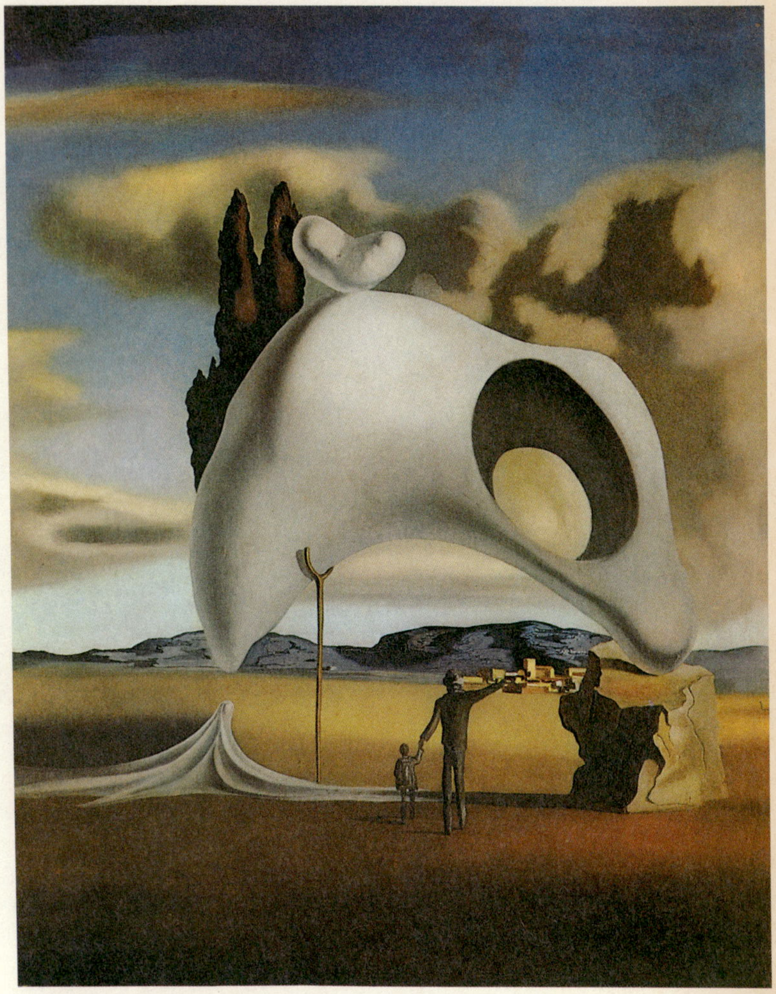

« Vestiges ataviques après la pluie », 1934, collection particulière.

Février

1989

Lu	Ma	Me	Je	Ve	Sa	Di
		1	2	3	4	5
6	7	8	9	10	11	12
13	14	15	16	17	18	19
20	21	22	23	24	25	26
27	28					

1er. Europe : la Finlande adhère au Conseil de l'Europe.

1er. Inde : visite de François Mitterrand à New Delhi. Rajiv Gandhi ne se déplace pas pour l'accueillir.

1er. Etats-Unis : Washington décide, pour la première fois depuis 1967, de ne pas participer aux manœuvres annuelles de l'Otan en RFA.

1er. Hongrie-Corée du Sud : établissement de relations diplomatiques. Pour la première fois, un pays socialiste reconnaît Séoul.

1er. Espagne : l'Etat espagnol est le seul héritier du peintre Salvador Dali. →

1er. Corée : signature, entre Hanoi et Séoul, d'un accord économique, le premier en quarante-trois ans.

2. Belgique-Zaïre : le roi Hassan II du Maroc offre sa médiation pour tenter de résoudre la crise entre Bruxelles et Kinshasa.

2. Afrique du Sud : Pieter Botha démissionne de son poste de leader du Parti national. Il est remplacé par Frederick Willem de Klerk.

3. France : cinq personnes périssent dans un incendie à Maisons-Alfort, et onze autres sont intoxiquées.

5. Afghanistan : proclamation de la loi martiale à Kaboul, assiégé par la résistance.

5. Pakistan : Islamabad annonce le tir réussi de son premier missile sol-sol de longue portée.

5. Algérie : publication du texte de la nouvelle Constitution.

5. Chine : la première exposition officielle d'art d'avant-garde est fermée par la police (→ 1.5).

5. Afghanistan : Radio Moscou annonce la fin du retrait soviétique de Kaboul.

5. Paraguay : le président déchu, Alfredo Stroessner, s'exile au Brésil.

5. Grande-Bretagne : début des émissions de Sky Television, la chaîne par satellite de Rupert Murdoch.

Paraguay : chute du doyen des dictateurs

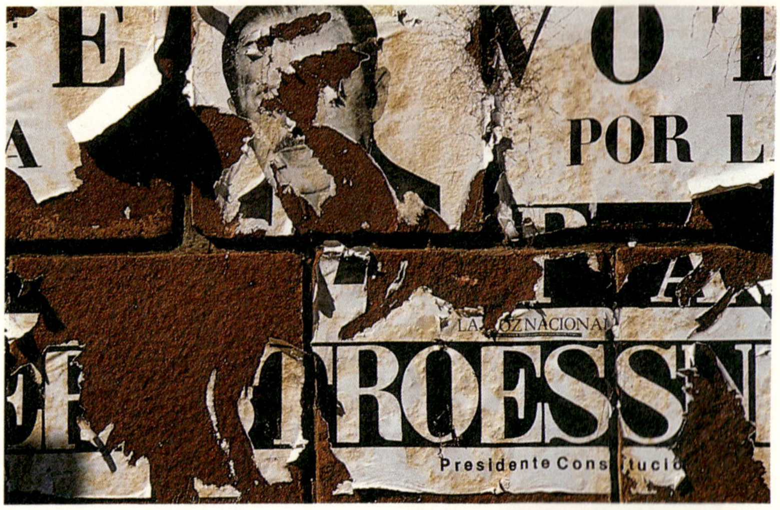

Une affiche électorale lacérée, symbole de la chute d'Alfredo Stroessner.

2 février. Il allait fêter ses vingt-cinq ans de pouvoir. Septuagénaire d'origine bavaroise, le général Alfredo Stroessner, qui avait placé les Paraguayens sous sa dictature le 4 mai 1964, a été déposé par le général Andres Rodriguez et placé en détention. La crise politique qui a abouti à sa chute aurait été provoquée par la décision du plus ancien des dictateurs en exercice de retirer à son dauphin la place de numéro deux du régime. Elle traduit bien plus les luttes de clans au sein de la hiérarchie en place qu'une ouverture vers la démocratie. L'opposition juge d'ailleurs avec prudence le coup d'Etat et se contente pour l'heure d'observer l'évolution de la situation. Les tout récents événements se sont traduits par des affrontements qui auraient fait une centaine de morts parmi lesquels une majorité de militaires (→ 5.2).

Venise à l'heure des bals masqués

4 février. Alors qu'à Nice sur la Promenade des Anglais Sa Majesté Carnaval est revenue se pavaner au milieu de personnages en carton-pâte exhibant leur anatomie, à Venise la tradition garde ses masques. Dans une atmosphère que n'eût pas désavoué Casanova, la cité des Doges affiche complet : une foule cosmopolite déambule dans la plus magique des villes pour assister à la plus féerique des fêtes.

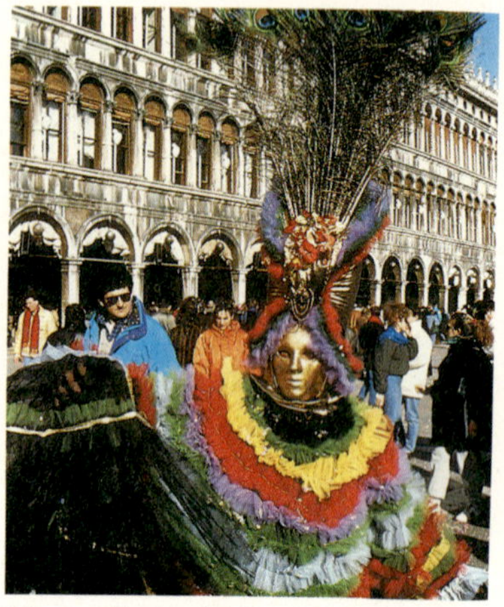

Visage d'or et faciès anonymes.

Les instituteurs grognent dans les rangs

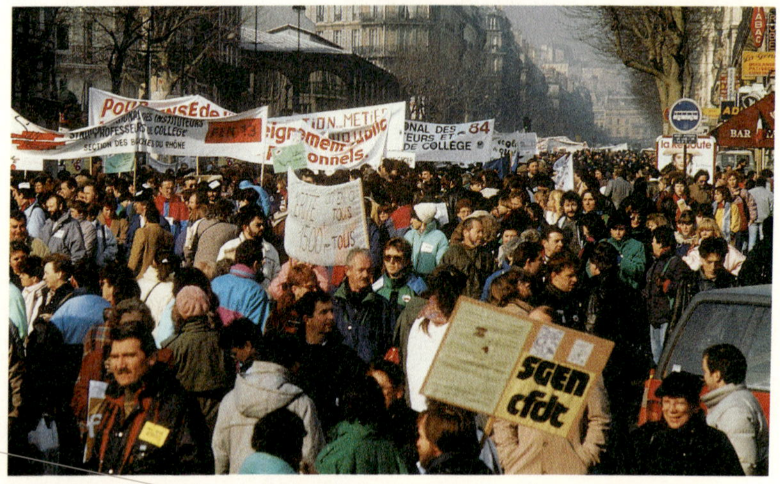

Le cortège hérissé de banderoles de la manifestation des enseignants.

2 février. Ils étaient quinze mille à braver l'air glacial qui soufflait de la gare de l'Est à la Bastille. Les enseignants du primaire sont descendus dans la rue pour protester contre le « camarade Jospin » et conspuer le plan de revalorisation des salaires du ministre de l'Education. A l'appel de deux syndicats, la FEN et le SGEN, ils entendaient ainsi manifester leur colère de n'être toujours pas traités à égalité avec les professeurs du secondaire. Nombre de manifestants arboraient, Bicentenaire oblige, des bonnets phrygiens et reprenaient des chants révolutionnaires adaptés à leurs revendications (→ 5.3).

La Chine et l'URSS enfin réconciliées ?

3 février. La rencontre d'aujourd'hui entre les délégations chinoise et soviétique est un événement majeur dans l'histoire des deux grands pays communistes. Même si Pékin et Moscou avaient manifesté dès 1982 une volonté commune de rapprochement, la visite dans la capitale chinoise du ministre des Affaires étrangères du Kremlin, Edouard Chevardnadze, met fin concrètement à trente-neuf ans de brouille entre les deux puissances. C'est maintenant le temps de la diplomatie et de la normalisation. L'objectif de cette réunion est de préparer le sommet qui devrait réunir au printemps prochain Mikhaïl Gorbatchev et Deng Xiaoping. Les deux dirigeants auront à s'entretenir de sujets qui continuent de les opposer, tels que le Cambodge, l'Inde ou la présence de l'Armée rouge sur les huit mille kilomètres de frontière commune entre la Chine et l'URSS (→ 16.5).

Le beau temps continue de polluer le ciel

2 février. Après Milan où, à cause d'un temps trop sec, les couches d'air froid stagnaient au-dessus de la ville et, par un « effet de serre », retenaient prisonniers l'air chaud et les gaz toxiques, c'est maintenant au tour de Paris de sentir la menace. L'anticyclone des Açores est le principal responsable de la forte teneur de l'air en dioxyde de soufre, une substance qui provient principalement du chauffage domestique et des centrales thermiques. Toutefois, et selon les services spécialisés, la cote d'alerte est encore loin d'être atteinte en région parisienne. Il reste que les normes européennes sont plus strictes, et les experts de la Communauté jugent préoccupant le ciel de Paris.

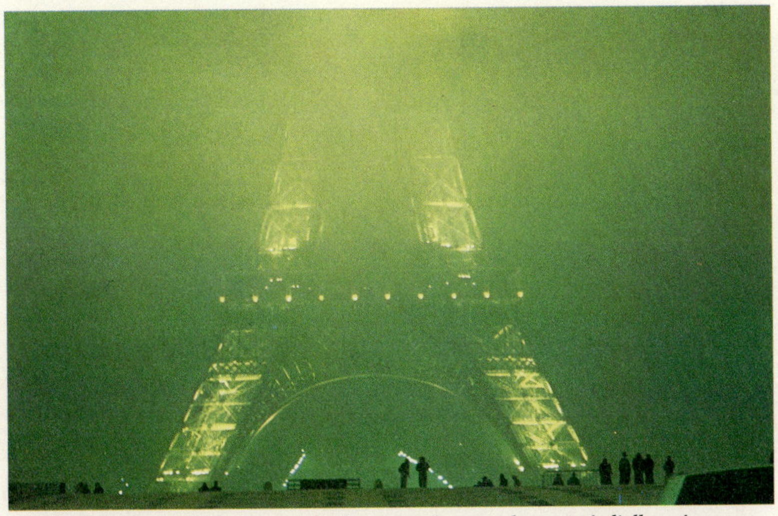

Sous l'épais brouillard, la tour Eiffel n'est plus que la moitié d'elle-même.

Première messe en Lituanie depuis 1949

5 février. Emotion à Vilnius, où, pour la première fois depuis quarante ans, la cathédrale catholique romaine a rouvert ses portes aux fidèles après une cérémonie de reconsécration. Fermé en 1949 sur décision des autorités communistes dans le cadre de leur lutte contre la religion, l'édifice avait alors été transformé en entrepôt. « Ce fut un moment terrible, comme si un nuage noir avait couvert la Lituanie tout entière », a déclaré l'évêque, Mgr Julijonas Steponavicius.

Cassavetes : mort d'un cinéaste libre

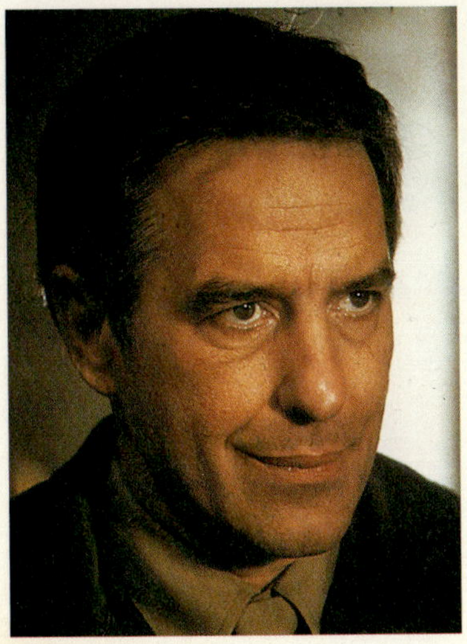

Cassavetes, solitaire et original.

3 février. Le comédien et metteur en scène américain John Cassavetes est mort à Los Angeles à l'âge de cinquante-neuf ans des suites d'une cirrhose. Né à New York, il était le fils d'un homme d'affaires d'origine grecque. Après quelques performances d'acteur très remarquées, notamment dans *A bout portant* de Don Siegel (1966), Cassavetes devient réalisateur à part entière et tourne résolument le dos à Hollywood et à son système. Ses films, très personnels, comme *Husbands* ou *Une femme sous influence* qu'il tourne avec son épouse et interprète favorite Gena Rowlands, ont marqué toute une génération de jeunes cinéastes.

L'Arc de Triomphe a recouvré son éclat

3 février. Après huit mois de travaux, le monument érigé à la gloire de Napoléon est de nouveau visible. Il a été débarrassé de ses échafaudages et de ses bâches multicolores et les statues, rénovées, ont été dévoilées. Mais, sur les côtés, le symbole de « la plus belle avenue du monde » continue d'être restauré. Selon l'architecte Michel Marot, premier grand prix de Rome et responsable de l'Arc de Triomphe, c'est l'eau de pluie qui a ainsi au fil du temps dangereusement détérioré la pierre. Pour mener à bien cette phase finale des opérations, la souscription continue : il manque encore sept millions de francs pour couvrir le budget global de 34 millions.

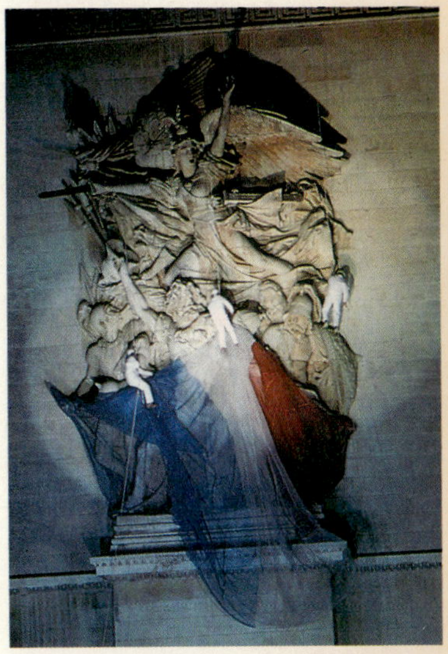

« La Marseillaise » restaurée.

Marc Blondel succède à André Bergeron

4 février. Celui que l'on appelait souvent Monsieur Bergeron s'en va. Le père tranquille du syndicalisme cède son fauteuil de secrétaire général de Force ouvrière après avoir passé vingt-cinq ans à la tête d'une organisation qu'il a profondément marquée de sa calme détermination, même si la fin de son mandat s'est effectuée dans un climat plus houleux. C'est Marc Blondel qui lui succède, l'emportant de justesse. Le comité confédéral national réuni à Vincennes lui a accordé 53,6 % de ses suffrages. Mais la place de leader s'est chèrement disputée entre Marc Blondel et Claude Pitous. Le nouveau secrétaire général, dans une déclaration au *Figaro* a déjà clairement défini ses options : « Il faut, a-t-il précisé, que la part des salariés issus du privé augmente de façon à ce que notre représentation corresponde à la réalité sociologique du pays. Soit deux tiers de salariés du privé et un tiers du public. » Il a ensuite ajouté : « Je suis, moi, partisan de nos exigences. Le mouvement syndical fait connaître ses revendications et il appartient à ceux qui dirigent, patrons ou gouvernement, de prendre des dispositions pour essayer de nous satisfaire. Donc, je soutiens la revendication qui est l'élément moteur du progrès. »

La guardia civil renonce au tricorne

1er février. Une tradition vieille de cent cinquante ans tombe en poussière : la guardia civil espagnole abandonne son célèbre tricorne de cuir bouilli noir pour un képi kaki. Le ministère de l'Intérieur a expliqué que la plupart des gardes civils le trouvaient peu pratique et que les Espagnols le disaient peu seyant. Mais il fera toujours partie du décor dans les ambassades et les aéroports. Et sa légende reste intacte ; on assure que l'arrière, plat, de l'encombrant couvre-chef permettait de prendre appui contre un mur pour une petite sieste debout...

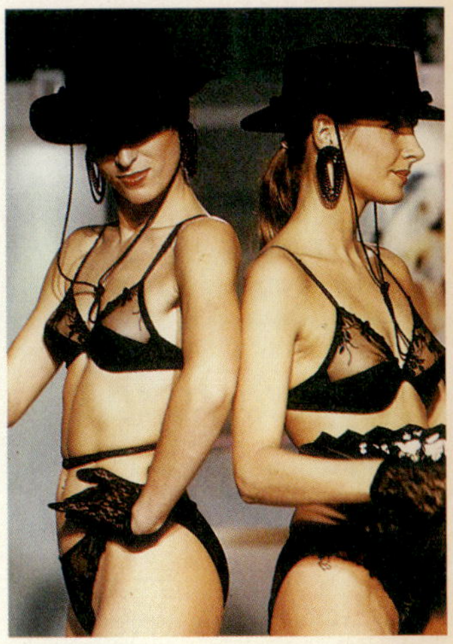

Ces audacieux mannequins rappellent aux frileux que le Salon de la lingerie est ouvert.

Février

1989

Lu	Ma	Me	Je	Ve	Sa	Di
		1	2	3	4	5
6	7	8	9	10	11	12
13	14	15	16	17	18	19
20	21	22	23	24	25	26
27	28					

6. France : saisie à Cosne-sur-Loire de 471 kg de cocaïne dissimulés à bord d'un voilier transporté par la route. Neuf arrestations.

6. Pologne : diffusion en direct à la télévision des débats entre le pouvoir et l'opposition sur la relégalisation de Solidarnosc (→24.3).

6. Afghanistan : le dernier diplomate occidental quitte Kaboul.

7. URSS : après les troubles ethniques en Arménie et en Azerbaïdjan, un bilan officiel fait état de 87 morts.

8. France : manifestation d'agriculteurs sur la place de l'Opéra.

8. URSS : à Tbilissi, quatre mille manifestants réclament l'indépendance de la Géorgie.

8. France : le ministère de l'Economie annonce que le taux de l'inflation, pour 1988, a été de 2,7 %.

8. RFA : six mille participants à un meeting d'extrême droite à Munich (Bavière) (→9).

8. Belgique : la Commission européenne siégeant à Bruxelles propose un plan contre la fuite des capitaux.

9. RFA : interdiction par le gouvernement d'une organisation néo-fasciste, le NS (Nationale Sammlung).

10. France : la Cinq est condamnée à cinq millions d'amende pour n'avoir pas respecté ses obligations en ce qui concerne la diffusion d'œuvres françaises.

11. Iran : A l'occasion du 10e anniversaire de la proclamation de la République islamique, l'ayatollah Khomeyni amnistie les prisonniers politiques, à l'exception de 900 d'entre eux.

12. Hongrie : le Comité central encourage le multipartisme.

12. Italie : renouant avec les pratiques du Moyen Age, l'évêque d'Oristano, en Sardaigne, lance une invocation *ad pluviam pretendam* pour conjurer la sécheresse.

12. Pakistan : violente manifestation antiaméricaine à Islamabad. Cinq morts.

Les gardiens de prison face aux CRS

8 février. La grève des gardiens de prison français, qui dure depuis quatre jours, se durcit. Elle a aujourd'hui gagné plus de cent prisons sur les cent quatre-vingts que compte le pays. Les grévistes, qui réclament des augmentations de salaire et davantage de considération, ont le sentiment que leurs revendications ont été « oubliées ». Les affrontements avec les CRS chargés de dégager les portes d'entrée des établissements pénitentiaires sont quotidiens et se règlent à coups de matraques, de grenades lacrymogènes et d'insultes. Les incidents les plus violents se sont produits à la maison d'arrêt de Fleury-Mérogis, bloquée par quelque deux cents gardiens. Les portes ont dû être dégagées par les CRS. Des faits similaires ont eu lieu à Marseille.

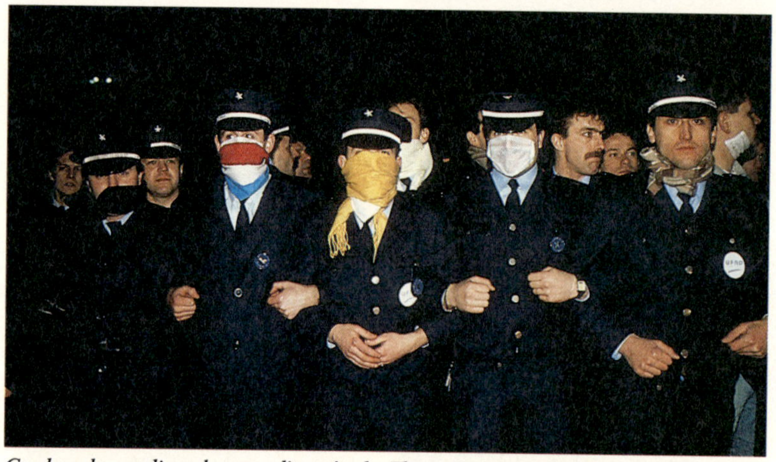

Cordon de gardiens barrant l'entrée de Fleury-Mérogis (Essonne).

Louxor exhume cinq statues millénaires

10 février. Egyptologues et archéologues sont en effervescence : on vient de découvrir à Louxor cinq statues en quartz de grande taille et admirablement conservées. Elles étaient enfouies sous le pavage de la cour d'un temple datant du règne d'Aménophis III, il y a trente-cinq siècles. « C'est peut-être la découverte la plus importante depuis le début du siècle », a déclaré le ministre égyptien de la Culture, Farouk Hosni. Le président Moubarak lui-même a fait un déplacement éclair en Haute-Egypte, ce qui indique l'intérêt porté à l'événement. Le site de Karnak, où s'élèvent les ruines de l'ancienne Thèbes et dont la partie sud est connue sous le nom de Louxor, est décidément l'un des chantiers de fouilles les plus riches du monde.

Cayatte était l'avocat du cinéma français

6 février. Il avait toujours défendu les bonnes causes. André Cayatte, avocat d'abord puis scénariste et dialoguiste avant d'être metteur en scène, est mort à Paris d'une crise cardiaque à l'âge de quatre-vingts ans. Né à Carcassonne, il avait débuté derrière la caméra en 1942 avec *la Fausse Maîtresse*, d'après Balzac. C'est avec *Justice est faite*, tourné en 1950, qu'il aborde les grands problèmes judiciaires. Dès lors, Me Cayatte utilise la pellicule pour accuser, défendre et transformer le spectateur en juré. Des films tels que *le Glaive et la Balance* (1963) dénoncent la relativité et la fragilité de la justice. Il était considéré par les tenants de la Nouvelle Vague comme un réalisateur médiocre et, parmi eux, François Truffaut n'hésitait pas à dire que « seuls les avocats le prennent pour un cinéaste » ! Malgré les critiques, Cayatte a poursuivi, en trente-six ans et vingt-huit films, sa plaidoierie, honnête sinon convaincante. Son nom reste attaché aux *Risques du métier* (1967) dans lequel Jacques Brel jouait le rôle d'un enseignant accusé à tort de viol par l'une de ses élèves.

La mitre conquise par une Américaine

12 février. Fait extraordinaire dans les annales de l'Eglise, pour la première fois au monde, une femme vient d'être sacrée évêque. Barbara Harris a cinquante-cinq ans, elle est de race noire, elle a la réputation de prendre des positions plutôt à gauche et elle a été intronisée à Boston (Massachusetts) par l'évêque Edmond Browning, non sans protestations d'ailleurs. C'est ainsi que John Jamieson, un dignitaire de l'Eglise épiscopalienne des Etats-Unis, la branche américaine de l'Eglise anglicane, n'a pas hésité à qualifier l'événement d'« imposture sacrilège ».

Jacquot champion du monde de boxe

11 février. La France n'avait plus possédé de champion du monde de boxe depuis trente ans, depuis Alphonse Halimi qui perdit son titre des poids coq en juillet 1959. C'est un boxeur lorrain d'origine et grenoblois d'adoption qui vient de le rejoindre au palmarès. En battant l'Américain Don Curry aux points sur le ring du palais des sports de Grenoble, René Jacquot devient à vingt-huit ans champion du monde des superwelters pour la WBC, l'une des fédérations mondiales de boxe. Jacquot est ainsi le onzième boxeur français à avoir conquis le titre mondial depuis que Georges Carpentier était parvenu à le décrocher en 1920.

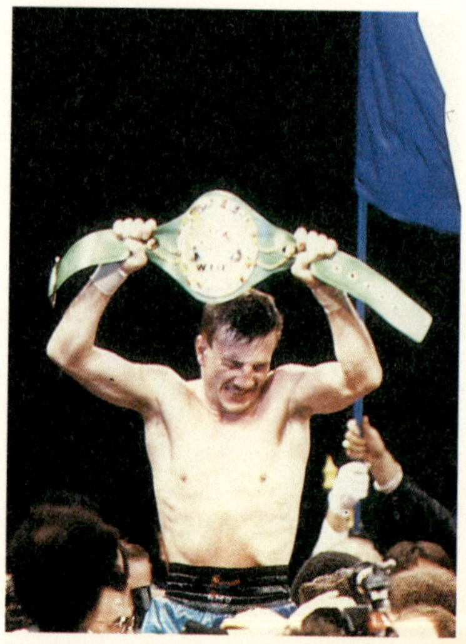

Le boxeur laisse éclater sa joie.

Le Boeing des Açores était-il trop vieux ?

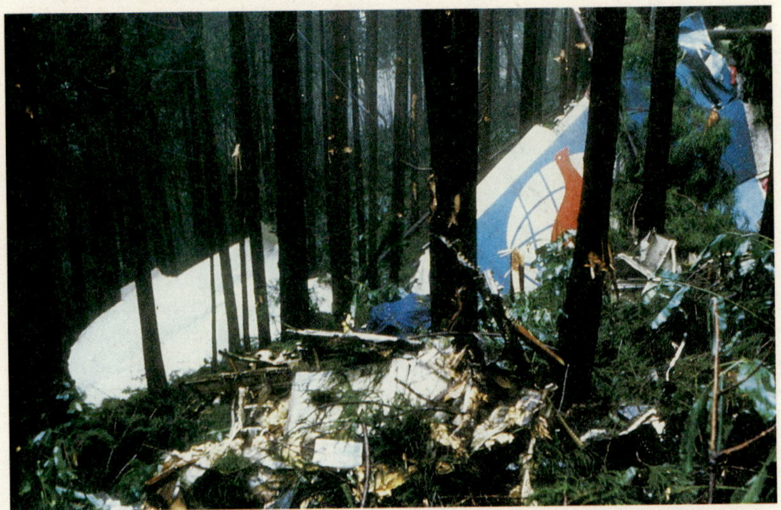

Les débris de l'appareil disséminés entre les arbres recouvrant la colline.

8 février. La série noire continue. Un Boeing 707 américain transportant cent trente-sept touristes italiens s'est écrasé contre la colline du Pico Alto alors qu'il approchait de l'aéroport de l'île de Santa Maria aux Açores où il devait faire escale avant de relier la République dominicaine, sa destination. L'appareil a aussitôt explosé et il n'y a aucun survivant. Sous la violence du choc, les débris de l'appareil ont été disséminés sur des kilomètres carrés. Peu avant la catastrophe, le pilote avait demandé l'autorisation d'un atterrissage d'urgence. L'accident est probablement dû à une défaillance technique. L'avion était en service depuis vingt et un ans et avait déjà subi sept réparations.

Washington critique l'attitude d'Israël

8 février. Emotion en Israël après la publication par le département d'Etat américain du rapport qui, dans son évaluation annuelle, constate un accroissement des violations des Droits de l'homme par l'Etat hébreu dans les territoires occupés. Alors que l'« intifada » entame son quatorzième mois, et comme pour souligner la pertinence de l'inquiétude américaine, des incidents graves se sont de nouveau produits en Cisjordanie et à Gaza. Quatre Palestiniens ont été tués par balles lors de la dispersion d'une manifestation hostile aux Israéliens. Ces violences portent à 356 le nombre des victimes palestiniennes depuis décembre 1987 lorsque éclata la « révolution des pierres ».

Bjorn Borg victime d'une dépression

7 février. Bjorn Borg, l'ancien champion de tennis suédois, a été transporté d'urgence ce matin à la polyclinique de Milan et y a subi un lavage d'estomac. Il aurait avalé une dose trop importante de somnifères, dans la maison de sa fiancée Loredena Berte. Vers midi, il a pu cependant quitter la clinique par une porte dérobée. La version officielle fait état d'une indigestion, mais la rumeur évoque une tentative de suicide. Borg semble actuellement en proie à des démêlés sentimentaux avec sa compagne, une sulfureuse chanteuse de rock qui, entre autres talents, a l'art de défrayer la chronique.

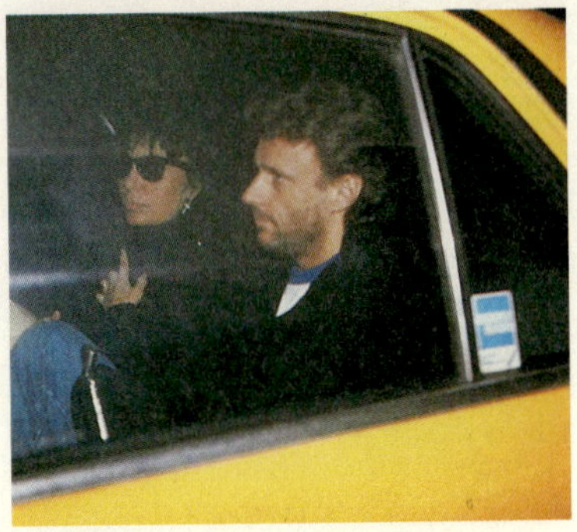

Borg auprès de son amie italienne.

Barre soutient à Lyon la liste Collomb

8 février. Raymond Barre a franchi le Rhône. Après avoir déclaré qu'il sera candidat sur la liste du sénateur maire sortant Francisque Collomb (UDF), l'ancien Premier ministre quitte sa permanence de la rive gauche pour des bureaux sur l'autre rive, à une encablure de l'hôtel de ville. Le député de Monchat a justifié le fait qu'il n'était pas tête de liste en affirmant que son destin n'est pas municipal, avant d'ajouter : « J'ai le sentiment que nous sommes à un tournant [...]. Il faut mettre Lyon à l'heure du vingt et unième siècle. » M. Barre a par ailleurs indiqué n'avoir jamais critiqué Michel Noir qui a constitué sa propre liste. Et de lâcher perfidement cette petite phrase : « Je ne suis pas de ceux qui usent de l'argument de la division quand cela leur est utile et oublient la division quand cela les arrange. »

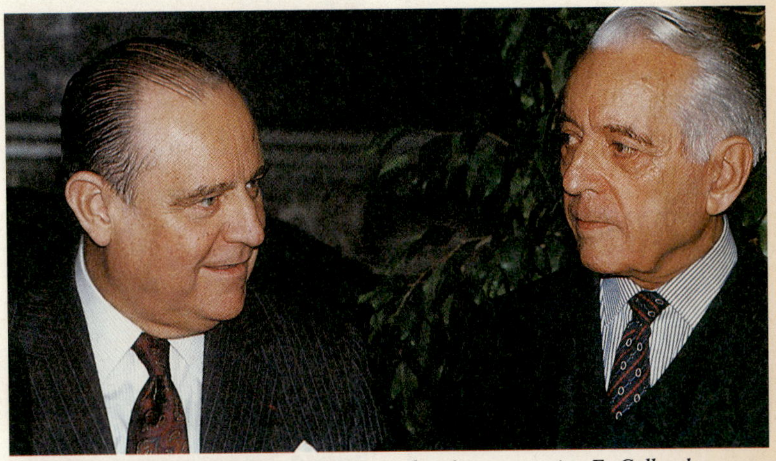

L'ancien Premier ministre en compagnie du sénateur maire F. Collomb.

Mitterrand dénonce "l'argent facile"

12 février. François Mitterrand a réaffirmé ce soir son ancrage à gauche et sa fidélité à « l'union des forces populaires ». Invité de l'émission « 7 sur 7 », le président de la République a donné un coup de frein à la politique d'ouverture. Mais c'est à propos des « affaires » qui agitent l'opinion que le chef de l'Etat a tenu les propos les plus offensifs, souhaitant que la justice soit « sévère » et critiquant « l'argent facile toujours suspect et fait pour corrompre ». Le président a fait preuve d'une grande maestria en détournant les questions les plus gênantes d'Anne Sainclair et en plaidant, avec vigueur, contre les « oiseaux de proie », les « malhonnêtes et aventuriers » qui se livrent au « vol, au pillage et au gangstérisme ». Un réquisitoire moralisateur pour dissiper son « délit d'amitié » avec les personnages proches de lui qui sont impliqués dans les « affaires ». De toute évidence agacé qu'on l'accuse de ne pas savoir choisir ses amis avec soin, il s'est écrié : « Me voit-on dans les salons ? Me voit-on dans des réunions mondaines ? » Les milieux financiers sont perplexes.

Les cigognes sont chez elles en Espagne

12 février. Située au centre de l'Espagne, la ville d'Alcala de Henares tient plus que tout et depuis toujours à ses cigognes. « Elles constituent un élément du paysage culturel, estime la mairie, et ont acquis un certain droit de cité. » Un décret prévoit des amendes pour ceux qui perturberont les oiseaux migrateurs ou toucheront à leurs nids. Dix-sept ont été bâtis cette année ; ils mesurent trois mètres de diamètre et pèsent cinq cents kilos. Le nouvel arrêté stipule que quiconque envisage une restauration ou un ravalement devra tenir compte des fragiles locataires. La cité, qui compte 144 000 habitants, attire les cigognes à leur retour d'Afrique du Nord.

Février

1989

Lu	Ma	Me	Je	Ve	Sa	Di
		1	2	3	4	5
6	7	8	9	10	11	12
13	14	15	16	17	18	19
20	21	22	23	24	25	26
27	28					

14. Inde : l'Union Carbide, responsable de la tragédie de Bhopal (3.12.1984) est condamnée par la Cour suprême indienne à payer 470 millions de dollars de dédommagement.

14. France : arrestation, à Metz, du truand Basri Bajramhi qui se trouvait en possession de 198 000 francs suisses provenant de la rançon de Paul Vanden Boeynants. →

14. Chine : obligation pour tous les résidents de Shangai de donner leur sang tous les cinq ans, sous peine d'amende.

15. France : signature par Arianespace d'un contrat de 18 milliards pour la fourniture de 50 lanceurs Ariane-4.

16. Japon : le scandale de pots-de-vin payés par Recruit provoque vingt-quatre démissions de responsables politiques et six arrestations (→ 25.4).

16. France : cent quatorze écrivains français signent un manifeste contre la « menace du fanatisme » liée à l'affaire des *Versets sataniques* (→ 18).

17. France : inculpation de Roger-Patrice Pelat dans l'affaire des délits d'initié (→ 7.3).

17. Maghreb : proclamation à Marrakech du Maghreb arabe. Il est composé du Maroc, de l'Algérie, de la Tunisie, de la Libye et de la Mauritanie.

17. Pologne : sept ans après l'avoir mis hors la loi, le gouvernement accepte la relégalisation de Solidarnosc (→ 5.4).

18. Etats-Unis : élection à la Chambre des représentants de Louisiane du républicain David Duke, connu pour être un ancien dirigeant du Ku Klux Klan.

DECES

16. Thomas Bernhard, écrivain et dramaturge autrichien (*1931).

17. Guy Laroche, couturier français (*16.7.1912).

19. Raymond Vilain, chirurgien français et fondateur de SOS Mains (*22.7.1921).

L'Armée rouge quitte l'Afghanistan

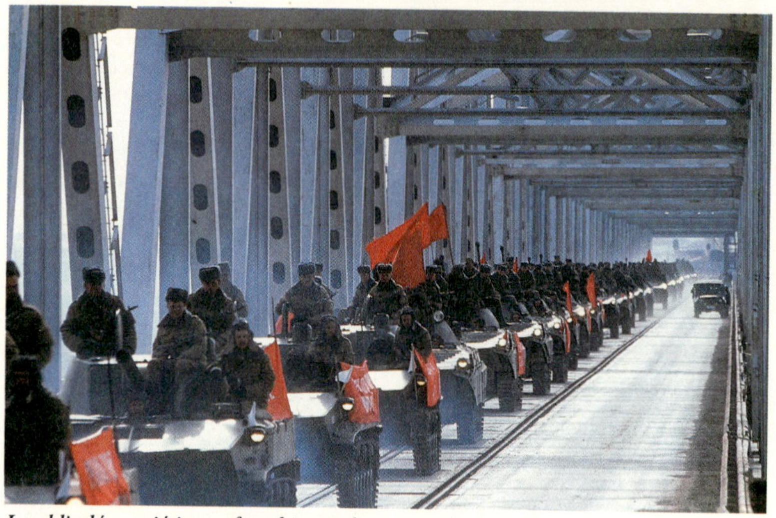

Les blindés soviétiques franchissent le « pont de l'Amitié » en sens inverse.

15 février. Le dernier militaire soviétique a quitté l'Afghanistan ce matin à 6 h 55 GMT. Il s'agit du général Boris Gromov, 45 ans, commandant en chef du contingent soviétique en Afghanistan. L'officier a franchi le « pont de l'Amitié » sur la rivière Amou Daria pour gagner le poste-frontière soviétique de Termez, en Ouzbekistan. Son départ marque pour l'Armée rouge la fin du bourbier afghan après une très longue campagne commencée le 27 décembre 1979. Cette intervention a été coûteuse : des experts militaires occidentaux ont calculé que, durant les neuf ans de la présence militaire soviétique, un soldat soviétique est mort toutes les cinq heures, tandis que toutes les trois minutes tombait un Afghan. Selon Moscou, les pertes soviétiques se sont élevées à 15 000 morts et 37 000 blessés. L'URSS s'était engagée le 14 avril 1988, en cosignant les accords de Genève, à retirer au 15 février son contingent de 110 000 hommes. Le retrait s'est déroulé dans des conditions difficiles, car la résistance afghane a maintenu sa pression jusqu'au dernier moment.

Fausses factures : trois inculpations

18 février. La chambre d'accusation de la cour d'appel de Paris, en charge du dossier de la Sormae, a inculpé les trois dirigeants de cette société marseillaise de « corruption, faux et usage de faux, abus de biens sociaux, complicité et recel ». Cette affaire de fausses factures fait de nombreux remous : l'information judiciaire ouverte le 15 vise vingt-trois personnes parmi lesquelles des hommes politiques de droite comme de gauche.

Curieux endroit pour investir...

19 février. Du jamais vu ! Les boursicoteurs de Wall Street peuvent désormais miser leurs fonds dans un bordel. Joe Conforte, le propriétaire du *Mustang Ranch*, un lieu de plaisir devenu une véritable institution dans le Nevada, a mis quelque 1 650 000 actions à 20 dollars pièce sur le marché. Il espère ainsi pouvoir rembourser largement les treize millions de dollars que lui réclame le fisc. Son ranch aussi particulier que lucratif pourrait devenir une valeur refuge.

France-Galles : un festival Serge Blanco

18 février. Serge Blanco est décidément le meilleur arrière de rugby du monde. Il l'a démontré d'une façon indiscutable au cours du match France-Pays de Galles disputé au Parc des Princes et remporté très brillamment par les Français sur le score de 31 à 12. Blanco a montré lors de cette partie qu'il était l'attaquant le plus efficace du Quinze de France et vient même d'ajouter deux essais à sa collection déjà riche d'un record. Devant les Gallois, il a su faire la décision aux moments cruciaux : d'abord à la 17e minute en donnant l'avantage (7-3) aux Tricolores ; à la 36e ensuite, en creusant un écart (16-6) qui allait s'avérer décisif. Enfin, en participant au troisième essai français marqué par Berbizier et qui assurait définitivement la victoire. On ne saurait cependant oublier que ce triomphe fut aussi celui d'un esprit collectif exemplaire. Signalons ausssi un jeu à la main digne de l'école française et la performance du buteur Jean-Baptiste Lafond qui a donné à son équipe douze points sur coups de pied.

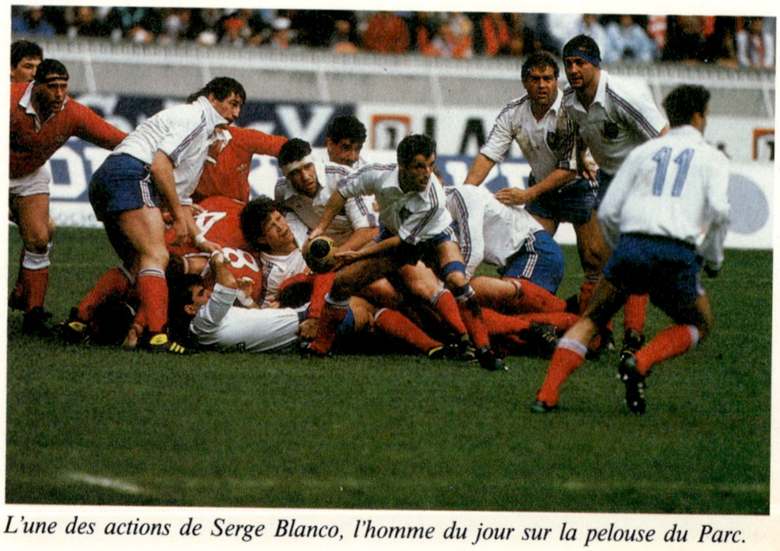

L'une des actions de Serge Blanco, l'homme du jour sur la pelouse du Parc.

Khomeyni : "Rushdie doit mourir... !"

14 février. Trois jours après le dixième anniversaire de la révolution islamique, l'ayatollah Khomeyni a déchaîné encore une fois les foudres du ciel sur l'auteur britannique d'origine indienne Salman Rushdie, coupable à ses yeux d'avoir osé écrire les « blasphématoires » *Versets sataniques*. « Je demande à tous les musulmans du monde d'exécuter rapidement l'auteur et les éditeurs du livre, où qu'ils se trouvent », a déclaré l'imam. Salman Rushdie, un musulman né à Bombay et établi en Grande-Bretagne depuis l'âge de 14 ans, a immédiatement été placé sous la protection des policiers de Scotland Yard. En effet, l'appel au meurtre lancé par le chef religieux est pris très au sérieux par les autorités britanniques. Des policiers montent la garde devant le siège londonien de l'éditeur menacé, Penguin-Viking. L'appel de Khomeyni est le dernier épisode d'une vague croissante de violence contre le roman « sacrilège » déjà interdit dans une dizaine de pays (→27.2).

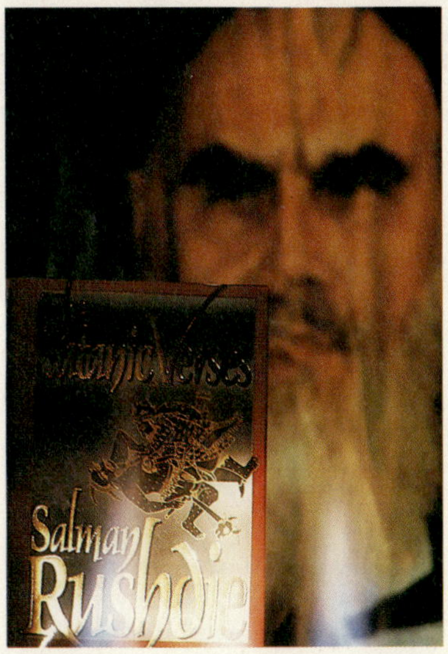

Une guerre sainte contre un roman.

Paul Vanden Boeynants a été libéré

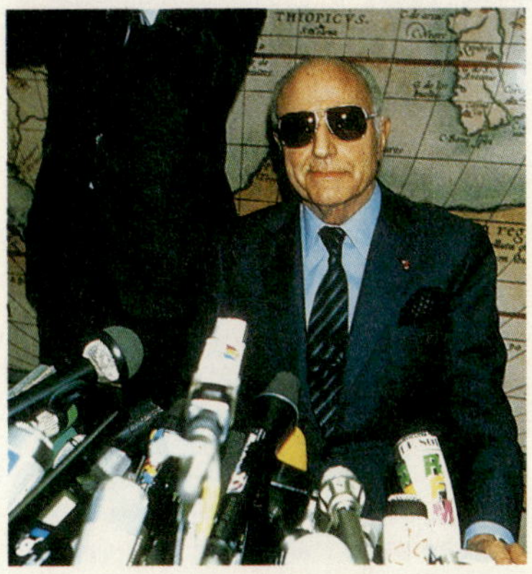
La réapparition publique de VDB.

14 février. Un mois jour pour jour après son enlèvement, l'ex-Premier ministre Paul Vanden Boeynants a été relâché par ses ravisseurs près de la gare de Tournai. Il a emprunté un taxi pour se rendre chez lui à Bruxelles où il est arrivé peu après minuit, la barbe non rasée, sale, amaigri et très fatigué. Il pense avoir été séquestré en France, « pas loin de la frontière ». Sa famille et ses amis avaient versé la semaine passée en Suisse 67 millions de francs belges (10 millions de francs français) de rançon.

Football : la révolution des Girondins

14 février. On savait depuis plusieurs semaines que la situation financière du club des Girondins de Bordeaux était devenue précaire, voire inquiétante. On parlait même d'un redressement fiscal et le président Claude Bez avait décidé de réduire les dépenses et d'entamer une politique d'austérité. C'est ce qu'il vient de faire, en prenant de nouvelles décisions spectaculaires. Tout d'abord, il a remercié son entraîneur Aimé Jacquet qui en était à sa neuvième saison bordelaise : « L'équipe, a dit Bez, venait de prendre quatre points en onze matchs. Il fallait opérer un choc psychologique. » C'est Didier Couécou, jusqu'à présent directeur sportif, qui va prendre les rênes à sa place, et Alain Giresse, un autre Bordelais, entre dans le staff technique. Dernier coup de théâtre : le club enrôle Eric Cantona que l'Olympique de Marseille a accepté de lui prêter, ce qui constitue sans doute la plus grande surprise dans cette série de mesures. On n'a pas oublié, en effet, les différends et les insultes que s'étaient échangées récemment les deux présidents Tapie et Bez.

Tout un fromage pour une bactérie

13 février. La presse britannique y consacre sa une, et la polémique a provoqué une rencontre entre les ministres anglais et français de l'Agriculture : le camembert et le brie pourraient être interdits à l'exportation outre-Manche. Une analyse de ces fromages fabriqués avec du lait non pasteurisé a révélé la présence d'un germe appelé listéria qui prolifère notamment sur leur croûte. La consommation de ces produits peut se révéler dangereuse, particulièrement pour les femmes enceintes.

Affaire Pechiney : le filet se resserre

17 février. Deux semaines après la transmission du dossier Pechiney à la justice, le juge d'instruction Edith Boizette vient d'inculper cinq personnes dont Roger-Patrice Pelat, ami intime du président de la République. Sont également inculpés : Robert Reiplinger, l'associé de Max Théret; deux responsables de sociétés de Bourse, Pierre-Alain Marsan et Ricaldo Zavala, ainsi qu'Isabelle Pierco, une amie de M. Pelat. Ils comparaîtront sous les motifs de délit d'initié et de recel de délit d'initié.

Un parfum antivol pour les œuvres d'art

15 février. L'invention est tout à fait sérieuse et intéresse au plus haut point experts et collectionneurs : Claudine Masson, biologiste au CNRS, et Marie-Florence Thal, chercheur au CEA, ont eu l'idée de mettre au point une substance chimique que l'on puisse déposer sur les toiles, les bijoux et sur toute pièce de valeur pour empêcher que des cambrioleurs ou des receleurs ne s'en emparent. Ce composé antivol a l'avantage d'être indétectable par l'odorat humain, mais de permettre en revanche que des chiens entraînés à cet exercice en retrouvent la trace n'importe où et à n'importe quelle distance. Une première expérience, qui vient d'être réalisée à l'école des douanes de La Rochelle, confirme la fiabilité et l'importance de la découverte. Les chiens très fins limiers ont effectué un travail semblable à celui qu'ils font lorsqu'ils repèrent par leur seul flair des sachets de drogue dissimulés. Le problème qui s'est posé aux deux jeunes femmes qui opéraient sur des objets précieux était de ne pas les endommager avec leur produit. Elles y ont réussi. Autre originalité de leur procédé : ce marquage chimique est doublé d'une prise d'empreinte par un système vidéo, de l'œuvre parfumée. Chaque type d'odeur et toutes les caractéristiques de l'objet traité sont stockés dans un ordinateur.

Les Parisiens découvrent enfin "Cats"

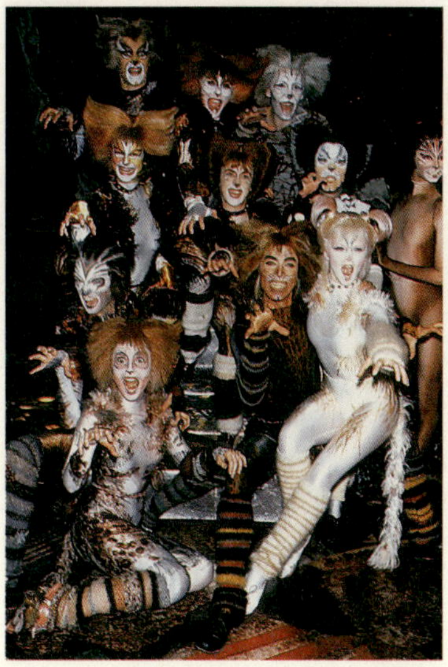
Une troupe de chats fait l'actualité.

14 février. Vingt millions de spectateurs ont déjà vu cette comédie musicale. Après Londres, New York, Tokyo, Vienne et Amsterdam, Paris va entendre les miaulements de la gente féline qui danse et chante sur un argument emprunté au poète anglo-saxon T. S. Eliot, prix Nobel de littérature en 1948, sur la musique d'Andrew L. Weber, le compositeur de *Jésus-Christ superstar*. Adaptée pour le public français, l'œuvre est jouée par une majorité de Français. Les acteurs grimés ressemblent à s'y méprendre aux matous de nos coins de rues. Ils évoluent au Théâtre de Paris où la scène a été transformée pour l'occasion en décharge publique et où des passerelles s'avancent vers la salle.

Février

1989

Lu	Ma	Me	Je	Ve	Sa	Di
		1	2	3	4	5
6	7	8	9	10	11	12
13	14	15	16	17	18	19
20	21	22	23	24	25	26
27	28					

20. Europe : après l'appel au meurtre visant l'auteur des *Versets sataniques*, les douze pays de la CEE rappellent leurs ambassadeurs en poste à Téhéran.

21. Etats-Unis : le juge américain Frank McGarr augmente de 30 millions de dollars l'indemnité versée aux ostréiculteurs français après la marée noire provoquée par le naufrage sur les côtes bretonnes de l'*Amoco Cadiz* le 18 mars 1978.

21. Tchécoslovaquie : neuf mois de prison ferme pour neuf opposants, parmi lesquels l'auteur dramatique Vaclav Havel, qui avaient déposé des fleurs à la mémoire de Jan Palach, l'étudiant qui s'était immolé par le feu lors du Printemps de Prague (→21.8).

21. Etats-Unis : saisie record d'héroïne à New York : 370 kg pour une valeur de 3 milliards de centimes.

23. Algérie : adoption de la nouvelle Constitution par référendum (73,4 % des suffrages).

26. Afrique du Sud : la compagnie South African Airways engage son premier pilote noir.

27. Suisse : à l'occasion de son cent cinquantième anniversaire, la firme Patek Philippe lance la montre la plus perfectionnée et la plus chère du monde (8 millions de francs).

27. URSS : la république d'Estonie fête l'anniversaire de son indépendance proclamée en 1918, par un rassemblement de 100 000 personnes à Tullin.

28. Grèce : à l'aéroport d'Athènes, douze passagers trop corpulents sont priés de descendre de l'avion surchargé d'Olympic Airways.

28. Yougoslavie : opposition albanaise à l'extension des pouvoirs de la Serbie sur la province du Kosovo. Des centaines de milliers de manifestants à Belgrade.

28. Venezuela : violentes émeutes provoquées par une hausse du prix des transports. La police ouvre le feu et fait vingt-cinq victimes.

Les tribus d'Amazonie défendent la forêt

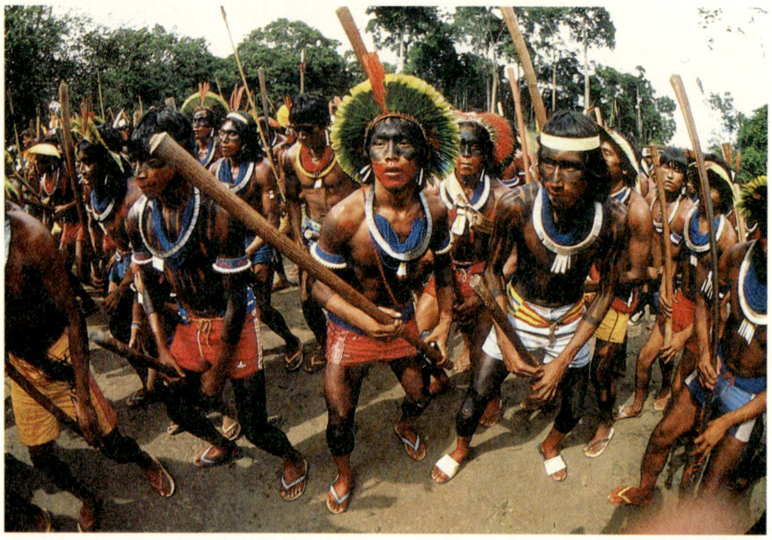

Ces Indiens en tenue de guerrier s'apprêtent à protéger leur seule richesse.

26 février. Les chefs indiens d'Amazonie ont menacé de briser le calumet de la paix si l'on s'avisait de toucher à leur forêt. Réunis en « sommet » à Altamira sur le fleuve Xingu à plus de 3 000 km au nord de Rio de Janeiro, ils ont proclamé solennellement : « Nous ne pouvons accepter la destruction des forêts et des rivières qui sont nos frères. » Ils s'opposent surtout à un projet gouvernemental de construction d'un barrage dans la région qui inonderait 1 200 km² de terres appartenant aux Indiens kayapos. Le chef Raoni de la tribu txucarramé a été catégorique : « Si le chef des hommes blancs veut continuer à faire ce barrage, je lui ferai la guerre. » Les dignitaires ont reçu un télégramme de solidarité du pape et le soutien actif du chanteur britannique Sting. Et ils disposent encore d'un sursis puisque l'Etat brésilien n'a pas réuni les fonds pour mener à bien l'entreprise.

Konrad Lorenz dialoguait avec les oies

27 février. Il était le père de l'éthologie, la science qui étudie le comportement des animaux. Konrad Lorenz est mort en Autriche à l'âge de 85 ans. Né à Vienne le 7 décembre 1903, docteur en médecine et en philosophie, il avait été médecin dans l'armée allemande en 1942. En 1949, il fonde l'Institut de recherches sur le comportement puis dirige, jusqu'en 1973, le célèbre institut Max Planck en Bavière. C'est cette même année qu'il partage, avec Karl von Frisch et Nikolaas Tinbergen, le prix Nobel de médecine et de physiologie. Konrad Lorenz, célèbre et controversé, était le théoricien de l'imprégnation selon laquelle tout jeune animal s'attache à celui qui le nourrit. A l'aide d'un porte-voix, il conversait réellement avec des oies cendrées dont il partageait la vie. La presse mondiale publia d'étonnantes photos de ce savant original, la tête dans l'eau et la barbiche émergeant d'une flotille d'oies et de canards en train de s'ébrouer. Doté d'un humour qui agaçait ses adversaires, il restera comme le « magicien de la communication animale ».

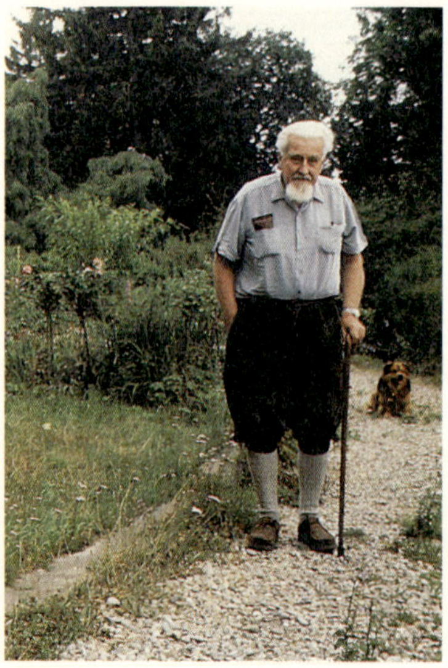

Lorenz, dans le parc de sa maison.

Sur les gauloises figurait sa griffe

22 février. Il fallait toute la modestie de Marcel Jacno, disparu aujourd'hui à l'âge de 84 ans, pour qu'il reste, lui, le graphiste de talent bien connu des initiés, toujours ignoré du grand public. Pourtant son nom a été reproduit à des milliards d'exemplaires, et son petit casque ailé figure depuis 1946 sur le paquet de gauloises. Le bandeau de *France-Soir* est aussi son œuvre, comme le sont les fameuses trois clés qui figurent, depuis 1952, sur l'affiche permanente du Festival d'Avignon. Sa rencontre avec Jean Vilar est à l'origine de la centaine d'affiches qu'il réalisa pour le TNP et pour lesquelles il créa un logo ainsi qu'un caractère typographique : le Chaillot. Pratiquant un art qui allait à l'essentiel, Jacno s'est toujours préservé des effets de mode.

Cent quatorze ans : un bel événement !

21 février. On ne pourra pas dire que la doyenne des Français était intimidée par la nuée de journalistes venus immortaliser son... cent quatorzième anniversaire. Jeanne Calment a soufflé sans peine toutes ses bougies et sans trembler, pas même d'émotion. Née le 21 février 1875 sous la présidence de Mac-Mahon, elle assure qu'elle a une santé merveilleuse, même si elle marche mal. Elle garde une vivacité d'esprit et une mémoire étonnantes. Elle a vu les débuts du cinématographe, ceux de l'automobile et connu la Belle Epoque.

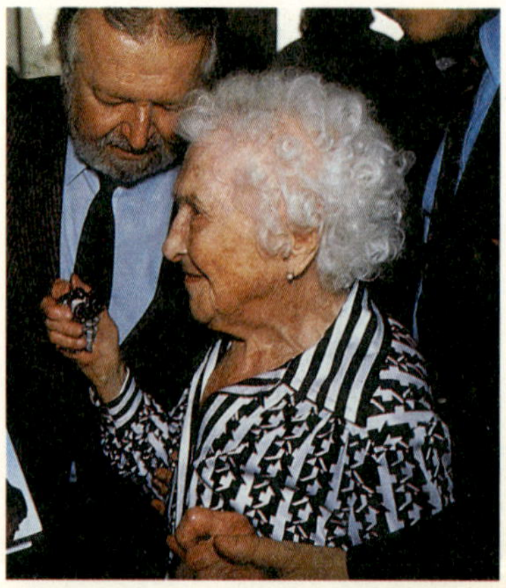

Elle détient le record de longévité.

Tempête sur la Promenade des Anglais

22 février. Nice est cerné de vagues : elles ont déferlé en rideaux denses et avec une violence rarement enregistrée sur cette partie de la côte méditerranéenne. Suite aux conseils impératifs des services de la météorologie, aucun voilier ne sort plus. La marine nationale reste en état d'alerte et les hélicoptères de l'Aéronavale sont prêts à décoller. La dépression en cours a déjà fait cinq morts sur la Côte d'Azur. Les spécialistes expliquent le phénomène en le comparant à un lavabo que l'on débouche : l'eau reflue sous la pression et gicle avec force lorsque l'on retire la bonde. Cette tempête n'a cependant rien à voir avec l'ouragan qui avait dévasté l'arrière-pays en octobre 1987.

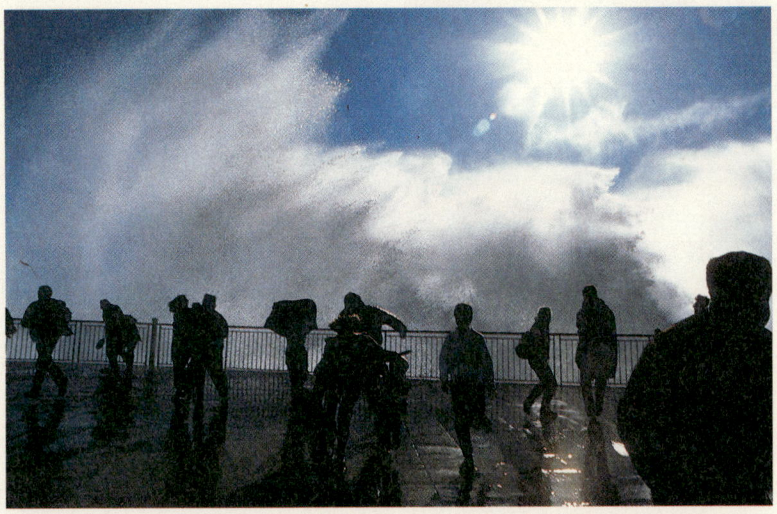

Jaillissant très haut, un mur d'eau et d'écume oblige les Niçois au repli.

Funérailles grandioses pour Hirohito

23 février. C'est sous une pluie glaciale que rois, présidents et ministres de cent soixante-trois pays ont rendu hommage à l'empereur. Ces étrangers de marque et neuf mille invités japonais ont observé une minute de silence face au pavillon de bois où repose le souverain. Les gardes impériaux ont porté le « sokarem » funèbre suivi par un grand chambellan. Le cortège, hérissé des étendards jaunes et blancs symbolisant la Lune et le Soleil, s'est ébranlé au son des fifres et des tambourins. Des obsèques selon le rite shintoïste et qui ont également permis aux chefs d'Etat présents de se retrouver hors cérémonie pour parler des problèmes et de l'avenir de ce monde.

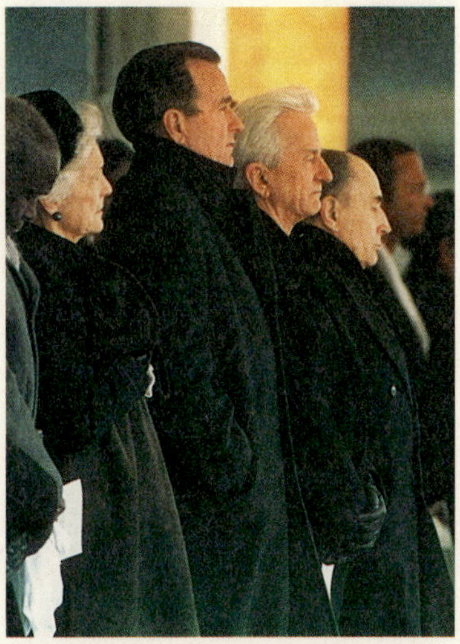

Figés dans la tribune, ils fixent...

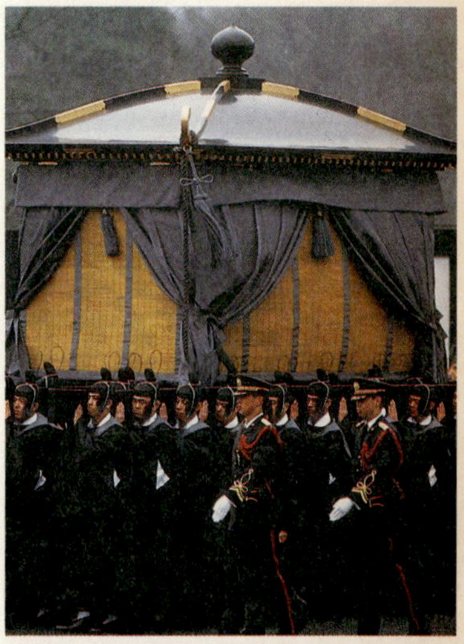

... le palanquin où repose le défunt.

Rocard avertit les militants anti-Rushdie

27 février. Le Premier ministre français a adressé une sévère mise en garde aux intégristes musulmans et partisans de la ligne dure prônée par l'imam Khomeyni concernant les prétendus sacrilèges *Versets sataniques* et leur auteur coupable d'avoir injurié le Prophète. Suite à la manifestation organisée hier par l'association la Voix de l'Islam et qui a rassemblé plus d'un millier de personnes à Paris, Michel Rocard a déclaré que le gouvernement ne saurait tolérer « tout nouvel appel à la violence et au meurtre ». Pour sa part, François Mitterrand a souligné qu'il fallait « s'attendre à tout » face au « fanatisme et au dogmatisme ». L'intervention du chef de l'Etat et celle du chef de gouvernement prouvent assez l'importance de l'avertissement lancé aux extrémistes. L'affaire Rushdie était une affaire internationale. Elle est désormais aussi une affaire française (→29.3).

Le "Bébête show" repart en campagne

27 février. Que serait une campagne électorale à la française sans la présence irrésistible des marionnettes du « Bébête show » pour singer ceux qui se battent dans l'arène politique ? Par chance, elles vont à nouveau déchaîner leurs impertinences et dérider dès ce soir les citoyens que les ténors de la droite et de la gauche finissent par fatiguer. Le trio d'auteurs, Stéphane Collaro, Jean Roucas et Jean Amadou, s'est échauffé en préparant des sketches à l'image de la bataille des municipales : on y traitera par la dérision les querelles de clocher qui font le charme de la vie nationale. Michel Charasse a failli faire son entrée dans le cénacle des comiques ; mais la candidature de ce ministre haut en couleur, portant bretelles et beau manieur de mots crus, n'a pas été retenue sous prétexte que ses interventions en public étaient trop ponctuelles pour qu'il figure dans l'émission...

Le 747 perd onze passagers en plein ciel

24 février. La série noire continue pour Boeing. Un 747 de la compagnie United Airlines assurant la liaison San-Francisco - Sydney, avec 336 passagers et 18 membres d'équipage, a perdu, à 6 000 m d'altitude au-dessus d'Hawaii, une partie de son fuselage avant, près de la soute à bagages. Onze personnes voyageant en classe « Affaires » ont été aspirées dans le vide par un trou béant de trois mètres sur douze. Le pilote a néanmoins réussi à ramener l'appareil à Honolulu. Selon Boeing l'avion avait été mis en service en 1970 et comptait 58 000 heures de vol, ce qui n'est pas excessif. L'accident fait rebondir la polémique sur la sécurité des avions construits par cette société.

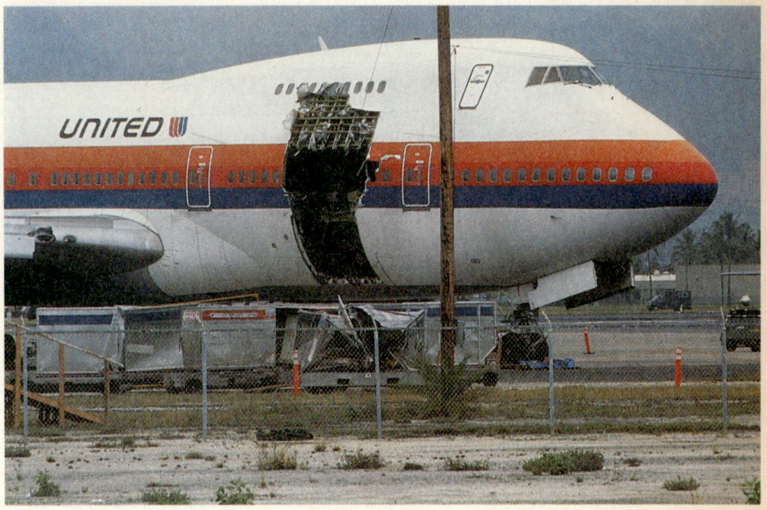

Une explosion en plein vol a amputé l'avion d'une partie de son fuselage.

Mars

1989

Lu	Ma	Me	Je	Ve	Sa	Di
		1	2	3	4	5
6	7	8	9	10	11	12
13	14	15	16	17	18	19
20	21	22	23	24	25	26
27	28	29	30	31		

1er. France : le Conseil des ministres prend des mesures de protection des animaux de compagnie.

1er. New York : l'ONU donne son feu vert définitif à l'indépendance de la Namibie.

1er. Yougoslavie : imposition du couvre-feu à la suite de manifestations d'Albanais.

1er. Islande : pour la première fois depuis 74 ans, les bars sont autorisés à servir de la bière.

1er. France : 20e anniversaire à Paris de l'ouverture des halles de Rungis.

1er. Iran : cinquante trafiquants de drogue sont pendus en public, ce qui porte leur nombre à deux cents depuis le début de l'année.

2. France : fermeture de sept casinos pour « irrégularités ».

2. Yougoslavie : arrestation de plusieurs responsables du Kosovo.

2. URSS-Europe : le premier ambassadeur soviétique auprès de la CEE, Vladimir Chemiatenkov, présente ses lettres de créance.

2. Côte-d'Ivoire : Yves-Rolland Billecard devient le premier P-DG non africain d'Air Afrique.

3. Grande-Bretagne : appel de sept cents écrivains, éditeurs et libraires en faveur des *Versets sataniques*.

3. France : des affrontements, à Paris, entre grévistes du métro et non-grévistes font onze blessés.

3. Canada : remaniement ministériel restreint du gouvernement du Québec.

3. Colombie : un dirigeant communiste est tué dans un attentat à l'aéroport de Bogota.

3. Sri-Lanka : Dingiri Banda Wijetunga est désigné comme Premier ministre.

4. Algérie : l'armée se retire du comité central du FLN.

5. France : manifestation de cent mille enseignants à Paris contre le plan Jospin.

5. Inde : de l'alcool frelaté fait quarante-neuf morts à New Delhi.

Venezuela : les émeutes font 246 morts

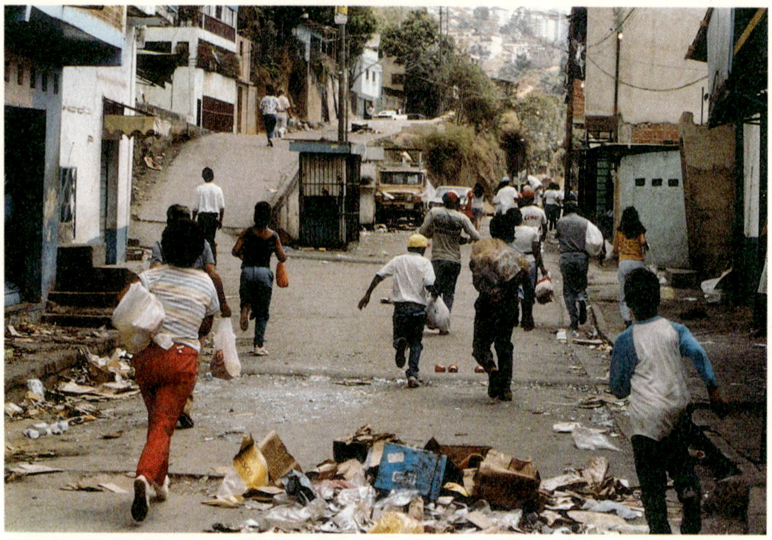

Rue de Caracas. Les civils fuient l'armée de 10 000 hommes en patrouille.

4 mars. La décision du gouvernement vénézuélien d'augmenter le prix des transports et des produits alimentaires a déchaîné la violence dans le pays et notamment à Caracas : le bilan des émeutes faisait état en début de semaine de près de deux cent cinquante morts. Cette flambée populaire met en cause le président Carlos Andres Perez dont le programme de libération économique est lié à l'obtention de crédits du Fonds monétaire international. Le chef de l'Etat a accusé aujourd'hui les grandes nations d'appauvrir les pays d'Amérique latine et de saper leurs efforts en faveur de la démocratie en maintenant les conditions « injustes » de paiement de leur dette extérieure.

Washington, la cité de tous les crimes

1er mars. La capitale des Etats-Unis est devenue la ville la plus dangereuse de ce pays. Elle compte sept cent mille habitants, dont 70 % de Noirs, et il y a de fortes chances que le triste record de l'an dernier, avec 372 meurtres, soit pulvérisé en 1989. En effet, quatre-vingt-dix personnes ont déjà été assassinées depuis le début de l'année ! Pris de panique, le conseil municipal vient de décider d'imposer pendant trois mois le couvre-feu aux moins de 18 ans ; les adolescents seront interdits de sortie entre 23 h et 6 h, et des amendes de cent à cinq cents dollars sont prévues pour les parents des récidivistes. Cette mesure serait destinée à prévenir les violences des jeunes en mal de drogue. Le maire Marion Barry, qui fait lui-même l'objet d'une enquête du FBI pour usage de cocaïne, a fait savoir qu'il était opposé à cette décision que la police juge d'ailleurs irréaliste. Mais, dans les rues, ce sont les gangs et les dealers de crack, un dangereux dérivé de la cocaïne, qui font la loi.

La Belgique, terre fertile en ministres

3 mars. La Belgique connaît une curieuse inflation depuis la mise en place de la régionalisation : celle du nombre des ministres. Il y a, par exemple, huit ministres de la politique scientifique. C'est ainsi que, outre les deux responsables nationaux, six autres personnes sont chargées chacune d'un secteur propre. Plus concrètement, la région flamande a son ministre à elle, la région wallonne a le sien, et la région bruxelloise aussi... Et les communautés francophone, flamande et germanophone ne sont pas en reste non plus ! La tâche se complique car la loi de régionalisation prévoit que le gouvernement peut prendre des initiatives au niveau régional... Ce qui suppose que les ministres de chaque secteur doivent d'abord se mettre d'accord entre eux, puis avec les deux superministres avant de pouvoir s'adresser à la CEE. Car, si les projets européens sont régionalisés, la CEE ne reconnaît que l'Etat central...

Série noire pour le rail britannique

4 mars. Une nouvelle catastrophe ferroviaire endeuille l'Angleterre. L'accident s'est produit en début d'après-midi à Purley, dans la banlieue de Londres. Deux trains se sont heurtés de plein fouet avant de dévaler un talus d'une cinquantaine de mètres et de terminer leur course dans les jardins de maisons situées en contrebas. On a retiré de l'amas de ferrailles cinq morts et quatre-vingt-quatorze blessés. La collision a eu lieu à quelques kilomètres de Clapham, où, le 12 décembre dernier, trente-cinq voyageurs avaient péri lorsque trois trains s'étaient télescopés à l'heure de pointe, à la suite d'une erreur de signalisation.

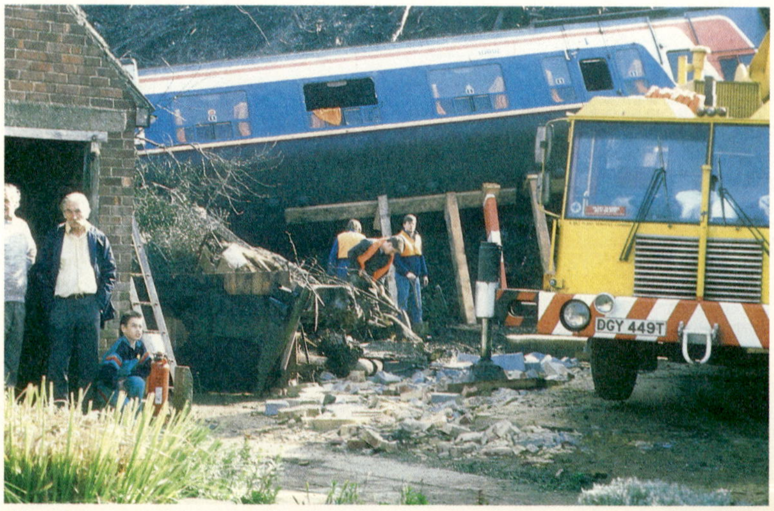

L'un des wagons en contrebas du talus, à quelques mètres d'une habitation.

Concorde fête ses vingt ans à Toulouse

2 mars. C'était le 2 mars 1969 et, à 15 h 38 sur l'aéroport de Blagnac, le prototype Concorde 001 s'arrachait du sol. Ce vol historique du supersonique franco-anglais avait duré 29 minutes, et André Turcat était aux commandes de cette merveille technologique. Après bien des batailles, Concorde a gagné celle du voyage commercial le plus rapide du monde. Sur les dix-huit appareils qui ont été construits, douze seulement sont encore en service, notamment sur la ligne Paris-New York. Seules Air France et British Airways les exploitent. Mais l'aventure continue : les responsables de l'Aérospatiale viennent de présenter la maquette du projet ATSF. Cet avion supersonique du futur volera à 2 500 km/h et franchira 12 000 km, au lieu de 6 000 actuellement, en emportant dans les airs deux cents passagers.

La côte française, cimetière des dauphins

3 mars. En quarante-huit heures, plus de cinq cents cadavres de dauphins ont été découverts, échoués après la tempête sur différentes plages de la côte atlantique française. La mortalité de ces mammifères s'accroît dangereusement en raison de la pollution marine. Celle-ci est de plus en plus importante, estiment les scientifiques du musée océanographique de La Rochelle venus constater l'hécatombe. Parmi les nombreuses maladies qui menacent l'espèce, les chercheurs se penchent plus particulièrement sur un composé chimique qu'ils ont isolé dans l'organisme des cétacés. Cette structure microscopique constituée d'atomes de carbone, d'hydrogène, d'oxygène et de chlore s'implante à la place de molécules vitales, diminue leurs défenses immunitaires et laisse donc proliférer les virus.

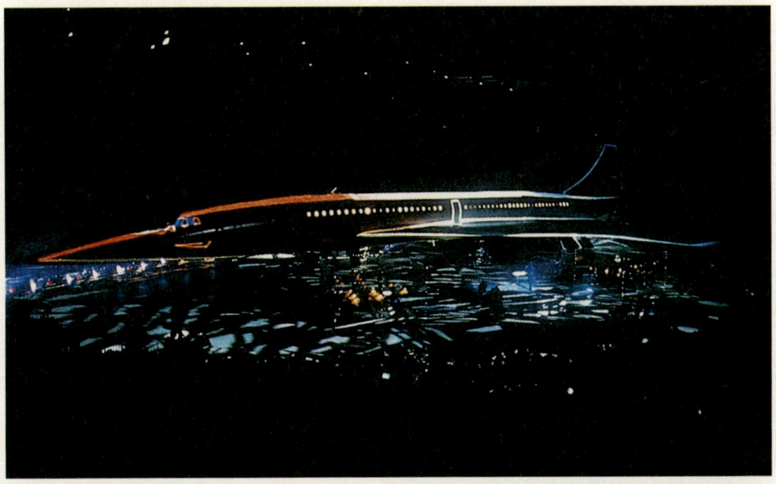

Le supersonique franco-anglais avec, pour l'occasion, un fuselage tricolore.

Deux géants de l'audiovisuel se marient

4 mars. L'absorption par le groupe Time de la firme Warner vient de donner naissance à un géant dans le secteur de la communication. L'opération, qui vient d'aboutir au terme d'un échange d'actions estimé par les deux compagnies à dix-huit milliards de dollars, est une des plus importantes prises de contrôle jamais effectuées aux Etats-Unis. Ce nouveau conglomérat prend le nom de Time Warner Inc. et sera dirigé conjointement par le P-DG de Time, Robert Munro, et celui de Warner, Steven Ross. La nouvelle société produit et distribue des films, des disques et des cassettes et prévoit un chiffre d'affaires annuel de dix milliards de dollars. De quoi impressionner la concurrence mondiale dans le créneau des médias et des loisirs.

L'ordinateur, une arme pour les espions

3 mars. Fini le temps des soi-disant secrétaires qui défrayaient la chronique politique et diplomatique en Allemagne fédérale ! Les nouveaux espions sont des virtuoses de l'ordinateur. A Hanovre et à Berlin-Ouest, les enquêteurs de l'Office fédéral de la Constitution viennent d'arrêter trois personnes soupçonnées d'avoir fourni des informations « sensibles » aux services secrets soviétiques. Selon l'enquête qui a duré plusieurs mois, le KGB aurait recruté trois agents en 1985 en leur fournissant d'abord de la drogue, puis de l'argent avant d'en venir aux menaces. Les trois jeunes gens passionnés d'informatique auraient utilisé leur ordinateur personnel et une simple ligne téléphonique pour décrypter des données, en principe inviolables. Les clés d'accès étaient ensuite transmises à un attaché commercial soviétique résidant à Berlin-Est. Selon la chaîne de télévision ARD, l'importance des renseignements détournés est considérable.

Les deux Corées reprennent contact

1er mars. Les deux régimes de Corée, ennemis jurés depuis 1953, ont accompli un premier pas important l'un vers l'autre. Les représentants nord et sud-coréens se sont retrouvés autour d'une même table pour parler d'une éventuelle rencontre entre leurs présidents respectifs, Kim Il-sung pour le Nord et Roh Tae-woo pour le Sud. En raison de divergences, aucune date officielle n'a pu être fixée, mais les délégués ont exprimé leur intention de se revoir en avril. Ils se sont par ailleurs entretenus des manœuvres militaires annuelles américano-sud-coréennes qui auront lieu à partir du 14 mars prochain. La Corée du Nord s'est montrée sur ce point moins intransigeante que par le passé. Mais il y a loin encore entre la décrispation qui s'amorce et la réunification du pays.

Maggie, la "reine" des grand-mères

3 mars. « Nous sommes grand-mère ! » a lancé le Premier ministre britannique aux photographes réunis devant sa résidence du 10 Downing Street. La Dame de fer annonçait ainsi la naissance du petit Michael, né à Dallas (Texas) où vivent Mark, le fils unique de Maggy, et Diane, son épouse américaine. La maman et l'enfant, qui pèse 3,6 kg, se portent à merveille, ont précisé les porte-parole officiels. Pourtant, l'heureuse nouvelle n'a pas réjoui tout le monde : des membres de l'opposition travailliste et certains commentateurs ont jugé « shocking » que Margaret Thatcher ait osé utiliser le « nous » royal pour faire part de l'événement. Cette formule est traditionnellement réservée à Sa Gracieuse Majesté, et d'aucuns accusent même Maggie de viser trop haut...

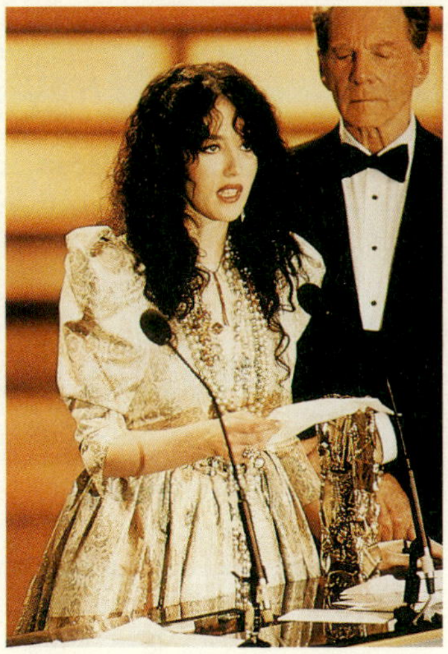

Isabelle Adjani, César de la meilleure actrice 1989, défend avec fougue Salman Rushdie...

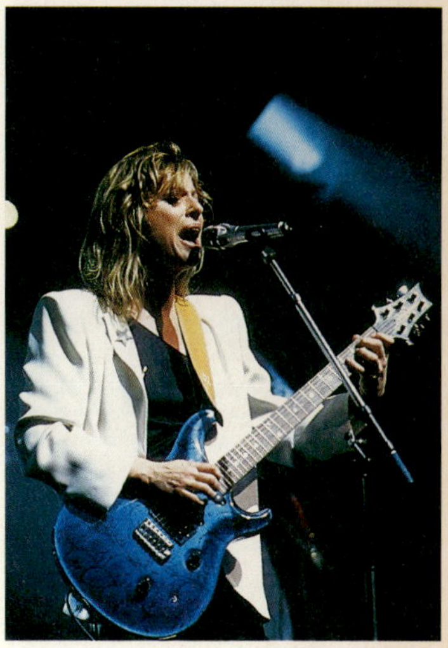

... tandis qu'à l'Olympia, suite à des menaces, Véronique Sanson ne chante plus « Allah ».

Mars

1989

Lu	Ma	Me	Je	Ve	Sa	Di
		1	2	3	4	5
6	7	8	9	10	11	12
13	14	15	16	17	18	19
20	21	22	23	24	25	26
27	28	29	30	31		

6. Guyane : pour la onzième fois consécutive, lancement réussi de la fusée Ariane qui placera deux satellites sur orbite.

6. Est-Ouest : ouverture à Vienne de négociations sur la réduction des forces conventionnelles en Europe.

7. Mer d'Irlande : un chalutier belge, le *Tijl Uylenspiegel*, disparaît corps et biens, avec cinq hommes à bord.

7. Etats-Unis : violente tempête dans l'est et le centre du pays. Douze morts.

7. Iran - Grande-Bretagne : conséquence de l'affaire Rushdie, Téhéran rompt ses relations diplomatiques avec Londres.

7. URSS : Moscou annonce le retrait de ses troupes de Mongolie.

8. France : sortie à Paris du film de Terry Gilliam, *les Aventures du baron de Munchausen*.

9. Japon : 11 arrestations, dans le cadre du scandale Recruit, et 24 démissions, dont celles de 3 membres du gouvernement (→ 25.4).

9. France : sept blessés lors d'affrontements en Corse entre policiers et grévistes de la fonction publique (→ 28.3).

10. Canada : un avion d'Air Ontario s'écrase avec, à son bord, soixante-neuf passagers.

10. Hongrie : la nouvelle Constitution entrera en vigueur en 1990, et le président sera élu au suffrage universel.

11. France : deux avalanches, l'une à Arèches (Savoie), l'autre près de Saint-Gervais (Haute-Savoie), font 4 morts.

12. Afghanistan : quatorze mille moudjahidin assiègent Jalalabad, la cinquième ville du pays.

DECES

7. Roger-Patrice Pelat (70 ans), industriel.

9. Robert Lacoste, homme politique français (*5.7.1898).

11. Henri Viard, écrivain et scénariste français (*11.8.1921).

Municipales : les surprises du scrutin

12 mars. Les Français continuent de bouder les urnes. Même pour les municipales, très suivies habituellement, l'enthousiasme s'est émoussé. Avec 32 % d'abstentions, c'est la plus faible participation depuis 1947. Les résultats du premier tour marquent la poussée spectaculaire des Verts : dans plusieurs grandes villes, ils seront, avec le Front national, les arbitres du second tour. Pour les grands partis, l'avertissement est sérieux. Globalement, la droite domine avec 49,8 % des voix contre 46,7 % à la gauche. Parmi les événements à retenir de cette consultation, la victoire de Michel Noir (RPR) qui sera le prochain maire de Lyon, alors que Raymond Barre y est battu, victime d'une « mauvaise image ». Robert Vigouroux (ex-PS) est en tête à Marseille après avoir remporté la primaire contre le candidat investi par le Parti socialiste, Michel Pezet. A Nantes, le succès de Jean-Marc Ayrault fait repasser la ville à gauche. A Paris enfin et dans treize arrondissements, Jacques Chirac l'emporte sur Pierre Joxe.

Démission du gouvernement soudanais

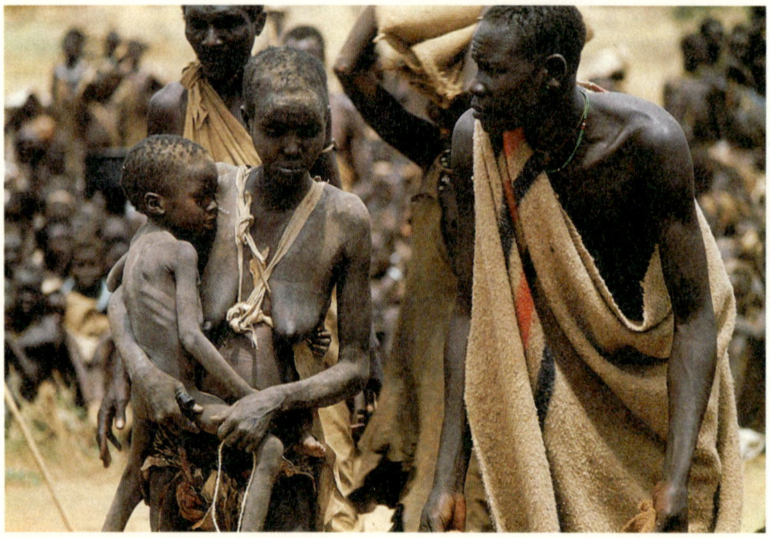

La population soudanaise victime de la faim et de la guerre civile aussi.

11 mars. Le Premier ministre du Soudan, Sadiq al-Mahdi, a remis la démission de son gouvernement au Conseil suprême de souveraineté. Cette décision permet d'envisager une solution à la guerre civile qui ravage le sud du pays depuis six ans. La plate-forme politique qui devra servir de base au futur gouvernement a été acceptée par tous les partis, sauf par les extrémistes du Front national islamique. Les tenants de cette ligne exigent que la charia, la loi islamique, soit comprise dans le nouveau programme gouvernemental. Or, c'est précisément cette clause qui a déclenché la guerre dans une région en majorité peuplée d'animistes et de chrétiens.

Terra Nova, les îles qui n'existaient pas

12 mars. Les membres d'une expédition ouest-allemande n'en croyaient pas leurs yeux. L'équipe avait été envoyée en mission dans l'Antarctique, dans la région nord de la terre Victoria, pour effectuer des prélèvements rocheux sur le relief des îles Terra Nova. L'archipel figurait depuis 1961 sur les cartes marines. Mais les explorateurs ont eu beau chercher, tant en bateau qu'en hélicoptère, point de terre en vue. Après plusieurs jours et faute d'avoir localisé les fameuses îles, les pionniers malgré eux ont repris le chemin de leur pays. La seule explication possible est que ces terres fantômes seraient en réalité des blocs d'iceberg qui, depuis 1961, ont eu tout le temps de fondre...

Bush tenu en échec par ses sénateurs

9 mars. Moins de trois mois après son arrivée à la Maison Blanche, le président américain vient de se voir infliger sa première défaite. Le Sénat, à majorité démocrate, s'est opposé, par 53 voix contre 47, à la désignation de John Tower comme secrétaire à la Défense. Ce véritable camouflet fait suite à des semaines de polémique entre adversaires et défenseurs de John Tower. Les sénateurs ont estimé que ce dernier, un Texan de 63 ans, avait un penchant bien trop marqué pour les jolies femmes et le vieux whisky. John Tower avait pourtant juré solennellement de rester fidèle à son épouse et d'éviter les tentations de la bouteille. Les partisans du candidat au Pentagone ont accusé ses détracteurs d'hypocrisie, mais la majorité des parlementaires s'est finalement prononcée contre lui : un tel poste requiert d'autres qualités que celles d'un bon vivant !

Pluie de pierres sur la capitale du Tibet

6 mars. Avec des cailloux et des pierres, des Tibétains ont affronté des policiers chinois munis d'armes automatiques dans les rues de Lhassa, la capitale. Le bilan officiel des émeutes est de seize morts, mais, selon des témoins étrangers, il y aurait une cinquantaine de victimes. Les troubles ont éclaté lorsque la police a ouvert le feu et lancé des grenades lacrymogènes en direction d'une dizaine de moines et de nonnes bouddhistes qui participaient à une marche pro-indépendantiste autour du temple du Jokhang, situé au centre de la ville. Les Tibétains ont alors riposté en s'en prenant aux magasins tenus par des Chinois dans la rue principale. La police a répliqué en tirant des rafales de fusil d'assaut sur les civils. De nombreux blessés ont refusé d'être conduits à l'hôpital, de crainte d'être arrêtés. Dans le courant de la soirée, les émeutiers, dont de nombreux moines en civil, ont recommencé à harceler les Chinois indésirables en se servant pour les mitrailler de frondes tressées de poils de yack. Des dizaines de manifestants sont sous les verrous.

Feu criminel à Belfort : dix-huit victimes

10 mars. Les faits remontent à quarante-huit heures, mais le pyromane est passé aux aveux aujourd'hui. Xavier Curtet, 23 ans, est à l'origine de l'incendie qui s'est déclaré le 8 vers 3 h du matin dans un ancien hôtel de Belfort où il était locataire. En 1982 l'immeuble avait été transformé en studios meublés, occupés pour la plupart par des étudiants et des personnes âgées. Les sauveteurs ont été empêchés d'accéder à cause de l'effondrement de l'escalier de bois où s'est déclaré le sinistre et qui desservait les cinq étages. Dans la panique, quatre personnes ont préféré se jeter par la fenêtre. Le feu a fait dix-huit morts et de nombreux blessés parmi lesquels des pompiers.

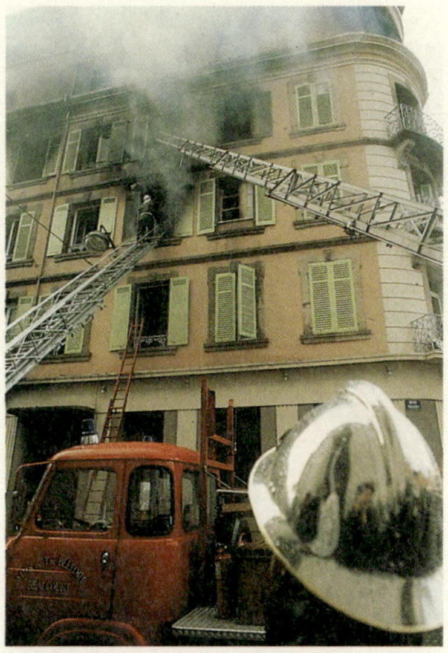

Dernières fumées de l'incendie.

Massacre de Katyn : Staline coupable

7 mars. Le gouvernement de Varsovie a, pour la première fois, attribué officiellement à Staline la responsabilité du massacre des 15 000 officiers et sous-officiers polonais prisonniers de l'Armée rouge, au début de la Seconde Guerre mondiale. « Tout indique, a précisé le porte-parole Jerzy Urban, que le massacre a été commis par le NKVD [qui deviendra le KGB]. » Il a souhaité que les Soviétiques puissent retrouver des documents dans leurs propres archives.

Michel Platini : "Le Mondial s'éloigne"

8 mars. Sauf miracle, l'équipe de France de football ne participera pas, en juin 1990, à la phase finale de la Coupe du monde qui doit être jouée en Italie. L'arrivée de Michel Platini en tant que sélectionneur n'a rien changé. Le Onze tricolore a dû s'incliner à Glasgow (0-2) devant une sélection écossaise toujours aussi difficile à battre sur son terrain. Ironie du sort, c'est un joueur écossais appartenant à un club français, Maurice Johnstone du FC Nantes, qui a marqué les deux buts. La victoire de son équipe renvoie les jeunes footballeurs français, encore trop inexpérimentés, à leurs études internationales...

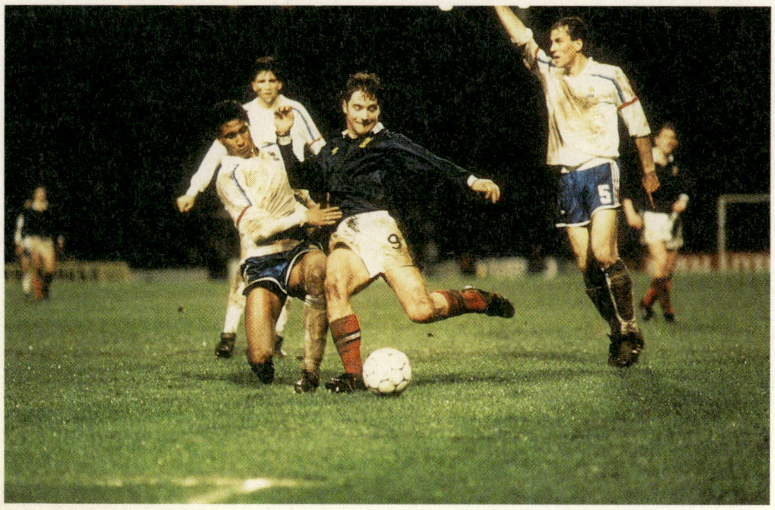

Le Français Silvestre aux prises avec l'attaquant écossais MC Coist.

L'Europe veut protéger la couche d'ozone

10 mars. La conférence de La Haye s'est penchée sur la question préoccupante du réchauffement et de la souillure de l'atmosphère. Les travaux se sont clos par la signature de la Déclaration de La Haye qui appelle toutes les nations à se joindre aux vingt-quatre pays signataires et représentant les cinq continents, à se montrer vigilantes sur les dégâts causés à l'environnement et à l'échelle de la planète par ce qu'on appelle « l'effet de serre ». Les grandes lignes du texte officiel ont été définies par le Premier ministre Michel Rocard et par ses homologues néerlandais et norvégien. Ils ont insisté sur la nécessité d'une solution rapide du problème et sur celle d'une approche nouvelle pour le traiter. Il faut élaborer de nouveaux principes de droit international et agir avec des moyens plus efficaces. Des mesures de régulation et d'adaptation s'imposent. Elles doivent aussi prendre en compte la contribution potentielle de pays qui ont des niveaux de développement différents. Puisque ce sont les pays industrialisés qui sont responsables des pollutions qui affectent l'atmosphère, ils auront des obligations particulières à l'égard des pays pauvres.

La mode chinoise, c'est révolutionnaire

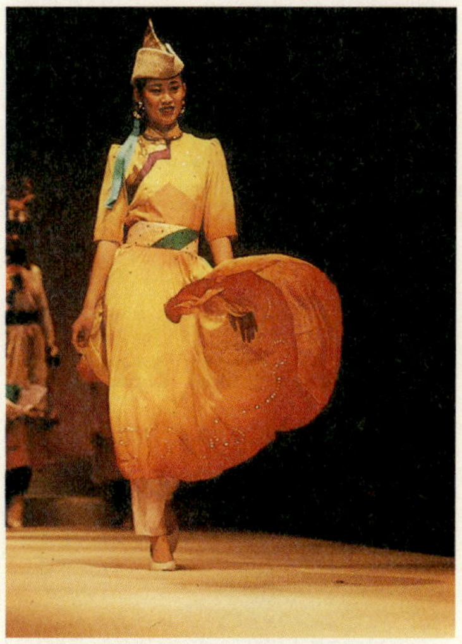

L'un des modèles de la collection.

7 mars. Le costume Mao est remisé au placard des vieilleries et des curiosités. Vive l'audace, l'imagination et le luxe ! Ce soir au palais de Chaillot avait lieu, pour une démonstration sans précédent et devant le Tout-Paris de la mode, le défilé de la haute couture « made in Pékin ». Les créations présentées étaient somptueuses, et certains modèles n'étaient pas sans rappeler les anciens fastes de l'Empire du Milieu. Dix mannequins, qui ont profité de leur passage pour découvrir la capitale, ont présenté des robes, des jupes et des tailleurs d'une valeur cinq à dix fois supérieure au salaire mensuel moyen d'un Chinois.

L'Italie compte en millions de pizzas

9 mars. La pizza reste la reine de la péninsule italienne. Pour l'année 1988, plus de deux milliards et demi de ces tartes à base de mie de pain ont été consommées du nord au sud de la botte. Soit le chiffre record de sept millions par jour, en ne se fondant que sur les chiffres fournis au fisc... Les 25 000 pizzérias ouvertes ici ont réalisé les cinq sixièmes du chiffre d'affaires de l'ensemble du secteur de la restauration et cent cinquante mille personnes vivent de la fabrication des pizzas. Garnies, selon l'humeur du chef, de sauce tomate, d'anchois, de câpres ou de mozzarella, elles ont conquis le monde et même Moscou !

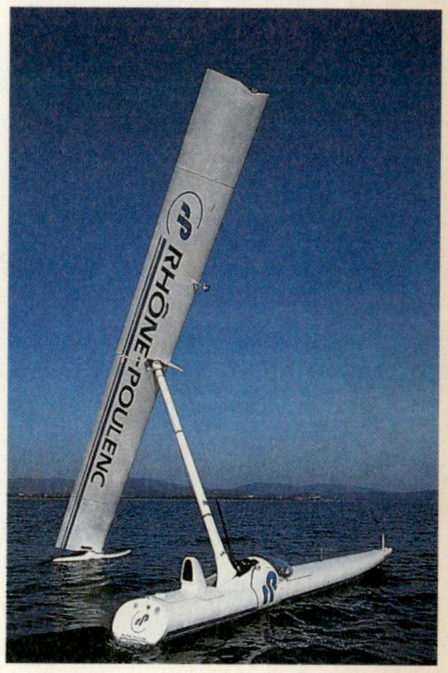

« Objectif 100 » : un prototype qui file à 100 km/h. Mât et coque en carbone, une aile qui glisse dans l'air et l'autre dans l'eau.

Mars

1989

Lu	Ma	Me	Je	Ve	Sa	Di
		1	2	3	4	5
6	7	8	9	10	11	12
13	14	15	16	17	18	19
20	21	22	23	24	25	26
27	28	29	30	31		

13. RDA : une très violente explosion dans une mine de potasse près de Bad Salzungen, la plus importante jamais enregistrée dans une mine et dans le monde, provoque un tremblement de terre. L'accident ne fait que six blessés.

13. Europe : le SME (Système monétaire européen) fête ses dix ans.

14. Europe : accord des Douze sur une télévision sans frontière.

14. Liban : violents duels d'artillerie à Beyrouth. Trente-cinq morts.

16. URSS : le PC approuve un important programme de réformes agraires proposé par Mikhaïl Gorbatchev.

16. Mer du Nord : suite au naufrage d'un cargo, on recherche un fût de lindane, un produit hautement toxique.

16. France : l'écrivain-diplomate Pierre-Jean Rémy est reçu à l'Académie française.

17. France : un dessin d'Ingres est vendu 7 millions, salle Drouot, à Paris.

17. Danemark : le pot d'échappement catalytique imposé à tout nouveau véhicule.

17. Japon : croissance économique record en 1988 : 5,7 %.

17. RFA-RDA : Bonn dénonce la décision de l'Allemagne de l'Est d'autoriser ses gardes-frontières à tirer sur ceux qui tentent de franchir le rideau de fer.

17. Liban : douze morts à Beyrouth dans un attentat à la voiture piégée.

17. Nicaragua : libération de 1 900 prisonniers politiques.

19. URSS : explosion dans une usine de produits chimiques en Lituanie. Quatre morts, une trentaine de blessés et 30 000 habitants évacués.

19. URSS : des milliers de personnes manifestent leur soutien à Boris Eltsine (→26).

DECES

16. Georges Blond, écrivain français (*11.7.1906).

Zita, la dernière impératrice d'Europe

14 mars. Elle avait fait rêver toute l'Europe et avait régné sur l'Empire austro-hongrois dans les fastes d'avant 1914. Elle est morte dans un couvent suisse, à Zizers (Grisons). Zita, qui disparaît à l'âge de 97 ans, était la dernière impératrice d'Autriche et reine de Hongrie. Elle avait succédé à Sissi et épousé Charles de Habsbourg, petit-neveu de François-Joseph. Née princesse de Bourbon-Parme, elle avait vu le jour en 1892 à Pianore en Italie et s'était mariée en 1911. L'Europe n'allait pas tarder à se déchirer, et Zita fit tout ce qu'il était possible de tenter pour empêcher la guerre. En 1917, elle intervint pour entreprendre une négociation de paix séparée entre la France et l'Autriche, mais Clemenceau s'y opposa farouchement. Après l'abdication de son époux en 1918, elle le suivit en exil à Madère où il mourut en 1922. A son veuvage, elle vécut dans la gêne, élevant huit enfants et soutenue par une foi catholique inébranlable. En 1982, après 63 ans d'exil, elle regagnait Vienne et obtenait un triomphe. Ses déclarations remirent en cause la version officielle du drame de Mayerling.

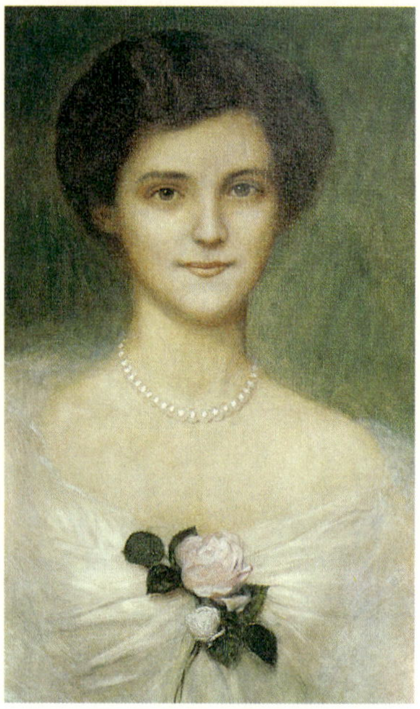

Portrait de la jeune impératrice.

Discovery : la NASA prend sa revanche

18 mars. La navette spatiale américaine Discovery avec cinq astronautes à son bord a regagné la Terre à 15 h 36 heure française. Après avoir tourné sur orbite pendant cinq jours, le vaisseau a effectué un atterrissage parfait sur un lac asséché situé dans le désert de Californie, sous les applaudissements d'une foule de 450 000 personnes. La navette a placé sur orbite le TDRS-D, un satellite de communications de deux tonnes et d'une valeur de près de un milliard de francs. Après la réussite enregistrée par Discovery en octobre passé, cette mission confirme que les Américains ont repris leur place dans la course à l'espace. Elle apporte aussi la preuve que la terre est malade : d'inquiétantes photos prises au cours du vol montrent, entre autres, un gigantesque nuage de fumée de 2,6 millions de km^2 au-dessus du bassin amazonien. La responsabilité de cette pollution incombe aux Brésiliens.

Un nouveau maillot pour Eric Cantona

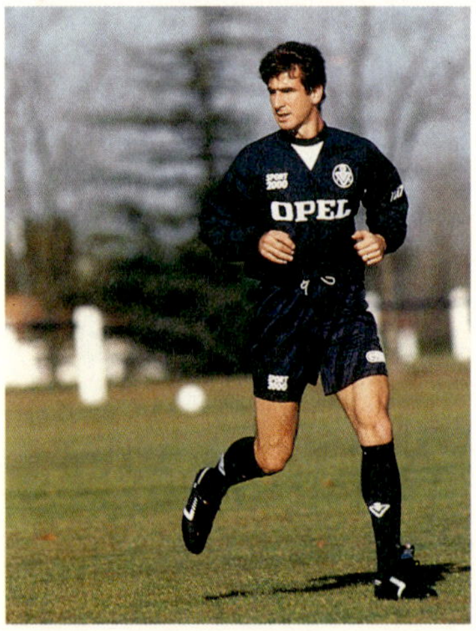

L'enfant terrible du football.

18 mars. Eric Cantona est décidément un joueur qui a l'art de défrayer la chronique. Après avoir provoqué des incidents en équipe de France et à l'Olympique de Marseille, la star quitte la Canebière pour Bordeaux. L'attaquant international a effectué ses débuts bordelais contre Laval avec sa nouvelle équipe.

Les Hongrois honorent la révolte de 1848

15 mars. Budapest est en liesse. La capitale hongroise célèbre aujourd'hui le rétablissement de la fête nationale. Le 15 mars coïncide avec la date anniversaire de la révolte des Magyars qui, en 1848, s'étaient opposés à la domination autrichienne des Habsbourg. Si le drapeau blanc, vert et rouge flotte partout sur les deux rives du Danube, le drapeau rouge se fait discret. Le pouvoir et l'opposition ont marqué l'événement chacun séparément. Sur la place de la Liberté et sous l'œil des caméras officielles, soixante mille manifestants ont dit non à l'Etat policier et exigé le départ des troupes soviétiques pour une « Hongrie indépendante et neutre ». Cette journée chômée, symbole du Printemps de Budapest, annoncerait-elle des changements ?

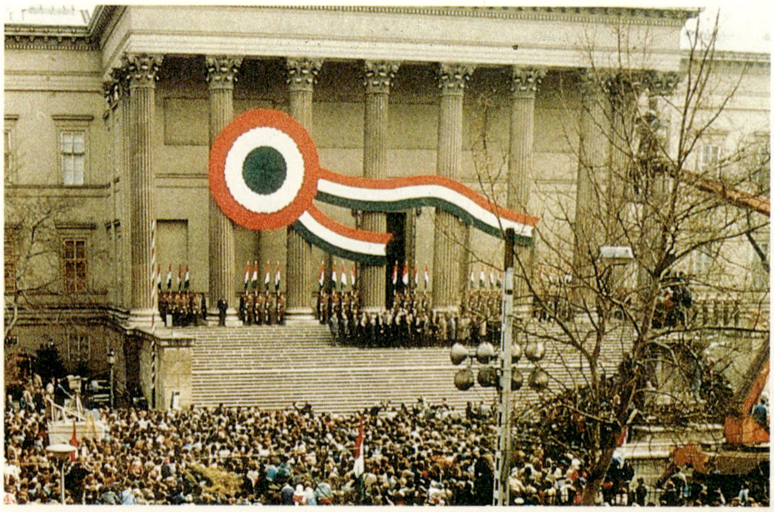

Les Hongrois profitent de la fête nationale réinstaurée pour s'exprimer.

Six millions de Québécois sans électricité

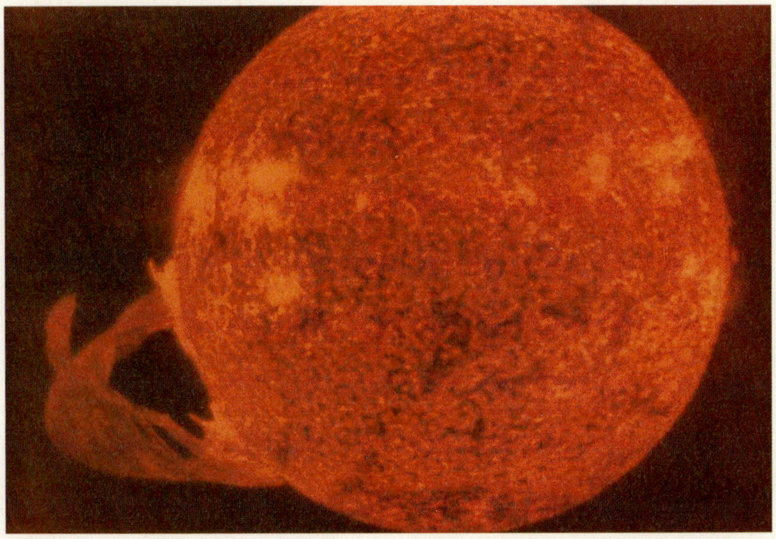

Phénomène insolite et spectaculaire : le soleil au moment de son éruption.

17 mars. Le soleil a parfois de redoutables sautes d'humeur. Son éruption de cette nuit a provoqué un orage magnétique d'une formidable violence qui a privé de courant la belle province pendant plusieurs heures. De quoi troubler le sommeil de quelque six millions et demi de Québécois. C'est la première manifestation aussi spectaculaire des débordements de l'astre. Régulièrement tous les onze ans, le Soleil éclabousse la Terre d'une forte quantité d'énergie, et le globe est enveloppé de très puissants courants électriques. C'est ce phénomène précisément qui a fait sauter les plombs au Québec après que les diverses centrales du territoire eurent disjoncté les unes après les autres. L'avertissement est à prendre au sérieux : une tempête solaire d'une tout autre ampleur se prépare pour les jours qui viennent.

La tour de Pavie aura tenu neuf siècles

18 mars. De l'édifice médiéval haut de soixante-dix mètres ne subsistent que des gravats : la tour civique de la vieille cité lombarde, célèbre pour sa chartreuse, s'est soudain écroulée sur elle-même à quelques mètres de la cathédrale, en plein centre-ville. La tour romane en briques, qui fut érigée au XIe siècle et pourvue d'un clocher au XVIe, faisait l'objet depuis juillet dernier d'une surveillance attentive à cause de fissures découvertes sur sa façade. On envisageait sous peu sa restauration. Quinze personnes ont été blessées dans cet effondrement, et quatre autres sont mortes pour n'avoir pu être dégagées à temps des décombres. Parmi les victimes, deux jeunes filles de 17 et 18 ans.

La belle Pamella scandalise l'Angleterre

19 mars. Le Royaume-Uni est en émoi : un nouveau scandale secoue la gentry et la Chambre des communes en attendant d'embarrasser peut-être le gouvernement de Mme Thatcher. Au cœur de l'affaire, une fine et élégante jeune femme, Pamella Bordes. Ancienne Miss Inde, de nationalité française par mariage, la séduisante attachée parlementaire du député conservateur David Shaw se révèle être une Mata-Hari qui vend ses charmes la nuit et entretient d'étranges rapports avec un proche du colonel Kadhafi. L'intrigante se rendrait régulièrement à Paris pour rencontrer ce commandant des services secrets libyens... Le journal à sensation *News of the World* publie aujourd'hui sa photo en compagnie du secrétaire d'Etat aux Sports. Un document innocent qui se contente d'afficher les « tarifs » de la belle Pamella : de 10 000 F la nuit à 20 000 le week-end... A suivre.

Une femme élue maire de Strasbourg

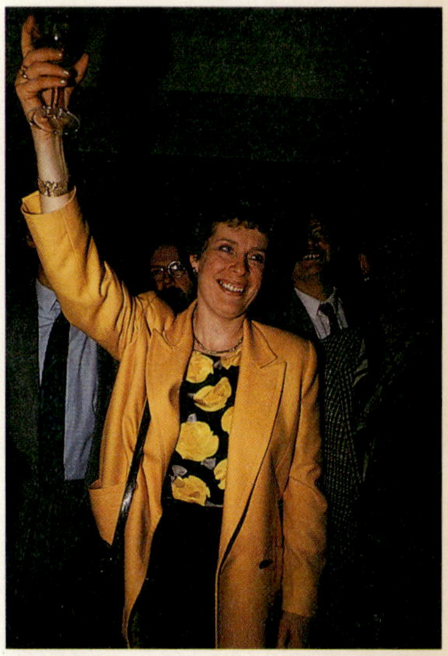

Madame le maire boit à sa victoire.

19 mars. Le second tour des élections municipales a fait de Strasbourg l'une des capitales de la « nouvelle gauche ». Après quarante-quatre années de gestion centriste dont vingt et une sous l'autorité de Pierre Pfimlin, la mairie revient à une femme, Catherine Trautmann. Agée de 38 ans et rocardienne de choc, elle fut secrétaire d'Etat de mai à juin 1988 jusqu'à sa défaite aux législatives. Cette élégante blonde aux yeux très clairs est fille de pasteur et diplômée de théologie. Son éclatante revanche marque à Strasbourg la fin d'une époque après une campagne électorale qui n'avait rien de très idéologique. Au total, ce sont, en principe, seize femmes qui entreront au nouveau conseil municipal : treize socialistes, deux écologistes et une élue UDF. Dans l'ensemble, ce second tour confirme le succès de la gauche qui conquiert 35 villes de plus de 20 000 habitants même si 12 autres ont été perdues, auxquelles s'ajoutent Marseille et Annemasse conservées par des dissidents du PS.

L'Egypte récupère l'enclave de Taba

15 mars. Le drapeau noir, blanc et rouge de l'Egypte flotte de nouveau sur la minuscule enclave de Taba, sur la mer Rouge. Les couleurs d'Israël, qui s'était emparé de ce territoire de un kilomère carré en 1967, ont été amenées, marquant ainsi l'aboutissement d'une longue négociation : la cession de cette enclave, initialement prévue dans l'accord de paix israélo-égyptien de 1979, n'avait été acceptée par Israël qu'en septembre 1988. Cette acquisition est une bonne affaire pour Le Caire : s'il avait perdu en 1967 un terrain désertique, il se trouve désormais en possession d'un palace qui occupe la majeure partie de l'enclave. L'affaire n'aura coûté à l'Egypte que 37 millions de dollars ! Bien que la standardiste du luxueux hôtel Sonesta ne réponde plus en hébreu à compter d'aujourd'hui, les touristes israéliens pourront continuer d'affluer. Le gouvernement de Moubarak s'est d'ailleurs engagé à faciliter l'accès de Taba à ces derniers.

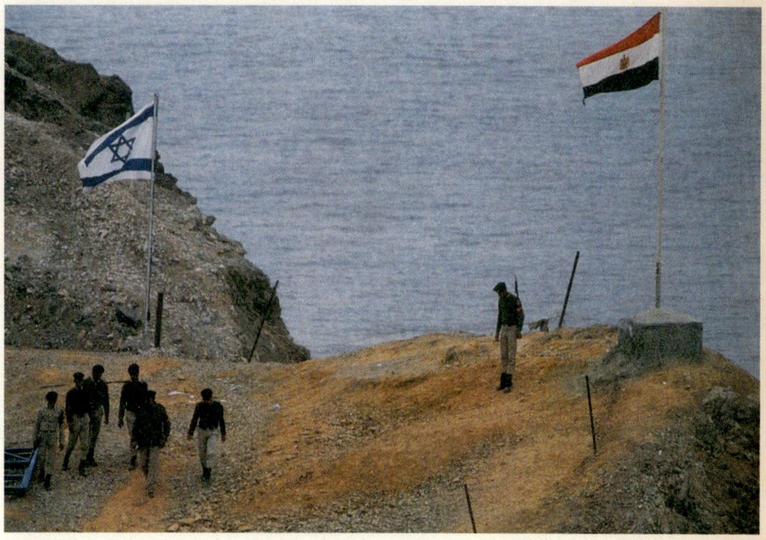

Taba est située dans le golfe d'Akaba, à la porte du désert du Sinaï.

Mars

1989

Lu	Ma	Me	Je	Ve	Sa	Di
		1	2	3	4	5
6	7	8	9	10	11	12
13	14	15	16	17	18	19
20	21	22	23	24	25	26
27	28	29	30	31		

20. Corée du Sud : un hélicoptère américain s'écrase à Séoul. Vingt marines tués.

21. Belgique : la Chambre abaisse de 21 à 18 ans l'âge de la majorité civile.

21. Brésil : un avion s'écrase sur un bidonville : 18 morts.

21. Irlande du Nord : deux hauts responsables de la police du comté de South Armagh sont assassinés par l'IRA à la frontière de la république d'Irlande.

22. France : un civil, Claude Silberzahn, est nommé à la tête de la DGSE.

22. Suisse : trente-quatre pays dont la France approuvent à Bâle une convention sur le transport et l'exportation de produits dangereux.

23. France : mise en circulation d'une nouvelle pièce de cinq francs, à l'occasion du centenaire de la tour Eiffel.

23. Pakistan : Benazir Bhutto nomme sa mère (veuve de l'ancien président Ali Bhutto) ministre d'Etat, sans portefeuille.

23. Chine : Pékin reconnaît que les émeutes antigouvernementales ont fait plus de 600 morts en un an et demi (→ 1.5).

23. France : une collision sur la Seine (Paris) entre un bateau-mouche et une péniche entraîne la mort d'un touriste portugais.

24. France : Jacques Chirac est réélu maire de Paris.

24. Yougoslavie : violents incidents ethniques dans la province du Kosovo où des milliers d'Albanais se heurtent aux 15 000 militaires qui quadrillent le territoire (→ 29).

24. Liban : en dix jours, les bombardements de Beyrouth par les pro-Syriens ont fait soixante-neuf morts.

25. Etats-Unis : réussite de la première greffe jumelée du cœur et du pancréas.

26. Turquie : défaite électorale du parti du Premier ministre Turgut Ozal (22 % des voix).

26. France : premiers vols interdits aux fumeurs sur Air France.

Catastrophe écologique en Alaska

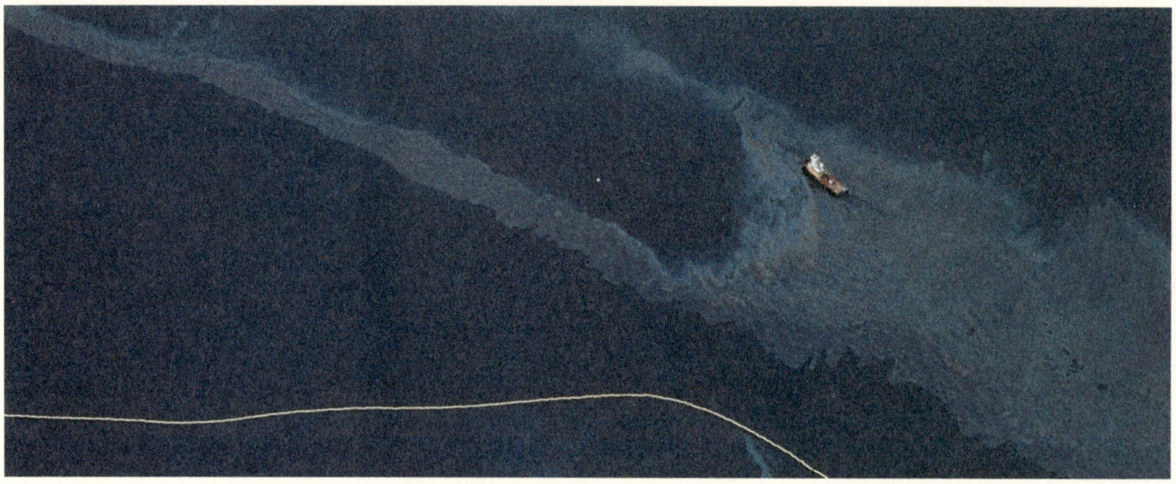

Le contenu des soutes de l'« Exxon Valdez » continue de s'écouler, menaçant le seul littoral encore intact.

24 mars. Des millions de litres de pétrole s'étalent sur des dizaines de kilomètres carrés à la surface des eaux du détroit du Prince-William, au sud de l'Alaska. Quelques heures après l'échouage sur un haut-fond de l'*Exxon Valdez*, un super-pétrolier ultramoderne de 300 m de long qui venait de se ravitailler en brut, des centaines de poissons englués et d'oiseaux morts signalent l'ampleur de la catastrophe. Tandis que les secours s'organisent, on se demande comment le tanker géant a pu s'empaler sur ce récif de Bligh Island répertorié par les cartes et signalé par une balise lumineuse. Les premiers éléments de l'enquête indiquent que le commandant de bord se trouvait dans sa cabine au moment du choc au lieu d'être sur la passerelle comme l'imposait la navigation dans cette zone difficile. Des alcootests ont déjà été pratiqués au sein de l'équipage. Au-delà des responsabilités à établir, les experts redoutent une extension de la pollution sur les côtes de l'Alaska si les conditions météorologiques devenaient défavorables (→ 30.3).

Accord historique entre RTL et RTBF

20 mars. Les frères ennemis de la télévision belge se sont enfin entendus. RTL-TVI et RTBF s'engagent à collaborer et à se répartir le marché de la publicité commerciale. Un accord qui s'explique par la nécessité de faire face aux menaces des chaînes françaises et qui a été accepté par le pouvoir exécutif de la Communauté francophone de Belgique. La publicité commerciale est ouverte immédiatement à la RTBF et à Télé 21, la deuxième chaîne officielle belge ; elles acceptent, en fonction de leur statut de service public, une autolimitation des annonces. Les recettes provenant de la publicité à la télévision ne pourront dépasser 25 % de l'ensemble des recettes de l'institut. L'accord satisfait tout le monde, à l'exception de la presse écrite quotidienne qui verra ainsi ses ressources publicitaires s'amenuiser. Une étude récente estimait qu'elle risquait de perdre, avec l'accès de la RTBF à la publicité commerciale, quelque 400 millions de francs belges.

Solidarité sur le devant de la scène

24 mars. Entamées depuis huit semaines, les négociations entre Lech Walesa et le général Kiszczak, le ministre de l'Intérieur polonais, se poursuivent pour tenter de résoudre les derniers points de divergences. Et ils sont d'importance : ils portent sur les compétences du Sénat dans lequel le syndicat veut des pouvoirs réels, sur celles du futur président de la République, sur la réhabilitation des personnes sanctionnées par le régime, sur la nomination des chefs d'entreprise par le parti et sur l'indexation des salaires sur la hausse des prix. De son côté et à Genève, le porte-parole du gouvernement, Jerzy Urban, évoquant la situation économique désastreuse de son pays, a appelé les pays occidentaux à soutenir les réformes en cours (→ 5.4).

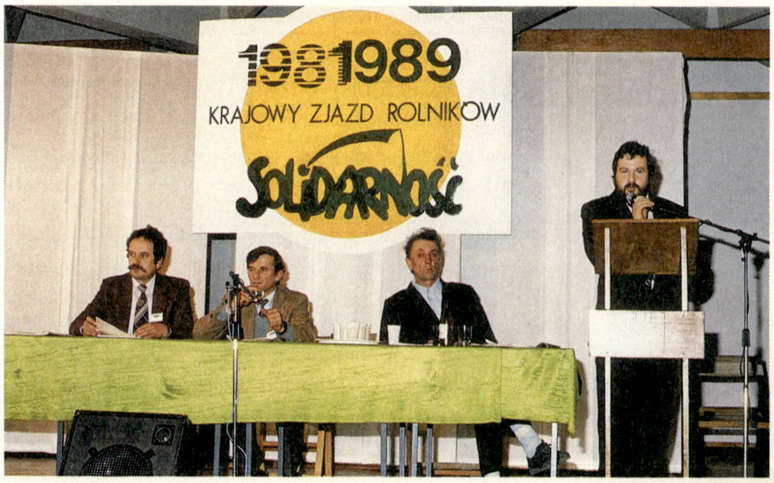

Le syndicat de Lech Walesa plus que jamais présent dans le débat polonais.

Boris Eltsine, nouveau héraut du peuple

26 mars. Les Soviétiques ont largement participé aux élections du Congrès des députés du peuple. Créé en octobre dernier, il compte 2 250 sièges. 1 500 ont été attribués aujourd'hui par le suffrage direct aux représentants des quinze Républiques soviétiques. Le phénomène le plus marquant de cette consultation est une forte poussée des candidats les plus réformateurs. A Moscou, Boris Eltsine, critiqué récemment à la tribune du Comité central, a obtenu 85 % des voix face à Lev Ziakov, conservateur bon teint et premier secrétaire du Parti de la ville. Celui qu'on appelle l'enfant terrible du « gorbatchévisme » avait déclaré avant le scrutin : « Il faut transformer cette assemblée de marionnettes en un forum de discussion et de mise en œuvre de décisions fondées sur les besoins du peuple. » Par ailleurs, en Lituanie, le mouvement indépendantiste Sajudis emporte trente des quarante-deux sièges à pourvoir.

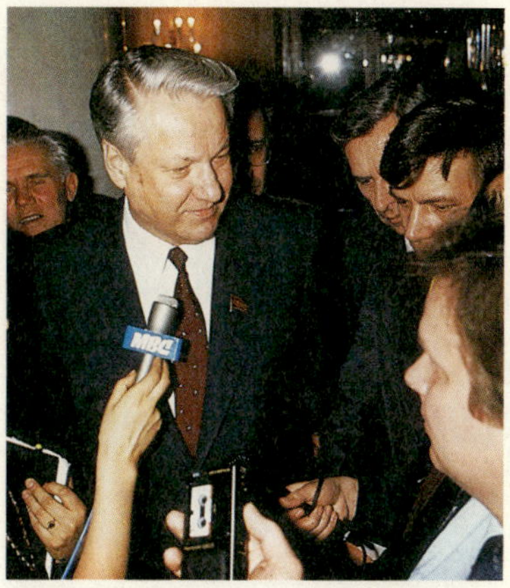

Eltsine, l'homme fort des réformes.

Drame à Rio pour le pilote Philippe Streiff

26 mars. Disputé sur le circuit de Jacarepagua, le Grand Prix du Brésil de Formule 1 aura été marqué par deux événements majeurs : le très grave accident du pilote français Philippe Streiff survenu neuf jours plus tôt au cours des essais et la victoire aujourd'hui de l'Anglais Nigel Mansell sur Ferrari. Streiff, rapatrié dans un état grave à Paris, se trouve actuellement à l'hôpital de la Pitié dans le service du professeur Gérard Saillant. L'épouse du pilote, qui veille à son chevet, a émis publiquement des doutes quant à la rapidité et à l'efficacité de l'intervention des autorités brésiliennes pour secourir le blessé après sa sortie de route. Il souffre de sérieuses lésions aux vertèbres qui provoquent pour l'instant une paralysie des quatre membres. Quant à la course, elle a été l'occasion pour Ferrari et pour Mansell de renouer avec la victoire. Alain Prost pour sa part s'est octroyé la deuxième place.

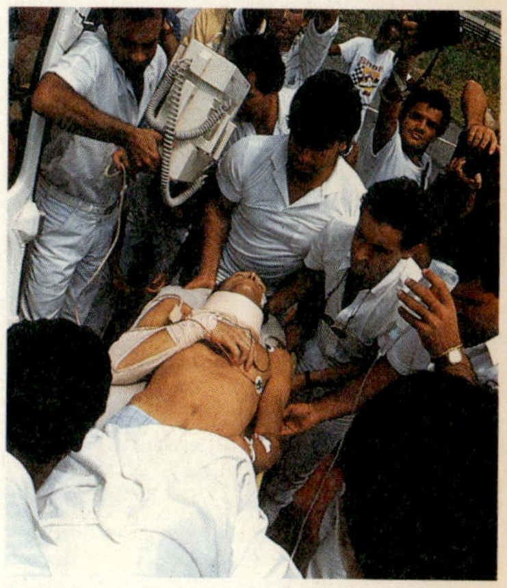

Streiff évacué dans un état grave.

Ouverture du nouveau terminal de Roissy

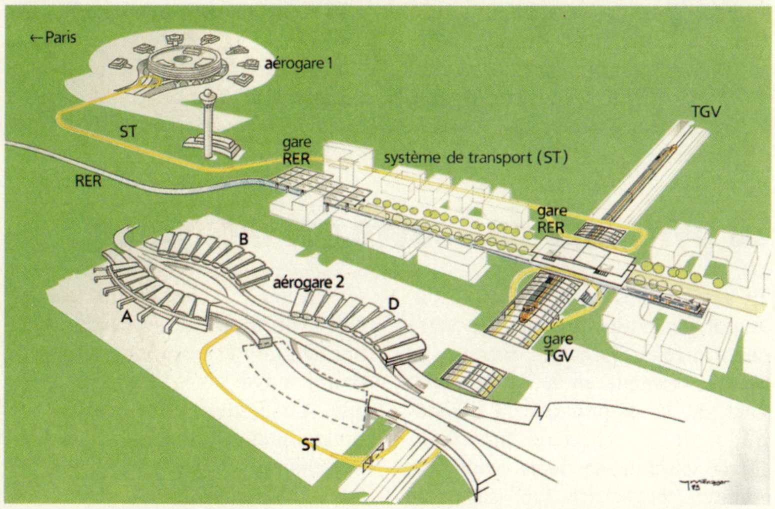

Roissy s'étend sur 3 100 hectares et disposera en 1994 d'une gare TGV.

26 mars. Bâti dans le prolongement de l'aérogare 2B, le terminal 2D constitue le troisième élément de l'aéroport Charles-de-Gaulle 2. Un peu plus de la moitié du nouveau bâtiment a été inauguré à l'occasion des fêtes de Pâques. Sa capacité d'accueil est de trois millions de passagers par an sur les vols Air France et Austrian Air Lines. Elle sera de cinq millions en 1990 avec l'aérogare 2C, en construction.

Les carabiniers chassent les absentéistes

20 mars. A Rome, quelque deux cents policiers et gardes des Finances ont fait irruption dans onze ministères et ont poussé jusqu'à la présidence pour vérifier que les fonctionnaires étaient bien à leur poste. Cette opération d'envergure à l'initiative du magistrat Arneti avait permis de s'apercevoir qu'à l'aéroport de Fiumicino il n'y avait, pour le seul service des Postes, que quatre employés sur les quarante-deux escomptés... Même constat dans les hôpitaux où, par centaines, médecins et infirmières avaient laissé là leurs blouses.

OLP : Yasser Arafat devient chef d'Etat

26 mars. Le Comité exécutif de l'OLP vient de nommer M. Arafat président de l'Etat palestinien. Le porte-parole de l'organisation, Ahmed Abderrahman, précise que l'Organisation a pris cette décision pour des « raisons techniques » afin de faciliter les relations de son leader avec les pays qui ont reconnu l'Etat palestinien. Le Conseil central de l'OLP doit se réunir dans cinq jours à Tunis pour ratifier la décision. Les milieux juifs quant à eux se disent émus.

Michel Aoun défie la Syrie au Liban

24 mars. Les échanges d'artillerie ont repris à Beyrouth entre les forces musulmanes prosyriennes et les soldats du général Aoun, le Premier ministre chrétien. L'objectif de ce dernier est de repousser les troupes syriennes hors du Liban. Rappelant que la capitale avait été rasée au moins huit fois au cours de son histoire, il a ensuite déclaré : « Cela ne fera aucune différence si nous devons en reconstruire une nouvelle [...]. Je n'ai pas peur de l'issue de la bataille... »

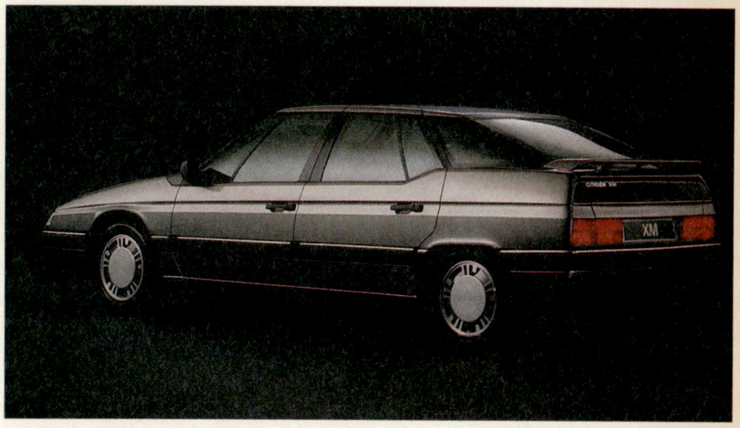

Citröen présente la XM. Un modèle haut de gamme pour lequel la firme aux chevrons aura investi plus de sept millions de francs. En 1990, 100 000 unités sortiront chaque année des chaînes. La voiture existe en quatre versions, frise les 200 km/h et dispose, comble du luxe, de sièges réglables et d'un volant inclinable selon la position du conducteur.

Mars

1989

Lu	Ma	Me	Je	Ve	Sa	Di
		1	2	3	4	5
6	7	8	9	10	11	12
13	14	15	16	17	18	19
20	21	22	23	24	25	26
27	28	29	30	31		

27. Egypte : le roi Fahd d'Arabie Saoudite effectue sa première visite, en tant que chef d'Etat, au Caire.

28. Iran : l'ayatollah Montazeri renonce à la succession de Khomeyni.

28. Etats-Unis : TWA commande des Airbus pour 3,6 milliards de dollars.

29. Etats-Unis : à Los Angeles, Silvester Stallone remporte, pour la 3e fois, le prix du plus mauvais acteur.

29. Etats-Unis : à New York, la Cour suprême disqualifie le San Diego Yacht Club et attribue l'America's Cup à la Nouvelle-Zélande.

29. RFA : arrestation à Francfort de deux jeunes pirates qui avaient détourné un Tupolev à Prague.

29. France : le TGV embarque son cent millionième passager.

29. France : Le Conseil des ministres approuve le projet du ministre de l'Intérieur Pierre Joxe visant à abroger la loi Pasqua sur l'immigration (septembre 1986).

29. Liban : arrêt pendant quelques heures des bombardements sur Beyrouth.

30. France-Roumanie : Paris rappelle son ambassadeur à Bucarest.

30. URSS : suppression du service militaire obligatoire pour les étudiants.

30. Alaska : le capitaine de l'*Exxon Valdez* reconnaît qu'il était ivre au moment de l'accident du super-pétrolier. →

31. France : à Carpentras, la truffe atteint le prix record de 1 600 F le kilo.

31. Japon : le Premier ministre Noburu Takeshita reconnaît avoir reçu des pots-de-vin de la firme Recruit (→ 24.4).

DECES

29. Bernard Blier, acteur français (*11.1.1916). →

29. Madeleine Ozeray, comédienne française (*5.6.1910).

30. Pierre Lépine, père du vaccin contre la polio (*15.8.1901).

La Corse est au bord de l'insurrection

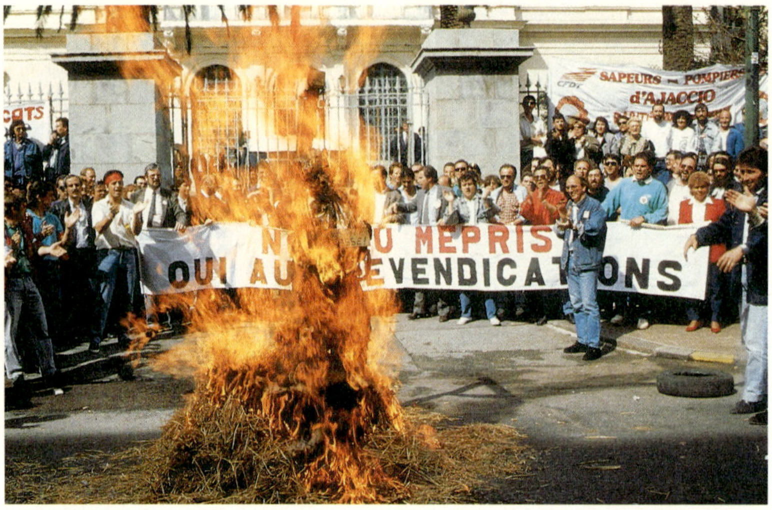

Les insulaires en colère brûlent des formulaires du fisc en place publique.

28 mars. L'Ile de Beauté est en train de devenir l'île de la violence. A Bastia, des manifestants se sont heurtés aux forces de l'ordre, et l'on dénombre quatorze blessés. A Ajaccio, des insulaires en colère ont incendié devant la préfecture une montagne de formulaires servant aux déclarations de revenus. Après une nuit d'affrontements et tandis que le conflit social paralyse la Corse depuis six semaines, le gouvernement se dit prêt à reprendre le dialogue avec les syndicats. Jean-Paul de Rocca-Serra, président de l'Assemblée de Corse, a lancé un appel au calme et demande instamment à Michel Rocard de satisfaire les revendications les plus urgentes. Emile Zucarelli, le député maire MRG de Bastia dénonce quant à lui le « simulacre de négociations avec Matignon » et craint un « risque de dérapage ».

Un double attentat commis à Bruxelles

29 mars. Abdullah Ahdel, chef spirituel des musulmans de Belgique, des Pays-Bas et du Luxembourg et actuel recteur de la mosquée de Bruxelles, a été assassiné. Son corps gisait dans un bureau attenant à la mosquée près de celui du bibliothécaire du centre culturel islamique de la ville, Saleh el Behir, d'origine tunisienne. Les deux hommes ont été abattus de deux coups de revolver dans la nuque et dans la tempe. L'imam, un Saoudien de 35 ans, avait fait preuve de modération dans l'affaire Rushdie. Dans une interview donnée quinze jours plus tôt à la RTBF, il avait certes condamné les *Versets sataniques* pour leur contenu « diffamatoire, gratuit, tendancieux et blasphématoire pour l'islam ». « Mais, avait-il ajouté, il faut faire la distinction entre une société islamique et une démocratie occidentale, où chacun a le droit de s'exprimer comme il le souhaite. » A la suite de ces déclarations, Abdullah Ahdel avait reçu des menaces de mort et avait refusé la protection que la police voulait lui assurer.

La sonde Phobos ne répond plus...

28 mars. Décidément, la mission soviétique qui s'était donné pour but l'exploration de la planète Mars joue de malchance. Six mois après que le contact eut été perdu avec la sonde Phobos-1 lancée le 7 juillet 1988 à Baïkonour, c'est au tour de Phobos-2, partie une semaine plus tard, de ne plus signaler sa présence sur les écrans du centre de contrôle spatial. Cette panne survient mal à propos. Phobos-2 atteignait l'étape cruciale de sa mission : l'engin était entré dans l'orbite de Mars deux mois plus tôt et devait, d'ici à quelques jours, passer à une cinquantaine de kilomètres du satellite naturel de la planète, Phobos, où elle devait larguer deux modules scientifiques. Au même moment, au cap Canaveral, la défaillance d'une pompe à l'un des moteurs a fait ajourner le départ de la navette Atlantis chargée d'emmener la sonde Magellan à destination, elle, de Vénus...

La pyramide du Louvre est inaugurée

29 mars. Dans la cour Napoléon, le polygone aux alvéoles de verre commence à livrer ses secrets. Le premier visiteur en a été le président de la République. La pyramide de l'architecte américain d'origine chinoise Ieoh Ming Pei recouvre et éclaire l'infrastructure souterraine. Celle-ci comprend un hall d'information, un auditorium, une librairie et des restaurants. Elle donne aussi accès aux différentes ailes du Louvre ainsi qu'aux impressionnantes fondations datant de Philippe Auguste, que les travaux ont permis de dégager.

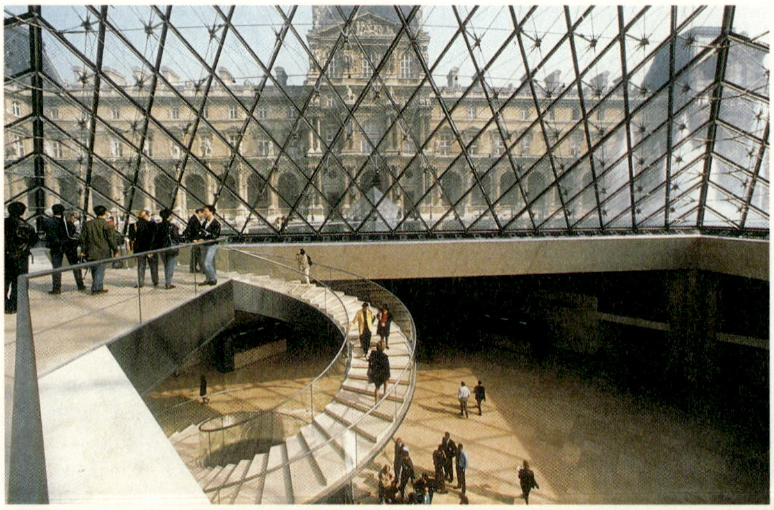
Intérieur de la pyramide du Grand Louvre construite dans la Cour carrée.

La vieille dame a gardé une santé de fer

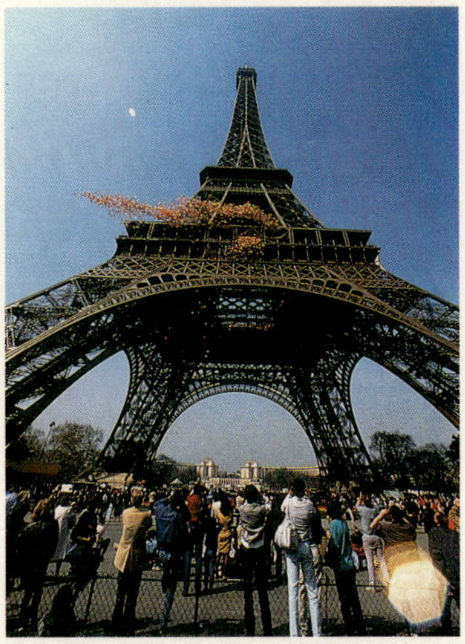

Sous ses arceaux, un siècle de vie.

31 mars. Les Parisiens natifs ont beau la bouder, la tour Eiffel a bien assez des étrangers, des fidèles, des pickpockets, des voyeurs et des marchands de souvenirs à contenter. Née avec l'Exposition universelle, la centenaire dresse toujours aussi audacieusement ses 300 mètres de structure métallique au-dessus du Champ-de-Mars. Son créateur, Gustave Eiffel, en fit pour la première fois l'ascension à pied le 31 mars 1889. En un siècle, celle que les poètes ont appelée la Bergère des nuages ou Notre-Dame des courants d'air, est devenue une institution et une excellente affaire : elle devrait recevoir cinq millions de visiteurs cette année (→ 17.6).

"Rain Man" remporte quatre Oscars

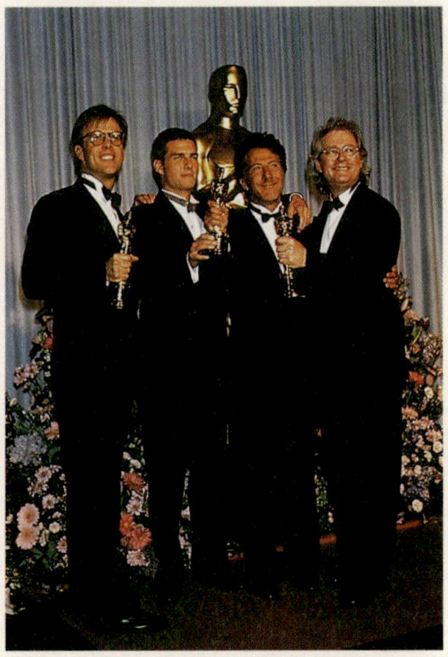

Quatre lauréats pour un seul film.

29 mars. Hollywood s'était donné rendez-vous pour la soixante et unième cérémonie de la remise des Oscars. Le verdict des jurés n'a pas surpris en consacrant *Rain Man* par quatre distinctions. Meilleur film, meilleur réalisateur (Barry Levinson), meilleur scénario et meilleur acteur, en l'occurrence Dustin Hoffmann. Celui-ci a dédié son trophée aux enfants autistes dont il s'est inspiré pour camper son personnage. Au palmarès figure également la remarquable adaptation de Stephen Frears des *Liaisons dangereuses*. La France, en la personne de Marcel Ophüls, n'est pas oubliée. *Hôtel Terminus*, le documentaire long métrage sur Klaus Barbie, a été primé.

Au Kosovo, l'armée tire et fait 21 morts

29 mars. Le régime yougoslave vient d'employer la manière forte pour réprimer, dans la province du Kosovo, la flambée nationaliste de la population d'origine albanaise. Le couvre-feu a été imposé, les rassemblements de plus de trois personnes sont interdits, et de nombreux policiers casqués et équipés de gilets pare-balles patrouillent dans les rues de Pristina où circulent des blindés. Ces derniers jours, des manifestants ont ouvert le feu sur les forces de l'ordre, entraînant leur riposte. Le bilan est de vingt et un morts, dont deux policiers, et de plusieurs dizaines de blessés de part et d'autre. Le ministère de l'Intérieur parle de « soulèvement armé des séparatistes albanais ».

Bernard Blier disparaît de l'affiche

29 mars. Des millions de téléspectateurs l'avaient vu lors de la nuit des Césars s'avancer sur scène, amaigri et épuisé. Bernard Blier vient de mourir à l'âge de soixante treize ans des suites d'une longue maladie. Il était né le 11 janvier 1916 à Buenos Aires. Bon garçon ou truand, pathétique ou comique, il a su imposer sa dégaine bonhomme pour devenir une figure de premier plan du cinéma populaire. En cinquante ans de carrière et cent cinquante longs métrages, il nous a fait aimer ses personnages, du cocu grincheux à l'hôtelier louche et du malfrat tonitruant au policier malin.

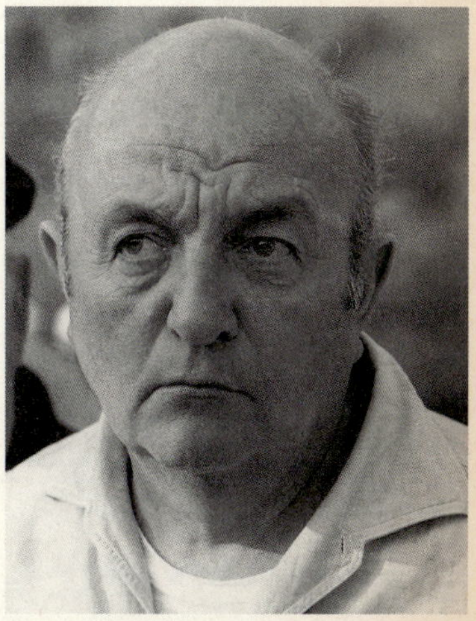

Dans « Par le sang des autres ».

La guerre de la morue n'aura pas lieu

31 mars. Un accord est intervenu entre la France et le Canada, qui met fin au contentieux sur les droits de pêche au large de Terre-Neuve et de l'archipel de Saint-Pierre-et-Miquelon. Le document fixe les quotas de morues et autres poissons que les pêcheurs français devront respecter jusqu'à fin 1991 dans cette zone. De plus, les membres d'un tribunal international d'arbitrage qui, en trois ans, va délimiter les frontières maritimes entre les deux pays, ont été nommés.

Pollution : les grandes dates

La commission d'enquête chargée du dossier de l'*Exxon Valdez* vient d'établir la responsabilité du capitaine du pétrolier géant. La marée noire, qui s'étend sur le littoral de l'Alaska, remet en lumière la série des catastrophes écologiques survenues dans le monde depuis la fermeture du canal de Suez en 1967. C'est à partir de cette date que les armateurs ont construit des superpétroliers pour franchir le cap de Bonne-Espérance :

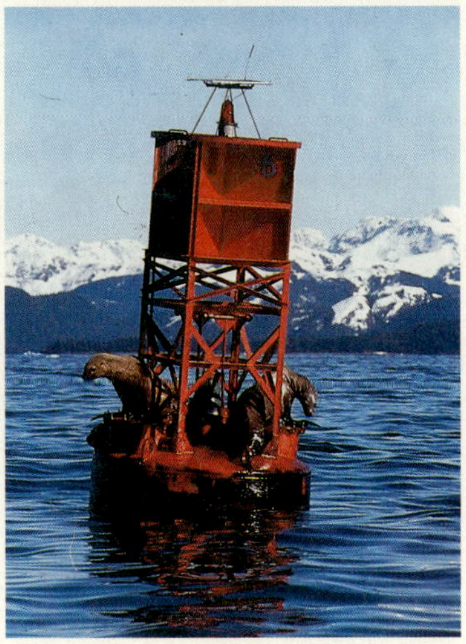

Sauvetage de phoques.

18 mars 1967. Manche.
Le *Torrey Canyon* (123 000 tonnes), battant pavillon libérien s'échoue. 180 km de plages françaises et anglaises polluées.

21 août 1972. Afrique du Sud.
Collision entre le *Texanita* et l'*Oswego Guardian*, deux pétroliers libériens. 100 000 tonnes de brut à la mer.

19 décembre 1972. Oman.
Le *Sea Star* coule dans le golfe d'Oman, déversant 115 000 tonnes de pétrole de ses réservoirs dans la mer.

7 juin 1975. Océan Indien.
Le tanker nippon *Showa Maru* (237 000 tonnes) s'échoue dans le détroit de Malacca.

24 janvier 1976. Bretagne.
L'*Olympic Bravery*, jaugeant 250 000 tonnes, se brise en deux sur les rochers au nord d'Ouessant. Il faudra trois mois pour nettoyer les côtes bretonnes.

12 mai 1976. Espagne.
L'*Urquiola* explose en baie de Corogne, répandant ses 100 000 tonnes de brut.

16 mars 1978. Bretagne.
L'*Amoco Cadiz* s'échoue au large des côtes de la Bretagne, déversant 230 000 tonnes de pétrole.

5 août 1983. Afrique du Sud.
Le pétrolier espagnol *Castillo-de-Bellver* (100 000 tonnes) sombre au large des côtes du Cap.

Avril

1989

Lu	Ma	Me	Je	Ve	Sa	Di
					1	2
3	4	5	6	7	8	9
10	11	12	13	14	15	16
17	18	19	20	21	22	23
24	25	26	27	28	29	30

1er. Espagne : cinquantième anniversaire de la fin de la guerre civile.

2. Guyane : 30e vol réussi pour la fusée Ariane.

2. Irlande : Gorbatchev est à Dublin. Il est le premier responsable soviétique à fouler le territoire irlandais.

2. Belgique : le Belge Edwig Van Hooydonck gagne le Tour des Flandres.

2. Golfe : les USA annoncent le retrait de quatre navires de guerre.

2. Tunisie : victoire du président Ben Ali aux élections présidentielles.

2. Etats-Unis : réunis à Washington, les « grands argentiers » du monde s'inquiètent de la montée du dollar.

3. Algérie : inauguration, à Alger, du premier réacteur nucléaire du pays.

3. France : à Paris, une guillotine est adjugée à 187 000 F.

3. Cuba - URSS : entretiens à Cuba entre Fidel Castro et Mikhaïl Gorbatchev.

3. France - Grande-Bretagne : les responsables d'Eurotunnel annoncent que le délai pour l'achèvement du tunnel sous la Manche est repoussé au 15 juin 1993.

4. OTAN : quarantième anniversaire de l'Organisation du traité de l'Atlantique nord. →

4. Alaska : après la catastrophe de l'*Exxon Valdez*, la firme Exxon présente publiquement ses excuses.

5. Royaume-Uni - URSS : le chef de l'Etat soviétique Mikhaïl Gorbatchev entame une visite à Londres (→ 7).

7. France : vague de protestations après la décision de l'Institut Pasteur de publier ses annales uniquement en anglais.

9. Suisse : la montre la plus chère du monde, adjugée à 3 millions de dollars, comporte 1 728 pièces et dispose d'un mécanisme capable d'assurer trente-trois fonctions différentes.

Gorbatchev, pèlerin de la perestroïka

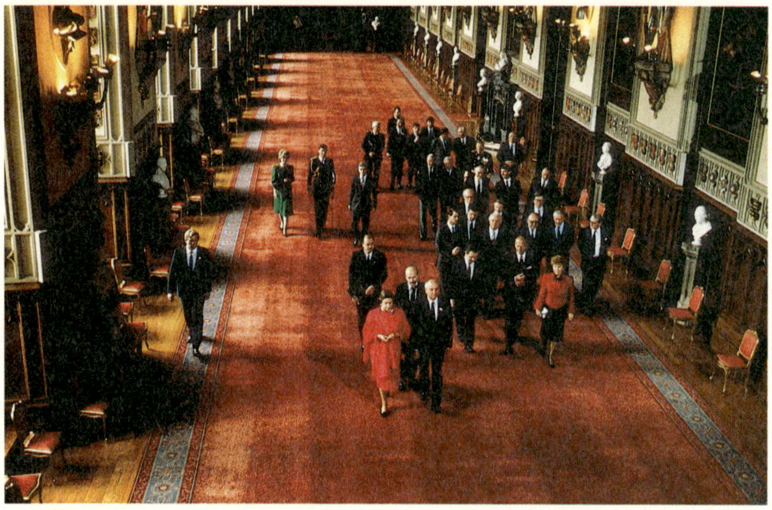

Le tapis rouge de Buckingham et la reine comme guide pour Gorbatchev.

7 avril. « Je saisis cette occasion pour vous dire que nous avons décidé d'arrêter cette année la production d'uranium enrichi. » Mikhaïl Gorbatchev, en prononçant son discours à l'hôtel de ville de Londres, a une fois de plus surpris. Le moment était bien choisi puisque l'OTAN discute âprement de la modernisation de ses armements nucléaires. En précisant les contours de sa politique étrangère, le numéro un soviétique veut inciter le président George Bush à sortir enfin de sa réserve. Par son adroite visite à La Havane et en nouant des relations privilégiées avec Margaret Thatcher, le principal interlocuteur européen de Washington, Mikhaïl Gorbatchev, lance un message à la Maison Blanche. Le chef du Kremlin a par ailleurs invité la reine à une visite officielle. Aucun souverain britannique ne s'est rendu en Union soviétique depuis la révolution de 1917 et depuis le massacre de la famille impériale apparentée, par le sang et le mariage, aux Windsor.

Une antenne de télé sur les Invalides

1er avril. Le quartier des Invalides est en émoi et les concierges font signer des pétitions. Il faut protéger le monument classé qui abrite le tombeau de Napoléon ! Là, sur le dôme, trône une antenne de télévision destinée à relayer l'émetteur de la tour Eiffel saturé. Les bâches et échafaudages n'ont donc pas seulement servi aux artisans qui redorent la coupole, ils ont aussi dissimulé un acte sacrilège. A moins qu'il ne s'agisse d'un poisson.

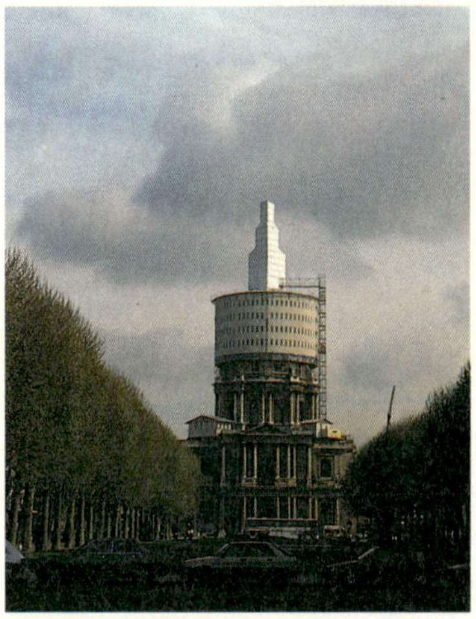

Le dôme en cours de restauration.

Trois infirmières anges de la mort

9 avril. L'hôpital du quartier de Lainz à Vienne fait la une des journaux autrichiens. Trois aides soignantes « diaboliques », affectées au pavillon 5, ont avoué avoir commis quarante-quatre meurtres en l'espace de deux ans. Leurs victimes étaient toujours des personnes âgées, et pour certaines grabataires. Les infirmières leur injectaient des doses massives d'insuline, un produit difficile à détecter en cas d'autopsie, et utilisaient aussi de puissants barbituriques. Il semble que ce ne soit pas l'intérêt qui les ait guidées dans leurs actes, mais plutôt un sentiment de dégoût mêlé de pitié et le besoin d'être « tranquilles » pendant leur service. Le scandale éclabousse un établissement très connu qui a peut-être été le théâtre d'autres crimes. La presse avance le chiffre de 70. L'enquête s'annonce très délicate.

Solidarité pourra participer aux élections

5 avril. Lech Walesa et le ministre de l'Intérieur Czeslaw Kiszczak ont conclu un accord. Concrètement, il signifie la relégalisation du syndicat Solidarité et la tenue prochaine des premières élections démocratiques en Pologne depuis la dernière guerre. Le scrutin désignera un Sénat et installera à la tête de l'Etat un président de la République. Après huit semaines de négociations, le pays est entré dans une phase de grands changements. La télévision a retransmis la signature de l'accord, en direct du palais Radziwil, au cœur de Varsovie.

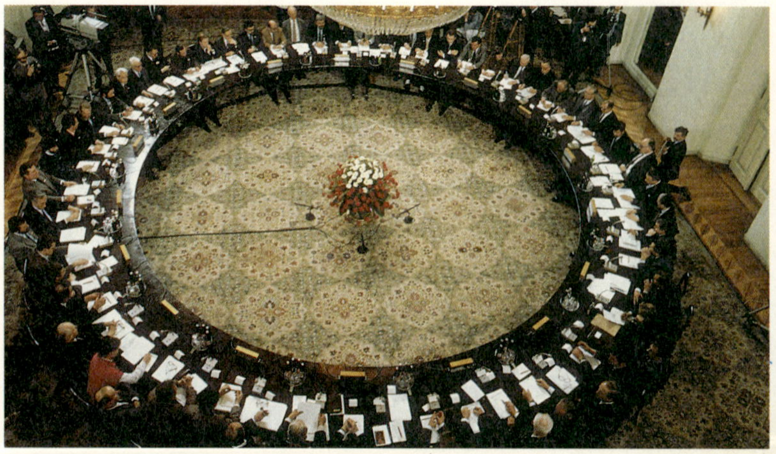

La table ronde réunissant des membres de Solidarité et de l'Etat polonais.

La fronde des rénovateurs en France

9 avril. La politique leur donne des ailes ! A peine franchies les portes du Bourget où un avion privé les avait débarqués après un périple en province, les jeunes rénovateurs ont tenu un conseil à huis-clos dans le 8e arrondissement de Paris. Leur stratégie pour les élections européennes n'a pas changé, et ce malgré l'échec de leur programme qui n'a recueilli au Conseil national du RPR que 13 % des voix contre 87 % à la motion présentée par Alain Juppé. Mais les cadets de la droite persistent et veulent une liste conduite par l'un des leurs. Dominique Baudis lance un appel à Giscard : « Tendez le flambeau à l'équipe nouvelle. Ayez ce geste de désintéressement, de générosité. » Réplique d'Alain Juppé plaidant pour l'union derrière l'ancien chef de l'Etat : « Nous ne préparons pas la présidentielle. Jusqu'au dernier moment, je garderai des places pour les contestataires. »

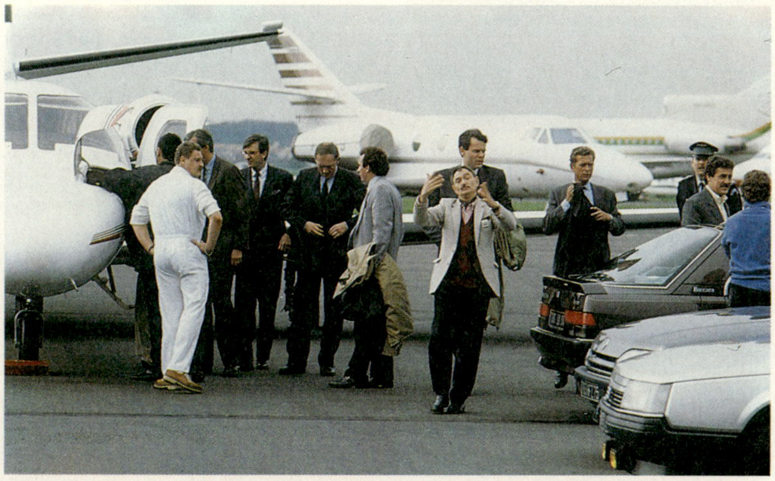

Michel Noir et Dominique Baudis, deux des chefs de file des rénovateurs.

Vif débat sur l'avortement aux Etats-Unis

9 avril. Des centaines de milliers de personnes ont défilé en plein cœur de Washington en faveur du droit à l'avortement. La loi sur l'interruption volontaire de grossesse date de 1973, mais beaucoup d'Américains redoutent qu'elle ne soit modifiée sur décision de la Cour suprême. Nombre de femmes craignent notamment que ce droit soit assorti de restrictions. La manifestation, qui s'est déroulée dans le calme, a réuni des personnalités telles que Jane Fonda et Glenn Close. Une délégation française menée par Yvette Roudy, ex-ministre des Droits de la femme, était également présente. Plusieurs centaines de militants antiavortement étaient eux aussi au rendez-vous.

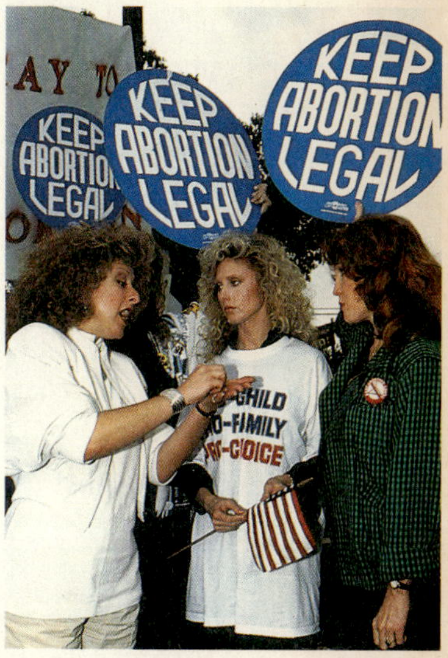

« L'avortement doit rester légal. »

Un sous-marin nucléaire soviétique coule

7 avril. Un sous-marin de classe Mike (selon la dénomination de l'OTAN), l'un des bâtiments nucléaires d'attaque les plus modernes de la flotte soviétique et destiné à tester de nouveaux systèmes d'armes avancés, a sombré après un incendie survenu à bord. Le naufrage s'est produit à 13 h 15 GMT dans les eaux internationales, à quelque 500 km des côtes nord-ouest de la Norvège. 42 marins ont péri. Moscou assure qu'il n'y a pas de danger de pollution par radioactivité. On ignore si le sous-marin transportait des armes nucléaires.

La troupe charge en Géorgie : 16 morts

9 avril. L'Union soviétique est malade de ses ethnies et la république d'Abkhazie n'est pas en reste. Avec 1,7 million d'habitants, en majorité des musulmans, elle fait partie depuis 1921 de la Géorgie orthodoxe et souhaite son indépendance. Deux cents Géorgiens observaient une grève de la faim devant le palais du gouvernement pour protester contre ceux qui réclament l'autonomie de la région. Dix mille manifestants venus leur apporter leur soutien se sont heurtés vers 4 h du matin aux troupes spéciales du ministère de l'Intérieur soviétique. Des chars ont ouvert la route à des « commandos de choc » armés de pelles militaires en fer. La répression a fait officiellement seize morts et deux cents blessés. La plupart des responsables indépendantistes géorgiens ont été arrêtés, et l'armée a investi la ville. Pour l'agence Tass, la situation « a échappé à tout contrôle ».

Quarantième anniversaire de l'OTAN

4 avril. L'Organisation du traité de l'Atlantique nord, qui regroupe seize pays occidentaux, fête aujourd'hui son quarantième anniversaire. Le secrétaire général de l'OTAN, Manfred Wörner, a rendu hommage à cette alliance de pays libres, « la plus puissante de l'histoire de l'humanité ». L'OTAN est née au moment où la peur de la « menace communiste » déferlait sur l'Europe de l'Ouest. La France s'est retirée de son commandement militaire intégré en 1966.

Matra ne soutiendra plus le Racing

6 avril. Matra abandonne le football professionnel, une activité dans laquelle il s'était engagé en 1982. Jean-Luc Lagardère, son président, a annoncé le retrait de sa célèbre firme lors de la conférence de presse qu'il a tenue à Paris à l'hôtel *George-V*. Autant que les échecs sportifs du Matra-Racing, c'est la faiblesse du soutien du public pour le club qui a incité les dirigeants à renoncer. Rappelons que, depuis sept ans, l'équipe a constamment navigué entre la première et la seconde division, et ce malgré les énormes efforts financiers consentis. Efforts qui avaient permis au club parisien d'engager à prix d'or des joueurs de réputation internationale tels Maxime Bossis, Luis Fernandez et Enzo Francescoli. Qu'en sera-t-il de leur avenir ?

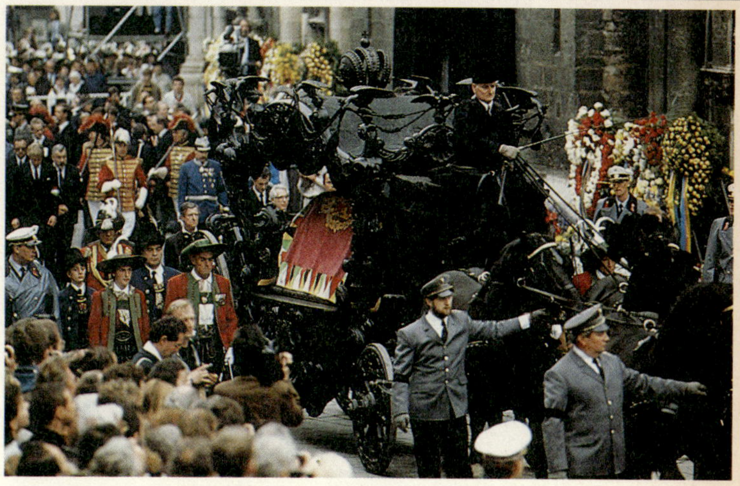

Les obsèques de Zita, dernière impératrice d'Autriche, se sont déroulées le 1er avril à Vienne. Avec elle disparaît l'Europe des grandes dynasties.

Avril

1989

Lu	Ma	Me	Je	Ve	Sa	Di
					1	2
3	4	5	6	7	8	9
10	11	12	13	14	15	16
17	18	19	20	21	22	23
24	25	26	27	28	29	30

10. Nouvelle-Calédonie : cyclone sur l'archipel. Le Conseil de Paris décide une aide de 500 000 francs.

10. France : un Fokker 27 s'écrase dans le Vercors. Bilan : 23 morts.

10. RFA : un office protestant est célébré dans le train Hambourg-Hanovre filant à plus de 200 km/h.

11. Europe : l'Union européenne de football décide de réintégrer les clubs anglais dans les Coupes d'Europe (→ 15).

12. Europe : la Cour de justice européenne libéralise les transports aériens.

12. Australie : spectaculaire atterrissage à Sydney d'un Concorde ayant perdu son empennage.

13. France : manifestation de grévistes à Bastia (Corse) où 30 policiers sont blessés (→ 14).

13. Sri-Lanka : un attentat à la voiture piégée fait 40 victimes.

13. Espagne : à Madrid, 2 000 fausses chemises Cartier sont brûlées en public.

13. Espagne : après une menace de l'ETA de miner les voies de chemin de fer, les gardes civils passent 1 000 km de ligne au peigne fin.

14. France : l'approvisionnement est si difficile en Corse que le prix d'un paquet de cigarettes peut atteindre 50 francs.

15. France : arrestation de trois négociants bordelais qui vendaient du faux bordeaux.

15. Italie : acquittement, faute de preuves, du chef de la mafia sicilienne et de 82 coprévenus.

16. Liban : à Beyrouth, l'ambassadeur d'Espagne est tué dans l'explosion de l'obus tombé sur sa maison.

16. Grande-Bretagne : Margaret Thatcher se rend au stade de Sheffield.

DECES

15. Charles Vanel, acteur français (*21.8.1892). →

15. Hu Yaobang, ex-dirigeant du PC chinois (*11.1904).

Sheffield : 95 morts dans le stade

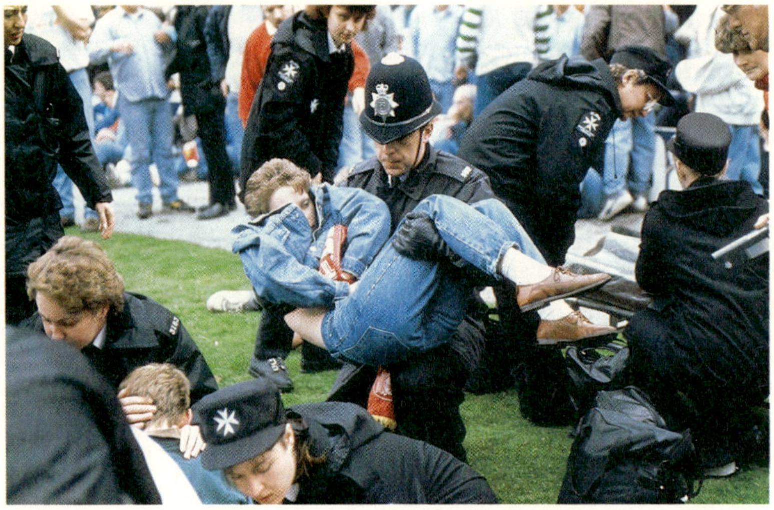

L'évacuation des victimes de la tragédie durera de longues heures.

15 avril. La plus grande tragédie du sport britannique s'est déroulée à Sheffield où devait avoir lieu la demi-finale de la Coupe d'Angleterre opposant les équipes de Liverpool et de Nottingham Forest. Le stade de 54 000 mille places, et considéré comme le plus moderne du pays, avait été choisi pour des raisons de sécurité. L'arbitre venait de siffler le coup d'envoi tandis que la foule se pressait encore pour entrer. Craignant que des violences n'éclatent, un officier de police a fait ouvrir l'une des grandes portes par lesquelles sort habituellement le public. Deux mille supporters ont alors envahi les tribunes déjà bondées pour s'entasser sur les gradins. Des cris ont jailli des premiers rangs où des vagues humaines compressées sont venues se heurter à la clôture grillagée haute de trois mètres qui protégeait le terrain. Lorsqu'elle a cédé en libérant des centaines de spectateurs, l'arbitre a enfin interrompu la partie. Mais 95 corps piétinés gisaient au milieu de centaines de blessés (→ 16.4).

Charles-de-Gaulle, un porte-avions de 36 000 tonnes

14 avril. Le début des travaux de la construction d'un des fleurons de la marine nationale valait bien une cérémonie. Les premiers blocs de la coque du futur porte-avions français à propulsion nucléaire, *Charles-de-Gaulle*, ont été mis au bassin à l'arsenal de Brest. La coque du bâtiment comprendra quatre cents blocs et pèsera une fois achevée quelque vingt mille tonnes à elle seule. Le bâtiment sera capable de déplacer trente-six mille tonnes à pleine charge et, grâce à deux chaufferies nucléaires, il filera à la vitesse de vingt-huit nœuds. Enfin, il embarquera mille huit cent cinquante hommes à son bord et une quarantaine d'avions et d'hélicoptères pourront en décoller et y atterrir. La mise sur cales du navire militaire, dont l'entrée en service est prévue pour l'année 1996, inaugure le programme d'ensemble destiné à l'aéronautique navale. Le *Charles-de-Gaulle* remplacera le *Clemenceau* et un second porte-avions du même type sera conçu pour servir à la place du *Foch*. Le coût consenti par l'Etat pour de telles réalisations dépasse les vingt milliards de francs.

Giscard, tête de liste aux européennes

13 avril. Cinq jours après le RPR, l'UDF confirme son adhésion à une liste Giscard-Juppé pour les élections européennes. La motion des rénovateurs, défendue par Charles Millon, n'a recueilli que 13 voix sur 62, et les commentateurs soulignent que des centristes comme Jean Lecanuet, Daniel Hoeffel, René Monory et Dominique Pado se sont désolidarisés de l'axe Simone Veil-Pierre Méhaignerie. La liste Veil, bien qu'elle entretienne la division au sein de la droite, est présentée par ses partisans comme la sauvegarde des chances de renouveau. Valéry Giscard d'Estaing, confirmé dans son rôle directeur, estime pour sa part que la victoire est possible : « Tout démontre qu'une large union, quel que soit le choix des personnes, permettrait de prendre une avance considérable sur la liste socialiste. » Mais les centristes semblent rester insensibles aux appels à l'union, et les jeunes réformateurs n'ont pas su convaincre leurs aînés.

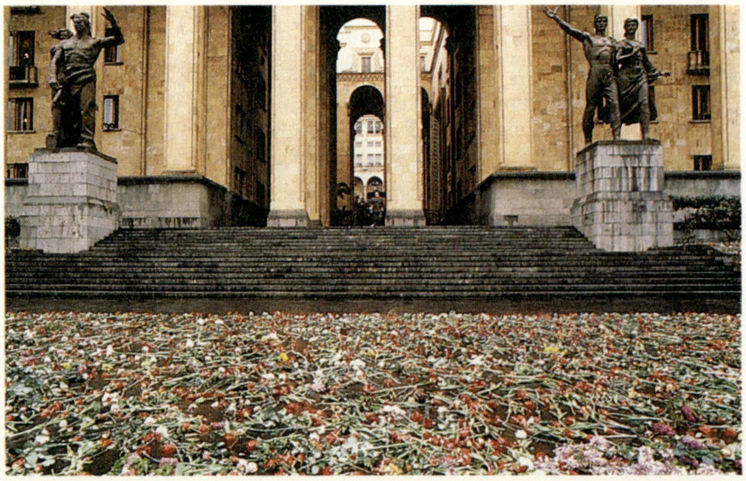

La Géorgie entre à son tour en effervescence. A Tbilissi, des milliers de manifestants nationalistes se sont rassemblés avant de se heurter aux soldats soviétiques. Le bilan de l'agence Tass fait état de 16 morts.

La folle escalade des loyers parisiens

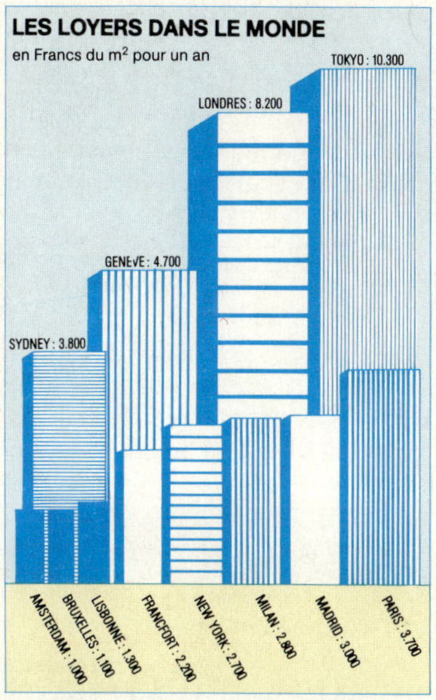

13 avril. Le gouvernement vient de s'assigner une tâche difficile en décidant de mettre les loyers sous haute surveillance. Louis Besson, le nouveau ministre du Logement, veut sanctionner les abus, qu'il s'agisse des locations aux particuliers ou aux entreprises. Dans les grandes villes, il devient presque impossible, lorsque l'on dispose de revenus modestes, de se loger d'une manière décente. A Paris, les prix s'envolent dans la perspective du grand marché européen de 1993 : les grosses sociétés qui recherchent des bureaux font grimper les prix déjà excessifs. Dans certains immeubles anciens, la base de la fourchette au mètre carré est plus élevée qu'à New York, même si elle reste très inférieure aux tarifs de Tokyo.

L'aide humanitaire piétine au Liban

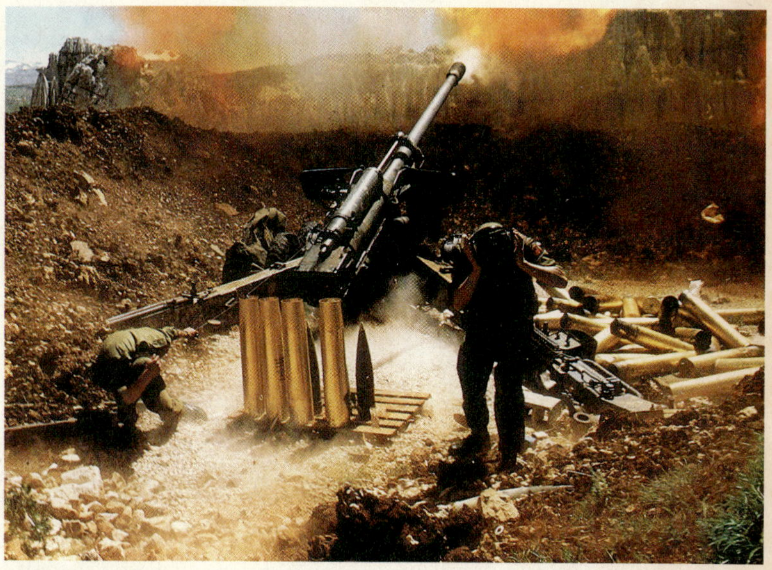

L'assistance des grandes nations à un pays à feu et à sang depuis 14 ans.

14 avril. La situation au Liban inspire de vives inquiétudes : dans le secteur chrétien de la capitale, les affrontements entre les troupes du général Aoun et 35 000 Syriens ont fait en trois semaines 156 morts et 714 blessés. Les deux bâtiments envoyés par la France il y a une semaine, le navire-hôpital *la Rance* et le pétrolier *Penhors*, mouillent à 20 km de la côte et ne sont toujours pas autorisés à pénétrer dans les eaux territoriales. Bernard Kouchner a eu beau multiplier les contacts diplomatiques, Damas et les alliés de la Syrie font la sourde oreille. Pour les proches du chef druze Walid Joumblatt, « l'action actuelle de la France exprime sa nostalgie pour son rôle impérialiste ». Le chef du mouvement chiite et prosyrien Amal, Nabih Berri, a demandé au président Mitterrand de « réviser rapidement » sa position, guidée, selon lui, par « l'instinct confessionnel ». Le chef de l'Etat a, quant à lui, déclaré que « la France est l'amie de tous les Libanais, mais qu'aujourd'hui ce sont les Libanais chrétiens qui sont menacés dans leur vie ou leur sécurité ». Le général Aoun a, au contraire, salué « la position française, juste et courageuse, et l'action rapide de son président ». La CEE va acheminer du matériel médical et des couvertures pour un montant d'environ 3 millions de francs. Cette aide « sera distribuée sans aucune discrimination » (→ 18.4).

La Namibie s'approche de l'indépendance

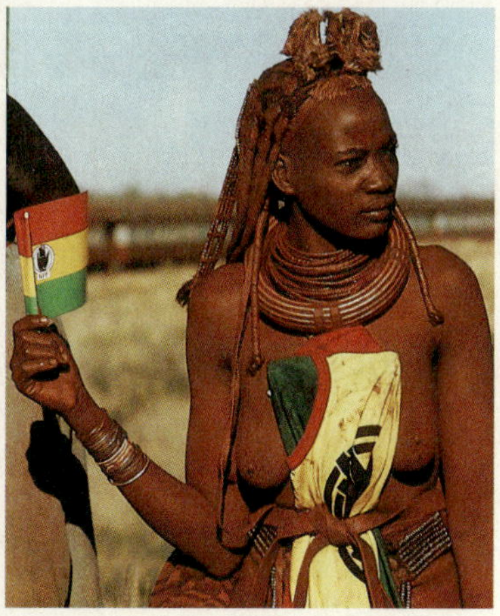

Un drapeau en signe d'autonomie.

10 avril. A compter d'aujourd'hui, et aux termes de l'accord conclu hier soir entre l'Angola, l'Afrique du Sud et Cuba, 1 900 maquisards de l'Organisation du peuple du Sud-Ouest africain (la SWAPO), vont devoir quitter le nord de la Namibie où ils s'étaient infiltrés le 1er avril, malgré un accord de cessez-le-feu. Après vingt-trois ans de lutte pour son indépendance, la Namibie, terrain de conflit entre Pretoria et les capitales des régimes marxistes d'Angola et de Cuba, va du moins retrouver le calme. Mais 267 guérilleros et 27 policiers namibiens ont été tués (→ 12.6).

Record à Paris... du prix du super

13 avril. Le litre de supercarburant à 6,30 francs ! De mémoire d'automobiliste, on n'avait encore jamais vu ça dans la capitale. Jusqu'alors, c'était un pompiste de la place Pigalle qui annonçait le prix le plus élevé avec 6,19 F. Une station de la rue Saint-Antoine vient donc de lui damer le pion. Derrière cette hausse brutale et fort heureusement unique, le conflit demeure entre les grandes compagnies pétrolières, accusées de comprimer les marges, et les petits distributeurs. Mais une question reste posée : à quel prix le carburant deviendra-t-il dissuasif ?

La France de 1789 et celle de 1989

13 avril. Les derniers chiffres du recensement montrent que la population de l'Hexagone a doublé depuis la Révolution et que son taux de croissance est de deux fois supérieur à celui de 1789. Si le nombre des naissances a diminué en deux siècles de plus d'un quart, le nombre de décès a baissé de 44 %. Aujourd'hui, l'espérance de vie est de 72 ans pour les hommes, et de plus de 80 ans pour les femmes, alors qu'à la fin du XVIIIe siècle on atteignait à peine la barre des 28 ans pour les citoyennes et des 27 ans pour les citoyens.

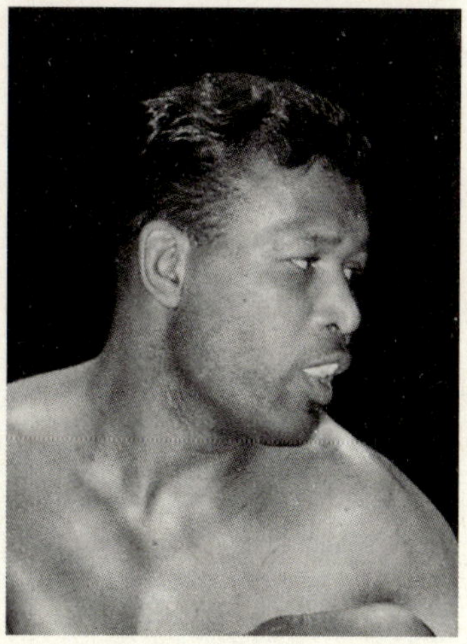

Deux stars s'éclipsent : Sugar Ray Robinson (68 ans), le plus grand de l'histoire du ring...

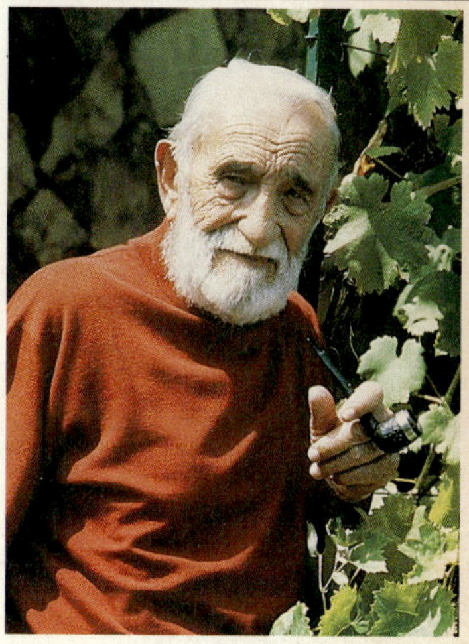

... et l'acteur Charles Vanel qui s'éteint paisiblement à 96 ans dans le Midi qu'il aimait.

Avril

1989

Lu	Ma	Me	Je	Ve	Sa	Di
					1	2
3	4	5	6	7	8	9
10	11	12	13	14	15	16
17	18	19	20	21	22	23
24	25	26	27	28	29	30

17. Pays-Bas : la police retrouve l'un des trois tableaux de Van Gogh volés le 12 décembre 1988 à Otterloo. Pour les deux autres, une rançon d'un million et demi de francs français est exigée.

17. USA-Pologne : George Bush annonce une aide de un milliard de dollars à Varsovie.

17. Pologne : légalisation du syndicat Solidarité.

18. Chine : grande manifestation d'étudiants à Pékin pour réclamer la démocratie (→21).

18. Jordanie : des manifestations contre la hausse des prix font dix-sept blessés.

18. Liban : les secours français sont apportés également aux musulmans de Beyrouth. 70 blessés sont accueillis à bord du navire-hôpital.→

18. Suisse : arrestation à Genève du milliardaire saoudien Adnane Kashoggi, impliqué dans plusieurs scandales financiers internationaux, dont celui de l'Irangate.

19. France : le permis de conduire à points annoncé au Conseil des ministres.

20. France-RFA : 53e sommet franco-allemand à Paris.

20. URSS : élection d'Andreï Sakharov au Congrès des députés du peuple.

20. Alaska : le budget américain de lutte contre les marées noires est multiplié par dix après la catastrophe de l'*Exxon Valdez*.

20. Espace : un astéroïde a frôlé la Terre le 23 mars.

20. Autriche : violents incidents lors du centenaire de la naissance d'Adolf Hitler.

21. URSS : le KGB fait désamorcer deux bombes dans le métro de Moscou.

21. Chine : 200 000 manifestants à Pékin aux obsèques de Hu Yaobang, ancien leader du PC et qualifié maintenant de « laxiste » (→1.5).

DECES

19. Daphné Du Maurier, romancière britannique (*13.5.1907).→

Explosion à bord du cuirassé "Iowa"

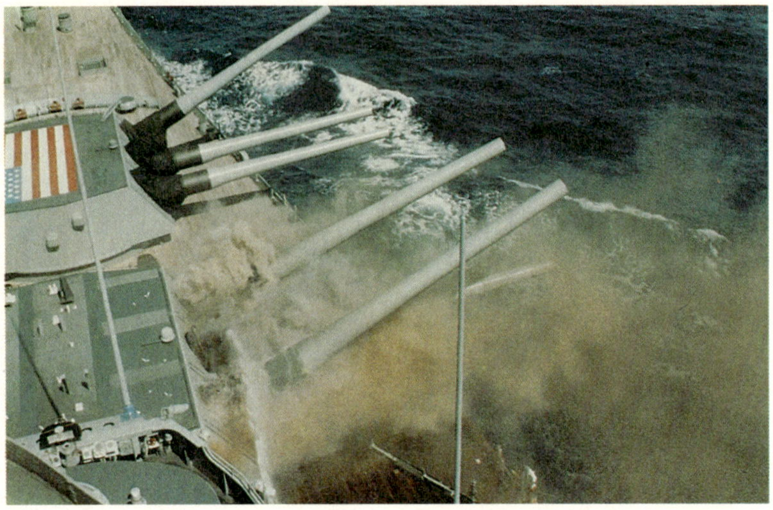

Une épaisse fumée sort de la tourelle n°2 où s'est produite la détonation.

19 avril. L'US Navy est en deuil : quarante-sept marins du cuirassé *USS Iowa* ont péri lors de la violente explosion qui s'est produite pendant un exercice de tir dans la tourelle numéro deux, sur la plage avant du bâtiment. Au moment du drame, le navire croisait dans l'Atlantique à environ cinq cents kilomètres au nord-est de Porto Rico. On ignore la cause de la spectaculaire déflagration qui a eu lieu pendant le chargement de l'une des trois pièces de 410 mm que comptait la tourelle. Toutes les victimes se trouvaient à l'intérieur de cette tourelle. Le vice-amiral Jeremiah Johnson, qui était présent à bord, est indemne. L'*Iowa*, mis en service en 1942, dispose de grands canons qui propulsent des obus de plus d'une tonne, capables d'atteindre une cible située à une distance de trente-sept kilomètres.

Les petits pots étaient piégés

20 avril. Inquiétude en Angleterre : en une semaine, du verre pilé, des lames de rasoir, de la soude caustique et des épingles de nourrice ont été découverts dans des pots d'aliments pour bébés, à Oxford, Southampton, Rayleigh et Worthing. Un bébé de huit mois a été légèrement blessé à la bouche. Heinz, le fabricant et leader sur le marché britannique (90 millions de pots par an) serait victime d'un chantage.

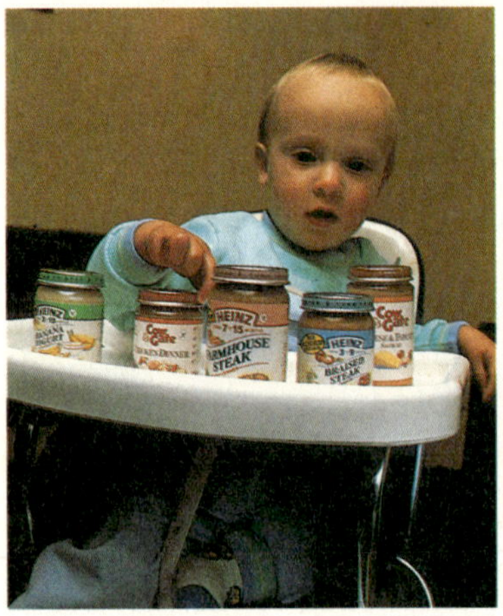

Compotes et purées : gare au risque !

Adieu "Rebecca"

19 avril. La romancière britannique Daphné Du Maurier, qui vient de disparaître à l'âge de 82 ans, avait eu une vie digne de certaines de ses héroïnes. Timide et belle, aussi rangée qu'anticonformiste, elle avait choqué le Tout-Londres par sa désinvolture de garçonne. Lady de la littérature populaire de qualité, elle avait épousé le major Browning, un officier qui devint général et qui fut, après avoir été anobli, le Trésorier de la reine. Le succès de *Rebecca*, paru en 1938, incita la romancière à rebaptiser son manoir de Cornouailles *Manderley*, comme dans son livre. L'écrivain savait tenir des millions de lecteurs en haleine avec des chefs-d'œuvre comme *l'Auberge de la Jamaïque*. Dans la tradition de Charlotte Brontë, elle avait l'art de brosser une atmosphère mystérieuse et de camper des héros sombres et tourmentés. Plusieurs de ses romans et nouvelles furent adaptés à l'écran, notamment *les Oiseaux*, le film réalisé par Alfred Hitchcock en 1963.

L'incroyable accident de Gerhard Berger

23 avril. Les supporters italiens de l'écurie Ferrari ont vu leurs espoirs partir en fumée : le pilote autrichien Gerhard Berger, qui avait réalisé sous la pluie le meilleur temps aux essais du Grand Prix de Saint Marin sur le circuit d'Imola, a été victime d'une sortie de route dont il s'est tiré miraculeusement. Sa voiture a immédiatement pris feu, lui provoquant de sérieuses brûlures aux mains. La victoire est revenue à Ayrton Senna devant un Prost mécontent de l'attitude en course de son coéquipier de chez MacLaren.

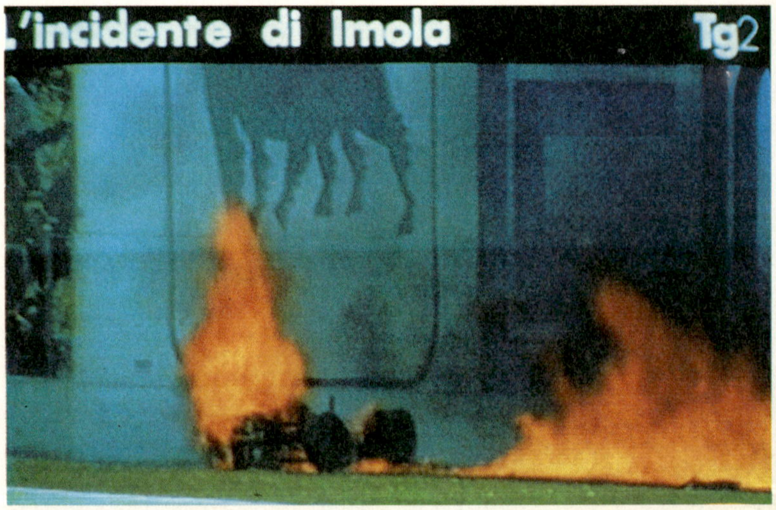

La Ferrari s'embrase avant que le pilote ne se soit extrait de son siège.

Le cent cinquantenaire du grand-duché

18 avril. Avec solennité mais sans fastes excessifs, le Luxembourg a célébré son cent cinquantième anniversaire. Le grand-duc Jean et la grande-duchesse Joséphine-Charlotte ont reçu pour l'occasion de nombreux chefs de gouvernement, de Margaret Thatcher à Helmut Kohl en passant par le Premier ministre français. C'est en 1839 que le pays fut partagé en deux, la partie wallonne revenant dès cette époque à la Belgique. Une exposition intitulée « De l'Etat à la Nation, 1839-1989 » a rassemblé les souvenirs de la dynastie de Nassau et signalé les principales étapes de l'histoire de cette « monarchie républicaine » installée au cœur de l'Europe. Les Luxembourgeois ont, quant à eux, adopté la maxime de leur premier hymne national composé en 1859 : *Nous voulons rester ce que nous sommes.*

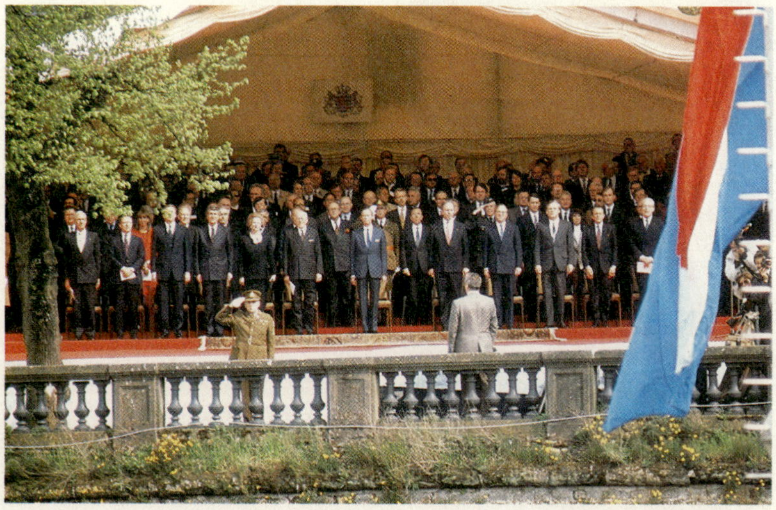

Un événement national qui a suscité la visite de personnalités étrangères.

Le rhinocéros est menacé de disparition

23 avril. Il y a dix ans, cent mille rhinocéros noirs peuplaient encore l'Afrique. Il n'en reste plus aujourd'hui que dix mille. Les populations les plus importantes se trouvent au Zimbabwe. La vallée du Zambèze est mise à sac par des braconniers venus de Zambie que les gardes des réserves tentent vainement de repousser. Aujourd'hui, à travers le territoire africain, les divers gouvernements ont lancé une campagne commune pour empêcher l'extermination de l'espèce. Même si le commerce de leur corne est illégal en Afrique comme en Asie, partout sur les marchés clandestins la poudre de corne – que l'on dit aphrodisiaque – est vendue jusqu'à deux fois le prix de l'or. En 1987, en Thaïlande, elle avait atteint douze mille dollars le kilo.

Peugeot, premier contribuable de France

19 avril. L'année passée a été un bon millésime pour le Lion. Le chiffre d'affaires de la firme Peugeot-Citroën est de 138,5 milliards de francs, soit une progression de 17 %. Un résultat prometteur si on le compare à celui du marché européen en augmentation de 5 %. Le constructeur français se place ainsi juste derrière Volkswagen qu'il pourrait bien détrôner cette année pour venir talonner Fiat, le leader incontesté. Le groupe français est en passe de devenir le premier contribuable du pays. S'il a fait presque autant de bénéfices que Renault (8,8 contre 8,9 milliards), il a dû payer au fisc 5,6 milliards de francs, alors que l'Etat a effacé 12 milliards de dettes de la Régie. PSA envisage l'avenir avec optimisme mais redoute le danger japonais et la réglementation antipollution. Il annonce d'ailleurs le lancement d'une voiture propre, conforme aux normes américaines.

Fin de mission pour Bernard Kouchner

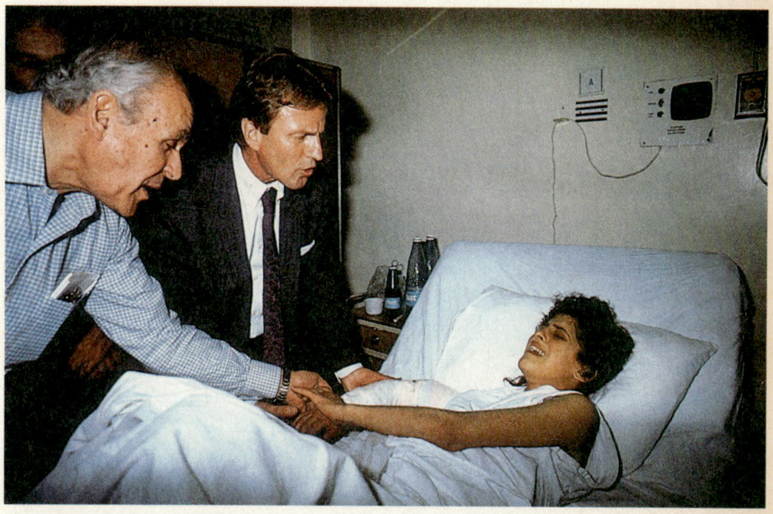

Le ministre Bernard Kouchner au chevet d'une Libanaise de Beyrouth.

18 avril. Si les chefs d'Etat Bush, Gorbatchev et Moubarak se sont montrés sensibles à l'appel du président François Mitterrand lancé il y a plusieurs semaines en faveur du Liban, l'atmosphère à Beyrouth demeure aussi confuse que dramatique. Malgré la décision de la Ligue arabe de se réunir d'ici quarante-huit heures pour examiner à son tour la situation, les faits continuent de parler un autre langage que celui de la diplomatie. Pour l'heure, et après trente-cinq jours d'enfer, le nombre des victimes, en majorité des civils, s'élève à 281 morts et 1 261 blessés. Une semaine auparavant, le chef de gouvernement libanais Selim el-Hoss avait refusé l'aide humanitaire française, tant que « la France n'aurait pas solennellement éclairci sa position », suite aux déclarations de l'envoyé du Quai d'Orsay, Jean-François Deniau, et au « discours de Bavière » du président français à propos de la « minorité chrétienne » du Liban. Dans ce contexte, la mission quasi impossible du secrétaire d'Etat à l'Action humanitaire, Bernard Kouchner, s'est accomplie difficilement, mais avec succès : le navire-hôpital *la Rance* a réussi à embarquer depuis le port de Saïda, situé à 45 km au sud de Beyrouth, 75 blessés, chrétiens et musulmans, à destination de Paris, via l'île de Chypre d'où ils ont été acheminés vers la France par avion Transvaal.

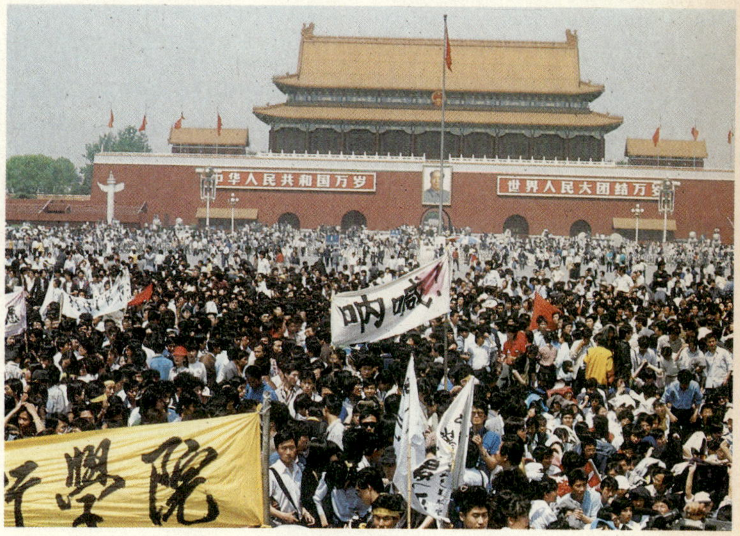

Dans la capitale chinoise, une manifestation réunit des milliers de personnes dont une majorité d'étudiants, sur la place de la Porte de la Paix céleste (Tian'anmen) et sous le regard de Mao en effigie.

Avril

1989

Lu	Ma	Me	Je	Ve	Sa	Di
					1	2
3	4	5	6	7	8	9
10	11	12	13	14	15	16
17	18	19	20	21	22	23
24	25	26	27	28	29	30

24. Belgique : perquisition dans les locaux de la Sûreté de l'Etat en liaison avec de grandes affaires criminelles, notamment les tueries du Brabant (1985).

24. Espagne : découverte de deux engins explosifs sur la voie ferrée Madrid-Barcelone et Madrid-Burgos.

24. France : un arrêté du préfet de Paris réglemente les « cris et chants de toute nature ».

25. France : manifestation de dix mille policiers à Saint-Ouen qui réclament des augmentations de salaire.

25. Corée : la Coréenne qui avait commis l'attentat de novembre 1987 contre un Boeing de la KAL (115 victimes) est condamnée à mort.

25. Mexique : un violent séisme à Mexico fait trois mort et provoque une forte panique.

25. URSS : Mikhaïl Gorbatchev exclut cent dix membres du Comité central après les avoir qualifiés d'« âmes mortes ».

25. Mauritanie : couvre-feu imposé à Nouakchott à la suite d'émeutes opposant Mauritaniens et Sénégalais (→30).

26. France : le film *le Grand Bleu* atteint huit millions d'entrées.

27. Bangladesh : une tornade fait six cents morts et douze mille blessés.

27. France : Simone Weil est tête de liste centriste pour les élections européennes.

27. Jordanie : le roi Hussein nomme le maréchal Ben Chaker à la tête du gouvernement après la démission, le 24, du cabinet Zeid Rifai.

28. Belgique : les quatorze holligans coupables d'avoir provoqué une panique au stade du Heysel (→29.5.85) sont condamnés à trois ans de prison avec sursis partiel.

30. Sénégal : un pont aérien est organisé pour évacuer les Mauritaniens.

DECES

24. Johnny Stark, imprésario français (*1924).

La chute du Premier ministre japonais

25 avril. Il était temps qu'il se retire de la scène politique et de son poste de chef du gouvernement japonais. Noburu Takeshita, qui depuis son entrée en fonction en novembre 1988 avait vu sa cote de popularité chuter de 58,6 % à 3,9 %, a annoncé aujourd'hui sa démission. Il a justifié sa décision en déclarant qu'il se sentait « responsable de la méfiance croissante du public à l'égard de la politique, provoquée par le scandale Recruit ». Cette affaire politico-financière avait déjà forcé la démission de trois membres du gouvernement et mené à l'arrestation de hauts fonctionnaires et cadres. La discussion du budget était bloquée depuis un mois, les partis d'opposition exigeant que l'ex-Premier ministre, Yasuhiro Nakasone, témoigne sous serment devant la Diète à propos de ce scandale. Noburu Takeshita restera en fonction jusqu'à l'entérinement par la Diète de ce budget.

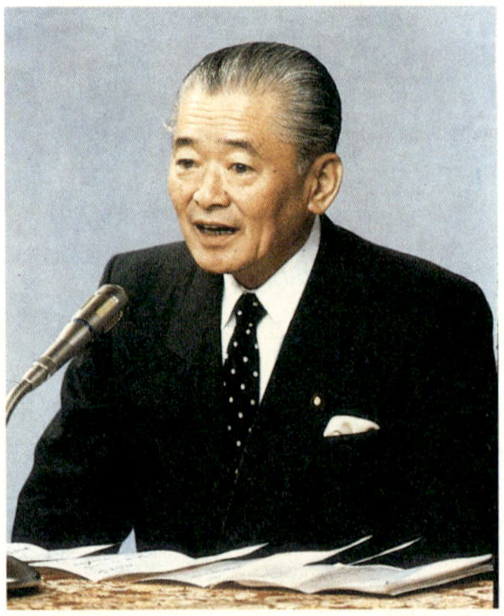

Takeshita face à l'opinion publique.

Le commissaire Jobic est relaxé

28 avril. Ses collègues s'en sont bruyamment réjouis : Yves Jobic qui avait été inculpé par le juge d'instruction Jean-Michel Hayat de proxénétisme aggravé et de corruption passive de fonctionnaire, a été déclaré non coupable par le tribunal correctionnel de Nanterre, à l'issue d'un procès long de trois mois. S'agissant du premier délit, les juges ont estimé que les déclarations des trois prostituées étaient apparues « fragiles et sujettes à caution ». Quant au second motif, ils ont jugé que le commissaire était l'objet d'accusations imprécises, que ce soit sur le trafic d'influence avec un patron de bar louche ou sur son rôle dans la sortie de prison momentanée d'un indicateur.

Un hélicoptère pour hommes d'affaires

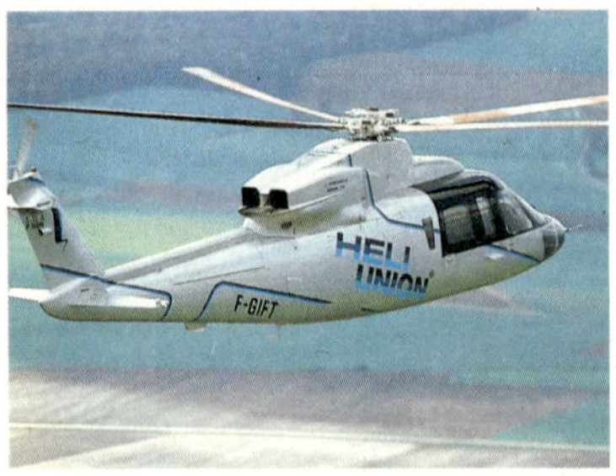

A son bord, douze passagers prévus.

24 avril. La compagnie Heli Union vient de mettre en service le Sikorsky S 76 A F Gift. Déjà opérationnel aux Etats-Unis et dans plusieurs pays d'Europe, cet hélicoptère de conception entièrement civile a décollé aujourd'hui de l'héliport de Paris. Destiné principalement à une clientèle de chefs d'entreprise, il vise sécurité, confort et efficacité. Ses circuits hydrauliques et électriques ainsi que ses moteurs sont doublés ; il peut avoir un pilotage automatique et dispose d'une cabine spacieuse où il n'y a plus ni bruit ni vibrations. Les hommes d'affaires ont à leur disposition un téléphone et, pour l'agrément du voyage, une platine laser. L'avion a une vitesse de croisière de 260 km/h et possède une autonomie de vol de trois heures qui lui permet de couvrir des distances de plus de 750 km sans escale.

Le Français n'économise pas sur sa santé

29 avril. Gands consommateurs de médicaments, les Français ont consacré pour se soigner 8 270 francs par habitant et pour l'année 1988, soit une hausse de 5 % par rapport à 1987 et à la mise en route du plan Seguin. C'est ce que révèle un rapport de la commission des comptes du ministère de la Santé. Ce dérapage incombe, surtout, à la médecine urbaine et, notamment, aux ordonnances des spécialistes. En revanche, les soins hospitaliers, en particulier dans le secteur public, paraissent stabilisés. Les remboursements par la Sécurité sociale ont diminué : les caisses ne financent plus que 73 % de la dépense contre 76 % en 1980. Les ménages règlent directement plus de 19 % de leurs frais, et les mutuelles 6,5 %. Plus inquiétante est la progression des malades qui prétendent se soigner eux-mêmes...

Il était le maître du western-spaghetti

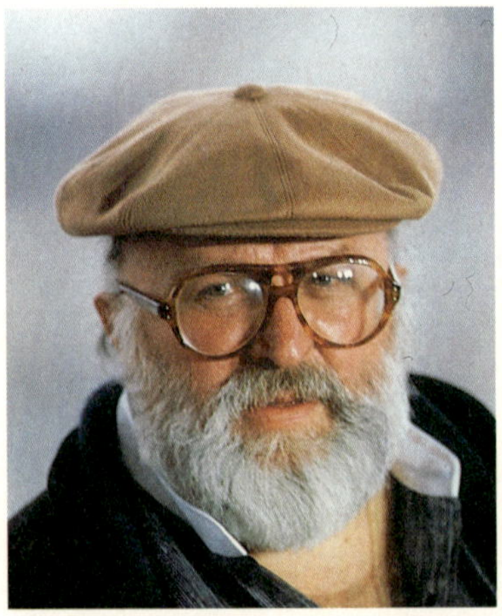

S. Leone, réalisateur et producteur.

29 avril. Sergio Leone, le visage aimable et généreux, la barbe seigneuriale et le havane conquérant, est mort cette nuit dans sa résidence romaine, terrassé par une crise cardiaque. Il était âgé de 60 ans. Sa carrière de cinéaste s'est déroulée en deux époques. A ses débuts, il réalise des péplums comme *le Colosse de Rhodes* (1961) et signe ses premiers films sous le pseudonyme de Bob Robertson. Puis, dans les studios de Cinecitta, il s'attaque au western qui fera de lui un maître du genre. Dans des scénarios violents, il met en scène des acteurs comme Clint Eastwood ou Henri Fonda dans des rôles de salauds qui ne ressemblent plus aux cow-boys héros de notre enfance. En 1964, c'est *Pour une poignée de dollars*, puis *le Bon, la brute et le truand* en 1966 et surtout, en 1968, *Il était une fois dans l'Ouest* devenu un classique grâce aussi à la musique d'Ennio Morricone, son complice.

Le sida reconnu accident du travail

28 avril. Pour la première fois en France, l'Assistance publique de Paris a établi officiellement le sida comme une maladie d'origine professionnelle. Une infirmière de 34 ans qui, en 1984, s'était accidentellement piquée avec une aiguille souillée a développé la maladie et se trouve actuellement hospitalisée à la Salpêtrière. Si, au moment des faits, une déclaration d'accident de travail avait bien été rédigée, aucun test n'avait cependant été pratiqué sur la jeune femme pour vérifier qu'elle n'était pas porteuse du virus. Celle-ci va pouvoir bénéficier maintenant d'une protection sociale maximale. Son cas n'est pas unique dans le monde ; déjà en 1987, six personnes de nationalité américaine avaient été contaminées dans les mêmes conditions.

Eurotunnel : lentement, mais sûrement

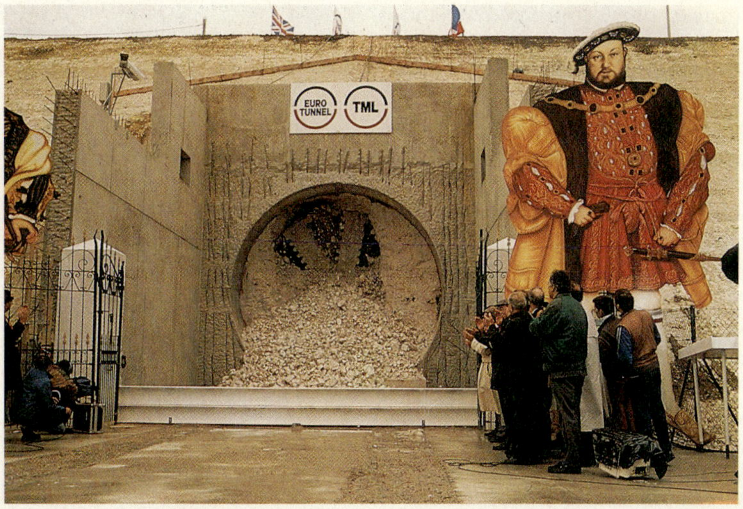

27 avril. Le percement final d'une première section du tunnel sous la Manche a été effectué. Il s'agit de la section sous terre du tunnel de service. Celui-ci a débouché à 3,2 km du puits de Sangatte, là où le forage avait démarré en juillet 1988. Cette opération est une prouesse technique : le tunnelier Virginie a percé 886 m de tunnel en un mois.

Le Canada fait face à un lourd déficit

25 avril. Pour réduire de quatre milliards de dollars le déficit national, le Canada vient d'adopter des mesures d'urgence : démantèlement de quatorze bases militaires, réduction de l'aide aux pays du tiers monde, amputation des subventions attribuées au transport ferroviaire, suppression de la contribution gouvernementale à l'assurance chômage, diminution des crédits destinés aux provinces, abandon du programme de création de crèches et imposition de nouvelles taxes à la consommation. Le pays renonce par ailleurs à acheter les dix ou douze sous-marins nucléaires pour lesquels la France avec l'*Améthyste* et l'Angleterre avec le *Trafalgar* se trouvaient en compétition dans un marché portant sur quarante milliards de francs.

Les Mauritaniens traqués au Sénégal

30 avril. C'est une véritable chasse au Mauritanien qui s'est engagée depuis deux jours dans les rues de Dakar. Au départ, une foule surexcitée et composée de plusieurs milliers de Sénégalais s'était massée aux alentours de l'hôpital de Grand Yoff, dans la banlieue de la ville où avaient été accueillis les premiers de leurs compatriotes rapatriés de Mauritanie. En début de semaine, près de 400 d'entre eux avaient été massacrés à Nouakchott, la capitale mauritanienne. Les premiers témoignages sur des égorgements, des mutilations et autres violences commises contre les ressortissants sénégalais ont enflammé les esprits au point que les Mauritaniens ont été placés sous protection militaire.

Les blindés de l'URSS quittent la Hongrie

25 avril. Annoncé par Mikhaïl Gorbatchev le 7 décembre 1988, le retrait partiel et unilatéral de troupes et de matériel soviétiques a commencé. La 13e division blindée mise en place en 1956 se retire entièrement de Hongrie. A Kiskunhalas, à 150 km au sud de Budapest, 31 chars T-34 ont été embarqués sur un train spécial vers l'Ukraine. L'URSS va retirer plus de 10 000 hommes sur les 60 000 présents en Hongrie depuis la Seconde Guerre mondiale. La Cicciolina était là pour embrasser le premier tankiste à partir. La sulfureuse parlementaire italienne a lâché deux colombes, mais l'un des oiseaux a péri sous la chenille d'un char. Sombre présage ?

L'industrie des parcs de loisirs

La Foire du Trône, avec ses cinq millions de fidèles, gardera-t-elle son monopole ? Un fait est sûr, les Français, petits et grands, se ruent de plus en plus sur les grands parcs d'attractions et de loisirs. Ils ont le choix d'ailleurs. Le 19 avril s'est ouvert le gigantesque Aquaboulevard situé près de la porte de Versailles : 95 000 mètres carrés de bains bouillonnants, de jeux nautiques et de terrains de sport sous d'immenses verrières. C'est l'exotisme à la sortie du métro. On attend trois millions de visiteurs dès la première année. Mais Paris n'est pas unique. En plein cœur de la Lorraine, une région éprouvée par le chômage, le parc des Schtroumpfs a redonné vie à Hagondange. Six mille curieux chez les petits hommes bleus pour l'inauguration. La grande banlieue possède déjà Mirapolis et le parc Astérix accueillera bientôt, dans l'Oise, 20 000 personnes par jour. Enfin, et d'ici à 1992, le monde fabuleux de Disney s'installe à Marne-la-Vallée.

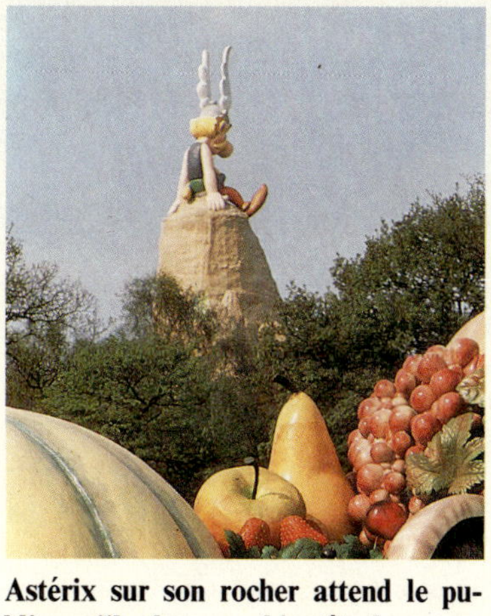

Astérix sur son rocher attend le public qu'il plongera bientôt dans son chaudron magique.

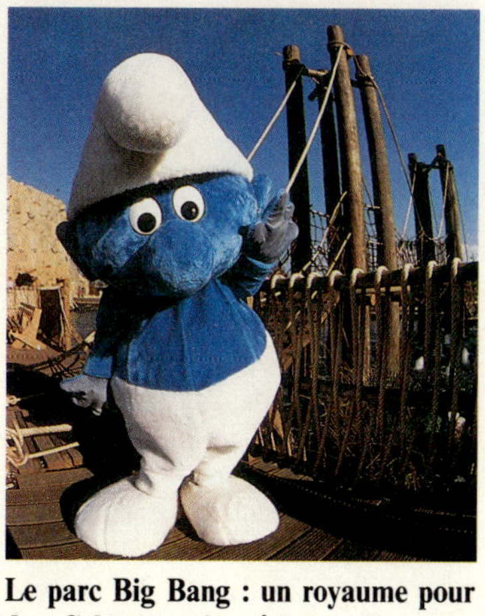

Le parc Big Bang : un royaume pour des Schtroumpfs géants qui redonnent vie à la Lorraine.

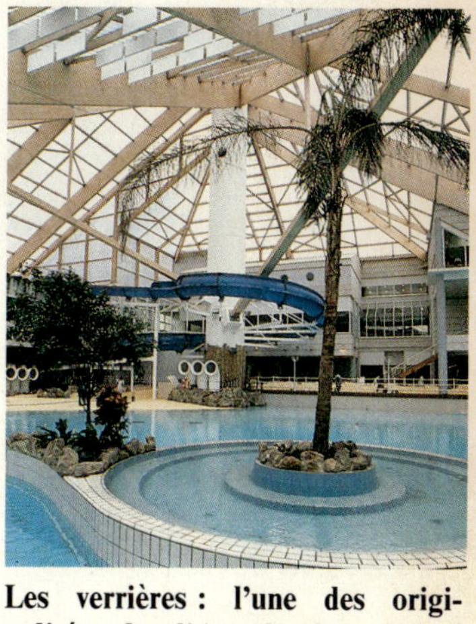

Les verrières : l'une des originalités de l'Aquaboulevard qui vient d'ouvrir ses portes.

Mai

1989

Lu	Ma	Me	Je	Ve	Sa	Di
1	2	3	4	5	6	7
8	9	10	11	12	13	14
15	16	17	18	19	20	21
22	23	24	25	26	27	28
29	30	31				

1er. Chine : pour la première fois à cette date, les portraits de Marx, Lénine, Engels et Staline ne sont pas placardés place Tian'anmen (→4).

1er. Cambodge : la République populaire du Kampuchéa créée en 1976 devient officiellement l'Etat du Cambodge.

1er. Monaco : une Alfa-Roméo de 1934 est adjugée à 21,08 millions de francs lors d'une vente chez Christie's.

2. Paraguay : élection à la présidence du général Andres Rodriguez qui avait renversé le dictateur Alfredo Stroessner en février.

2. Etats-Unis : arrivée à New York de spécialistes de Château Lafite-Rothschild pour reboucher 2 000 bouteilles de ce cru, antérieures à 1962.

2. Liban : tandis que Yasser Arafat entame une visite officielle à Paris, un haut responsable de l'OLP est assassiné à Beyrouth.

3. France : un hélicoptère américain s'écrase dans le Verdon. Sept morts.

4. Nouvelle-Calédonie : les deux leaders du FNLKS, Jean-Marie Tjibaou et Yeiwéné Yeiwéné, sont assassinés dans l'île d'Ouvéa (→7).

4. Chine : quatre cent mille étudiants manifestent à Pékin (→16).

4. France : trois cent mille personnes assistent à Versailles à la célébration du bicentenaire des Etats généraux.

5. Grande-Bretagne : sévère défaite du parti conservateur de Margaret Thatcher aux élections locales du Pays de Galles.

5. Finlande : quatre-vingts pays réunis à Helsinki condamnent les chlorofluorocarbones, responsables de la diminution de la couche d'ozone, et exigent que leur production soit abandonnée d'ici à l'an 2000.

6. Liban : reprise des tirs d'artillerie qui empêchent la mise en place du contingent chargé de veiller à l'application du cessez-le-feu.

L'assassinat de Tjibaou et Yeiwéné Yeiwéné secoue la Calédonie

7 mai. Quelque trois mille Mélanésiens, mais aussi des Européens et de nombreuses personnalités, dont le Premier ministre Michel Rocard, ont rendu un hommage marqué au leader du FLNKS, Jean-Marie Tjibaou et à son principal adjoint Yeiwéné Yeiwéné, enterrés aujourd'hui sur l'une des collines de Nouméa. Les deux indépendantistes ont été tués le 4 mai dernier dans le centre de l'île d'Ouvéa par une rafale de pistolet automatique Mac-50. Les meurtriers étaient des séparatistes extrémistes et l'un d'eux, Djubelly Wea, a été abattu par les gardes du corps de Tjibaou. Les deux autres ont été grièvement blessés lors de la fusillade. Ce double meurtre qui décapite le FNLKS a semé le désarroi dans les rangs de ses militants car leurs chefs ont été abattus par des indépendantistes canaques. La communauté européenne de l'île redoute une nouvelle flambée de violence, et Paris se montre préoccupé par le vide créé par la mort de Jean-Marie Tjibaou, qui pourrait compromettre la mise en œuvre des accords de Matignon du 26 juin 1988 et dont il fut l'un des signataires (→21.5).

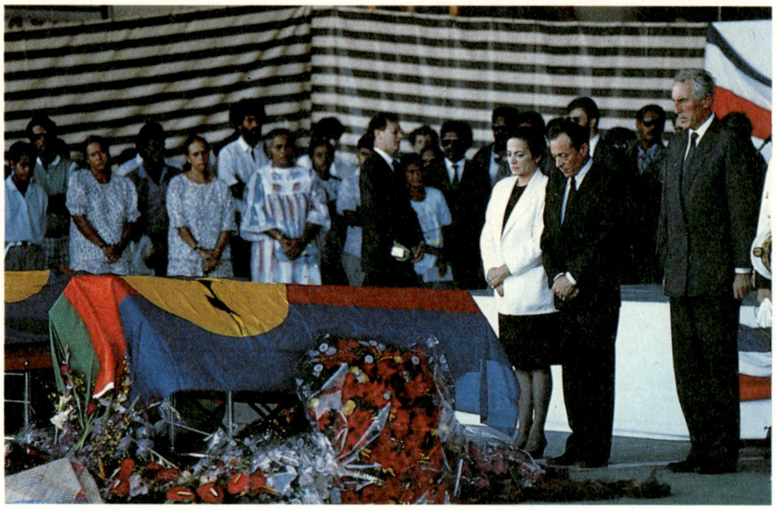

Michel Rocard s'incline devant les cercueils des deux indépendantistes.

Des Bat-O-Bus en service sur la Seine

1er mai. Les transports en commun bondés et les souterrains du métro où l'on finit par ignorer que le ciel existe ne seront-ils bientôt plus qu'un mauvais souvenir pour les usagers parisiens ? Toujours est-il que les premiers taxis de la Seine ont fait leur apparition sur le fleuve. Toutes les quarante-cinq minutes, ils iront de l'Hôtel de Ville à la tour Eiffel en passant par Notre-Dame, le quai Malaquais et le musée d'Orsay. Un voyage au prix touristique, puisqu'il coûtera 30 francs...

Kersauson, le recordman des océans

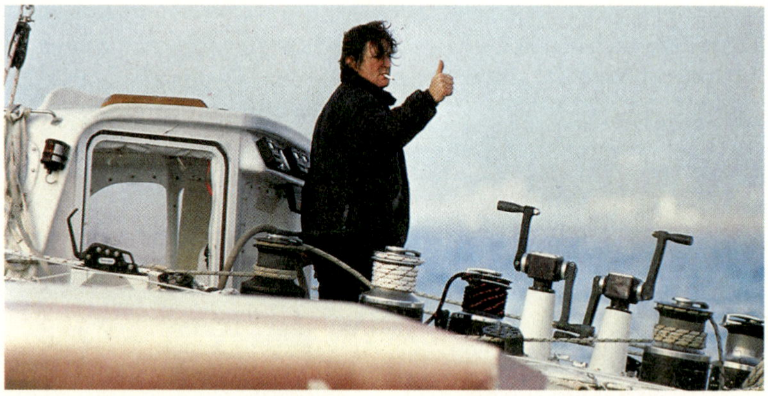

Un parcours sans faute et en solitaire qui aura duré plus de quatre mois.

3 mai. Olivier de Kersauson vient d'effectuer le tour du monde à bord de son trimaran *Un certain regard*, un bateau long de 23 mètres et large de 16,20 mètres, dans le temps record de 125 jours, 19 heures, 32 minutes et 33 secondes, soit une moyenne de 9,690 nœuds. Il a parcouru une distance de 29 150 milles nautiques. Le précédent record appartenait à Philippe Monnet qui, sur son trimaran *Kriter brut de brut*, avait bouclé la boucle en 129 jours, 19 heures, 17 minutes et 8 secondes. Olivier de Kersauson a été accueilli à son arrivée à Brest par une foule de supporters enthousiastes venus saluer son exploit.

Limoges toujours roi du basket

6 mai. Le CSP Limoges reste sans conteste le club numéro un du basket français. Il l'a démontré de manière éclatante à Orthez, sur le terrain de son plus grand rival, qu'il a battu 102 points à 96. Cette finale retour a confirmé la supériorité des Limougeauds déjà vainqueurs chez eux au match aller par 108 points à 97. Cinq titres de champions de France en sept ans, c'est une performance remarquable. Mais il s'agit maintenant pour la brillante équipe de conquérir l'Europe.

Un tunnel géant percé au Canada

5 mai. L'inauguration du tunnel sous le mont MacDonald, dans la chaîne des Selkirk, marque la réalisation d'un rêve que les Canadiens nourrissent depuis 1880 : une liaison ferroviaire ininterrompue entre la côte est et le Pacifique. Avec ses 15 km, ce tunnel, qui aura coûté 2,5 milliards de francs, est le plus long de l'hémisphère Nord. Les trains transportant du fret vers les ports du Pacifique ne seront plus obligés d'utiliser des locomotives d'appoint pour franchir le col.

Les Hongrois lèvent le rideau de fer

2 mai. Près du village de Hegyeshalom, un tracteur poussif a arraché les cent premiers mètres du « rideau de fer », matérialisé par un fil barbelé électrifié. Héritage de la guerre froide, la clôture, destinée à empêcher les Hongrois de quitter leur pays, avait été érigée en 1967. Elle aura totalement disparu de cette frontière entre la Hongrie et l'Autriche l'an prochain. Au cours des vingt-deux dernières années, treize mille cinq cents personnes ont tenté d'échapper au système de détection de 2 m de haut et installé sur 350 km. Trois cents fugitifs seulement auraient réussi à passer. Le système de protection était devenu défectueux au point que le passage d'animaux coupant à travers suffisait à déclencher les signaux. Plutôt que de le remplacer, le gouvernement de Budapest a préféré le détruire, « en raison des changements politiques ». La Hongrie pourrait devenir la voie royale pour ceux qui, dans les pays voisins, veulent passer à l'Ouest (→ 10.9).

Le pape pour la première fois à la Réunion

1er mai. « Bienvenue la fête » : les affiches placardées partout à Saint-Denis de la Réunion donnent le ton pour annoncer la première visite de Jean-Paul II dans cette île où 90 % des habitants sont catholiques. Le Saint-Père, qui effectuait son soixante-dix-septième voyage à l'étranger, a été accueilli par le Premier ministre Michel Rocard qui entreprenait, lui, son premier déplacement officiel outre-mer, et par l'ensemble des élus, au milieu d'une foule de dix mille personnes. Le pape a demandé aux Réunionnais d'être solidaires des peuples voisins qui, sur le plan économique, sont beaucoup plus défavorisés : ceux des Commores, des Seychelles et de Madagascar.

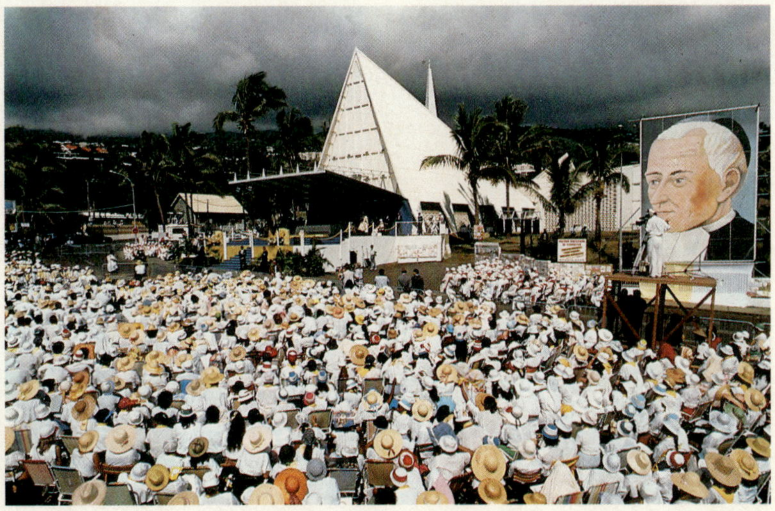

Podium, écran géant et foule : un rituel inchangé pour le souverain pontife.

L'œil d'un satellite au-dessus de l'Europe

4 mai. Vue de très haut et par le puissant objectif d'un engin infaillible, l'Europe semble ne plus avoir de frontières. Elle ressemble à un gigantesque croissant ou alors à une ville énorme, dense et unique, et tellement vaste qu'elle déploierait ses quartiers de l'Ecosse à la Toscane. Le satellite américain envoyé en mission météorologique par le Pentagone l'a mitraillée de nuit et en a rapporté de surprenants clichés que viennent de publier des géographes français : des zones claires apparaissent qui ne correspondent pas, comme on s'y serait attendu, à la lumière des lampes ou des éclairages publics, mais à de fortes émissions de radiations thermiques. Autre constatation : l'ouest de l'Europe est très dépeuplé, et la France, par exemple, ressemble à un large trou noir où Paris figure comme une zone dense et brillante.

Arafat reçu à l'Elysée

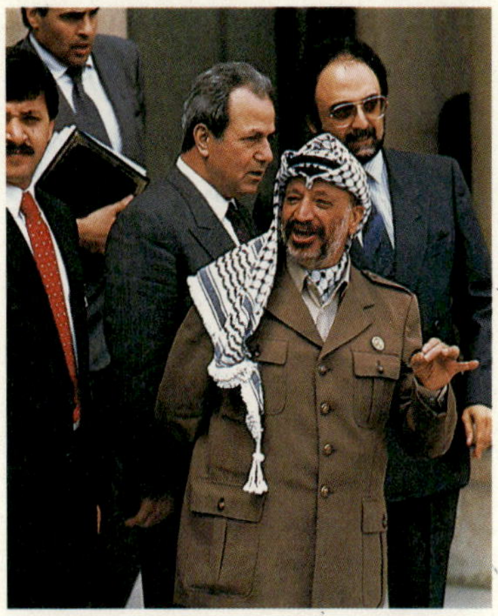

Yasser Arafat, le chef de l'OLP.

2 mai. Le tapis rouge déroulé au pied du palais présidentiel en l'honneur de Yasser Arafat n'avait pas seulement une valeur protocolaire : il signifiait que le leader de l'OLP était accueilli en chef d'Etat. L'entretien, qui ouvrait cette visite officielle de deux jours, a duré quatre-vingt-dix minutes. François Mitterrand a notamment exprimé son désir d'une « mise au net » de la part du chef palestinien s'agissant d'une part de la charte de l'OLP qui, en 1964, prévoyait l'« élimination de la présence sionniste » et d'autre part de la ligne politique de l'organisation aujourd'hui. Son hôte a déclaré à ce sujet qu'il tenait la charte pour « caduque » et qu'il admettait la coexistence de « deux Etats ». L'arrivée d'Arafat avait, ces jours derniers, suscité des réactions opposées : la communauté juive française, balançant entre le trouble et l'indignation, avait appelé à des manifestations à Paris, Lyon, Marseille et Strasbourg ; de leur côté, des milliers de sympathisants de l'OLP ont défilé dans le calme dans la capitale.

L'Amérique dit non au dauphin soldat

2 mai. Quinze associations de protection de la nature ont crié leur indignation, et la Maison Blanche a reçu des milliers de lettres d'écoliers : cent cinquante dauphins sont actuellement enrôlés de force dans l'armée américaine parce qu'ils sont d'excellents radars. Ils gardent les bases sous-marines avec une mine fixée sur leur dos et deviennent des tueurs avec une seringue remplie de gaz fixée sur leur nez. Ils subissent un entraînement de commandos. Et, pour prix de leur sacrifice, ils souffrent de stress et de troubles digestifs, sont affamés, et battus en cas de désobéissance.

Exit M. Kamikaze

2 mai. Konosuke Matsushita est mort à Tokyo à l'âge de 95 ans. On disait de lui qu'il était le Thomas Edison du Japon. Il avait fondé les entreprises National Panasonic, Quasar et Technics. Mais cet homme d'affaires proche de la famille impériale s'était surtout illustré dans la fabrication du matériel de guerre japonais en construisant les avions qui menaient à la mort les célèbres kamikazes.

Oiseaux protégés : chasseurs chassés

3 mai. Le différend remonte à avril 1979, mais cette fois les couteaux sont tirés : de violents incidents ont opposé, sur le terrain, chasseurs et écologistes à propos des oiseaux migrateurs du Médoc. Les Verts étaient porteurs d'une lettre adressée au ministère de l'Environnement et signée notamment par Antoine Waechter, qui dénonçait les « braconniers girondins qui bafouent la loi », celle de la Communauté européenne interdisant cette chasse printanière.

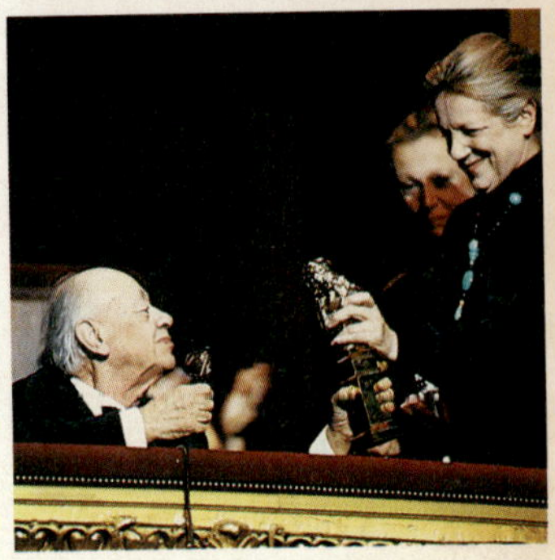

La cérémonie des Molières a été marquée par l'hommage rendu par la profession au dramaturge d'origine roumaine et de langue française Eugène Ionesco.

Mai

1989

Lu	Ma	Me	Je	Ve	Sa	Di
1	2	3	4	5	6	7
8	9	10	11	12	13	14
15	16	17	18	19	20	21
22	23	24	25	26	27	28
29	30	31				

8. Allemagne : il y a quarante-quatre ans, le IIIe Reich signait l'acte de reddition qui mettait fin à la Seconde Guerre mondiale.

9. USA : le Pentagone admet qu'une bombe à hydrogène, perdue par la marine américaine en 1965 au large des îles japonaises de Riou Kiou, gît toujours par quatre mille neuf cents mètres de fond.

9. Belgique : Robert Hersant acquiert 42 % des actions de la société belge Rossel, propriétaire du journal *le Soir.*

9. Hongrie : Janos Kadar, 77 ans, est relevé de ses fonctions par le Comité central du parti communiste.

9. Panama : George Bush demande à Manuel Antonio Noriega de renoncer au pouvoir, sous peine de sanctions économiques (→ 11).

9. Antarctique : les experts de vingt-deux pays réunis à Paris étudient les menaces qui pèsent sur le continent.

9. France : Michel Rocard inaugure à Paris, dans le cadre des manifestations du Bicentenaire, le parc Tuileries 89.

10. Europe : Catherine Lalumière, député européen, est élue secrétaire général du Conseil de l'Europe.

10. Italie : un psychiatre napolitain lance un T-shirt barré d'une diagonale noire, imitant la ceinture de sécurité.

10. France : Jacques Chirac inaugure près du pont de l'Alma une réplique du flambeau de la statue de la Liberté.

11. Belgique : un groupe de vingt et un sympathisants de la RAF (Fraction armée rouge) et d'Action directe occupe les locaux de la CEE pendant trois heures.

12. France : adoption en première lecture du projet de permis de conduire à points.

14. France : deux spéléologues rendent publique la découverte, en décembre 1988, d'un cimetière d'ours, vieux de vingt mille ans à Entremont, en Savoie.

Le Code Napoléon remis en chantier

9 mai. Le Code pénal, qui date de 1810, aurait-il mal vieilli ? Un fait est sûr, son dépoussiérage est à l'ordre du jour. Trois ans après le projet de réforme proposé par Robert Badinter, les sénateurs viennent de s'y atteler en examinant le livre consacré au droit pénal, le premier des douze volumes que comportera le nouveau texte dans son entier. Des quatre innovations examinées aujourd'hui, la responsabilité de l'instigateur d'un crime, autrement dit celle du « cerveau », sera prise en compte et non plus seulement celle de l'exécutant ; et l'échelle des peines sera modifiée.

New York s'offre un métro sans graffitis

11 mai. Le maire a annoncé la bonne nouvelle à ses concitoyens : la vaste opération de récurage menée depuis cinq ans pour que le métro new-yorkais brille comme un sou neuf est terminée. Un travail de fourmi et de titan à la fois, qui a réquisitionné mille nettoyeurs pour effacer au glycol les graffitis couvrant les quelque six mille deux cent quarante-cinq voitures et les quatre cent soixante-cinq stations des vingt-trois lignes du réseau ! Une initiative que s'apprête à suivre la RATP en faisant la chasse aux « taggers » parisiens qui pulvérisent couloirs et compartiments avec leurs bombes couleur.

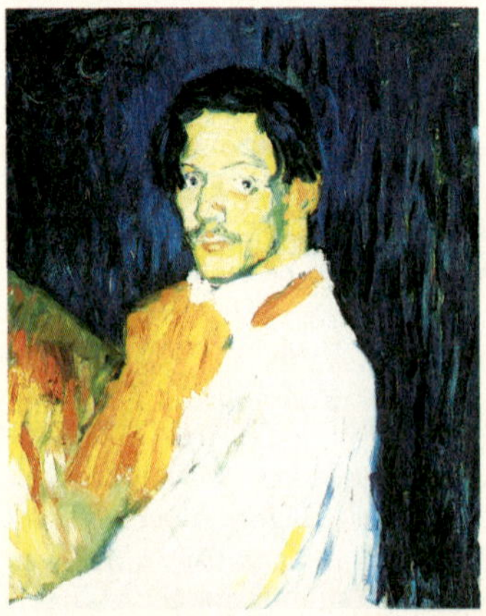

Cet autoportrait de Picasso de 1901 vient d'être vendu aux enchères à New York au prix record de 47,85 millions de dollars.

Panama : Noriega battu garde le pouvoir

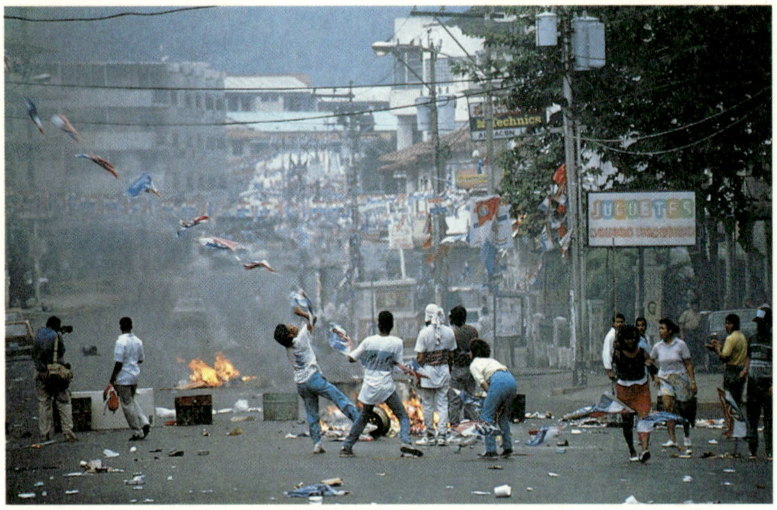

Barricades incendiées et drapeaux arrachés dans une artère de la capitale.

11 mai. L'homme fort du Panama ne craint rien ni personne. Manuel Antonio Noriega, dit « gueule d'ananas » en raison de sa face tavelée, vient de le prouver en faisant fi des pressions américaines comme de l'opinion mondiale. Dès qu'il a appris que « son » candidat, Carlos Duque, risquait d'être battu par le champion de l'opposition, Guillermo Endara, le général Noriega a lancé ses sbires contre ses adversaires. Endara a été ainsi violemment frappé à coups de barre de fer alors qu'il défilait à la tête d'une manifestation pour protester contre la fraude qui a entaché les élections du 8 mai dernier. Plus grave encore, il a purement et simplement fait procéder à l'annulation du scrutin par le tribunal électoral, un organisme contrôlé par le pouvoir. Des journalistes européens et américains accusés de « désinformation » ont été expulsés du pays. La Maison Blanche, qui depuis trois jours ne cache pas sa désapprobation, a réagi aujourd'hui en annonçant l'envoi de deux mille soldats en renfort au Panama (→ 17.5).

Crise politique et violences au Pérou

8 mai. Le Premier ministre péruvien, Armando Villanueva, a présenté sa démission au président Alan Garcia qui vient de l'accepter. Cette décision de Villanueva, qui est également sénateur et ministre de l'Intérieur, intervient à la suite du récent assassinat de deux députés par des terroristes. La situation politique du pays est encore aggravée par une crise économique qui se traduit par une très forte inflation. Armando Villanueva était à la tête du gouvernement depuis le 16 mai 1988 et, selon des sources gouvernementales, il devrait être remplacé à son poste par Luis Alberto Sanchez, jusqu'alors premier vice-président du Pérou. Agé de 88 ans, il est l'un des fondateurs de l'Action populaire révolutionnaire américaine, parti actuellement au pouvoir.

Coup d'Etat avorté au Guatemala

9 mai. La rébellion militaire a échoué : entreprise la nuit dernière contre le gouvernement démocrate-chrétien du président Vinicio Cerezo, elle a été matée en fin de matinée par les troupes restées fidèles au régime et s'est soldée par l'arrestation des officiers responsables de ce coup d'Etat. Le soulèvement était mené par des gradés du « détachement tactique de la force aérienne », mais il n'a pas entraîné le soutien des autres garnisons. Le président guatémaltèque a souligné, à cette occasion, le loyalisme de l'armée. Il a solennellement promis qu'il continuerait à diriger, « avec assurance et fermeté », le processus de démocratisation du pays. Vinicio Cerezo, qui avait échappé à un attentat le 11 mai 1988, avait été élu en 1986 après trente ans presque ininterrompus de régime militaire.

Roger Bambuck au chevet du football

11 mai. Les « affaires » multiples qui ont secoué le football français depuis un an et la non-qualification de l'équipe de France pour la Coupe du monde 1990 ont amené Roger Bambuck, le ministre des Sports, à exposer aujourd'hui à la presse le plan de remise en ordre qui s'impose. Ce plan comporte six mesures d'urgence pour le football de haut niveau : renforcement de l'autorité fédérale, transparence dans la gestion des clubs, restriction des masses salariales avec la création d'un groupe de travail pour étudier cette question, allègement du calendrier professionnel concernant les 18 clubs en division 1, protection de l'équipe de France et évolution de la formation.

Remaniement à la tête de Christian Dior

10 mai. Marc Bohan s'en va, Gian Franco Ferre arrive : la direction artistique de chez Dior change de maître après vingt-neuf ans de stabilité. Bohan abandonne la création haute couture et prêt-à-porter, mais reste dans la maison pour se consacrer entre autres à la Fondation Dior, en projet. Le styliste aux deux Dés d'or cède le flambeau à un confrère de renom : Ferre a passé onze ans à Milan au service de la mode et possède sa propre griffe. Un Italien à la tête d'une des prestigieuses maisons françaises ? Qu'importe, le talent est international.

Une Coupe de plus pour Johann Cruyff

10 mai. Après avoir gagné, en tant que joueur, trois coupes d'Europe des champions avec l'Ajax, Johann Cruyff devenu entraîneur, ajoute à son palmarès la Coupe d'Europe des vainqueurs de coupes : le FC Barcelone qu'il dirige a remporté la finale à Berne, en triomphant de la Sampdoria de Gênes par 2 buts à 0. Quant aux Italiens, ils n'ont pu réussir à enlever les trois Coupes d'Europe réservées aux clubs...

Première médicale en Angleterre

13 mai. Fait sans précédent dans le monde, des chirurgiens londoniens ont réussi à redonner sa féminité à une jeune israélienne née sans appareil génital. Il leur aura fallu cinq heures pour mener à bien l'opération qui a été entièrement prise en charge par le gouvernement israélien. La jeune fille pourra désormais mener une vie sexuelle normale, mais il lui sera toutefois impossible d'être mère.

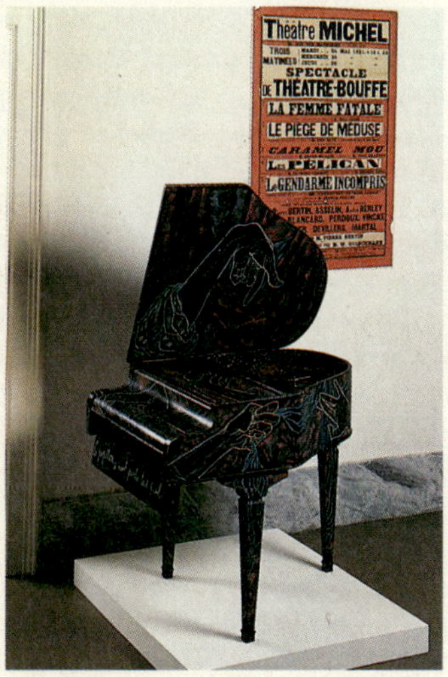

La ville de Baden Baden consacre une exposition à Jean Cocteau. Le poète aux dons multiples aurait eu cent ans cette année.

400 000 abeilles attaquent Moissac

10 mai. Des milliers d'ailes et de corps minuscules et durs, jaillis des huit ruches d'un apiculteur et progressant à une vitesse effrayante, sont venus s'abattre sur un village du Tarn-et-Garonne en une charge ininterrompue de trois heures. Puis la nuée noire a pris de l'altitude et a disparu à l'horizon. Les insectes ont laissé sur leur passage les cadavres d'un chien et de dizaines de poules. Il semble que, comme c'est souvent le cas à l'époque des floraisons, un essaim d'abeilles voleuses ait tenté de piller le miel de la colonie qui s'est alors mobilisée pour exterminer les intruses. Mais leur vengeance est devenue folie (→ 24.5).

L'Argentine choisit le péroniste Menem

14 mai. Une foule en délire s'est précipitée dans les rues de Buenos Aires pour acclamer l'écrasante victoire du péroniste Carlos Saul Menem, 58 ans, aux élections présidentielles. Ses partisans ont fêté leur victoire en entonnant l'hymne péroniste *Viva Peron*, du nom du fondateur du Parti justicialiste qui a gouverné l'Argentine de 1946 à 1955 et de 1973 jusqu'à sa mort, en juillet 1974. Le très populaire Carlos Menem, gouverneur de la Rioja, la province la plus pauvre du pays, s'est adressé à la nation pour réaffirmer que la victoire des « travailleurs » marquait la fin de la « culture de la spéculation ». Il a promis d'être « le président de tous ». Menem, qui est, comme son épouse Zulema, d'origine syrienne, doit prendre ses fonctions le 10 décembre, date à laquelle il s'installera avec sa famille dans la Maison Rose de la capitale. Le président sortant Raul Alfonsin assurera jusqu'à ce jour les affaires courantes, et devra notamment poursuivre la lutte contre l'inflation galopante à laquelle le pays est enchaîné.

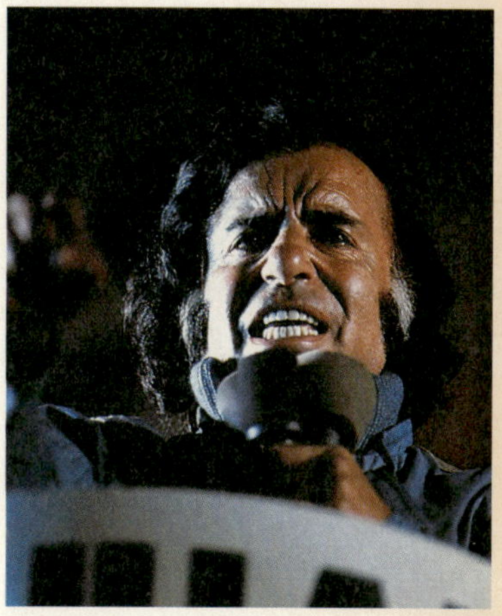

Il se veut le « président de tous ».

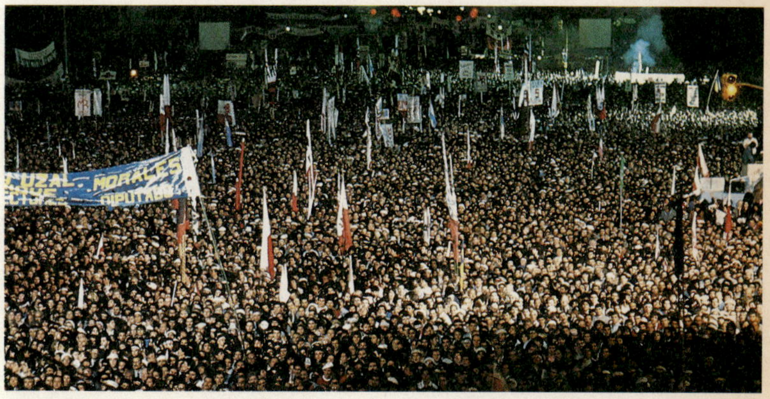

Le peuple argentin avait participé massivement aux meetings électoraux.

Solidarnosc publie son propre journal

8 mai. Il n'est pas de liberté sans liberté de la presse. Les Polonais se sont arraché ce matin le numéro un de *Gazeta*. Le quotidien de Solidarnosc comporte huit pages, n'est soumis à aucune censure et c'est le premier titre indépendant du pouvoir à paraître ouvertement. Cette parution était autorisée grâce aux accords passés entre l'opposition et le gouvernement. Bien que le prix à l'unité soit le double du journal du parti, les 150 000 exemplaires imprimés ont été épuisés en moins d'une demi-heure. La demande a été telle que les premiers lecteurs ont rapporté leur journal au kiosque pour qu'il soit revendu.

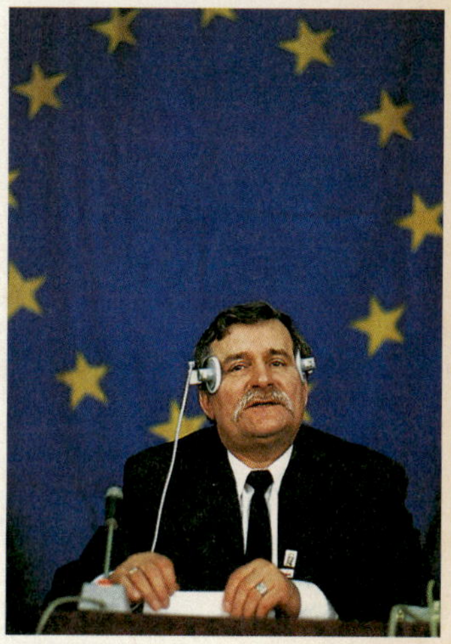

Le 10 mai au Parlement de Strasbourg, Lech Walesa, prix Nobel de la paix en 1983, s'est vu décerner le prix des Droits de l'homme du Conseil de l'Europe.

Mai

1989

Lu	Ma	Me	Je	Ve	Sa	Di
1	2	3	4	5	6	7
8	9	10	11	12	13	14
15	16	17	18	19	20	21
22	23	24	25	26	27	28
29	30	31				

15. Territoires occupés : Israël adopte le plan de paix d'Yitzhak Shamir, prévoyant des élections « régionales, libres et démocratiques ».

15. Yougoslavie : une nouvelle présidence collégiale, présidée par l'économiste slovène Janez Drnovsek, 39 ans, dirigera le pays pour cinq ans.

16. Europe : les douze ministres de la Santé exposent leur plan contre le tabagisme. La production des gauloises et gitanes sans filtre est jugée préjudiciable en raison d'une trop grande teneur en goudron.

17. RFA : Mohamed Hamade, qui avait détourné, le 14 juin 1985, un Boeing de la TWA venant d'Athènes avec cent quarante-cinq occupants, est condamné à la prison à perpétuité.

17. Panama : la grève générale organisée par l'opposition à Noriega est peu suivie.

17. Pologne : l'Eglise catholique est reconnue juridiquement et placée sous l'autorité du Vatican.

17. Ethiopie : échec d'une tentative de coup d'Etat contre le président Mengistu.

17. France : le dollar est à 6,66 francs, le plus haut niveau depuis 1986.

19. Canada : visite éclair de François Mitterrand, en route vers New York.

19. URSS : Moscou annonce que 4 129 juifs ont quitté le pays au mois d'avril.

19. Japon : Sony lance le plus petit walkman du monde : 150 g.

21. Nouvelle-Calédonie : François Burck, 50 ans, succède à Jean-Marie Tjibaou à la tête de l'Union calédonienne, principale composante du FLNKS (→11.6).

21. Est-Ouest : Moscou renvoie quatorze diplomates britanniques après l'expulsion, la veille, de quatorze Soviétiques de Londres pour espionnage.

21. URSS : Youlia Soukharove, 17 ans, lauréate du premier concours de beauté pour le titre de Miss URSS 1989.

Gorbatchev à Pékin : historique !

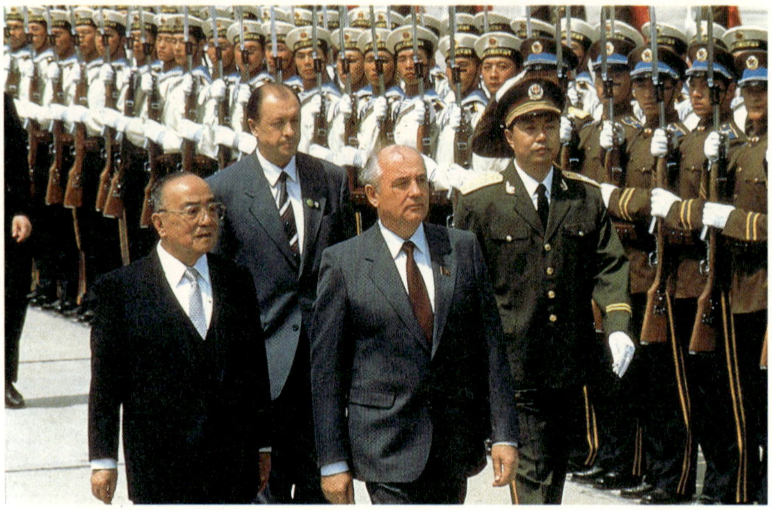

Une visite majeure et dont les conséquences seront tout aussi importantes.

16 mai. « Bienvenue au véritable réformateur Mikhaïl Gorbatchev ! La démocratie est notre idéal commun ! » proclament en russe et en chinois les banderoles brandies devant le palais du Peuple. A deux pas de là, c'est avec une chaleureuse poignée de main que le numéro un soviétique et son homologue chinois Deng Xiaoping ont scellé la réconciliation entre les deux géants du monde communiste, près de trente ans après le dernier sommet sino-soviétique. Au terme de longues années de brouille marquées par plusieurs affrontements armés, les deux parties ont enfin normalisé leurs relations. Les dirigeants chinois et soviétique ont décidé de développer les liens économiques et culturels entre Pékin et Moscou. Il reste, certes, des différends de taille entre les deux Etats, notamment le soutien militaire apporté par le Kremlin aux forces d'occupation vietnamiennes au Cambodge. Mais il n'empêche que l'arrivée ici du numéro un soviétique marque un pas capital dans l'histoire des relations internationales. Le sommet de Pékin est historique à plus d'un titre : depuis son arrivée dans l'Empire du Milieu, Gorbatchev est confronté à un spectacle hallucinant : sur la place Tian'anmen, des centaines de milliers d'étudiants et d'ouvriers chinois manifestent pour dénoncer la corruption et réclamer davantage de démocratie. Il s'agit de la plus grande manifestation populaire spontanée que la Chine moderne ait jamais connue. C'est une bataille jusqu'à présent non violente que livrent les contestataires contre un régime de vieillards devant les médias du monde entier. L'ampleur des manifestations est telle que le programme de la visite de Gorbatchev a été bousculé à plusieurs reprises (→30.5).

L'Angleterre paralysée par des grèves

15 mai. Troisième grève en cinq semaines des transports en commun de Londres. Les grévistes réclament une augmentation de salaire pour compenser l'effet conjugué d'une inflation dépassant 8 % et des taux d'intérêt à 14 %, ainsi qu'une amélioration de leurs conditions de travail. Les Londoniens ont dû s'organiser pour gagner leurs bureaux, et des firmes ont même loué des bus pour véhiculer leurs employés. Le projet des syndicats de transporteurs, qui était de paralyser toute la vie économique, semble avoir été en partie contré.

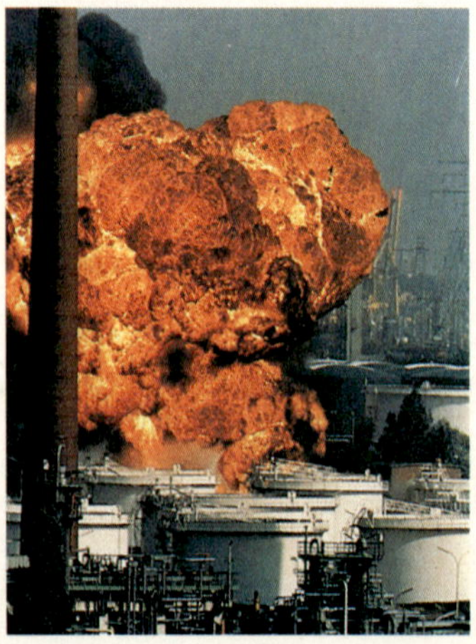

Le 18 mai, un incendie accidentel a détruit des installations de la compagnie Shell à Hambourg.

L'Eglise contre le porno et la mafia

19 mai. Il est des provocations qui méritent de lancer une croisade : une salle classée « X » s'est ouverte à deux pas de la basilique Saint-Pierre et le Vatican a réagi en excommuniant tous les mafiosi spécialisés dans le fructueux commerce de la pornographie dont le chiffre d'affaires atteint 250 millions de dollars par an. Les brebis égarées ne pourront plus se marier à l'église ni être enterrées religieusement. Et si elles porteront encore le nom de parrains, ce ne sera plus désormais que dans leur vie civile...

Comment survivre en plein New York

21 mai. Le monde est fou et la grande ville fait peur aux petits humains. Dans cette jungle, il s'agit de survivre en respectant trois règles : savoir se débrouiller, ne pas avoir peur de l'autre et essayer de lui venir en aide. S'appuyant sur ces principes, un New-Yorkais philanthrope a eu l'idée d'un programme de stages collectifs pour une expérience aussi originale que positive : il a intégré dans un même groupe et à nombre égal des gens socialement nantis, en général des chefs d'entreprise, et des personnes issues de milieux défavorisés et de cultures différentes. Tous ont été largués dans la cité sous la responsabilité d'un instructeur. Double objectif : se mettre dans une situation nouvelle et se regarder vivre les uns les autres. Résultat, les riches ont dû apprendre à acheter sans carte de crédit et à utiliser le métro comme tout le monde, et les pauvres ont perdu pour partie leurs préjugés sur les classes aisées.

Effervescence nationaliste en Arménie

19 mai. Cette fois, la capitale de l'Arménie est entrée dans la contestation et près de la moitié des entreprises d'Erevan sont touchées par la grève. Quinze mille personnes sont descendues avant-hier dans la rue, et il y a deux semaines maintenant que la région du Nagorny-Karabakh se mobilise contre Mikhaïl Gorbatchev en réclamant la démission de la direction arménienne et en s'insurgeant contre la détention d'une douzaine de dirigeants arméniens emprisonnés à Moscou et maintenus au secret depuis cinq mois. Face au regain de tensions, le numéro un soviétique a promis de recevoir une délégation de nationalistes et l'académicien et prix Nobel de la paix Andreï Sakharov a préféré annuler son voyage en France prévu pour la semaine prochaine.

Un attentat fait 22 morts à Beyrouth

16 mai. La plus haute autorité religieuse de l'islam sunnite du Liban, le mufti de la République, cheikh Hassan Khaled, et vingt et une autres personnes ont été tuées par l'explosion d'une voiture piégée à Beyrouth-Ouest. Le véhicule contenait 50 kilos de TNT et était équipé d'une télécommande. Il s'est pulvérisé au passage du convoi du mufti, à proximité d'une mosquée, dans le quartier populaire sunnite d'Aïcha Bakkar. Le dignitaire et les trois autres occupants de la Cadillac blindée, son gendre, son garde du corps et son chauffeur, ont été tués sur le coup. Trois gendarmes chargés de la sécurité et qui suivaient à bord d'un autre véhicule ont également été tués. Un immeuble de trois étages a été éventré et vingt voitures ont été détruites.

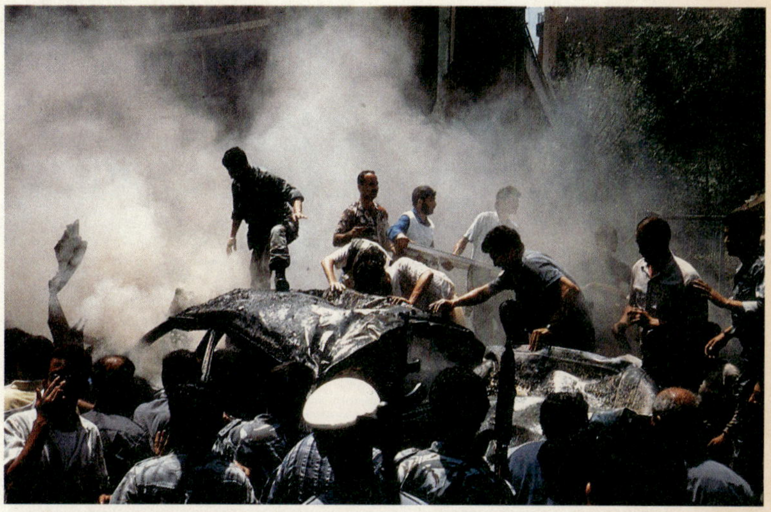

Civils et secouristes autour de la carcasse calcinée de la voiture piégée.

"Carmen" triomphe sur la scène de Bercy

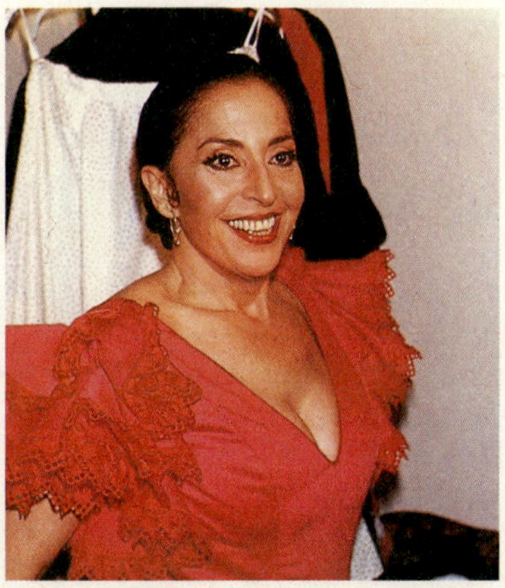

Tereza Berganza qui joue Carmen.

17 mai. Tereza Berganza, Alida Ferrarini, Alain Fondary et James Hoback : un quatuor éblouissant pour interpréter *Carmen*. La mise en scène de Pier-Luigi Pizzi, légère et impeccablement réglée, a su faire se succéder, dans le quadrilatère de Bercy devenu arène, chevaux, calèches, toréadors et danseurs sur une scène aux dimensions impressionnantes. La musique de l'opéra de Bizet était jouée par l'orchestre philharmonique de Monte-Carlo sous la baguette de Lawrence Forster. Une qualité à l'unisson pour un spectacle-événement.

François Mitterrand chez George Bush

21 mai. L'entrevue s'est déroulée dans la maison de campagne du couple présidentiel américain à Kennebunkport dans le Maine. En présence de leurs épouses respectives, Mitterrand et Bush se sont ainsi entretenus hors de tout protocole. « Un temps familial, chaleureux et reposant, qui a permis de tenir des conversations politiques vivifiées par l'air de la forêt et de la mer », a déclaré le président français. Son homologue s'est dit, quant à lui, d'accord avec son hôte sur la nécessité de « préserver l'intérêt général de l'Alliance atlantique » s'agissant des missiles à courte portée installés en Europe.

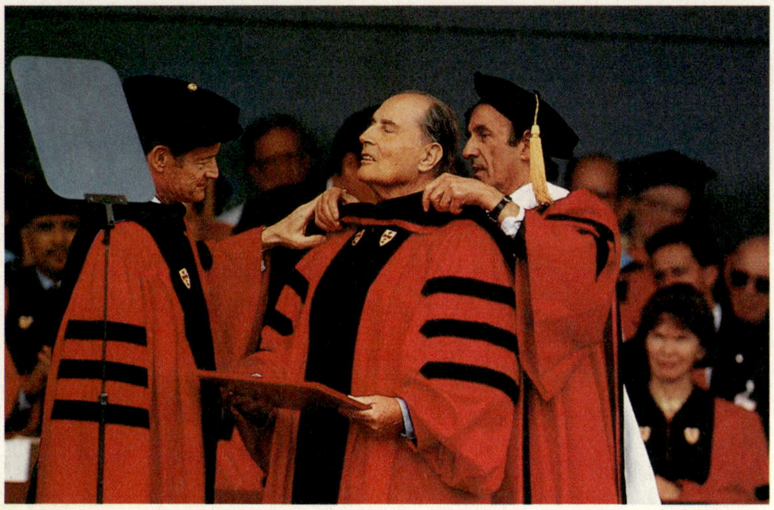

Mitterrand, docteur honoris causa, et Elie Wiesel à l'université de Boston.

Un super-dirigeable contre la drogue

21 mai. Le Pentagone a annoncé la construction du plus grand dirigeable jamais mis en service. Son but : lutter contre le trafic de drogue en Amérique du Sud et survoler notamment la frontière du Mexique. Gonflé à l'hélium et doté de puissants radars, il aura cent trente mètres de long, évoluera à trois mille mètres d'altitude à la vitesse de 150 km/h et jouira de plusieurs jours d'autonomie. A partir de 1993, il embarquera une douzaine de personnes à son bord et détectera les mouvements des trafiquants qui utilisent des avions volant en rase-mottes pour tromper la surveillance des radars au sol.

Eric Tabarly est sauvé des eaux

21 mai. Grosse émotion pour Eric Tabarly et pour son coéquipier Jean Le Cam lorsque leur trimaran, le *Bottin entreprise*, s'est retourné. L'accident a eu lieu au cours de la Transat Lorient - Saint-Barth et alors que les deux navigateurs se trouvaient en tête de la course. Après avoir lancé un signal de détresse, ils ont attendu, installés sur la coque, qu'un cargo vienne les secourir. George Madec, sur *Jet service*, s'était lui aussi détourné de sa route pour leur venir en aide.

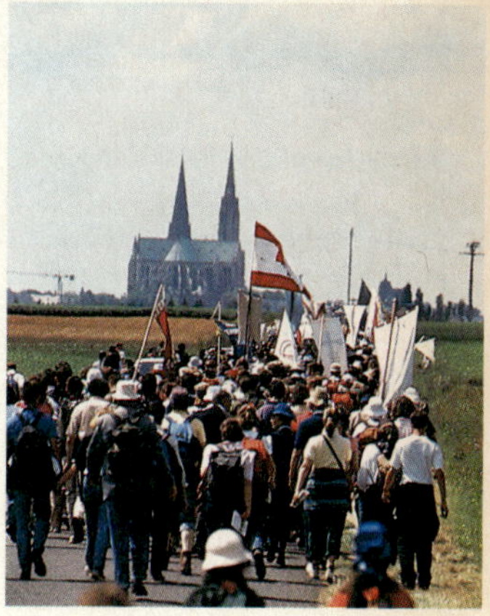

Rendez-vous annuel à la cathédrale de Chartres pour les pèlerins partis à pied de Paris.

Mai

1989

Lu	Ma	Me	Je	Ve	Sa	Di
1	2	3	4	5	6	7
8	9	10	11	12	13	14
15	16	17	18	19	20	21
22	23	24	25	26	27	28
29	30	31				

22. Malaisie : un bateau transportant trois cent vingt-cinq personnes fait naufrage près de Bali. Cent cinquante morts.

22. Philippines : incendie dans un quartier pauvre de Manille. Quinze victimes et quatre cents maisons détruites.

22. Liban : le coffre-fort des Casques bleus norvégiens est fracturé, et les 60 000 dollars de leur solde sont dérobés.

22. Inde : premier tir réussi d'une fusée balistique Agni, d'une portée de 2 500 km.

22. France : le dollar franchit à Paris la barre des 6,80 francs.

23. RFA : réélection de Richard von Weizsaecker à la présidence de la République.

24. Espagne : trois policiers sont tués à Bilbao dans un attentat à la bombe commis par l'ETA.

24. France : nouvel assaut d'abeilles, à Léran dans l'Ariège. Un prêtre est mortellement piqué.

24. France : l'enseigne de vaisseau de 2e classe Nadine Zanetta devient, à vingt-cinq ans, le premier pilote féminin d'hélicoptères de la Royale.

25. Etats-Unis : la Californie est le premier Etat américain à interdire la vente de fusils d'assaut.

26. RFA : à bord de deux ULM biplaces, deux Allemands vont chercher leur ami de Berlin-Est et le transportent de l'autre côté du Mur.

26. France : mille cinq cents descendants de héros de la Révolution se réunissent à l'hôtel de ville de Paris.

28. Vatican : un nouveau service est mis à la disposition des fidèles non européens : ils pourront, par téléphone, entendre une minute et demie de discours papal.

28. Birmanie : le pays devient, à compter d'aujourd'hui, l'Union de Mayama.

31. Chili : aux termes de la nouvelle Constitution, la durée du mandat présidentiel est fixée à quatre ans, et le président ne sera pas rééligible.

Une statue de la Liberté érigée à Pékin

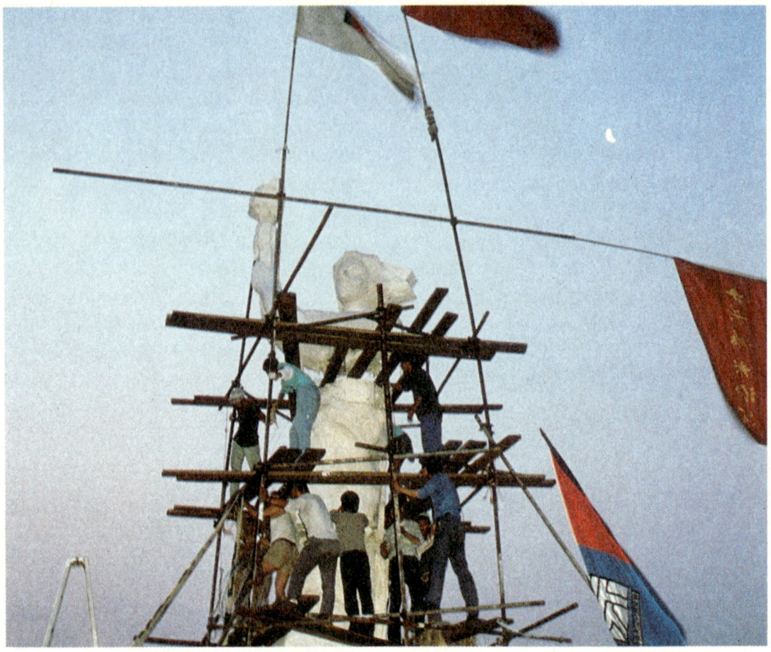

Une déesse de la démocratie emprisonnée encore par des échafaudages...

30 mai. Les étudiants des Beaux-Arts ont créé cette nuit l'événement sur l'esplanade de la place Tian'anmen : devant cinquante mille personnes au moins et à trois cents mètres du mausolée de Mao, ils ont assemblé les pièces détachées d'une réplique en plâtre de la statue de la Liberté de New York, qu'ils avaient fabriquée dans l'atelier de leur école. La statue n'est pas ressemblante au détail près et elle n'a que quatre mètres de haut, mais elle est avant tout aux yeux des Pékinois un puissant symbole. Un des jeunes artistes déclarait : « Nous, en Chine, la liberté, on ne la connaît que d'après photos. » (→4.6)

Cannes : Palme d'or pour un outsider

23 mai. Wim Wenders, président du quarante-deuxième Festival de Cannes, a créé la surprise en annonçant le nom du lauréat de la Palme d'or : Steven Soderbergh entrait à 26 ans et en quelques secondes dans la légende en devenant le plus jeune réalisateur à obtenir la prestigieuse récompense. Son film, *Sex, Lies and Video Tapes*, a impressionné le juré par sa maîtrise et son originalité. James Spader, l'acteur principal, reçoit, quant à lui, le très convoité prix d'interprétation.

La pub engorge les télécopieurs

29 mai. Les entreprises américaines croulent sous les avis publicitaires. Comme si l'encombrement des boîtes aux lettres ne suffisait pas, voici maintenant que ces messages bloquent les télécopieurs et empêchent donc la réception et l'émission de documents strictement professionnels. Cette situation préoccupante a été examinée par le Congrès, et une réglementation pour limiter les abus est en cours d'étude.

Une brigade pour mater les loubards

24 mai. « Une brigade spéciale de police pour la sécurité des transports ferroviaires » : telle est l'appellation officielle choisie par le Premier ministre pour l'unité de cinq cents fonctionnaires qui auront la charge de rendre moins dangereuses les conditions des usagers et des employés des transports publics. Le rôle de ces policiers sera de réprimer les actes de violence mais aussi de rassurer par leur présence les voyageurs et les agents de la SNCF et de la RATP exposés de plus en plus souvent ces temps-ci à nombres d'agressions. L'insécurité demeure l'une des préoccupations essentielles des Français, et les pouvoirs publics semblent décidés à prendre les choses en main. La décision de Michel Rocard devrait aussi apaiser les syndicats dont les revendications se font de plus en plus pressantes à ce sujet.

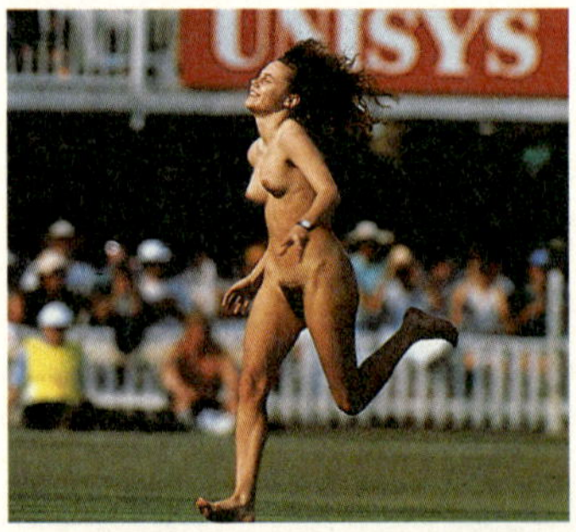

Décontractée, Sheila Nicholls traverse, nue, un stade de cricket devant 25 000 spectateurs.

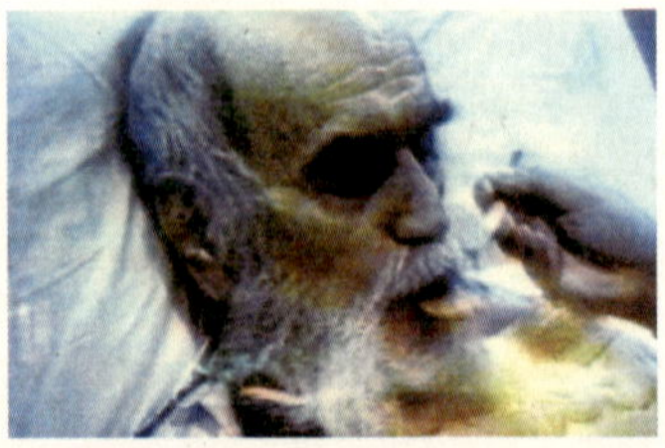

A 89 ans, Khomeyni vient de subir une opération des voies digestives. Son état est jugé satisfaisant.

Milan, capitale de l'Europe du football

24 mai. Vingt ans après, le Milan AC est redevenu le roi du football européen en gagnant sa troisième Coupe d'Europe des clubs champions. L'équipe italienne a écrasé son adversaire roumain, la Steaua de Bucarest, au cours d'une finale superbe disputée à Barcelone devant 97 000 spectateurs. Les Milanais avaient déjà partie gagnée à la mi-temps puisqu'ils menaient 3 à 0. Leur football offensif et spectaculaire a été très fortement influencé par leurs trois joueurs néerlandais, Rijkaard, Gullit et Van Basten. Les deux derniers ont assuré à eux seuls les quatre buts du match en en marquant deux chacun. Une victoire superbe, symbole d'un jeu peut-être régénéré.

Kadhafi au sommet arabe de Casablanca

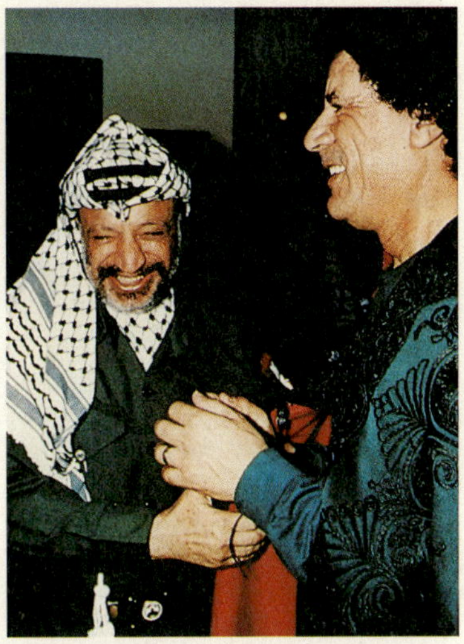

Les chefs libyen et palestinien.

26 mai. Les dirigeants des Etats membres de la Ligue arabe ont décidément bien du mal à parler d'une seule voix, surtout lorsqu'il s'agit du Liban. Ils n'étaient que vingt et un présents au sommet de Casablanca. La chaise vide était celle du représentant libanais. Placée sous le signe de la réconciliation, cette réunion a été marquée par les retrouvailles entre l'Egyptien Hosni Moubarak et le Libyen Moammar Kadhafi, après onze ans de brouille. Mais les « frères arabes » n'ont pas pu trouver de solution viable au problème du Liban. Le communiqué final ne mentionne même pas la présence de troupes syriennes au « pays du cèdre ».

La longue cavale de Paul Touvier

24 mai. L'ancien chef de la milice de Lyon pendant la guerre a été appréhendé au prieuré Saint-Joseph, dans le vieux Nice. Agé de 74 ans, Paul Touvier était recherché depuis quarante ans pour crimes contre l'humanité, pour l'assassinat de Victor Basch et de sa femme, pour l'exécution de sept otages juifs, pour l'arrestation du couple Eisner, mort à Auschwitz, et pour l'arrestation de 57 réfugiés politiques espagnols et de résistants. Condamné deux fois à mort par contumace en 1967, il vivait dans la clandestinité, protégé notamment par plusieurs religieux.

Le ravisseur de VDB est arrêté au Brésil

27 mai. La police brésilienne avec le concours de deux policiers belges a arrêté Patrick Haemers, sa compagne Denise Triac et un complice, Axel Zeyen, dans un quartier sud de Rio de Janeiro. L'homme n'était pas armé et n'a opposé aucune résistance. Responsable d'une dizaine d'attentats à main armée visant des transports de fonds et qui avaient causé la mort de trois personnes, Haemers est avant tout le chef de la bande qui avait enlevé l'ancien Premier ministre belge Paul Vanden Boeynants le 14 janvier avant de le libérer le 13 février contre rançon.

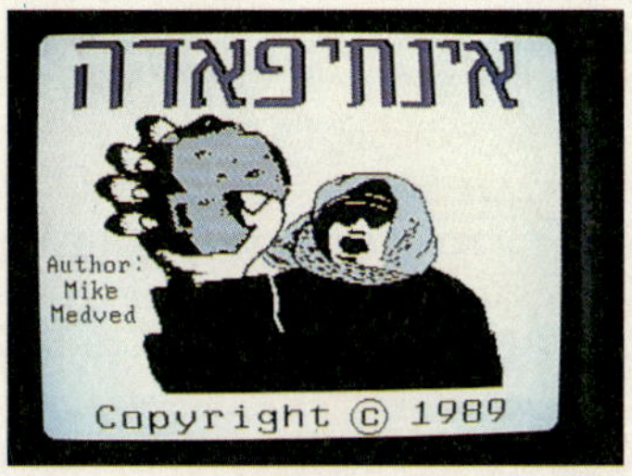

Le jeu électronique le plus vendu actuellement en Israël fait apparaître à l'écran un Palestinien sous les traits d'un terroriste qu'il s'agit d'abattre...

Le grand exploit du Toulousain Charvet

27 mai. Disputée sur la pelouse du Parc des Princes devant quelque 50 000 spectateurs, la finale du championnat de France de rugby a permis au Stade toulousain de remporter le dixième titre de son histoire. Les Toulousains, tout comme leurs valeureux adversaires toulonnais, ont pratiqué un jeu très ouvert, un jeu d'attaque qui a enflammé le match et enthousiasmé le public. Une demi-heure après le coup d'envoi, les deux équipes étaient à égalité, 9 à 9. C'est alors que le trois-quart centre toulousain Denis Charvet a réalisé un exploit magnifique en allant planter un essai au terme d'une course de 80 mètres. Il ouvrait ainsi à son club la voie de la victoire. Elle fut assurée en deuxième période sur le score pourtant extrêmement serré de 18 points à 12.

Une manipulation génétique sur l'homme

22 mai. Une étape peut-être cruciale vers le traitement de maladies aussi graves que le cancer vient d'être franchie aux Etats-Unis. Pour la première fois au monde, une équipe de chercheurs, dirigée par Steven Rosenberg, a procédé, avec l'aval du gouvernement américain, à une manipulation génétique sur l'homme. Le Dr Rosenberg a injecté des cellules modifiées génétiquement à un malade atteint d'un cancer cutané en phase terminale. Les spécialistes de l'Institut national de la santé, dans le Maryland, ont expliqué que des globules blancs du patient avaient été « tatoués » en laboratoire avec un gène porté par un virus inoffensif : une façon de repérer les cellules et de les suivre dans l'organisme. Selon l'un des chercheurs, cette nouvelle technique pourrait ouvrir la voie, à terme, à l'insertion de gènes chez l'homme dans un but thérapeutique. On pourrait ainsi soigner toute une série de maladies génétiques, héréditaires ou acquises.

Troisième sommet de la francophonie

24 mai. François Mitterrand est arrivé à Dakar porteur d'une importante nouvelle : la proposition qu'il a soumise aux participants du sommet de la francophonie vise une remise « inconditionnelle » de la totalité de la dette publique au développement des trente-cinq pays les plus pauvres d'Afrique. Cette initiative a été accueillie par une salve d'applaudissements. Le Sénégalais Abdou Diouf s'est spontanément levé pour déclarer : « Monsieur le Président, vous avez créé l'événement. » D'autres chefs d'Etat africains se sont alors tournés du côté des Belges. Le chef du gouvernement, Wilfried Martens, a promis des « mesures similaires », sans autre précision. La réduction de la dette des pays africains les plus pauvres correspond à seize milliards de francs. Depuis 1987, les pays riches avaient admis qu'il fallait réduire la dette publique du tiers monde, mais le geste de la France est le premier à aller dans ce sens.

Les Argentins pillent leurs magasins

31 mai. L'Argentine serait-elle au bord du gouffre ? Deux semaines seulement après le succès du péroniste Carlos Menem aux présidentielles, une explosion de colère est en train de secouer le pays. Quatorze personnes au moins ont été tuées et des milliers d'autres arrêtées au cours des violentes émeutes suscitées par la hausse vertigineuse du coût de la vie : l'inflation galope au rythme de 100 % par mois, et le prix du panier de la ménagère a triplé. Le gouvernement a dû multiplier les mesures d'urgence pour faire face à la crise.

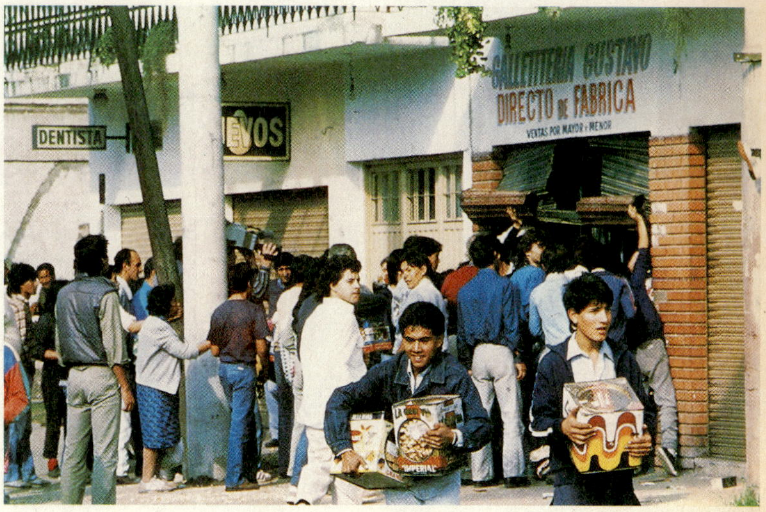

Une boutique dont on éventre le rideau de fer : la scène est quotidienne.

Juin

1989

Lu	Ma	Me	Je	Ve	Sa	Di
			1	2	3	4
5	6	7	8	9	10	11
12	13	14	15	16	17	18
19	20	21	22	23	24	25
26	27	28	29	30		

1er. France : vol en plein jour au Centre Pompidou à Paris de *l'Embarcadère*, une toile de Georges Braque estimée à vingt millions de francs.

1er. Salvador : le nouveau président, Alfredo Cristiani, propose le dialogue à la guérilla.

1er. Etats-Unis : démission de Jim Wright, président de la Chambre des représentants, accusé de malversations.

1er. France : l'enquête sur l'accident de l'Airbus A-320, survenu le 26 juin 1988 à Habsheim, met en cause, outre les deux pilotes, des responsables d'Air France.

1er. Corée du Sud : quatre-vingt-treize étudiants blessés à Kwangu au cours de heurts avec la police.

2. Chine : des milliers de soldats, apparemment sans armes, font leur entrée sur la place Tian'anmen occupée par les étudiants (→ 4).

2. Argentine : arrestation de quinze dirigeants trotskistes, après des émeutes provoquées par la pénurie alimentaire et qui ont fait quinze morts.

2. Japon : le libéral démocrate Sousouke Uno remplace Noburu Takeshita au poste de Premier ministre.

2. France : manifestation à Paris quai de Jemmapes pour sauver l'*Hôtel du Nord* menacé par un programme immobilier. →

3. Israël : le projet de badge numéroté portant l'inscription « travailleur étranger » qui est imposé aux ouvriers palestiniens suscite de vives réactions.

3. Belgique : le Vénézuélien Antonio Esparragoza conserve à Namur son titre mondial des poids plume en battant par K-O le Liégeois Jean-Marc Renard.

4. Suisse : le train à crémaillère du Pilate (dix-huit ponts et sept tunnels sur 4 618 mètres) a cent ans.

4. Liban : le triumvirat arabe formé par les souverains saoudien et marocain et le président tunisien lance un appel à l'arrêt des combats.

Khomeyni est mort

4 juin. Des millions d'Iraniens ont appris avec stupeur ce matin le décès de celui qui a été le guide incontesté de la révolution islamique depuis son retour triomphal à Téhéran le 1er février 1979. L'ayatollah Ruhollah Khomeyni s'est éteint dans son lit à l'âge de 89 ans. Cette nouvelle était d'autant plus inattendue qu'il y a dix jours, ses médecins avaient annoncé que l'imam avait subi « avec succès » une intervention chirurgicale. Depuis sa prise du pouvoir après la chute du chah, Khomeyni a été le maître absolu de l'Iran durant dix ans. Son règne aura été marqué par l'exécution de cinquante mille opposants et l'envoi à la mort d'un million de soldats tombés dans la terrible guerre contre l'Irak. L'imam laisse son pays sans véritable héritier politique, mais l'Assemblée a déjà désigné à sa succession un homme de 49 ans, Ali Khameneï pour assurer la continuité (→ 6.6).

Maradona à l'OM ?

2 juin. On croit rêver : Bernard Tapie, qui ne doute de rien, veut engager Diego Maradona, le plus célèbre footballeur du monde, à l'Olympique de Marseille. C'est pour cette raison que Michel Hidalgo s'est rendu spécialement à Naples aujourd'hui pour avoir une entrevue avec le joueur argentin et préparer une rencontre entre le président de l'OM et la star internationale. Si le transfert venait à s'effectuer, c'est le football français tout entier qui serait en révolution.

Elections libres en Pologne : le triomphe de Solidarnosc

4 juin. Pour la première fois depuis la guerre, la Pologne a pu dire ce qu'elle pensait. Lors de ce premier tour des élections législatives à la Diète et au Sénat, les premières partiellement libres dans un pays du bloc de l'Est, le peuple a largement plébiscité les candidats de Solidarnosc soutenus par Lech Walesa. La quasi-totalité des 161 candidats à la Diète du mouvement ouvrier a été élue ainsi que 93 candidats au Sénat ; seuls trois sont en ballottage, notamment à Lodz. Les principaux dirigeants inscrits sur la liste nationale ont été totalement désavoués et n'ont pu obtenir les 50 % de voix nécessaires pour siéger. Solidarnosc, qui ne voulait jouer qu'un rôle d'opposition, s'est cependant déclaré « prêt à participer à une coalition des forces sociales et politiques » pour que le pays sorte de la crise.

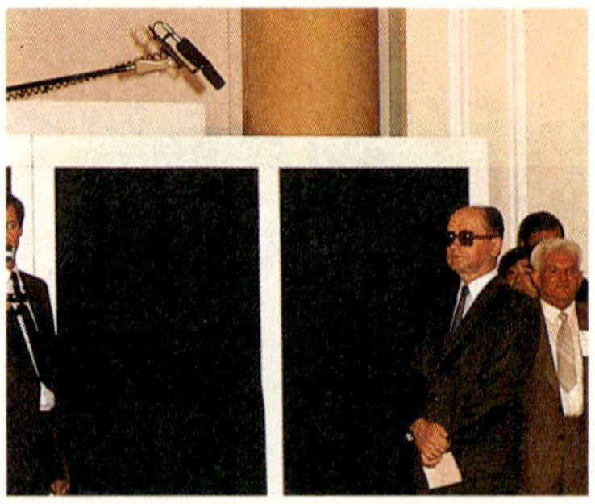

Jaruzelski : isoloir pour un verdict.

Tragédie sur le Transsibérien : 609 morts

3 juin. Une violente explosion s'est produite à 21 h 14 heure française, sur le parcours du Transsibérien, lorsque deux trains, transportant 1 284 personnes, se sont croisés à hauteur de la gare d'Acha-Oufa, à 1 200 km à l'est de Moscou. Du gaz s'était échappé d'une conduite installée le long de la voie ferrée qui traverse la vallée au pied de l'Oural. Un gigantesque incendie s'est ensuite étendu aux wagons et à des hectares de forêts voisines. Parmi les 609 victimes, de nombreux enfants qui se rendaient en colonie de vacances au bord de la mer Noire, à Adler, en Crimée. Michaïl Gorbatchev, le Premier ministre et les ministres de la Défense et de la Santé se sont rendus sur place.

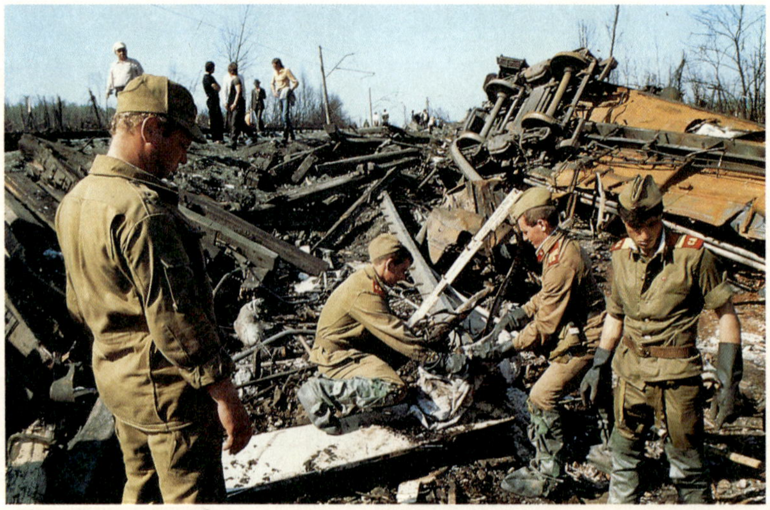

La catastrophe ferroviaire a été immédiatement annoncée par l'agence Tass.

Alain Prost refait surface à Phoenix

4 juin. En obtenant à Phoenix sa trente-sixième victoire en Formule 1, Alain Prost réussit enfin à triompher sur un circuit américain et à renouer avec le succès. Le pilote français n'est pourtant qu'à demi satisfait. Il estime ne pas avoir battu à la régulière son coéquipier et principal rival Ayrton Senna. Le Brésilien, qui menait la course, a en effet été trahi par la défaillance de son moteur.

Une navette pour explorer le corps

1er juin. Une équipe française vient de mettre au point une « navette » de la grosseur du petit doigt pour sonder l'appareil digestif et l'intestin grêle en priorité. L'appareil a la forme d'une gélule que l'on avale comme un médicament. Sa particularité : des puces électroniques qui détectent les anomalies de fonctionnement de l'organe observé.

L'armée signe un massacre place Tian'anmen

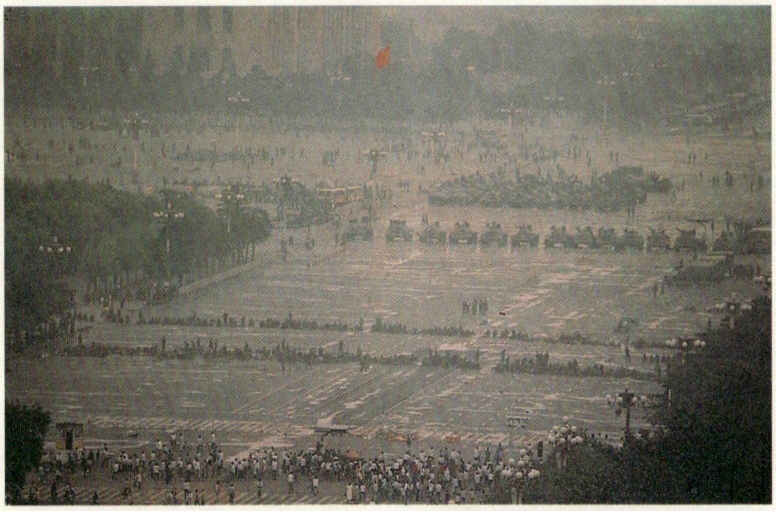

L'impressionnant dispositif des blindés sur une place en état de siège.

4 juin. C'est peu après minuit que tout a basculé : les hommes du 27e corps d'armée ont fait feu sur les centaines de milliers de jeunes étudiants, chômeurs et ouvriers qui avaient investi la place Tian'anmen depuis des jours. A bord de chars et pourvus de fusils automatiques et de grenades offensives, ils se sont avancés vers les manifestants qui, à mains nues ou armés de simples bâtons, ont tenté en vain de répliquer. Les très nombreux journalistes occidentaux présents à Pékin ont assisté à des scènes terribles : une fillette qui avait miraculeusement échappé à la fusillade a été frappée à coups de crosse et son crâne défoncé. Une femme couverte de sang a eu le temps de crier « Ils vont tous nous massacrer ! » avant d'être abattue d'une rafale de kalachnikov. Dans la nuit zébrée de balles traçantes, les chars ont continué de foncer sur la foule, balayant tout sur leur passage et écrasant sous leurs chenilles des dizaines de jeunes gens. Après plusieurs jours de manifestations pacifiques contre la corruption et en faveur d'une démocratisation, l'atmosphère de la capitale chinoise a finalement tourné à l'insurrection. Des personnes hystériques se sont attaquées à la troupe, incendiant les blindés et lynchant des soldats. Dans la matinée, le présentateur de radio Pékin révélait : « Il y a eu des milliers de morts. L'armée a tiré au hasard sur la foule sans défense. » Le speaker vite remplacé, un communiqué gouvernemental proclamait à midi : « Nous avons maté l'émeute contre-révolutionnaire. » (→ 11.6)

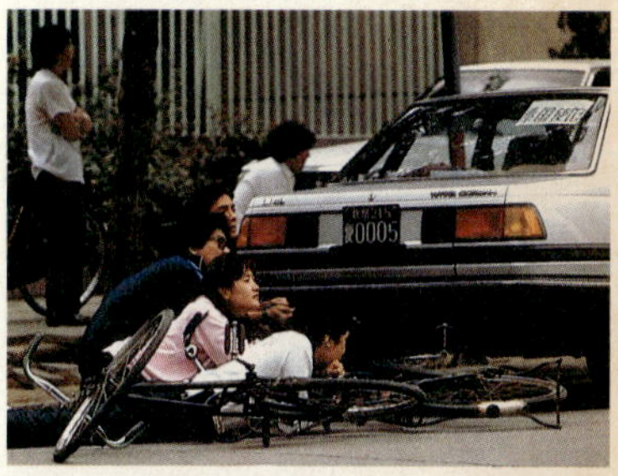

Retranchés dans une rue adjacente.

Décès d'Alexis Lichine à Margaux

1er juin. Le « pape des vins » s'est éteint à soixante-quinze ans dans son château du Prieuré Lichine, en plein cœur du vignoble bordelais. Né à Saint-Pétersbourg, il avait fui le péril rouge pour émigrer aux Etats-Unis, avant que sa passion des grands crus ne l'installe à Margaux. On doit à cet ancien journaliste deux livres majeurs, *le Guide des vins de France* et *l'Encyclopédie des vins et alcools*.

Le trafic de l'ivoire décime les éléphants

4 juin. Le temps n'est plus au cri d'alarme, il s'agit de sévir : le ministre français de l'Environnement, Brice Lalonde, a décidé l'interdiction totale de toute importation d'ivoire en France. Un exemple qui devrait être suivi par l'ensemble de la Communauté européenne. Deux chiffres suffisent à montrer l'ampleur du problème et la nécessité de le résoudre définitivement : pour l'année écoulée, le commerce mondial de l'ivoire a atteint cinq cents millions de dollars, et ce fructueux négoce a coûté la vie à soixante-dix mille éléphants d'Afrique.

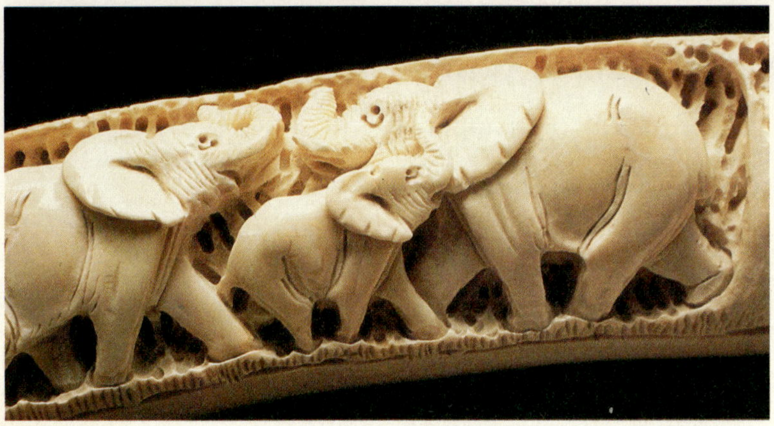

Un bas-relief sculpté dans une défense : la boucle de l'ivoire est bouclée.

Bush termine sa tournée européenne

1er juin. Contrairement à son prédécesseur Ronald Reagan qui faisait de Londres sa première halte sur le vieux continent, George Bush a, lui, achevé son périple en Europe chez la Dame de fer. Le point fort de ce voyage en Italie, en Belgique, en RFA et en Angleterre aura sans aucun doute été le discours du président américain prononcé lundi dernier au sommet de l'OTAN à Bruxelles. A cette occasion, il a dévoilé un audacieux plan de désarmement. A la faveur du 40e anniversaire de l'Alliance atlantique, il a proposé, notamment et pour l'essentiel, un retrait de 20 % des troupes de combat américaines stationnées en Europe, soit quelque trente mille GI. Cette initiative a été bien accueillie par l'ensemble des alliés occidentaux.

En l'an 2000, nous serons six milliards

1er juin. Y aura-t-il de la place pour tout le monde sur la Terre ? Un rapport de l'ONU prévoit que plus de six milliards d'individus peupleront la planète à l'aube du XXIe siècle. Un chiffre qui correspond à une augmentation de quatre-vingt-seize millions d'habitants par an à partir du début des années 90 et jusqu'à l'an 2000. Plus préoccupant encore, 80 % de ces terriens à venir seront originaires des pays pauvres. Le document précise que, parmi les 165 pays du tiers monde qui affrontent une natalité galopante, seuls 53 d'entre eux, et la Chine notamment, suivent une politique de contrôle des naissances.

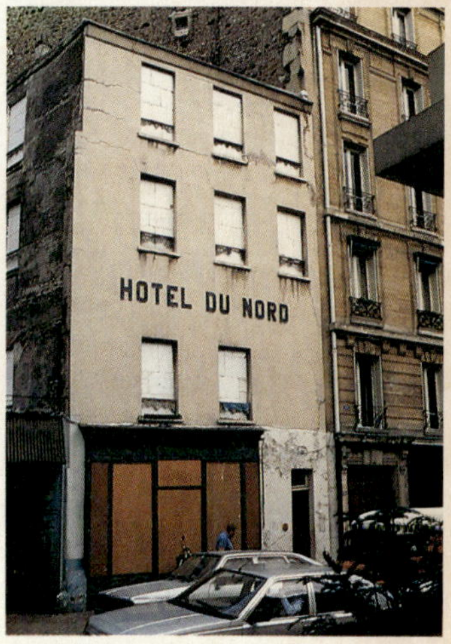

En bordure du canal Saint-Martin, ce lieu qui servit de cadre à Marcel Carné, et qui est devenu mythique pour les cinéphiles, sera-t-il voué à la démolition ?

Juin

1989

Lu	Ma	Me	Je	Ve	Sa	Di
			1	2	3	4
5	6	7	8	9	10	11
12	13	14	15	16	17	18
19	20	21	22	23	24	25
26	27	28	29	30		

5. Tunisie : début de la visite officielle de deux jours de François Mitterrand, destinée à renforcer la coopération économique entre les deux pays.

5. Colombie : une centaine de disparus dans le naufrage d'un ferry au nord-ouest du pays.

5. Etats-Unis : après la répression sur la place Tian'anmen, George Bush décide de suspendre les ventes d'armes à la Chine (→6).

6. France : Michel Rocard décide le gel des relations diplomatiques avec la Chine.

6. Guyane : lancement réussi d'Ariane 4, la plus puissante fusée jamais lancée par Ariane Espace.

6. Espagne : polémique après la décision du parlement d'autoriser, sous conditions, la stérilisation des malades mentaux.

7. Surinam : un DC-8 de la Surinam Airways s'écrase à 4 km de Paramaribo avec cent soixante-dix-huit passagers et dix membres d'équipage. Quatorze survivants.

7. Monde : selon l'organisation Greenpeace, cinquante armes nucléaires, dont quarante-trois soviétiques, et neuf réacteurs nucléaires sont au fond des océans depuis la dernière guerre.

7. Pakistan : Benazir Bhutto, en visite à Washington, promet à George Bush de ne pas fabriquer de bombe atomique.

7. URSS : reconduction de Nicolaï Ryjkov à la tête du gouvernement.

7. Europe : les Douze interdisent définitivement l'importation de peaux de bébés phoques.

8. Chine : réapparition en public du Premier ministre Li Peng qui félicite les soldats après le massacre.

8. Afrique du Sud : état d'urgence décrété par Pretoria pour la quatrième année consécutive.

9. Chine : réapparition en public de Deng Xiaoping après un mois d'absence.

Hystérie aux obsèques de l'Ayatollah

6 juin. Une folie sans précédent s'est emparée de Téhéran où plus d'un million d'Iraniens hébétés de chagrin ont rendu un dernier hommage à l'imam Khomeyni. Venue des quatre coins du pays, la foule hystérique a paralysé la ville pendant des heures. Dès l'aube, le service d'ordre était débordé. Les fidèles déchaînés poussaient des cris de désespoir et se frappaient la tête à deux mains en piétinant sur place. Sous un soleil de plomb, et malgré la pluie d'eau de rose lancée sur l'énorme cortège, le délire a atteint son paroxysme lorsque le cercueil est tombé au sol et que des dizaines de mains accrochées au linceul l'ont déchiré. Le corps de l'imam a été ballotté, ses pieds nus apparaissant à l'air libre. Le défunt n'a pu être inhumé que six heures après l'heure prévue, et ces funérailles incroyables ont fait au moins huit morts.

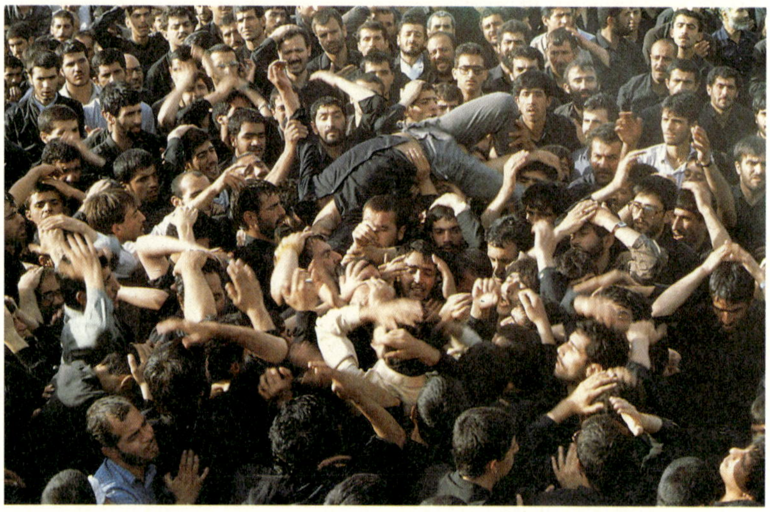

Emporté par la marée humaine, un corps inanimé passe de bras en bras.

11 000 Meskhets fuient l'Ouzbékistan

11 juin. Cent soixante mille Turcs Meskhets, originaires du Caucase, vivent en Ouzbékistan depuis que Staline les y a fait massivement déporter. Et ils sont en train d'être victimes d'un pogrome. Aujourd'hui encore, les douze mille hommes des troupes spéciales soviétiques, sur place depuis une dizaine de jours, sont intervenus. Dans la vallée de Fergana et à Koland en particulier, plus de six cents maisons ont été incendiées, et quelque cinq mille personnes armées de fusils d'assaut et de pistolets se sont livrées au pillage. Il y aurait déjà au moins quatre-vingts morts. Onze mille Meskhets traqués ont fui à ce jour. L'une des raisons de ces violences est religieuse : les Ouzbeks sont des musulmans sunnites, alors que les Meskhets, qui ne représentent que 10 % de la population de l'Ouzbékistan, sont chiites.

La Nouvelle-Calédonie vote dans le calme

11 juin. Les élections provinciales calédoniennes ont été marquées par un taux de participation important, 69,92 %, et se sont déroulées sans aucun incident. Le RPCR a conquis vingt et un sièges sur cinquante-quatre, et le FNLKS en remporte dix-neuf. Les deux formations dominantes seront donc forcées de négocier pour gérer le territoire. Lors de ce scrutin, les deux communautés de l'archipel, celle des Caldoches et celle des Mélanésiens, ont montré qu'elles rejetaient les solutions de force prônées par une minorité de « durs » dans les deux camps. Ce vote dans le calme est aussi une victoire posthume pour Jean-Marie Tjibaou, le leader canaque assassiné, et un succès personnel pour Michel Rocard et Jacques Lafleur, tous trois artisans des accords de Matignon, signés il y a juste un an.

Spaggiari s'en va

10 juin. Le cerveau d'un des casses les plus retentissants du siècle, celui de Nice, est décédé à l'âge de 57 ans des suites d'un cancer. Sa mort aussi déroute les enquêteurs : le corps de Spaggiari a en effet été retrouvé devant le domicile de sa mère à Hyères, sans que l'on sache qui a effectué pour lui cette dernière mission. Alberto Spaggiari pour l'état civil, et « Spa » pour les gens du milieu, ce baroudeur toujours en cavale était recherché par les polices de France depuis douze ans.

Le crash du Mig-29 au Bourget...

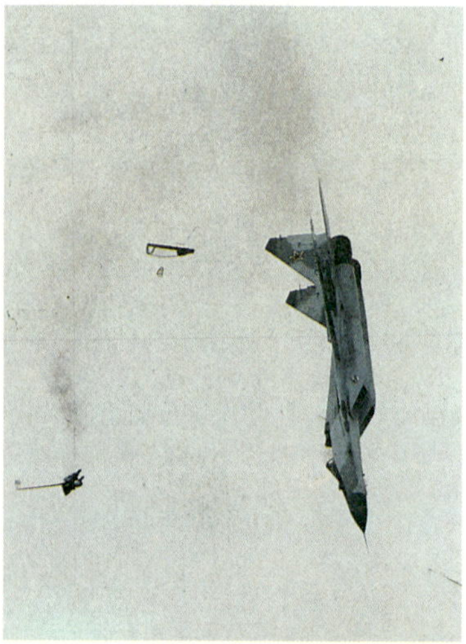

8 juin, 15 h 45 : le chasseur soviétique est à basse altitude, et...

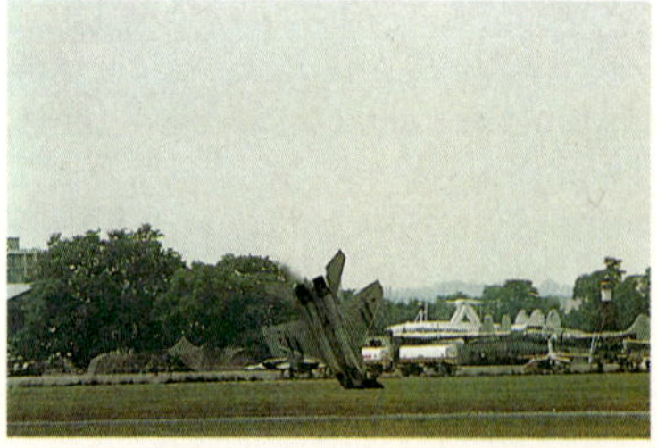

... son pilote largué, soudain pique et fiche son nez droit dans le sol...

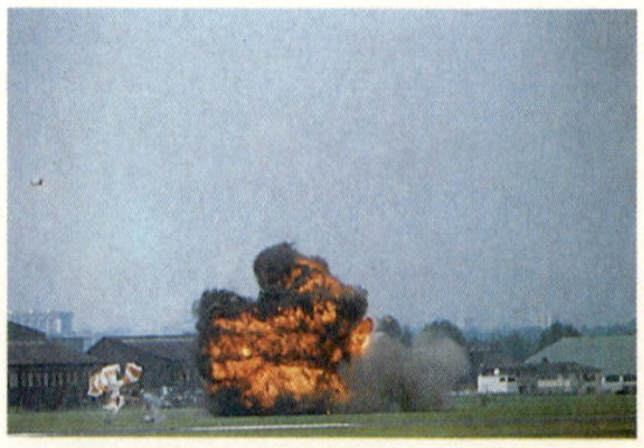

... où il explose instantanément à proximité des stands du Salon.

Le monde s'unit contre le sida

9 juin. La cinquième conférence internationale sur le sida s'est achevée aujourd'hui à Montréal sur un sentiment d'espoir. A l'issue des travaux, la communication d'un membre de l'équipe du Pr Salk, l'inventeur du vaccin contre la polio, a fait sensation : les chercheurs américains ont réussi, grâce à un vaccin, à immuniser un chimpanzé contre le virus humain. Des essais semblables sont actuellement en cours sur l'homme. Le produit mis au point est constitué d'une substance « sûre, non toxique et apte à déclencher une forte réponse immunitaire ». Cette expérience n'a cependant pas entièrement convaincu le Pr Gallo, l'un des découvreurs français du virus, qui estime pour sa part qu'il serait risqué de donner à quelqu'un le virus du sida, même tué. Il y a toujours en effet un risque qu'il ne soit pas complètement neutralisé. Quel que soit l'avenir de cette découverte, la communauté médicale semble plus que jamais liguée dans la lutte contre cette maladie. Les chiffres que donne l'Office mondial de la santé ont d'ailleurs des raisons d'inquiéter les scientifiques et l'ensemble de la population du globe. La France est, quant à elle, en tête des nations européennes, s'agissant du nombre de patients qui ont déclaré la maladie.

Une impitoyable répression balaie le Printemps de Pékin

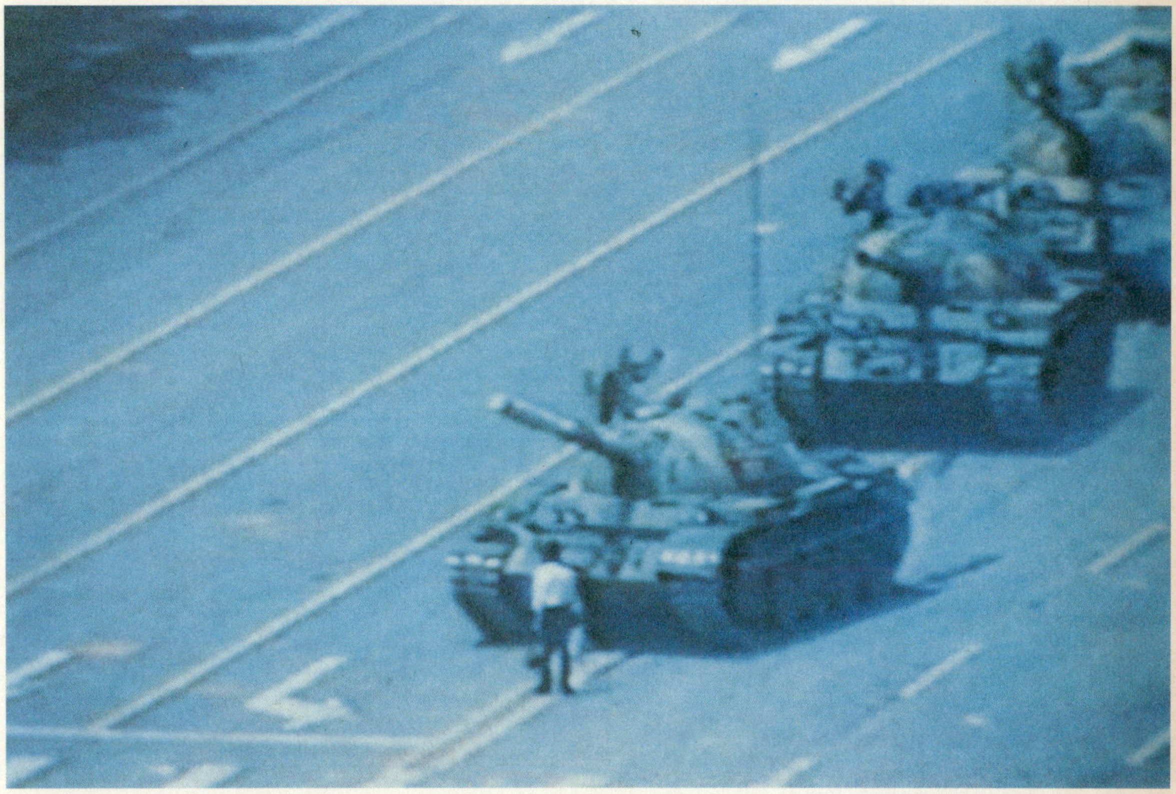

Un étudiant qui arrête une colonne de chars : l'image symbole du peuple chinois face à un régime aveugle.

11 juin. La peur s'est installée dans la capitale chinoise qui vit désormais à l'heure de la répression et de la dénonciation. La reprise en main du Printemps de Pékin n'a pas tardé, et des centaines, voire des milliers de personnes ont déjà été arrêtées. La délation est partout : par haut-parleurs et voie d'affiches, les autorités invitent la population à « donner » tous ceux qui pourraient être des « contre-révolutionnaires » ou des « ennemis du peuple ». Il suffit de téléphoner à quelques numéros. On règle des comptes personnels avec ses voisins ou ses collègues. Les suspects sont brutalement embarqués dans des camions militaires ou des voitures de police. A longueur de journée, la télévision diffuse des interrogatoires. Terrifiés et le visage souvent en sang, les suspects se succèdent et sont contraints de signer une « confession ». La justice est expéditive et chaque « procès » ne dure que quelques minutes (→ 15.6).

Chang, la révélation de Roland-Garros

11 juin. L'édition 1989 du Tournoi de Roland-Garros aura été marquée par une sensationnelle révélation : Michael Chang, un Américain d'origine chinoise, vient de remporter, à dix-sept ans, une victoire historique sur le central. Il devient ainsi le plus jeune champion à remporter les Internationaux de France. Il s'est imposé devant le Suédois Stephan Edberg après avoir éliminé en quart de finale le grand favori, Ivan Lendl, puis en demi-finale le Soviétique Andreï Chesnokov. Autre surprise et autre triomphe éclatant de la jeunesse : la victoire chez les dames d'une Espagnole de dix-sept ans et demi, Arantxa Sanchez, qui est venue à bout de la première joueuse mondiale, l'Allemande Steffi Graf.

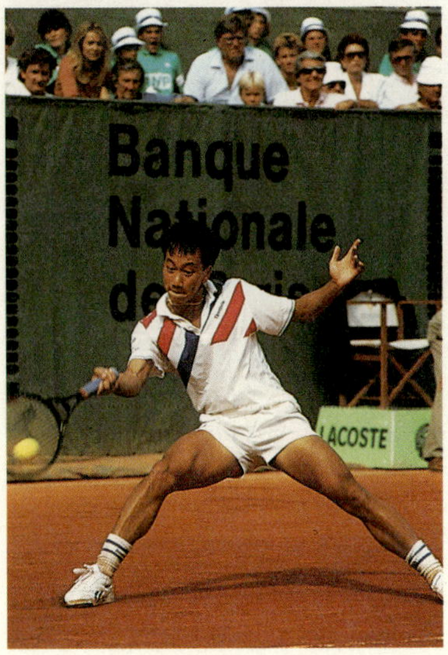

Michael Chang : la performance de celui que l'on n'attendait pas.

Un doublé pour l'OM de Tapie et Papin

10 juin. L'Olympique de Marseille, déjà champion de France de football pour l'année 1989, vient de gagner la Coupe de France. Il s'agit de la dixième coupe de son histoire, ce qui lui permet par là même de réaliser son deuxième doublé. Cette finale s'est jouée dans un Parc des Princes archicomble et a vu éclore un véritable feu d'artifice de buts : quatre pour l'OM et trois pour son adversaire Monaco. Une fois de plus, c'est le capitaine marseillais Jean-Pierre Papin, déjà sacré meilleur buteur du championnat, qui a fait la différence, marquant trois points à lui tout seul. Il méritait d'autant plus, et à double titre, d'aller recevoir lui-même le trophée d'argent des mains du président de la République.

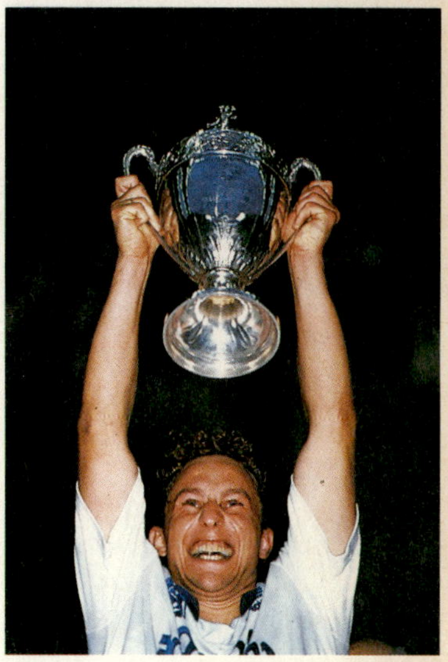

La joie sur le visage de Papin qui tend la coupe de la victoire au public.

Juin

1989

Lu	Ma	Me	Je	Ve	Sa	Di
			1	2	3	4
5	6	7	8	9	10	11
12	13	14	15	16	17	18
19	20	21	22	23	24	25
26	27	28	29	30		

12. France : Paris renonce à imposer le visa aux ressortissants américains venant en France pour moins de trois mois.

12. Mexique : cent trente-trois des cent quarante pièces précolombiennes qui furent dérobées la nuit de Noël 1988 au musée anthropologique sont retrouvées dans une villa de Mexico.

12. France : une lettre de la reine Marie-Antoinette à l'ambassadeur d'Autriche est adjugée à cent trente mille francs lors d'une vente à Drouot.

12. Chine : Pékin accuse de trahison l'astrophysicien dissident Fan Lizhi, réfugié à l'ambassade américaine.

13. France : lancement d'une campagne contre le sida sur le thème « le préservatif préserve de tout, sauf de l'amour ».

14. Monde : Boeing bloque au sol trente-quatre 737-400 pour les soumettre à une révision des moteurs.

15. Liban : libération du médecin belge Jan Cools, enlevé le 21 mai 1988.

16. France : la réduction du déficit commercial américain entraîne à la Bourse de Paris une hausse du dollar. Il est à 6,92 francs.

16. France : exhumation à l'abbaye de Saint-Riquier (Somme) d'une sépulture renfermant les restes probables de Withard, petit-fils de Charlemagne.

16. France : un quadruple non-lieu est prononcé dans le procès Luchaire. L'affaire concernait l'exportation d'armes vers l'Iran.

17. RDA : à Berlin-Est, un Yliouchine-62 d'Interflug manque son décollage et s'écrase en bout de piste. Dix-sept morts sur les cent vingt-trois occupants.

17. France : Paris fête par un feu d'artifice de quatre-vingt-neuf minutes les cent ans de la tour Eiffel.

18. Soudan : échec d'une tentative de coup d'Etat et arrestation de 14 officiers et de 48 civils.

On a retrouvé l'épave du "Bismarck"

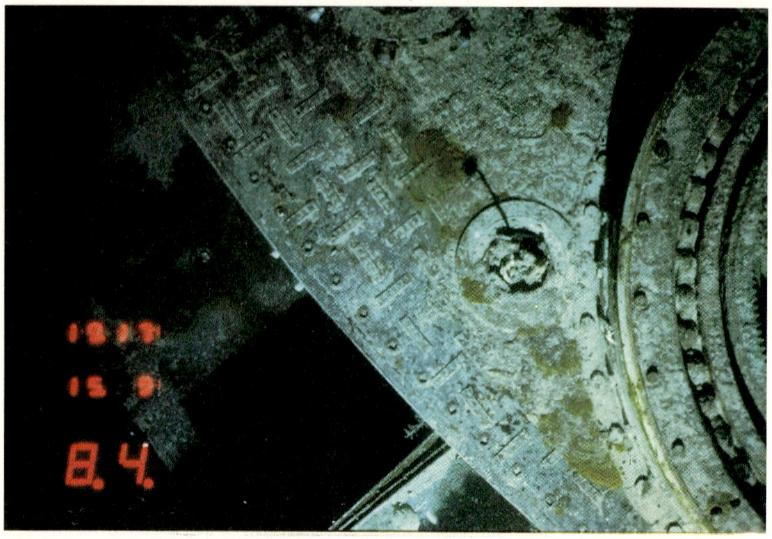

Un fragment du navire enfin découvert après des années de recherches.

12 juin. L'épave du cuirassé allemand coulé par les Britanniques il y a quarante-huit ans gisait par 4 600 m de fond à 965 km au large de Brest. La carcasse du *Bismarck*, qualifié par un spécialiste anglais de « grand monument de l'histoire », a été repérée par *Argo*, un robot submersible semblable à celui qui avait permis de localiser le *Titanic*. Les chercheurs américains qui ont repéré les 50 000 tonnes d'acier parlent de « sépulture militaire » inviolable. Cette découverte fait resurgir l'un des plus célèbres épisodes navals de la dernière guerre : le 27 mai 1941, le bâtiment coulait pavillon haut avec deux mille marins à bord. Torpillage ennemi ou sabordage? Une énigme que la dépouille rouillée du bateau permettra peut-être d'élucider.

Ben Johnson décide enfin de s'expliquer

12 juin. Le dieu du stade des Jeux de Séoul n'était plus depuis neuf mois qu'un héros déchu. Deux jours après sa fantastique victoire lors de la finale olympique du 100 m, il était disqualifié pour dopage et quittait la Corée précipitamment. Il a aujourd'hui admis officiellement qu'il avait usé d'hormones stéroïdes pour donner plus encore de puissance à son sprint.

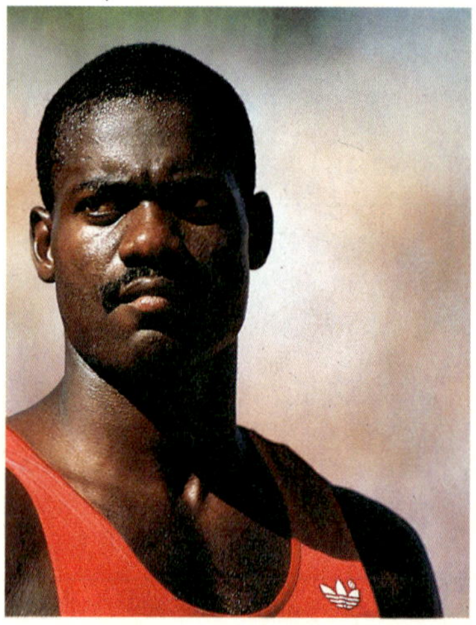

Le Canadien est sorti de son silence.

Condamnés sans autre forme de procès...

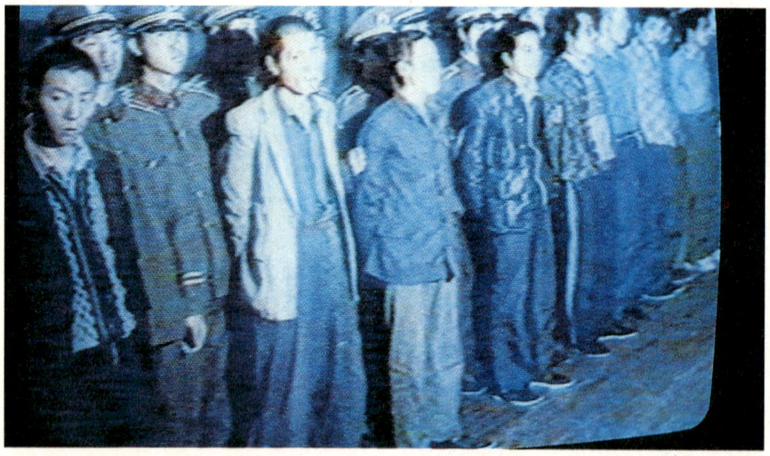

Document diffusé par la TV chinoise : ils vont mourir pour l'exemple...

15 juin. C'est à Shanghai qu'ont été prononcées les premières condamnations à mort en Chine depuis l'écrasement dans le sang du Printemps de Pékin. Trois jeunes gens, Yan Xuerong, ouvrier à l'usine de radios numéro 18, Bian Hanwu, chômeur, et Xu Guoming, ouvrier dans une brasserie, ont été condamnés à la peine capitale à l'issue d'un procès éclair auquel aucun observateur indépendant n'a pu assister. L'un des trois serait un handicapé mental. Ils étaient accusés d'avoir incendié un train qui avait foncé sur la foule le 6 juin, tuant six personnes. Ils pourront faire appel, mais il est déjà certain qu'ils seront vite exécutés d'une balle dans la nuque.

Un radeau pour la forêt amazonienne

18 juin. Le *Radeau des Cimes* porte bien son nom : composé d'une plate-forme de 500 m² en caoutchouc gonflable et d'un dirigeable à air chaud de 7 000 m³, cet engin aussi encombrant que singulier, conçu par des Lyonnais, flottera sur le sommet des grands arbres de la forêt amazonienne. Plus précisément, il s'agira pour soixante chercheurs qui travailleront par groupes de six, puisque l'habitacle n'a que dix-huit mètres carrés, d'étudier la couche supérieure de ces arbres qui peuvent atteindre quarante mètres de haut. Là se développent une faune et une flore inconnues qui seront étudiées de près au moyen de microscopes installés dans des trappes amovibles pratiquées dans le radeau. La mission, qui intéresse beaucoup les autorités brésiliennes, se déroulera de juillet à octobre et enrichira les domaines de la médecine, de la météorologie et de l'aromatologie (→ 16.8).

Les Hongrois réhabilitent Imre Nagy

16 juin. Il était midi et demi quand toutes les églises de Hongrie ont sonné le tocsin. Le pays rendait un dernier et émouvant hommage à Imre Nagy et à quatre de ses compagnons, héros de l'insurrection de novembre 1956 qui fut écrasée par les chars de l'Armée rouge. Imre Nagy, Premier ministre à l'époque du Printemps de Budapest, avait été pendu pour haute trahison en juin 1958 après un simulacre de procès. Son corps avait été jeté dans une fosse commune, dans la parcelle nº 301 du cimetière central de la capitale. C'est là que se sont déroulées les funérailles aujourd'hui, alors que près de 300 000 Hongrois défilaient dans Budapest. Conformément au vœu des familles, un cercueil vide, symbole des milliers de victimes de la répression, a été enseveli juste à côté de celui d'Imre Nagy. En autorisant ces obsèques grandioses, le régime hongrois a enfin réhabilité un héros national.

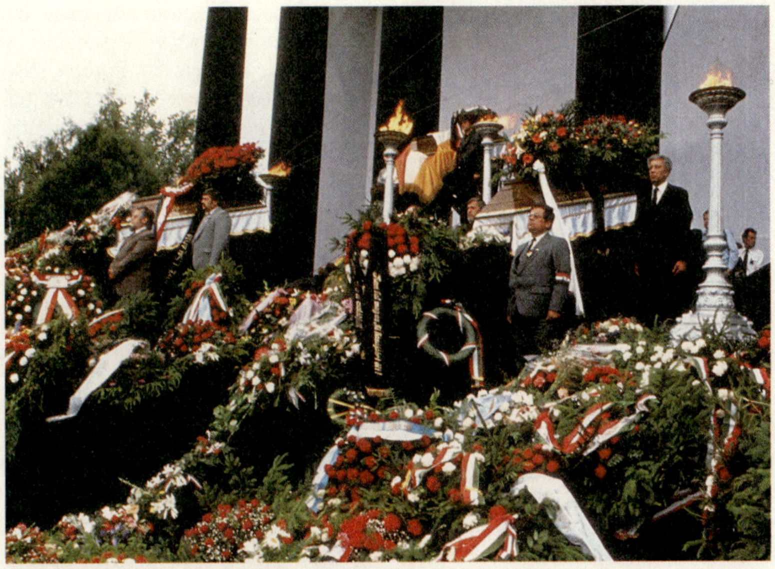

Gloire posthume et funérailles officielles après trente ans d'« oubli ».

Exode massif des Turcs de Bulgarie

16 juin. A pied, en train ou en voiture, ils sont quatre à cinq mille Turcs de Bulgarie à regagner, chaque jour, leur pays d'origine via Erdine, l'ancienne capitale ottomane. Là, trois camps de toile, de 2 000 lits chacun, ont été aménagés par l'armée turque pour l'accueil provisoire des réfugiés. Ankara affirme qu'ils ont été expulsés. Sofia soutient qu'ils partent de leur plein gré. Depuis quatre ans, la Bulgarie a fermé nombre d'écoles et de mosquées et, en 1986, une révolte des Bulgares d'origine turque a été matée dans le sang. Depuis le mois de mai dernier, tortures, disparitions et arrestations ont accru la peur de ces exclus qui s'accrochent maintenant à leurs racines (→27.6).

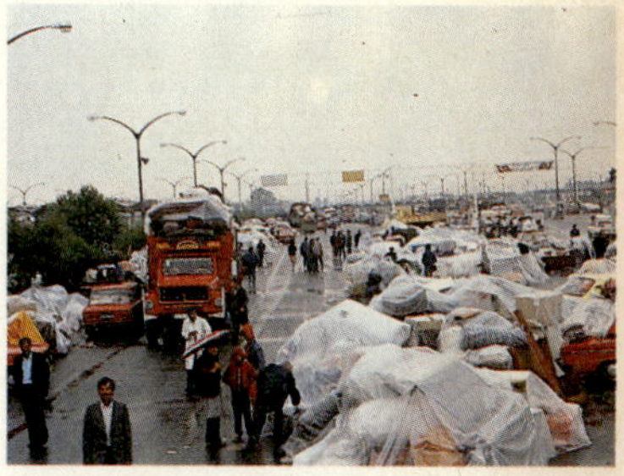

Ils emportent l'essentiel en partant.

Le Parlement européen change de visage

18 juin. Français, Grecs, Italiens, Luxembourgeois, Portugais et Allemands : 152 millions d'électeurs européens étaient appelés aux urnes ce dimanche et suivaient à trois jours d'intervalle l'exemple des Danois, des Irlandais, des Néerlandais, des Espagnols et des Britanniques. Les résultats des deux scrutins font apparaître des changements dans la répartition des sièges au Parlement de Strasbourg et montrent en particulier une forte poussée des écologistes. Les Verts ont en effet plus que doublé leurs effectifs, en se maintenant avec sept sièges en RFA et deux aux Pays-Bas, en se renforçant avec cinq sièges en Italie et trois en Belgique, et surtout en conquérant neuf sièges en France. La poussée brune est moins spectaculaire : six républicains allemands et un Belge appartenant au groupe d'extrême droite Vlaams Blok vont rallier le groupe des dix-sept élus autour de Jean-Marie Le Pen. Enfin, avec une quinzaine de sièges acquis, la présence des socialistes a été consolidée grâce surtout à la percée des travaillistes anglais.

Boutsen et Renault triomphent au Canada

18 juin. Malgré les trombes d'eau qui ont rendu la piste glissante et causé bien des problèmes de pneus, le Belge Thierry Boutsen a remporté à Montréal son premier grand prix de Formule 1. Le succès des voitures Williams à moteur Renault a été complété par la deuxième place de Ricardo Patress. Il convient toutefois de préciser que les deux pilotes de Williams ont bénéficié de l'abandon d'Ayrton Senna ; le Brésilien a été trahi par la défaillance de son moteur alors qu'il menait la course tambour battant et qu'il n'avait plus que trois tours à parcourir sur ce sol très mouillé qui lui convient si bien.

Les Allemands croient en Gorbatchev

14 juin. La « gorbymanie » se porte bien en RFA où le président soviétique reçoit un accueil digne d'une star. Ce nouvel engouement pour le leader de la perestroïka touche toutes les classes et tous les âges. Hommes d'affaires et industriels ouest-allemands semblent avoir une particulière confiance en lui puisqu'ils ont conclu une cinquantaine d'accords de coopération avec l'URSS.

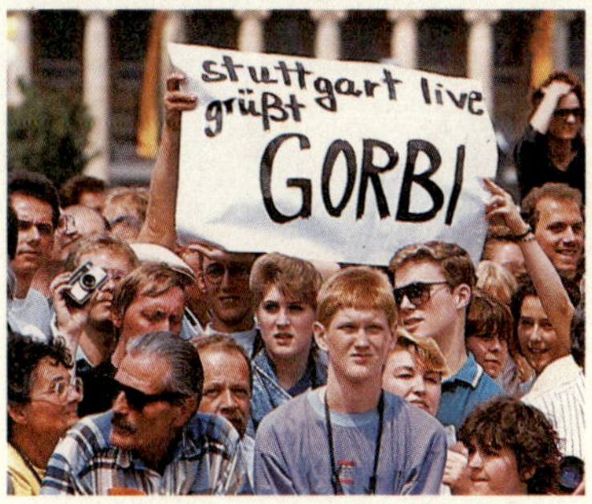

Un surnom en signe de popularité.

Paris pagaille...

14 juin. Un million de personnes attendues, une trentaine de chefs d'Etat entourés d'une nuée de gardes du corps dans la capitale et la mobilisation de trente mille policiers, militaires, spécialistes antiterroristes, responsables de la brigade fluviale et de la surveillance antiaérienne, artificiers de la sécurité civile, services de déminage et secouristes... Bicentenaire et sommet des pays riches obligent ! Tant de cérémonies en un temps si court ont de quoi affoler les responsables du protocole et de la sécurité et faire maugréer les Parisiens qui vont devoir changer leurs habitudes. Ils seront soumis surtout à des interdictions de circulation et de stationnement à cause des secteurs étroitement quadrillés et des artères impraticables. En un mot, citoyens, a dit le président, prenez votre mal en patience... Ces fêtes-là ne se produisent que tous les cent ans !

Fin d'un artisanat

12 juin. Alcide Cuvelier était sans doute le dernier sabotier de Wallonie. Né le 5 juin 1904, il avait appris son métier à l'âge de onze ans. Depuis qu'avait sonné l'heure de la retraite, il exerçait son métier de foire en foire. En novembre 1983, la poste de Couvin, sa ville natale, avait oblitéré les timbres avec un cachet le représentant.

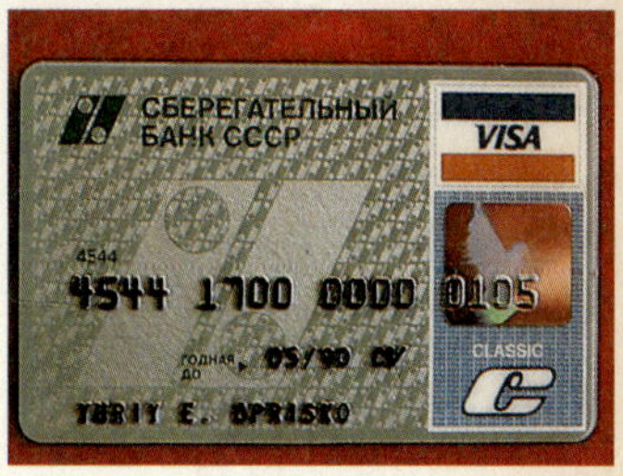

Il y a longtemps que le monde capitaliste a inventé la Carte bleue, mais elle vient de faire une entrée remarquée à Moscou.

Juin

1989

Lu	Ma	Me	Je	Ve	Sa	Di
			1	2	3	4
5	6	7	8	9	10	11
12	13	14	15	16	17	18
19	20	21	22	23	24	25
26	27	28	29	30		

19. France : une Ferrari de 1953 est adjugée à 12,8 millions de francs à Paris.

19. Saint-Domingue : le début de la grève générale décrétée pour quarante-huit heures est marqué par des affrontements entre manifestants et forces de l'ordre. Trois morts et quinze blessés.

19. Espagne : entrée de la peseta dans le système monétaire international.

21. Etats-Unis : la cote de popularité de George Bush atteint 73 %.

21. France : Jean-Yves Cousteau est reçu à l'Académie française au fauteuil du professeur Jean Delay. →

22. Etats-Unis : le Pentagone accuse ses fournisseurs : il y aurait des pièces défectueuses sur vingt-deux mille avions et chars.

23. Suisse : une voiture solaire est arrêtée pour excès de vitesse, à Bienne. Elle roulait à 88 km/h là où la vitesse permise est de 80 km/h.

23. Liban : vaste offensive israélienne contre le hezbollah pro-iranien au nord de la zone de sécurité.

23. Belgique : la police déjoue un projet d'enlèvement du ministre de la Justice, Melchior Wathelet.

24. Etats-Unis : trois marées noires en trois endroits différents et le même jour : dans la baie de Narangasset, dans le Delaware et à Galveston dans le golfe du Mexique.

24. Angola : le président zaïrois Mobutu participe en tant que médiateur à la signature de l'accord de cessez-le-feu. →

24. Chine : Zhao Ziyang est évincé de son poste de secrétaire du parti communiste chinois pour avoir porté « des responsabilités dans les récents troubles », indique le communiqué officiel.

DECES

22. Henry Sauguet, compositeur français (*18.5.1901).

Fin de croisière pour le "Maxime Gorki"

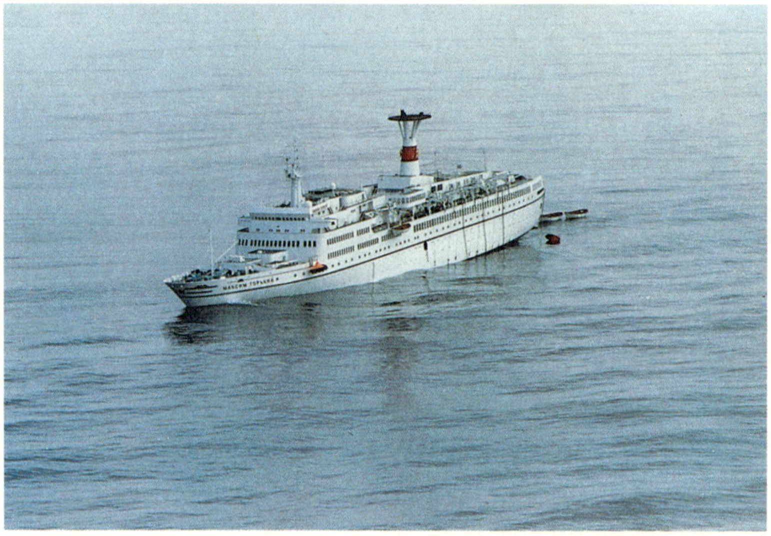

Le « Maxime Gorki », l'un des plus beaux paquebots de la flotte soviétique.

20 juin. C'est dans l'océan Arctique, au nord des côtes norvégiennes, que la proue du luxueux paquebot soviétique *Maxime Gorki* a heurté un iceberg. Sous le choc, une importante voie d'eau s'est ouverte et le bateau, malgré l'action de fortes pompes pour le maintenir à flot, a menacé de couler. La traversée se terminait brutalement pour 575 touristes de diverses nationalités qui s'étaient embarqués à Bremerhaven (RFA) à destination de l'Islande. Les passagers et la plupart des 377 marins ont dû trouver refuge sur la banquise. Après douze heures passées dans le froid et dissimulés sous des couvertures, ils ont été secourus par quatre hélicoptères et un garde-côtes norvégien.

Un cessez-le-feu décrété en Angola

24 juin. C'est aujourd'hui à 0 h précise qu'est entré en vigueur le cessez-le-feu destiné à mettre fin à l'un des conflits les plus meurtriers qu'ait connu l'Afrique. Les armes se sont enfin tues en Angola, près de quatorze ans après le début d'une guerre sans merci entre les troupes du régime marxiste de Luanda, appuyées par des milliers de soldats cubains, et les combattants du rebelle Jonas Savimbi, soutenu, lui, par les Etats-Unis. Le conflit, qui avait éclaté au lendemain de l'indépendance de l'Angola, le 11 novembre 1975, a fait des dizaines de milliers de morts et autant de mutilés, victimes des redoutables mines antipersonnel. Le pays, grand comme deux fois et demie la France, est totalement dévasté. Un accord de paix avait été signé le 22 juin à Gbadolite, au Zaïre. Il reste néanmoins à savoir si le régime angolais acceptera de partager le pouvoir avec les rebelles de l'Unita, qui contrôlent solidement un quart du pays.

Crèches fermées et parents en colère

25 juin. Le mouvement de protestation du personnel des crèches parisiennes a fini par déteindre sur les usagers de ces établissements. La grève, qui dure et se durcit, a conduit les parents à manifester aujourd'hui dans la rue. Si, dans leur ensemble, ils comprennent les revendications des puéricultrices, ils admettent moins bien d'être privés de garde pour leurs enfants.

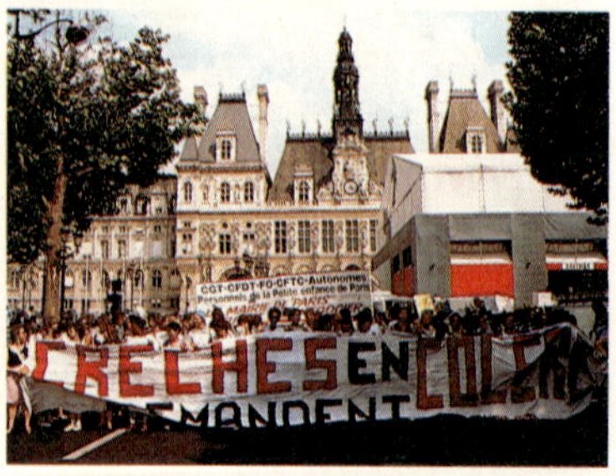

Manifestation à l'Hôtel de Ville.

Papandréou doit démissionner

19 juin. Les élections grecques se sont soldées par la défaite du Premier ministre socialiste Andréas Papandréou, au pouvoir depuis huit ans. Ce vieux routier de la politique a été battu par son éternel adversaire, le conservateur Costas Mitsotakis. Mais, malgré la victoire de la droite, celle-ci ne peut former un gouvernement sans l'appui de la gauche. Mitsotakis s'est donc lancé à la recherche d'une majorité afin d'empêcher un retour en force de Papandréou. Costas Mitsotakis a de nombreux amis en Europe, notamment en France et en RFA où il a vécu momentanément pour fuir la dictature des colonels.

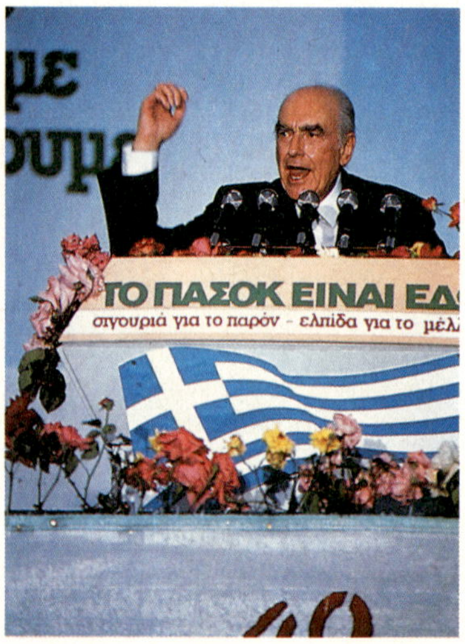

Pendant sa campagne électorale.

Eric Caritoux reste champion de France

24 juin. A Montluçon où se courait le Championnat de France cycliste sur route, le Provençal Eric Caritoux a conservé le maillot tricolore qu'il avait déjà conquis l'an dernier à Saint-Etienne. L'épreuve a été fertile en rebondissements, mais l'équipe du champion de RMO a contrôlé constamment les opérations. Non loin de la ligne, c'est Laurent Bezault qui a placé l'ultime attaque en compagnie de Caritoux. Les deux hommes ont porté rapidement leur avance à 30 secondes. A 400 mètres de l'arrivée, Caritoux a débordé son rival et s'est imposé de façon irrésistible, créant une fois encore la surprise.

La Belgique ferme tous ses charbonnages

20 juin. Plus de trois mille mineurs limbourgeois ont violemment manifesté, à Bruxelles, protestant contre les intentions gouvernementales de fermeture anticipée des puits de leur région. Ils se sont heurtés aux forces de l'ordre et ont subi les charges de la gendarmerie à cheval. Ils ont répondu aux matraques avec des barres de fer et des pavés. Dès la sortie de la gare du Nord, ils ont hurlé « A l'action! » et jeté des pétards, dans un mouvement plus agressif que lors des marches sur Bruxelles de 1968, 1970 et 1986. Les violences ont fait plus d'une vingtaine de blessés, dont six graves. Un gendarme risque de rester paralysé. L'exaspération est à son comble chez les 4 500 mineurs du pays. En dépit des promesses qu'avait faites le septième gouvernement Martens, les charbonnages de Zolder et de Beringen seront fermés fin 1992, au plus tard. Cette fois, il n'est plus question, comme par le passé, de redonner du travail aux mineurs licenciés dans d'autres puits du pays. Les derniers espoirs des manifestants sont dans des compensations sociales, toutefois difficilement négociables dans un pays régionalisé. Le financement des pensions nécessite une dérogation à la loi. Dérogation lourde de conséquences politiques, puisqu'elle attribuerait des subventions au seul secteur flamand.

"La Petite Véra" tient partout l'affiche

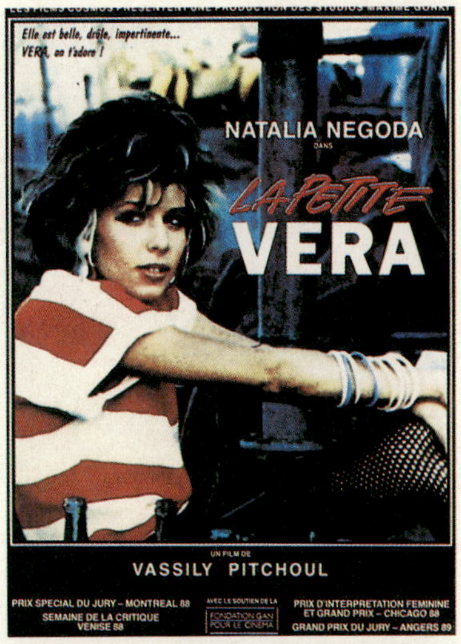

Véra va dire non à la médiocrité.

21 juin. Le premier film du très jeune réalisateur soviétique Vassily Pitchoul a bien failli ne pas voir le jour. *La Petite Véra*, interdit six mois en URSS, a réussi non seulement à contrer la censure, mais à provoquer aussi un véritable raz de marée : quarante-cinq millions de spectateurs se sont identifiés à Natalia Negoda. Une star est née. Le film, sorti voici quinze jours en France, a enthousiasmé le grand public, pourtant peu enclin à se passionner pour le cinéma soviétique. L'histoire de cette adolescente un peu folle, décidée à vivre comme bon lui semble, est le symbole de cette génération de la glasnost qui avoue son malaise et ses craintes.

Rapprochement entre Moscou et Téhéran

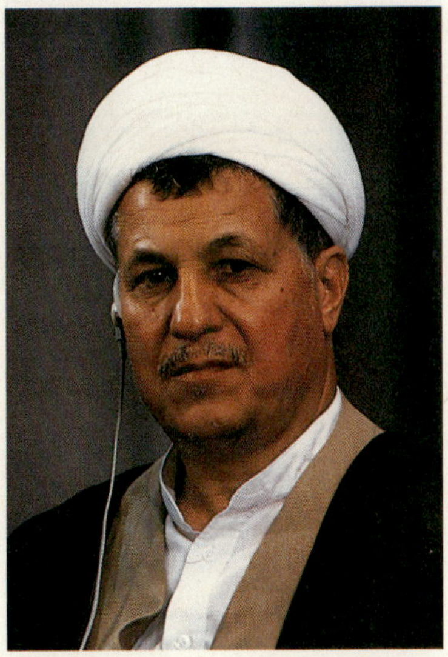
Rafsanjani venu au nom de l'Iran.

20 juin. Pour la première fois depuis la révolution islamique de 1979, un dirigeant iranien de haut rang a été reçu au Kremlin avec les égards dus à un chef d'Etat. Le deuil observé en Iran depuis la mort de l'imam Khomeyni au début juin n'a pas empêché Hachemi Rafsanjani de se rendre à Moscou. Le nouvel homme fort de Téhéran, candidat à l'élection présidentielle du 28 juillet prochain, est arrivé à la tête d'une importante délégation. En dépit de leurs différences idéologiques, les deux pays ont décidé de resserrer leurs liens, notamment en matière de coopération économique. Un accord sur les livraisons de gaz iranien à l'URSS doit être notamment ratifié.

François Mitterrand au Jeu de paume

20 juin. Il y a deux cents ans jour pour jour à Versailles, les députés du tiers état et quelques membres de la noblesse et du clergé proclamaient qu'ils étaient réunis dans la salle du Jeu de paume par la volonté du peuple et faisaient serment de ne jamais se séparer tant que la constitution du royaume ne serait pas établie. Ils créaient ainsi la première Assemblée nationale. Le président de la République, venu commémorer cet événement, a souligné l'esprit de réforme qui les animait et a affirmé que « rien ne s'achève jamais » et que « le combat change de forme et pas de sens ».

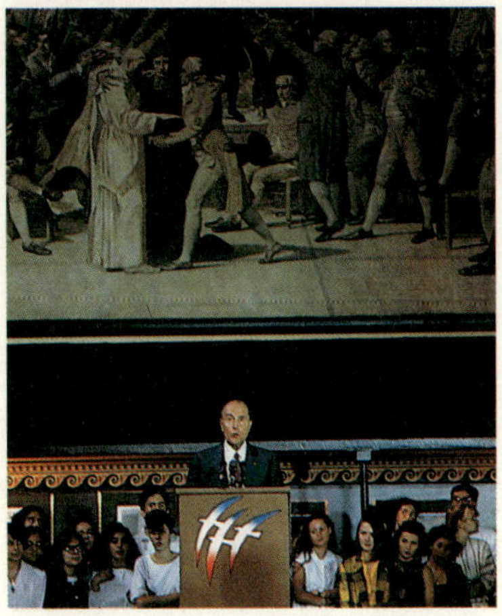
En haut, la scène peinte par David.

Chêne empoisonné

23 juin. Les Texans de la ville d'Austin sont en émoi : une main sacrilège et criminelle a versé un produit hautement toxique sur les racines de leur arbre fétiche. Ils protégeaient pourtant jalousement leur vieux chêne cinq fois centenaire, l'un des symboles de leur histoire. La légende raconte en effet que c'est sous ses frondaisons que Stephen Austin, le fondateur de l'Etat du Texas, aurait signé un traité de paix avec les Indiens. Le forfait ne saurait rester impuni, et les enquêteurs sont sur la piste du probable empoisonneur. Il s'agirait d'un homme d'affaires de la région.

Gare aux seringues sur les plages!

23 juin. Une véritable psychose s'est emparée des estivants du sud-est de la France. Plusieurs enfants se sont blessés dernièrement en jouant avec des seringues usagées et abandonnées sur le sable par des toxicomanes. Aussi, les maires de Nice et de Cannes ont-ils décidé aujourd'hui de prendre des mesures pour que de semblables accidents ne se reproduisent plus. Les plages seront passées au peigne fin et arrosées chaque nuit par des employés communaux équipés de gants et de pinces et accompagnés par des policiers. La peur du sida ne saurait gâcher tout, même les vacances... et le tourisme.

Sale coup du diable

23 juin. « Le diable existe, mais je ne l'ai jamais vu », a affirmé le cardinal italien Silvio Oddi. Et il ajoutait à l'adresse de l'archevêque guérisseur africain Emmanuel Vilingo : « Est-il barbu, vieux ou jeune, beau ou laid ? » Mgr Vilingo, qui présentait aujourd'hui au Vatican son livre, *Contre Satan*, a rétorqué au provocateur : « Le diable existe, je l'ai rencontré. » Il a même eu, dit-il, des conversations avec des démons et avec leur chef cornu. Ses affirmations ont provoqué sarcasmes et quolibets dans la maison du pape. Preuve que le malin existe, qu'on l'ait rencontré ou non...

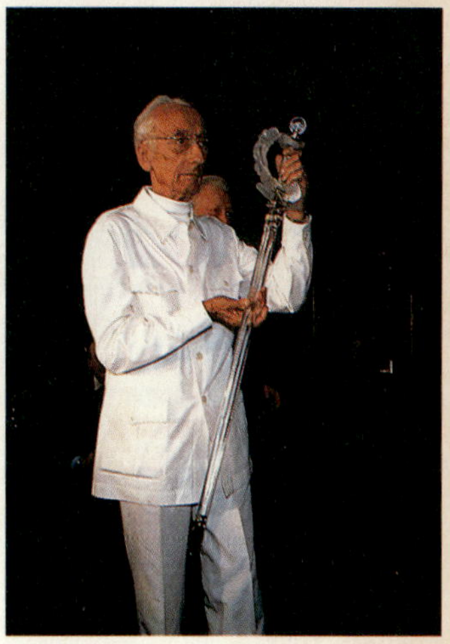
Une épée d'académicien digne de Cousteau : un globe de cristal représentant la planète forme le pommeau, et les tentacules d'un poulpe décorent le manche.

Juin

1989

Lu	Ma	Me	Je	Ve	Sa	Di
			1	2	3	4
5	6	7	8	9	10	11
12	13	14	15	16	17	18
19	20	21	22	23	24	25
26	27	28	29	30		

26. Belgique : les acheteurs se ruent sur les parts de réserve de la Société générale. L'offre publique de vente (11 % du capital) est clôturée le jour même.

26. Europe : Margaret Thatcher refuse de s'engager dans une union monétaire européenne (→28).

26. Grande-Bretagne : Margaret Thatcher critique la célébration par la France du Bicentenaire.

27. Etats-Unis : George Bush annonce son intention d'amender la Constitution pour interdire la profanation du drapeau américain.

27. URSS : Moscou annonce la mort de l'espion transfuge américain Glenn Michael Souther qui avait pris en URSS le nom de Mikhaïl Evguenevitch Orlov.

27. Cuba : « Je mérite la peine de mort », déclare à la télévision le général Arnaldo Ochoa, convaincu de trafic de drogue.

27. Turquie : soixante-dix mille Bulgares nés en Turquie auraient déjà trouvé refuge dans leur pays d'origine.

28. Europe : à Madrid, les Douze d'accord sur la mise en route d'un processus d'union économique et monétaire.

28. Chine : Pékin rappelle tous ses ambassadeurs à l'étranger.

29. France : un oiseau, happé par le moteur, était à l'origine de l'accident du Mig-29 le 8 juin dernier.

29. Cuba : limogeage du ministre de l'Intérieur, le général José Abrantes, impliqué dans le trafic de drogue.

29. Soudan : le gouvernement de Sadek Mahdi est renversé par un coup d'Etat militaire.

29. France : fin du procès à Lyon du noyau dur d'Action directe : Max Frérot, André Olivier et Emile Ballandras sont condamnés à perpétuité.

30. Pologne : le général Jaruzelski, au pouvoir depuis 1981, renonce à briguer sa propre succession.

Les colons israéliens exigent l'annexion

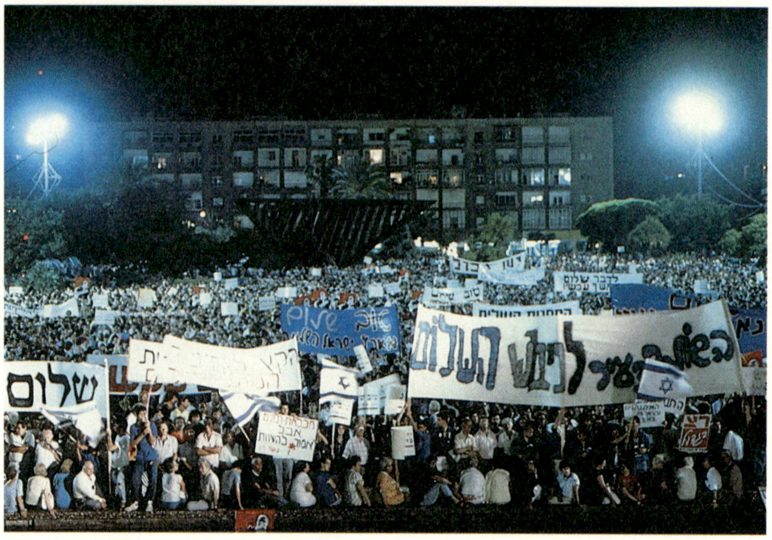

La manifestation à grande échelle a eu lieu dans les territoires occupés.

30 juin. Plusieurs milliers de colons israéliens, dont beaucoup étaient armés de fusils d'assaut, de pistolets, de couteaux et de gourdins, ont manifesté bruyamment dans les territoires occupés de Cisjordanie et de Gaza. Ils entendaient exprimer de façon spectaculaire leur soutien à l'annexion des territoires. Un important dispositif de sécurité a été mis en place par l'armée israélienne afin d'éviter tout affrontement avec la population arabe qui observait, ce vendredi, le jour saint des musulmans. Les manifestants ont tiré des coups de feu en l'air, sans qu'aucun incident grave n'ait été signalé. Mais la tension demeure.

Encore un sous-marin en difficulté

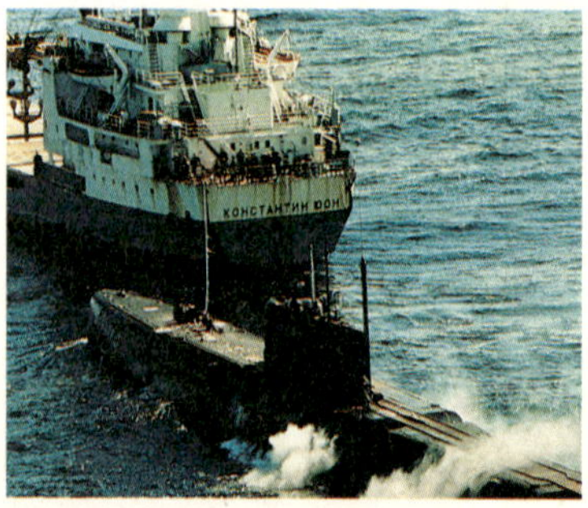

Le bâtiment et son remorqueur.

26 juin. Un incendie s'est déclaré à bord d'un submersible soviétique de la classe Echo II à propulsion mixte, nucléaire et diesel, qui évoluait en surface au large des côtes de la Norvège pour regagner sa base située à Mourmansk. Le bâtiment, de modèle ancien, est doté de huit silos à missiles. Le sous-marin a pu continuer sa route et tout risque de contamination radioactive semble exclu. L'équipage est sauf.

Cousteau inaugure son parc océanique

28 juin. Il suffit de plonger au cœur des Halles pour entrer tout habillé dans le royaume de Neptune. Ici, dans ce grand espace marin imaginé par le commandant Cousteau, les visiteurs pénètrent dans les entrailles d'une baleine bleue de trente mètres de long... en plastique, descendent dans les abysses où scintillent des blocs de coraux... en béton, vont au fond de grottes où surgissent des dauphins... en images, ou explorent une épave plus rouillée que nature dissimulée dans une forêt d'algues géantes. Un univers d'autant plus fantastique qu'il n'y a pas une goutte d'eau !

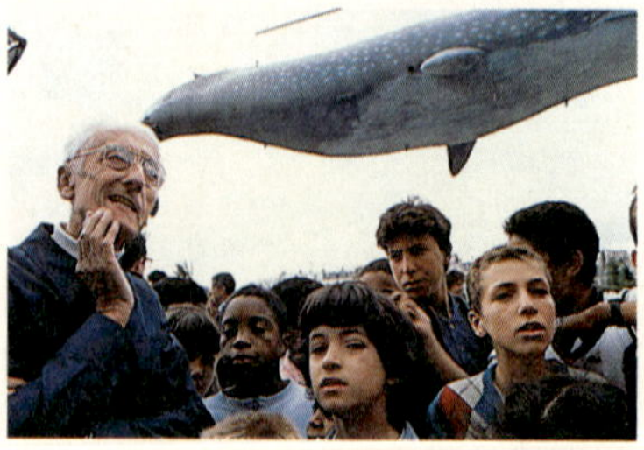

Une baleine plus vraie que nature.

Les cent ans du soutien-gorge

27 juin. Le corset séculaire, quel carcan ! Que les poitrines respirent ! A Rennes-les-Bains, un petit village de l'Aude, on se prépare à fêter dignement l'inventeur du soutien-gorge. Ce serait Herminie Cadolle, une enfant du terroir, qui aurait eu, pour la première fois, l'idée de séparer les deux bonnets du corset et de les soutenir par des bretelles.

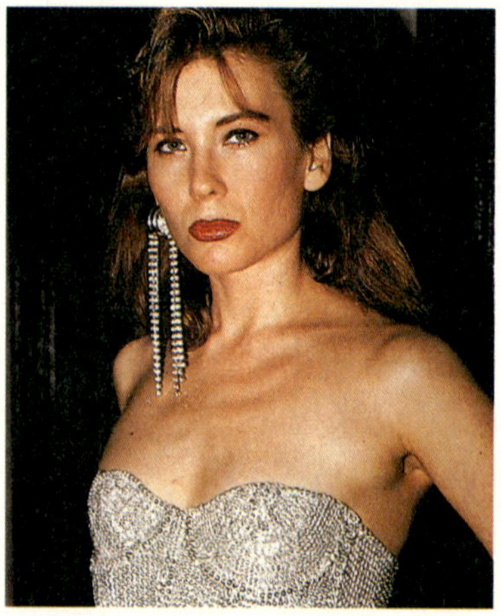

Un sous-vêtement et une parure.

Mort du cinéaste Joris Ivens

28 juin. *Une histoire de vent*, sorti voici quelques mois sur les écrans, aura été le dernier film de Joris Ivens, le « Hollandais volant ». Le réalisateur documentariste est mort à Paris veillé par sa femme, Marceline Loridan, coauteur de ses films depuis 25 ans. Il a été le premier cinéaste étranger à venir en URSS où il tourne *Komsomol* en 1932. Durant la Seconde Guerre mondiale, il s'embarque pour Hollywood où il ne cesse de travailler. Il projette même de mettre en scène un film avec la « divine » Garbo. Mais la vraie passion de cet aventurier inspiré, c'est la Chine. De son amour pour l'Empire du Milieu naîtront ses plus belles œuvres, comme *Chine* en 1973, et surtout *Comment Yukong déplaça les montagnes* en 1976. Grâce à ce film, il devient l'un des phares de cette génération qui avait vingt ans en 68. Joris Ivens, qui considérait le cinéma comme une arme idéologique, s'est envolé définitivement. Il avait quatre-vingt-dix ans.

La CEE frappe la Chine d'embargo

27 juin. La Communauté européenne vient de prendre des sanctions contre la Chine, près d'un mois après le massacre de la place Tian'anmen. Les chefs d'Etat et de gouvernement des Douze, réunis au sommet européen de Madrid, ont très fermement condamné la « répression brutale » engagée par l'armée chinoise contre le mouvement populaire pour la démocratisation du pays. Ils ont aussi lancé un appel solennel au régime pour que cessent les exécutions des leaders du Printemps de Pékin. Plus concrètement, les Douze ont décidé l'embargo immédiat sur les livraisons d'armes et sur l'octroi de crédits. Cette mesure intervient au lendemain de l'annonce de la Banque mondiale qui vient de bloquer un prêt de 780 millions de dollars à la Chine. Les partenaires européens ont également décidé d'interrompre leur coopération militaire et de suspendre leurs contacts ministériels de haut niveau avec Pékin. Le président Mitterrand a toutefois regretté que le sommet de Madrid ne soit pas allé plus loin.

Les Monégasques honorent leur prince

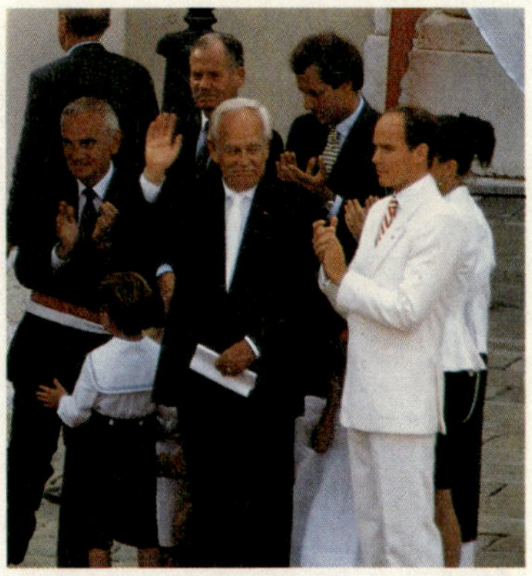

Rainier et le prince héritier Albert.

27 juin. Rainier de Monaco fête ses quarante ans de règne. Le descendant du Génois Grimaldi qui, déguisé en moine, s'empara du rocher il y a sept cents ans se définit comme un manager ; il est responsable de cinq mille sujets dont la moitié travaille dans l'administration et un cinquième à la Société des bains de mer. Sur ce territoire de 2 km² vivent aussi plus de douze mille Français, quatre mille cinq cents Italiens, plus de mille Anglais, cinq cents Belges et trois cent cinquante Américains.

Distinction pour un grand photographe

29 juin. Jack Lang a nommé Helmut Newton chevalier des Arts et des Lettres. Le ministre de la Culture récompense ainsi l'un des plus grands artistes contemporains. Dès 1936, il fait ses débuts chez un photographe de mode à Berlin, sa ville natale. Mais le jeune Helmut voit plus loin et part pour Singapour. C'est ensuite en Australie, où il a vécu dix-sept ans, qu'il rencontre Alice Springs, photographe elle aussi, qui deviendra son épouse. En 1956, il s'installe définitivement à Paris et travaille avec des stars comme Charlotte Rampling ou Catherine Deneuve. Ses célèbres modèles disent souvent de lui qu'il est un voyeur. Il est vrai que ce spécialiste des portraits de femmes arrive à saisir la violence et la sensualité les plus dissimulées.

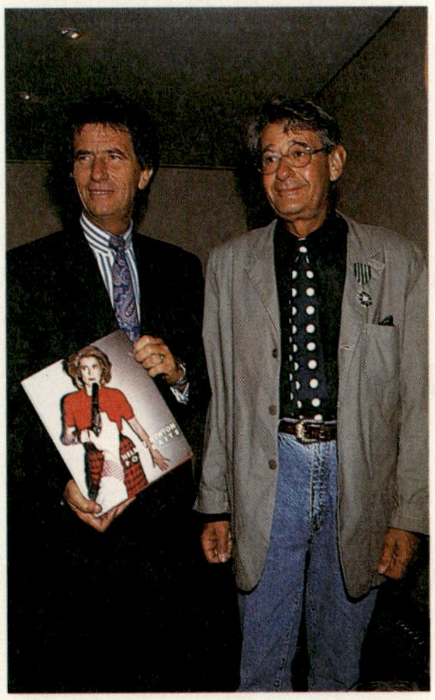

Helmut Newton et Jack Lang.

Les Finances s'installent à Bercy

26 juin. Le ministre du Budget, Michel Charasse, est parti l'un des derniers, ses dossiers secrets ficelés sur son scooter... Adieu le Louvre, en route pour Bercy ! Cette fois c'est fait, les fonctionnaires des Finances tirent un trait sur cent dix-huit ans passés rue de Rivoli et s'installent dans les 150 000 m² de bureaux construits en T et répartis dans un ensemble monumental et futuriste. Tout est prévu : salles de conférences avec régie TV, équipements sportifs et hôteliers et même un héliport et une crèche ; à l'intérieur, des meubles design, des œuvres d'art, des ordinateurs, et des systèmes sophistiqués pour, par exemple, acheminer le courrier interne sans recourir aux huissiers.

Les publicitaires espagnols étonnent

27 juin. Sans l'Espagne, le XXXVIe Festival international du film publicitaire de Cannes aurait sans doute été celui de l'ennui. Les cinquante pays représentés, parmi lesquels l'URSS qui participait pour la seconde fois à la compétition, n'ont pas fait preuve de la même originalité que l'an passé. Mais Pippin, un chien star de trois ans, a su en deux films pour la télévision publique espagnole émouvoir les professionnels de la pub. L'Espagne, avec la créative agence Contrapunto Madrid, repart donc cette année avec vingt-cinq Lions et le Grand Prix.

Alain Prost : "Je quitte McLaren"

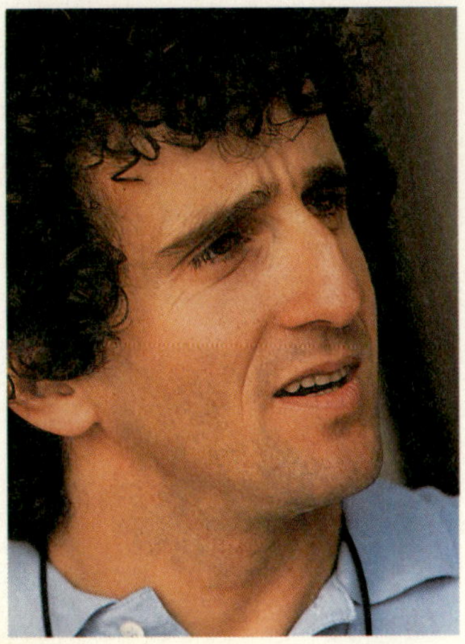

Il veut prendre un nouveau départ.

29 juin. Le service d'information sur minitel de Marlboro a vendu la mèche, et la nouvelle que l'on pressentait depuis plusieurs semaines est tombée : Alain Prost ne courra plus pour McLaren la saison prochaine. Ses rapports avec Ayrton Senna, son coéquipier, s'étaient gravement détériorés ces derniers mois, et la cohabitation n'était plus possible. Prost terminera tout de même l'année dans l'écurie anglaise et espère bien partir avec un nouveau titre de champion du monde. Mais on ignore encore ses intentions pour l'avenir. Défendra-t-il les couleurs de Williams ou celles de Ferrari ? Créera-t-il sa propre équipe ou prendra-t-il sa retraite ?

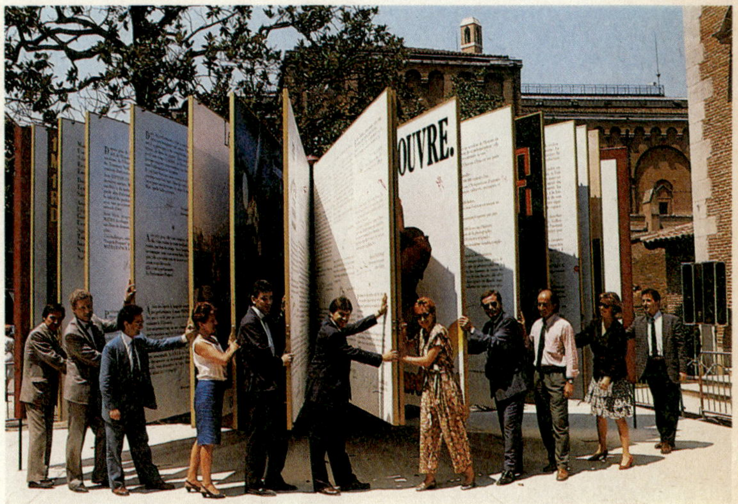

Pour fêter leur 150e anniversaire, les éditions Privat présentent leur « Grand Livre ». Chacune des 34 pages mesure 4 m sur 3 et pèse 200 kg. Cet ouvrage unique de 15 t retrace l'histoire de la maison d'édition.

Juillet

1989

Lu	Ma	Me	Je	Ve	Sa	Di
					1	2
3	4	5	6	7	8	9
10	11	12	13	14	15	16
17	18	19	20	21	22	23
24	25	26	27	28	29	30
31						

1er. France : le SMIC est fixé à 5 054,79 F.

2. Venezuela : 47 personnes du monde politique et de la finance, impliquées dans une escroquerie portant sur un milliard de dollars au détriment de l'Etat, sont écrouées. Parmi elles, des Français et des Américains.

2. Grèce : compromis entre la Nouvelle Démocratie, parti de droite majoritaire, et la coalition de gauche, pour soutenir un gouvernement de droite, à l'exception de deux de ses membres.

5. Vatican : le Centre catholique italien de bioéthique publie un document sur le statut de l'embryon.

5. Yougoslavie : canicule et orages ont fait vingt-deux morts en trois jours.

5. Etats-Unis : Oliver North est condamné à 3 ans de prison avec sursis, 150 000 dollars d'amende et 1 200 heures de travail d'intérêt général, pour son rôle dans l'affaire de l'Irangate.

6. Israël : sur la route Tel-Aviv - Jérusalem, un Arabe dévie dans un ravin un car transportant 50 passagers. Quatre morts.

6. Europe : à Strasbourg, Gorbatchev évoque « un vaste espace économique, de l'Atlantique à l'Oural ».

6. URSS : les autorités apprennent par la presse l'accident du Mig-23, survenu le 4 juillet.

8. Argentine : le président Carlos Menem prête serment.

9. France : Alain Prost remporte le Grand Prix de France de Formule 1 sur le circuit du Castellet.

DECES

3. Andreï Gromyko, ex-ministre soviétique des Affaires étrangères (*6.7.1909).

5. Ernesto Halffter, compositeur espagnol (*16.1.1905).

6. Jean Bouise, acteur français (*3.6.1929).

6. Janos Kadar, président du PC hongrois (*22.5.1912).

Quand la liberté cingle à toutes voiles...

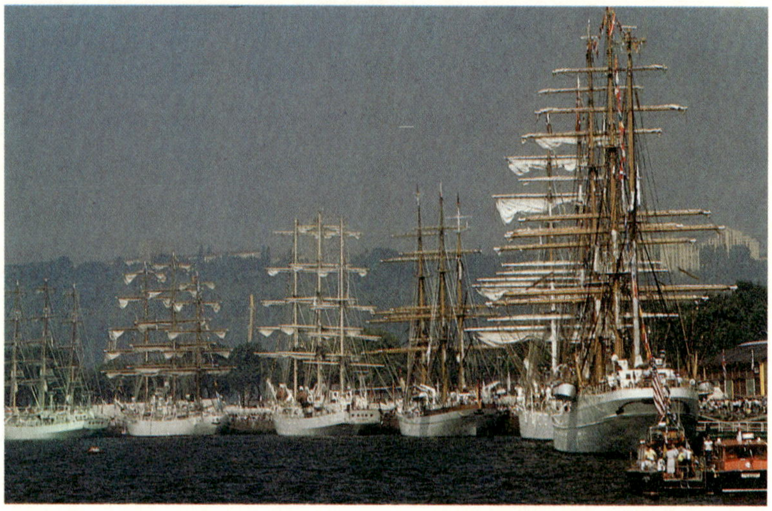

Quelques-uns des plus beaux trois-mâts du monde, à l'ancrage à Rouen.

9 juillet. Le port de Rouen a changé de siècle : venus de toutes les mers, vingt-deux des plus grands trois-mâts du monde, trois cents voiliers et le *Pen Duick* de Tabarly, ont hérissé leurs mâts et fait claquer leurs voilures devant trente mille spectateurs. Les bateaux resteront à quai jusqu'au 16 juillet avant d'appareiller, en un cortège long de vingt kilomètres, vers l'estuaire de la Seine d'où ils reprendront le large. Dans leur sillage, ils laisseront l'empreinte des tempêtes du cap Horn et celle du XVIIIe qu'attisait le vent de la Révolution.

Les malheurs du boxeur René Jacquot

8 juillet. Le boxeur français René Jacquot a perdu le titre de champion du monde des superwelters WBC, qu'il avait conquis à Grenoble le 12 février dernier. Défaite stupide concédée sur une blessure stupide. En effet, c'est en voulant esquiver une droite de son adversaire, l'Ougandais John Mugabi, que Jacquot a glissé et est tombé en porte à faux. Une entorse à la cheville l'a empêché de continuer le combat. C'est donc Mugabi, déclaré vainqueur par KO technique après 2 minutes et 31 secondes seulement sur le ring, qui prend le titre. Mais Jacquot mérite une revanche sur le mauvais sort.

Wimbledon allemand avec Becker et Graf

9 juillet. Le tennis allemand se porte très bien. On vient d'en avoir une nouvelle fois la preuve aux Internationaux de Wimbledon, où Boris Becker chez les messieurs, et Steffi Graf chez les dames, ont réalisé un exceptionnel doublé. Becker a imposé son jeu puissant en finale contre le Suédois Stefan Edberg, déjà battu sur le fil à Roland-Garros par Chang. C'est la troisième victoire de Becker à Wimbledon, où il avait triomphé en 1985 et 1986. Quant à Steffi Graf, elle n'a laissé aucune chance à Navratilova, qu'elle a battue en finale (6-2, 6-7, 6-1), conservant ainsi le titre qu'elle avait déjà gagné l'an dernier, et faisant oublier sa surprenante défaite à Roland-Garros face à l'Espagnole Aranxa Sanchez.

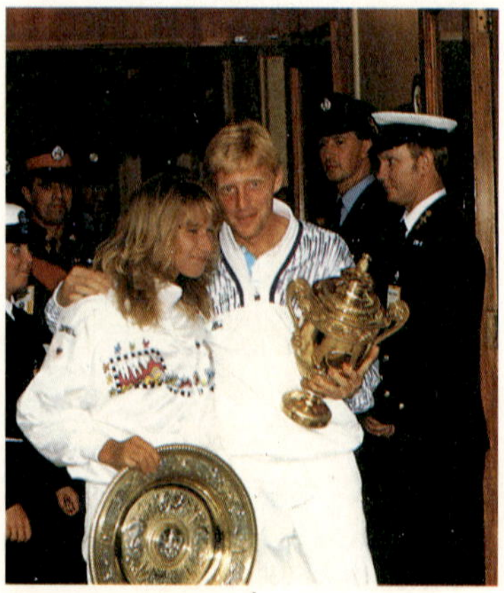

Champions pour un duo de choc.

Delgado mal parti, Lemond ressuscité

8 juillet. Le Tour de France 1989 a vécu une première semaine déjà passionnante. Tout a commencé par le week-end fou de Luxembourg, où le vainqueur du Tour 88, Pedro Delgado, a pris d'entrée un retard considérable : de façon inexplicable, il a manqué le départ du prologue disputé contre la montre et, après 48 heures de course, concédait 7 minutes 20 secondes à Laurent Fignon, auteur d'un excellent début. Mais le Français a vu ensuite se dresser sur sa route un rival dangereux et inattendu, en la personne de Greg Lemond. Un Lemond ressuscité qui, en remportant brillamment l'étape contre la montre de Rennes, est redevenu lui aussi un candidat très sérieux à la victoire finale. Deux ans après l'accident de chasse qui faillit lui coûter la vie, l'Américain paraît avoir retrouvé tous ses moyens ; et son duel avec Fignon pourrait bien dominer un Tour qui s'annonce palpitant.

Paris aime Gorby

5 juillet. Les Parisiens ont réservé un accueil fort chaleureux au numéro un soviétique : il est vrai que, selon un sondage, 60 % d'entre eux ont une très bonne opinion du chef du Kremlin, qui achève sa seconde visite en France depuis son arrivée au pouvoir en 1985. Entre deux entretiens avec François Mitterrand, « Gorby » et Raïssa sont allés prendre un bain de foule à la Bastille. Plus important, ce séjour a été l'occasion pour la France et l'URSS de signer onze accords économiques, scientifiques et culturels.

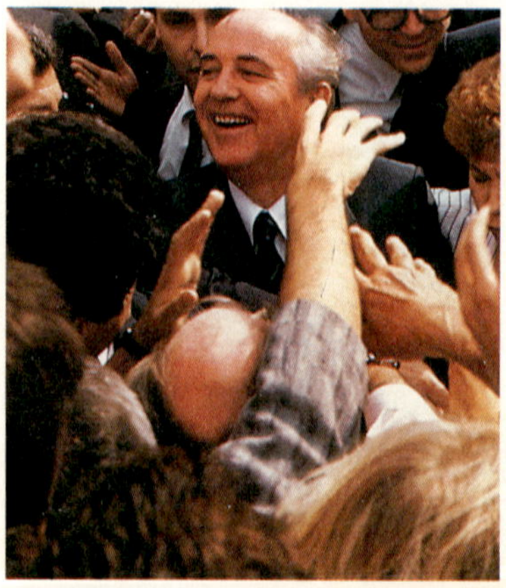

Dans la foule, place de la Bastille.

Le face-à-face Botha-Mandela

5 juillet. C'est peut-être la fin du dialogue de sourds en Afrique du Sud. Le président Pieter Botha a surpris le monde entier en recevant pendant quarante-cinq minutes Nelson Mandela, le leader historique de l'ANC, le mouvement nationaliste noir. Mandela, âgé de 70 ans, avait été condamné à la prison à vie en 1962 pour « sabotage et complot contre l'Etat ». Ce tête-à-tête symbolique pourrait aussi annoncer une libération prochaine de Mandela.

Le général cubain était un trafiquant

7 juillet. Pendant des années, les Américains avaient accusé Cuba d'être impliqué dans le trafic de cocaïne vers les Etats-Unis. Piqué au vif par de telles « calomnies yankees », Fidel Castro vient de faire condamner à mort l'ex-général Arnaldo Ochoa, un véritable héros national, et trois autres officiers. Ils avaient avoué être compromis dans la livraison de six tonnes de cocaïne colombienne aux Etats-Unis. Ils doivent être passés par les armes dans les prochains jours.

Renaud s'en va reprendre la Bastille

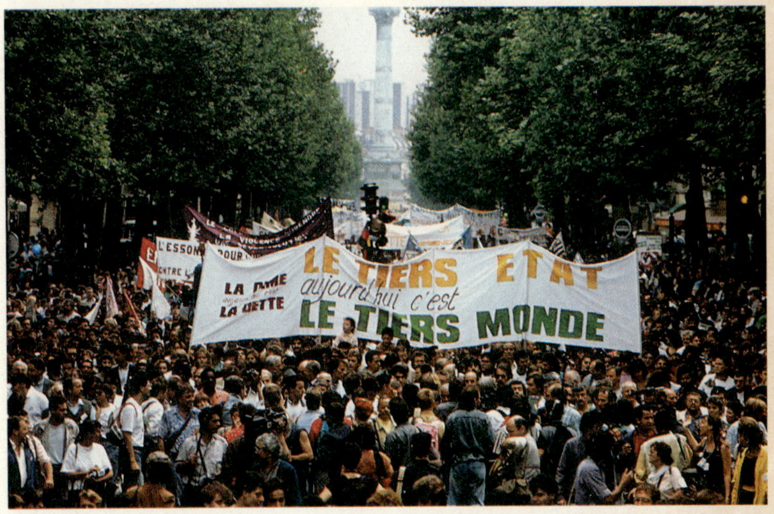

Le sommet des pays riches ne saurait faire oublier le sort du tiers monde.

8 juillet. Quelle meilleure occasion que le sommet des pays les plus riches pour jouer, au sens propre du mot, les trouble-fête ? Le chanteur Renaud a réussi à rassembler cent mille personnes derrière lui pour protester contre tout ce faste déployé et tant d'argent dépensé pour la venue des sept Grands et pour le Bicentenaire. Leur slogan : « Dette, apartheid, colonies, ça suffat comme ci ! » La foule était deux fois plus nombreuse en soirée pour le concert gratuit de la place de la Bastille où Renaud a cédé le micro à Johnny Clegg, entre autres.

Une académie de billard géant à Argelès

5 juillet. Il fallait y penser : sur un terrain de jeux de huit mètres sur quatre, deux ou quatre joueurs munis de maillets doivent envoyer quinze boules de dix centimètres de diamètre chacune dans les six trous du billard. Mais le tapis vert est une pelouse, et le grand air remplace les salles enfumées où les passionnés prennent leur temps pour viser et pointer ces boules magiques qui s'entrechoquent et roulent. L'inventeur du nouveau jeu le situe entre le golf et le billard et a ouvert à Argelès une académie unique en son genre.

Un Mig sans pilote s'écrase en Belgique

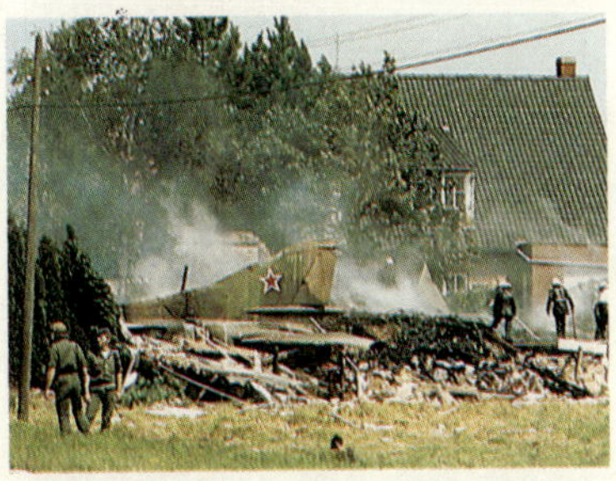

Crash en fin de course du Mig fou.

4 juillet. Un Mig-23 soviétique, dont le pilote avait été contraint de s'éjecter au-dessus de la Pologne à la suite d'un incident technique, a continué sa route. Il a traversé la frontière entre la RDA et la RFA à 9 h 40, à une altitude de 12 000 mètres. Depuis Soesterberg, aux Pays-Bas, l'appareil a été escorté de deux F-15 américains. La consigne était de ne l'abattre que s'il menaçait une agglomération. Après un vol, sans personne aux commandes, de plus de 500 km à 800 km/h, le Mig s'est écrasé sur une villa de Kooigem, dans la banlieue de Courtrai, en Belgique, causant la mort d'un jeune homme de dix-neuf ans.

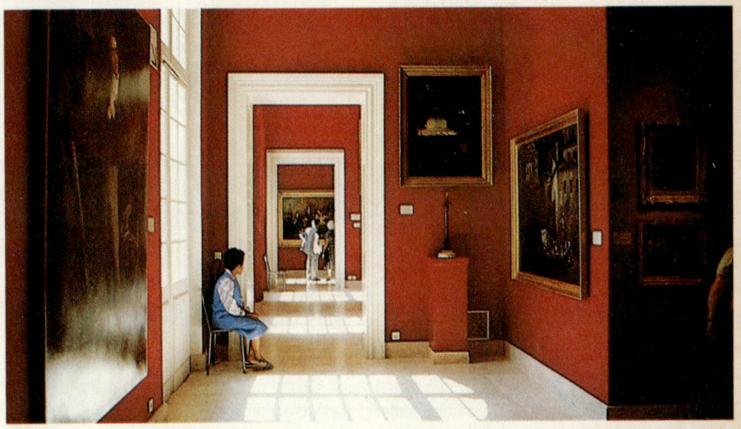

Consacré à l'histoire de Paris et à la Révolution, le musée Carnavalet s'agrandit, en ouvrant au public l'hôtel Le Peletier de Saint-Fargeau.

Sécheresse et tornade dans le Sud-Ouest

7 juillet. Les méchants caprices de la météo ont mis le sud-ouest de la France à rude épreuve. Alors que dans cette région, comme dans d'autres d'ailleurs, la sécheresse ne semble pas vouloir céder le pas, des orages d'une extrême violence se sont abattus aujourd'hui sur les Pyrénées-Atlantiques, le Lot-et-Garonne, la Dordogne, les Landes qui ont essuyé la foudre, et la Gironde. Ils ont entraîné de très importants dégâts et provoqué la mort de deux passagers d'un avion de tourisme précipité au sol par la force des rafales. En Gironde particulièrement, les vignobles des grands crus de Sauternes ont été martelés sous des trombes d'eau, et les vignes du prestigieux château Yquem pour moitié détruites par la grêle. En bref, c'est toute l'Aquitaine qui est sinistrée. Le Lot, qui a échappé à la tornade, a été la proie des incendies de forêt, et 3 500 ha autour de Monclar ont été calcinés.

Le cinéaste Jean Painlevé n'est plus

2 juillet. Le film documentaire scientifique a perdu l'un de ses pionniers. Jean Painlevé est mort à l'hôpital américain de Neuilly à l'âge de quatre-vingt-six ans. Il était le fils du mathématicien et homme politique Paul Painlevé, président du Conseil entre 1917 et 1925. Après des études de biologie, Jean réalise plus d'une centaine de courts métrages consacrés pour la plupart à l'univers des animaux marins. Il les étudie « de la naissance à la mort, du point de vue scientifique et photogénique ». Reconnu en tant que cinéaste à part entière, il obtient, en 1947, le grand prix du Festival mondial du film et le grand prix des Beaux-Arts de Belgique pour *Assassins d'eau douce*. Son film *l'Hippocampe* est même remarqué par les surréalistes. Painlevé avait fondé en 1930 l'Institut de cinématographie scientifique et a présidé, de 1946 à 1956, la Fédération française des ciné-clubs.

Juillet

1989

Lu	Ma	Me	Je	Ve	Sa	Di
					1	2
3	4	5	6	7	8	9
10	11	12	13	14	15	16
17	18	19	20	21	22	23
24	25	26	27	28	29	30
31						

11. URSS : flambée de violence dans le Nagorny-Karabakh entre Arméniens et Azerbaïdjanais. Deux morts.

11. France : un arrêt de la Cour de cassation dénie aux couples homosexuels les mêmes droits qu'aux couples hétérosexuels.

11. Pologne : George Bush rencontre Lech Walesa à Gdansk.

11. URSS : Tass révèle que 30 accidents se sont produits au mois de juin dans des centrales nucléaires du pays et que le fonctionnement de 19 d'entre elles a été stoppé.

12. Guyane : lancement réussi à Kourou d'Ariane III qui transporte un satellite de télécommunications.

12. France-Philippines : Cory Aquino signe, à Paris, un accord de coopération économique de trente-cinq millions de francs.

12. Belgique : la région de Bruxelles se dote d'un parlement et d'un gouvernement pour dix-neuf communes.

12. Irlande : Charles Haughey est réélu au poste de Premier ministre et entame ainsi son quatrième mandat.

12. France : quatre cents gendarmes et un hélicoptère mobilisés dans une chasse à l'homme pour retrouver trois truands en cavale et leur otage.

14. France : un important défilé militaire à Paris ouvre les festivités du Bicentenaire. →

16. Est-Ouest : à Paris, les Sept décident un plan d'aide économique à la Pologne.

16. Belgique-Zaïre : remise de la dette de Kinshasa, soit 4,8 milliards de francs belges.

DECES

10. Jean-Michel Charlier, scénariste belge (*30.10.1924). →

11. Laurence Olivier, acteur britannique (*22.5.1907). →

16. Nicolas Guillem, poète cubain (*10.7.1902).

16. Herbert von Karajan, chef d'orchestre allemand (*5.8.1908). →

Le monde perd deux grands artistes

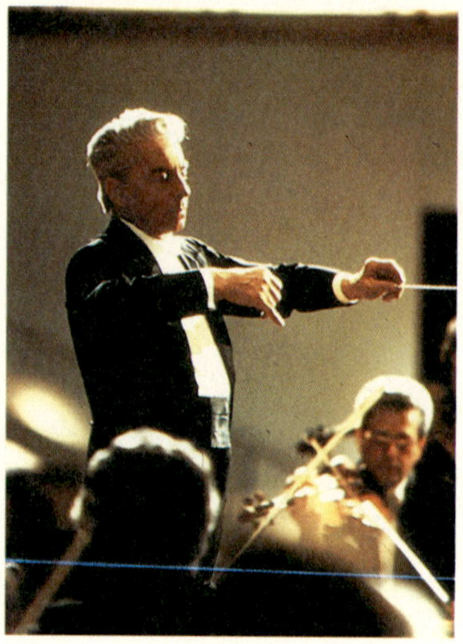

Karajan, une baguette magistrale.

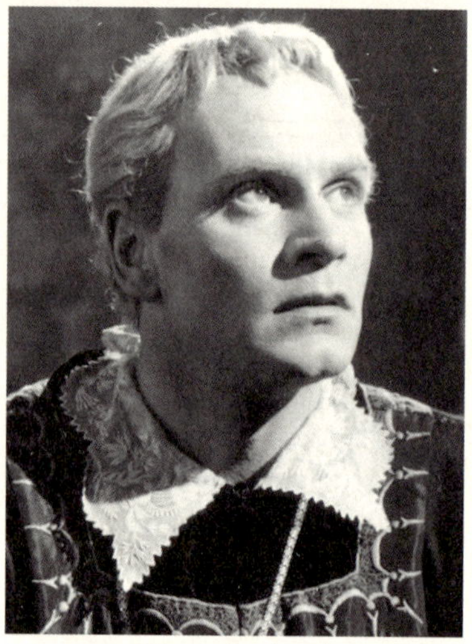

Laurence Olivier, le shakespearien.

16 juillet. Ils étaient tous deux également célèbres, même si l'un continuait de paraître en public alors que l'autre vivait en retrait. Herbert von Karajan est mort aujourd'hui près de Salzbourg à quatre-vingt-un ans, suivant dans la tombe l'acteur anglais Laurence Olivier, décédé le 11 juillet à quatre-vingt-deux ans. Karajan, le plus connu et le plus contesté des chefs d'orchestre, avait obtenu en 1955 la direction à vie du prestigieux Philharmonique de Berlin, à la tête duquel il sera resté trente ans. Son nom demeure attaché aux grands événements musicaux et notamment au Festival de Salzbourg qu'il créa en 1967. Mais sa carrière est entachée par son travail au service des nazis. Le maestro explique dans ses Mémoires que « c'était le prix à payer » pour obtenir ce qu'il désirait : être le plus grand. Quant à Laurence Olivier, il fut un comédien hors du commun, sur les planches comme à l'écran. Il obtint sa renommée avec *Hamlet*, le rôle du siècle selon les critiques, qu'il interpréta une centaine de fois et qui lui fit recevoir un Oscar au cinéma en 1948. A la ville, il fut le mari de la non moins célèbre Vivien Leigh. Son talent lui valut d'être anobli en 1970 par la reine Elisabeth. Le baron Olivier de Brighton ? Un prince du théâtre, surtout.

Un tireur fou sème la mort à Luxiol

12 juillet. Il était 14 h 50 lorsque les premiers coups de feu ont éclaté : Christian Dormier, un fils d'agriculteur de 31 ans, qui depuis une dizaine d'années vivait terré en solitaire chez ses parents, aura réussi à attirer l'attention sur lui. Mais à quel prix ! A Luxiol, le village du Doubs dont il est originaire, l'homme armé d'un fusil de chasse a abattu, au cours d'une crise de démence, quatorze personnes dont sa mère et sa sœur, et en a blessé dix autres avant d'être blessé à son tour et maîtrisé par les gendarmes sur la route de Verne. A pied d'abord, puis à bord de sa voiture, une Golf GTI noire, dans les chemins alentour, le forcené a tiré sur tout ce qui bougeait. Dans le hameau, c'est la stupeur. On dit que le fils Dormier souffrait du mal de vivre et l'on vient d'apprendre qu'il était suivi médicalement pour troubles psychiques.

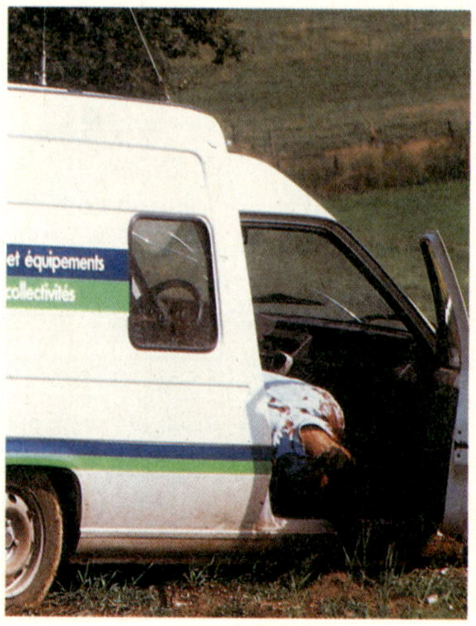

Un jeu de massacre et au hasard.

Bugs Bunny muet

10 juillet. « That's all folks » (*C'est fini les gars*) auraient pu être les derniers mots prononcés par Mel Blanc, de son étonnante voix aux multiples intonations. L'imitateur vient de mourir à Los Angeles à l'âge de quatre-vingt-un ans. A ses débuts, en 1928, il est musicien au NBC Radio Orchestra. Très vite, il se rend compte de son incroyable capacité à prononcer des borborygmes inattendus et rejoint, en 1937, la Warner. Il prête alors sa voix à Titi ou à Bugs Bunny et peut restituer sans effort près de huit cents accents différents. Il travaille sur cinquante films par an, et vingt millions de personnes chaque jour dans le monde sourient à l'écouter.

La BD est en deuil

10 juillet. Le scénariste belge de bande dessinée Jean-Michel Charlier est mort à soixante-quatre ans. Buck Danny, les aviateurs Tanguy et Laverdure, Barberousse le pirate, et le lieutenant Blueberry, défenseur des Indiens, qui ont captivé de nombreuses générations d'enfants et d'adolescents, sont aujourd'hui orphelins. Ils avaient déjà perdu leur dessinateur, Vic Hubinon, le 9 janvier 1979. Les aventures de Tanguy et Laverdure avaient été adaptées pour le feuilleton télévisé *Les Chevaliers du ciel.*

Salmonellose près de La Rochelle

11 juillet. Quatre personnes sont mortes à la maison de retraite de Lagord en Charente-Maritime. Suite à la négligence d'un employé aux cuisines qui se serait mal lavé les mains, et pour avoir mangé du riz au lait, elles ont succombé à la salmonelle. Cette bactérie, présente dans presque tous les aliments, est bien supportée par l'organisme à faible dose. Mais, en quantité excessive, elle provoque des gastro-entérites et de graves déshydratations, surtout chez les sujets âgés et donc fragiles. Dans cet établissement qui respecte cependant de strictes règles d'hygiène, l'intoxication alimentaire a touché quarante-cinq autres pensionnaires qui ont été placés en observation.

Les recordmen... de la fortune

10 juillet. Quel est l'homme le plus riche du monde ? La revue américaine *Forbes* répond sans hésiter : Yoshiaki Tsutsumi. Bien qu'il ait perdu quelque quatre milliards de dollars au cours des douze derniers mois, cet homme d'affaires japonais est encore à l'abri du besoin, avec ses quinze milliards de dollars. Pour le magazine *Money*, il serait largement battu par Hassanal Bolkiah, vingt-neuvième sultan de Brunei, dont la fortune est estimée à vingt-cinq milliards de dollars. En France, Liliane Bettencourt, héritière de l'empire L'Oréal, serait en tête avec 1,1 milliard de dollars.

Masse gélatineuse sur l'Adriatique

14 juillet. La mousse épaisse n'est pas celle du célèbre *cappuccino*, le café crémeux, spécialité des Italiens. De Venise à Ancône, la mer Adriatique s'est couverte, sur 500 km, d'une couche d'algues blanchâtres, gorgées d'azote, de phosphate et de nitrate. Le phénomène, lié à la pollution du Pô, est absolument inoffensif et un enfant peut tranquillement s'y baigner. Mais la masse gélatineuse fait fuir les touristes, dans une proportion de un sur cinq. Le manque à gagner, pour la seule région d'Emilie-Romagne, dépasserait déjà le milliard de francs.

Grande première à l'Opéra-Bastille

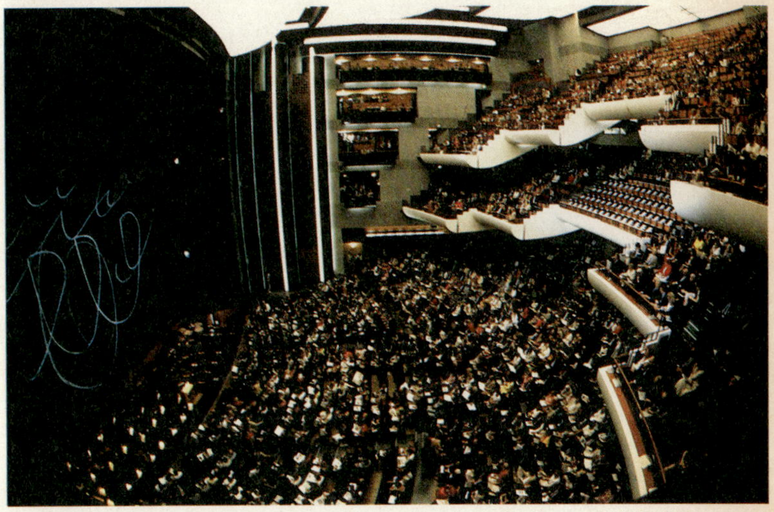

Innovations architecturales et techniques pour la salle du nouvel Opéra.

13 juillet. La grande salle modulable a ouvert ses portes à 19 h pour des invités triés sur le volet. Aux premières loges, les représentants des sept pays les plus riches du monde conviés à l'inauguration de l'Opéra-Bastille. Pour cette soirée de gala, les privilégiés avaient, devant leurs jumelles, les ballets, les chœurs et l'orchestre de l'Opéra de Paris sous la baguette de Georges Prêtre. Ils ont écouté les voix sublimes des plus grandes stars internationales du lyrique, de Barbara Hendricks à Placido Domingo en passant par Teresa Berganza et Shirley Verrett, venus interpréter des airs d'opéra français exclusivement, dans une mise en scène de Bob Wilson.

Leur coiffeur était aussi leur cambrioleur

13 juillet. Le procédé mis au point par un coiffeur d'Ostende, Morgan Margodt, pour cambrioler les appartements de ses clientes, était astucieux. Il profitait du moment où elles étaient sous le casque pour s'emparer de leurs clés, et en faire exécuter un double, très vite, avant de les remettre en place. Il lui suffisait alors, au hasard de la conversation, d'attendre de connaître la date de départ en vacances de la dame pour, ensuite, piller tranquillement les lieux...

Sept pays riches au chevet du tiers monde

14 juillet. Les dirigeants des sept pays les plus riches du monde, le Japon, le Canada, les Etats-Unis, la Grande-Bretagne, la France, la RFA et l'Italie, se sont donné rendez-vous à Paris. Au menu de ce 15e sommet des sept Grands, les relations Est-Ouest, les menaces qui pèsent sur l'environnement et, surtout, le terrible fardeau de la dette du tiers monde. Les dettes accumulées par les pays en voie de développement s'élèvent à 1 300 milliards de dollars. Le Brésil, avec une dette de 120,1 milliards de dollars, est en tête du hit-parade des pays débiteurs, devant le Mexique, l'Argentine et le Nigeria. Le gouffre qui sépare les pauvres des nantis est devenu une source de dangereuses tensions internationales, et les Sept cherchent une solution.

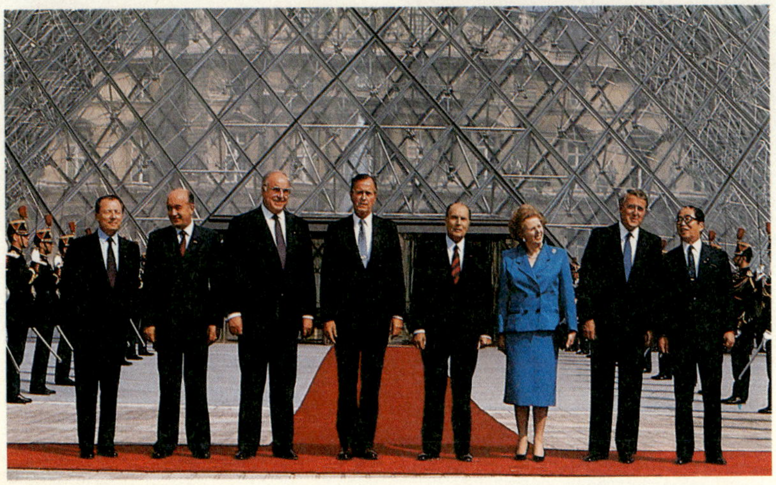

Les participants au sommet, posant devant la pyramide du Grand Louvre.

Enfin un vrai plan des rues de Moscou

10 juillet. « Si vous ne savez pas où vous êtes, c'est que vous ne devriez pas y être. » Cette vieille plaisanterie moscovite ne devrait plus avoir cours : neuf millions d'habitants de la capitale peuvent désormais acheter en librairie les premiers plans exacts de leur ville, dont Staline avait ordonné la falsification délibérée dans les années 30. Pour des raisons de « sécurité interne », des quartiers avaient été déplacés et les immeubles faussement dénommés. Ces plans truqués et fantaisistes avaient bien compliqué la vie quotidienne. Les étrangers disposaient, quant à eux, de plans précis élaborés à partir des photos de satellites espions. Le nouveau plan a été tiré à 1,4 million d'exemplaires et mentionne plus de trois mille rues, ruelles et places.

Le rideau de fer est à vendre

12 juillet. La Hongrie vient de faire un cadeau hautement symbolique au président Bush : à l'occasion de sa visite à Budapest, il a reçu un morceau du rideau de fer. Des fils de fer barbelés récemment arrachés de la frontière austro-hongroise ont été montés sur une plaque à côté d'une inscription qui proclame : « Puissent les murs qui existent dans le monde tomber. » D'autres segments devraient être prochainement mis en vente.

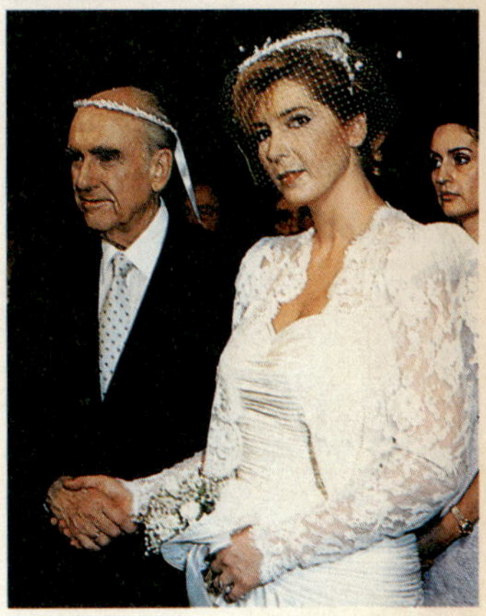

Papandréou et Dmitra Liani : un mariage au goût de scandale.

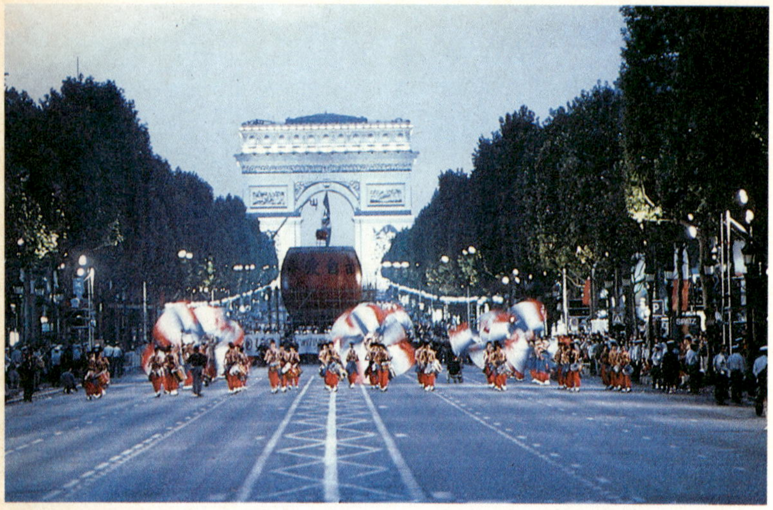

Le ciel est encore clair sur Paris lorsque s'ouvre la parade du siècle.

Le monde entier convié

14 juillet. Il y a deux cents ans, le peuple de Paris s'emparait de la Bastille. Aux environs de 18 h, la prison symbole de l'absolutisme royal et de l'arbitraire tombait. La Révolution, déjà en germe, prenait son essor et allait poursuivre sa marche difficile durant une décennie, de la naissance de la première république à celle de l'Empire. Le 14 juillet entrait définitivement dans le calendrier de l'Histoire. Cet anniversaire a revêtu une importance particulière et a été célébré dans tout le pays, dans la capitale surtout. Les cérémonies et le faste qui l'ont marqué ont donné à l'événement une dimension internationale. Le monde était bien au rendez-vous du Bicentenaire et s'y était même préparé : en URSS, la télévision a diffusé aujourd'hui une émission spéciale sur la France.

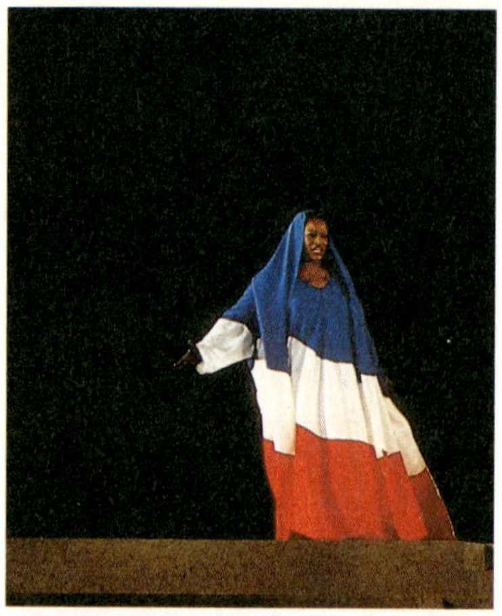

La Marseillaise de Jessye Norman.

La nuit s'annonce, la fête commence. Un million de spectateurs et huit cents millions de téléspectateurs vont assister à une gigantesque parade qui durera plus de trois heures. Juché sur un échafaudage à l'entrée de la place de la Concorde, Jean-Paul Goude, l'orchestrateur, guette sur écran : en haut de l'avenue, devant l'Arc de Triomphe, ce sont les Italiens du Palio de Sienne qui apparaissent les premiers, jonglant avec leurs soixante drapeaux tricolores. Ils précèdent les Chinois, bicyclette à la main et marchant derrière un tambour géant et obstinément silencieux. Puis, en un flot ininterrompu, tout en couleurs, l'opéra de la liberté occupe tout l'espace...

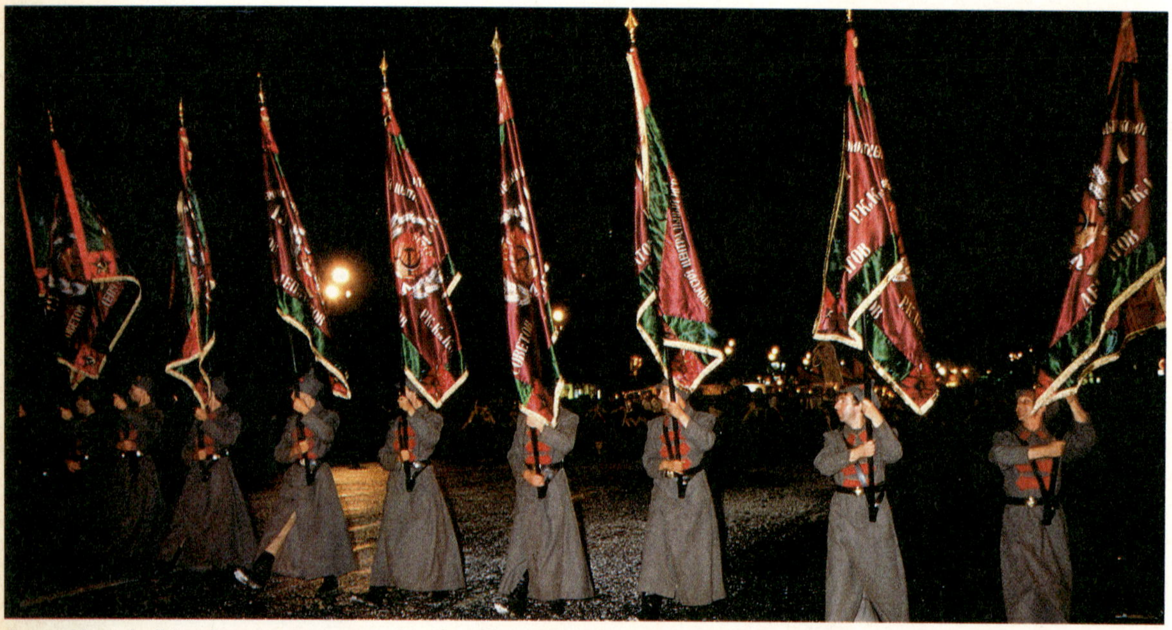

Les soldats de l'Armée rouge ont « envahi » les Champs-Elysées. Dans les rangs, défilent de vrais militaires.

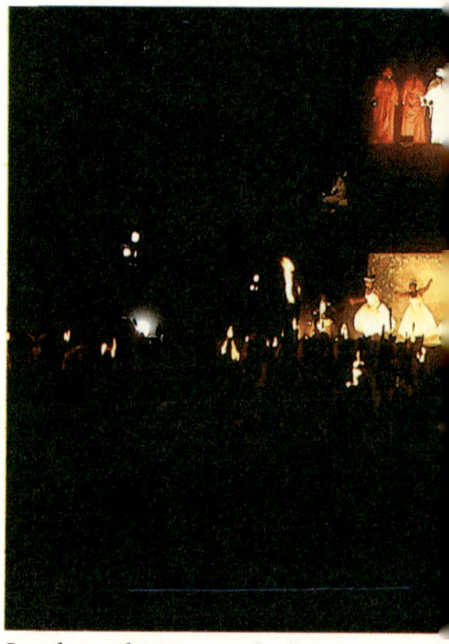

Le char africain, vu de l'arrière, et

A chaque scène, le rythme et l'idée changent. Vient le tour des valseuses aux robes noires géantes, qui se meuvent grâce à de minuscules voitures cachées sous ces carapaces de sept mètres de circonférence. Elles tournent, entraînant leurs petits cavaliers assis à hauteur de leurs tailles et figurant, avec leurs visages grimés et leurs costumes traditionnels, qui un Tyrolien, qui un Palestinien, qui un Arlequin...

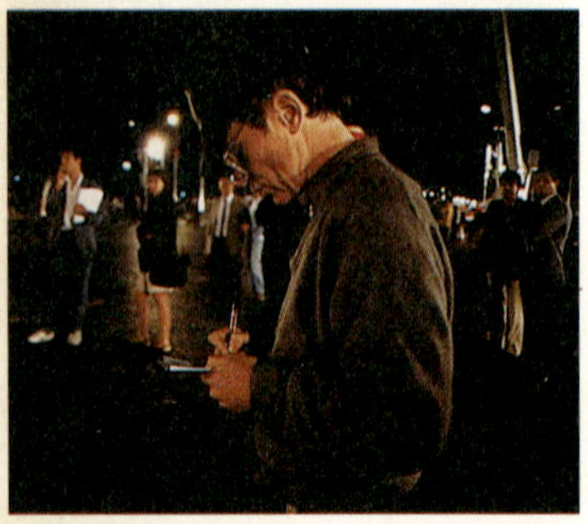

On savait un peu que Jean-Paul Goude travaillait dans la pub. *Kodak* et *Orangina*, c'était lui. Son nom est maintenant associé à celui du Bicentenaire. Pour mener à bien cette superproduction folle, il s'est fait homme-orchestre, du rôle de styliste à celui de régisseur. Sous ses ordres, six mille acteurs et figurants et une armée d'assistants.

Dans un désordre très étudié, le ruban humain se déroule. Mille deux cent cinquante tambours amateurs venus des quatre coins de la France descendent en rangs serrés, une lanterne fixée à la visière de leur casquette ; tout clignote et bouge. Puis, brusquement se trémousse quand se profile le char à estrade où trône Doudou N'Diaye Rose parmi vingt-quatre batteurs sénégalais et dix danseuses en boubou...

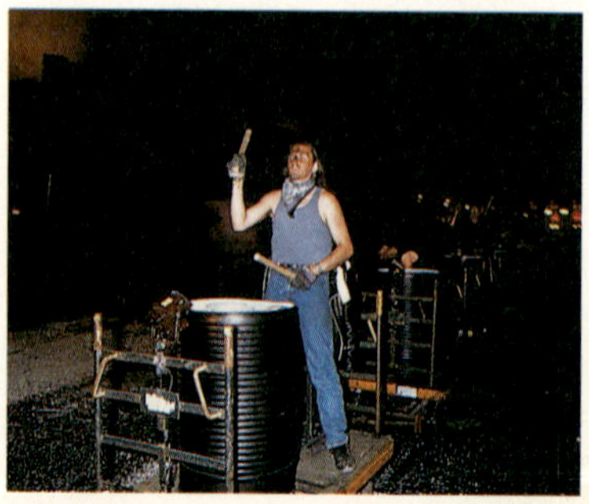

L'irruption choc de la locomotive.

à fêter le Bicentenaire

Aux Etats-Unis, le président Bush a appelé ses concitoyens à célébrer ce jour la Déclaration des droits de l'homme, et cinquante stations de radio vont retransmettre un feuilleton intitulé *Bastille*. En RFA aura lieu ce soir la première de l'opéra *Marat*, mis en scène par Peter Weiss, sur la Koenigsplatz de Munich. A Londres, à Buenos Aires et dans la région du Neguev en Israël, des arbres de la Liberté ont été plantés. Au Niger, des femmes portent des pagnes décorés de colombes et d'arcs de triomphe. Et à Tokyo, la cuisine française est au menu de tous les restaurants. Ces peuples différents et pour certains lointains étaient surtout présents sur les Champs-Elysées pour un spectacle hors du commun et retransmis dans cent douze pays : *la Marseillaise* de Jean-Paul Goude.

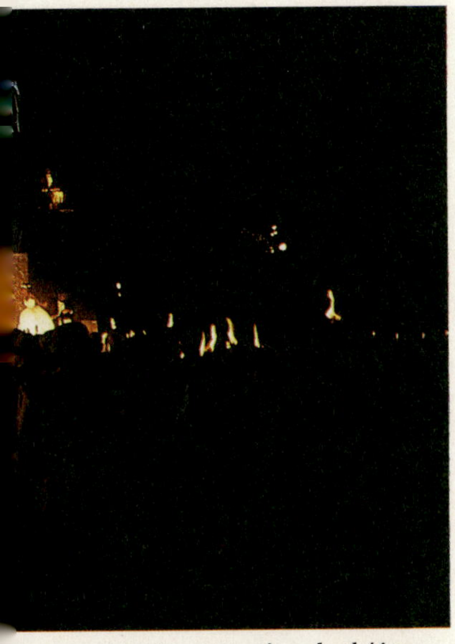

vaste comme une scène de théâtre.

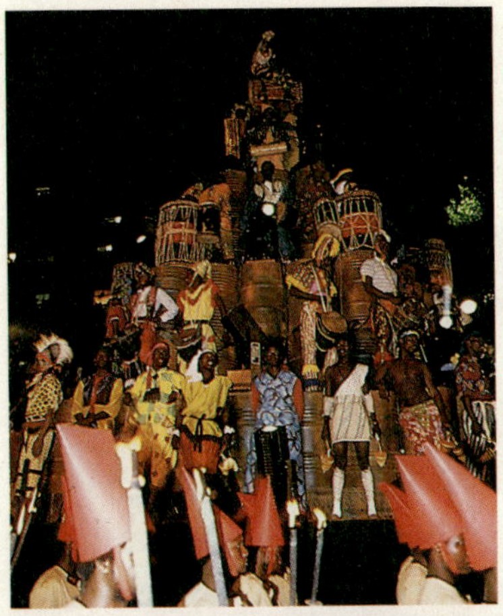

La pyramide des musiciens noirs.

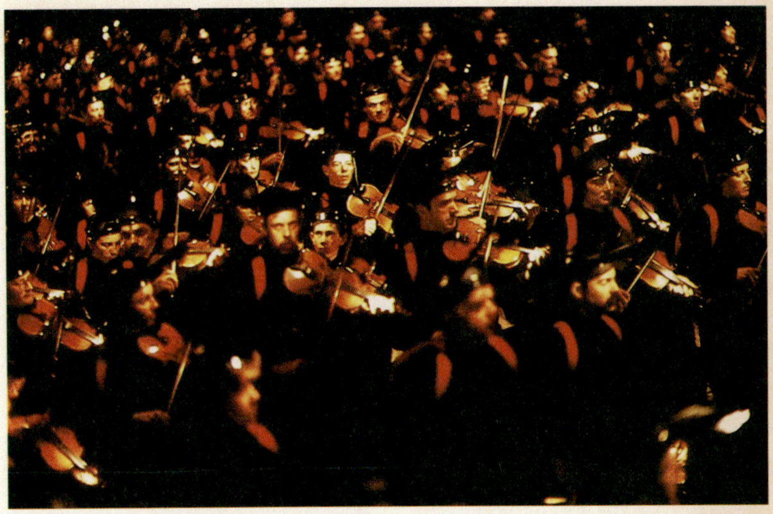

Fanfares de toutes les provinces de France, une harmonie sans fausse note.

L'atmosphère varie elle aussi et l'on saute de continent en continent. On défile tantôt aux côtés des Anglais qui déambulent sous une fausse pluie et c'est loufoque ; tantôt aux côtés des Russes porteurs d'étendards, très militaires sous la neige magique et qui ne tombe que pour eux ; tantôt aux côtés de la Florida Marching Band et c'est un cortège délirant qui swingue, une kermesse à l'Américaine avec confettis...

Rien n'a voulu être oublié dans cette fresque baroque et fantastique, rien et surtout pas l'insolite et l'inimaginable : comme cette locomotive à vapeur grandeur nature sur le pavé des Champs et crachant ses fumées vers l'Obélisque, le point de ralliement. A la Concorde, dix mille privilégiés avaient pris place tandis que les hôtes étrangers du président s'étaient, eux, retranchés derrière les fenêtres du ministère de la Marine. Ils étaient aux premières loges quand Jessye Norman, drapée dans une robe bleu, blanc, rouge, à capuchon, s'est avancée sur un praticable mobile pour interpréter, seule, sans orchestre et dans un profond silence, le premier couplet et le refrain de *la Marseillaise*.

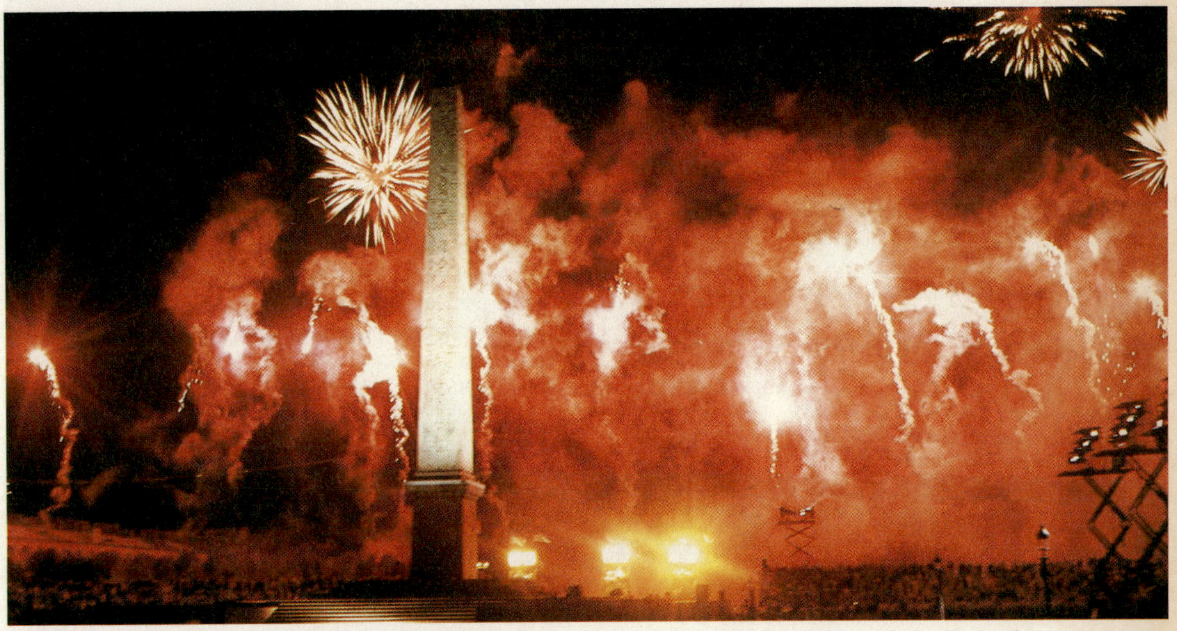

Un final en apothéose, avec un feu d'artifice tiré en même temps de l'Arc de Triomphe et de la Concorde.

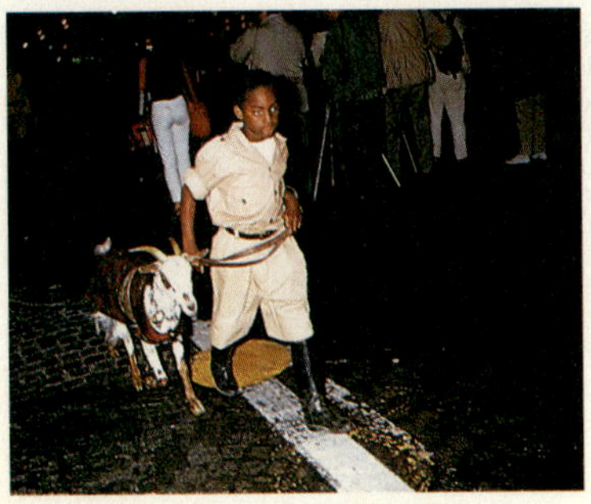

Petite tache insolite dans la nuit.

La foule multicolore et multiraciale, celle qui avait dansé la veille sur toutes les places, celle qui défile maintenant et celle qui regarde, celle du public, des marchands ambulants et des secouristes, celle des touristes et des Parisiens venus dès le matin s'entasser aux barrières, aux balcons ou sur les arbres, était l'un des héros de la fête. Et elle a pris d'assaut l'avenue dès la première gerbe du feu d'artifice...

Une fête ne fait pas toujours l'unanimité. Cette fois, c'est Margaret Thatcher, l'unique représentante d'une monarchie invitée aux manifestations du Bicentenaire, qui a ouvert les hostilités. Après avoir rejeté l'idée que les droits de l'homme soient une invention française, elle a estimé que les événements de 1789 n'avaient pas de « portée universelle ». Ces propos lui ont valu d'être sifflée par le public place du Trocadéro lors de la cérémonie en l'honneur de la Déclaration. Afin de rétablir la situation, François Mitterrand a choisi l'arme de l'humour pour souligner que les Anglais avaient décapité leur roi Charles Ier près d'un siècle et demi avant la prise de la Bastille...

Juillet

1989

Lu	Ma	Me	Je	Ve	Sa	Di
					1	2
3	4	5	6	7	8	9
10	11	12	13	14	15	16
17	18	19	20	21	22	23
24	25	26	27	28	29	30
31						

17. Pologne-Vatican : reprise des relations diplomatiques.

18. France : sortie en version française des *Versets sataniques* de Salman Rushdie, édités par Christian Bourgois (Presses de la Cité).

18. Pologne : ouverture, à Cracovie, du premier casino du pays.

19. Suisse : l'homme d'affaires saoudien Adnan Kashoggi, impliqué dans diverses transactions financières d'envergure, est extradé vers les Etats-Unis.

19. Pologne : élection de Jaruzelski à la première présidence de la République populaire polonaise.

20. Chine : arrestation du « cerveau » du Printemps de Pékin, Wang Dan, âgé de vingt ans.

21. Iran : arrestation de cinquante-cinq mille drogués, qui seront envoyés dans des camps de travail.

21. Europe : publication d'un rapport de l'OMS faisant état de 21 857 cas de sida, soit une augmentation de 78,8 % depuis 1988.

23. Japon : élections législatives. Le Parti libéral démocratique, au pouvoir depuis trente et un ans sans interruption, perd sa majorité au Sénat.

23. Angleterre : conséquence de la sécheresse, cinq cent mille Londoniens sont privés d'eau depuis cinq jours.

23. Italie : Giulio Andreotti forme un gouvernement de coalition centre gauche, mettant fin à une crise de soixante-quatre jours.

23. Monaco : une Mercedes de 1935 est adjugée à vingt millions de francs.

23. Mexique : la Banque mondiale et le Fonds monétaire international réduisent de trente-cinq pour cent (plus de cent milliards de francs) la dette du pays.

DECES

23. Birdie May Vogt, Américaine et doyenne de la planète (*3.8.1876).

Deux cent mille mineurs défient Moscou

19 juillet. Mikhaïl Gorbatchev est confronté au plus grave conflit social depuis son accession au pouvoir. La grève des mineurs en Sibérie s'est étendue à l'Ukraine, le plus grand bassin houiller du pays. En tout, près de 200 000 gueules noires ont débrayé. Depuis le début du conflit, il y a une semaine, l'URSS a perdu un million de tonnes de houille, l'une de ses sources principales d'énergie et de devises.

Les mineurs du bassin du Kouzbass, en Sibérie, et de celui du Donbass, en Ukraine, réclament une hausse des salaires et des primes de nuit. Ils se plaignent aussi des conditions sanitaires, si précaires qu'ils n'ont pas même de savon pour se laver après leur journée. Contre de telles pénuries, Gorbatchev a débloqué cent millions de francs pour importer des produits de première nécessité (→25.7).

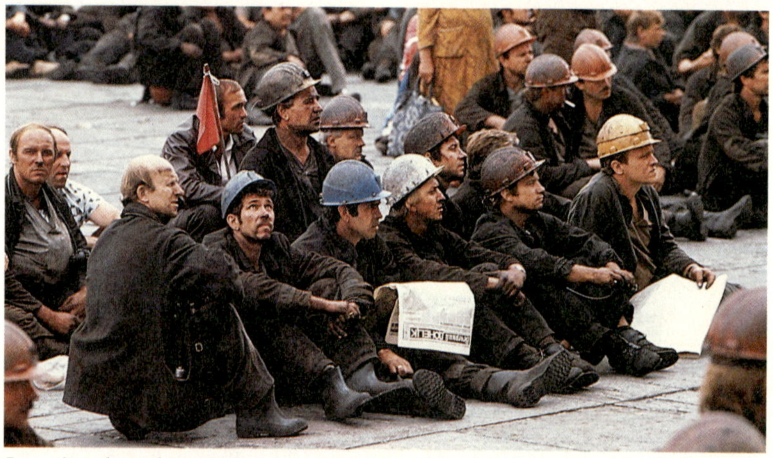

La grève dure des gueules noires est un sévère avertissement pour le pouvoir.

Le tour du monde d'un aviateur de 11 ans

22 juillet. Tony Allengena, un écolier californien de onze ans, vient de réaliser un bel exploit. Il est devenu le plus jeune pilote du monde à avoir effectué le tour de la planète. Aux commandes d'un monomoteur Cessna, Tony, accompagné de ses parents, a parcouru plus de 30 000 km, faisant trente-cinq escales, dont quatorze en URSS, et dans sept pays. Il vient d'atterrir à l'aéroport John Wayne d'où il avait décollé il y a sept semaines pour un vol baptisé Vol de l'amitié 1989. Au cours de son périple, le jeune garçon a été reçu par Mikhaïl Gorbatchev. Son vœu est maintenant de rencontrer George Bush.

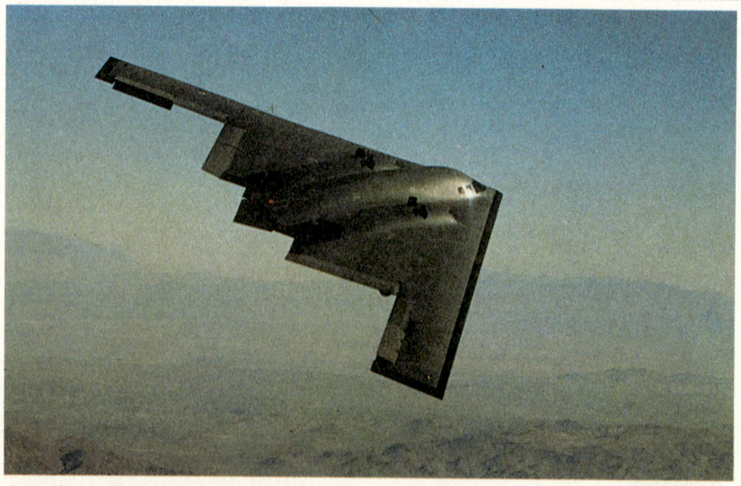

Premier vol du nouveau bombardier américain, le B-2. Il a 53 m d'envergure, est invisible aux radars et doué d'une intelligence artificielle.

Premières élections libres en Hongrie

23 juillet. Du jamais vu depuis 1947 ! Les électeurs hongrois qui ont participé à une série de scrutins partiels ont élu leur premier député non communiste. Il s'agit d'un pasteur protestant de trente-cinq ans, Gabor Roszik, candidat d'un mouvement indépendant, le Forum démocratique. C'est avec plus de 69 % des voix qu'il a été désigné pour représenter la petite ville de Goedoelloe, au nord de Budapest. Les candidats de l'opposition sont aussi arrivés en tête dans les trois autres circonscriptions en jeu, où un second tour sera toutefois nécessaire, moins de 50 % des électeurs s'étant rendus aux urnes. Ce premier exercice, limité, de démocratie était une répétition générale pour les élections législatives libres prévues en juin 1990. Autre sujet d'inquiétude pour le régime communiste : selon les sondages, seul un Hongrois sur quatre fait confiance au Parti et un sur trois serait prêt à le soutenir dans un scrutin ouvert aux candidats de l'opposition.

Hier, la Lune... demain, Mars ?

20 juillet. Le président des Etats-Unis a prononcé une allocution au musée de l'Air et de l'Espace de Washington. Aux côtés des trois cosmonautes pionniers, Aldrin, Armstrong et Collins, il est venu célébrer le vingtième anniversaire de la mission historique sur la Lune et s'est engagé à poursuivre et à étendre, « à long terme », le programme spatial américain. Objectif : la Lune à nouveau et, à plus longue échéance, la planète Mars. La station *Freedom*, premier laboratoire orbital, serait installée au début des années 1990. L'implantation des bases lunaires destinées à préparer une mission humaine sur Mars, sans doute dans les années 2020, devrait suivre. Rien n'est cependant moins sûr : les membres de la Commission sur l'espace, la science et la technologie, ont mis en avant des raisons financières. Le budget de la NASA est actuellement de 11 milliards de dollars et l'aventure sur Mars est estimée à plus de 300 milliards de dollars.

Huit secondes en or pour Greg Lemond

22 juillet. Le Tour de France 1989 restera dans l'Histoire comme l'un des plus beaux et des plus passionnants qu'on ait connus. Il s'est achevé sur les Champs-Elysées par un fantastique contre-la-montre. Une dernière étape qui a été marquée par un véritable coup de théâtre et par l'incroyable victoire finale de l'Américain Greg Lemond, qui a devancé Laurent Fignon, le porteur du maillot jaune, de huit malheureuses secondes. Lemond le ressuscité, déjà vainqueur du Tour en 1986, enlève ainsi son trophée au terme d'un extraordinaire duel avec Fignon, qui aura duré jusqu'à la ligne d'arrivée...

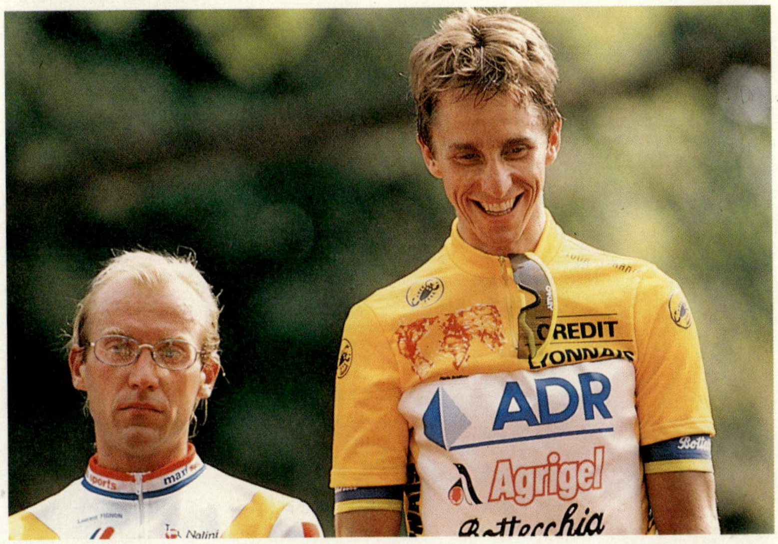

Sur le podium du Tour, l'Américain qui rit et le Français qui pleure...

Diplomate espion ? La CIA enquête

23 juillet. Le petit monde de la diplomatie américaine est en état de choc : un des siens aurait été un espion à la solde du KGB depuis des années. Felix Bloch, ancien numéro deux à l'ambassade des Etats-Unis à Vienne, est fortement soupçonné par la CIA d'avoir livré de précieux renseignements aux services secrets soviétiques depuis la fin des années 70. Si ces craintes se confirmaient, ce serait la plus grave affaire d'espionnage qu'aient connu les Etats-Unis depuis près de quarante ans. Bloch, qui travaille au département d'Etat à Washington depuis son retour de Vienne en 1987, n'a été ni arrêté ni formellement inculpé, faute de preuves. Il avait toutefois été vu à Vienne en compagnie d'un agent du KGB. Ce diplomate de carrière âgé de 54 ans aurait offert ses services au Kremlin par déception de n'avoir pas obtenu un poste d'ambassadeur. Il a été suspendu de ses fonctions en attendant la fin de l'enquête des services du contre-espionnage américain.

Encore un DC-10 qui s'écrase

19 juillet. Un DC-10 d'United Airlines effectuant la liaison Denver-Chicago-Philadelphie s'est écrasé sur l'aéroport de Sioux City (Iowa), avec deux cent quatre-vingt-treize personnes à bord, dont onze membres d'équipage. On dénombre cent soixante-dix-huit survivants. Les premiers résultats de l'enquête indiquent que le commandant Al Haynes a tenté un atterrissage d'urgence. Les voyants de l'avion indiquaient en effet une défaillance généralisée des systèmes hydrauliques. Sous la violence du choc au sol, l'appareil a été complètement détruit et a pris feu instantanément.

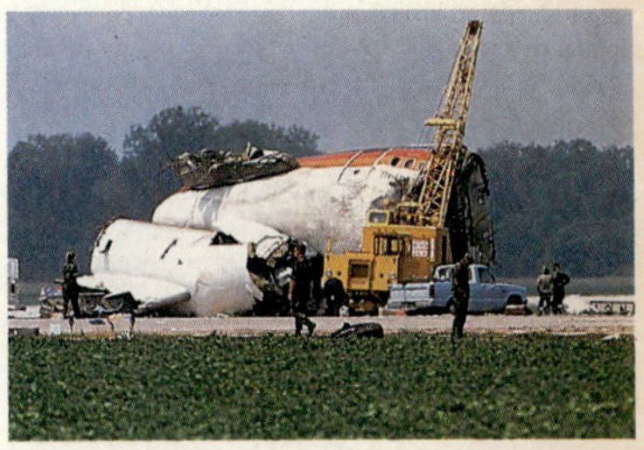

L'appareil n'était plus contrôlable.

La France dit non à l'élastique de la mort

20 juillet. Le frisson de l'aventure coûte très cher. Emmanuel Bottin, en s'initiant au « benji » près de Besançon, s'est écrasé sur des rochers en contrebas. C'est la troisième fois cette année que quelqu'un relié par un simple fil élastique se tue en sautant dans le vide. Face aux dangers d'un sport qui compte près de 15 000 adeptes, le ministère de l'Intérieur a interdit cette pratique, et ce dans l'attente d'une réglementation spécifique. Le saut à l'élastique vient des Nouvelles-Hébrides où des adolescents retenus aux pieds par des lianes se lancent du haut de tours en bambou pour franchir le cap de l'âge adulte.

La "pilule d'amour" est arrivée en France

21 juillet. Une vingtaine d'interpellations dans le sud-est de la France, notamment à Avignon et à Salon-de-Provence, ont abouti au démantèlement d'un réseau de trafic de drogue. Les enquêteurs ont saisi de la cocaïne et de l'héroïne, ainsi que 2 000 gélules d'Ecstasy. Cette drogue mortelle, appelée souvent « pilule d'amour », est une amphétamine synthétique. Les toxicomanes lui reconnaissent une vertu euphorisante, relaxante et hallucinogène, et elle passa quelque temps pour l'aphrodisiaque idéal. L'Ecstasy, jusqu'ici peu utilisée en France, peut provoquer des lésions irréversibles du système nerveux.

Venise souillée par les fans du Floyd

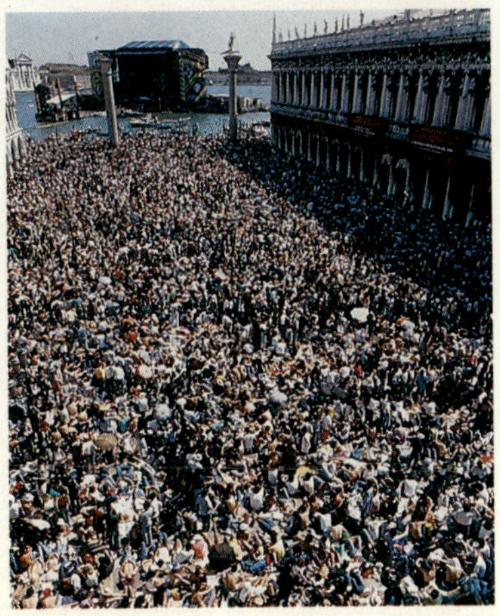

Trop de monde, et trop de dégâts.

17 juillet. Consternation dans la cité des Doges où le groupe de rock des Pink Floyd donnait un concert gratuit. Pour voir le mieux possible leurs idoles en scène, deux cent mille personnes ont pris d'assaut les églises et les palais de la ville. Certains ont même campé sur la place Saint-Marc, laissant l'endroit si sale que l'armée a dû intervenir pour déblayer les détritus qui jonchaient le sol. Les Vénitiens, furieux, sont pourtant tombés d'accord avec les musiciens anglais : ils accusent la municipalité d'avoir délibérément refusé d'assurer le service sanitaire nécessaire.

A qui profitera le culte de Marilyn ?

21 juillet. Vingt-sept ans après sa mort, Marilyn Monroe est au centre d'une bataille juridique. Les droits résultant de l'exploitation de ses films et la vente des gadgets perpétuant son image ont rapporté, l'an passé, 1,1 million de dollars. Qui gérera cette fortune ? L'actrice avait, en mourant, le 5 août 1962, laissé un quart des droits à Marianne Kris, sa psychiatre, et le reste à son professeur d'art dramatique, Lee Strasberg. C'est sa veuve, Anna, qui vient d'être désignée comme exécutrice testamentaire.

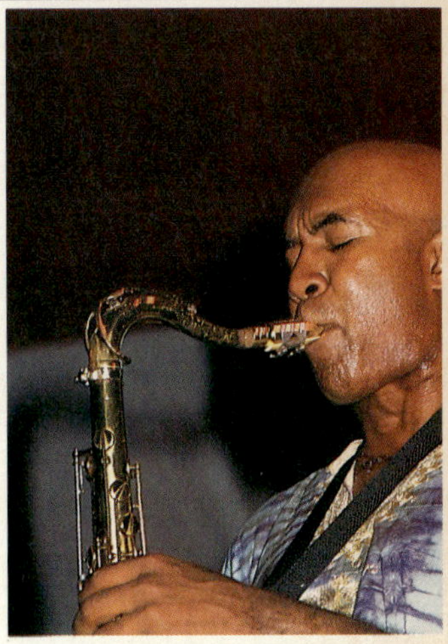

Mamma Tongue et son saxo, au Festival de jazz d'Ottawa.

Juillet

1989

Lu	Ma	Me	Je	Ve	Sa	Di
					1	2
3	4	5	6	7	8	9
10	11	12	13	14	15	16
17	18	19	20	21	22	23
24	25	26	27	28	29	30
31						

25. Europe : le socialiste espagnol Enrique Baron est élu président du Parlement européen, à Strasbourg.

25. URSS : fin de la grève dans les mines du Donbass. Elle a coûté près de cinq milliards de roubles, et a empêché l'extraction de deux millions de tonnes de charbon.

25. France : en une dizaine de jours, cinq enfants ont été assassinés.

25. Angola : les rebelles de l'Unita abattent un Antonov-26 de la ligne Leano-Cazombo. Quarante-deux morts sur les cinquante-deux occupants.

26. Belgique : Bruxelles donne son accord à un projet de TGV le reliant à Paris, Londres, Amsterdam et Francfort à partir de 1993.

27. Libye : un DC-10 coréen s'écrase sur la piste de l'aéroport de Tripoli. Quatre-vingt-deux morts.

27. URSS : le Soviet suprême accorde, pour 1990, une autonomie économique à l'Estonie et à la Lituanie.

27. Suède : les jurés de Stockholm condamnent à la prison à vie Christer Petersen, accusé d'avoir assassiné, le 28 février 1986, le Premier ministre, Olof Palme (→ 12.10).

28. RFA : la police suisse livre aux autorités de Bonn un ancien gardien d'Auschwitz, Gottfried Weise.

30. RFA : Ayrton Senna gagne le Grand Prix d'Allemagne de Formule 1 sur le circuit d'Hockenheim. →

30. France : ouverture à Paris d'une conférence réunissant les chefs de dix-huit pays pour tenter de mettre fin au conflit du Cambodge (→ 30.8).

30. Hongrie : le « rideau de fer » séparant le pays de l'Autriche est démantelé sur 260 km.

30. France : un avion privé et volé se pose en pleine nuit sur une rue de Vitry-sur-Seine.

31. Liban : intensification des bombardements syriens sur Beyrouth, qui s'étendent à l'arrière-pays. Quatre morts.

Israël capture un chef du Hezbollah...

28 juillet. L'armée israélienne vient de réussir une spectaculaire opération au Sud-Liban. Un commando héliporté d'une dizaine d'hommes fortement armés s'est posé en pleine nuit près du village de Jibchit, l'un des bastions des milices intégristes, et a enlevé un chef du Hezbollah pro-iranien et ses deux gardes du corps. L'opération n'a duré qu'une quinzaine de minutes, et le cheikh Abdel Karim Obeid a été ramené en Israël. Selon les habitants de la bourgade, un voisin qui s'était précipité pour essayer de s'opposer à l'enlèvement a été tué par les soldats de Tsahal au moment où ces derniers quittaient le domicile du cheikh avec leurs prisonniers. Les autorités israéliennes soupçonnent le cheikh, âgé de 36 ans, d'être impliqué dans le rapt, le 16 février 1988 au Sud-Liban, du colonel américain William Higgins.

... le Hezbollah pend un otage américain

31 juillet. « L'espion américain Higgins a été pendu à 15 h. » C'est ainsi qu'un groupe terroriste pro-iranien a annoncé qu'il avait tué l'un de ses otages, en l'occurrence un colonel du corps des marines, et vétéran de la guerre du Vietnam. Ce message laconique était accompagné d'une cassette vidéo montrant le corps d'un homme tournoyant au bout d'une corde, mais son visage n'est pas clairement visible. Higgins, indique le message, a été tué en représailles à l'enlèvement, vendredi dernier par un commando de l'armée israélienne, du chef du Hezbollah pro-iranien au Sud-Liban, le cheikh Obeid. Dans leur message diffusé à Beyrouth, les « bourreaux » du colonel américain menacent d'exécuter d'autres otages occidentaux si Israël ne libère pas le cheikh Obeid. Toutefois, rien ne permet de déterminer à quelle date ces images macabres ont été tournées. Certains spécialistes sont en effet persuadés qu'Higgins a été tué par ses ravisseurs dans les semaines qui suivirent son rapt.

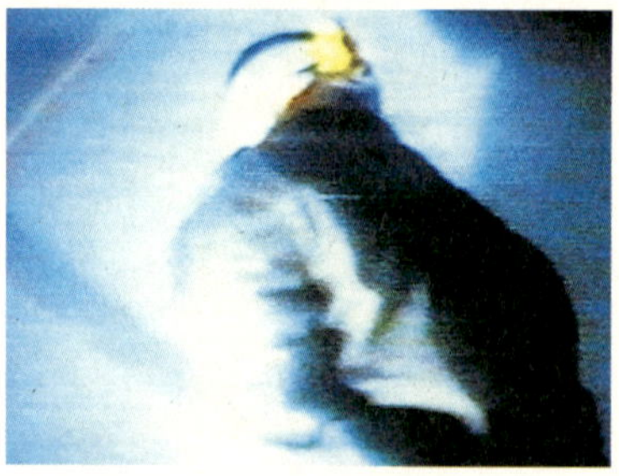

Un pendu vu de dos : Higgins ?

Le Cubain Sotomayor s'envole à 2,44 m

30 juillet. 2 mètres et 44 centimètres, c'est la hauteur exacte d'un but de football que l'on peut toucher de la main au prix d'une belle détente. C'est aussi celle de la barre au-dessus de laquelle s'est élevé l'athlète cubain Javier Sotomayor, au cours d'un meeting organisé à Porto Rico. Exploit prodigieux, qui constitue le nouveau record du monde du saut en hauteur. L'ancien record (2,43 m) appartenait déjà à Sotomayor, qui est vraiment le meilleur spécialiste de la discipline et dont l'absence à Séoul l'a injustement privé du titre olympique.

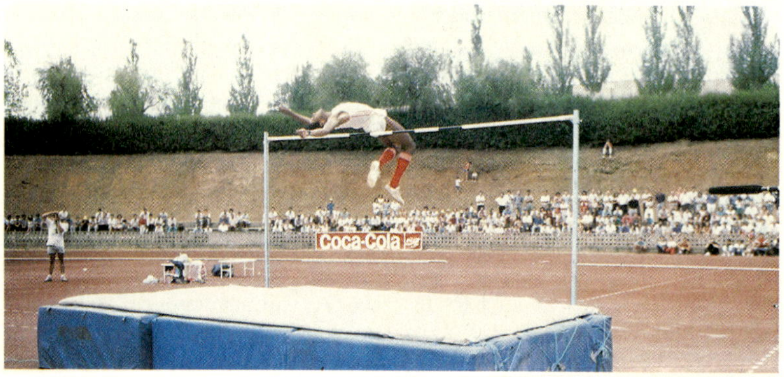

L'instant de l'exploit pour l'athlète qui vient de battre son propre record.

La hi-fi en progrès

28 juillet. Après deux ans de discussion entre industries électroniques japonaises et européennes, sociétés de droits d'auteur et représentants de l'industrie phonographique, la cassette DAT (Digital Audio Tape) sortira sur le marché international. Les disques compacts vont pouvoir être copiés, sans aucune perte de qualité, sur une cassette numérique. Les premiers enregistreurs coûteront environ 10 000 F.

La Pologne en mal de Premier ministre

31 juillet. La crise politique qui secoue la Pologne depuis des jours est peut-être en voie d'être reglée. L'actuel ministre de l'Intérieur, Czeslaw Kiszczak, a été officiellement proposé au poste de chef du gouvernement par le Premier ministre sortant, Mieczyslaw Rakowski. Kiszczak, âgé de 65 ans, avait joué un rôle clé dans l'imposition de la loi martiale en décembre 1981. Il jouit du soutien du Parti, mais pas de celui des élus de Solidarité, qui ont déjà indiqué qu'ils voteraient contre sa candidature. Il faudra à Kiszczak une majorité des 459 voix à l'Assemblée pour être confirmé dans ses fonctions. Le Parti et ses alliés en contrôlent 299.

Rafsanjani est président de l'Iran

30 juillet. Ses amis le disent fin négociateur, modéré et pragmatique. Ses adversaires le qualifient d'opportuniste rusé. Ali Akbar Hachemi Rafsanjani, âgé de 55 ans, vient d'être élu président de la République islamique d'Iran avec pas moins de 94,5 % des voix. Pas de surprise, toutefois, puisqu'il était déjà considéré comme le successeur de l'ayatollah Khomeyni. Le nouveau chef de l'Etat était un proche ami et collaborateur de Khomeyni depuis les années 50. Son père était un mollah prospère, riche propriétaire terrien et producteur de pistaches. Le fils a été emprisonné à plusieurs reprises par la police du chah avant d'être élu président du parlement en juillet 1980, poste qu'il occupait depuis.

723 montgolfières pour la Fraternité

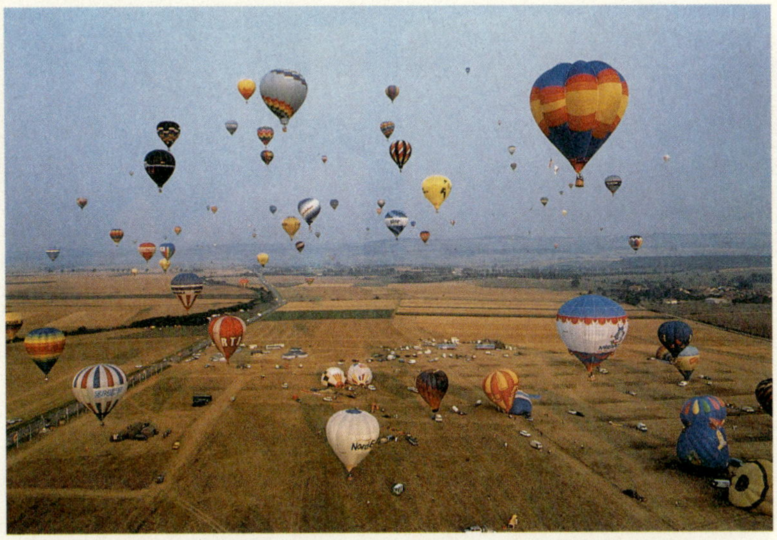

Lâcher de ballons géants pour une manifestation étalée sur quinze jours.

29 juillet. Louvigny, en Moselle, où sera implanté le futur aéroport pour la Lorraine, sert de cadre à Fraternité 89, un rendez-vous et une compétition uniques en leur genre : animés d'une même passion pour les brûleurs, les soupapes et le vent, 723 aérostiers de 25 pays ont pris la route des airs. Au programme des épreuves et selon la météo, chasse au renard, valse-hésitation ou course au mât. Des figures qui n'ont plus de secrets pour les 400 pilotes affiliés à la Fédération française et pour les 8 000 adeptes de ce sport dans le monde.

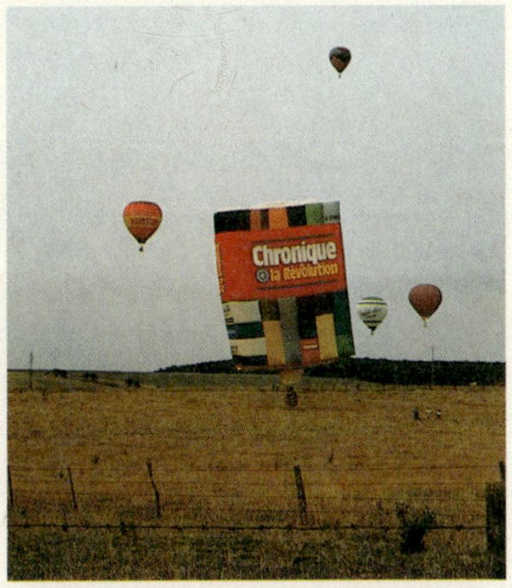

A vos plumes, les livres volent !

Prost-Senna : le duel continue

30 juillet. Le Grand Prix d'Allemagne de Formule 1 a permis à Ayrton Senna de devancer Alain Prost sur le circuit d'Hockenheim et de remporter la course avec 18 secondes d'avance. Mais il a surtout été l'occasion pour le Brésilien de refaire surface au classement du championnat du monde dont Prost est toujours leader. Le titre se joue donc plus que jamais entre les deux pilotes de Mc Laren-Honda. Car Senna peut encore rejoindre et dépasser son coéquipier, s'il remporte les prochains Grands Prix, à Budapest, Monza, Lisbonne, Suzuka et Adelaïde. Dans cette bataille, ce sera chacun pour soi...

N'est pas Blériot qui veut...

25 juillet. Il y a quatre-vingts ans, Louis Blériot traversait la Manche à bord de son monoplan équipé d'un moteur de 25 chevaux. Mais la commémoration de l'événement sur un appareil du même type n'a pas été à la hauteur de l'exploit. Sur l'aérodrome de Calais, le petit-fils de l'aviateur a d'abord dû déclarer forfait à cause de sa trop forte corpulence. Et la jeune Anglaise qui l'a remplacé aux commandes a effectué un atterrissage forcé dans l'eau à neuf kilomètres des côtes britanniques. Pis, un avion « tricheur », d'une puissance de 60 chevaux, a certes rallié la grande île, mais il a faussé la performance.

Le bourreau saoudien est fier de l'être

26 juillet. Saïd As-Sayyaf, le bourreau officiel d'Arabie Saoudite, a, à son actif, six cents décapitations. Il préfère trancher les têtes des criminels plutôt que les mains des voleurs. « C'est plus facile, dans la mesure où cet acte marque la fin de l'histoire pour le condamné », explique-t-il à l'heure de la retraite, dans une interview publiée par le quotidien *Al Madina*. « En coupant une main, on ampute un individu appelé à survivre », ajoute-t-il. As-Sayyaf, dont le nom, prédestiné, signifie en arabe « celui qui se sert de l'épée », a œuvré pour la première fois à l'âge de 23 ans. En 37 ans de carrière, il a coupé dix fois moins de mains que de têtes. Son salaire était l'équivalent de 93 francs par mois, et il touchait 877,50 francs par tête coupée. Il lui est arrivé d'en trancher douze en une seule journée. Saïd As-Sayyaf était aussi bourreau des cœurs : il s'est marié 24 fois, et il a 25 enfants.

Tchernobyl toujours zone à haut risque

30 juillet. Onze mille six cents habitants d'une centaine de villages des régions de Mogilev et de Gomel, en Biélorussie, seront évacués d'ici à cinq ans. Ils courent le risque d'être exposés à des niveaux excessifs de radioactivité. Les opérations de décontamination n'ont pas réussi à ramener les radiations à un niveau supportable après la catastrophe de Tchernobyl, le 26 avril 1986. Les autorités avaient largement sous-estimé les conséquences de l'accident. Au lendemain de la catastrophe, plus de cent mille personnes avaient été installées ailleurs. Vingt autres villages ont dû être abandonnés en février de cette année, et le sort des habitants de quatre cent vingt-trois autres localités sera décidé ultérieurement.

Froissements et accrocs chez Chanel

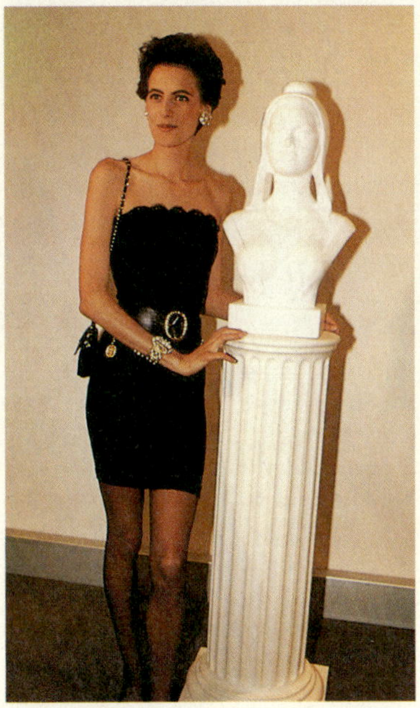

Quand Marianne fait des caprices...

25 juillet. Les dessous de la haute couture sont sous les projecteurs : la nouvelle de l'année, c'est la déchirure irréparable entre le couturier de Chanel, Karl Lagerfeld, et le mannequin fétiche de la maison, Inès de la Fressange. Pour la première fois en six ans, la star n'a pas présenté la nouvelle collection, malgré le contrat d'exclusivité qu'elle a signé en 1984 et pour sept ans. La jeune femme a publiquement accusé le créateur de « mesquineries » à son égard, précisant que Lagerfeld n'avait pas accepté qu'elle soit le modèle de la Marianne républicaine qui trônera dans les mairies. Le styliste admet que c'est en effet le point de départ de leur brouille. Avant d'ajouter, cinglant : « Je n'ai plus l'intention de travailler avec elle. Je n'habille pas les monuments classés ! »

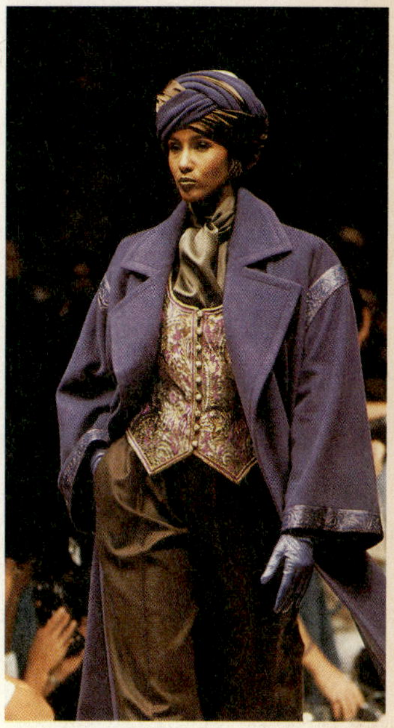

Un ensemble signé Jean-Louis Scherrer pour la collection automne-hiver 89-90.

Août

1989

Lu	Ma	Me	Je	Ve	Sa	Di
	1	2	3	4	5	6
7	8	9	10	11	12	13
14	15	16	17	18	19	20
21	22	23	24	25	26	27
28	29	30	31			

1er. Etats-Unis : le cyclone Chantal emporte onze ouvriers occupés sur des plates-formes pétrolières dans le golfe du Mexique.

1er. Liban : les ravisseurs de l'Américain Joseph Cicippio menacent de l'exécuter dans quarante-huit heures si le leader du Hezbollah capturé par Israël n'est pas libéré (→3).

2. URSS : inondations entre Vladivostok et Khabarovsk. Quinze morts. Le Transsibérien est coupé.

2. France : net recul du dollar à la Bourse de Paris, où le billet vert est coté 6,27 F.

2. Bénin : réélection à la présidence du général Mathieu Kérékou, au pouvoir depuis 1972.

2. Danemark : invention d'une « guillotine à crevettes » capable de trancher soixante têtes par seconde.

3. Grèce : un appareil d'Olympic Airways assurant la liaison Salonique-Samos s'écrase sur le mont Kerkys. Les trente-quatre occupants sont tués.

3. Liban : l'Organisation de la justice révolutionnaire suspend sa sentence de mort contre l'otage Joseph Cicippio.

3. Tunisie : les Palestiniens des territoires occupés participent à Tunis au Ve Congrès du Fatah.

3. Belgique : 7,8 % des soldats appelés cette année ont été réformés pour obésité.

4. Bolivie : élection à la présidence de la République du social-démocrate Jaime Paz Zamora.

4. Belgique : présentation, à Ostende, du nouveau *Rainbow Warrior*, un ancien chalutier restauré à Hambourg et destiné à remplacer le bateau de Greenpeace détruit en 1985 par les services secrets français.

5. Etats-Unis : une montgolfière, qui n'aurait pas dû être autorisée à voler compte tenu de son mauvais état, s'écrase à Baton Rouge en Louisiane devant des milliers de spectateurs, après que son enveloppe se fut fendue par le haut. Le pilote est tué.

Forêts en feu sur tous les fronts

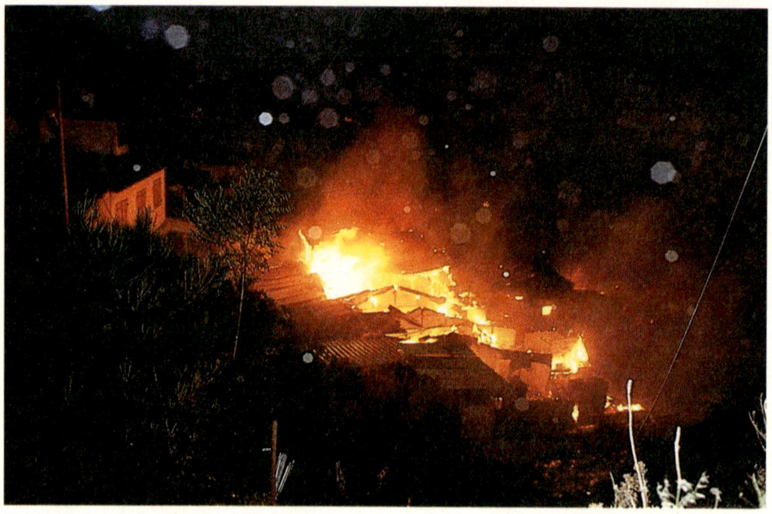

2 août : le feu, sous le violent mistral, arrive aux portes de Marseille.

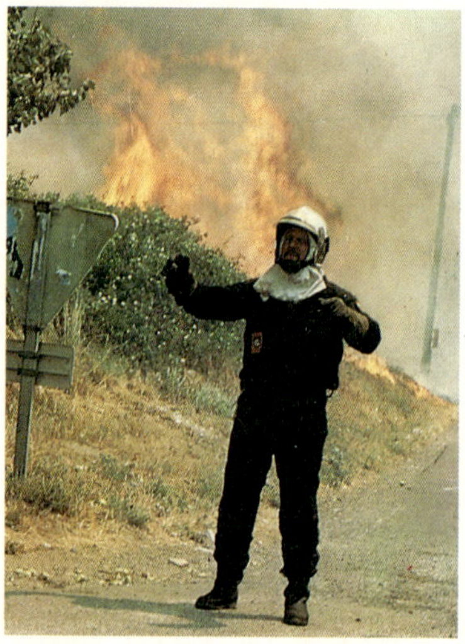

Corse : la route entre les flammes.

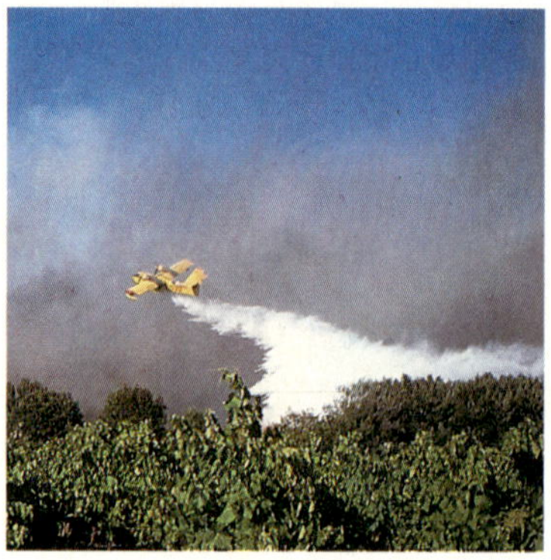

Canadair au-dessus du Luberon.

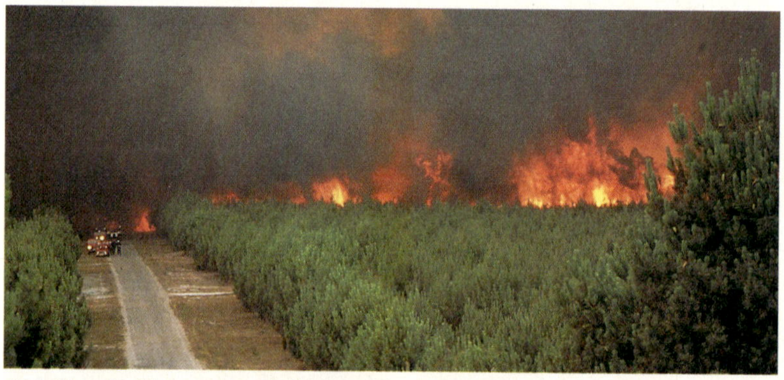

27 juillet : le département de la Gironde est particulièrement sinistré.

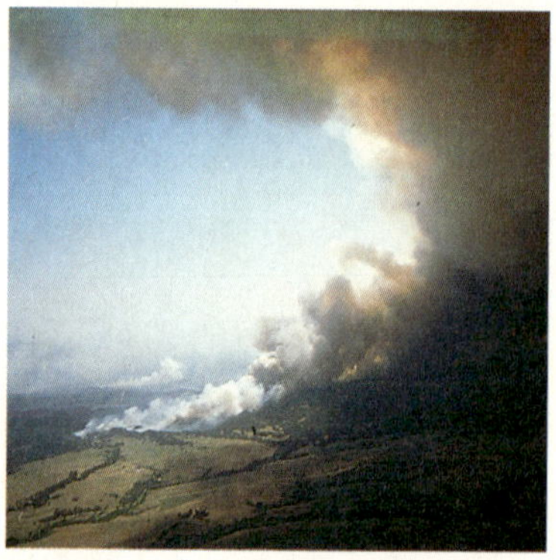

Nebraska (États-Unis), mi-juillet.

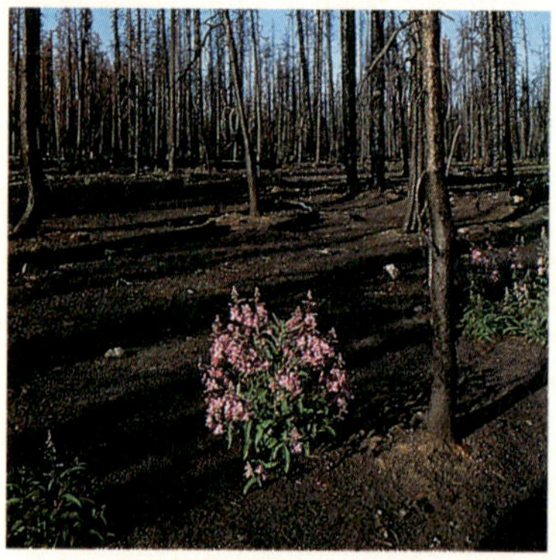

A Yellowstone (9.88), la vie renaît.

4 août. C'est l'été de tous les incendies et le mois d'août s'annonce pire que juillet. L'alerte est partout et les pouvoirs publics sont poussés à réagir. En France – dans le Sud-Est, dans les Landes, en Bretagne et dans l'île de Beauté –, en Espagne, en Italie et, avec des proportions bien plus inquiétantes, dans une partie du Canada, des centaines de milliers d'arbres et des kilomètres carrés de végétation ont été anéantis. Les chiffres parlent d'eux-mêmes : pour l'Hexagone et depuis le printemps, 2 742 foyers ont été combattus. Pour la seule semaine écoulée, 25 ha de landes ont été saccagés dans le Morbihan, 30 dans le Finistère et 150 en Vendée. En Indre-et-Loire, 100 ha de pinèdes sont dévastés, 500 dans les forêts de Charente-Maritime, et 5 000 en Gironde, autour de Lacanau. Les feux d'altitude ont attaqué 40 ha dans les Pyrénées-Atlantiques, la Dordogne a souffert sur 1 000 ha, et l'Aveyron en a perdu 130 dans le Larzac. Plus dramatique encore est la situation du Manitoba, une province du Canada, semée de lacs, et boisée sur 60 % de sa surface. Ces jours derniers, le feu qui s'est déclaré à 400 km au nord de la ville de Winnipeg s'est rapidement étendu dans un rayon de 350 km : quinze communes et un aéroport ont dû être évacués. Les ravages de ce dernier sinistre portent à 900 000 ha la superficie totale de forêts carbonisées depuis le début de l'année, soit cinq fois plus que les années précédentes. Dans le nord de la province du Saskatchewan, 1 200 personnes ont fui Sandy Bay, en proie à son deux centième incendie de la saison. Un scénario presque identique s'est déroulé dans l'Ontario. Sur le continent nord-américain comme en Europe, les causes du feu sont les mêmes : sécheresse, vent et actes criminels. Plus grave, le feu a tué, et ce quelle que soit l'importance des moyens mis en place pour le combattre.

Les Polonais ont leurs paniers vides

6 août. Les ménagères polonaises désespèrent : du jour au lendemain, les prix des produits alimentaires ont augmenté d'environ 200 %. Pis, certains produits de base sont pratiquement introuvables. Le prix des dérivés du porc, la viande la plus consommée dans le pays, a été multiplié par quatre ou cinq. Cette très forte hausse du coût de la vie a déclenché une vague de grèves qui perturbent de nombreux secteurs. Une flambée des prix sans précédent depuis 1982, qui est la conséquence directe de la libération, le 1er août, des prix des denrées agro-alimentaires.

Soljenitsyne, enfin en vente en URSS

1er août. Le Bureau de la censure a levé l'interdiction sur l'importation de livres d'auteurs jusque-là bannis, parmi lesquels Alexandre Soljenitsyne, Alexandre Galitch et Vassili Axionov. Cette mesure concerne aussi les œuvres religieuses et les objets du culte. Des responsables des douanes ont indiqué avoir reçu une liste d'écrivains de dix pages. Fait significatif, *l'Archipel du Goulag* de Soljenitsyne sera publié bientôt dans la revue *Nova Mir* (*Temps nouveaux*). Restent interdits en URSS les écrits pornographiques et ceux « invitant au renversement du pouvoir soviétique ».

"Le Monde" a perdu son fondateur

6 août. Hubert Beuve-Méry, Sirius de son nom de plume lorsqu'il était éditorialiste, est mort. Il avait quatre-vingt-sept ans. Il était le patron du quotidien *Le Monde* depuis la date de son premier numéro, le 18 décembre 1944, et n'en avait abandonné la direction qu'en 1969. Son objectif : faire du journal un titre de référence en France comme au niveau international et mener une politique éditoriale sans concession, ni avec le public ni avec le pouvoir. Beuve, comme on l'appelait aussi et avec respect rue des Italiens, reste pour la profession un « janséniste de l'information », un homme d'une grande rigueur intellectuelle et morale. Son idée la plus remarquable aura été de donner à la politique étrangère la place qui, à ses yeux, aurait dû toujours être la sienne : celle de la une.

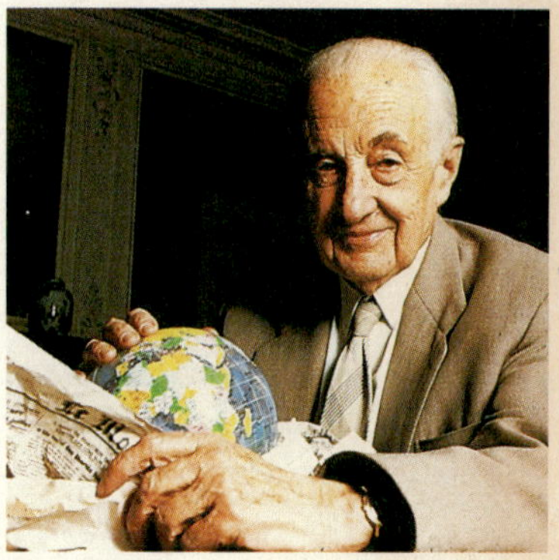

Beuve-Méry, le monde à la une.

Les pirates de l'informatique en congrès

4 août. Quelques centaines d'informaticiens pirates, venus d'Europe de l'Ouest et des Etats-Unis, se sont réunis toute la semaine à Amsterdam pour le premier congrès mondial de la spécialité. Les « hackers » étaient là pour échanger des informations sur les développements de leur technique. Les Pays-Bas sont l'un des derniers pays où la loi n'interdit pas le piratage informatique. Le congrès, ouvert au public, n'a attiré que peu de curieux. En revanche, des inspecteurs de police en civil, très attentifs, se promenaient dans les salles du Paradiso, un lieu qui sert, entre autres, aux concerts de rock. Certains des participants avaient purgé des peines de prison pour s'être introduits dans des systèmes informatiques de grosses entreprises, notamment l'Américain John Draper et l'Allemand Steffen Wernery, qui a passé deux mois sous les verrous français pour avoir réussi à pénétrer dans le réseau de la filiale de Philips en France.

Narbonne noyé sous des trombes d'eau

5 août. Après la sécheresse, l'eau dans les rues en quelques minutes : les Narbonnais se souviendront de ce mois d'août. Un orage très violent a provoqué vers midi de soudaines inondations dans trois quartiers bas de la ville, où l'eau a atteint, à certains endroits, plus d'un mètre de haut. En trois heures, près de 600 millimètres d'eau par centimètre carré sont tombés sur la sous-préfecture de l'Aude et sa région. Le « syndrome de Nîmes », où, à l'automne passé, les mêmes causes avaient conduit à une catastrophe, avait fait craindre le pire. Mais il semble qu'il y ait eu plus de peur que de mal. Si plusieurs centaines d'automobilistes, bloqués dans leurs véhicules, ont dû être secourus, aucune victime n'est à déplorer. Et les dégâts restent limités. Des touristes ont même profité de ces eaux soudainement apparues pour une visite en kayak... Par ailleurs, la foudre a allumé plusieurs incendies dans le massif forestier voisin, celui de la Clape.

Davidoff allume la guerre du cigare

5 août. Entre Zino Davidoff et Cuba, c'est la rupture. A Paris, les représentants des marchands de tabacs cubains ont annoncé que la fabrication des prestigieux havanes réservés à la maison Davidoff et commercialisés sous les appellations de Château-Margaux, Mouton-Rothschild, Lafite, Latour et autres Hautbrion, serait arrêtée. De son côté, Zino Davidoff assure qu'il a pris l'initiative, dès octobre dernier, de suspendre l'achat de ces grands « crus ». « Depuis trois ans, explique-t-il, les critères de qualité ne sont plus respectés : feuilles trop serrées, vilaines capes, nervures apparentes, cigares secs... » Heureusement pour les amateurs, les stocks ne seront pas épuisés avant trois ans...

La route en France est trop meurtrière

1er août. « Je ne suis pas fier d'être français », a déclaré Michel Delebarre, le ministre des Transports, en constatant que le bilan, encore incomplet et provisoire, de ce week-end de grands départs avait fait cent deux morts sur les routes. Un chiffre certes inférieur à celui de 1988 (cent trente-cinq victimes), mais un chiffre inquiétant. Pour nombre de spécialistes, la vitesse excessive est, de loin, le premier facteur de risques. Un domaine dans lequel la France bat un triste record. Autre constatation : ce n'est pas tant le nombre des accidents qui augmente que celui des tués. Ce qui n'empêche pas un récent sondage de montrer qu'une majorité de Français reste opposée aux mesures de limitation de vitesse.

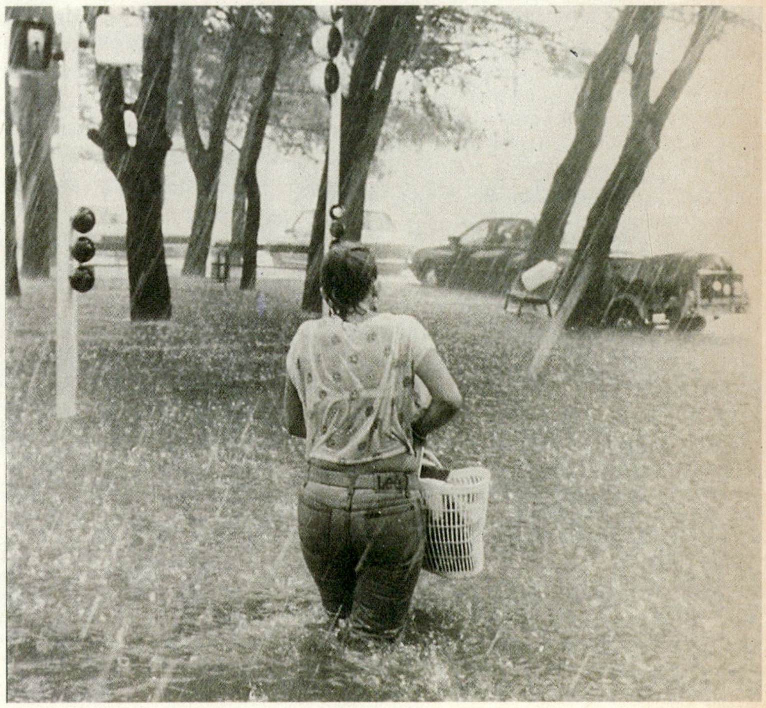

Ce n'est pas le déluge qui va empêcher de traverser dans les clous...

Août

1989

Lu	Ma	Me	Je	Ve	Sa	Di
	1	2	3	4	5	6
7	8	9	10	11	12	13
14	15	16	17	18	19	20
21	22	23	24	25	26	27
28	29	30	31			

8. Etats-Unis : lancement de la navette *Columbia*. Elle emporte un satellite espion, capable de photographier « une épaulette d'un officier soviétique ».

8. Chine : trente-deux citoyens sont récompensés pour avoir dénoncé des cas de corruption de fonctionnaires.

8. Tunisie : le Congrès du Fatah, principale composante de l'OLP, renforce Yasser Arafat, qui est élu à l'unanimité président du Comité central du mouvement.

8. Nouvelle-Zélande : Geoffrey Palmer remplace David Lange à la tête du gouvernement.

9. Guyane : lancement de la fusée Ariane qui doit larguer TVSAT-2, un satellite de télécommunications, et Hipparcos, premier satellite d'astrométrie (→ 13).

9. Japon : Toshiki Kaifu forme un gouvernement de vingt-deux membres.

10. Canada : dans l'Alberta, un malade du sida est condamné à un an de prison comme « danger public » pour avoir eu des rapports sexuels sans protection.

10. Mexique : le déraillement d'un train fait cent quarante morts.

10. Panama : violents incidents entre soldats américains et troupes du général Manuel Antonio Noriega.

13. Espace : le moteur qui doit placer sur orbite le satellite européen refuse de fonctionner. Hipparcos (trois milliards de francs) n'aura servi à rien.

13. Australie : au sud de Darwin, une montgolfière s'écrase au sol après une collision avec une autre et une chute de 800 m. Les treize occupants sont tués.

13. URSS : cinquante ans après la signature du Pacte germano-soviétique, Moscou reconnaît l'existence d'un protocole secret sur le partage de la Pologne.

13. France : grogne dans la gendarmerie. Des lettres anonymes mettent en cause le ministre de la Défense (→ 23).

Polémique autour du carmel d'Auschwitz

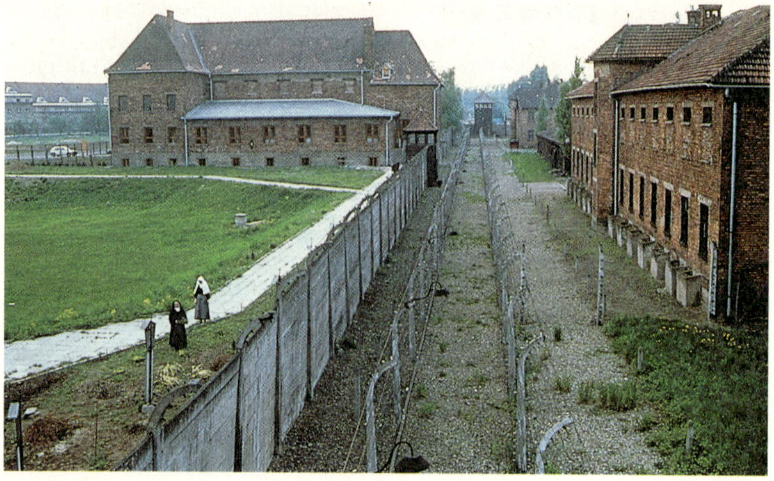

Les bâtiments du camp, près desquels les carmélites se sont installées.

11 août. Le silence ne protège plus le camp de la mort d'Auschwitz. Le couvent de carmélites qui, depuis 1984, jouxte le site et qui, aux termes d'un accord passé entre les communautés juive et catholique, aurait dû être évacué par les religieuses polonaises le 22 juillet au plus tard, continue de faire des remous. Hier, l'archevêque-cardinal de Cracovie, Mgr Franciszek Macharski, annonçait son intention d'interrompre la construction du centre judéo-chrétien destiné à accueillir les sœurs. Une façon aussi de forcer le dialogue à être renoué. Cette décision a provoqué aujourd'hui la réaction du cardinal Decourtray, archevêque de Lyon et président de la Conférence épiscopale française. Il a déclaré qu'« un accord oblige ceux qui le signent » et a été soutenu par le cardinal Lustigier. Au-delà de la polémique juridique, les débats sur le carmel d'Auschwitz font resurgir la question de l'extermination et celle de la rivalité entre juifs et chrétiens pour honorer la mémoire des victimes et perpétuer leur souvenir.

Un déluge d'obus s'abat sur Beyrouth

13 août. Dans la capitale libanaise en proie à des bombardements intensifs, les habitants vivent terrés dans leurs caves. Les forces arabes prosyriennes ont lancé une offensive sans précédent pour tenter de s'emparer de Souk al-Gharb, une des positions clés du général Michel Aoun, chef des forces chrétiennes. Cette action et le pilonnage de Beyrouth-Est ont fait plus de 70 morts et 300 blessés en deux jours. Depuis qu'Aoun a proclamé, le 14 mars, la « guerre de libération contre l'occupant syrien », plus de sept cents Libanais ont été tués.

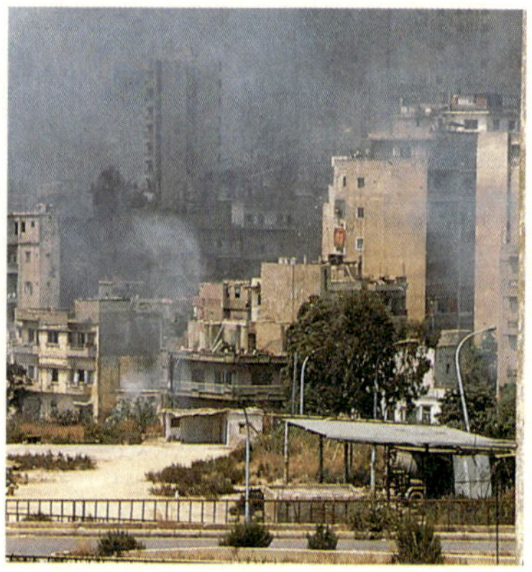

L'enfer au quotidien et sans trêve.

Des anges gardiens dans le métropolitain

11 août. Lisa Sliwa en chef de file, la milice américaine des Guardian Angels est descendue dans le métro parisien et se donne une semaine pour voir si sa présence sera admise par les usagers de la RATP. Ces volontaires aux bérets rouges qui pratiquent les arts martiaux estiment que, dans l'enfer des quais déserts ou des wagons bondés, il faut surveiller, dissuader et mettre de l'ordre. Ils opèrent déjà à New York et à Londres et sont décidés à créer une antenne française.

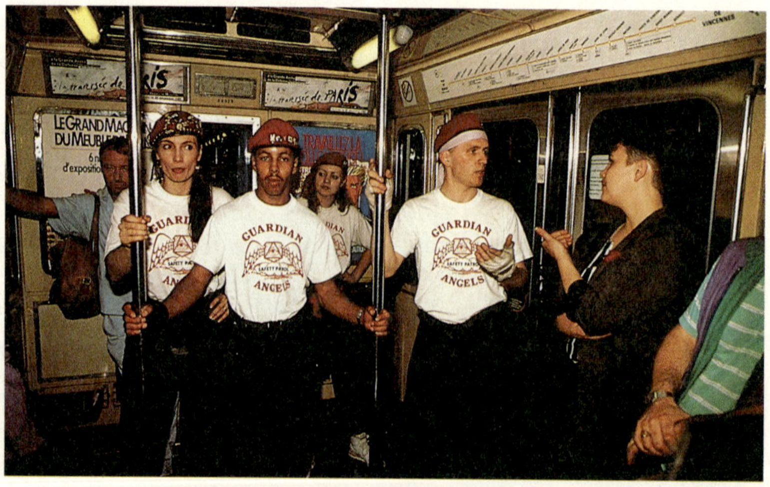

La brigade en tee-shirt de « combat » dialogue avant de se mettre à l'œuvre.

12 000 voyageurs en rase campagne

11 août. Plus de douze mille voyageurs ont été bloqués durant plusieurs heures, en pleine nuit, dans la région de Toulon. La SNCF a prié ses clients « de bien vouloir l'excuser pour la gêne occasionnée ». Une interruption du système d'alimentation électrique des locomotives a bloqué une vingtaine de trains, dont plusieurs TGV, qui sont restés immobilisés en pleine nature, sur la voie principale qui rejoint le Sud-Est, aux environs du Puget et de Carnoules. Des locomotives à moteur Diesel ont été envoyées en dépannage. Durant ces derniers mois, la poussière s'était accumulée sur les isolateurs, mais, la pluie faisant cruellement défaut, ils n'ont pas été décrassés... Ils n'ont pu dès lors remplir leur rôle, et les disjoncteurs automatiques se sont déclenchés. Des cheminots ont dû procéder d'urgence au nettoyage.

Un Noir à la tête de l'armée américaine

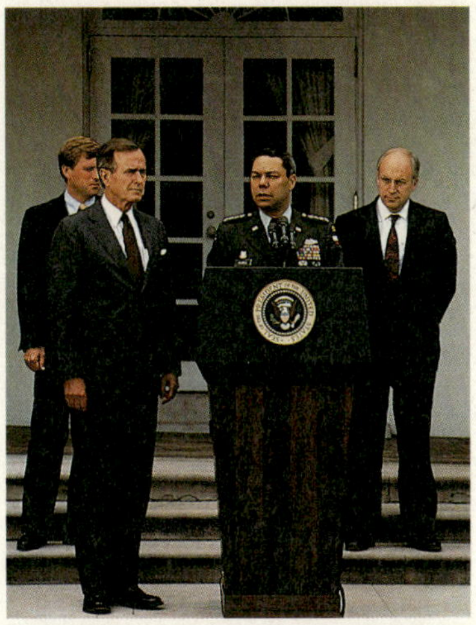

Powell, le premier Noir à ce poste.

10 août. Le général Colin Powell, chef du Conseil national de sécurité sous l'administration Reagan, accède au poste de chef d'état-major interarmes. Né à New York de parents d'origine jamaïcaine, Powell devient, à 52 ans, le premier Noir et le plus jeune militaire à occuper ce poste aux Etats-Unis. Le chef d'état-major interarmes est le principal conseiller du Président et du secrétaire à la Défense pour les affaires militaires. De plus, en vertu d'une nouvelle réorganisation du Pentagone, le plus puissant des gradés américains jouit d'une influence plus importante que par le passé sur le budget militaire.

Belfast : vingt ans de guerre d'usure

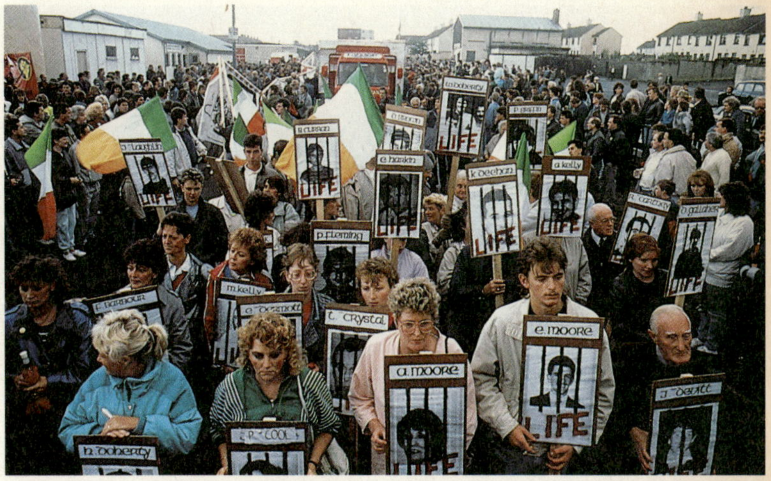

Manifestation aussi à Londonderry, la seconde ville d'Irlande du Nord.

13 août. Des milliers de catholiques d'Irlande du Nord ont manifesté dans les rues des principales villes de la province pour réclamer le départ des troupes britanniques, arrivées il y a tout juste vingt ans. Redoutant un attentat de l'IRA à l'occasion de ce triste anniversaire, les forces de sécurité ont été placées en état d'alerte maximum. Les artificiers de l'armée ont découvert et désamorcé plusieurs bombes dans les quartiers protestants de Belfast. Un jeune manifestant de quinze ans a été mortellement atteint d'une balle en caoutchouc. Sa mort vient s'ajouter au très lourd bilan des troubles intercommunautaires qui n'ont cessé d'agiter la province : plus de 2 750 morts, dont 1 900 civils et 850 membres des forces de sécurité. Le 13 août 1969, à 5 h du matin, quatre cents soldats du régiment du prince de Galles débarquaient à Londonderry, seconde ville de l'Ulster. Le lendemain, d'autres militaires arrivaient à Belfast. Leur mission était de mettre fin à de violentes altercations entre catholiques et protestants.

Le transistor perd son inventeur

12 août. William Bradford Shokley, prix Nobel de physique en 1956 pour ses études sur les semi-conducteurs et sa mise au point des transistors, est mort à Stanford, en Californie, à l'âge de soixante-dix-neuf ans. En collaboration avec ses collègues des Laboratoires Bell, John Bardeen et Walter Brattain, il avait démontré les propriétés de leur invention le 23 décembre 1947. Entré en 1936 en tant qu'ingénieur de recherches aux Laboratoires Bell, il devenait en 1953 chef de la section des transistors. Pendant la guerre, il s'était consacré à la mise au point d'appareils de détection des sous-marins.

Philippe Guilhaume pour A2 et FR3

10 août. Le Conseil supérieur de l'audiovisuel français a nommé Philippe Guilhaume, un haut fonctionnaire de 47 ans, à la présidence commune des chaînes publiques d'Antenne 2 et de France 3. Il remplace Claude Contamine et René Han. Il devra désigner un directeur général pour chacune des deux chaînes et soumettre son choix aux conseils d'administration. La désignation de Guilhaume peut être saluée comme une spectaculaire manifestation d'indépendance du Conseil qui a préféré, à quatre personnalités proches de la gauche, le seul candidat qui n'ait pas les faveurs du pouvoir.

Des embryons sont au cœur d'un procès

9 août. Une femme a-t-elle le droit de mener à bien une grossesse à partir d'un embryon congelé et conçu *in vitro* six ans et demi plus tôt, alors qu'elle vivait avec son mari, maintenant que celui-ci a demandé le divorce ? Une épineuse question qui se réglera devant le tribunal de Maryville, dans le Tennessee. Mary Sue Davis, 28 ans, pense que les sept embryons conçus avec Lewis, son conjoint, sont des « enfants presque nés ». Mais son époux ne veut plus d'enfant avec elle, et estime avoir le même pouvoir de décision en la matière. De plus, il n'existe pas de législation à ce sujet au Tennessee. En Europe, il est probable qu'une équipe médicale n'accepterait d'implanter des embryons que dans le cas d'un couple jugé stable.

Le scooter des mers a, cette fois, tué

8 août. Deux scooters des mers se sont heurtés, à cinq cents mètres du rivage, dans la baie des Anges, à Nice. L'un des pilotes, Jérôme Kratt, vingt-trois ans, atteint en pleine poitrine, a été blessé mortellement. L'autre pilote est indemne. Le 4 août, au Lavandou, un engin du même type, conduit par un adolescent, avait désarçonné son pilote et percuté une baigneuse, la blessant grièvement. Le ministre délégué chargé de la Mer, Jacques Mellick, a pris deux arrêtés réglementant les conditions d'utilisation des véhicules nautiques à moteur. L'un rend notamment obligatoire, sur les scooters des mers, un dispositif de coupure automatique du moteur en cas d'éjection du pilote. Ces textes n'entreront toutefois en vigueur que le 1er juillet 1990.

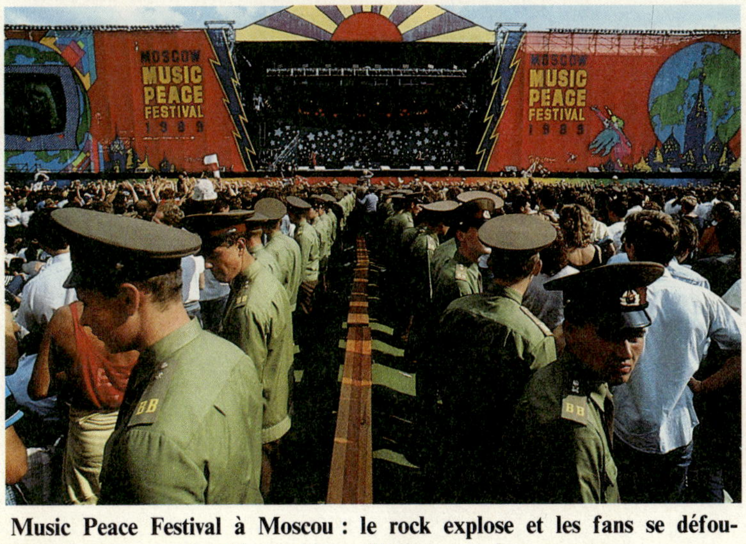

Music Peace Festival à Moscou : le rock explose et les fans se défoulent devant un service d'ordre bien militaire pour des concerts...

Août

1989

Lu	Ma	Me	Je	Ve	Sa	Di
	1	2	3	4	5	6
7	8	9	10	11	12	13
14	15	16	17	18	19	20
21	22	23	24	25	26	27
28	29	30	31			

14. Afrique du Sud : démission du président Pieter Botha (→ 15).

15. Chine : un Antonov-24 de la compagnie chinoise CAAC s'écrase au décollage à Shanghai. Dix-huit morts sur trente-deux occupants.

15. Liban : l'ONU lance un appel au cessez-le-feu, le pape accuse la Syrie de génocide et la frégate lance-missiles *Duquesne* quitte Toulon pour une évacuation éventuelle de Français résidant au Liban.

16. France : un bulldozer éventre la mosquée de Charvieu-Chavagnieu, dans l'Isère. Les circonstances de cette démolition ne sont pas clairement établies.

16. Brésil : expulsion des scientifiques français qui faisaient partie de l'expédition *Radeau des Cimes* en Amazonie : leurs papiers n'auraient pas été en règle.

16. France : le président Mitterrand choisit l'architecte français Dominique Perrault pour réaliser la Grande Bibliothèque de France.

16. Etats-Unis : l'aéroport Kennedy de New York devient le premier au monde à être équipé d'un système ultramoderne de détection d'explosifs. L'engin, qui pèse dix tonnes, aura coûté la somme de sept millions de francs.

19. Espagne : cinq cent mille jeunes en pèlerinage à Saint-Jacques-de-Compostelle.

19. RFA : arrivée d'un demi-millier d'Allemands de l'Est, qui ont profité de l'ouverture de la frontière austro-hongroise à l'occasion du passage d'un rallye automobile.

20. Iran : présentation du nouveau gouvernement dont ont été évincés les partisans de l'imam Khomeyni.

20. France : le tunnel sous la Manche fait sa première victime. Un ouvrier calaisien meurt écrasé sur le chantier.

20. Etats-Unis : des escrocs se présentant comme des « associés de Dieu » ont extorqué à des milliers d'Américains 450 millions de dollars.

Le "Marchioness" coule dans la Tamise

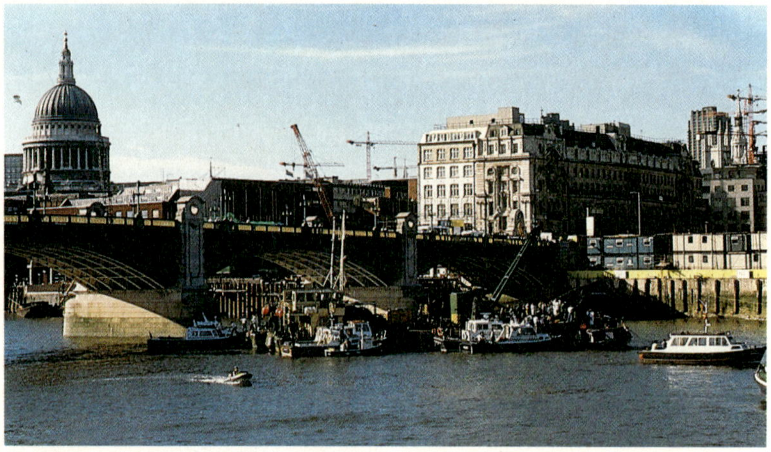

Le premier bilan de la collision fait état de 29 morts et de 30 disparus.

20 août. La fête battait son plein, vers 2 h du matin, à bord du bateau-mouche *Marchioness* lorsque le drame s'est produit. Plus de cent vingt jeunes Londoniens se trouvaient sur la piste de danse de cette boîte de nuit flottante pour célébrer l'anniversaire d'un jeune banquier, Antonio Vascancellas. Soudain, alors que le *Marchioness* arrivait à la hauteur du pont de Southwark, en plein centre de Londres, une énorme drague de près de deux mille tonnes, chargée de sable, a surgi de l'obscurité et est venue éperonner violemment le bateau-mouche. En moins de deux minutes, celui-ci gisait par huit mètres de fond. Seuls les passagers qui se trouvaient sur le pont supérieur ont pu se sauver à la nage. La police, qui a immédiatement arrêté l'équipage de la drague, a annoncé que près de quatre-vingt-dix passagers étaient sortis sains et saufs de ce terrible accident.

Quand les multimilliardaires s'amusent

19 août. 100 moutons, 400 poulets, 2 000 bouteilles de vin et 200 magnums de champagne : pour ce festin, 750 invités venus du monde entier ont voyagé à bord d'avions Concorde spécialement affrétés jusqu'à un luxueux palais marocain loué et planté au bord de la baie de Tanger. Liz Taylor, le PDG de Chrysler Lee Iacocca, le roi du pétrole Gordon Getty et l'éditeur Robert Maxwell étaient au rendez-vous. Leur ami, le milliardaire américain Malcolm Forbes, qui se vante d'être un « sale capitaliste », entendait célébrer dignement son 70e anniversaire en les conviant à la « fête du siècle ». Et il a dilapidé, sans y penser, deux millions de dollars pour l'occasion...

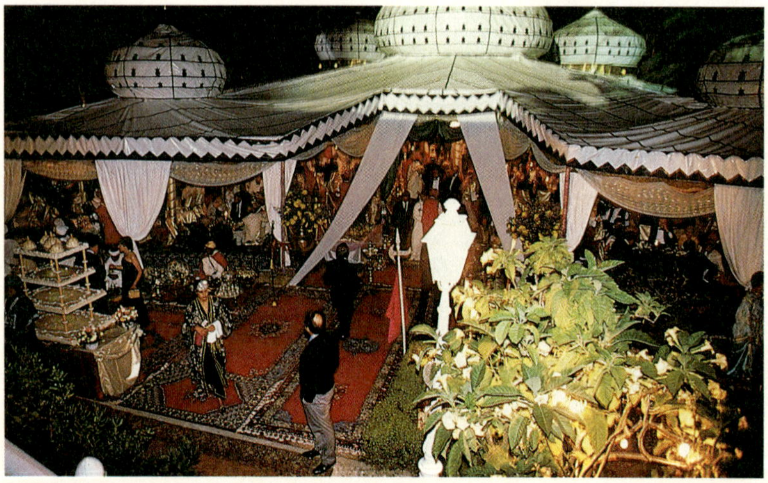

Un palais des Mille et Une Nuits pour l'un des anniversaires les plus fous.

15 Août contre 14 Juillet

15 août. Une croix à côté d'une guillotine : à révolution, contre-révolution ! Dix mille fidèles traditionalistes, dont nombre de royalistes, se sont rassemblés entre le Louvre et l'église Saint-Germain-l'Auxerrois où, chaque année, une messe est prononcée pour Louis XVI. Les manifestants répondaient à l'appel du journal *l'Anti-89* pour une « journée de réparation offerte au Christ-Roi et la Vierge Marie » et dédiée aux victimes des persécutions antireligieuses commises il y a deux cents ans...

Série d'assassinats en Colombie

18 août. La Colombie tout entière est en deuil. L'homme politique le plus populaire du pays, Luis Galan, 46 ans, vient de tomber sous les balles des tueurs du cartel de la drogue. Galan était donné grand favori des prochaines élections présidentielles. Son crime aura été de mener une lutte sans merci contre les trafiquants de cocaïne. Il portait pourtant un gilet pare-balles lorsqu'il s'est rendu à un meeting électoral près de Bogota. Il s'apprêtait à prendre la parole, quand un homme a ouvert le feu et le sénateur s'est effondré. Les tueurs auraient reçu 600 000 dollars pour ce meurtre. La mafia a par ailleurs éliminé un magistrat et le commandant de la police de la province d'Antioquia. Devant cette situation, l'état d'urgence a été décrété (→24.8).

Une frite à six côtés

16 août. Deux Belges, l'un flamand et l'autre wallon, revendiquent l'invention de la frite hexagonale. Avec une surface de cuisson réduite, elle absorbe moins d'huile et sera donc moins grasse que la frite classique. Contrairement à une idée répandue, les Belges ne sont que les quatrièmes consommateurs de frites de la Communauté européenne. Avec 103 kilos par personne et par an, ils sont battus par l'Irlande (127 kilos), le Royaume-Uni (111) et l'Espagne (107). Les Français se contentent, eux, de 75 kilos.

Vive les championnes Longo et Plewinski !

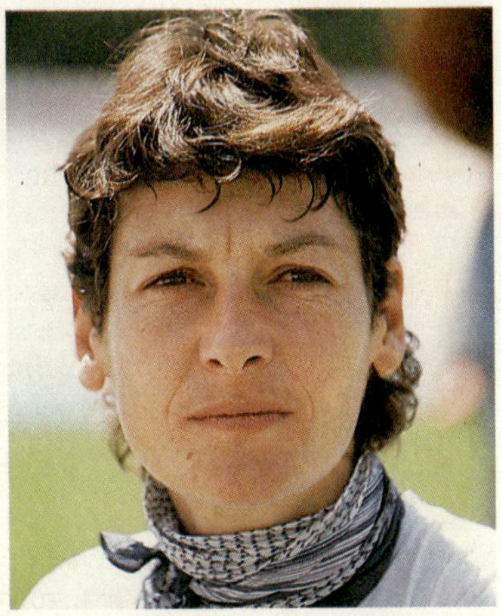

Jeannie, l'habituée des podiums.

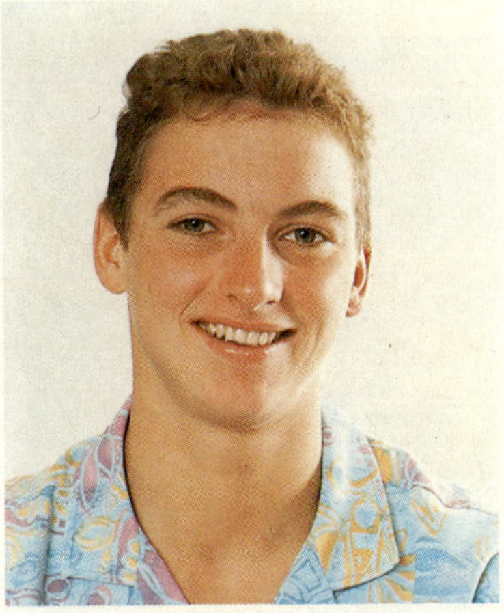

Catherine enrichit son palmarès.

18 août. Le sport français féminin est doublement à l'honneur grâce à deux championnes d'exception, Jeannie Longo et Catherine Plewinski. On sait que la première domine depuis plusieurs années le cyclisme mondial féminin. Détentrice du record de l'heure, championne du monde sur route, trois fois victorieuse dans le Tour de France, elle vient de s'attribuer à Lyon son troisième titre mondial de poursuite sur piste, enrichissant ainsi sa collection de maillots arc-en-ciel. Quant à Catherine Plewinski, elle a réalisé un exploit remarquable à Bonn, en devenant, à 21 ans, championne d'Europe du 100 mètres papillon. Déjà médaille de bronze aux Jeux olympiques de Séoul, la jeune Savoyarde a devancé cette fois-ci les redoutables nageuses est-allemandes, jusque-là invincibles. Plewinski a battu du même coup son record de France de la distance (59"08 contre 1'00"10).

De Klerk président de l'Afrique du Sud

15 août. Agé de 53 ans, Frederik De Klerk, le nouveau président par intérim de l'Afrique du Sud, a été littéralement élevé à la politique dès le berceau. C'était en effet la principale activité de sa famille, qui a donné au pays un sénateur et un président du Sénat, son père. Ce conservateur pragmatique qui vient de remplacer Pieter Botha à la tête de l'Etat a promis à ses concitoyens une « nouvelle ère » et leur a demandé de rompre « le cycle de violence, d'isolement et de tension ». Sa désignation doit être confirmée le 14 septembre prochain par le collège électoral.

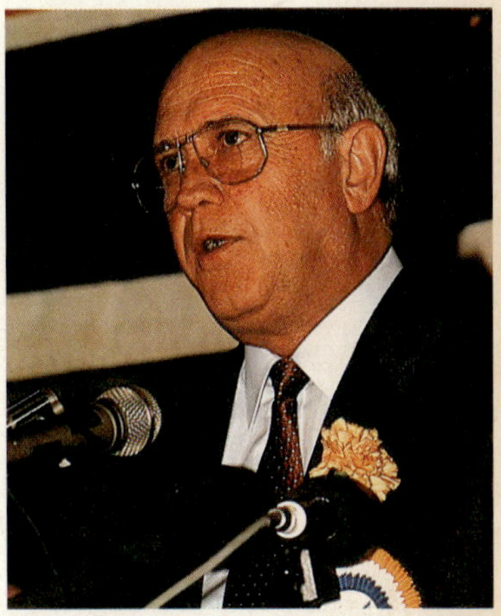

Sera-t-il l'homme du changement ?

Traite massive d'enfants au Paraguay

18 août. Le général président du Paraguay, Andres Rodriguez, a dénoncé avec fermeté le trafic qui s'exerce dans son pays depuis un an surtout et dont sont victimes de très jeunes enfants. Le chef de l'Etat a précisé qu'une dizaine de bébés étaient vendus chaque semaine à l'étranger à raison de cinquante mille francs chacun. Parmi les organisateurs de cette traite figureraient des ressortissants nord-américains et, parmi eux, des magistrats. Devant l'ampleur de ce commerce, le président a exprimé son intention de faire surveiller l'aéroport d'Asuncion d'où sont acheminés les enfants vers les Etats-Unis et Israël, et d'établir une loi garantissant leur protection.

Eclipse totale de Lune durant 59 min

17 août. Rare et superbe. C'est audessus de la Dordogne, dans un ciel débarrassé de tous ses nuages et rempli d'étoiles, que l'astre nocturne a réussi le plus parfaitement à être effacé par l'ombre de la Terre. Cette éclipse totale de Lune a commencé à se produire à 3 h 30 cette nuit. A cette minute précise, Phébée a commencé à se métamorphoser pour devenir un disque d'un rouge foncé, éclipsé bientôt par un nuage noir. Ce phénomène spectaculaire a pu être observé avec une extraordinaire visibilité sur tout le territoire français et bien au-delà, puisque cinq cents millions de personnes entre l'ouest de l'Asie et l'Amérique en ont été les témoins éblouis.

Enfin un succès pour les Bleus de Platini

16 août. L'équipe de France de football s'est montrée digne des espérances de Michel Platini en inscrivant sa première victoire depuis l'entrée en fonction de ce dernier comme sélectionneur. Les Bleus ont triomphé à Malmö d'une sélection suédoise pourtant solide, grâce à deux buts de Cantona et deux de Papin, qui se sont entendus comme larrons en foire en attaque, et qui ont concrétisé la supériorité des Tricolores, vainqueurs par 4 buts à 2. Certes, il s'agissait d'un match amical sans enjeu, destiné à préparer l'équipe pour le prochain match contre la Norvège, à Oslo, en Coupe du monde. Mais le jeu pratiqué par les Français a donné de réelles promesses pour l'avenir.

L'ami des lions est assassiné au Kenya

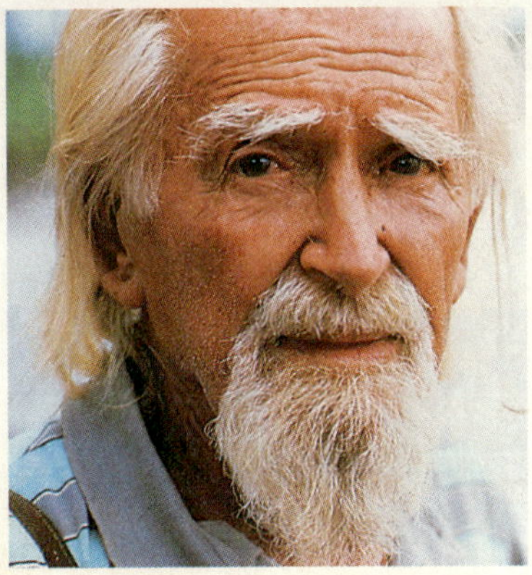

Le « gentleman de la brousse ».

20 août. Le roi des animaux est orphelin : George Adamson, l'ami des lions, a été assassiné dans la réserve de Kora, au Kenya, probablement par ses ennemis de toujours, les braconniers. Adamson avait quatre-vingt-deux ans et il a consacré sa vie à la protection des lions. « J'ai vécu dans la brousse, je mourrai dans la brousse », avait-il déclaré il y a quelques années. Sa femme Joy, tuée elle aussi, en 1980, est l'auteur du livre *Née libre* dans lequel elle raconte leur vie avec la lionne Elsa.

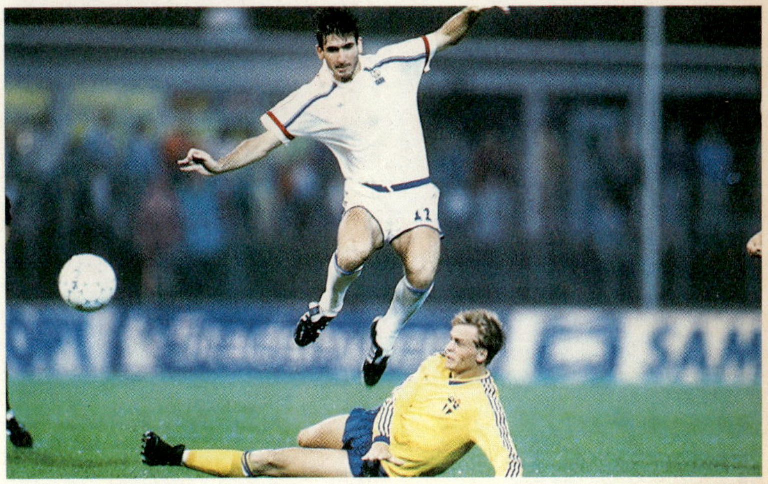

Cantona a été l'une des vedettes de la rencontre amicale France-Suède.

Août

1989

Lu	Ma	Me	Je	Ve	Sa	Di
	1	2	3	4	5	6
7	8	9	10	11	12	13
14	15	16	17	18	19	20
21	22	23	24	25	26	27
28	29	30	31			

21. Sénégal : Dakar rompt ses relations diplomatiques avec la Mauritanie.

22. RFA : saisie record, à Munich, de 650 kg de cocaïne provenant de Colombie.

22. Turquie : Ankara ferme ses frontières avec la Bulgarie pour tenter de mettre fin à l'afflux de Bulgares d'origine turque. Trois cent dix mille depuis le début de l'année.

22. Vatican : mort de « l'horloger des papes », l'Allemand Max Her, à 83 ans. Depuis Pie XI, il avait la charge de régler et de remonter toutes les pendules du Vatican.

22. RFA : l'exode des Allemands de l'Est s'amplifie. Déjà 55 970 d'entre eux sont passés à l'Ouest depuis le début de l'année. En 1988, ils étaient 39 832.

23. Hongkong : abolition du châtiment du fouet.

23. Alger : bref détournement d'un Airbus d'Air France. Le pirate avait réussi à faire passer une savonnette pour une arme.

23. Chine : Pékin donne son feu vert à l'implantation de Citroën dans le pays.

24. Liban : arrivée des bateaux envoyés par la France. Moscou annonce, de son côté, une mission de « bons offices » à Beyrouth.

24. Japon : démission de Tokuo Yamashita, chef de cabinet et porte-parole du gouvernement Kaifu, après son implication dans une affaire de mœurs.

24. Australie : démission collective de mille six cents pilotes à la suite d'un conflit salarial.

24. Etats-Unis : record à Wall Street. Le Dow Jones atteint 2 734,64 points. Le précédent record, qui était de 2 722,42 points, datait du 25 août 1987.

25. Espagne : le gouvernement accorde une licence à Canal Plus.

27. France : découverte à 4 677 m d'altitude de l'épave du Boeing 707 indien qui s'était écrasé contre le mont Blanc le 25 janvier 1966.

Guerre à la drogue en Colombie

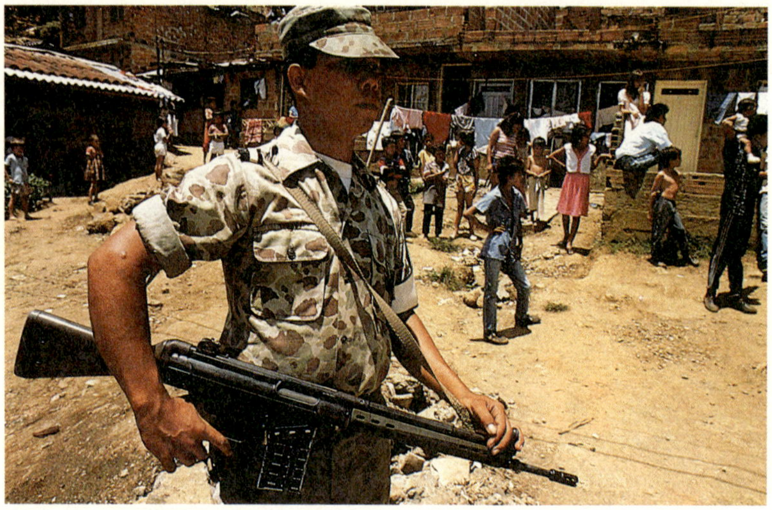

L'armée est partout, ratissant le pays et quadrillant les quartiers.

24 août. La riposte des barons de la drogue ne s'est guère fait attendre : quelques jours à peine après le début de l'offensive sans précédent lancée par le gouvernement contre la mafia de la cocaïne, les trafiquants ont déclaré la « guerre totale » à l'Etat colombien. L'armée a répliqué par une opération d'envergure qui s'est déjà soldée par l'arrestation de onze mille suspects et la saisie d'un millier de grandes propriétés appartenant aux caïds du cartel de Medellin. Outre ce vaste coup de filet, les frontières terrestres du pays ont été presque toutes fermées pour empêcher la fuite des trafiquants. De son côté, le jour de sa « déclaration de guerre » contre les membres du gouvernement, les juges et les journalistes, la mafia est passée à l'action : les immeubles abritant le siège des Partis libéral et conservateur ont été dynamités. Ces attentats ont fait un mort. Une bombe a aussi explosé au domicile d'Edgard Gutierrez, l'ancien ministre des Finances. Dans ce climat, les 4 400 magistrats en poste ont menacé de démissionner, et le ministre de la Justice, Monica de Grieff, ne compte plus les menaces de mort. Les Colombiens, jusqu'à présent fermement opposés à toute extradition vers les Etats-Unis, soutiennent désormais les efforts des autorités qui attendent, elles, l'assistance de Washington (→22.9).

Shirley Temple passe à l'Est

23 août. Shirley Temple qui, du haut de ses six ans, avait occupé la scène d'Hollywood en 1934 en tournant huit films d'affilée, a changé de décor : c'est au titre d'ambassadeur des Etats-Unis qu'elle a présenté ses lettres de créance au président tchèque Gustav Husak. Elle avait déjà assumé le même rôle au Ghana.

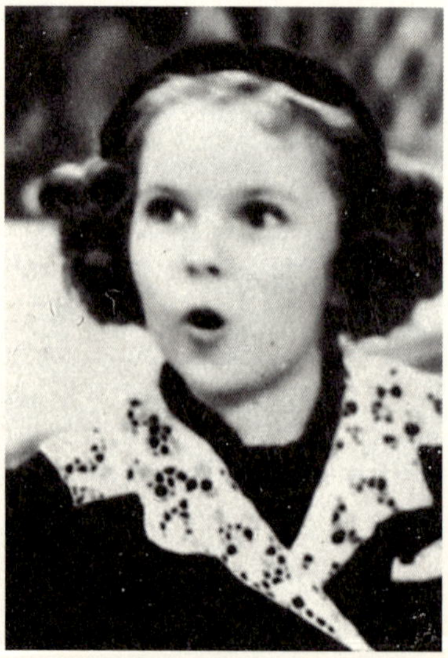

La petite fille entamait sa carrière.

Le maillot arc-en-ciel pour Greg Lemond

27 août. Extraordinaire Greg Lemond ! Après avoir enlevé sur le fil de l'arrivée aux Champs-Elysées, et avec le brio que l'on sait, son deuxième Tour de France il y a un mois, l'Américain a confirmé sa résurrection et son talent, en remportant à Chambéry son deuxième titre de champion du monde, titre qu'il avait déjà conquis en 1983. Laurent Fignon, qui espérait triompher sur le sol français, a tout tenté. Mais, comme dans le Tour, il est tombé sur un Lemond irrésistible, qui se permit même le luxe de gagner la course en battant au sprint des coureurs très rapides, comme le Soviétique Dimitri Konyshev et Sean Kelly. Chez les dames, c'est une fois de plus la Française Jeannie Longo qui a dominé toutes ses rivales, obtenant par sa victoire son quatrième maillot de championne du monde.

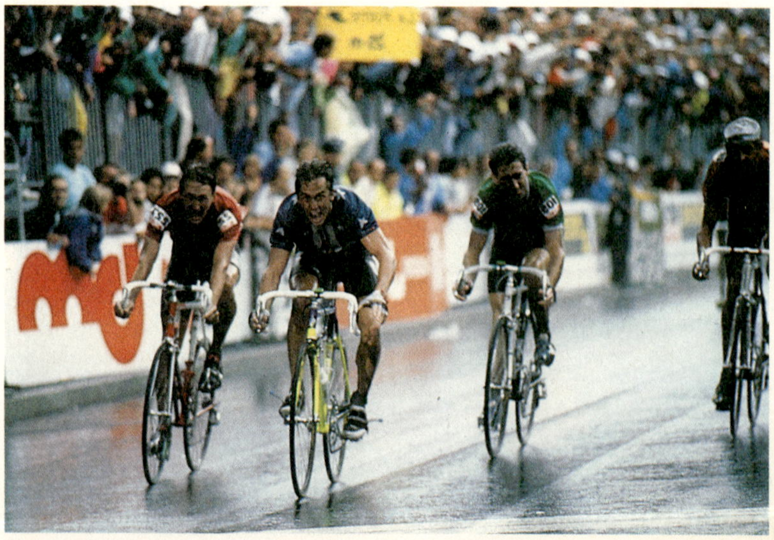

Derniers mètres pour l'Américain, au sprint avec le Soviétique Konyshev.

Les pays baltes se donnent la main

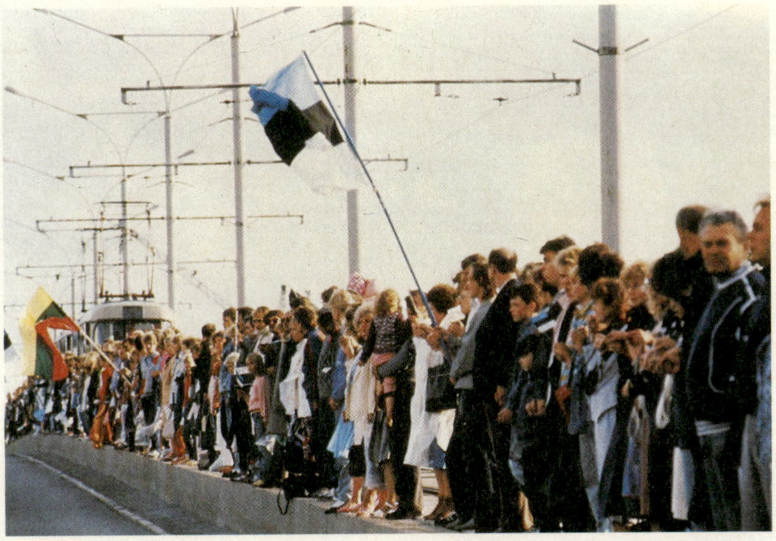

Six cent mille personnes à la file, en une ligne ininterrompue de 600 km.

23 août. A 17 h précises, une gigantesque chaîne humaine s'est étirée à travers la Lettonie, la Lituanie et l'Estonie. De Tallin, au nord des trois Etats baltes incorporés à l'Union soviétique, jusqu'à Vilnious au sud, des centaines de milliers de Baltes ont manifesté la main dans la main pour célébrer le 50e anniversaire des accords germano-soviétiques, marquant le début de la fin de leur souveraineté. Ils avaient tous aujourd'hui le même mot à la bouche, « Vabadus », autrement dit Liberté. Les enfants portaient des bougies, et les vieux étaient vêtus du costume traditionnel noir aux bordures rouges. Entre deux chants patriotiques, les Baltes ont scandé des slogans, tels que « Soviets go home ! » ou « Forces d'occupation, dehors ! ».

Un non-communiste dirige la Pologne

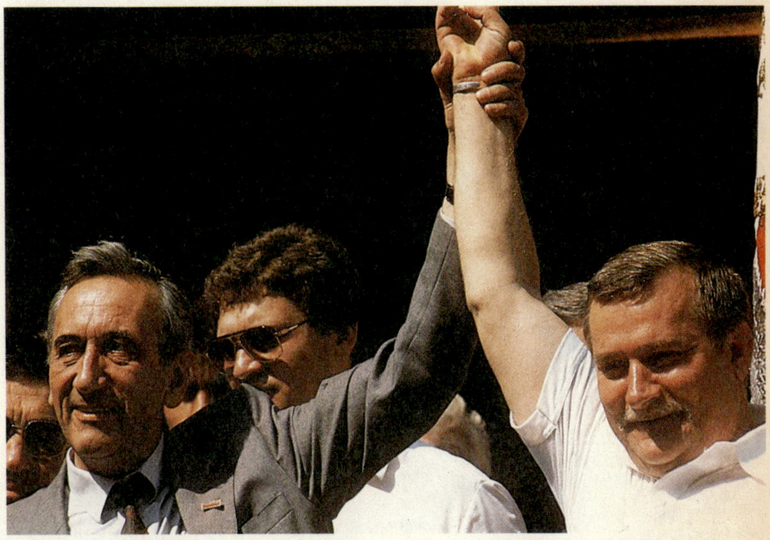

Le nouveau Premier ministre, T. Mazowiecki, et le leader de Solidarité.

24 août. La Pologne reste à la une de l'actualité en devenant le premier pays du bloc de l'Est à se doter d'un Premier ministre non communiste. L'investiture à la Diète de Tadeusz Mazowiecki, par 378 voix contre 4, a marqué la fin du monopole du Parti communiste, au pouvoir depuis 1945. Lech Walesa, le dirigeant de Solidarité, a immédiatement félicité « Mazo » – c'est ainsi que tout le monde l'appelle – pour sa nomination, estimant qu'il s'agissait d'un événement sans précédent. Mazowiecki s'est fixé comme objectifs prioritaires le retour à une économie de marché et la mise en place d'un « Etat de droit ». A Moscou, le gouvernement s'est borné à déclarer que l'URSS avait pris acte de la décision du Parlement polonais.

Prague se souvient de son Printemps

21 août. Malgré un impressionnant dispositif policier, deux mille manifestants se sont rassemblés pour crier « Vive la liberté ! » place Venceslas, à Prague, à l'occasion du 21e anniversaire de l'écrasement du Printemps de Prague. Des barrières avaient été dressées tout autour de la place, sévèrement gardées par des forces antiémeutes. Elles ont procédé à trois cent soixante-seize arrestations.

Malaise chez les gendarmes français

23 août. Jean-Pierre Chevènement a reçu une délégation de gendarmes tirés au sort, pour « discuter d'homme à homme des problèmes qui se posent ». La gendarmerie exige une amélioration des conditions et du temps de travail, plus de considération, moins de contraintes et une meilleure coordination de son action avec celle de la police. Le ministre de la Défense a promis la création de 4 000 postes (→28.8).

Elle traverse l'Atlantique en solitaire

23 août. La navigatrice Jane Weber, âgée de 44 ans et originaire de Toronto, a sablé le champagne à Plymouth. Elle est la première femme navigatrice canadienne à réussir la traversée de l'Atlantique en solitaire. Partie du port de Halifax à bord d'un treize mètres, elle aura mis vingt-six jours à effectuer un périple de 4 400 km, non sans mal. Après avoir essuyé trois tempêtes, elle a passé les dix derniers jours sans radio, ni radar, ni pilotage automatique, ni frigo, ni rien.

Le gène de la mucoviscidose enfin isolé

24 août. La découverte est fondamentale et elle est due à des biologistes américains de l'université du Michigan et canadiens de l'hôpital des enfants malades de Toronto : ils ont mis en évidence le gène défaillant responsable de la mucoviscidose. Il s'agit d'une protéine qui, par son dysfonctionnement ou son absence anormale, provoque une trop grande sécrétion de la thyroïde et de l'hypophyse qui, à leur tour, entraînent des troubles digestifs et respiratoires graves. A ce jour, les médecins ignoraient comment combattre efficacement cette maladie héréditaire qui frappe un nouveau-né sur mille deux cents dans le monde. Le résultat obtenu aujourd'hui pourra peut-être la vaincre.

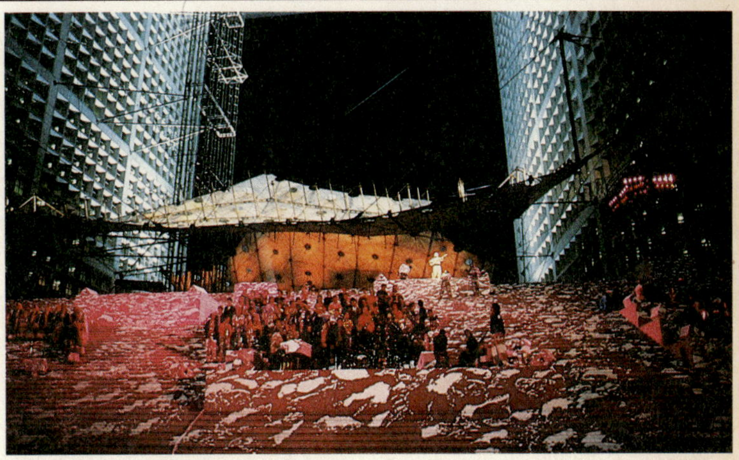

L'inauguration du toit de l'Arche de la Défense a coïncidé avec le bicentenaire de la Déclaration des droits de l'homme. Un spectacle sur ce thème a rassemblé 10 000 jeunes du monde et nombres d'artistes.

Août

1989

Lu	Ma	Me	Je	Ve	Sa	Di
	1	2	3	4	5	6
7	8	9	10	11	12	13
14	15	16	17	18	19	20
21	22	23	24	25	26	27
28	29	30	31			

28. Chine : un étudiant qui avait accordé une interview à une radio américaine est condamné à neuf ans de prison pour « propagande contre-révolutionnaire ».

28. France : 30 jours d'arrêt de rigueur pour le capitaine de frégate Roger Martin, à la suite de ses prises de position sur le malaise dans la gendarmerie et dans l'armée.

29. Liban : l'armée syrienne détruit un pétrolier battant pavillon maltais, le *Sunshield*, à 13 km des côtes. Neuf marins sont portés disparus.

29. Trois séismes dans le monde la même nuit. En Italie, près de Rome, secousse de faible intensité, au Mexique et en Ethiopie (6,5 sur l'échelle de Richter).

29. Colombie : les trafiquants de drogue font exploser sept bombes à Medellin et Bogota.

29. RFA : Bonn décide de développer ses capacités d'accueil, notamment en Bavière, pour faire face à l'afflux de réfugiés est-allemands transitant par la Hongrie.

29. Etats-Unis : première élection au Congrès, à la Chambre des représentants, d'une Américaine d'origine cubaine, Iléana Ros-Lehtinen.

30. Etats-Unis : à l'issue d'un procès qui a passionné l'Amérique, la milliardaire Leona Helmsley est condamnée pour fraude fiscale.

30. Afrique du Sud : plus de deux cents manifestantes arrêtées au Cap alors qu'elles tentaient un sit-in devant l'ambassade de Grande-Bretagne.

31. Colombie : le couvre-feu est imposé à Medellin.

31. Panama : le Conseil d'Etat désigne comme nouveau président, pour six mois, Francisco Rodriguez, avant la dissolution du Parlement.

31. URSS : le Soviet suprême de Moldavie fait du moldave la langue officielle.

31. France : un forcené tue deux membres de l'unité d'élite de la police (RAID) à Ris-Orangis.

La montagne Sainte-Victoire n'est plus qu'un tas de cendres

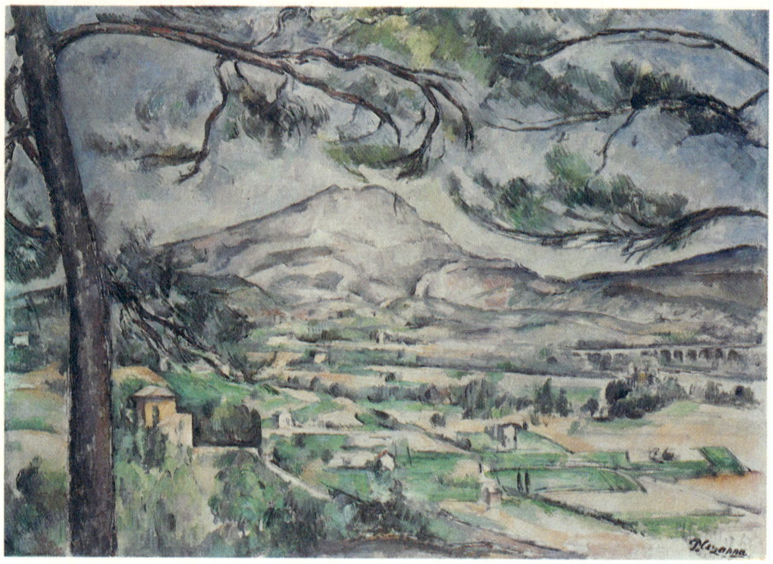

Cézanne peignit cette montagne avec ses pins-parasols au début du siècle...

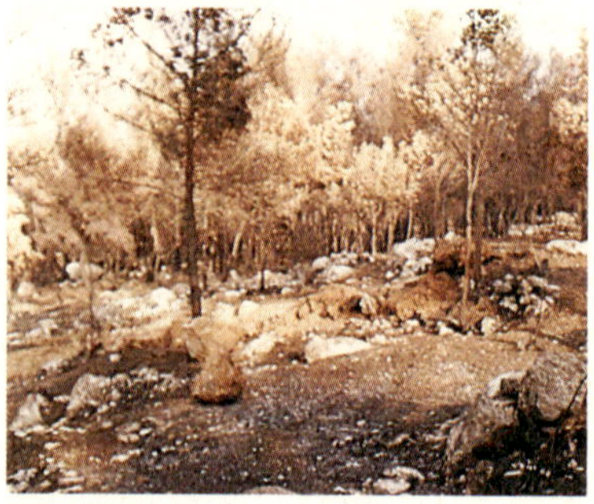

... ce qu'il en reste aujourd'hui.

29 août. Ces deux derniers jours, la Corse et le sud-est de la France se sont transformés à nouveau en brasiers. Des milliers d'hectares de forêts et de garrigue ont été calcinés. La sécheresse, la force du mistral et l'activité des pyromanes ont laissé le sol noir et pelé. Le feu était partout, jusqu'aux portes de Marseille, touché dans ses quartiers nord où les habitants ont été évacués. Sur le site de la montagne Sainte-Victoire, qui domine Aix-en-Provence, les dégâts sont considérables. Les flammes, progressant à une vitesse foudroyante, ont laissé deux mille hectares à l'état de désert. L'intervention de mille sapeurs-pompiers, de deux Fokker, de cinq Tracker et de deux hélicoptères bombardiers d'eau n'a pu empêcher que la région ne disparaisse pour partie du patrimoine français. C'est devant cette montagne que Paul Cézanne planta son chevalet et que, durant quatre années, il restitua sur ses toiles les accidents du paysage, les nuances de la couleur et la luminosité très particulière de la Provence.

Accord surprise entre le Tchad et la Libye

31 août. Un peu plus d'un mois après l'échec de la rencontre, à Bamako, du chef de la Révolution libyenne, Mouammar el Kadhafi, et du président tchadien Hissène Habré, les deux pays sont parvenus à régler leur différend territorial à propos de la bande d'Aouzou, après dix-sept ans de tensions. L'accord, conclu à Alger, prévoit un règlement politique ou, à défaut, dans le délai d'un an, un jugement de la Cour internationale de La Haye. Des « mesures d'accompagnement » prévoient notamment le retrait des forces de la région concernée, le contrôle d'observateurs africains, la libération des prisonniers de guerre et l'arrêt de « toute forme d'hostilité médiatique ».

Carillons à la volée

31 août. Le premier congrès international de campanologie s'est ouvert à Châlons-sur-Marne. Une centaine de spécialistes vont se pencher sur ces milliers de cloches très anciennes ou très perfectionnées qui font l'objet de nouvelles techniques de restauration et qui appartiennent à un patrimoine méconnu, préservé en Europe depuis 1970.

4 × 4 : les véhicules tout-terrain montent à l'assaut du public

28 août. Au lendemain de la fermeture du Salon de Val-d'Isère, les 4 × 4 progresse vitesse grand V. En France et en Europe comme aux Etats-Unis, sur les trottoirs des villes, au creux des vallons ou au cœur du Ténéré. Du Santana 413 au Land Cruiser en passant par le Cherokee Limited et le Terrano de Nissan, tous les constructeurs proposent aux amateurs une gamme étendue de véhicules tout-terrain. En fait, ils sont nés de besoins militaires. En 1926, la France présentait au Salon de l'Auto un engin à quatre roues motrices et directionnelles : le Latil. Par la suite, à la Libération, la Jeep américaine traversait l'Atlantique. C'est maintenant un engin adapté aux loisirs et que les Français peuvent choisir parmi les trois cents modèles différents présents sur le marché. Avec 41 000 immatriculations nouvelles, il s'est accru l'an passé de 10 %. Mais la passion des conducteurs français en ce domaine n'a pas encore rattrapé celle des Allemands, des Anglais et des Suisses.

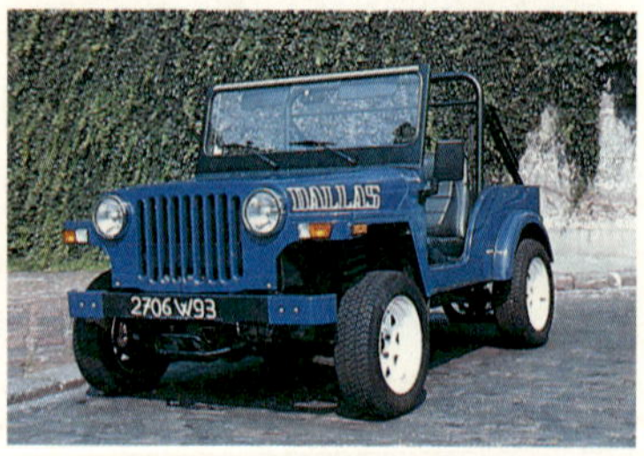

Le Dallas, en démonstration.

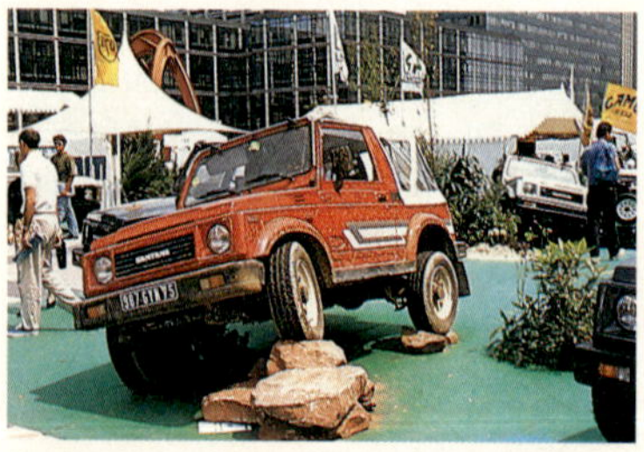

Au Salon de la Défense, en mai.

Déjà les vendanges dans le Bordelais

29 août. Vendanges exceptionnelles : millésime du siècle ! Encore un ? Voire : millésime du Bicentenaire ! C'est la fête jusqu'au bout. En deux siècles depuis la Révolution, seule l'année 1893 avait été plus précoce : les vendanges avaient commencé le 15 août. En ce 29 août glorieux, la cueillette des blancs a débuté. A partir du 1er juillet, la température globale a été de 13,14 C, alors qu'elle n'était que de 12,99 C en 1976, une année pourtant très chaude. Même constat pour l'ensoleillement : 509 heures en 1989 contre 488 en 1976. L'état du raisin est idéal, sans la moindre trace de pourriture et avec une superbe maturation moyenne. De mémoire d'homme, on n'a jamais observé de conditions climatiques aussi favorables tout au long de l'année végétative. La floraison s'était terminée pratiquement le 1er juin, et la vieille règle des vendanges, cent jours après la fleur, s'est même trouvée prise en défaut.

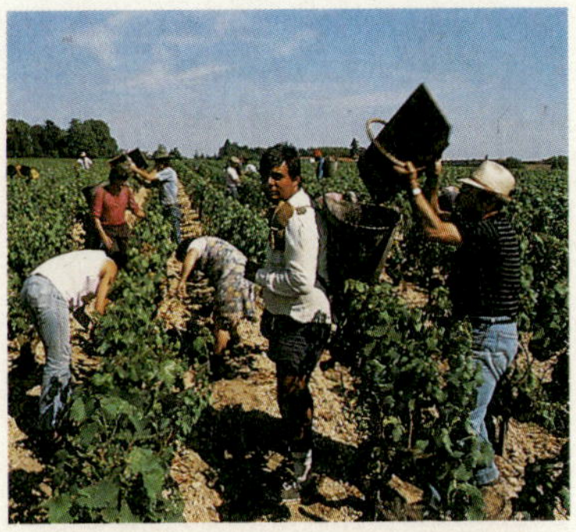

Du côté des vignobles de Grave.

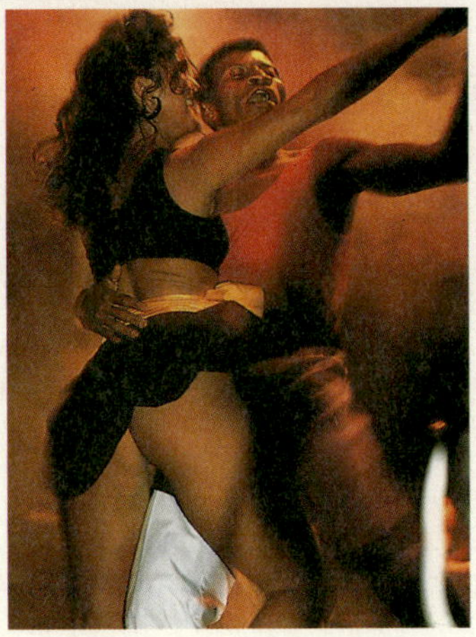

La lambada est plus torride que l'été. Elle a déferlé sur les ondes et embrasé les corps des danseurs.

La sonde Voyager récolte une prodigieuse moisson d'images

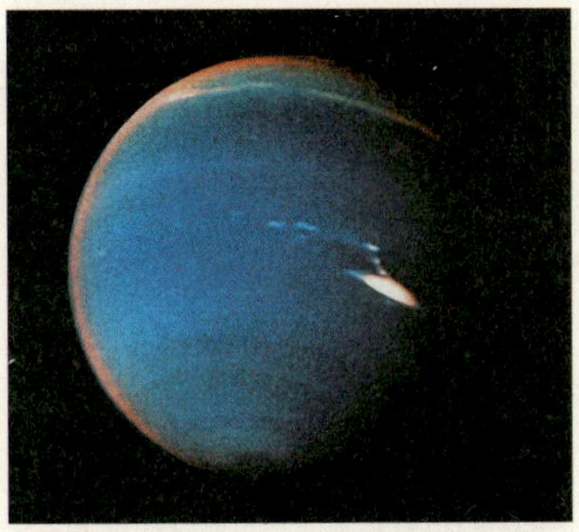

Neptune. Diamètre : 50 000 km.

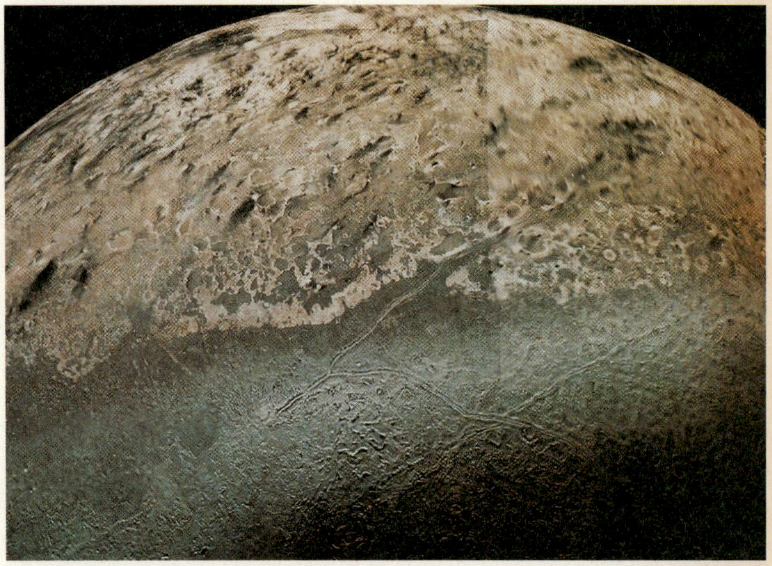

L'écorce de Neptune, 8e planète (d'après sa distance), du système solaire.

29 août. Les spécialistes ont dressé un bilan impressionnant de la mission de la sonde Voyager II, qui se trouve à 4,41 milliards de kilomètres de la Terre et à 6,72 millions de kilomètres au-delà de Neptune. Elle a déjà parcouru 7,2 milliards de kilomètres depuis qu'elle a entamé, en 1977, un long voyage au cours duquel elle a croisé Jupiter en 1979, Saturne en 1981, Uranus en 1986 et, cette année, Neptune. Autour de cette planète, elle a découvert six lunes, outre Triton et Néréide. La petite sonde, qui pèse juste une tonne, a, au cours de son périple intersidéral et pour moins de 6 milliards de francs, visité une soixantaine de planètes et de satellites, envoyant, avec sa sonde jumelle Voyager I, 81 000 clichés ! Les scientifiques soulignent que les données transmises par Voyager pourraient aider les humains à prévenir la destruction de leur propre planète. Le contact avec la sonde ne sera perdu qu'en 2014, mais son trajet a été calculé jusque vers le milieu du VIIIe millénaire...

Cambodge : échec de la Conférence

30 août. C'est un échec qui risque de coûter cher, car le Cambodge, déjà meurtri par des années d'occupation militaire vietnamienne, est désormais menacé de basculer dans la guerre civile. Un mois jour pour jour après son ouverture, la Conférence internationale de Paris sur le Cambodge a été ajournée sans que l'on soit parvenu à élaborer un règlement politique. Pourtant, la France, en la personne du ministre des Affaires étrangères Roland Dumas, avait déployé tous ses moyens diplomatiques dans la recherche d'un accord fondé sur la réconciliation entre le régime provietnamien de Phnom Penh et la résistance khmère. Tous les observateurs redoutent maintenant qu'éclatent des combats fratricides entre les fidèles du prince Norodom Sihanouk et les forces de Phnom Penh, surtout après la fin du retrait des troupes vietnamiennes prévu pour la fin septembre. Avant de quitter Paris, Sihanouk a d'ailleurs juré que ce sera la résistance qui remportera la « victoire finale ».

Une séparation à la cour d'Angleterre

31 août. La belle entente entre Anne, la fille unique de la reine d'Angleterre, et Mark Phillips, le fringant capitaine des dragons qu'elle avait épousé en novembre 1973, est bien finie. Le palais de Buckingham vient d'annoncer la séparation du couple. Pas question de divorce, a cependant souligné le père de Mark. Les Britanniques n'ont pas vraiment été surpris par la nouvelle : depuis des mois, la presse se faisait l'écho de discordes au sein du couple royal. Mark, disaient certains, est bien plus préoccupé pas ses pur-sang, pour lesquels il a renoncé à l'armée, que par son mariage. Et Anne, assuraient les autres, s'est éprise d'un jeune et bel écuyer de la reine... Good Lord !

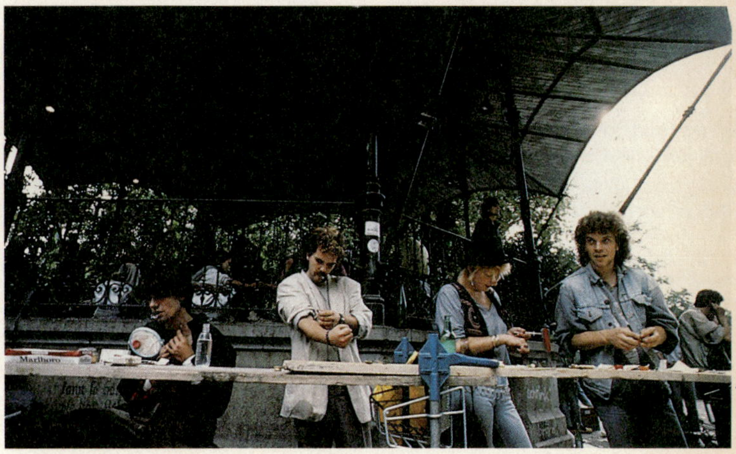

La ville de Zurich a ouvert aux toxicomanes le parc du Platz Spitz. Ce grand jardin public dans lequel la drogue circule librement est devenu pour certains la dernière étape de leur voyage.

Septembre

1989

Lu	Ma	Me	Je	Ve	Sa	Di
				1	2	3
4	5	6	7	8	9	10
11	12	13	14	15	16	17
18	19	20	21	22	23	24
25	26	27	28	29	30	

1er. Colombie : alerte aux environs du Nevado del Ruiz, le volcan dont l'éruption en novembre 1985 avait causé la mort de 23 000 personnes, et qui semble se réveiller.

1er. Etats-Unis - Panama : George Bush annonce que Washington ne reconnaîtra pas le régime « illégal » du général Noriega.

1er. France : Bernard Pivot annonce son intention de cesser « Apostrophes » en juin prochain.

3. Ethiopie : le gouvernement libère 87 prisonniers politiques, dont trois petits-fils du négus Haïlé Sélasié, et 820 droits communs.

3. Suisse : l'Union des banques révèle que le pays possède la troisième réserve d'or du monde (2 590 tonnes), derrière les USA (8 145 tonnes) et la RFA (2 960 tonnes).

3. France : ouverture du quinzième Festival du film américain à Deauville.

4. Yougoslavie : ouverture, à Belgrade, du Sommet des pays non-alignés. Yasser Arafat y participe en tant que « président de la Palestine » (→7).

4. Chine : limogeage du ministre de la Culture, Wang Meng, défenseur de la liberté d'expression au cours du Printemps de Pékin.

5. France : début d'une grève aux usines Peugeot de Mulhouse (→8).

6. Pays-Bas : les démocrates-chrétiens de Ruud Lubbers remportent les législatives.

6. France : Prost courra sur Ferrari la saison prochaine.

7. Pologne : le nouveau Premier ministre Tadeusz Mazowiecki présente son cabinet. Solidarité y occupe douze ministères, et quatre postes clés sont confiés au parti communiste.

8. France : le conflit chez Peugeot touche maintenant l'usine de Sochaux (→13).

10. Algérie : démission du Premier ministre Kasdi Merbah, en désaccord avec le président Chadli Benjedid.

La Hongrie ouvre ses frontières

10 septembre. A minuit exactement, la Hongrie est devenue le premier pays du bloc socialiste à ouvrir ses frontières pour permettre aux dizaines de milliers de réfugiés venus de RDA de passer de l'autre côté du rideau de fer. C'est par un bref communiqué que le gouvernement de Budapest a annoncé sa décision. Une décision historique qui autorise ceux qui le veulent à partir vers « le pays de leur choix ». Le feu vert tant attendu de Budapest risque de déclencher la plus importante ruée vers l'Ouest depuis la construction du mur de Berlin en 1961. En effet, ce sont quelque soixante mille Est-Allemands, ceux qui se trouvent actuellement en Hongrie sous le prétexte de tourisme, qui auront un laissez-passer officiel. Dans les camps de réfugiés qui ont été dressés à la hâte près de la capitale, la nouvelle a été accueillie avec des larmes de joie et un tonnerre d'applaudissements. Ils sont 6 500 ici et ils vont partir les premiers. A Berlin-Est, cependant, la décision hongroise a été ressentie comme un camouflet et comme une grave atteinte à la solidarité entre « pays frères ».

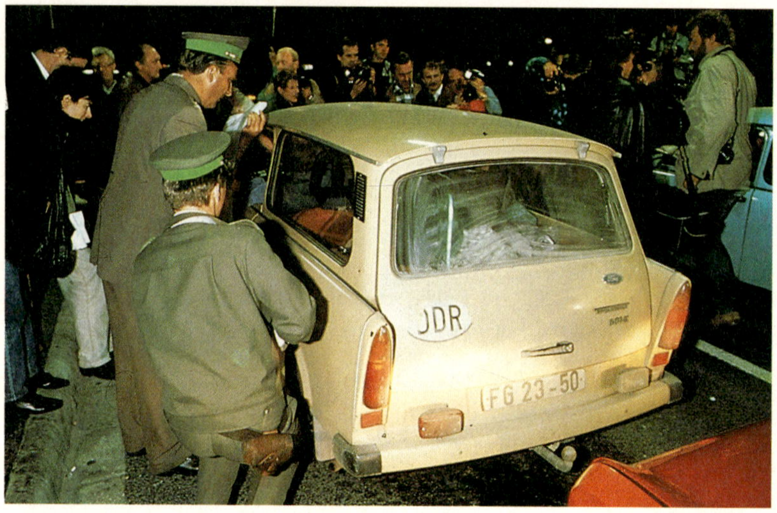

Minuit : dans une minute, cette voiture est-allemande sera en Autriche.

Afrique du Sud : législatives sous tension

6 septembre. La majorité noire a une fois de plus assisté en spectatrice au scrutin pour le renouvellement des chambres blanche, indienne et métisse. Depuis hier, toutefois, la grève générale décrétée à l'appel des organisations anti-apartheid est très suivie. Dans la journée, de violentes émeutes ont éclaté dans les *townships* noires et métisses de la banlieue du Cap. La police a ouvert le feu sur des bandes de jeunes retranchés derrière des barricades de pneus enflammés. Selon l'archevêque anglican Desmond Tutu, ces affrontements auraient fait vingt-trois morts dans les rangs des manifestants. Au soir de ce scrutin, c'est encore la violence qui a gagné haut la main ! Les résultats sont inquiétants pour le parti national (PN) au pouvoir. Certes, la formation de Frederik De Klerk conserve la majorité absolue à la chambre blanche, mais elle perd toutefois une trentaine de sièges au profit de la droite pro-apartheid du parti conservateur et du centre gauche antiségrégationniste du parti démocrate.

Le vélo de l'espace

8 septembre. La station soviétique Mir, abandonnée depuis plus de quatre mois, a de nouveau des locataires. Alexandre Viktorenko et Alexandre Serebrov apportent dans leurs bagages un superbe « vélo ». Il s'agit d'un fauteuil permettant un déplacement automatisé, que les deux cosmonautes vont tester à l'extérieur de la capsule spatiale. Ils recevront en outre, en octobre puis en février, deux modules équipés de panneaux solaires complémentaires, qui accroîtront la place pour se mouvoir à bord de Mir.

Le pilote était dans l'avion, mais il avait la tête ailleurs...

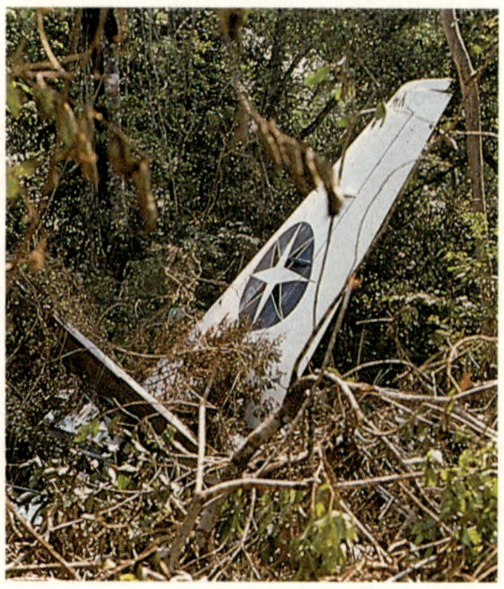
Une aile plantée dans le « cresson ».

3 septembre. C'est un fait unique dans l'histoire de l'aviation. Et si les conséquences n'avaient pas été tragiques, nul doute que cet épisode aurait pu être qualifié de rocambolesque. Tout est arrivé au moment où le pilote d'un Boeing 737 de la compagnie brésilienne Varig et son copilote ont décidé de capter sur leur radio la retransmission d'un match de football opposant leur équipe nationale à celle du Chili. Occupés à suivre en direct les phases du jeu, ils ont placé l'appareil en pilotage automatique, si bien que l'avion qui, parti de Sao Paulo, devait relier Belem s'est trouvé, suite à une défaillance technique, dérouté de 180° par rapport à sa trajectoire. Bientôt à court de carburant, il a été contraint à un atterrissage en catastrophe à un endroit où la forêt amazonienne est si inextricable que toutes les recherches sont vaines. Cependant, le miracle a eu lieu : sur les cinquante-quatre passagers, quarante et un ont survécu. C'est l'un d'entre eux qui, après deux heures et demie de marche à travers l'enfer vert, a réussi à rallier une hacienda, où il a pu finalement donner l'alerte.

Maigret ne mènera plus l'enquête

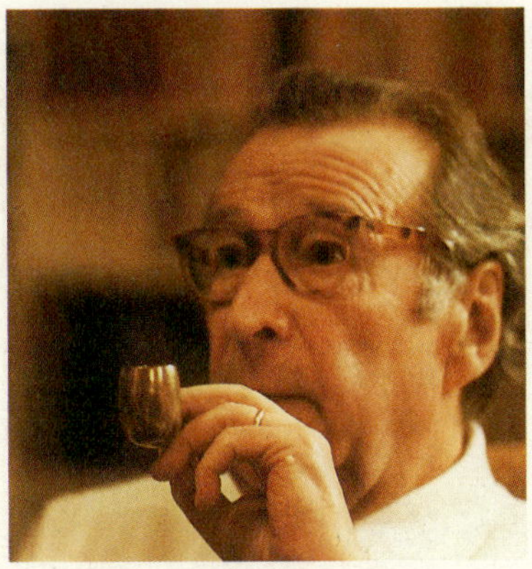

Simenon et sa fameuse bouffarde.

4 septembre. L'écrivain Georges Simenon est mort à Lausanne, en Suisse, à l'âge de quatre-vingt-six ans. Né en Belgique, un 13 février, il entre à quinze ans à peine à *La Gazette de Liège* comme reporter et y tient pendant quelques années la rubrique des chiens écrasés. En 1922, il débarque à Paris sans un sou et commence à écrire, dans une chambre d'hôtel sordide, ce qui constituera un recueil de plus de quatre cents contes et nouvelles. Le commissaire Maigret voit le jour en 1928 dans *Pietr le Letton*, son premier véritable roman. Ce policier, incarné entre autres au cinéma par Harry Baur, Jean Gabin et Jean Richard, devient peu à peu plus célèbre que son créateur. Grand amateur de femmes, l'auteur affirmait en avoir « connu » plus de dix mille. De son union avec Denise naît Marie-Jo, qui se suicidera en 1978. Il ne se remettra jamais de la perte de sa fille, qu'il évoque longuement dans *Mémoires intimes.* Simenon aura été l'un des écrivains les plus connus et le plus prolifique de son siècle : il laisse environ cinq cents œuvres tirées à plus de cinq cents millions d'exemplaires et traduites dans quatre-vingt-treize langues et dialectes.

Augmentation des suicides en France

10 septembre. Un rapport du ministère de la Santé présente des chiffres alarmants : les suicides font plus de morts dans l'Hexagone que les accidents de la route. Ce phénomène, qui touche les jeunes particulièrement, concerne à l'heure actuelle vingt et un Français sur cent mille. Ce bilan reste d'ailleurs approximatif et sous-évalué. Le plus souvent, en effet, les familles tiennent cachés ces décès qu'une part de l'opinion juge encore honteux, et le secret qui entoure les autopsies continue d'être bien gardé.

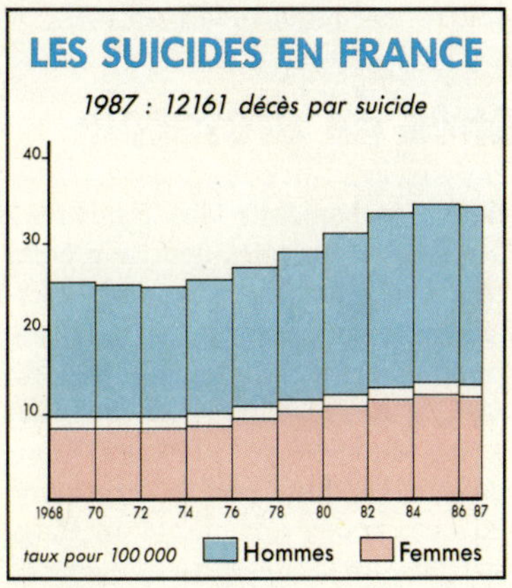

Le Onze de France en échec à Oslo

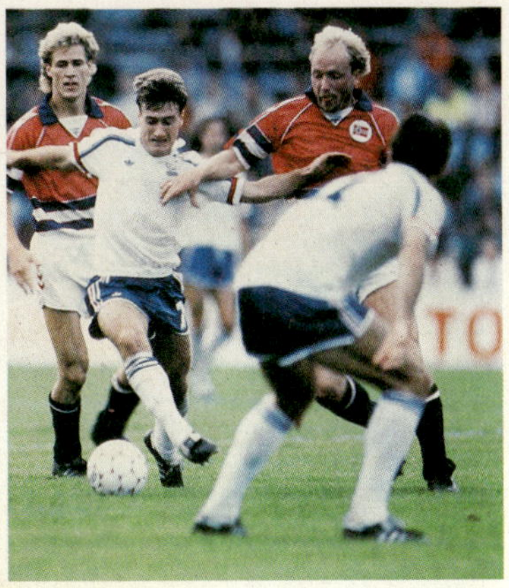

Deschamps et Brandhaug en action.

5 septembre. De Malmö, où elle avait remporté une victoire brillante et de bon augure, à Oslo, où elle vient d'essuyer un nouvel échec (1-1), l'équipe de France de Michel Platini a montré deux visages différents. Malheureusement, le match nul contre la Norvège compte pour la Coupe du monde, et il éloigne plus encore les Français de la qualification. Les Tricolores n'ont pas su confirmer jusqu'au bout un début prometteur : ils menaient 1-0 à la mi-temps, mais l'égalisation norvégienne devait ruiner leurs espoirs à six minutes de la fin.

Les rois de la coke frappent en Colombie

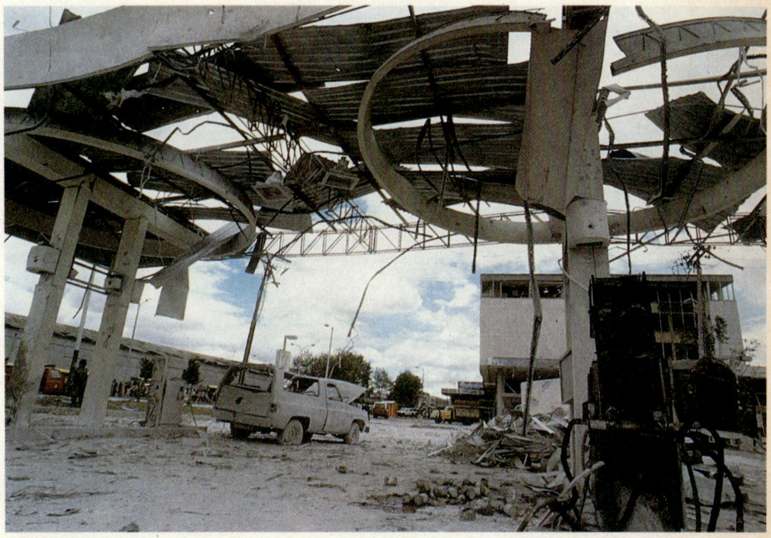

Une station-service, l'une des cibles privilégiées des poseurs de bombes.

4 septembre. Déstabiliser toujours plus : la contre-attaque des barons de la drogue que le pouvoir traque s'intensifie. Le 1er, un engin de forte puissance a partiellement détruit les locaux du quotidien libéral *El Spectator*, l'un des principaux journaux du pays, et fait soixante-quinze blessés. Aujourd'hui, une série d'attentats a marqué l'arrivée de nouveaux renforts américains en matériel. Deux bombes ont explosé à l'hôtel *Intercontinental* de Medellin, et une fusillade dans l'aéroport de cette ville a tué deux personnes et en a blessé douze autres. Un engin incendiaire a endommagé un Provider C-123, un avion du département d'Etat qui survolait la province de Cordoba (→22.9).

41 000 Parisiens sont "proxénètes"

4 septembre. Les ordinateurs sont toujours de parfaites machines qui obéissent au doigt et à l'œil. Et celui du service des contraventions du ministère de la Justice n'a pas fait exception à la règle. Mais il a créé un beau précédent tout en semant l'émoi aux foyers de milliers d'automobilistes parisiens : ces citoyens qui se trouvaient sous le coup d'une simple amende pour infraction routière se sont vus poursuivis pour « proxénétisme aggravé », « homicide involontaire » et même « trafic de produits vétérinaires ». De graves accusations qui sont à mettre sur le compte d'une erreur de code informatique...

Les Non-Alignés se réunissent à Belgrade

7 septembre. Le neuvième sommet des cent douze pays non-alignés s'achève. On retiendra qu'ils veulent adopter une position plus pragmatique par rapport à l'Occident ; que l'opposition reste totale entre l'Iran et l'Irak ; que les Pakistanais et les Afghans vont travailler ensemble sur le conflit de l'Afghanistan ; que le départ des soldats israéliens du Liban a été demandé et qu'il faut dans ce pays un cessez-le-feu durable. On retiendra aussi l'intervention délirante de Kadhafi sur les Juifs d'Israël menacés, à ses yeux, d'extermination...

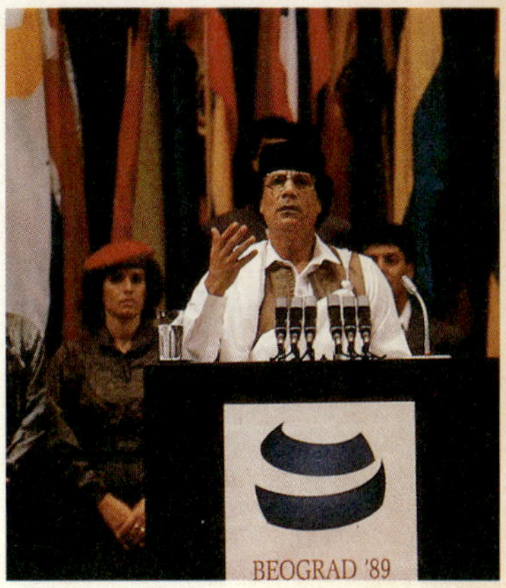

Kadhafi et ses femmes gorilles.

Septembre

1989

Lu	Ma	Me	Je	Ve	Sa	Di
				1	2	3
4	5	6	7	8	9	10
11	12	13	14	15	16	17
18	19	20	21	22	23	24
25	26	27	28	29	30	

11. Afrique du Sud : la police n'utilisera plus le fouet contre les émeutiers noirs.

12. RFA : arrivée de 10 000 nouveaux réfugiés est-allemands. Le gouvernement Honecker accuse la Hongrie d'avoir « violé le droit international ».

12. Namibie : assassinat d'Anton Lubowski (37 ans), l'un des rares leaders blancs de la SWAPO, le mouvement indépendantiste namibien.

13. Afrique du Sud : manifestation de vingt mille personnes contre l'apartheid, au Cap. Pas d'incident.

13. Guyane : pour endiguer une vague de violences (viols, meurtres, hold-up), Paris envoie cent CRS en renfort.

14. Afghanistan : libération du kinésithérapeute français Xavier Lemire, capturé par l'armée afghane le 14 août à Kaboul.

14. Canada : première chirurgicale à Toronto avec la greffe d'un nerf sciatique sur un enfant de neuf ans.

14. Etats-Unis : un trésor de 450 millions de dollars en pièces d'or est découvert dans l'épave d'un navire coulé au large de la Caroline du Sud en 1857.

14. Afrique du Sud : entrée en fonctions du président Frederik De Klerk.

14. Colombie : le caïd de la drogue, José Gonzalo Rodriguez Gacha, avoue posséder 374 voitures de luxe.

15. France : Jean-Marie Cavada est nommé directeur des programmes de FR3, et Eve Ruggieri de ceux d'Antenne 2.

15. Autriche : 101 Etats participent, à Vienne, à la conférence mondiale sur la drogue.

16. Liban : l'Algérie, l'Arabie Saoudite et le Maroc proposent un plan en sept points pour mettre fin au conflit libanais.

17. URSS : 150 000 Ukrainiens manifestent à Lvov pour réclamer la levée de l'interdiction de l'Eglise d'Ukraine.

La colère gronde aux usines Peugeot

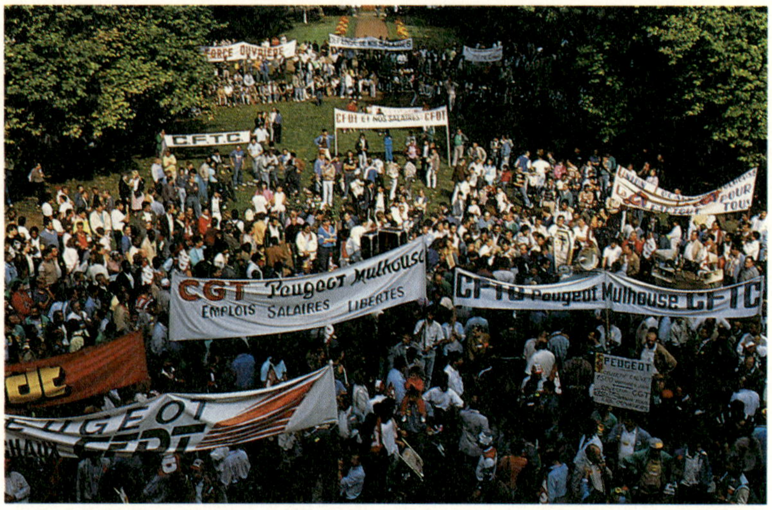

Quatre jours plus tôt, les « Lions » manifestaient dans les rues de Mulhouse.

13 septembre. L'usine Peugeot de Sochaux, la plus importante du groupe PSA avec ses 22 000 salariés, a suivi le mouvement entamé à Mulhouse. FO a rejoint la CGT et la CFDT, et les chaînes tournent au ralenti. Les salaires sont au centre des revendications des grévistes. Les syndicats n'admettent pas que, avec douze ou quatorze ans d'ancienneté, les ouvriers puissent encore gagner moins de 5 500 F net par mois. La CGT exige une augmentation de salaire de 1 500 F, la CFDT 500, et FO 250. La direction, qui redoute que le lancement de la 605 ne soit empêché, continue cependant à refuser toute négociation, et les pouvoirs publics manifestent leur inquiétude (→ 5.10).

Il faut combler les lacunes du protocole

13 septembre. Le Conseil des ministres vient d'adopter par décret le nouveau protocole de la République. L'ancien, rédigé en 1907, puis modifié en 1958, était dépassé : organiser des cérémonies officielles constituait trop souvent un casse-tête : où placer par exemple un ancien président de la République, ou bien le président de la COB ? Que faire des conjoints des ministres ? Tous ces problèmes sont à présent résolus : ainsi, M. Giscard d'Estaing est dorénavant le cinquième personnage de l'Etat. Ironie du sort, la nouvelle politesse de l'Etat a été codifiée par Jacques Gandouin, l'ancien préfet sanctionné naguère pour avoir injurié un gangster au cours d'une prise d'otages...

Becker et Graf triomphent à New York

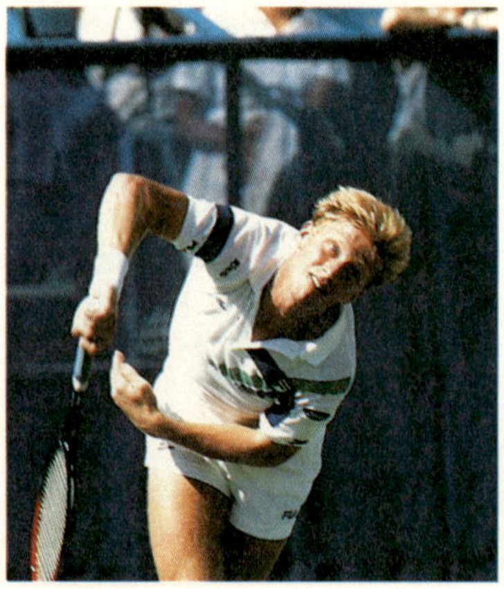

Le champion achevant son service.

11 septembre. Les Allemands continuent à dominer le tennis mondial. Après avoir triomphé tous les deux à Wimbledon, Boris Becker et Steffi Graf ont également remporté l'US Open de New York. Graf a de nouveau battu en finale Martina Navratilova. Quant à Becker, il a imposé sa puissance et la force de ses services à un Lendl incapable d'empêcher son jeune adversaire de prendre une option sur le titre de numéro un mondial pour 1989. Il reste au champion à triompher ausi sur terre battue, à Roland-Garros en particulier.

C'était une bague porte-malheur...

14 septembre. Avec la « bague de Ré », vendue par correspondance, Danièle Gilbert, ex-présentatrice de TF1, promettait amour, chance et argent pour 180 F. Mais le bijou magique aura coûté cher à la vedette, qui a passé une semaine à la prison de Nice, sous l'inculpation d'escroquerie et de publicité mensongère. L'opération a rapporté 80 millions de francs à la société Editions et Publications réunies, et 4 millions à l'animatrice qui a prêté son nom. Elle a été libérée aujourd'hui contre une caution d'un montant de 500 000 F... et avec les honneurs gratuits de la presse.

La folie Batman

13 septembre. On l'attendait depuis des mois. Le voici donc l'homme chauve-souris, le célèbre justicier américain, ennemi juré du terrible Joker. *Batman*, le film de Tim Burton, sort aujourd'hui sur les écrans français, annoncé par l'inévitable « Batmania » et son cortège envahissant de badges, de tee-shirts et de casquettes aux rayons des drugstores comme dans les colonnes des journaux. En Belgique, le film fait grand bruit pour une autre raison : sa projection est interdite aux moins de seize ans par la très sérieuse Commission de contrôle du film, du ressort du ministère de la Justice. Le film, jugé violent, se voit donc privé de ses plus jeunes spectateurs. Si *Batman* a rapporté plus de six cents millions de dollars à la Warner aux Etats-Unis, on doute que le vengeur masqué récolte le même succès en Europe.

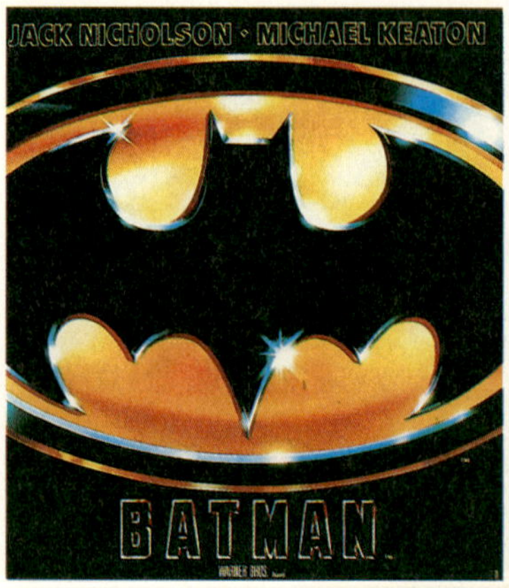

La chauve-souris, celle de l'affiche.

L'"Amoco Cadiz" : fureur en Bretagne

13 septembre. Les relations sont de nouveau très tendues entre Chicago (Illinois) et Ploudalmézeau (Finistère). Le sénateur-maire breton, président du Syndicat des communes sinistrées à la suite de la marée noire provoquée par le naufrage de l'*Amoco Cadiz* le 16 mars 1978, vient de mettre en doute le fonctionnement de la justice américaine. Le 8, en effet, le juge Franck McGarr a fait savoir que la rallonge de 35 millions de francs accordée en février aux ostréiculteurs bretons était une erreur ! Ces derniers auraient déjà été indemnisés par l'Etat français... En Bretagne, c'est l'indignation. On fait remarquer que la justice américaine est moins parcimonieuse envers les victimes de la marée noire due à l'*Exxon Valdez*. Et l'on s'étonne que le juge McGarr, officiellement en retraite et aujourd'hui avocat d'affaires, soit toujours chargé du dossier...

Hugo s'est abattu sur la Guadeloupe

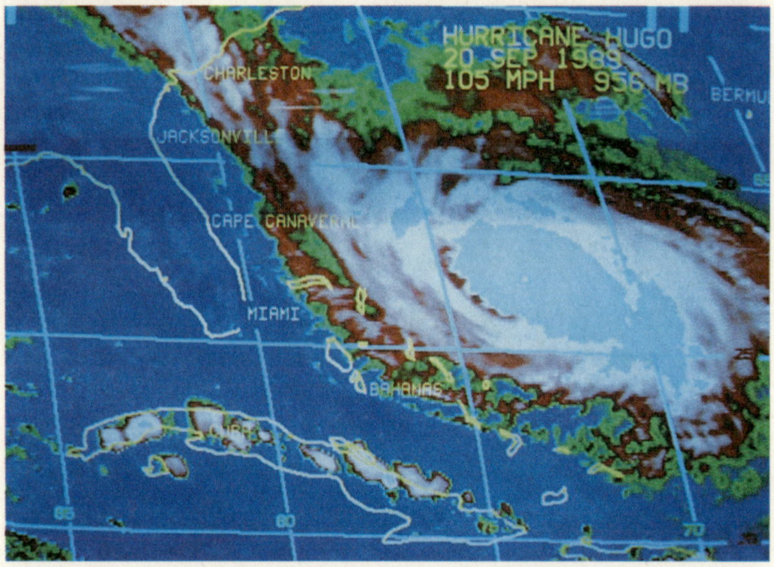

Sur la photo satellite, Hugo poursuit sa trajectoire et menace la Géorgie.

16 septembre. Minuit, heure locale. Des vents soufflant à 230 km/h, le niveau de la mer qui est monté de trois mètres en deux heures, et des pluies qui brusquement se transforment en déluge : Hugo qui, il y a cinq jours, avait pris naissance au cap Vert, vient de s'abattre sur une partie des Antilles et va se déchaîner pendant quinze heures, provoquant des dégâts considérables en Guadeloupe et dans l'île voisine de la Désirade. Il s'agit du plus violent cyclone jamais enregistré dans la région. Le réseau de communications est hors d'usage, l'aéroport et le port de Pointe-à-Pitre sont en partie détruits, et un premier bilan fait état d'au moins quatre mille sans-abri. Il y aurait par ailleurs cinq morts et une quarantaine de blessés. Bien que l'arrivée du cyclone ait été prévue par les services de la météorologie nationale française et que les secours envoyés de Paris aient réussi à atteindre Fort-de-France, l'île est dévastée. Le ministère des Dom-Tom a débloqué un fonds d'aide d'urgence de un million de francs, et deux avions avec deux cent cinquante hommes et quarante-cinq tonnes de matériel vont décoller de la métropole. Mais Hugo continue sa route (→22.9).

Nimeno II, nouvelle victime d'un Miura

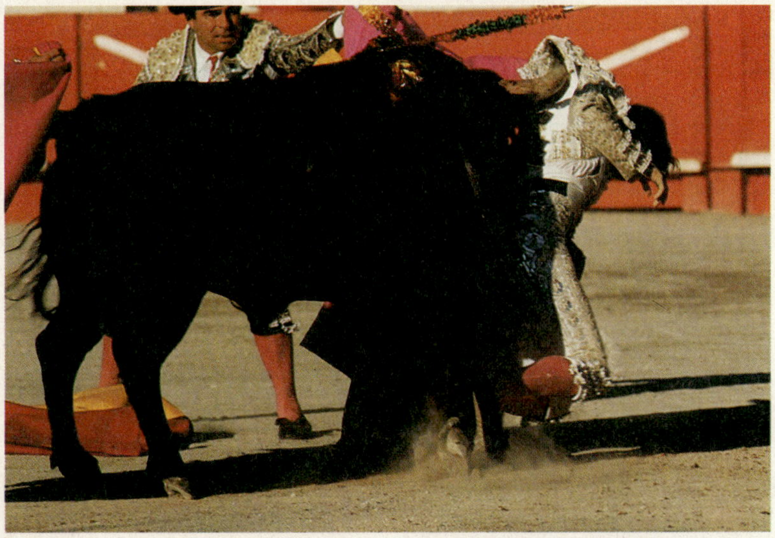

Dans l'arène, le danger guette le torero au détour de chaque figure.

11 septembre. Une fois de plus, c'est un Miura, l'un de ces légendaires *toros* andalous qui font pâlir les matadors depuis près d'un siècle et demi, qui a plongé le monde de la tauromachie dans la consternation. Le plus grand torero français de tous les temps, Nimeno II, a été très grièvement blessé dimanche lors de la feria d'Arles. Peu après 18 h, le matador combattait son deuxième *toro*, Panolero, une bête de 549 kg. Après une passe classique réussie sans peine, un coup de corne le projette soudain en l'air. Il retombe sur la tête et ne se relève pas. Les médecins ont diagnostiqué une fracture d'une cervicale. Si sa vie n'est pas en danger, il a peu de chances de recouvrer l'usage de ses jambes. Les Miura ont déjà répandu trop de sang sur le sable des arènes : ils ont tué neuf adversaires, dont le célèbre Manolete, en 1947.

La bataille de Valmy mise en scène

16 septembre. Placée sous l'égide du ministère de la Défense et second grand rendez-vous du Bicentenaire, la bataille de Valmy avait lieu à nouveau dans la plaine de l'Argonne. Mais en version 1989. Sur le terrain, pas d'évocation historique comme dans les livres. Car ce sont les artistes qui ont créé pour le public un parcours spectacle : près du légendaire moulin, une grande roue de fête foraine ; des chevaux à demi sauvages déboulant sous le fouet de Bartabas, du théâtre équestre Zingaro ; Buren, l'homme des colonnes, a imaginé des meurtrières de bois dans des corridors de toile ; et Ange Leccia a préféré, pour la fin, une explosion de pétards au tonnerre des canons.

Prise d'otages près de Liège

17 septembre. Trois gangsters, dont l'évadé français Philippe Delaire, ont investi, hier, la villa d'un gérant de banque de Tilff, près de Liège, exigeant de lui qu'il aille leur ouvrir la salle des coffres. Guy Jeuris, le banquier, protestant que ce type d'opération était impossible le week-end, a alors été pris en otage, ainsi que sa femme et ses deux enfants Gaël, 10 ans, et Françoise, 12 ans. Ce soir, Guy Jeuris a pu s'échapper, en sautant par la fenêtre, et a donné l'alerte. Mais Delaire et ses complices retiennent les fillettes et leur mère captives. Le dispositif policier est en place (→23.9).

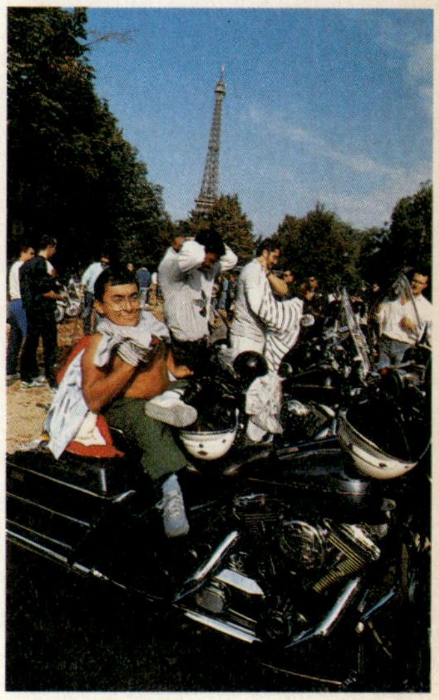

Des motards ont promené des handicapés à travers Paris.

Septembre

1989

Lu	Ma	Me	Je	Ve	Sa	Di
				1	2	3
4	5	6	7	8	9	10
11	12	13	14	15	16	17
18	19	20	21	22	23	24
25	26	27	28	29	30	

18. Chine : un typhon s'abat sur l'est du pays. 72 morts.

18. France : douze cents grévistes de chez Peugeot manifestent à Paris.

19. Niger : disparition d'un DC-10 d'UTA assurant la liaison N'Djamena-Paris (→ 24).

19. Pologne : le ministre français des Affaires étrangères signe, au nom des Douze, un accord d'aide économique à la Pologne d'un montant de 300 millions de dollars.

19. Vatican : Rome prend officiellement position dans l'affaire du carmel d'Auschwitz et se prononce en faveur du départ des carmélites.

19. Burkina Faso : coup d'Etat avorté contre le président Blaise Compaoré. Quatre conspirateurs, parmi lesquels deux ministres, sont exécutés.

20. USA : à New York, un Boeing 737 d'US Air manque son décollage de l'aéroport de La Guardia et s'écrase dans l'East River. Deux morts sur les soixante-trois occupants.

20. Sri Lanka : les troupes indiennes opérant dans le nord-est de l'île contre les rebelles tamouls décrètent un cessez-le-feu unilatéral.

21. Grèce : l'ancien Premier ministre Andreas Papandréou est déféré devant une cour spéciale pour avoir placé ses adversaires politiques sur tables d'écoute quand il était au pouvoir.

21. Maroc : un train happe un car de touristes français près de Marrakech. Six morts, trente blessés.

21. Grande-Bretagne : un ours en peluche de 1920 est adjugé à 560 000 F chez Sotheby's.

22. Etats-Unis : l'ouragan Hugo, après avoir touché les Caraïbes le 18, s'abat sur la Caroline du Sud et fait dix morts à Charleston ainsi que d'importants dégâts.

22. Belgique : le roi inaugure à Zandvliet la plus grande écluse du monde (500 m de long, 68 m de large et 17,75 m de fond).

22. Liban : Michel Aoun accepte le plan de paix arabe (→ 23).

Le DC-10 d'UTA a explosé en plein vol

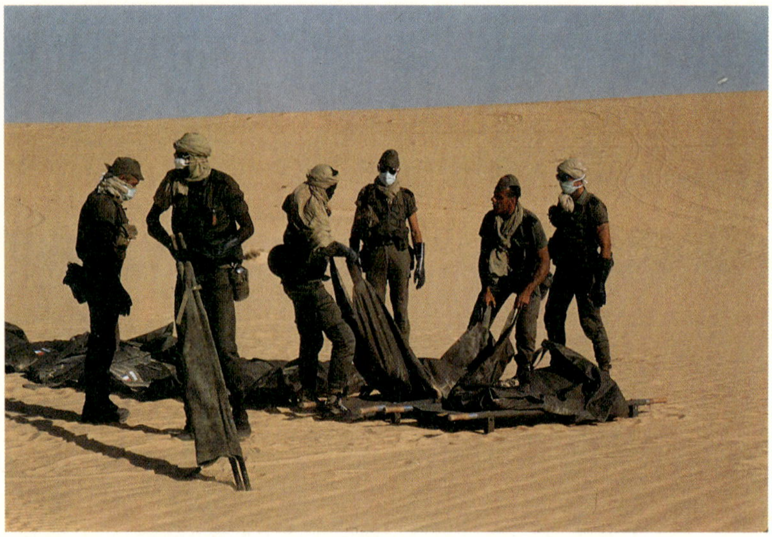

Débris et corps ont été retrouvés ensevelis dans les sables du Ténéré.

24 septembre. L'analyse des deux boîtes noires du DC-10 d'UTA qui transportait 171 passagers et membres d'équipage, et dont la trace avait été perdue le 19, a confirmé la thèse de l'attentat, émise le 21, après que l'on eut retrouvé sa carcasse dans le désert du Ténéré le 20. L'avion a été détruit en plein vol par une explosion soudaine. Selon les enquêteurs, qui se penchent pour l'heure sur la piste chiite, la bombe a été vraisemblablement placée dans la soute à bagages avant. Le DC-10 assurait la liaison Brazzaville - N'Djamena - Paris, et les passagers étaient, pour la plupart, français. Vingt-trois minutes après le décollage, tout contact avec le sol était rompu.

En TGV à 300 km/h vers l'Atlantique

20 septembre. Le Premier ministre a inauguré en gare Montparnasse le TGV Atlantique, qui emmènera dès dimanche ses voyageurs vers la Bretagne : Paris-Le Mans (201 km) en une heure. Le train desservira le Sud-Ouest dans un an. Pour les deux cent quatre-vingts kilomètres de cette ligne nouvelle, la SNCF a multiplié les prouesses techniques, comme ces tunnels antivibrations, pour protéger les vignobles de la région de Vouvray. Les trains feront des pointes de 300 km/h. Qui prétend encore que le chemin de fer est un moyen de transport dépassé ?

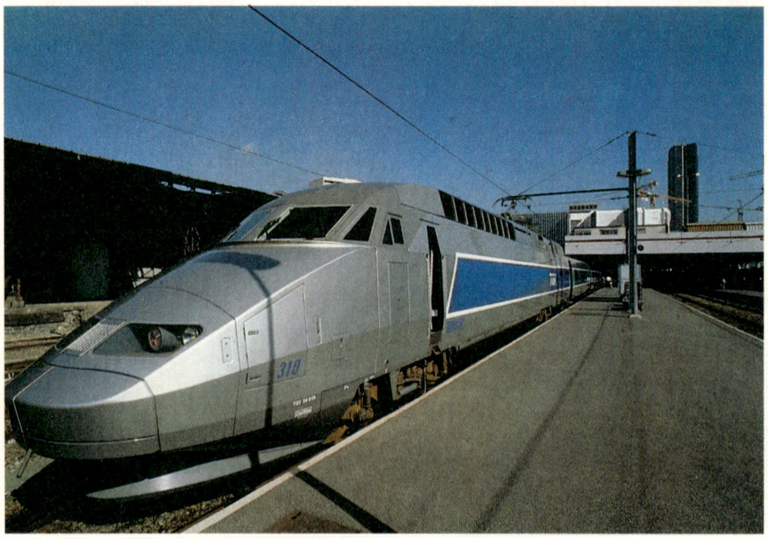

Le TGV bleu met Paris à 2 h 53 min de La Baule, contre 4 h 3 min hier.

L'IRA fait dix morts

22 septembre. L'IRA avait promis de marquer, à sa manière, le vingtième anniversaire de l'intervention des troupes britanniques en Irlande du Nord. L'organisation terroriste a tenu parole en signant son plus meurtrier attentat sur le sol anglais depuis de nombreuses années. Une puissante bombe a explosé vers 8 h 30 dans la caserne de l'école de musique des Royal Marines, à l'est de Londres. Bilan : dix morts et une vingtaine de blessés. La plupart des victimes prenaient leur petit-déjeuner au mess au moment de la déflagration, entendue à trois kilomètres à la ronde. L'émotion en Angleterre est d'autant plus grande que l'attentat revendiqué par l'IRA visait des éléments non armés.

Le ministre cède en Colombie

22 septembre. Le communiqué officiel annonçant la démission du ministre de la Justice a fait suffisamment de bruit pour couvrir un moment le vacarme des attentats. Huitième à occuper ce poste depuis trois ans, Mme Monica de Greiff se trouvait particulièrement exposée depuis le 18 août, date de la déclaration de guerre du président Virgilio Barco à l'encontre des narco-trafiquants du cartel de Medellin. Les « raisons personnelles » qu'elle invoque pour expliquer son départ sont transparentes : la jeune femme était menacée de mort ainsi que sa famille.

Boris l'Intouchable

21 septembre. Le scandale était monté de toutes pièces, et le réformateur le plus populaire d'URSS en ressort grandi : la *Pravda* a dû présenter ses excuses à Boris Elstine, l'enfant chéri des Moscovites, pour avoir répandu sur son compte des propos mensongers. L'organe du Parti avait écrit que, lors d'un voyage privé aux Etats-Unis, on avait vu Boris « descendant à longueur de nuit des demi-bouteilles de Jack Daniels, déposant des baisers baveux et éthyliques sur le front d'un digne universitaire et portant des toasts à la liberté à 6 h du matin »...

Fin du cauchemar pour les otages belges

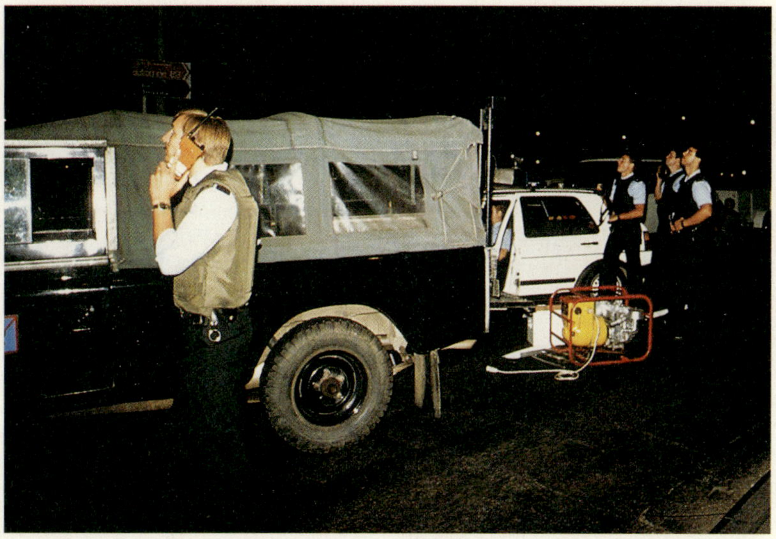

La télévision belge était présente pour le dernier acte de ce fait divers.

23 septembre. A Tilff, où trois hommes gardaient en otages depuis sept jours les deux fillettes d'un gérant de banque et leur mère, une rançon de 30 millions de francs belges (environ 5 millions de francs français) a été versée. Ils ont aussitôt libéré Gaël et Françoise. Dans une Mercedes mise à leur disposition, Delaire et ses complices ont pris la fuite à toute allure, suivis par les voitures de la police belge. Après avoir libéré Mme Jeuris au centre de Liège, ils ont tenté de trouver refuge dans une « planque » aménagée à Droixhe, dans la banlieue. La police a donné l'assaut. Philippe Delaire est mort, et ses deux complices, dont l'un est grièvement blessé, ont été arrêtés.

Comment séduire et comment résister

19 septembre. L'idée vient d'un sexologue napolitain : Giuseppe Cirillo s'est dit qu'il ne suffisait plus, comme il l'avait entrepris l'an dernier, d'initier les mâles italiens à l'art de courtiser et qu'il fallait maintenant enseigner aux jeunes femmes à se méfier des séducteurs qui n'ont qu'un but : aller directement au fait... La clientèle qu'il vise est celle des touristes étrangères. Il a donc adressé aux stations balnéaires ainsi qu'aux agences de voyages de la péninsule des brochures explicatives sur la question et sur sa méthode.

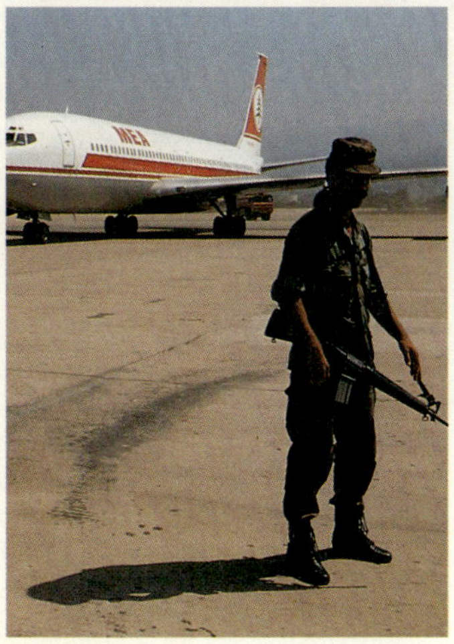

L'aéroport international de Beyrouth-Ouest a été rouvert le 24.

Toujours plus petit

20 septembre. L'évolution dans le domaine de l'informatique a franchi un nouveau pas dans la miniaturisation. La firme américaine Apple annonce le lancement sur le marché d'un portable. L'ordinateur ne pèse que 6,2 kg, mais contient le microprocesseur Motorola 68 000, et consomme 80 % d'énergie de moins que les puces standard. Cette énergie est fournie par de nouvelles batteries longue durée permettant un fonctionnement continu de six ou douze heures. Son écran est bien contrasté et très lisible, et c'est le micro-ordinateur personnel le plus performant qu'ait conçu Apple.

Senna conduirait-il dangereusement ?

24 septembre. Le feuilleton de la course automobile version Formule 1 est décidément passionnant et mouvementé ; et le duel que se livrent Prost et Senna connaît des rebondissements à chaque Grand Prix. A Estoril, au Portugal, le Français a de nouveau marqué des points. Le Brésilien a en effet dû abandonner, victime d'un accrochage avec Mansell, alors que ce dernier venait d'être disqualifié pour n'avoir pas respecté le règlement en revenant à reculons à son stand et après avoir quand même poursuivi sa course au lieu de s'arrêter. Incident d'autant plus grave et contesté que l'Anglais sera l'an prochain le coéquipier de Prost chez Ferrari !

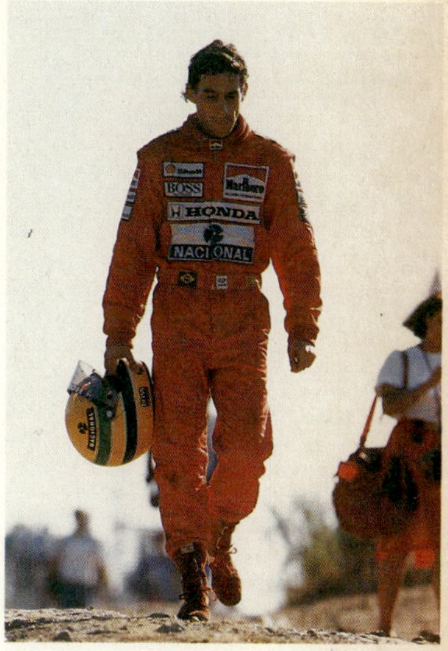

Senna, regagnant son stand...

La belle revanche de Laurent Fignon

24 septembre. Très malheureux après sa défaite du Tour de France, Laurent Fignon a aujourd'hui triomphé du sort, en remportant très brillamment à Cannes le Grand Prix des Nations, cette prestigieuse épreuve cycliste courue contre la montre. Après quatre échecs sur la Croisette, le Français s'y est imposé avec éclat. Il a pulvérisé de 1 minute et 49 secondes le record de Charly Mottet, le grand spécialiste qui avait triomphé l'an dernier mais qui n'a pas pu cette fois résister à un rival déchaîné et qui a su exploiter au maximum l'efficacité de son nouveau guidon de triathlète.

Irving Berlin faisait chanter l'Amérique

22 septembre. On le croyait immortel. A cent un ans, l'homme aux mille chansons s'est éteint à New York, laissant en héritage dix-neuf comédies musicales dont *Annie get your gun*, quinze musiques de film parmi lesquelles *Top hat* et d'innombrables standards, comme *Cheek to cheek*. D'origine russe, Irving Berlin était aussi doué pour les ballades que pour le twist ou le jazz. On lui doit le fameux *God bless America*, chanté par des millions d'écoliers. Le compositeur Jerome Kern a dit de lui : « Il n'a pas de place dans la musique américaine, il est la musique américaine. »

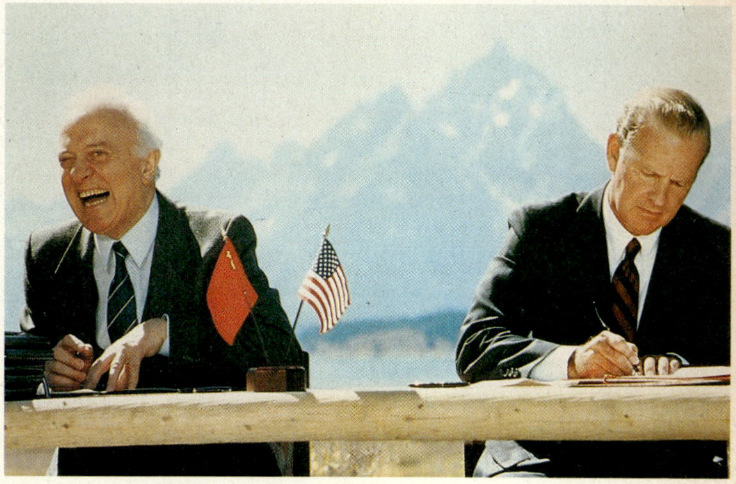

Edouard Chevarnadze et James Baker préparent, au pied de la chaîne des Grands Tétons (Wyoming), le premier sommet Bush-Gorbatchev.

Septembre

1989

Lu	Ma	Me	Je	Ve	Sa	Di
				1	2	3
4	5	6	7	8	9	10
11	12	13	14	15	16	17
18	19	20	21	22	23	24
25	26	27	28	29	30	

25. Etats-Unis : départ du cap Canaveral de la 448e et dernière fusée, une Atlas-Centaure : la NASA n'utilisera plus que des navettes.

25. Belgique : arrestation, pour faux et usage de faux, du P-DG de la coopérative laitière Sud-Lait regroupant 2 700 producteurs. L'escroquerie porterait sur des centaines de millions de FB.

26. France : à Vichy, François Léotard est évincé de la présidence du groupe parlementaire UDF par Charles Millon.

26. Est-Ouest : à l'ONU, où Bush a proposé hier une réduction de 80 % des stocks d'armes chimiques, Gorbatchev se prononce pour une destruction totale de ce matériel.

26. Chine : première apparition en public de Jian Zemin, le nouveau chef du PC chinois.

27. Japon : Sony annonce qu'il achète la Columbia Pictures Inc. pour 4,3 milliards de dollars.

28. Hawaii : mort à Honolulu du dictateur Ferdinand Marcos (*1917). Cory Aquino refuse qu'il soit inhumé aux Philippines.

28. Monde : bilan des incendies de forêt de l'été : en France et pour la seule région du Midi, 4 403 feux, 54 400 ha dévastés, 14 sauveteurs tués et 4 victimes civiles. Au Canada, plus de 6,4 millions d'hectares détruits dans le Manitoba et 25 000 personnes évacuées durant le seul mois de juillet.

29. Pologne : dissolution des Zomos, la milice (100 000 hommes) qui avait notamment réprimé les manifestations organisées par Solidarité avant sa légalisation.

29. Vatican : visite de l'archevêque de Canterbury, Robert Runcie.

DECES

29. Jean-Louis Tixier-Vignancourt, ténor du barreau et leader de la droite française (*12.10.1907).

29. Georges Ulmer, chanteur français d'origine danoise (*1919).

Les Vietnamiens quittent le Cambodge

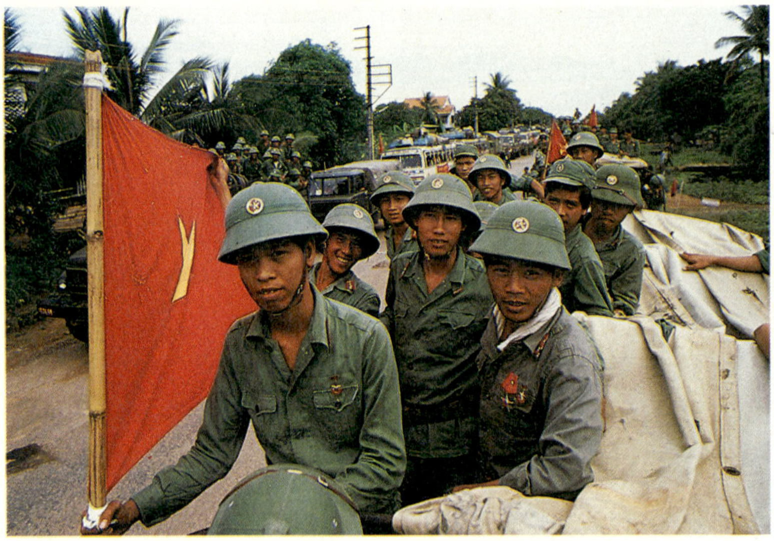

Le retrait des troupes vietnamiennes est dans sa phase d'achèvement.

29 septembre. Près de onze ans après son arrivée au Cambodge, l'armée vietnamienne rentre au pays, laissant derrière elle ses quelque 60 000 morts. Cette armée qui a vaincu la France avant d'humilier les Etats-Unis a subi au Cambodge sa première défaite. Le retrait des derniers « bodoïs » vietnamiens met fin à des années de sanglants combats contre la guérilla cambodgienne soutenue par Pékin. Comme les forces américaines au Vietnam, les soldats de Hanoi n'ont pu venir à bout de cette guérilla moins bien équipée mais redoutable. En dépit de ce retrait peu glorieux, les Vietnamiens espèrent connaître enfin la paix après près de cinquante ans de guerre ininterrompue.

Le 5 sur 5 des footballeurs français

27 septembre. Les footballeurs français, qui ont bien du mal à redonner tout son lustre à l'équipe nationale, ont accompli un exploit historique en qualifiant les cinq clubs « européens » pour le prochain tour des trois Coupes d'Europe auxquelles ils participent. Certes, Marseille, Monaco, Paris Saint-Germain, Auxerre et Sochaux bénéficient également des services de joueurs étrangers talentueux. Mais la performance mérite d'être signalée et saluée comme il convient, car elle n'avait jamais encore été réalisée dans l'Hexagone.

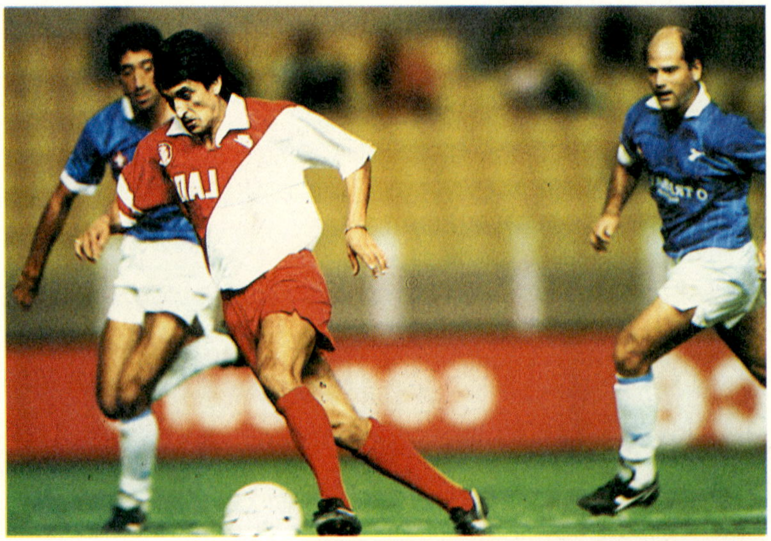

Diaz pour les Monégasques, qui affrontaient les Portugais de Belenenses.

Les archéologues sont à l'honneur

29 septembre. Hommage est enfin rendu à une discipline longtemps ignorée. Au Grand Palais s'ouvre l'exposition « Archéologie de la France, trente ans de découvertes », destinée à amener le grand public dans cet univers passionnant et à lui faire connaître la richesse du patrimoine national en la matière. En trois décennies, les chercheurs ont opéré sur quinze mille chantiers de fouilles, deux cents sites ont été ouverts au public et six cents musées inaugurés. Les organisateurs ont réussi à résumer un million d'années d'histoire humaine à travers trois mille objets, pour certains venus du fond des âges. Parallèlement et pour consacrer cette année de l'archéologie, une exposition itinérante va traverser l'Hexagone.

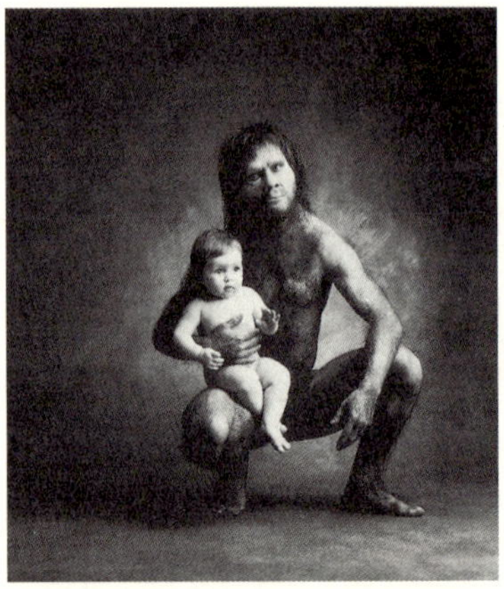

De l'âge des cavernes à nos jours.

Des lauriers pour le père du RU-486

27 septembre. Le prix Lasker, une des distinctions scientifiques les plus prestigieuses au monde, a été attribué au Français Etienne-Emile Beaulieu, pour la découverte et la mise au point du RU-486, la fameuse « pilule abortive ». Le jury a fait preuve de sérénité en récompensant l'inventeur pour la valeur et l'originalité de ses travaux : le RU-486 est en effet l'enjeu, aux Etats-Unis, d'un débat passionné mené par les adversaires de l'avortement, qui luttent pour empêcher la commercialisation du produit. En France, il est utilisé dans plus de 450 centres pratiquant l'IVG, mais il n'est pas vendu en pharmacie.

Québec : victoire libérale aux législatives

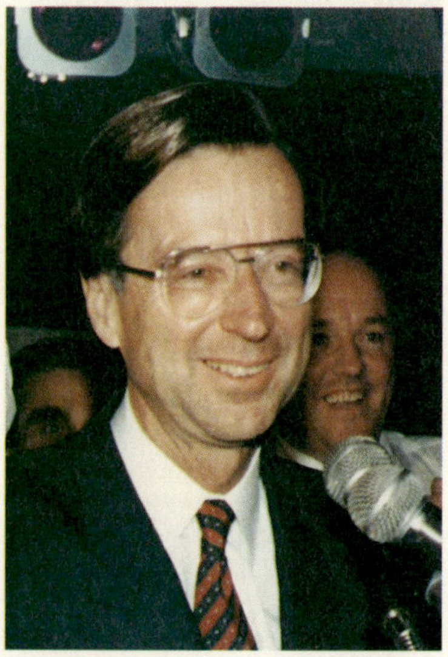

Bourassa l'emporte sans triomphe.

25 septembre. Les résultats du scrutin illustrent parfaitement la mutation politique en train de s'accomplir dans la « belle province ». Certes, avec 51 % des voix, le parti libéral du Premier ministre Robert Bourassa conserve une majorité, quoique réduite, à l'Assemblée nationale. Mais son principal adversaire, le parti québécois de Robert Parizeau – indépendantiste –, avec près de 40 % des suffrages, relève la tête, à l'image du dynamisme retrouvé de la communauté francophone. De plus, une partie de ses traditionnels alliés anglophones lui font défaut. L'entrée à l'Assemblée de quatre élus du nouvel Equality Party – Parti de l'égalité – est un signe inquiétant.

Les dissidents chinois à Paris

25 septembre. Des dissidents chinois qui ont fui leur pays à la suite de la sanglante répression du Printemps de Pékin, en juin dernier, se sont retrouvés à Paris pour relancer leur lutte pour la démocratie en Chine. Réunis à Evry (Essonne), ils ont créé la Fédération pour la démocratie en Chine. Le politologue Yan Jiaqi a été élu président de la FDC, qui se dit appuyée par les quelque 60 millions de Chinois d'outre-mer dans le monde. Cette fédération veut s'inspirer de la stratégie du syndicat polonais Solidarité. Pékin a déjà protesté contre l'accueil accordé par le gouvernement français aux contestataires.

La feuille d'impôt qui fait parler

27 septembre. *Le Canard enchaîné* vient encore de jeter un pavé dans la mare, en publiant la déclaration de revenus du P-DG de Peugeot, au moment où le conflit se durcit. Le groupe PSA a annoncé son intention de porter plainte contre l'hebdomadaire satirique. Le journal affirme que Jacques Calvet a bénéficié d'une augmentation de salaire de 45,9 % entre 1986 et 1988, alors que celle de ses 158 000 salariés n'a été, durant la même période, que de 6,7 %. Cette révélation, qui pourrait jeter de l'huile sur le feu, a été considérée par l'intéressé comme une atteinte inadmissible à la vie privée (→ 13.10).

Le fou du "périph"

29 septembre. Le Prince Noir est de retour, et il continue d'entretenir sa légende médiatique : chevauchant sa moto, il a lancé un double défi aux autorités de la sécurité routière d'abord et à la vitesse ensuite. Il a parcouru les 35,4 km du périphérique avec une moyenne de 192,73 km/h et des pointes à 300 km/h pour achever le tour de Paris en 11 minutes et 4 secondes. Et, pour être sûr que son exploit aurait des témoins, ce pilote de vingt-sept ans avait fixé une caméra à son bolide. Le reportage a été diffusé à la télévision.

Les fous du Niagara

27 septembre. En trente secondes, un duo canadien a réussi une première. Jeffrey Petrkovitch et Peter DeBernardi ont dévalé en chute libre sur cinquante mètres à la verticale dans les rapides du Niagara à bord d'un conteneur jaune en acier, de 3 m de long sur 1,50 m de large. Cette expérience dangereuse l'aura été à double titre : personne ne s'aventure jamais dans ces eaux et, pour décourager toute initiative, les policiers patrouillent. Pour avoir déjoué leur vigilence, les deux téméraires passeront en jugement le 26 octobre.

Saisie record de cocaïne à Los Angeles

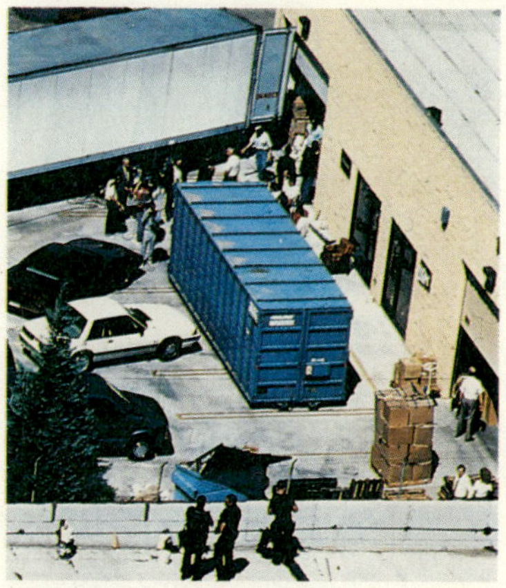

La drogue était dans un conteneur.

29 septembre. C'est dans un entrepôt situé dans une zone semi-industrielle de Los Angeles que deux douzaines d'agents fédéraux ont découvert quelque vingt tonnes de cocaïne. Outre l'énorme stock de drogue, les policiers ont saisi dix millions de dollars, en coupures de cent dollars et en liasses de 8 cm d'épaisseur chacune. Les autorités ont annoncé que 90 % de l'argent seront distribués aux unités antidrogue et 10 % reviendront au département de la Justice. Quelques sachets de cocaïne seront conservés pour preuve, et le reste sera brûlé.

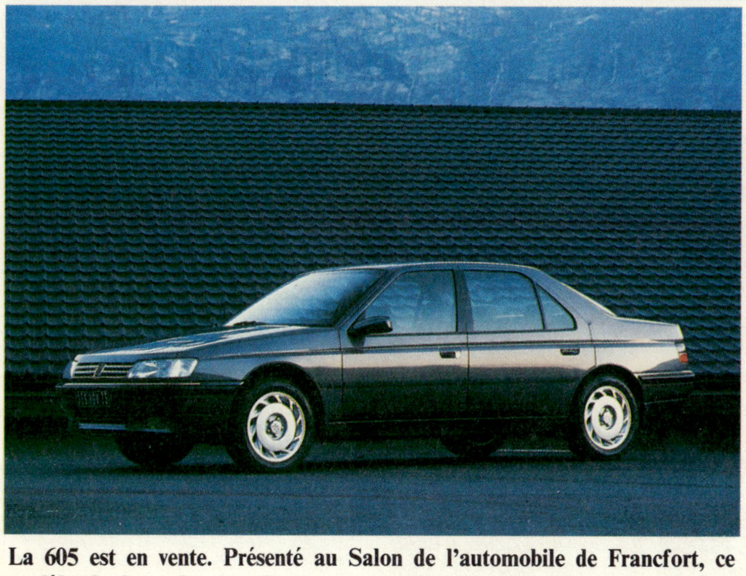

La 605 est en vente. Présenté au Salon de l'automobile de Francfort, ce modèle de luxe de chez Peugeot est sorti sans contretemps des chaînes de montage, en dépit de la grève qui paralyse Sochaux et Mulhouse.

Pompier volant contre fuite de gaz

27 septembre. L'expert texan Joe Bowden est arrivé à Chémery pour colmater la fissure d'un énorme puits, responsable de la fuite du plus grand réservoir de gaz du monde. Le spécialiste des incendies des puits de pétrole a injecté des billes d'acier, d'aluminium et de caoutchouc et utilisé également de la boue. L'opération, qui a duré vingt-quatre heures, s'est soldée par un succès total. Il est vrai que le savoir-faire de celui qui fut le second de Red Adair, le fameux pompier volant, est mondialement reconnu. Ce qui lui permet d'exiger, pour chaque intervention, entre dix et vingt mille francs de l'heure.

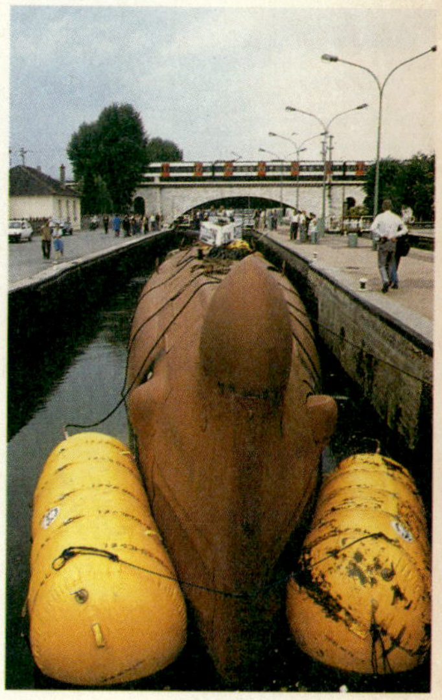

Le sous-marin l'« Argonaute » (400 t) à Paris. Son dernier port sera la Cité des Sciences.

Octobre

1989

Lu	Ma	Me	Je	Ve	Sa	Di
						1
2	3	4	5	6	7	8
9	10	11	12	13	14	15
16	17	18	19	20	21	22
23	24	25	26	27	28	29
30	31					

1er. Inde : des pluies torrentielles au Népal ont entraîné d'importants glissements de terrain (54 morts) et de graves inondations (59 victimes).

1er. Israël : week-end sanglant dans les Territoires occupés. Six Palestiniens sont tués.

2. Canada : un rapport indique que plus de la moitié des infirmières exerçant dans la région du Manitoba ont été agressées par leurs patients au cours de leur carrière.

2. France-Angleterre : Eurotunnel annonce que le tunnel sous la Manche coûtera 70 milliards de francs au lieu des 48 milliards prévus.

3. Belgique : inauguration, à Bruxelles, dans un bâtiment réalisé par Horta, du Centre belge de la bande dessinée.

3. Panama : échec d'une tentative de coup d'Etat contre Manuel Antonio Noriega.

4. Canada : des géologues américains et australiens annoncent la découverte à Great Slave Lake (territoires du Nord-Ouest) de deux morceaux de roches datant de 3,96 milliards d'années, les plus vieilles pierres recensées à ce jour.

5. Liban : de Beyrouth, un groupe palestinien, les Soldats du Droit, revendique l'assassinat, commis le 3 à Bruxelles, du Dr Joseph Wybran, président du Comité de coordination des organisations juives en Belgique.

5. France : la direction de Peugeot demande l'intervention de la force publique pour faire évacuer la forge de Mulhouse. Le gouvernement nomme un conciliateur, Francis Blanchard (→ 13).

6. France : trois jeunes musulmanes qui portaient le foulard islamique en classe sont exclues de leur collège à Creil (→ 22).

DECES

5. Noël-Noël, comédien français (*9.8.1897).

6. Bette Davis, actrice américaine (*5.4.1908).

Un siècle de gaieté pour le Moulin Rouge

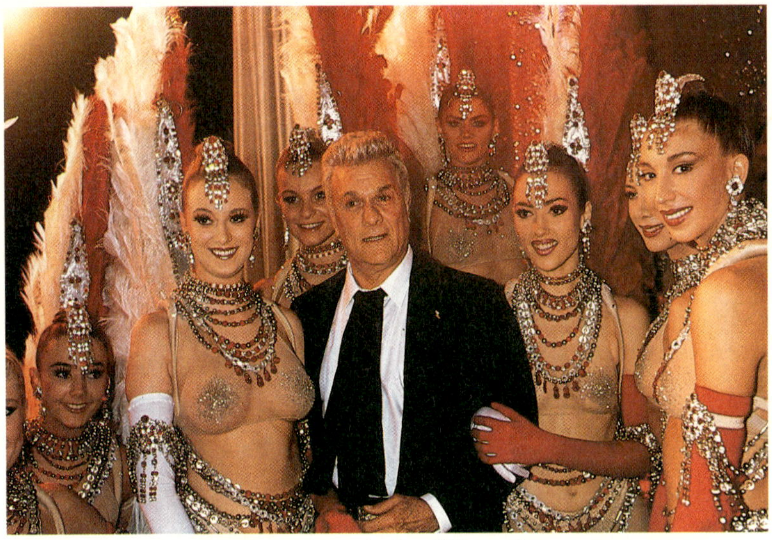

L'acteur Tony Curtis, entouré des girls du célèbre cabaret montmartrois.

6 octobre. Qui, sur la place Blanche, aurait pu imaginer en cette année 1889 que les ailes du Moulin Rouge allaient tourner cent ans au moins ? Sans doute le premier propriétaire du lieu, Joseph Oller, et le directeur Charles Zidler, qui ont deviné très vite le secret du succès : montrer aux messieurs ce qui les intéressent le plus : les dessous des dames ! Et quelles dames ! De la Môme Fromage à la Sauterelle, de Marie Casse-Nez à la Goulue, immortalisée par Toulouse-Lautrec. C'est ce peintre qui conçut l'affiche du spectacle, où les danseuses soulèvent leurs jupes et laissent découvrir leurs pantalons pendant ce « quadrille naturaliste », ancêtre du french cancan.

Premiers mariages gay dans le monde

1er octobre. Les homosexuels ne sont plus au ban de la société, du moins au Danemark. Ce pays, qui a déjà accordé aux couples de même sexe les mêmes droits de succession qu'aux couples hétérosexuels non mariés, ainsi que la possibilité de bénéficier de logements sociaux, a autorisé, pour la première fois au monde, le mariage civil de onze couples d'hommes. La cérémonie s'est déroulée à la mairie de Copenhague et devant les caméras. Parmi les heureux époux, Eigil et Axel Axgil. Ces septuagénaires sont encore une fois des précurseurs : dès 1948, ils avaient créé l'Association des homosexuels et lesbiennes.

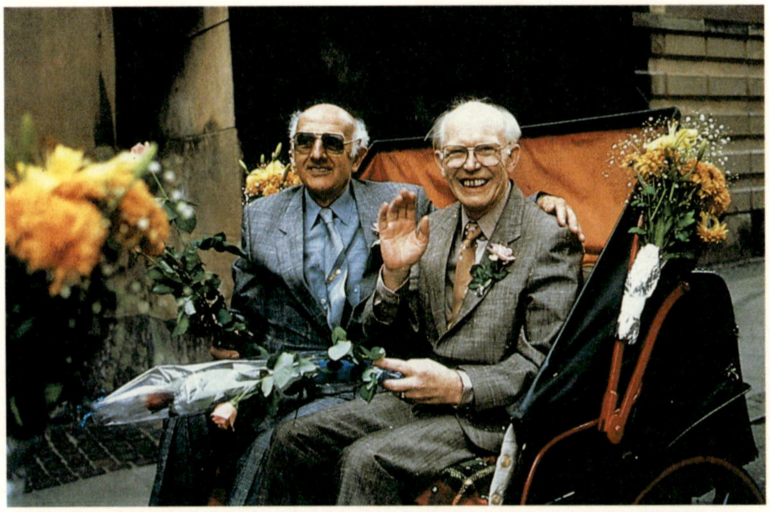

Eigil et Axel Axgil, mariés civilement après quarante ans de vie commune.

Alain Poher réélu président du Sénat

3 octobre. Au troisième tour, par cent vingt-sept voix, contre cent onze à Pierre-Christian Taittinger et soixante-seize à Claude Estier, Alain Poher conserve la présidence du Sénat et reste le deuxième personnage de l'Etat, grâce à l'appui sans enthousiasme des centristes. A quatre-vingts ans, le sénateur du Val-de-Marne s'apprête donc à exercer son huitième mandat, entamant ainsi sa vingt-deuxième année de règne à ce poste, mais avec une majorité relative. Ce scrutin laborieux aura été précédé de douze heures de tractations, dans une atmosphère survoltée et inhabituelle au sein de cette assemblée.

Les Indiens haidas à Paris en pirogue

2 octobre. « Les Indiens arrivent ! » Venus du nord-ouest du Canada, dix-huit membres de la tribu des Haidas se sont embarqués de Rouen dans une pirogue traditionnelle sculptée par Bill Reid, celui qu'on appelle le Picasso indien. Luttant contre le courant, les rameurs, sans plumes mais en short et en chaussures de sport, ont mis cinq jours à remonter la Seine jusqu'à Paris. Leur périple sert de prélude à l'ouverture de l'exposition « Les Amériques de Claude Lévi-Strauss », une rétrospective qui aura lieu au musée de l'Homme, en hommage au grand ethnologue français et à ses travaux.

Une femme, chef de la Mondaine

1er octobre. A 39 ans, Martine Monteil est le nouveau chef de la Mondaine, officiellement brigade des stupéfiants et du proxénétisme. Première femme à diriger un service au 36, quai des Orfèvres, elle est petite-fille de policier, fille et épouse de commissaire. Elle débute en tant que commissaire dans les 7e et 12e arrondissements avant d'effectuer un stage dans une brigade territoriale de la police judiciaire, puis de passer sept ans à la brigade des stupéfiants.

Bette Davis quitte l'écran pour toujours

6 octobre. La vipère préférée de Hollywood a cessé d'user de cette verve qui l'a rendue célèbre. La star est décédée à l'hôpital américain de Neuilly à l'âge de quatre-vingt-un ans. Quand Ruth Elizabeth Davis décide de venir tenter sa chance dans la ville du cinéma, rares sont ceux qui lui prédisent une carrière. Son physique ingrat est un obstacle ? Elle en fera sa principale arme. Pour décrocher le rôle d'une serveuse perverse dans *L'Intruse* d'Alfred Green en 1935, elle ira jusqu'à s'enlaidir. Ce personnage lui vaut un Oscar. Elle en obtiendra un second pour *L'Insoumise* de William Wyler en 1938. Elle tournera encore longtemps, fidèle à sa légende : géniale mais impitoyable.

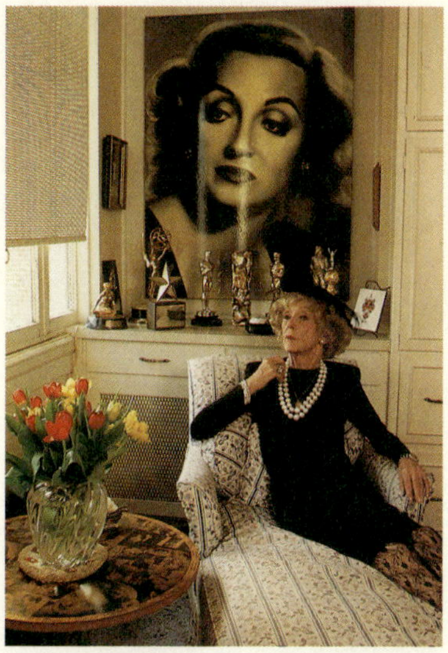

Bette Davis, hier et aujourd'hui.

Le XV de France sous les griffes des Lions

4 octobre. Le Quinze de France a subi sa première défaite au Parc des Princes depuis le 20 février 1982. Ce sont les Lions, les meilleurs rugbymen sélectionnés des quatre nations britanniques, qui viennent de la leur infliger par 29 à 27. Tout le talent de Blanco et des trois-quarts français n'a pas suffi à compenser l'inexpérience et l'infériorité d'un pack d'avants dominés par leurs rivaux. Toute une partie du Quinze tricolore est donc maintenant à reconstruire pour le Tournoi.

10 000 moutons errent sur la mer Rouge

1er octobre. Dans les cales du cargo italien *El Cordero*, la cargaison bêlante s'avère de jour en jour plus encombrante. Aucun port de la mer Rouge n'accepte le déchargement de dix mille moutons australiens commandés par l'Arabie Saoudite mais atteints de brucellose, une maladie infectieuse qui touche les ovins. La Jordanie s'est jointe à l'ensemble des Etats arabes pour bouder ce cadeau. L'Egypte a empêché de son côté le bateau de transiter par le canal de Suez, de crainte que le troupeau contaminé ne soit précipité dans les eaux. A quand la fin de ce « voyage des damnés », comme disent les Australiens ?

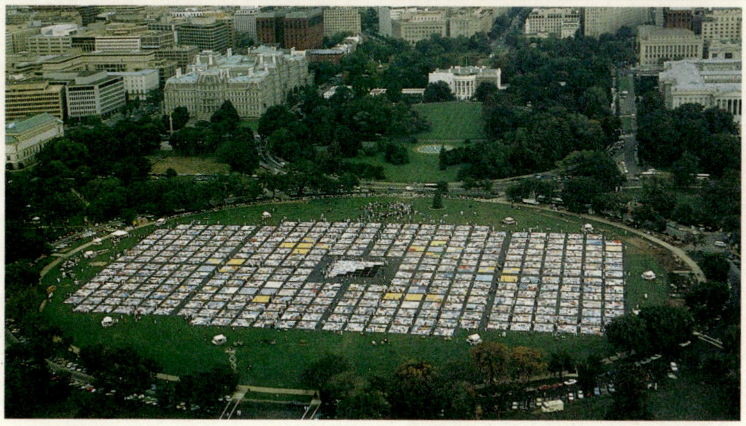

Une banderole constituée de morceaux de fourrure, de filets à poissons, en soie ou en vinyl, a été déployée devant la Maison Blanche, à la mémoire des victimes du sida, de dix-neuf nationalités différentes.

Congrès mondial du percheron en France

1er octobre. Les plus beaux spécimens de « pur-sang du labour » étaient présents ce week-end au haras du Pin. Pommelés ou noirs, ces chevaux issus de croisements d'étalons arabes avec des juments du Perche dès le VIIIe siècle, étaient venus de l'Orne et de l'Eure-et-Loir, leurs terres d'origine, mais aussi de la Mayenne, de la Sarthe, du Maine-et-Loire et du Loir-et-Cher pour participer à ce rassemblement mondial. Course de trait-tract, concours de labour, de débardage et d'élevage ont attiré autant de professionnels que de curieux. Paysans normands ou maquignons d'Amérique du Nord ont jaugé ces bêtes puissantes et endurantes qui, après avoir pâti durant des années de la concurrence du tracteur, recommencent à bien se vendre et à figurer en bonne place dans les loisirs équestres.

La Résistance vue par Robert Hossein

8 octobre. Ils étaient prêts à tout pour libérer la France de l'occupation allemande. A tout, même à former un faux réseau de résistance à l'intérieur du vrai, et servir ainsi d'appât à l'ennemi. Actuellement, au Palais des Sports se joue *Dans la nuit, la liberté*, une impressionnante fresque, mise en scène par Robert Hossein, spécialiste de pièces à grand spectacle. A partir d'un témoignage réel, l'histoire, adaptée par Frédéric Dard, raconte le sacrifice héroïque de ces anonymes qui auraient dû depuis longtemps entrer dans l'Histoire.

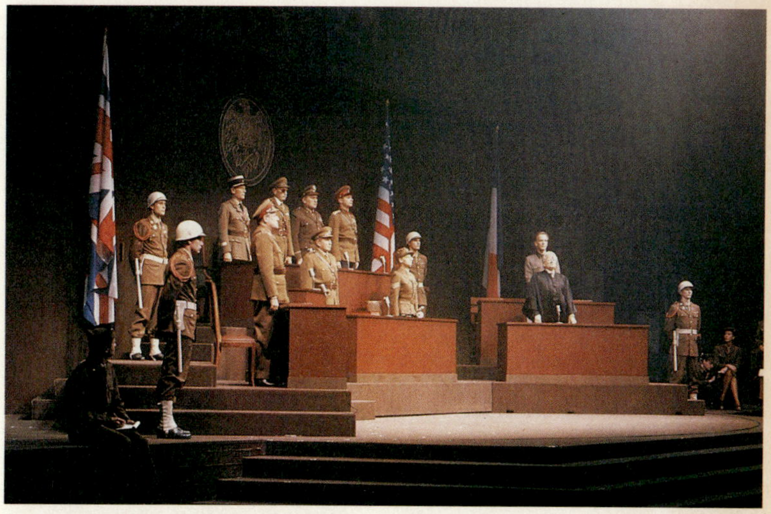

Une mise en scène sobre et un décor impressionnant pour cette pièce.

Longo a battu son propre record

1er octobre. Jeannie Longo est bien la plus grande championne cycliste de son époque. Sur la piste de Mexico, la Française a en effet porté à 46,352 km le record du monde de l'heure féminin, améliorant de près de 1,500 km son propre record, réalisé à Colorado Springs en 1987. Il serait cependant injuste et stupide d'établir un parallèle avec les vieux records masculins de Coppi et Anquetil, qui remontent à plus de 30 ans et qui furent obtenus dans des conditions différentes.

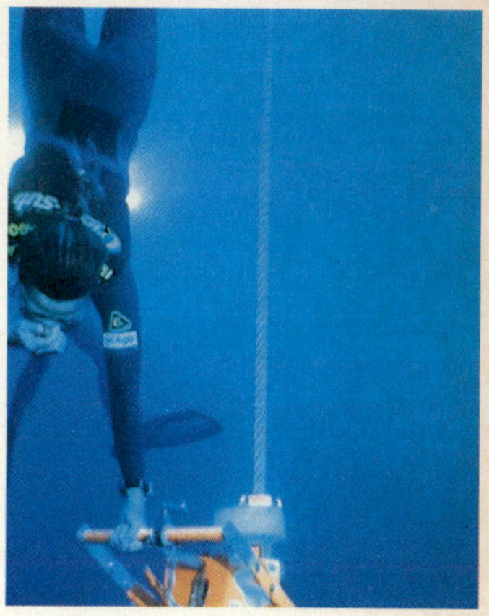

3 octobre, 14 h 31, à – 107 m : Angela Bandini a battu le record du monde de plongée en apnée.

Octobre

1989

Lu	Ma	Me	Je	Ve	Sa	Di
						1
2	3	4	5	6	7	8
9	10	11	12	13	14	15
16	17	18	19	20	21	22
23	24	25	26	27	28	29
30	31					

9. Belgique : une fuite de gaz provoque un incendie en plein centre de Bruxelles. Trois morts et six blessés.

9. Suède : le prix Nobel de médecine est attribué aux généticiens américains Michael Bishop et Harold Varmus pour leurs travaux sur l'origine cellulaire des gènes qui favorisent le développement des tumeurs.

11. France : le maire de Montfermeil refuse d'inscrire 40 enfants d'immigrés dans les écoles maternelles de la ville.

11. Suède : le Norvégien Trygve Haavelmo, 77 ans, obtient le prix Nobel d'économie pour ses recherches sur l'économétrie.

11. Philippines : tornade sur Manille. Treize morts.

12. Suède : le prix Nobel de physique est attribué aux Américains Norman Ramsey et Hans Dehmelt et à l'Allemand de l'Ouest Wolfgang Paul pour leurs travaux sur l'horloge atomique. Le Nobel de chimie revient aux Américains Sidney Altman et Thomas Cech pour leurs découvertes sur les propriétés de l'acide ribonucléique.

12. Portugal : bagarre à Lisbonne entre quatre cents marins américains et la police locale. Quatre blessés, deux cents arrestations.

12. Suède : la cour d'appel de Stockholm annule la condamnation à la prison à vie prononcée en juillet contre Carl Pettersson, le meurtrier présumé d'Olof Palme, et le libère.

12. France : inauguration, à Chamalières, de la nouvelle imprimerie de la Banque de France.

12. Etats-Unis : les non-voyants pourront désormais avoir accès aux carrières diplomatiques.

13. France : le corps du général Jean Favreau, disparu depuis huit jours, est retrouvé dans la Dordogne.

DECES

11. Merle d'Aubigné, père de l'orthopédie moderne (*23.7.1900).

Le dalaï-lama, prix Nobel de la paix

10 octobre. Ce ne fut ni Mandela ni l'abbé Pierre. Les lauriers de la Paix ont couronné, le 5, le chef spirituel des Tibétains, en exil en Inde depuis 1959. Le choix du jury d'Oslo était, comme pour Walesa, très politique. Cette année, le camouflet visait la Chine. Pékin a aussitôt réagi et insiste aujourd'hui encore à travers le *Quotidien du Peuple* sur sa profonde indignation contre cette « ingérence et cette manœuvre des Occidentaux ». Le journal qualifie le dalaï-lama de « dirigeant politique qui a mené depuis longtemps des activités cherchant à diviser la Chine et à affaiblir son unité ».

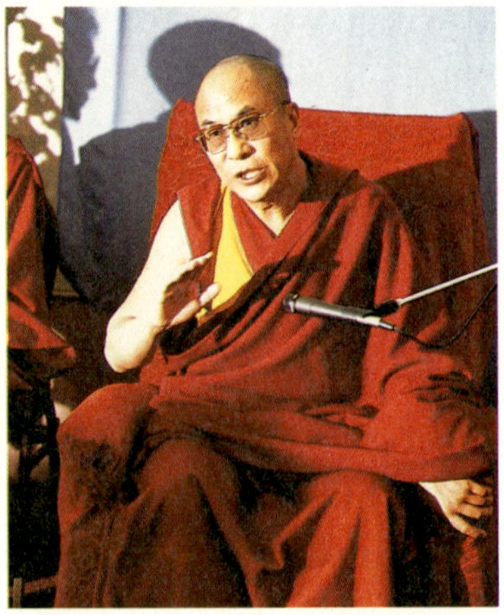

Déclaration publique du lauréat.

L'inutile victoire du Onze de Platini

11 octobre. L'équipe de France de football a obtenu au Parc des Princes une victoire contre l'Ecosse par 3 à 0, qui confirme ses progrès et des qualités assez prometteuses. Les trois buts ont été marqués par Didier Deschamps, un réel espoir de vingt ans, Eric Cantona et Jean-Philippe Durand. Les Tricolores sont parvenus à maîtriser leurs adversaires grâce à leur volonté et leur combativité. Malheureusement, ce succès arrive trop tard pour sauver leur qualification pour la Coupe du monde 1990. Même si un ultime espoir subsiste encore, en cas de victoire norvégienne en Ecosse... très improbable.

Honneur à Canu et au judo français

15 octobre. Le judo français se porte toujours aussi bien. Au cours des Championnats du monde qui ont eu lieu à Belgrade, ces judokas ont rivalisé de brio avec les Japonais et les Soviétiques. Ils ont remporté huit médailles contre dix au Japon et huit à l'URSS. Outre Fabien Canu sacré pour la deuxième fois champion du monde, les deux Catherine, Arnaud et Fleury, ont récolté de l'or. Quant aux cinq médailles de bronze, elles ont été décrochées par Bruno Carabetta, Cecile Nowak, Natalia Lupino, Claire Lecat et Aline Batailler. Ce qui souligne les progrès et la réussite d'un judo féminin français en plein essor.

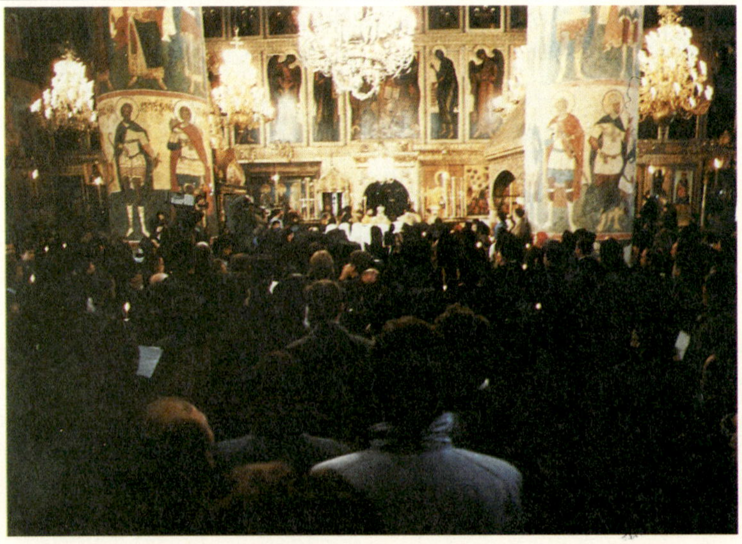

Pour la première fois depuis 1918, une messe a été célébrée dans l'enceinte même du Kremlin, en la cathédrale de l'Assomption.

Mini-krach boursier à Wall Street

13 octobre. Voici les pendules boursières remises – douloureusement – à l'heure. Rien à voir toutefois avec le « lundi noir » d'octobre 1987. L'indice Dow Jones avait alors chuté de 500 points ; il n'en a perdu cette fois que 190. Mais la secousse enregistrée à Wall Street n'en constitue pas moins un avertissement. Depuis le retour fulgurant des indices boursiers à leur niveau d'avant 1987, les experts ne cessaient de prévenir des dangers de la déconnection croissante entre l'évolution des cours et celle des variables financières. Il aura suffi d'une déclaration officielle malheureuse suivie d'un blocage lors d'une opération financière pour entraîner une chute de 7 % des cours.

Un pou bien coriace

10 octobre. Réfractaires ou mutants ? On ne sait trop encore mais les hygiénistes s'alarment : les poux qui nichent dans la tignasse de nos chères têtes blondes résistent de plus en plus aux insecticides qui, jusqu'alors, les combattaient efficacement. La prolifération de la bestiole intéresse aussi les fabricants de lotions, les chercheurs, dont certains préconisent une intervention systématique, et les services de la DDASS. Mais une chose est sûre : pas question de traiter les « pouilleux » comme des parias.

Un Mig syrien... se pose en Israël

11 octobre. Le fait n'est pas banal et il a mis le Proche-Orient en émoi. C'est une panne qui a obligé le Mig-23 à atterrir, prétend Damas. Les deux pilotes ont choisi l'asile politique, rétorque Jérusalem. Il n'empêche que l'énigme de cet avion pose une question : comment la défense antiaérienne israélienne, réputée infaillible, a-t-elle pu se laisser surprendre et faire la preuve, en sept minutes, que ses cieux n'étaient plus inviolables ? Une commission d'enquête a été créée et les députés d'opposition ont demandé des comptes au ministre de la Défense, Yitzhak Rabin.

Le P-DG de Peugeot accepte de négocier

13 octobre. Il était 14 h quand a commencé l'évacuation de la forge de Mulhouse, occupée depuis dix-neuf jours et dix-neuf nuits. Des techniciens, cameras vidéo à l'appui, ont pu constater l'excellent état des lieux. La fin du blocage de cet atelier de chez Peugeot, d'où sortent quotidiennement trois cent quatre-vingts tonnes de pièces forgées, avait été exigée par Jacques Calvet comme préalable à l'ouverture de négociations. Celles-ci ont été entamées immédiatement, mais dans un climat tendu. D'emblée, la direction a annoncé l'annulation totale des vingt-six licenciements, des cent quatre procédures de licenciement et des soixante et une mises à pied prononcées depuis le début du conflit, à Mulhouse et à Sochaux. Mais elle refuse de s'engager sur les augmentations salariales à l'origine du conflit. La CGT a répliqué en appelant à un durcissement de la grève (→23.10).

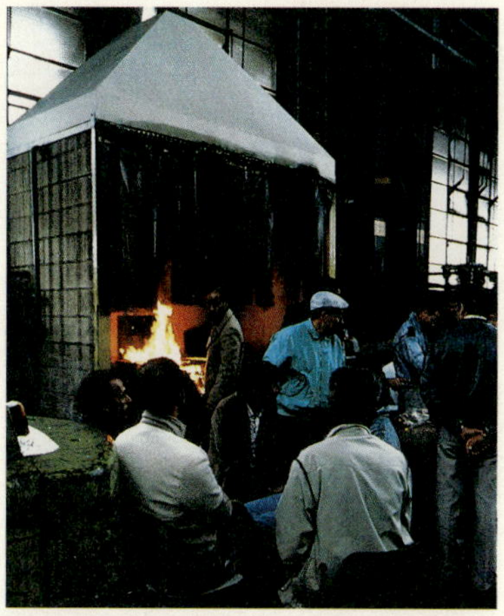

La forge de l'usine de Mulhouse.

L'Afrique du Sud libère huit chefs de l'ANC

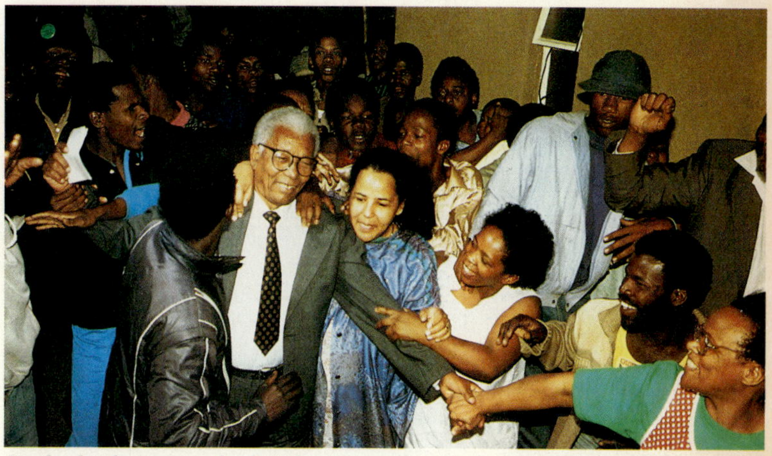

Sisulu, le plus connu des huit leaders nationalistes, après 26 ans de prison.

15 octobre. A l'aube, Walter Sisulu et sept autres dirigeants du Congrès national africain, qui totalisaient ensemble quelque cent cinquante ans de prison, sont libres. Ils ont été accueillis dans le ghetto noir de Soweto par une population en liesse. Condamné à perpétuité le 12 juillet 1964, Sisulu, soixante-dix-sept ans, est le secrétaire général du mouvement antiapartheid, qu'il a rénové avec Nelson Mandela. Il est aussi le rédacteur de la Charte de la liberté qui prône l'avènement d'une Afrique du Sud démocratique et multiraciale. Le leader a énoncé, dans la soirée, les conditions que met l'ANC à l'ouverture de négociations avec le pouvoir : libération de Nelson Mandela, légalisation de l'ANC, levée de l'état d'urgence, suppression des proscriptions sur les militants politiques, retour des exilés et, surtout, « abrogation des lois racistes ou qui nuisent à la liberté ». Dans quelles limites le gouvernement de Frederik De Klerk est-il prêt à les accepter ?

Le virus des PC a-t-il fait long feu ?

13 octobre. Nom : Datacrime. Particularités : s'attaque aux micro-ordinateurs et sévira ce vendredi 13. Une rumeur, venue des Etats-Unis, avait précédé l'arrivée d'un virus spécial destiné à toucher les systèmes informatiques. Mais, soit que les utilisateurs aient pris des précautions en se procurant des disquettes « vaccins », soit que le virus ait été moins méchant que prévu, la contamination semble minime (→26.11).

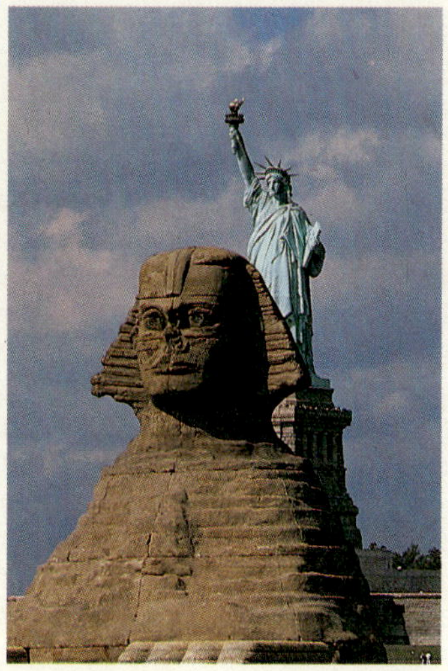

La réplique du sphinx de Gizeh est à New York pour annoncer l'opéra « Aïda », prévu en 1990.

Paris lutte contre ses embouteillages

9 octobre. Contre le flot des voitures et l'asphyxie de la capitale, la ville de Paris veut prendre des mesures énergiques : les grands axes seront interdits au stationnement, les autres serviront à la desserte locale et certaines rues pourraient être réservées aux riverains. On construira plus de parkings souterrains et de couloirs de bus, et l'on améliorera le réseau de transports en commun. Un premier pas vers la fin du règne de l'automobiliste tout-puissant ?

Liège, une ville sans le sou

12 octobre. Deux mille agents municipaux ont manifesté à Liège, bloquant la circulation en jetant au milieu des rues de la ville les centaines de sacs poubelles accumulés depuis le début du mois, depuis que la ville est en cessation de paiement. Le pouvoir de tutelle, la Région wallonne, exige, en préalable à tout versement d'argent, que le pouvoir communal mette en disponibilité plusieurs centaines de fonctionnaires nommés. Et la municipalité ne parvient pas à se mettre d'accord pour trouver une majorité qui voterait ce plan d'assainissement nécessaire mais impopulaire.

Première visite du pape à Timor-Est

12 octobre. « Aime ton ennemi et prie pour ton persécuteur. » Le message délivré par le pape lors de sa visite à Dili a déçu les six cent mille catholiques que compte le Timor oriental. S'abstenant de condamner explicitement l'annexion de l'île par l'Indonésie en 1975, Jean-Paul II a tenu à affirmer le caractère uniquement pastoral de sa visite. Mais, lors d'une messe rassemblant « seulement » quatre-vingt mille personnes, de violents incidents ont opposé des partisans indépendantistes du Fretilin à la police.

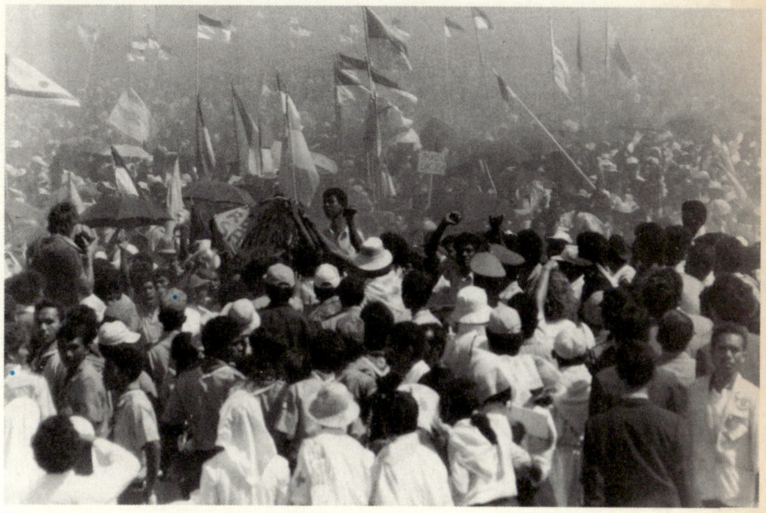

Manifestation pour l'indépendance à Dili, la capitale provinciale.

Octobre

1989

Lu	Ma	Me	Je	Ve	Sa	Di
						1
2	3	4	5	6	7	8
9	10	11	12	13	14	15
16	17	18	19	20	21	22
23	24	25	26	27	28	29
30	31					

16. France : trente-quatre véhicules circulant dans le brouillard entrent en collision sur l'autoroute Paris-Lyon, à hauteur de Villefranche-sur-Saône. Six morts, vingt-deux blessés.

16. France : Pierre Bérégovoy lance un ultimatum aux grévistes des centres informatiques de la comptabilité publique, qui menacent de bloquer le traitement de 4,7 millions de fonctionnaires (→ 19).

16. Belgique : des chasseurs et des trappeurs canadiens de la tribu des Innus protestent au siège de l'Otan à Bruxelles contre l'installation d'un camp militaire sur leurs terres ancestrales, à Goose Bay (Labrador).

17. Afrique du Sud : le gouvernement se dit prêt à discuter des revendications des Noirs avec Walter Sisulu et les autres leaders récemment libérés.

17. France : Bernard Pivot et Jean d'Ormesson font leur entrée au musée Grévin.

18. Chine : un séisme fait vingt-neuf morts dans le nord du pays.

18. URSS : un avion militaire soviétique s'écrase dans le Caucase. Cinquante-sept morts.

18. Colombie : après l'assassinat hier du juge Rodriguez, magistrat au tribunal de Medellin, 17 000 fonctionnaires de la Justice font grève.

19. Argentine - Grande-Bretagne : reprise des relations diplomatiques entre les deux pays, rompues en 1982 lors de la guerre des Malouines.

19. France : une carte informatisée accrochée au rétroviseur mise en service pour contrôler le stationnement automobile.

21. Honduras : un Boeing 727 hondurien s'écrase près de Tegucigalpa. 131 morts.

22. Pays-Bas : à Amsterdam, des hooligans lancent deux bombes dans la foule lors du match de football Ajax Amsterdam-Feyenoord Rotterdam. Dix-neuf blessés.

Porter le foulard islamique à l'école ?

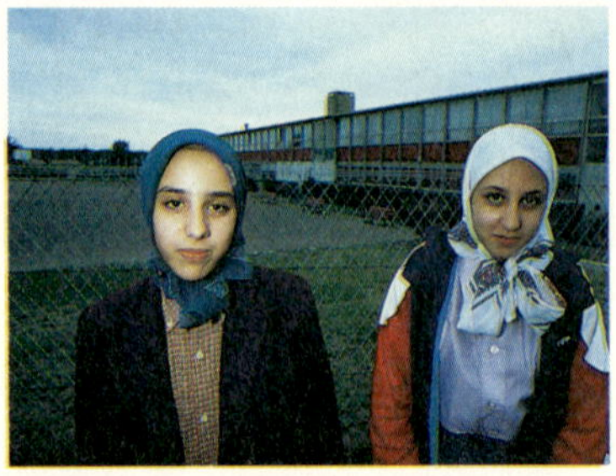

Les deux collégiennes de Creil.

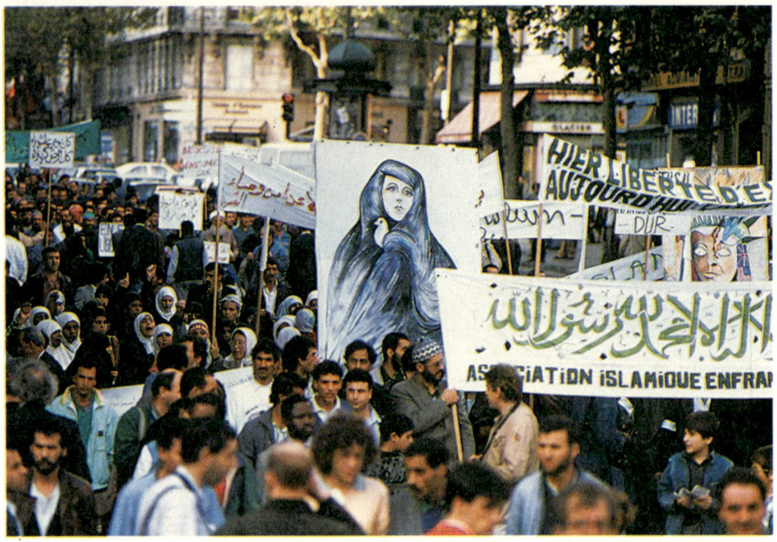

Une manifestation a réuni à Paris les partisans du port du voile islamique.

22 octobre. Il y a un mois seulement, Leila et Fatima n'étaient encore que des collégiennes anonymes, inscrites au collège Gabriel-Havez de Creil, dans l'Oise. Mais les deux jeunes Tunisiennes musulmanes ont créé l'événement en venant en cours, l'une coiffée d'un foulard islamique blanc et l'autre d'un rouge. Un geste religieux ou un geste d'adolescentes, un geste pour marquer sa différence de toute façon et un geste qui, dans le cadre de l'école française laïque, agite les esprits. Tout le monde en parle : la presse, les intellectuels, les élèves, les profs, les musulmans de France, les autorités religieuses islamiques et chrétiennes, les maires de communes où vivent des immigrés, et les parlementaires, de gauche comme de droite. Exclues le 18 septembre avec une autre de leurs camarades, les jeunes filles ont été réintégrées le 9 octobre, à la condition de garder leur voile baissé sur les épaules. Le ministre de l'Education, Lionel Jospin, a précisé que « l'école est faite pour accueillir les enfants et non pas pour les exclure », mais a rejeté le fait que l'on affiche sa religion de manière trop voyante. Le débat, qui s'est étendu au problème du mélange des cultures et de l'évolution de la société, ne semble pas prêt d'être clos (→ 27.11).

Les agents du fisc descendent dans la rue

19 octobre. Plusieurs dizaines de milliers de fonctionnaires des Finances (Impôts, Trésor, INSEE, Douanes) ont manifesté à Paris à l'appel de leurs organisations syndicales. Eparpillant sur leur passage des formulaires de déclaration de revenus, distribuant de fausses vignettes automobiles à l'effigie de Michel Charasse, ministre délégué au Budget, ils ont gagné Bercy. Les syndicats exigeaient une augmentation égale à trente points d'indice, soit sept cents francs par mois. L'action revendicatrice qu'ils mènent depuis cinq mois paralyse les recettes de l'Etat et les activités économiques de tout le pays. On ne dédouane plus les marchandises qui attendent, et les actes notariés ne sont plus validés, notamment les actes de vente de logements et de terrains. L'Etat n'estampille plus les bijoux, et les recettes de la TVA ne rentrent plus, ce qui entraîne l'émission d'un important supplément de bons du Trésor afin d'assurer la trésorerie publique... Pierre Bérégovoy, qui recevait une délégation de grévistes, a envisagé le versement d'une prime mensuelle, sur le montant de laquelle les syndicats s'apprêtent à négocier. Ils discuteront également de sa prise en compte dans les pensions. Mais le mouvement continue.

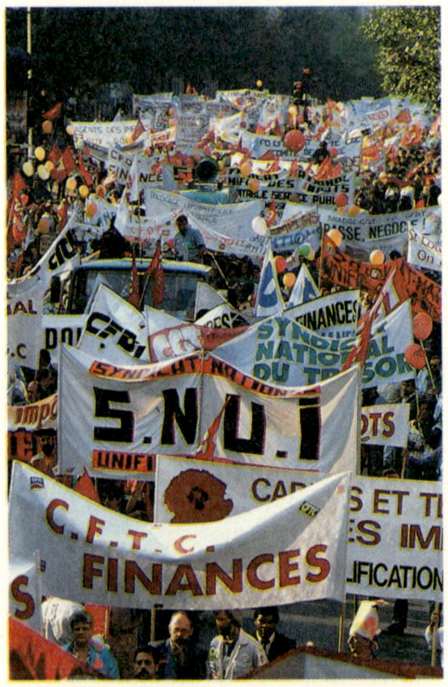

Important défilé dans la capitale.

Affaire Wallenberg, suite et fin ?

16 octobre. Les autorités soviétiques ont reconnu enfin leur responsabilité dans l'affaire Raoul Wallenberg. Ce diplomate suédois, qui a sauvé de la déportation des milliers de juifs hongrois, avait été enlevé à Budapest le 17 janvier 1945, au moment de l'entrée de l'Armée rouge en Hongrie. Aujourd'hui, des représentants de la Société Wallenberg ont été reçus à Moscou pour une remise de documents le concernant, et notamment un acte de décès daté du 17 juillet 1947, signé par le médecin de la Loubianka, la prison du NKVD [l'ancêtre du KGB]. Selon les Soviétiques, le dossier n'aurait été retrouvé que le 27 septembre dernier. Mais la prétendue preuve de la mort du diplomate reste sujette à caution. Certains témoins assurent, en effet, avoir vu Raoul Wallenberg à la prison de Vladimir, à quelque deux cents kilomètres au nord-est de Moscou, à la fin des années soixante-dix.

La RDA contrainte à changer de maître

18 octobre. Guide incontesté des destinées de la RDA depuis dix-huit ans, Erich Honecker, 77 ans, a dû démissionner pour céder la place à son dauphin Egon Krenz, 52 ans. Ce départ, officiellement motivé par des « raisons de santé », intervient alors que l'Allemagne de l'Est traverse la plus grave crise de son histoire. Le vieux stalinien qui fut le maître d'œuvre du mur de Berlin n'a pas survécu à la vague de manifestations en faveur de la démocratie ni à l'humiliante fuite vers l'Ouest de dizaines de milliers de ses concitoyens. Mikhaïl Gorbatchev avait lui-même sonné le glas d'Honecker lors de sa visite à Berlin-Est il y a onze jours en déclarant : « Lorsqu'on est en retard, on est puni par la vie. » (→30.10)

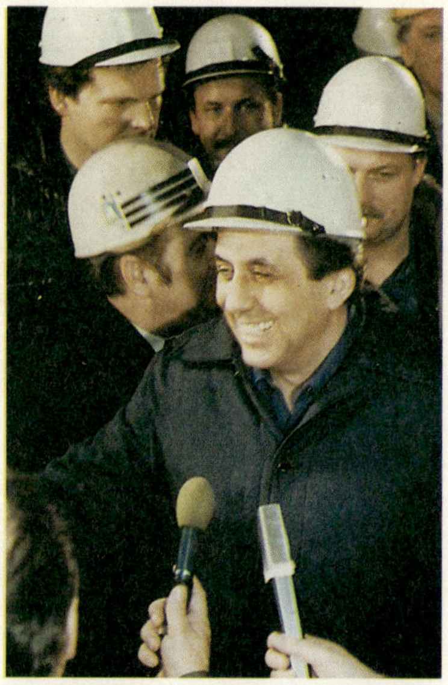

Egon Krenz, au milieu d'ouvriers.

Cela, prix Nobel de littérature

19 octobre. Camilo José Cela est le cinquième écrivain espagnol à être couronné par le jury de Stockholm depuis que le Nobel existe. Agé de 73 ans, le romancier considère que le « troisième âge n'est pas une fatalité », et il est réputé dans son pays, tant pour son solide appétit que pour son humour grinçant. On le connaît aussi pour avoir traité par le mépris la censure de Franco et pour avoir surtout écrit, en 1942, *la Famille Pascal Duarte*, un livre phare pour toute une génération.

Accord des députés libanais à Taef

22 octobre. Enfin une faible lueur d'espoir pour le Liban, meurtri par quinze ans de guerre civile : les députés libanais réunis à Taef, en Arabie Saoudite, ont réussi à se mettre d'accord, après vingt-trois jours de débats, sur un document d'entente nationale qui doit théoriquement mettre fin au conflit. Le texte ne fait toutefois aucune allusion à l'épineux problème du retrait des 35 000 soldats syriens qui contrôlent plus des deux tiers du territoire libanais...

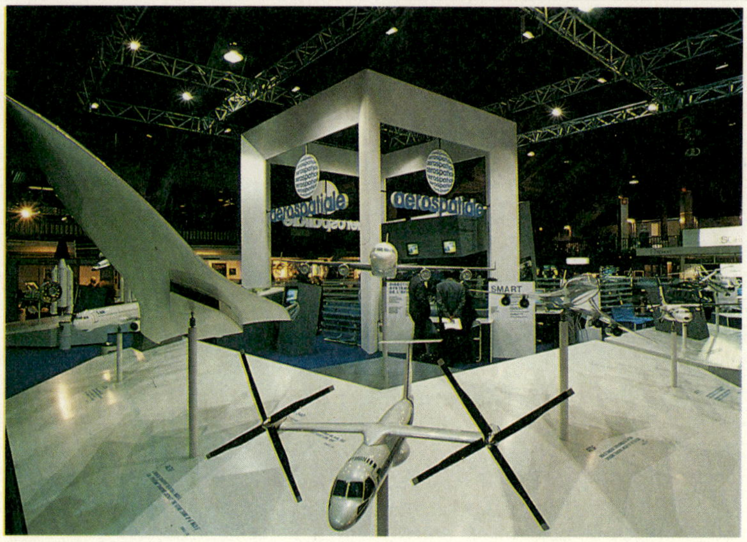

Ve Salon international des techniques du futur, à Toulouse. Le Centre national d'études spatiales y présente ses plus grandes réalisations.

17 h 4 : la terre tremble à San Francisco

17 octobre. La secousse n'aura duré que quinze secondes. Le séisme qui a touché San Francisco et sa région n'est heureusement pas comparable à celui qui s'était produit en 1906. D'une magnitude de 6,9 degrés sur l'échelle de Richter, il a toutefois causé la mort de 272 personnes. La plupart des victimes se trouvaient à bord de leurs voitures et circulaient sur le Bay Bridge, à l'heure de la fermeture des bureaux, au moment où la voie supérieure du pont s'est effondrée sur le tronçon inférieur, écrasant au moins une centaine de véhicules ou les précipitant dans les énormes crevasses apparues dans le bitume. A l'intérieur de la ville et dans le quartier des marinas, le plus touché, la plupart des lignes téléphoniques sont coupées et des conduites de gaz ont été éventrées. De nombreux incendies ont pris dans des maisons en bois. Dans le centre, les gens parlent d'un grand souffle de vent qui a tout jeté par terre et du sol qui s'est mis soudain à vaciller sous les pieds. Les dégâts matériels s'élèveraient à un milliard de dollars.

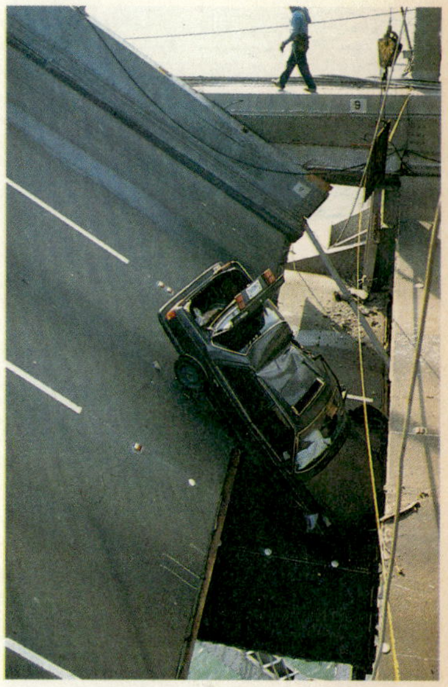

Dans le vide, les eaux de la baie.

L'Antarctique reste objet de convoitises

20 octobre. Le sixième continent ne sera pas une réserve : la proposition très écologique de la France et de l'Australie a été écartée, au moins provisoirement, par les 39 Etats signataires du traité de Washington et siégeant à la conférence sur l'Antarctique. Deux sessions extraordinaires sont prévues l'an prochain, l'une consacrée à l'environnement et l'autre à l'exploitation des ressources minières de cette partie du monde, encore intactes. C'est là tout le problème : jusqu'ici, seuls les scientifiques ont eu accès au continent. La perspective d'une exploitation économique soulève un tollé : l'équilibre écologique très fragile du continent blanc n'y survivrait pas. Mais les Etats ne semblent pas encore prêts à renoncer aux richesses enfouies sous les glaces.

Senna, vainqueur, est disqualifié

22 octobre. Senna continue ! Il a été une nouvelle fois le héros plutôt spectaculaire du Grand Prix du Japon, couru sur le circuit de Suzuka. Au quarante-septième tour, alors qu'Alain Prost menait la course et qu'il abordait une chicane, Senna s'est glissé à la corde et a accroché son coéquipier. Le Français a dû abandonner, pendant que le Brésilien poursuivait l'épreuve et la terminait en tête, avant d'être disqualifié au profit d'Alessandro Nannini, déclaré vainqueur. Du coup, Prost est sacré champion du monde 1989 et ajoute un troisième titre à son palmarès.

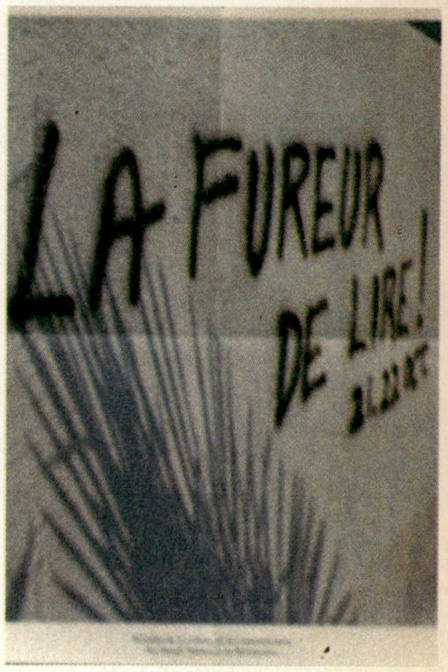

Un week-end pour hanter les librairies, voir des écrivains et dévorer les livres petits et gros.

Octobre

1989

Lu	Ma	Me	Je	Ve	Sa	Di
						1
2	3	4	5	6	7	8
9	10	11	12	13	14	15
16	17	18	19	20	21	22
23	24	25	26	27	28	29
30	31					

23. France : après sept semaines de grève, les ouvriers de Peugeot votent la reprise du travail pour le 24.

23. Cameroun : ouverture à Yaoundé du deuxième symposium international sur le sida.

24. Italie : entrée en vigueur du nouveau Code pénal, largement inspiré du modèle anglo-saxon.

25. Nouvelle-Calédonie : en mesure d'apaisement, le gouvernement décide l'amnistie, même pour les crimes de sang.

25. Sri Lanka : de violents affrontements entre rebelles et forces gouvernementales ont fait soixante et un morts en vingt-quatre heures.

25. Belgique : la compagnie charter belge TEA commande à Boeing trente-cinq biréacteurs B-737.

26. Taiwan : un Boeing 737 taïwanais s'écrase au sol. Cinquante-quatre morts.

27. Nicaragua : le président Daniel Ortega annonce la levée de la trêve unilatérale décrétée par Managua dans le conflit contre la Contra.

27. France : les producteurs français de la « Lambada » poursuivis pour plagiat par le gouvernement bolivien.

28. France : Roger Knobelspiess est condamné à neuf ans de prison pour hold-up.

29. Afrique du Sud : manifestation sans incident de plus de soixante-dix mille Noirs contre l'apartheid, à Johannesburg.

30. Cambodge : couvre-feu imposé à Phnom-Penh. Succès militaires des Khmers rouges dans l'ouest du pays.

30. Etats-Unis : Mitsubishi rachète le Rockefeller Center de New York.

31. Salvador : explosion d'une voiture piégée devant le siège de la Fédération nationale des travailleurs. Sept dirigeants syndicaux tués.

31. Turquie : élection à la présidence de Turgut Ozal, jusqu'alors Premier ministre.

A l'Est, rien n'est plus comme avant

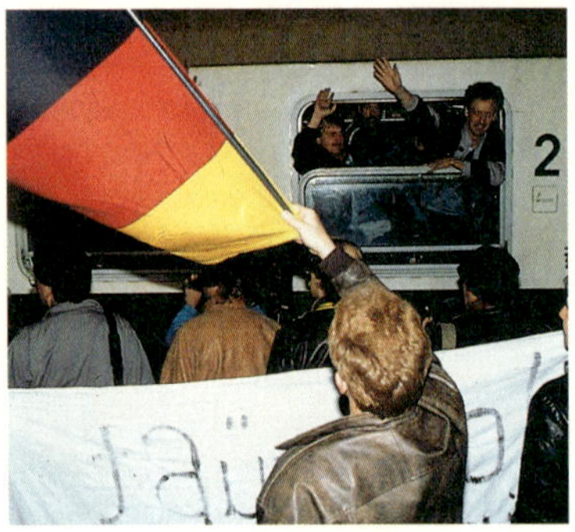

Arrivée d'un des trains de la liberté.

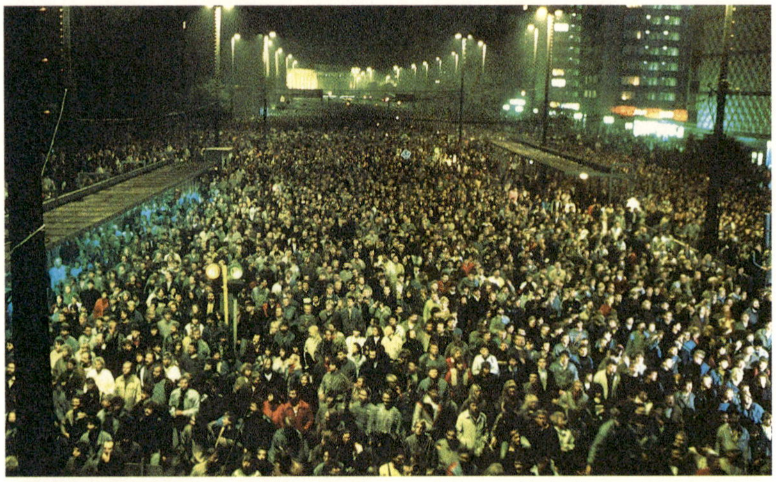

A Leipzig (RDA), les manifestations se succèdent et la foule grossit.

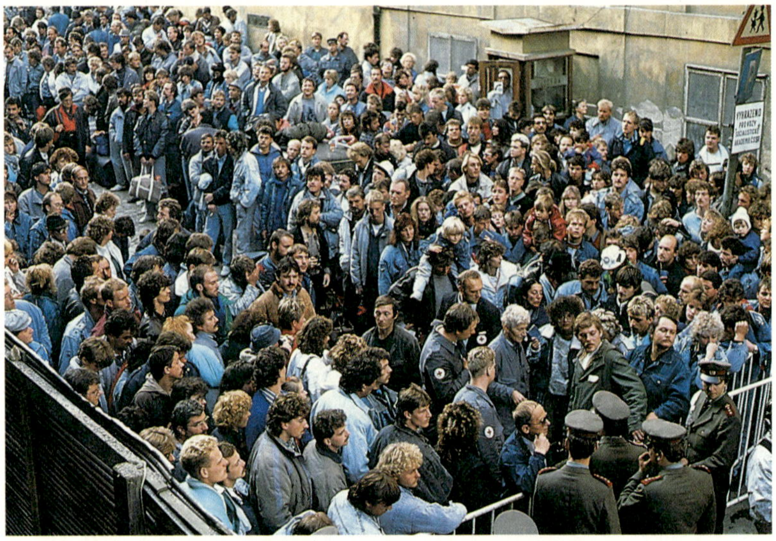

A Prague, les réfugiés est-allemands, dans l'attente du départ à l'Ouest.

30 octobre. Comme chaque lundi soir depuis des semaines, des centaines de milliers d'Allemands de l'Est sont descendus dans les rues de Leipzig pour réclamer des réformes, la démocratie et la démolition du mur de Berlin. Ces vastes rassemblements ont contribué à la récente chute du régime stalinien d'Erich Honecker, déjà ébranlé par l'exode vers l'Ouest de citoyens est-allemands. Ils sont plus de 150 000 à avoir quitté le pays, légalement ou illégalement, depuis le début de l'année, dont près de 50 000 depuis septembre. Ils sont passés à l'Ouest à pied, à bord des « trains de la liberté », ou dans leurs petites voitures Trabant à moteur deux-temps. La RDA, hier considérée comme un bastion du marxisme pur et dur, est désormais dans l'épicentre de la tourmente qui secoue le bloc de l'Est, né à Yalta en février 1945.

Mais cette tempête s'est aussi abattue sur la Hongrie, qui a pris, le 7 octobre dernier, la décision historique de mettre fin à quarante ans de communisme d'Etat pour se tourner vers le socialisme démocratique. Au grand dam de ses « frères communistes », le gouvernement de Budapest, où toutes les étoiles rouges ont disparu des bâtiments publics, a ouvert ses frontières avec l'Ouest pour laisser passer des milliers de réfugiés. La Pologne, quant à elle, est devenue en août le premier pays de l'Est à se doter d'un Premier ministre non communiste. Au terme de deux mois de craquements à l'Est, il semble impossible de faire marche arrière (→9.11).

Le télévangéliste était un sacré escroc

24 octobre. A défaut de la justice divine, celle des hommes a tranché sur le cas de Jim Bakker. L'évangéliste qui prêchait la bonne parole à la télévision américaine est apparu au tribunal de Charlotte (Caroline du Nord), pieds et mains liés. Il a été condamné à quarante-cinq ans de détention et à une amende de 500 000 dollars. L'officiant-businessman a extorqué à ses fidèles plus de 158 millions de dollars, en leur promettant, notamment, un séjour annuel gratuit dans un hôtel de sa fondation, dont il vendait les chambres à l'infini. La défense a offert une caution et fait appel, mais le juge a préféré l'envoyer méditer dans une prison d'Alabama ; car, si le prédicateur se retrouvait à l'air libre, ses disciples qui se félicitent toujours « d'avoir envoyé de l'argent à Jimmy » pourraient imiter ceux de Jim Jones. C'était au Guyana et tous les moutons avaient suivi leur berger dans la mort..

Couvrez ce sein...

25 octobre. Les hommes n'ont pas regretté d'être venus applaudir la collection printemps-été 90 d'Yves Saint-Laurent. Que le mannequin apparaisse dans la plus belle étoffe n'a rien d'étonnant, mais qu'il soit à demi nu, quelle émouvante surprise ! Le couturier a laissé libre cours à son imagination et profité de son thème espagnol pour dénuder avec audace et talent ses jeunes modèles. Au son du flamenco, drapés et boléros ont fait l'unanimité.

Les Moscovites encerclent le siège du KGB

30 octobre. Sous un vent glacial, un millier de Soviétiques, brandissant des bougies, ont encerclé ce soir le siège du KGB, la tristement célèbre Loubianka, sur la place Dzerjinski, dans le centre de Moscou. Cette manifestation sans précédent, qui n'a duré qu'une demi-heure, s'est déroulée en silence et dans le calme, à l'appel de l'organisation indépendante Mémorial, qui milite en faveur des victimes du stalinisme. Les manifestants, pour la plupart des jeunes, ont formé une chaîne humaine autour des locaux de la police politique. A l'issue de ce rassemblement, la police a brutalement dispersé une centaine d'entre eux, qui voulaient se rendre sur la place Pouchkine.

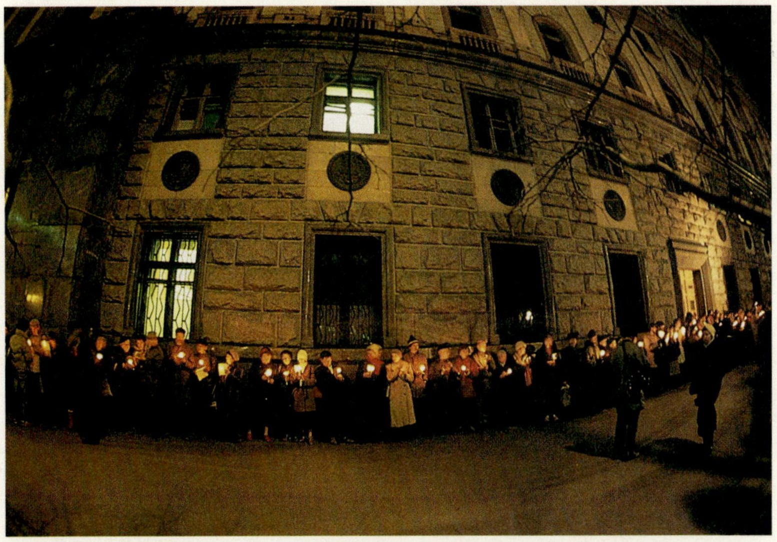

Une audace qui, il n'y a pas si longtemps encore, aurait été insensée.

Il y a quarante ans, Marcel Cerdan...

28 octobre. Dans la nuit du 27 au 28 octobre 1949, un avion s'écrasait sur une île des Açores. Parmi les passagers figuraient la célèbre violoniste Ginette Neveu, et Marcel Cerdan, le boxeur le plus populaire de France. Il se rendait à New York avec l'espoir de reconquérir, face à Jake La Motta, son titre de champion du monde. Il avait trente-trois ans. Quarante ans après sa disparition, le souvenir de l'homme et du sportif est resté vivace. On évoque encore son courage et sa volonté dans les combats, sa bonté, sa gentillesse et sa simplicité, en public comme avec ses proches. Son image reste liée aussi à celle de Piaf dont il partagea la vie.

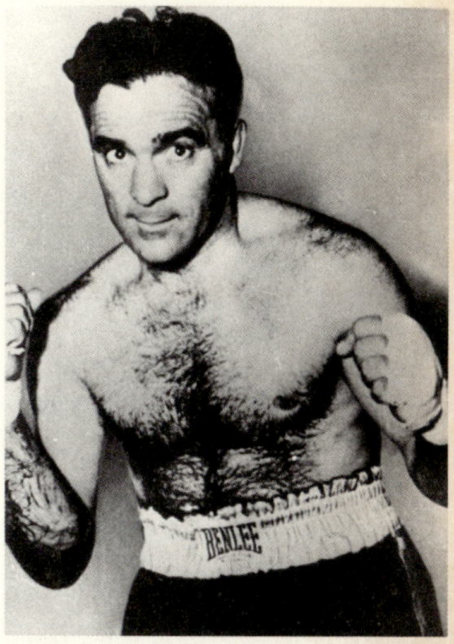

Un souvenir qui ne s'est pas effacé.

La romancière Mary McCarthy n'est plus

25 octobre. « La première dame des lettres », comme Norman Mailer l'appelait si souvent, aura laissé une trace indélébile dans la littérature américaine. Depuis 1963, date de parution du *Groupe*, son livre le plus connu, on a souvent comparé Mary McCarthy à Simone de Beauvoir. Ce regard ironique posé sur la vie de huit étudiants fit de l'écrivain la pionnière du féminisme américain et la rendit célèbre dans le monde entier. Longtemps spécialiste de critiques littéraire et théâtrale à New York, elle restera le symbole de la gauche engagée.

Grave crise politique en Grande-Bretagne

27 octobre. Il y a dix ans que la Dame de fer n'avait été confrontée à une crise aussi sérieuse. Au point que son avenir politique en est menacé. C'est la démission fracassante du chancelier de l'Echiquier, Nigel Lawson, qui en a été le détonateur. Les raisons de ce départ viennent à l'origine du différend entre Lawson et Alan Walters, le conseiller économique de Margaret Thatcher, resté farouchement hostile à l'entrée de la Grande-Bretagne dans le Système monétaire européen. Trois fois, Nigel Lawson avait exigé son renvoi, mais sans succès. Sa démission, prévisible, a provoqué un remaniement ministériel, et son remplacement est assuré par John Major, jusqu'alors ministre des Affaires étrangères. De plus, la Banque d'Angleterre a dû intervenir pour soutenir la livre, à son niveau le plus bas depuis avril 1987.

Attention aux chauve-souris enragées !

31 octobre. Il n'y a pas péril en la demeure, mais l'information a été commentée dans la presse spécialisée : pour la première fois en France, trois personnes, deux en Meurthe-et-Moselle et une autre à Nancy, ont été mordues par des chauve-souris, contaminées par un virus proche de celui de la rage. Au cours des quatre dernières années, des animaux de cette même espèce atteints du même mal avaient sévi en Europe et en URSS. Aux Etats-Unis, quarante-huit des cinquante Etats sont aujourd'hui concernés par la présence de chauve-souris infectées, et les risques s'accroissent du fait de la grande difficulté à vacciner les porteuses. Enfin, ces dernières semaines au Pérou, 60 habitants de Cuzco sont morts, victimes de chiroptères enragés, et 900 autres ont été attaqués par de gigantesques bêtes ailées.

Jacqueline de Romilly reçue à l'Académie

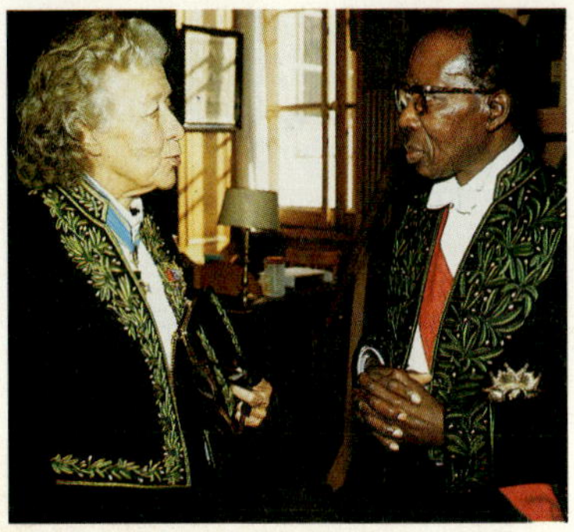

Avec le poète Léopold S. Senghor.

26 octobre. La grande spécialiste du grec ancien siège désormais sous la Coupole, au fauteuil d'André Roussin. Première femme à l'Institut de France, Jacqueline de Romilly est la seconde à entrer à l'Académie française, après Marguerite Yourcenar. Elle a été accueillie, selon le rite, par les soixante-dix membres des cinq académies. Lors de son discours de réception, Alain Peyrefitte a rendu hommage à l'immense culture de la nouvelle immortelle.

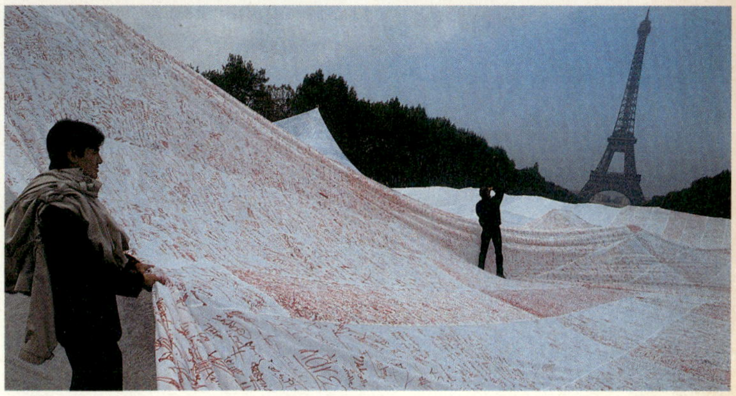

300 000 signatures sur un drapeau géant, au nom des droits de l'homme.

Novembre

1989

Lu	Ma	Me	Je	Ve	Sa	Di
		1	2	3	4	5
6	7	8	9	10	11	12
13	14	15	16	17	18	19
20	21	22	23	24	25	26
27	28	29	30			

1er. Iran : le Parlement vote une loi autorisant les services secrets à chasser et abattre les ressortissants américains.

1er. Europe : le consortium européen qui construit l'Airbus a enregistré, au cours des neuf premiers mois, 363 commandes, sans compter celles du futur A321, soit 40 % de plus que Boeing pour la même période.

1er. Algérie : le bilan officiel du séisme du 29 octobre dans la région de Cherchelle est de 24 morts et 450 blessés.

1er. URSS : Egon Krenz, le nouveau dirigeant de la RDA, est reçu à Moscou par Mikhaïl Gorbatchev.

1er. Liban : assassinat d'Ali Marzouk, le dernier diplomate saoudien en poste à Beyrouth.

2. Belgique : la raffinerie Tirlemontoise, qui détient le quasi-monopole du sucre dans le pays, est rachetée par le groupe allemand Südzucker.

2. France : record absolu dans l'immobilier avec la vente de bureaux situés avenue Montaigne à Paris : 110 000 F le mètre carré.

2. Suisse : la Société suisse de micro-électronique et d'horlogerie lance une montre « bip » capable de recevoir des messages téléphoniques.

3. Etats-Unis : saisie de huit tonnes de cocaïne dans un entrepôt de Long Island à New York.

3. France : selon la météorologie nationale, le pays a connu son année la plus chaude depuis 1959.

4. France : 630 écureuils et des centaines de bengalis et de perroquets noirs sont retrouvés morts de faim dans leurs cages, bloquées par la douane à l'aéroport de Roissy.

5. France : cambriolage à Cannes au domicile de Marina Picasso, la petite-fille du peintre. Quinze toiles ont été dérobées et le préjudice serait de 105 millions de francs.

5. Israël : le gouvernement accepte le plan de l'Américain James Baker, favorable à des négociations israélo-palestiniennes.

La RDA vit chaque jour dans un climat de plus en plus instable

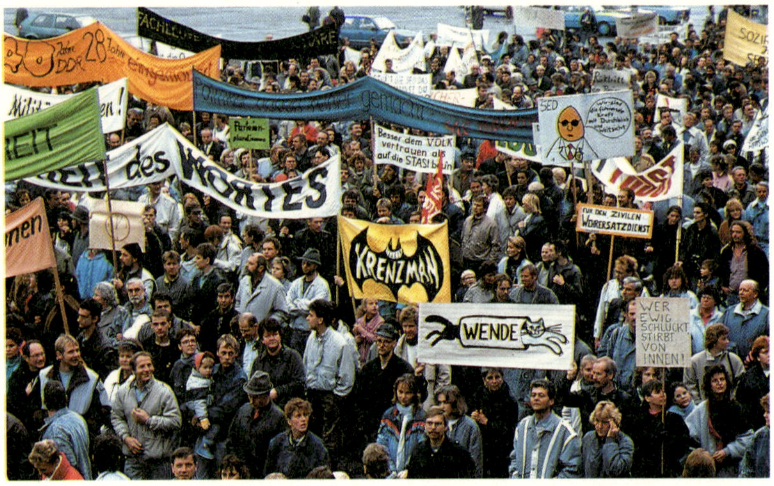

Les habitants de Berlin-Est ne craignent plus de descendre dans la rue.

4 novembre. A chaque jour, une nouvelle lézarde dans le système. La rue, de plus en plus, fait pression sur un régime qui a du mal à tenir les rênes du pouvoir. Le 1er, des centaines de milliers d'habitants de Leipzig et de Dresde réclamaient la liberté de la presse, la fin du monopole du parti communiste et des réformes économiques. Le 2 marquait la démission en cascade de la nomenklatura, notamment celle du chef du syndicat unique et de Margaret Honecker, l'épouse de l'ex-numéro un, qui occupait le poste de ministre de l'Education. Le 3, cent mille personnes se sont fait entendre dans diverses villes et, ce même jour, Egon Krenz a annoncé le départ prochain de cinq membres du Bureau politique. Aujourd'hui, un million de Berlinois de l'Est, c'est-à-dire les trois quarts de la population, ont formé le plus grand rassemblement qu'ait connu le pays depuis l'édification du Mur. Enfin et surtout, la RDA, pour la première fois en vingt-huit ans, vient d'autoriser ses ressortissants à passer librement à l'Ouest, via la Tchécoslovaquie (→ 10.11).

Des agents du KGB en direct à l'écran

2 novembre. L'URSS n'en finit pas de nous surprendre. Ainsi, de la nouvelle émission de la télévision officielle. Pour la première fois, on a vu aujourd'hui, en direct sur le plateau, des officiers du KGB venus répondre à toutes les questions. A toutes, même à celle que leur a posée une écolière de Leningrad qui voulait savoir si les agents spéciaux soviétiques sont, comme James Bond, des « athlètes sexuels »...

Une leçon de rugby à l'australienne

4 novembre. Rien ne va plus pour le Quinze de France, balayé (15-32) à Strasbourg par une équipe d'Australie débordante de fraîcheur et d'enthousiasme. Du coup, Jacques Fouroux et les sélectionneurs français ont décidé, après le match, de chambouler la sélection tricolore, en vue du deuxième test-match à disputer samedi prochain à Lille contre ces mêmes Australiens. Le plus surprenant dans cette révolution vient de l'éviction pure et simple de Blanco, Berbizier, Rodriguez et Condom, eux qui étaient les hommes de base depuis neuf ans.

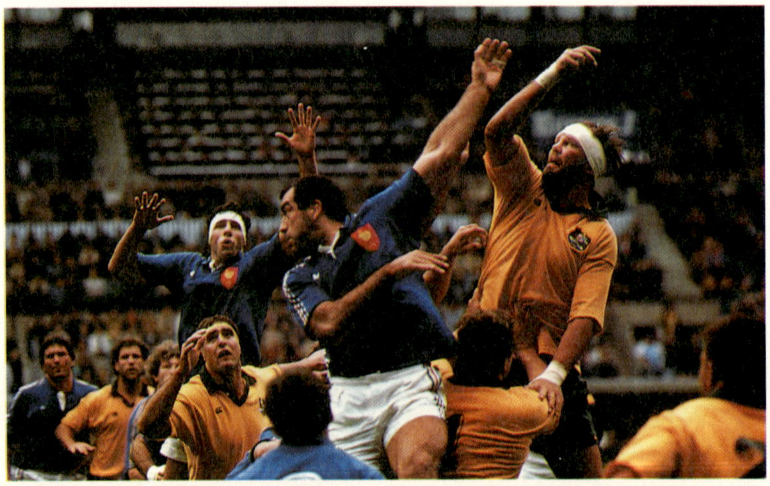
Bourguignon et Pujolle pour le Quinze, dans une spectaculaire phase de jeu.

Le mort était toujours vivant...

2 novembre. Ni polar ni canular. Mais le juge de Blois vient d'ouvrir une enquête sur un fait troublant : le 27 octobre, un jeune homme est retrouvé inanimé dans sa voiture. Suicide. Le médecin dépêché sur place signe l'acte de décès, et le corps est déposé au funérarium... où un employé découvre que le prétendu cadavre bouge ! Une « bavure » qui fait froid dans le dos, quand on sait qu'en France on inhume 500 000 personnes par an...

Grand Prix à l'eau

5 novembre. Glissades, tête-à-queue et carambolages : le Grand Prix d'Australie, dernière épreuve de l'année comptant pour le championnat du monde de Formule 1, s'est couru à Adelaïde sous des trombes d'eau, transformant la piste en patinoire et la rendant très dangereuse. Alain Prost a refusé de prendre le départ dans de telles conditions, mais il n'a pas été suivi par d'autres pilotes. Résultat : la course a ressemblé à une mauvaise farce et à une mascarade. Senna a dû abandonner au 14e tour. Et c'est Boutsen qui a remporté, sur sa Williams-Renault, une course qui a ridiculisé le sport automobile.

René Moawad est élu président du Liban

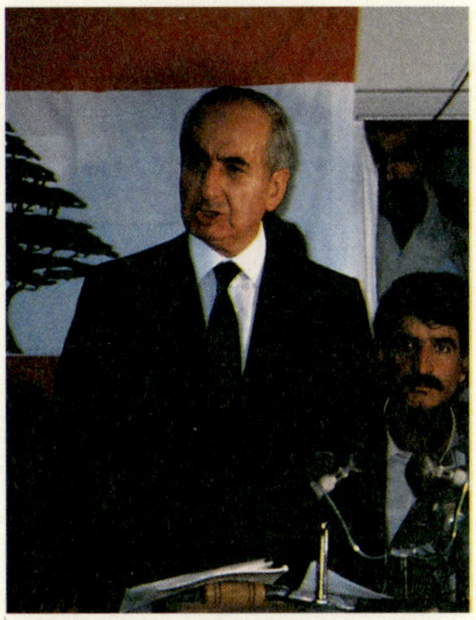
Que faire pour diriger le Liban ?

5 novembre. Après treize mois de vacance à la tête de l'Etat, le Liban a aujourd'hui un nouveau président. Réunis dans le mess des officiers de la base militaire de Qlaiaat, dans le nord du pays, à sept kilomètres de la frontière syrienne, les cinquante-huit parlementaires présents ont élu le député maronite René Moawad à la législature suprême. Le général chrétien Michel Aoun, chef du gouvernement militaire, qui avait tenté d'empêcher la tenue de cette élection en dissolvant le Parlement la veille, en a estimé le résultat « inconstitutionnel ». Il renforce ainsi son isolement au sein même du camp chrétien. Les maronites se sont en effet majoritairement résignés à soutenir les accords de Taëf du 22 octobre, seuls susceptibles à leurs yeux de contribuer à cette « réconciliation nationale » que souhaite le nouveau président. Les capitales occidentales et arabes, qui lui ont envoyé leurs vœux, font le même raisonnement.

54e rencontre franco-allemande

3 novembre. « Je n'ai pas peur de la réunification. [...] Ce qui compte, c'est la détermination du peuple allemand », a affirmé le président François Mitterrand à Bonn, au cours de la conférence de presse qui a clos le sommet franco-allemand. « Les problèmes allemands ne peuvent être résolus que sous un toit européen. [...] Nous ne sommes pas des promeneurs entre l'Est et l'Ouest », lui a répondu le chancelier Helmut Kohl. Construction européenne et soutien à l'Est ont été posés comme indissociables.

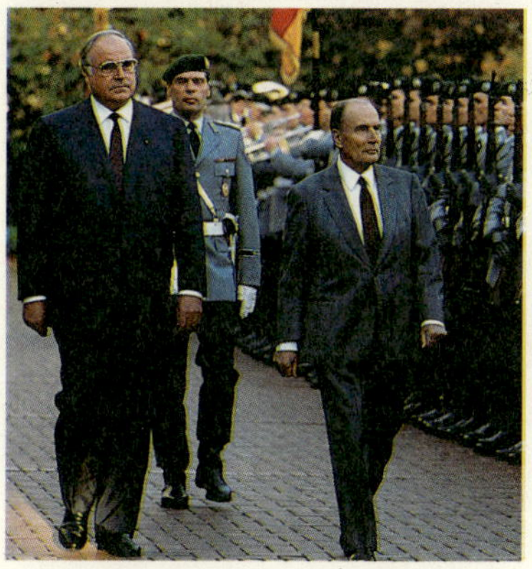
Ils sont d'accord sur l'essentiel.

Honneur à Marseille et Monaco

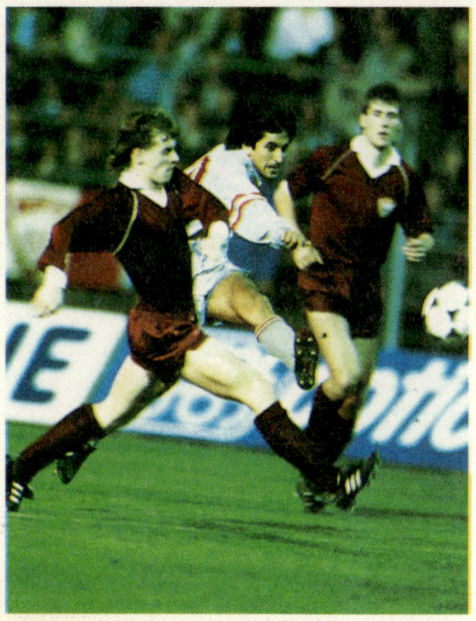
Monaco face au Dynamo de Berlin.

1er novembre. Les clubs de football français continuent de faire figure très honorable dans les compétitions européennes. Après Auxerre qualifié la veille, Marseille et Monaco ont à leur tour franchi le cap des huitièmes de finale de Coupe d'Europe. L'OM champion a obtenu à Athènes, dans une ambiance défavorable, un match nul très méritoire (1-1). Tout comme Monaco qui a évité in extremis la défaite à Berlin-Est (1-1). En revanche, déception et élimination pour Sochaux, tenu en échec chez lui par la Fiorentina, et pour le PSG battu (1-2) à Turin par la Juventus, déjà vainqueur au match aller.

Requiem pour Horowitz, le divin pianiste

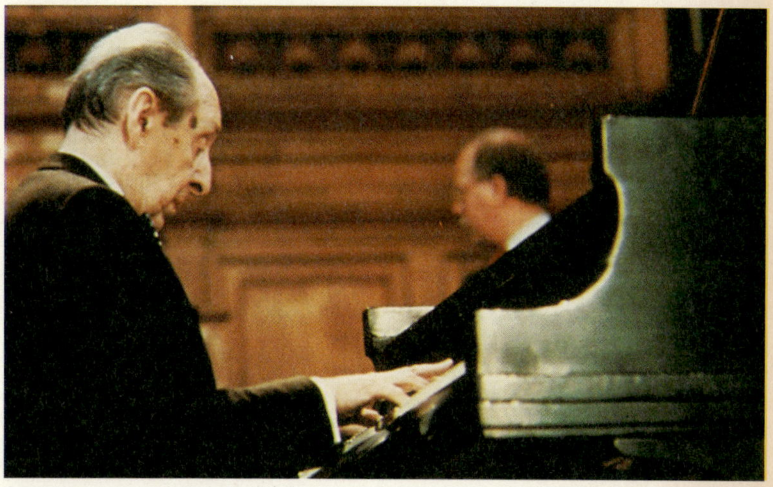
Un virtuose qui joua à la perfection Chopin, Liszt et le répertoire russe.

5 novembre. « Il y avait en moi un diable, mais il y avait aussi un ange. » Ainsi parlait Vladimir Horowitz, gendre de Toscanini et l'un des plus grands pianistes du siècle. Le maître est mort aujourd'hui, à l'âge de 85 ans peut-être : nul n'est sûr en effet de sa date ni de son lieu de naissance. Lui qui aimait le mystère tentait même d'accréditer la légende selon laquelle son compositeur vénéré, Franz Liszt, serait son trisaïeul. Sa vie fut faite de moments de gloire et de dépression, et il interrompit par trois fois sa carrière. En 1986, il était retourné dans son pays natal qu'il avait fui pour s'exiler aux Etats-Unis, et avait joué à Moscou devant son plus fidèle public.

Un typhon ravage le golfe de Thaïlande

5 novembre. C'est le typhon le plus violent jamais enregistré dans la région depuis trente-cinq ans. Gay, qui se déchaîne depuis 48 heures, a déjà laissé un lourd bilan sur son passage dans le golfe de Thaïlande. Près de deux cents marins sont pour l'heure portés disparus. Ainsi, le 3, un navire américain d'exploitation de gisement de gaz a chaviré avec quatre-vingt-dix-sept personnes à bord, près de l'île de Koh Samui, à 650 km au sud de Bangkok. Il n'y a que quatre survivants. Les vagues atteignent 10 m, et les vents soufflent à plus de 120 km/h, emportant les maisons et menaçant quelque cinq cents sans-abri.

L'objet qui effraie chevaux et parieurs

1er novembre. Les jurés de Southwark, près de Londres, ont revisionné l'arrivée de la course d'Ascot du 16 juin 1988 : le cheval de tête, de façon incompréhensible, vire brusquement et désarçonne son jockey. Le cheval a été la victime de Robert Lamning, qui disposait de jumelles très particulières : munies d'un sytème à ultrasons, elles pouvaient paralyser à distance le plus solide des étalons pour l'empêcher de gagner. Mais le saboteur, qui voulait blanchir l'argent d'un trafic de drogue, a été arrêté, dès son second coup, à Lingsield.

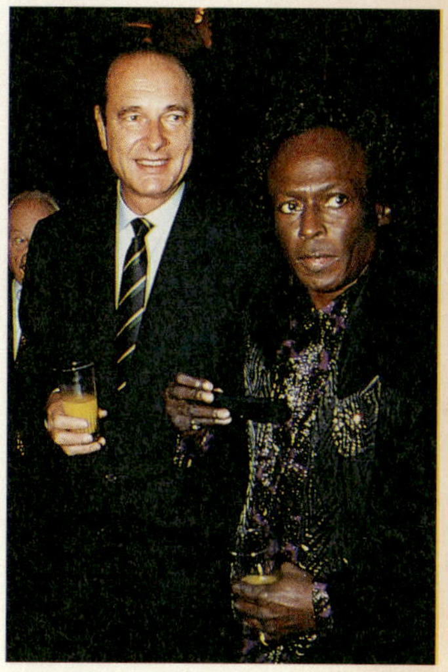
Médaille de vermeil de la ville de Paris pour le grand Miles Davis.

Novembre

1989

Lu	Ma	Me	Je	Ve	Sa	Di
		1	2	3	4	5
6	7	8	9	10	11	12
13	14	15	16	17	18	19
20	21	22	23	24	25	26
27	28	29	30			

7. France : le FLNC fait sauter deux immeubles à Santa Lucia di Porto Vecchio, en Corse. Pas de victimes.

7. Islande : première visite du président Mitterrand à Reykjavik. Au menu des entretiens, le différend sur la pêche entre la CEE et les quatre pays nordiques.

7. Cuba : Fidel Castro critique les événements en Europe de l'Est et réaffirme son rejet de toute perestroïka.

8. France : fin du troisième Mondial de la publicité francophone à Paris. La France, le Québec et la Belgique récoltent toutes les médailles.

8. Canada : pour la première fois dans ce pays, et aux termes d'un accord entre le gouvernement du Québec et la municipalité de Montréal, les sans-abri qui vivent dans cette ville ont droit à l'aide sociale.

8. Etats-Unis : le démocrate David Dinkins devient le premier maire noir de la ville de New York, et Douglas Wilder, un petit-fils d'esclaves, le premier gouverneur noir de Virginie.

9. Jordanie : premières élections générales depuis vingt-deux ans. Les intégristes musulmans y remportent 26 des 80 sièges du Parlement.

9. Etats-Unis : derniers essais pour Ulysse, la sonde la plus rapide jamais construite, avant son périple aux portes du Soleil.

9. Chine : le numéro un, Deng Xiaoping, démissionne de son dernier poste officiel, celui de président de la Commission militaire centrale.

10. Monde : selon un rapport de l'OMS, 134 personnes sont mortes de la peste en 1988, contre 215 en 1987.

10. Bulgarie : démission de Todor Jivkov, le maître du pays depuis 35 ans.

11. Monaco : une Ferrari de 1961 s'est adjugée pour la somme record de 16,5 millions de francs.

12. France : 30 000 personnes au Bourget pour la première journée du judaïsme français.

Berlin : le mur de la honte est tombé

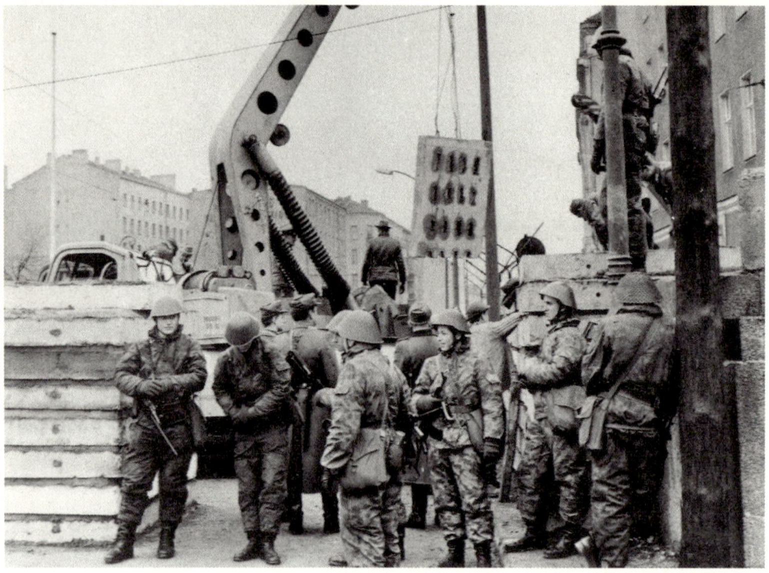

Longue de 164 km, la frontière de pierres sera achevée en mai 1962.

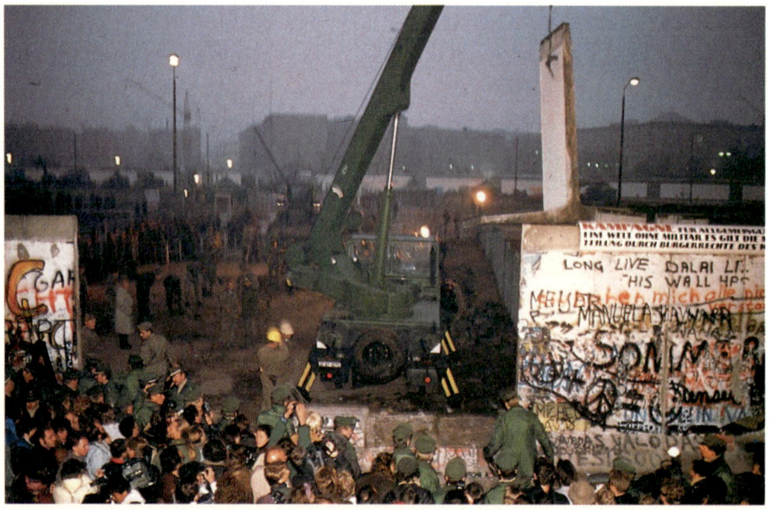

Une énorme brèche et des graffitis qui fleurissent : la liberté a fait le mur.

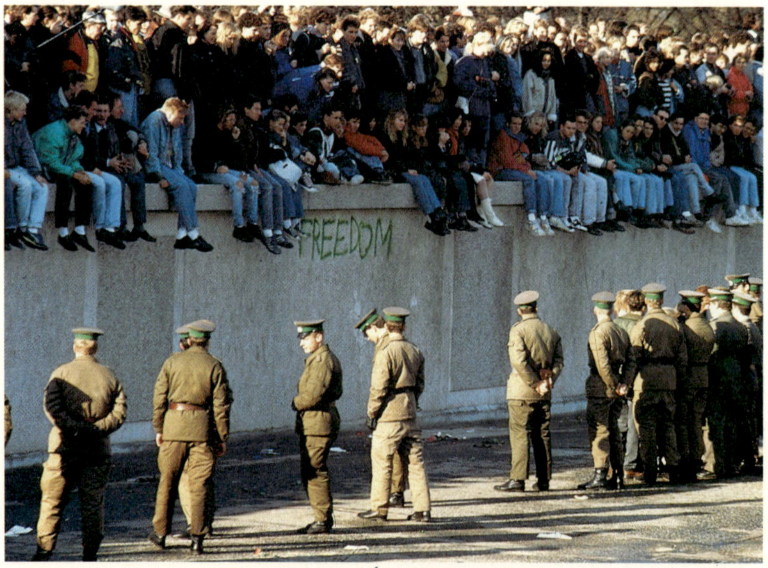

La foule pacifique, à la place même où, hier, s'entrelaçaient les barbelés.

10 novembre. Jamais un mur, qui brusquement s'écroule, n'aura fait autant de fracas. L'événement qui s'est déroulé cette nuit est non seulement le plus marquant de l'année, mais c'est l'un des faits historiques majeurs de cette fin de siècle. Avec la chute du mur de Berlin, c'est un monde qui s'effondre. La route entre l'Est et l'Ouest semble libre désormais, et le rideau de fer entre l'Europe communiste et l'autre Europe s'est largement déchiré.

Dans la nuit du dimanche 13 août 1961, l'armée de RDA entreprend d'isoler Berlin-Est par des barrages et des fortifications. Deux jours plus tard, des blocs de béton commencent à recouvrir les clôtures barbelées qui, depuis la fin de la Seconde Guerre mondiale, coupaient la ville en deux et marquaient la frontière entre les deux Allemagnes. Le Mur s'édifiait, infranchissable, avec, au fil des années, des moyens de surveillance très sophistiqués pour décourager les fugitifs les plus audacieux. Il sera resté debout vingt-huit ans.

Hier, vers 19 h, les autorités est-allemandes annoncent, officiellement mais discrètement, que les candidats à l'émigration peuvent dès maintenant passer « par tous les postes frontaliers entre la RDA et la RFA ou par Berlin-Ouest ». Le communiqué précise que « la police a reçu instruction de délivrer immédiatement des visas pour les départs définitifs, sans que les conditions mises auparavant aient besoin d'être réunies ». Personne dans la population n'ose encore y croire, et personne ne bouge. Ce n'est qu'à 21 h 30 qu'un jeune couple se présente au point de passage de la Bornholmer Strasse, montre une carte d'identité et se retrouve aussitôt à l'Ouest. En quelques heures, la brèche devient un trou béant par lequel une marée humaine va s'engouffrer jusqu'à l'aube. Des milliers de gens, à pied ou en voiture, avec ou sans bagages, se pressent, s'embrassent, brandissent des drapeaux, rient et pleurent devant des soldats inoffensifs. La nouvelle incroyable a frappé le reste de l'Allemagne et du monde avec autant de force. Bonn a explosé de joie, et Paris, Washington et Londres se sont félicités de cette formidable ouverture (→ 18.11).

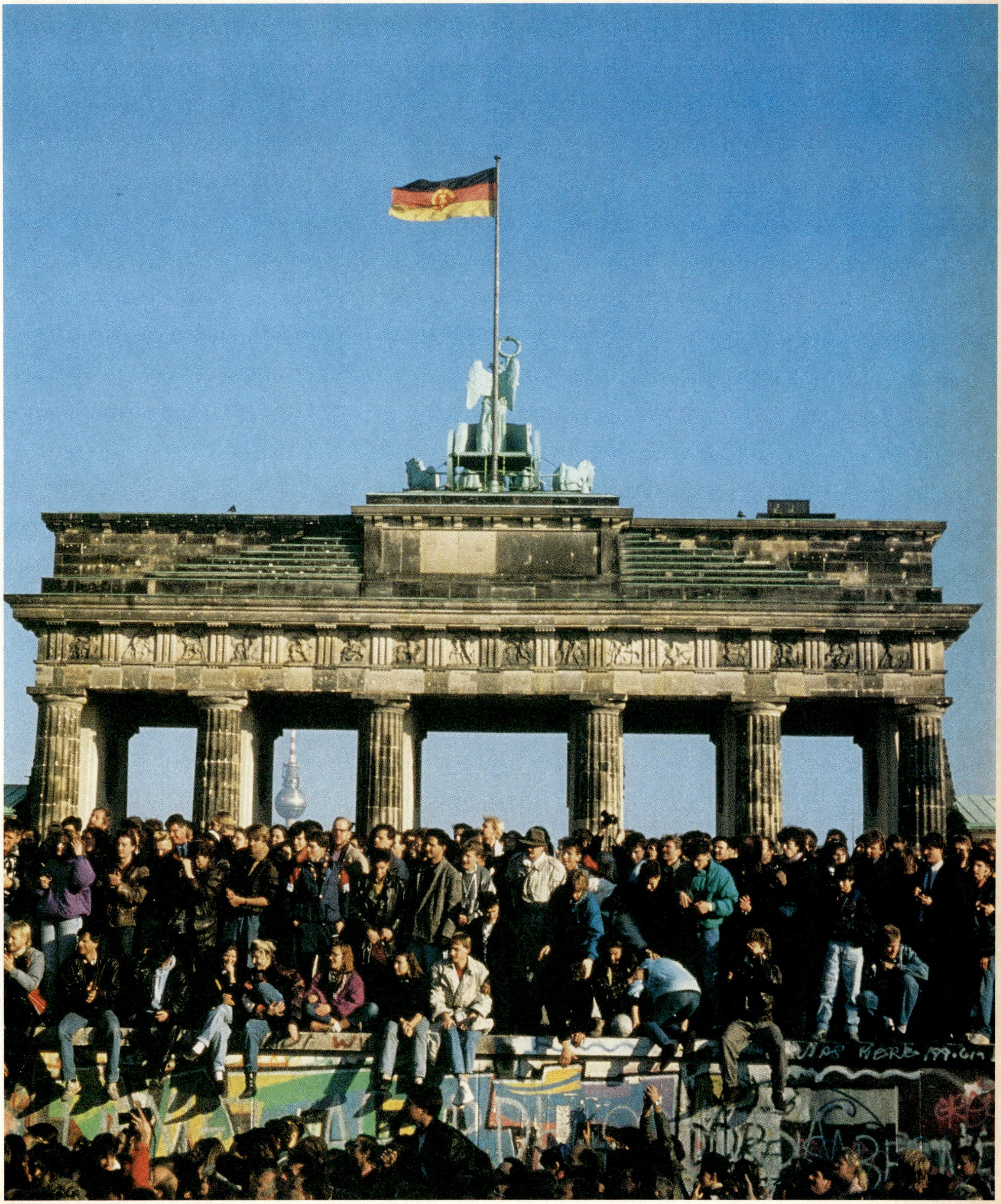

Novembre

1989

Lu	Ma	Me	Je	Ve	Sa	Di
		1	2	3	4	5
6	7	8	9	10	11	12
13	14	15	16	17	18	19
20	21	22	23	24	25	26
27	28	29	30			

13. France : six bombes détruisent la chambre d'agriculture d'Ajaccio.

14. France : création de l'Association des maires pour l'environnement.

14. Tchécoslovaquie : libéralisation des voyages à l'étranger, et suppression notamment des visas de sortie.

15. France : l'agence de presse ACP dépose son bilan.

15. Etats-Unis : ouverture à Sarasota (Floride) du premier festival de films français aux Etats-Unis.

15. Brésil : 21 candidats pour le premier scrutin présidentiel depuis vingt-neuf ans.

15. Etats-Unis : une tornade fait 19 morts et 300 blessés à Huntsville, en Alabama.

16. RDA : Egon Krenz exige la démission du Parlement de 27 personnalités déjà évincées de l'Etat et du Parti, parmi lesquelles Erich Honecker.

16. Hongrie : la Hongrie est le premier pays de l'Est à déposer sa demande d'adhésion au Conseil de l'Europe.

16. Afrique du Sud : le président Frederik De Klerk annonce la fin de la ségrégation dans les lieux publics, à commencer par les plages.

17. Yougoslavie : un incendie cause la mort de 99 mineurs dans les houillères d'Aleksinac.

17. Pologne : la statue de Felix Dzerjuiski, le fondateur de la Tcheka, la police secrète soviétique, est déboulonnée par des manifestants à Varsovie.

19. URSS : Rudolph Noureev danse au Kirov de Leningrad, après vingt-huit ans d'exil.

19. France : 10 000 catholiques traditionalistes au Bourget pour les 60 ans de sacerdoce de Mgr Lefebvre.

19. France : flambée des prix des vins blancs lors de la vente aux Hospices de Beaune : 96,74 % de plus par rapport à l'an passé.

DECES

13. Franz-Joseph II de Liechtenstein, prince (*16.8.1906).

Foule immense pour le second week-end de la ruée vers l'Ouest

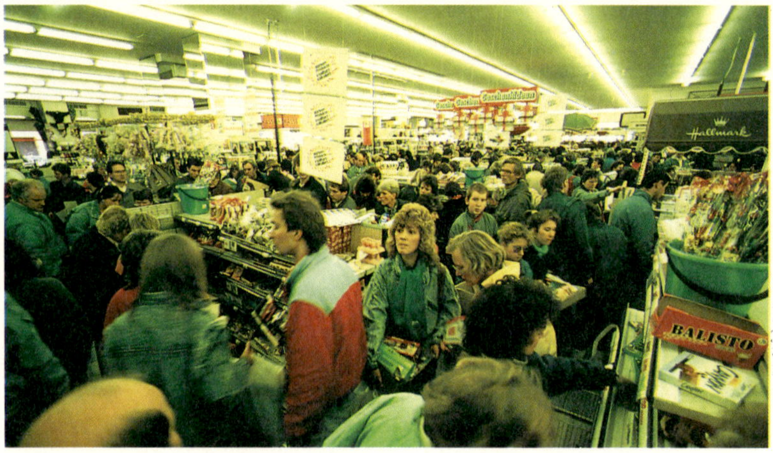

Les grandes surfaces, vitrines de l'Ouest, ont été très vite prises d'assaut.

16 novembre. Ils étaient trois millions à la fin de la semaine dernière. Et, aujourd'hui, combien sont-ils ? Ils sont venus par familles entières aspirer à pleins poumons la liberté toute neuve, retrouver leurs proches et envahir les restaurants, les magasins, les sex-shops, les stands montés à la hâte sur les trottoirs et les places de Berlin-Ouest. Ils veulent tout voir : les BMW, les Mercedes ou les nouveautés japonaises de la hifi. Ils voudraient tout acheter aussi, mais beaucoup se contentent d'en rêver. Car certains n'ont en poche que les 100 marks offerts par les autorités d'Allemagne fédérale à ses visiteurs, qu'ils soient ou non occasionnels. Dans les supermarchés, ils ont jeté leur dévolu sur les fruits – les oranges et les bananes surtout. Parmi ces badauds, très peu depuis quinze jours ont décidé de se fixer à l'Ouest. Il reste que le nombre des réfugiés, qui en Allemagne fédérale atteint maintenant près de 283 000, constitue actuellement l'une des préoccupations majeures du gouvernement ouest-allemand.

Prague hurle contre un régime sourd

19 novembre. Des milliers de manifestants se sont rassemblés place Venceslas avant de se diriger vers la rue Norodni où des centaines d'étudiants avaient été sauvagement matraqués vendredi. L'un d'eux y aurait trouvé la mort. Cette fois, les forces antiémeutes ne sont pas intervenues. La foule a réclamé la démission du gouvernement et du secrétaire général du parti, ainsi que des élections libres. Dans la nuit, douze mouvements indépendants ont constitué, sur l'initiative de l'écrivain Vaclav Havel, un Forum civique qui a proposé l'ouverture de négociations avec les autorités officielles.

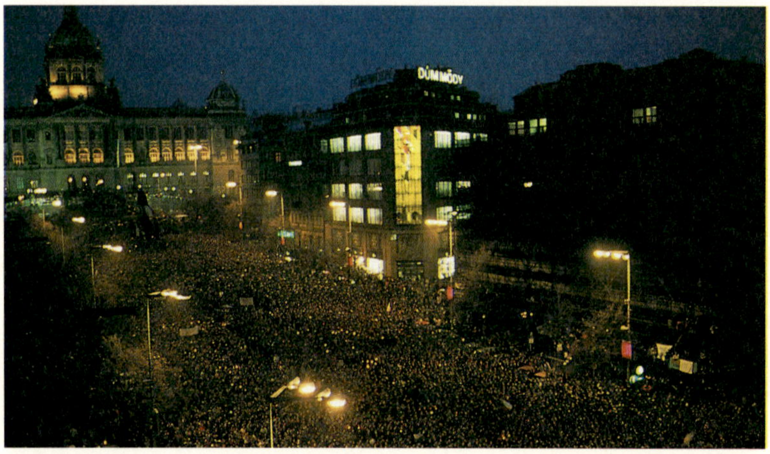

50 000 Praguois contre le régime : le plus grand rassemblement depuis 1968.

Les pays de l'Est au menu des Douze

18 novembre. Unité de l'Europe des Douze face aux changements à l'Est et solidarité à ce propos entre la RFA et ses onze partenaires. Tel est le message exprimé à l'issue du dîner regroupant à l'Elysée les chefs d'Etat et de gouvernement de la CEE, sur l'initiative de François Mitterrand, président en exercice de la Communauté. Les Douze aideront à l'instauration d'économies saines en échange du respect des droits de l'homme et de la mise en place d'élections libres.

Le patron du "Soir" donne sa démission

15 novembre. Rebondissement dans la crise que traverse le plus célèbre des quotidiens bruxellois de langue française, *le Soir* : Yvon Toussaint, rédacteur en chef depuis 1979 et directeur du titre, quitte ses fonctions pour protester contre l'influence de Robert Hersant au sein du groupe Rossel, qui édite le journal. Le Français, déjà détenteur de 40 % du capital du groupe, a conclu le 26 octobre un accord avec les actionnaires majoritaires, et les journalistes n'ont pu obtenir la garantie de leur indépendance.

La Belgique est bien câblée

14 novembre. Si la télévision de demain ignorera les frontières, celle d'aujourd'hui en tout cas traverse aisément celles de la Belgique : selon un rapport, 95 % des foyers du pays sont reliés à un réseau de télédistribution et peuvent recevoir plus de vingt chaînes. La situation géographique, le multilinguisme et le haut niveau de vie expliquent cette situation unique au monde. Ce raz de marée d'images risque fort de nuire aux chaînes nationales, et le marché publicitaire belge attise déjà de féroces convoitises en Europe.

La capitale du Salvador à feu et à sang

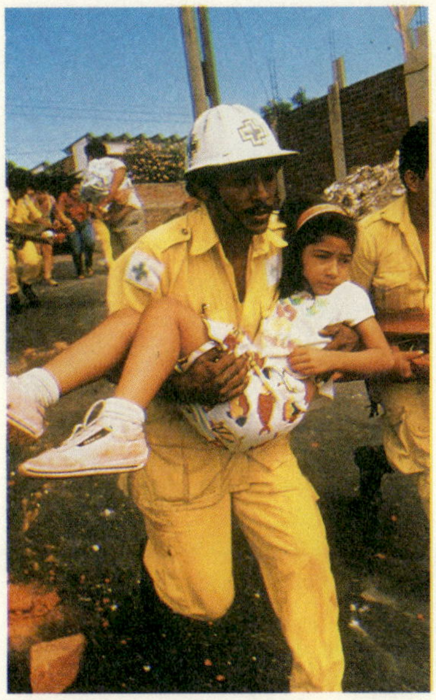

Sauve-qui-peut pour les civils...

16 novembre. On s'habitue à la guerre, on ne se fait jamais à l'horreur. Les Salvadoriens vivent à nouveau, depuis le 11, dans un climat de violence provoqué par le déclenchement d'une « offensive nationale » de la guérilla du Front Farabundo Marti (FMLN). Il y aurait eu plus de 500 morts et 1 000 blessés en quatre jours. La découverte, ce matin, à San Salvador, du meurtre de six jésuites comptant parmi les plus prestigieux intellectuels du pays, proches des milieux de gauche, a plus encore frappé les esprits que le pilonnage par l'armée des banlieues populaires où se sont retranchés les rebelles. Les Escadrons de la mort, ces commandos liés aux extrémistes de l'armée et du parti de l'ultra-droite au pouvoir, sont soupçonnés de cette tuerie.

Des religieuses dans la dissidence

15 novembre. Les clarisses venues du Maroc et de Nazareth, et implantées depuis 1965 dans l'abbaye du village d'Aubazine en Corrèze, n'ont toujours pas l'intention de céder. Elles ont décidé de rompre avec l'Eglise catholique du Vatican pour se placer sous l'autorité spirituelle du patriarche orthodoxe d'Antioche, Ignace IV. Commencée l'an dernier, l'affaire s'est envenimée en juillet, au point que Mgr Lustiger a convoqué aujourd'hui à Paris Ignace IV pour considérer le cas de ces rebelles.

Le Onze de France sauve l'honneur

18 novembre. Depuis le 14, date de la qualification de l'Ecosse, les joueurs français se savaient éliminés définitivement de la Coupe du monde de football. Ils ont toutefois terminé sur une victoire obtenue (2-0) à Toulouse sur la modeste équipe de Chypre. En marquant le premier but, le jeune Nantais Didier Deschamps a confirmé un talent qui intéresse Marseille. Quant à Platini, en fin de contrat, il pourrait hésiter à renouveler son mandat de sélectionneur, car la Juventus lui fait les yeux doux.

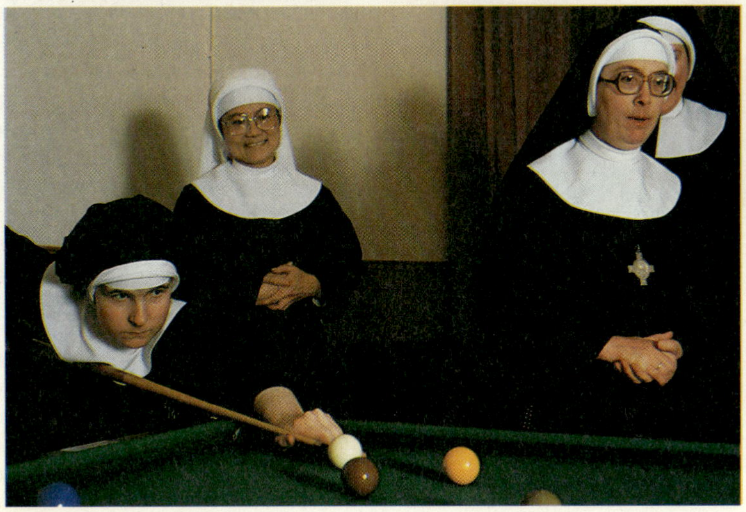

Anglaises, et prêtes à tout pour trouver des fonds pour leur couvent !

L'adieu des Espagnols à la Pasionaria

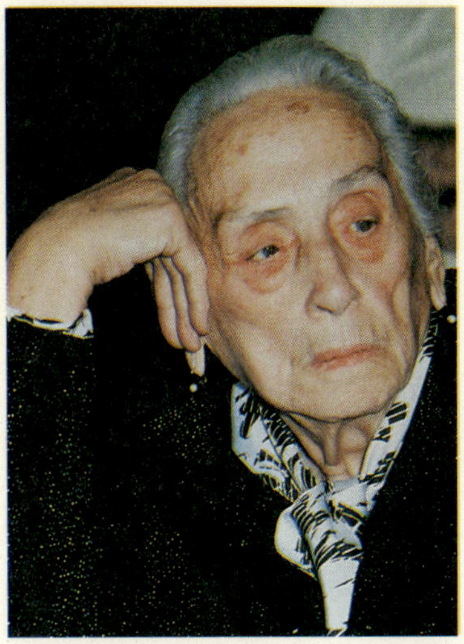

Les années n'ont pas terni son image.

16 novembre. C'est la figure de l'Espagne de ce siècle qui est aujourd'hui portée en terre. Dolores Ibarruri, la Pasionaria, est morte le 12 novembre, à 93 ans. Fille, sœur et femme de mineur, elle s'illustra très vite en politique. Communiste dès la formation du Parti en 1920, elle est élue en 1936 député des Asturies. Son talent de tribun la rend célèbre, et plus encore le fameux « No pasaran ! » lancé pendant la guerre civile où elle fut l'égérie des Républicains. Réfugiée à Moscou en 1939, elle y demeurera, jusqu'à la mort de Franco, un des principaux dirigeants du PCE, dont elle défendra toujours l'unité. Elle revient au pays en 1977 et est réélue triomphalement aux Cortes.

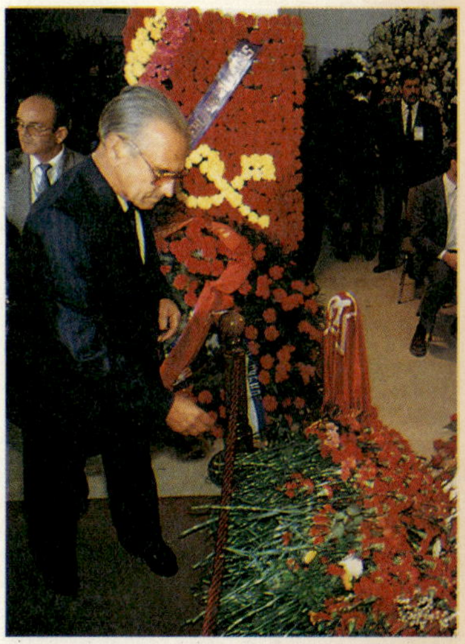

Hommage à une grande militante.

Le peuple de Namibie a voté en masse

14 novembre. Ce n'est qu'une demi-victoire pour l'Organisation du peuple du Sud-Ouest africain (SWAPO). A l'issue des élections constituantes – étape du processus d'accession à l'indépendance de la colonie sud-africaine – qui se sont déroulées du 7 au 11, le principal mouvement indépendantiste n'a obtenu « que » 57,32 % des voix. Ce score lui assure 41 sièges sur 72, mais ne lui accorde pas la majorité des deux tiers qui lui aurait permis de rédiger seul la future Constitution. Son président Sam Nujoma s'est dit prêt à coopérer avec ses adversaires. Mais le déroulement du scrutin, déclaré aujourd'hui régulier par l'ONU et auquel plus de 97 % de la population a participé, ne constitue-t-il pas une victoire encore plus grande pour la Namibie ? Les villageois se sont rendus aux bureaux de vote, parfois très éloignés, à pied, à cheval ou à vélo, croisant en chemin les derniers soldats sud-africains rentrant chez eux après 74 ans d'occupation.

Violences conjugales : d'abord en parler

18 novembre. Deux millions de femmes seraient battues par leurs conjoints en France. Elles gardent trop souvent le silence, et se sentent souvent elles-mêmes coupables. L'ampleur et la gravité du phénomène ont conduit Michèle André, secrétaire d'Etat aux Droits des femmes, à lancer une campagne nationale de sensibilisation et de mobilisation sur les violences conjugales. Entre le 15 novembre et le 5 décembre, un spot de télévision sera diffusé, et 700 000 affichettes seront apposées dans les lieux publics, renvoyant à un numéro de téléphone où on pourra obtenir à toute heure conseils et informations. Par ailleurs, la réforme du Code pénal en cours permettra aux victimes de violences conjugales de saisir plus facilement la justice, car trop peu de plaintes sont encore enregistrées sur le nombre de cas recensés.

Novembre

1989

Lu	Ma	Me	Je	Ve	Sa	Di
		1	2	3	4	5
6	7	8	9	10	11	12
13	14	15	16	17	18	19
20	21	22	23	24	25	26
27	28	29	30			

20. France : le Goncourt à Jean Vautrin pour *Un grand pas vers le Bon Dieu*, et le Renaudot à Philippe Doumenc pour *les Comptoirs du Sud*.

20. Roumanie : Ceausescu propose à la Chine et à Cuba une alliance anti-perestroïka.

20. URSS : après dix-huit ans de brouille, début de la visite à Moscou du Premier ministre canadien, Brian Mulroney.

21. Angleterre : la BBC est autorisée à filmer pour la première fois les débats à la Chambre des communes.

22. France : Paul Touvier est inculpé à Lyon, pour crimes contre l'humanité notamment.

23. Tchécoslovaquie : Alexandre Dubcek, le leader du Printemps de Prague, réapparaît en public, à Bratislava.

24. France : l'Académie contre une simplification de l'orthographe « par décret ».

24. France : Nikon Life, numéro un de l'assurance vie au Japon et dans le monde, rachète un tiers du Forum des Halles à Paris.

26. Uruguay : premières élections libres depuis 1973.

26. France : le virus informatique (13 octobre) aurait mis en faillite une dizaine de PME.

27. France : le prix Médicis à Serge Doubrovsky pour *Livre brisé*, et le Femina à Sylvie Germain pour *Jours de colère*.

27. France : le Conseil d'Etat estime que c'est aux chefs d'établissement, sous contrôle des juges, de trancher sur le port du foulard islamique à l'école, en proscrivant toutefois toute forme de prosélytisme.

28. RFA : plan Kohl de réunification de l'Allemagne.

30. RFA : assassinat par la RAF du président de la Deutsche Bank, Alfred Herrhausen, près de Francfort.

DECES

20. Leonardo Sciascia, écrivain sicilien (*1921).

23. Armand Salacrou, dramaturge français (*9.8.1899).

Liban : René Moawad est assassiné, Elias Hraoui le remplace

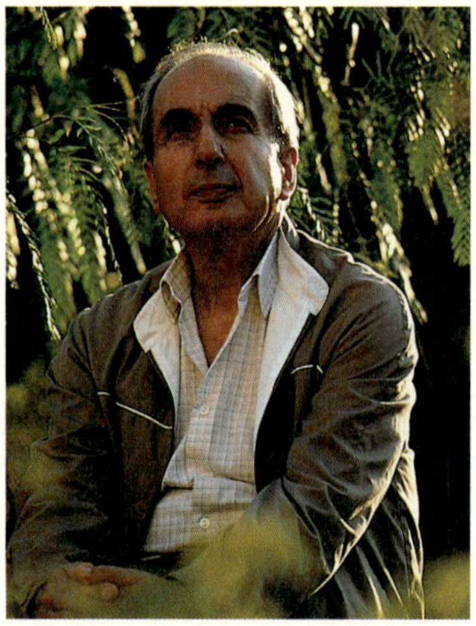

René Moawad était âgé de 64 ans.

24 novembre. Il n'y a plus de place pour le désespoir au Liban ! S'il veut survivre, le pays se doit d'aller de l'avant afin de ne pas laisser le vide s'instaurer. Mercredi 22, jour de l'anniversaire de l'indépendance du pays, à 13 h 50, une voiture chargée de 200 kg de TNT explose dans une rue de Beyrouth-Ouest au passage du convoi du président René Moawad, pulvérisant sa Mercedes blindée et provoquant aussi la mort de vingt-quatre personnes. Il était au pouvoir depuis dix-sept jours à peine. Aujourd'hui, 48 heures plus tard, les parlementaires réunis sous protection syrienne renforcée au Park Hotel de Chtaura, dans le centre du pays, ont élu à 20 h 15 le député maronite Elias Hraoui à la présidence de la République. Industriel, agriculteur, commerçant et ancien ministre des Travaux publics, il est peu connu à l'étranger. Tout comme son prédécesseur, il a chargé Selim Hoss de former un gouvernement d'union nationale. L'élection est qualifiée de tragi-comédie par le général Aoun face auquel Elias Hraoui semble décidé à élever la voix.

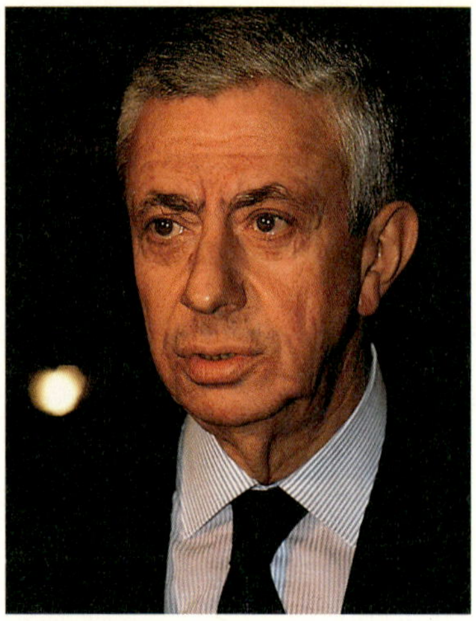

Elias Hraoui, président à 63 ans.

La Régie Renault va fermer Billancourt

20 novembre. Le gouvernement a donné son accord : en 1993, il n'y aura plus personne aux machines dans l'usine de l'île Seguin, là où Louis Renault s'était installé en 1898. Billancourt, le baromètre social de la France depuis un siècle, le bastion des syndicats et le lieu mythique qui symbolisait la classe ouvrière, va donc fermer. Ne subsisteront que le siège social et les bureaux. L'usine, qui date de 1925, est vétuste, difficile d'accès et n'est plus modernisable. De plus, la direction est actuellement engagée dans une difficile discussion avec la Commission européenne sur le problème des 12 milliards de dettes de la Régie, épongés par l'Etat. Mais la mise en application de cette décision n'ira pas sans mal. D'abord, il faudra assurer la reconversion des 4 000 employés, dont beaucoup d'immigrés, qui y travaillent encore. Ensuite, les syndicats sont bien décidés à empêcher le « sabordage » du site. Enfin, les locaux servent déjà de pâture aux promoteurs qui ont flairé une opération immobilière d'envergure.

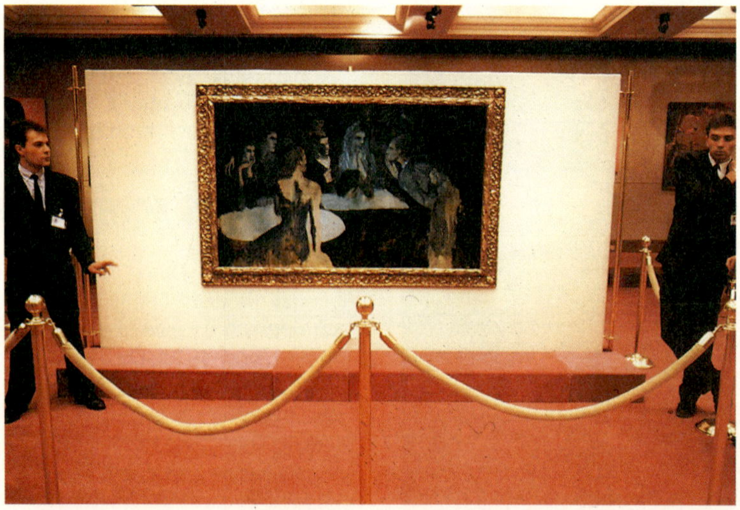

Enchères records à Paris pour « les Noces de Pierrette », une toile de Picasso de 1905, adjugée à 300 millions de francs à un industriel japonais.

Les facs en grève

21 novembre. Les universités françaises s'agitent : après Paris (Jussieu) et Aix-Marseille I, celle de Caen ferme à son tour ses portes. Pas de revendications politiques ; simplement, les étudiants veulent travailler, et les conditions qu'on leur offre ne sont plus acceptables : capacités d'accueil insuffisantes de moitié ou presque, manque criant de professeurs et de personnel administratif. Et les moyens donnés aux facultés sont très insuffisants pour accueillir des bacheliers, chaque année plus nombreux.

Boeing colombien : une bombe à bord

27 novembre. Le Boeing 727 de la compagnie Avianca s'est désintégré en plein vol, à la suite d'une explosion en deux temps. L'appareil s'est écrasé sur le territoire de la commune de Soacha et la catastrophe a fait cent sept victimes. Parmi les hypothèses émises par les autorités colombiennes, celle de l'attentat a finalement été retenue. Une chose est sûre pour l'instant : ce ne sont pas les « Extradables », un groupe lié aux trafiquants de drogue et opposé à l'extradition aux USA des caïds de la cocaïne, qui sont à l'origine de cet acte terroriste.

Comores : qui a tué le chef de l'Etat ?

26 novembre. La plus totale confusion règne autour de l'assassinat du président Ahmed Abdallah, attaqué dans son palais. On a tout d'abord parlé d'une action de militaires rebelles avant d'incriminer l'ancien chef de l'armée, qui aurait agi par vengeance personnelle. Puis le nom de Bob Denard a été évoqué. Ce mercenaire français, qui a réinstallé le président Abdallah au pouvoir en 1978 après l'avoir renversé quelques années plus tôt, dirige la Garde présidentielle. C'est lui le véritable homme fort du pays. Un conflit de pouvoir l'aurait récemment opposé à la victime...

Madrid : attentat contre des députés

20 novembre. Deux hommes au visage masqué ont fait irruption dans le restaurant où dînaient les parlementaires basques sur lesquels ils ont fait feu à huit reprises avant de s'enfuir. Josu Moguruza est mort pendant son transfert à l'hôpital. Son collègue Inaki Esnaola est toujours dans un état préoccupant. Partisans de la conciliation, les deux députés de la coalition séparatiste Herri Batasuna devaient pour la première fois, le lendemain, siéger aux Cortes, que leur formation boycottait jusqu'alors. Selon certaines sources, l'extrême droite espagnole serait impliquée.

L'enfant, un être humain à part entière

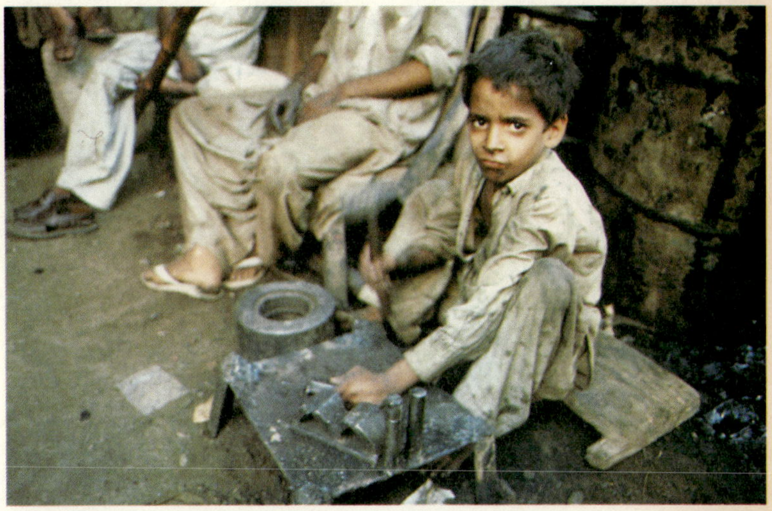

Au Pakistan, les enfants travaillent toute la journée pour quelques roupies.

20 novembre. L'Organisation des Nations unies vient d'adopter à l'unanimité la Convention sur les droits de l'enfant. Elle garantit une protection et un statut inviolable à tous les jeunes de moins de dix-huit ans. Après ratification par tous les pays, elle aura force de loi sur toute la planète. Avec sa cinquantaine d'articles, elle affirme notamment le droit des enfants à l'éducation, celui de vivre avec ses parents, et la liberté de pensée et de religion. L'exploitation sexuelle ou économique et leur utilisation dans les conflits armés sont proscrites. Bien sûr, cette charte ne résout pas à elle seule tous les problèmes, mais son existence est un pas vers l'amélioration du sort de millions d'enfants opprimés à travers le monde et vers l'affirmation de leur dignité.

Grave revers électoral pour Rajiv Gandhi

26 novembre. Ce n'est pas une défaite, c'est une déroute ! Le parti du Congrès dirigé par le Premier ministre Rajiv Gandhi a perdu 222 sièges sur les 415 qu'il détenait au Parlement, qui compte 545 députés. Le bilan politique du petit-fils de Nehru est pourtant loin d'être négatif. Mais Rajiv Gandhi, élu triomphalement en 1984, a très mal résisté à l'usure du pouvoir. Les rumeurs de scandales ajoutées au sentiment qu'il ne dominait plus la situation religieuse ont suffi à écarter de lui la masse des électeurs. Toutefois, aucun de ses adversaires ne s'impose avec évidence. Seuls les hindouistes de droite font une percée remarquée.

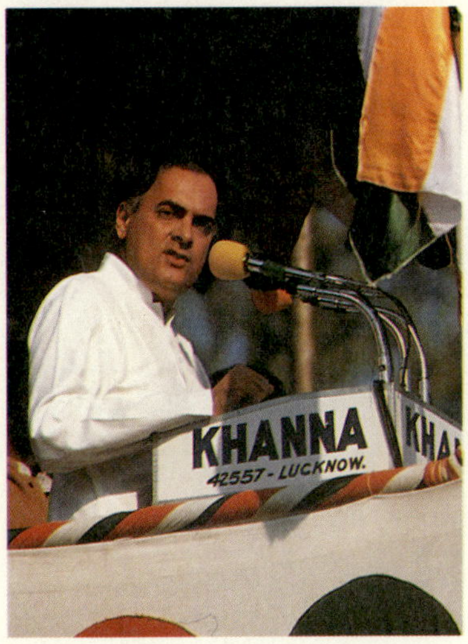

Rajiv Gandhi à l'épreuve des urnes.

Soucoupes volantes dans le ciel liégeois

29 novembre. Panique à Eupen : des témoins ont aperçu de drôles d'objets volants et, bien sûr, non identifiés dans le ciel étoilé. Deux gendarmes ont juré avoir vu « un triangle volant doté de trois phares et d'un feu clignotant ». Depuis, il ne se passe pas un jour sans que le moyen de locomotion préféré des petits hommes verts apparaisse. Et ce n'est pas tout : une base militaire a détecté des points lumineux mystérieux. Quant à la radio belge, elle ne parle plus que de ça...

Interpol déménage et se modernise

27 novembre. Le président Mitterrand a inauguré aujourd'hui les nouveaux locaux lyonnais de l'organisation internationale de police criminelle (Interpol). L'immeuble de verre, qui offre 7 000 m^2 de surface, est entouré de douves et sévèrement gardé. Il faut en effet protéger l'ordinateur central, fleuron de l'organisation, qui constitue la plus complète des banques de données du monde sur la criminalité. 280 officiers gèrent à Lyon ce fichier immense ; ils peuvent envoyer et recevoir des messages de toute la planète. Interpol est un relais entre les polices nationales, mais n'agit pas directement, et on lui a souvent reproché sa lourdeur administrative, un défaut dont ses nouvelles installations la débarrasseront.

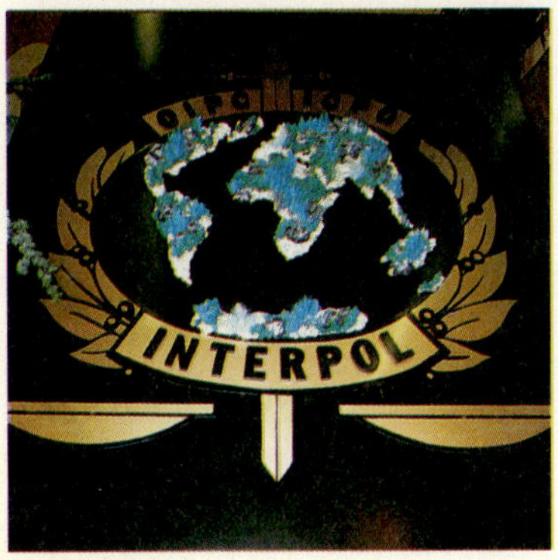

Un emblème et une réputation.

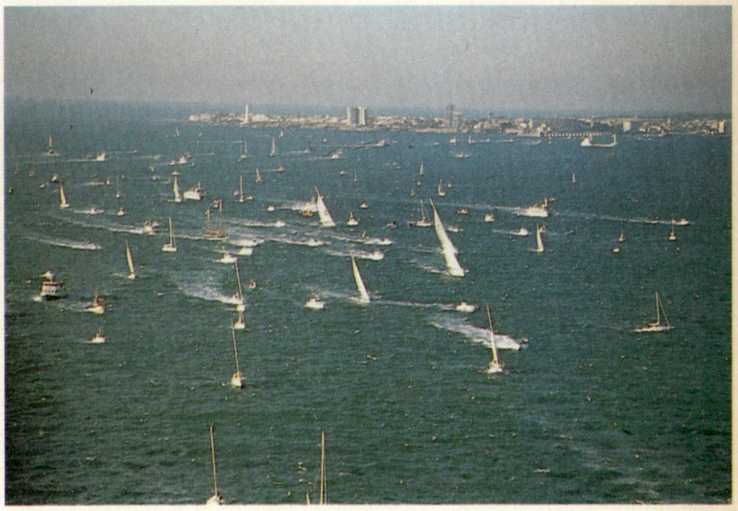

Treize concurrents au départ des Sables-d'Olonne pour la Vendée Globe Challenge, une course de 46 000 km, en solitaire et sans escale.

Décembre

1989

Lu	Ma	Me	Je	Ve	Sa	Di
				1	2	3
4	5	6	7	8	9	10
11	12	13	14	15	16	17
18	19	20	21	22	23	24
25	26	27	28	29	30	31

2. France: championnats du monde d'orthographe, sous la houlette de Bernard Pivot.

3. Etats-Unis: le tennisman suédois Stefan Edberg remporte le Masters de New York face à Boris Becker.

4. URSS: suite aux entretiens de Malte, réunion à Moscou autour de M. Gorbatchev des dirigeants des pays membres du pacte de Varsovie.

4. Belgique: suite aux entretiens de Malte, G. Bush s'exprime à Bruxelles devant les membres de l'Otan.

5. France: record du monde de vitesse (482,4 km/h) pour la rame 325 du TGV Atlantique près de Vendôme.

5. Tchécoslovaquie: après la condamnation, hier, par les 7 membres du pacte de Varsovie de l'intervention de leurs armées dans ce pays en 1968, Karel Urbanek, le secrétaire général du parti, propose la réhabilitation des 500 000 exclus du parti à cette époque.

5. RDA: l'ex-numéro un du pays, Erich Honecker, est assigné à résidence.

5. Angleterre: Margaret Thatcher est réélue à la tête du parti conservateur.

6. France: Michel Rocard présente 48 mesures pour l'intégration des immigrés.

6. RDA: démission du numéro un Egon Krenz.

7. Tchécoslovaquie: démission du Premier ministre Ladislav Adamec. Le vice-Premier ministre Marian Calfa lui succède.

7. Bénin: le pays renonce au marxisme en vigueur depuis 1974.

8. Belgique: coup d'envoi des illuminations sur douze places de Bruxelles pour célébrer l'Europe des Douze.

10. France: 255 millions de francs pour l'opération Téléthon contre la myopathie.

DECES

8. Bruno Carette, comédien et animateur (33 ans).

8. Max Gründig, pionnier de l'électronique (81 ans).

Gorbatchev au Vatican pour un rendez-vous avec l'Histoire

1er décembre. En franchissant peu avant 11 h la frontière symbolique du Vatican, Mikhaïl Gorbatchev s'est encore une fois imposé à l'avant de la scène internationale: l'homme de la perestroïka est devenu le premier secrétaire général du PCUS à être reçu au Saint-Siège, dans cet Etat du Vatican, né le 7 juin 1929, et qui, proportionnellement, est le pays le plus armé au monde, puisque près d'un quart de ses 421 citoyens sont des soldats professionnels. Jean-Paul II, le premier pape slave, a accueilli le président soviétique dans sa bibliothèque privée, au deuxième étage des appartements pontificaux. Les deux hommes ont évoqué les bouleversements en Europe de l'Est, le drame libanais et la liberté religieuse en Union soviétique. Leur tête-à-tête a duré près d'une heure et demie. Puis, les deux interlocuteurs se sont rendus dans la grande salle du Trône. C'est là que le chef du Kremlin, visiblement ému, a fait part du résultat majeur de leur entretien: l'instauration prochaine, probablement en 1990, de relations diplomatiques entre le Vatican et l'URSS. Cette décision a mis un terme à une brouille qui datait de la révolution d'octobre 1917. Gorbatchev a aussi révélé à l'assistance et à quelque 500 millions de téléspectateurs qu'il avait invité le souverain pontife à visiter son pays dans les mois à venir.

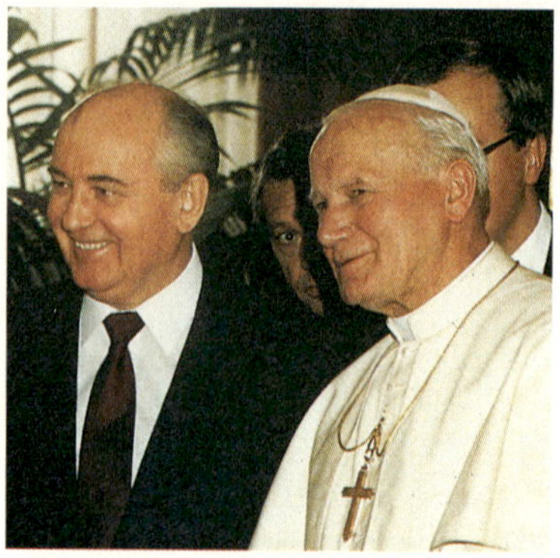

Des sourires pour nouer le dialogue.

48 marins disparus dans le Saint-Laurent

9 décembre. La tempête qui sévit sur le Canada depuis 48 heures s'est assortie de vents soufflant à plus de 130 km/h et d'une température figée à 30 degrés au-dessous de zéro. Elle a été meurtrière sur l'est du pays, dans le golfe du Saint-Laurent. Selon le centre de secours de Halifax, quarante-huit marins et pêcheurs pris dans la tourmente auraient trouvé la mort. Et l'on est toujours sans nouvelles de deux cargos, l'un du Vanuatu et l'autre du Panama, emportés par des vagues dont la hauteur équivaut à celle d'un bâtiment de deux étages.

Tragédie dans un stand de tir belge

3 décembre. Douze morts et trois blessés graves: un bilan très lourd pour l'explosion qui s'est produite à 11 h 57 au Club de tir 109, situé à Jette, un faubourg au nord de l'agglomération bruxelloise. Le feu a pris sur la fine couche de poudre qui, comme il est fréquent dans ce genre d'endroit, recouvre les murs. Mais les flammes se sont aussi attaquées aux plaques de polyuréthane servant à l'isolation phonique. C'est cette matière qui, en se consumant, a libéré un gaz mortel dérivé du cyanure. Les victimes ont péri à la fois asphyxiées, brûlées et empoisonnées par l'inhalation de ce gaz toxique.

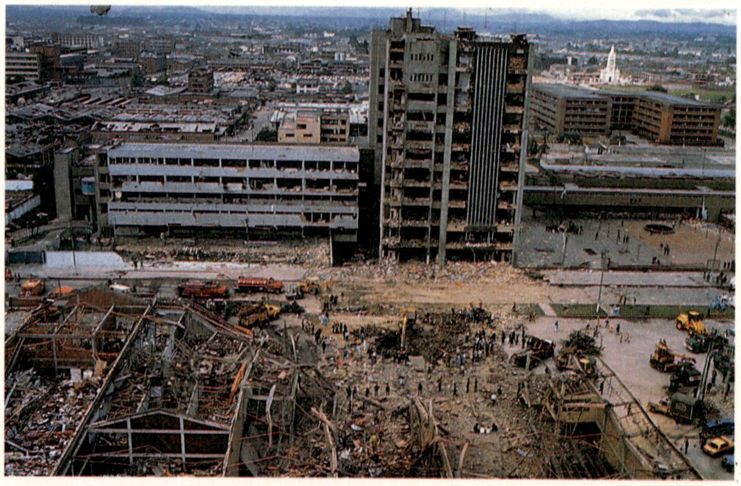

Bogota le 6, guerre de la drogue (suite): un camion et ses 500 kg de TNT explosent devant le siège de la police: 62 morts et des centaines de blessés.

Le plus beau saut de l'ange Comaneci

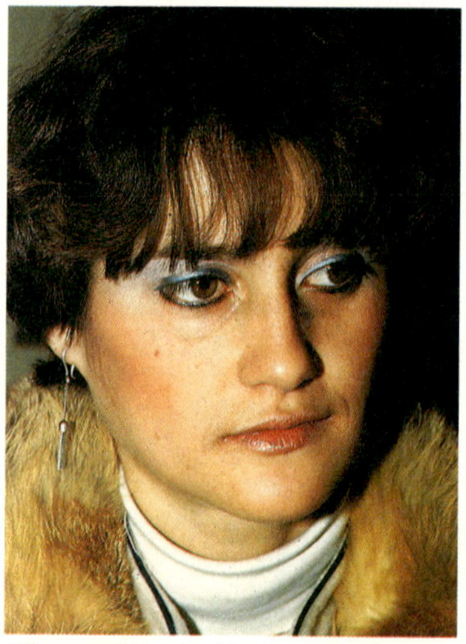

Elle a préféré la liberté à la gloire.

1er décembre. Le sport n'échappe pas aux soubresauts qui font actuellement exploser les frontières de l'Est. La Roumanie de Ceausescu, qui persiste à rester fermée sur elle-même, vient de voir s'envoler sa plus glorieuse citoyenne: l'ex-championne olympique de gymnastique Nadia Comaneci a quitté clandestinement son pays pour arriver aujourd'hui à New York. La « petite fée » des Jeux de Montréal 1976 a l'intention de s'installer aux Etats-Unis, où elle va retrouver son ancien entraîneur Bela Karoly. Et il est probable que Nadia adoptera sans tarder la nationalité américaine, suivant en cela l'exemple de stars comme Ivan Lendl et Martina Navratilova.

Cory Aquino confrontée à un 6e putsch

9 décembre. Les derniers rebelles retranchés dans la base de Matcan, à 560 km au sud de Manille, ont fait soumission. Le coup de force militaire qui a éclaté le 1er à travers le pays a échoué. La menace qui pèse sur le régime de Corazon Aquino n'est pas levée pour autant. Que serait-il advenu si l'aviation américaine n'avait pas apporté son soutien au pouvoir dès le premier jour du putsch? « Nous n'avons pas perdu. Nous retournons volontairement dans nos casernes après avoir donné un sérieux avertissement au gouvernement », a déclaré un officier. Et le soutien exprimé par les trois cent mille Philippins qui assistaient hier à la grand-messe à laquelle la présidente les avait conviés ne compense pas le lent effritement de son pouvoir.

Bernard Tapie tient tête à Le Pen

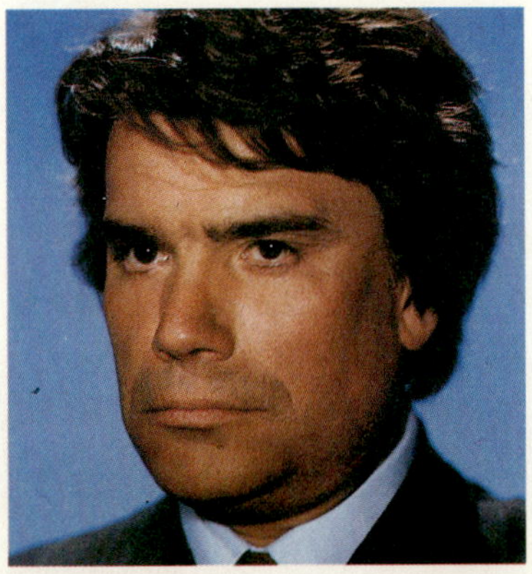

Il ne s'est pas laissé impressionner.

8 décembre. Il existe une alternative à la politique de la chaise vide face au Front national. Même quand son leader accuse, comme le 7 sur la Cinq, le secrétaire d'Etat Lionel Stoléru d'avoir la « double nationalité » sous le prétexte que celui-ci est juif. Opposé sur TF 1 à Jean-Marie Le Pen au sujet de l'immigration, Bernard Tapie a su répondre par des mots simples aux slogans démagogiques. Pas assez pour faire oublier la victoire, le 3, de Marie-France Stirbois, élue députée à Dreux par 61,3 % des voix!

Le peintre abstrait Hartung n'est plus

8 décembre. C'est un des pionniers de la peinture abstraite qui s'est éteint à Antibes. L'homme avait de quoi forcer l'admiration. Né à Leipzig le 21 septembre 1904, Hans Hartung fut un combattant actif de l'hitlérisme. Engagé en 1939 dans la Légion étrangère, il fut blessé devant Belfort en 1944 et dut être amputé d'une jambe. Mais l'homme s'est toujours effacé devant l'artiste, dont la rectitude ne fut pas moins grande. Créateur en 1934 d'une forme d'abstraction dont la vitalité ne fut reconnue que vingt ans plus tard, il s'est imposé au lendemain de la guerre comme l'une des grandes figures de l'art contemporain.

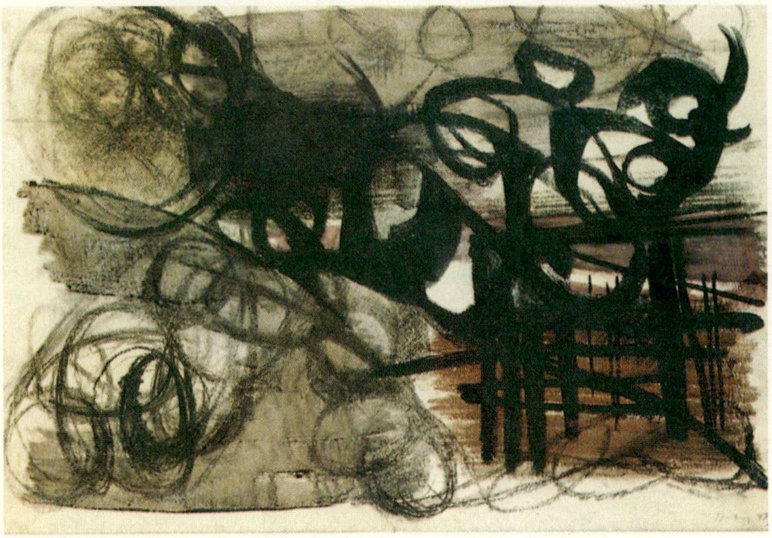

Une toile de 1947: des boucles et un tracé à grands coups de pinceau souple.

Malte: un sommet au beau fixe

2 décembre. Rien ne sert d'être les dirigeants des deux pays les plus puissants du monde lorsque la Nature impose sa volonté: le programme de la première rencontre au sommet entre George Bush et Mikhaïl Gorbatchev a dû être modifié en raison de la tempête qui s'est abattue sur Malte. Les deux hommes devaient se retrouver à bord du *Belknap*, le croiseur américain, puis du *Slava*, battant, lui, pavillon soviétique. Mais l'état de la mer au large de l'île était tel qu'ils ont trouvé refuge sur le *Maxime Gorki*. On dit cependant que le président Bush, ancien pilote de l'aéronavale, n'a pas souffert du mal de mer. Plus sérieusement, l'entretien, dominé par la crise à l'Est, s'est déroulé sans houle, et l'on évoque déjà « l'après guerre froide ».

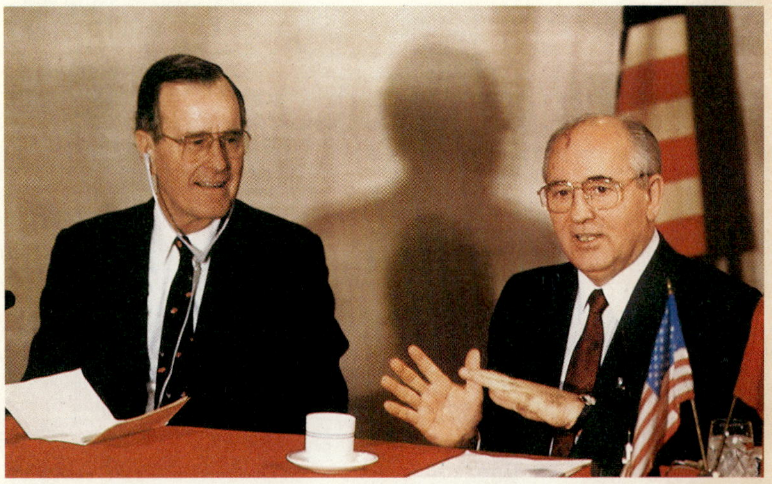

Les discussions des deux grands n'ont pas débouché sur un second Yalta.

Attentat à l'université libre de Bruxelles

1er décembre. Ecœurement dans la capitale belge: une bombe a explosé vers 9 h dans un amphithéâtre de l'université libre, où une quarantaine d'étudiants suivaient un cours de finance publique. Quatre d'entre eux ont été blessés. Un homme d'âge mûr avait été vu peu avant, déposant une mallette dans la salle et pressé de s'éclipser. L'attentat, le troisième en un mois, pourrait être le fait des milieux intégristes.

Folie et tuerie antiféministes à Montréal

7 décembre. Quatorze jeunes femmes sont mortes et treize personnes ont été blessées: à l'école polytechnique de l'université de Montréal, on est encore sous le choc. Un homme en tenue de chasse et armé d'une carabine américaine semi-automatique a fait irruption dans les locaux et parcouru les étages en hurlant: « Vous êtes des femmes. Vous allez être des ingénieurs. Vous êtes une bande de féministes. Je hais les féministes! » Le dément a mis fin à son carnage en retournant l'arme contre lui. Marc Lépine, âgé de 25 ans, laisse une lettre de trois pages où il expose ses griefs contre le beau sexe, ainsi qu'une liste de quinze personnalités — toutes des femmes — qu'il songeait à tuer.

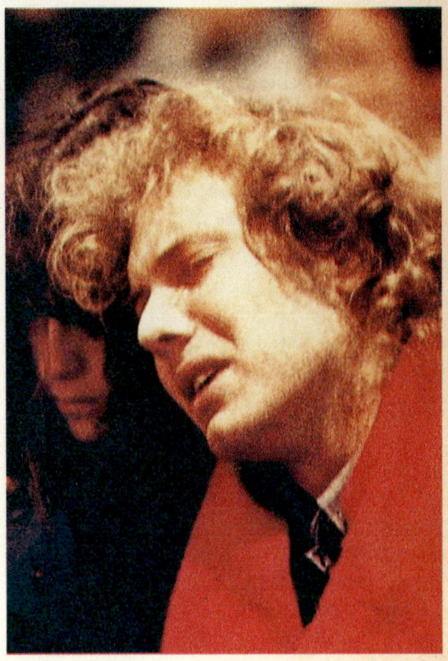

L'horreur a fait place à la douleur.

Décembre

1989

Lu	Ma	Me	Je	Ve	Sa	Di
				1	2	3
4	5	6	7	8	9	10
11	12	13	14	15	16	17
18	19	20	21	22	23	24
25	26	27	28	29	30	31

11. Europe: à la demande du gouvernement français, les députés européens votent la levée de l'immunité parlementaire de Jean-Marie Le Pen, à la suite de son calembour à propos de Michel Durafour.

11. France: Jacques Chancel est nommé à la direction des programmes de FR3.

11. France: le contrat de Michel Platini à la tête du Onze tricolore est renouvelé pour quatre ans et demi.

11. Pologne: une statue de Lénine est retirée de la place principale de Nowa Huta.

12. France: à l'unanimité moins deux voix, le Conseil supérieur de l'Education nationale adopte après modification le texte de la circulaire ministérielle sur la laïcité et le port des insignes religieux à l'école.

13. France: après douze semaines de grève, l'intersyndicale des chantiers navals de Saint-Nazaire met fin aux débrayages tournants.

14. Tchécoslovaquie: retour dans sa terre natale et après 50 ans d'absence de Thomas Bata, émigré au Canada et l'un des leaders mondiaux de l'industrie de la chaussure, pour proposer à son pays une aide économique et culturelle.

15. Algérie: retour d'exil de Hocine Aït-Ahmed, l'un des chefs historiques du FLN, au moment où des milliers de personnes, en majorité des femmes, manifestent contre l'intolérance.

15. France: pour toutes les opérations boursières, les entreprises paieront désormais une taxe à la Société des Bourses françaises.

16. Belgique: inauguration à l'hôpital Neder-over-Hembeek de Bruxelles de la première banque européenne de valves cardiaques naturelles.

17. Brésil: victoire au second tour des élections présidentielles, organisées pour la première fois depuis 29 ans, de Fernando Collor de Mello (parti de la restructuration nationale) avec 52% des voix.

Sakharov est mort

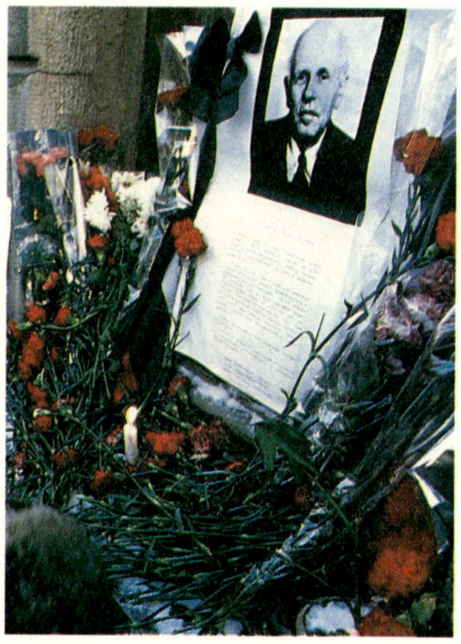

L'hommage sincère des Moscovites.

14 décembre. Il n'assistera pas au total rétablissement de la liberté dans son pays. Mais il en aura été l'un des plus courageux artisans. Agé de 68 ans, Andreï Sakharov vient de succomber à une crise cardiaque à Moscou. Il était à la fois le père de la bombe H soviétique de 1953 et l'élu du prix Nobel de la paix 1975. Entre ses deux dates et au-delà, il avait suivi le chemin qui mène, en URSS, un homme de liberté et de progrès de l'Académie des sciences à la résidence surveillée. S'opposant fermement au régime qui enfermait ses amis dissidents, il fut lui-même arrêté en 1980 et envoyé en exil intérieur à Gorki. Arrivé au pouvoir, Mikhaïl Gorbatchev soulevait peu à peu la chape de silence pesant sur les époux Sakharov, qui furent autorisés à rentrer à Moscou en 1986. Défenseur exigeant de la perestroïka, le prix Nobel avait été élu cette année au Congrès des députés du peuple où il continuait à faire entendre la voix de la raison.

L'expédition Antarctica atteint le pôle Sud

11 décembre. La balise Argos a renvoyé un crachotement à peine audible: « Nous y sommes! » Soixante-dix-huit ans après l'exploit de Roald Amundsen et de ses compagnons, l'expédition Antarctica a atteint le pôle Sud. Partie le 28 juillet des rives de l'Océan, l'équipe internationale de six hommes menée par le Français Jean-Louis Etienne vient de parcourir 3 090 km sur des traîneaux tirés par des chiens. Ils ne sont toutefois pas au bout de leurs peines. Leur but est en effet de traverser le sixième continent de part en part. Après cent trente-six jours d'intenses efforts passés à lutter contre le froid et la difficulté du terrain, l'équipe se réjouit de profiter du confort de la base scientifique américaine qui les accueille. Mais le séjour sera bref. Il reste encore à ces champions de l'aventure à parcourir 2 500 km à un rythme de moitié supérieur s'ils veulent rallier la côte opposée avant l'arrivée... de l'hiver austral.

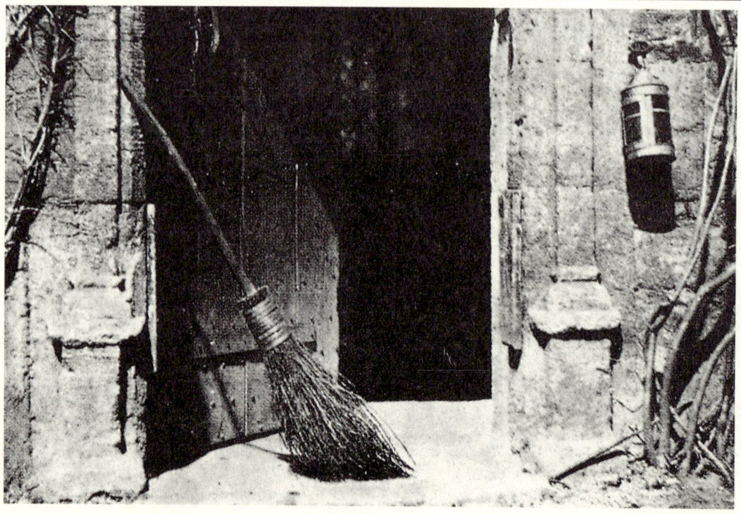

150 ans de photographies. Ici, un cliché de l'Anglais Fox-Talbot (1844).

Le 40e hiver de l'abbé Pierre

Décembre. Il avait été pressenti en octobre pour être le Nobel de la paix, lui que les honneurs indiffèrent. 1989 aura été son année: le nom d'Henry-Antoine Grouès, dit l'abbé Pierre, est associé ces temps-ci aux quarante ans d'Emmaüs, aux vingt ans d'Emmaüs international et à la sortie d'un film de Denis Amar, *Hiver 54*, qui retrace son histoire. Lambert Wilson y incarne magistralement cet homme distribuant ses biens aux pauvres, qui fonda une communauté d'aide aux sans-abri et qui, quatre ans plus tard, en ce très rude mois de janvier 1954, lança une grande campagne de solidarité pour ceux qui, en France, risquaient de mourir de froid. Son cri, qui fut largement entendu, a fait de lui un révolté qui ne mâche pas ses mots et ne ménage pas sa fatigue.

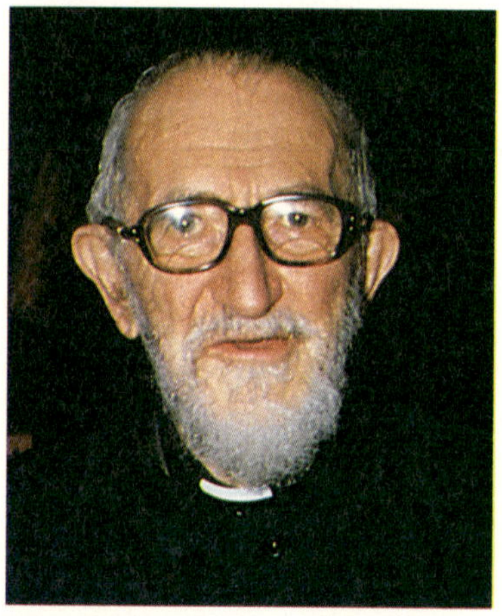

Son combat quotidien: les pauvres.

Le cinéma italien perd la Mangano

16 décembre. Elle était devenue une star en quelques secondes: juste le temps de montrer ses cuisses généreuses dans le film de Giuseppe De Santis, *Riz amer*, sorti en 1948. Alors qu'on lui prédit une carrière internationale, elle préfère se consacrer à son mari, le producteur Dino de Laurentiis, et à ses trois enfants. Sylvana Mangano cédera parfois à Visconti (*Mort à Venise*), Pasolini ou De Sica, qui voient en elle un immense talent. L'actrice est morte à Madrid, à l'âge de 59 ans, des suites d'un cancer.

Chili: la fin de seize ans de dictature

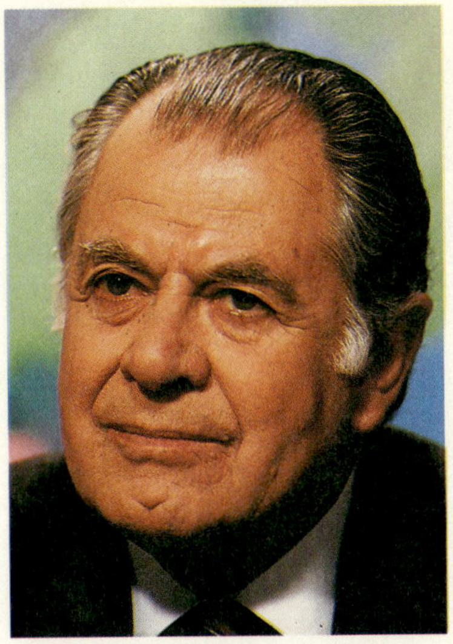

Patricio Aylwin, un juriste de 71 ans.

14 décembre. « Le Chili a retrouvé la liberté. » C'est en ces termes que le démocrate-chrétien Patricio Aylwin a célébré sa victoire au soir du scrutin présidentiel. Un an après avoir dit « non », par référendum, au maintien au pouvoir du général Augusto Pinochet, les électeurs ont confirmé leur rejet de la dictature en désignant au premier tour, par 55,2 % des voix, le candidat unique de l'opposition. Ce dernier prendra ses fonctions le 11 mars prochain. Le général Pinochet pourra encore rester à la tête de l'armée pendant huit ans. Il avait pris le pouvoir en 1973 par un coup d'Etat qui avait mis fin au régime de Front populaire du président Salvador Allende et plongé le Chili dans la nuit.

Les boat people renvoyés chez eux

12 décembre. La mort dans l'âme, cinquante et un réfugiés vietnamiens sont montés à bord de l'avion qui doit les ramener au pays qu'ils avaient fui. Considérés par les autorités britanniques de Hong Kong comme des immigrés illégaux et non comme des réfugiés politiques, ils sont les premiers à être renvoyés de force vers leur terre d'origine. Des dizaines de milliers d'autres risquent de subir le même sort, car aucun pays occidental, y compris ceux qui, à l'instar des Etats-Unis et de la France, ont critiqué la décision anglaise, ne semble vouloir les accueillir.

Colombie: le n° 2 du cartel abattu

15 décembre. La réplique de la police colombienne à l'attentat au camion piégé ne s'est pas fait attendre: « le Mexicain », de son vrai nom José Gonzalo Rodriguez Gacha, a été abattu dans la province de Sucre à 1 000 km de Bogota, ainsi que son fils et cinq gardes du corps. Un coup de maître contre celui qui était considéré comme le chef en second du redoutable cartel de Medellin. L'homme aux sombreros et aux pantalons cloutés d'argent s'était taillé un vaste empire grâce au trafic de la cocaïne. Il brassait les dollars par millions et n'hésitait pas à supprimer ses ennemis.

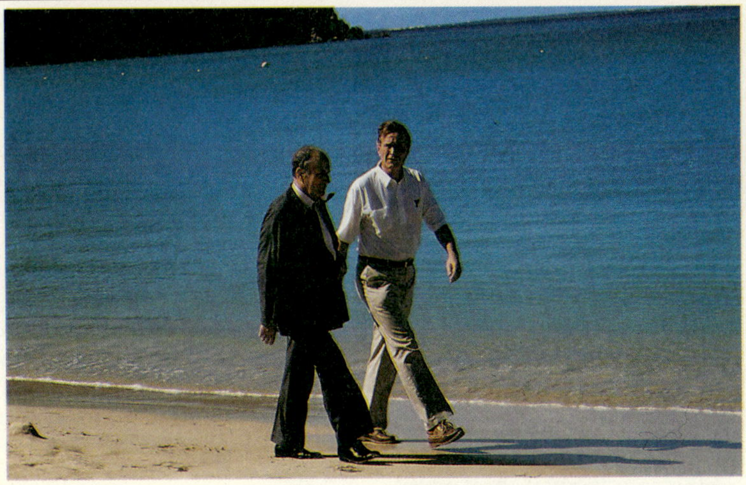

Pas de protocole ce 16 décembre sur l'île de Saint-Martin aux Antilles où F. Mitterrand avait convié G. Bush à s'entretenir avec lui de l'Europe.

Le Bicentenaire s'achève au Panthéon

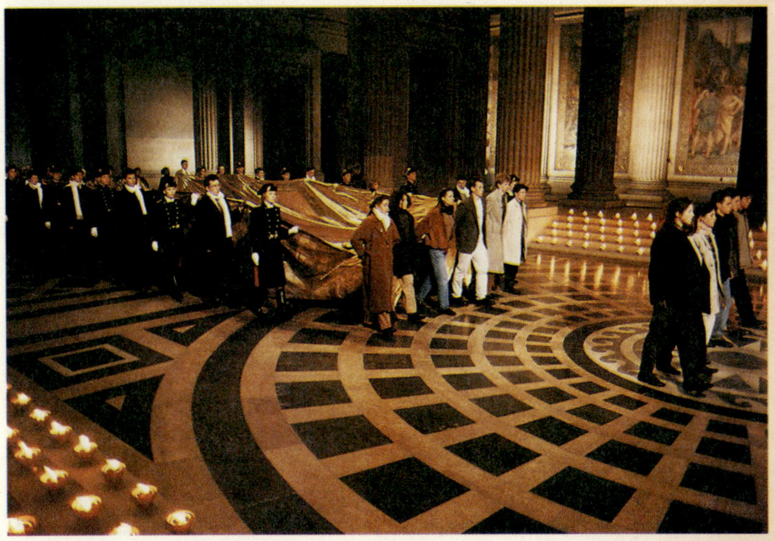

Une cérémonie solennelle dans un lieu réservé aux hommes illustres.

11 décembre. François Mitterrand a présidé la cérémonie de transfert des cendres de trois figures de la Révolution: Gaspard Monge, dont les travaux en géométrie firent autorité et qui participa à la création de l'Ecole polytechnique; le marquis de Condorcet, mathématicien, philosophe et l'un des grands esprits du siècle des lumières; enfin l'abbé Henri Grégoire, qui continue de diviser l'épiscopat français, au point qu'aucun de ses membres n'était aujourd'hui présent au Panthéon. Il fut le premier prêtre catholique à prêter le serment constitutionnel en 1790, défendit les juifs et se battit contre l'esclavage.

Les côtes de l'Europe sous la tempête

16 décembre. L'instabilité de la météo aura eu des conséquences dramatiques ce week-end sur le vieux continent. L'Espagne, le Portugal, l'Angleterre, et la France surtout, ont été pris sous les bourrasques, les pluies torrentielles et les vagues géantes. Le bilan serait de quatorze morts ou disparus. Dans l'Hexagone, la tempête a été très violente au Tonquet (Finistère), dans l'île de Sein, inondée après la rupture de sa digue de protection, à la pointe du Raz et à Belle-Ile où le vent atteignait 150 km/h. Outre la Bretagne, la Seine-Maritime et la région parisienne ont subi d'importants dommages.

La Coupe Davis, c'est Boris Becker

17 décembre. Extraordinaire et invincible Becker! Après avoir remporté les tournois de Wimbledon et de New York, le tennisman allemand a balayé les Suédois Edberg et Wilander dans la finale de Coupe Davis RFA-Suède qui s'est disputée à Stuttgart. En gagnant le double et ses deux simples, il a permis à son pays de conserver le célèbre Saladier d'argent, déjà conquis en 1988. Ce champion de vingt-deux ans aura été incontestablement le numéro un du tennis mondial en 1989, succédant ainsi à Ivan Lendl.

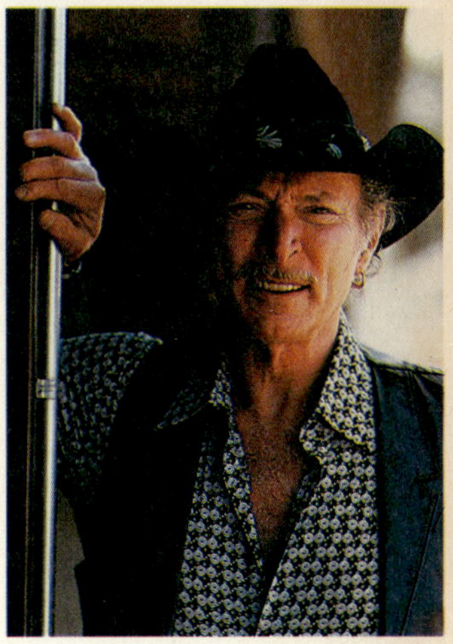

Lee Van Cleef, le cow-boy des westerns italiens, mort à 64 ans.

Décembre

1989

Lu	Ma	Me	Je	Ve	Sa	Di
				1	2	3
4	5	6	7	8	9	10
11	12	13	14	15	16	17
18	19	20	21	22	23	24
25	26	27	28	29	30	31

18. Canada : arrestation de Michael Pawlowski, un Canadien d'origine biélorusse, qui devra répondre de l'assassinat, en 1942, de 490 Polonais, en majorité juifs.

19. RFA-RDA : le Premier ministre est-allemand Hans Modrow accueille le chancelier ouest-allemand Helmut Kohl pour le premier sommet interallemand depuis la chute du Mur.

19. France-RDA : arrivée de François Mitterrand à Berlin-Est pour une visite officielle, prévue de longue date.

20. France : ouverture à Paris, dans l'ancien théâtre de la Gaîté lyrique, de la Planète magique, le premier parc de loisirs couvert.

21. Algérie : des milliers de manifestants réclament à Alger l'application de la loi islamique.

24. France : 597 concurrents au départ du 12e Paris-Dakar, dans un prologue disputé à Chevilly-Larue et marqué par l'abandon de Jacques Laffitte.

24. URSS : pour la première fois de son histoire, le pays se dote d'un Conseil constitutionnel.

26. Roumanie : Petre Roman, 42 ans, directeur de l'institut polytechnique de Bucarest, est nommé Premier ministre. →

26. France : suite aux événements de Roumanie, les « reconstructeurs » du PCF demandent la démission de Georges Marchais et de la direction du parti.

26. France : séisme d'amplitude 4,3 sur l'échelle de Richter à Nice. Ni victimes ni dégâts.

27. Belgique : grève des banques.

28. Autriche : Marin Ceausescu, frère aîné du dictateur, est découvert pendu dans la cave de la Représentation commerciale de Roumanie à Vienne.

31. Maroc : suite à l'incendie, le 19, d'un pétrolier iranien, 200 km de côtes situées sur la face atlantique sont menacées par une catastrophe écologique majeure : 70 000 tonnes de brut répandues.

Les Roumains libérés de leur tyran

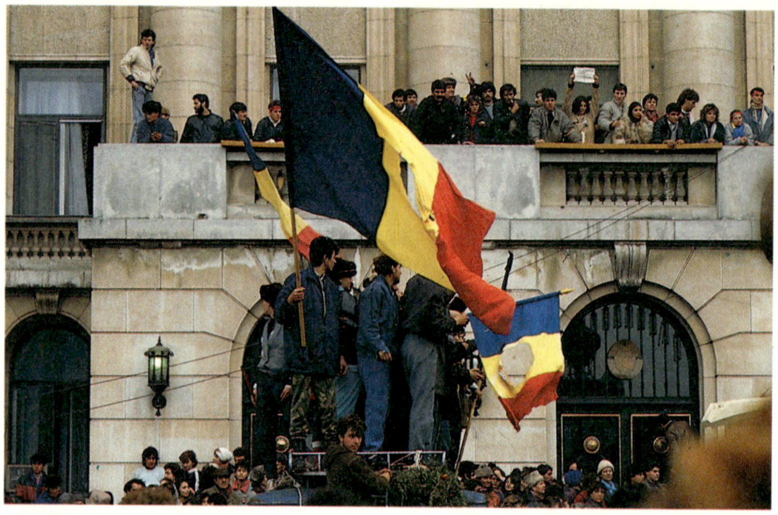

Un drapeau troué en son centre : le peuple s'en est pris aussi aux symboles.

26 décembre. La Roumanie commence à sortir d'un quart de siècle de cauchemar. Après dix jours sanglants, Ion Iliescu, ancien camarade de classe de Gorbatchev et ancien secrétaire du Comité central du Parti, est depuis ce matin le président du Conseil du front de salut national. Cette instance de trente-neuf membres est née le 22 et a fait part hier à l'antenne de l'exécution du couple de dictateurs, Nicolae et Elena Ceausescu.

Le sort du « génie des Carpates », alias le « Danube de la pensée », et de la « mère du peuple » s'est réglé en cinquante-deux minutes, au cours d'un procès à huis clos qui laisse l'opinion sur sa faim. Le Conducator et sa femme ont été fusillés après avoir été déclarés coupables de génocide, de noyautage de l'Etat, de vol et destruction de biens publics, de mainmise sur l'économie nationale et, enfin, de tentative de fuite pour récupérer des fonds placés à l'étranger, d'un montant supérieur à un milliard de dollars.

« L'Antéchrist est mort le jour de Noël ! » s'est écrié le commentateur. Une fin qui aura été sans gloire pour ce despote mégalomane et paranoïaque qui, dès l'âge de 15 ans et simple apprenti cordonnier, avait adhéré aux Jeunesses communistes, avant de devenir, en stalinien pur et dur, le maître absolu en 1965, aidé dans la marche des affaires par une épouse intraitable et ambitieuse, qui se faisait passer pour l'un des esprits scientifiques les plus éclairés. Un règne qui atteignit son apogée en 1968 et qu'aucun Etat de l'Ouest, pendant plus de vingt ans, ne chercha à contester officiellement.

C'est ce régime de suspicion et de terreur que les habitants de Timisoara ont osé défier le 16 décembre dernier, en s'opposant à l'arrestation du pasteur protestant Lazlo Toekes, un défenseur des droits de la minorité hongroise. Ensuite, tout s'est précipité. Rumeurs de massacre, bientôt en partie confirmées, puis, le 18, proclamation de l'état d'urgence. Le 21, Ceausescu, qui n'en croit pas ses oreilles, est hué par la foule à Bucarest. Le 22, la radio, tombée entre les mains des insurgés, annonce la fuite du couple maudit et l'arrestation de son fils Nicu. Dans le même temps, des combats éclatent dans les rues de Bucarest, alors qu'à Timisoara des centaines de corps sont exhumés d'un charnier. De très violents affrontements font rage dans la plupart des villes entre l'armée, ralliée à l'insurrection, et les agents de la redoutable Securitate. Des terroristes, comme on les appelle, décidés à vendre cher leur peau puisqu'ils n'ont plus rien à perdre, qu'ils sont fortement armés et qu'ils peuvent encore, dans la capitale, échapper au peuple grâce à un vaste réseau de galeries souterraines. Le 23, alors que Bucarest est à feu et à sang, Jean-Louis Calderon, grand reporter sur la Cinq, est l'un des témoins de l'action et le paiera de sa vie, écrasé par un char. Danny Huwé, un journaliste belge envoyé par la chaîne flamande VTM, sera tué lui aussi. Dans la soirée, et tandis que les balles sifflent de plus belle autour du lieu stratégique de la télévision, le speaker annonce que les fuyards, qui ont d'abord emprunté un hélicoptère, ont été arrêtés sur la route, dans une Dacia 1300 aux abords de Tirgoviste. Pour le reste, tout continue de se passer en direct et sous les yeux du monde. Impossible d'obtenir un bilan exact de la tuerie ; les chiffres oscillent entre 600 et 60 000 morts depuis le début des événements, et l'on se bat encore, même si c'est avec moins d'intensité. La télévision montre encore des cadavres, parfois défigurés à l'acide, et d'autres pêle-mêle dans les hôpitaux, et la population lynchant ceux soupçonnés d'appartenir à la police politique. Face à la gravité de la situation, la communauté internationale s'est mobilisée comme jamais pour acheminer médicaments, équipes médicales et vivres. Mais la confusion demeure et la Roumanie aura déjà payé bien cher sa liberté.

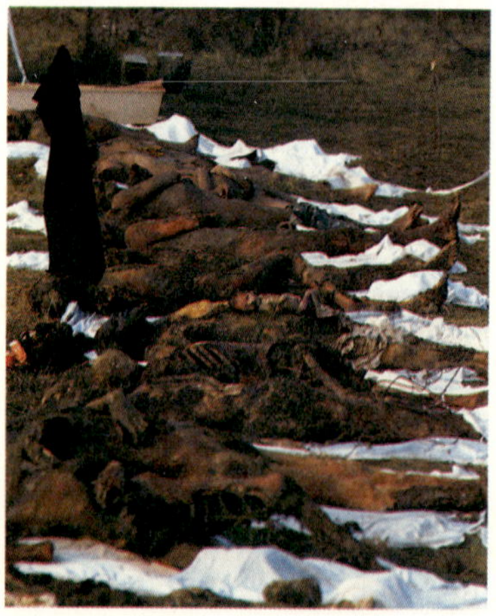

Timisoara : l'étendue de l'horreur.

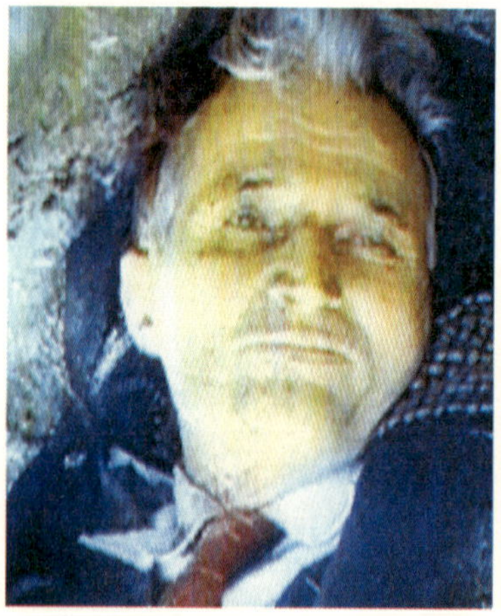

Le dictateur a été criblé de balles.

Havel : de la dissidence à la présidence

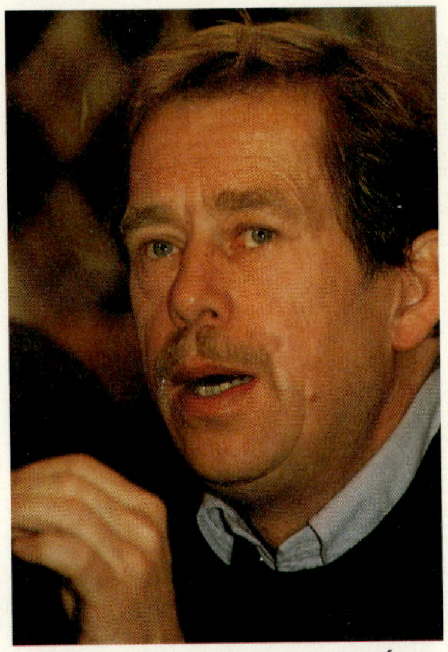

Un écrivain hissé à la tête de l'État.

29 décembre. Le dramaturge Vaclav Havel, bête noire des autorités communistes de Prague, était de nouveau en prison voici quelques mois. Ce Tchèque âgé de 53 ans, qui a passé en tout près de cinq ans derrière les barreaux pour avoir dénoncé le totalitarisme, est devenu ce matin le neuvième président de la Tchécoslovaquie. A ses côtés, dans la salle Vladislav du château de Prague, se trouvait Alexander Dubcek, héros du Printemps de Prague. Après vingt ans d'oubli officiel, Dubcek, un communiste réformateur slovaque, a retrouvé la présidence de l'Assemblée, poste qu'il avait brièvement occupé avant sa disgrâce, en 1969. L'élection de ces deux hommes marque le couronnement de la « révolution de velours » qui secoue le pays depuis le 17 novembre. Vaclav Havel n'assurera qu'un intérim à la tête de l'Etat, et ce jusqu'aux élections législatives, les premières libres depuis 1946, et prévues à la mi-1990.

Beckett ne sortira plus de son silence

22 décembre. Il était l'un des très grands écrivains de ce siècle et l'un des hommes les plus en retrait de son temps. Samuel Beckett, né près de Dublin le 13 avril 1906, s'est éteint à Paris, la ville où il vivait depuis près d'un demi-siècle, ses fenêtres donnant sur la prison de la Santé. Seul toujours, farouchement silencieux, avare de ses mots (sa dernière œuvre, *Soubresauts*, ne comportait qu'une vingtaine de pages), le dramaturge écrivait en anglais ou en français, se traduisait lui-même et craignait qu'on le cite, de peur qu'on ne trahisse sa pensée. Reconnu dans le monde entier à partir de 1952 avec sa pièce *En attendant Godot*, aujourd'hui lue ou jouée dans quarante langues, il avait reçu le prix Nobel de littérature en 1969. Mais il était resté suprêmement indifférent aux honneurs et fuyait les agitations petites ou grandes de son époque, souhaitant peut-être que sa mort passe inaperçue.

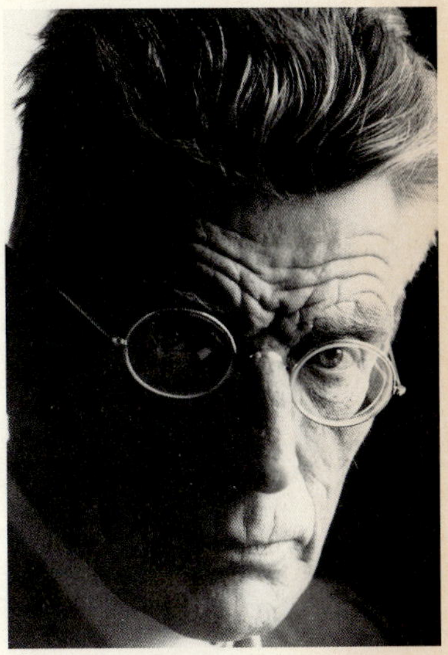

Écrire, il n'était « bon qu'à ça ».

Pas de glasnost pour l'Albanie ?

26 décembre. L'Albanie, l'un des Etats marxistes les plus fermés et les plus durs du monde, ne veut pas être contaminée par le virus de la démocratie qui continue de déferler sur les pays de l'Est. Cette situation qui persiste a poussé Léka Ier, le prétendant au trône d'Albanie qui vit en Afrique du Sud, à lancer un appel à ses concitoyens pour qu'ils se soulèvent contre le régime « tyrannique et athée » au pouvoir à Tirana. De son côté, l'Union nationale des Albanais qui regroupe tous les opposants, exilés ou réfugiés en Europe, a demandé au gouvernement français de dénoncer le « dictateur stalinien Ramiz Alia », installé depuis 1982.

Cours du dollar en francs en 1989	
janvier	6,25
février	6,30
mars	6,32
avril	6,32
mai	6,61
juin	6,72
juillet	6,42
août	6,42
septembre	6,50
octobre	6,33
novembre	6,22
décembre	5,91

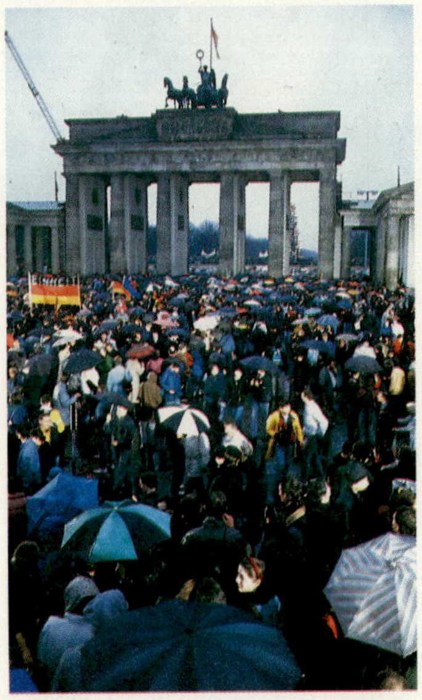

22 décembre. Ouverture de la porte de Brandebourg, ancien symbole de Berlin divisé.

Un robot pour 1990

31 décembre. Les années 80 sont mortes, vive la nouvelle décennie ! Celle-ci a fait une entrée discrète dans la station de métro des Halles à Paris où, depuis une quinzaine de jours, un robot sophistiqué s'active la nuit pour nettoyer les couloirs et remplacer le vieux balai des hommes... Ce n'est plus de la science-fiction, et le phénomène marque en soi une petite révolution.

Panama : Noriega échappe aux marines

24 décembre. Le diable chez le bon Dieu ! Aux Etats-Unis, la retransmission de la messe de minuit a été interrompue par l'annonce que le général Manuel Antonio Noriega s'était réfugié à la nonciature de Panama et avait demandé asile au Vatican. « Cara de pina » – tête d'ananas – a rendu les armes. La diplomatie américaine est pourtant loin d'être sauve. Le 16, un officier américain était tué par un soldat panaméen : un prétexte rêvé ! Le 20, les troupes américaines engageaient l'opération « juste cause » dans le dessein de capturer l'« homme fort » du Panama, ancien agent de la CIA, poursuivi aux Etats-Unis pour trafic de drogue. Mais celui-ci parvenait à fuir, et la résistance de l'armée panaméenne se révélait plus forte que prévu. Aujourd'hui, le pays est aux mains des GI et le vainqueur des élections présidentielles annulées du 7 mai, Guillermo Endarra, est au pouvoir. Mais le Vatican a fait savoir que, faute de convention d'extradition avec les Etats-Unis, il ne leur livrerait pas Noriega.

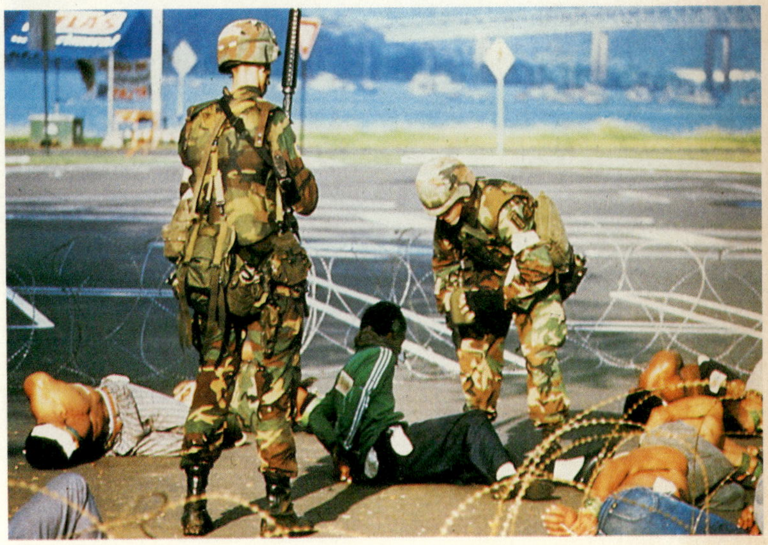

Les soldats américains traquent dans la capitale les partisans du dictateur.

Les pays du monde

Ce chapitre présente la situation géographique, la superficie, la population, la capitale, la langue officielle, les principales religions, le régime politique et les organisations internationales dont il est membre, ainsi que les noms du chef de l'Etat et du chef de gouvernement, de chaque Etat, et ce jusqu'au début décembre. Les chiffres de la population et du PNB sont les derniers disponibles (le cours du change est celui du 30 septembre 1989). Voir liste des abréviations page 123.

Afghanistan

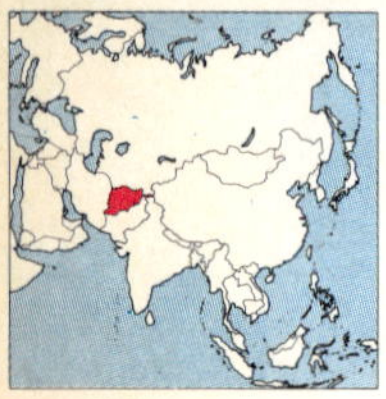

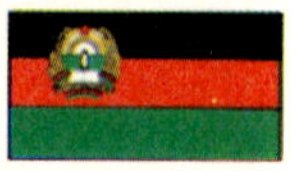

Asie centrale
652 090 km²
Pop. : 10-12 M
ONU

Capitale : Kaboul (Pop. : 2 M)
Langues officielles : pashto, dari (persan)
Religion : musulmans (chiites, sunnites)
Régime politique : république populaire
Chef d'Etat : Najibullah (depuis 1987)
PNB par habitant : 250 $ (1985)
Monnaie : afghani (= 0,015 F)

Malgré le retrait des derniers soldats soviétiques le 15 février, conformément aux accords signés à Genève en avril 1988 et garantis par les Etats-Unis et l'URSS, des combats, parfois très violents, ont continué à secouer le pays cette année. Les rebelles afghans ont tenté à plusieurs reprises d'évincer les forces gouvernementales de la ville stratégique de Jalalabad, près de la frontière pakistanaise. En février, le président Najibullah a décrété l'état d'urgence et remplacé le Premier ministre, Hasan Charq, par un Conseil militaire composé de vingt officiers supérieurs. Au mois d'août, un jeune kinésithérapeute français, Xavier Lemire, a été blessé et capturé par l'armée afghane au cours d'une opération menée contre la guérilla dans le sud du pays. Un autre Français, Vincent Gernigon, a été tué dans l'accrochage. M. Lemire a été libéré en septembre à la suite de demandes formulées par les Nations unies et le président François Mitterrand.

Afrique du Sud

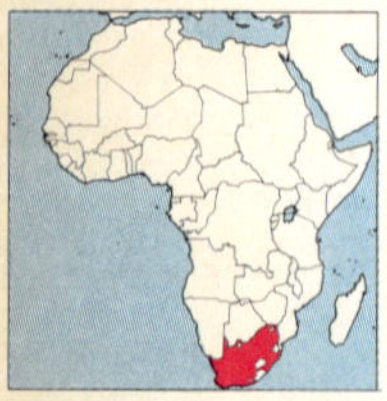

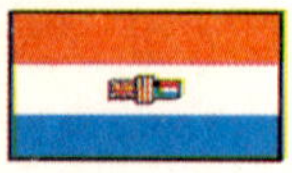

Afrique australe
1 123 226 km²
Pop. : 29,6 M
ONU

Capitale : Pretoria (Pop. : 528 407)
Langues officielles : afrikaans, anglais
Religion : surtout chrétiens
Régime politique : république
Chef d'Etat : Frederik De Klerk (depuis 1989)
PNB par habitant : 1 800 $ (1986)
Monnaie : rand (= 2,48 F)

Le parti national a remporté en septembre des élections législatives réservées aux Blancs, en dépit d'une forte poussée de candidats de droite comme de gauche. La police a été accusée d'avoir tué au moins vingt-trois manifestants noirs qui protestaient, au Cap, contre leur exclusion de ce scrutin. Lorsqu'il a entamé son mandat de cinq ans, fin septembre, le président De Klerk a mis ses concitoyens en garde contre des espoirs démesurés, indiquant toutefois qu'il poursuivrait le processus de libération de prisonniers politiques. Le plus célèbre d'entre eux, le leader nationaliste noir Nelson Mandela, emprisonné depuis 1962, doit en principe être remis en liberté au début de 1990. En novembre, le gouvernement a annoncé qu'il mettrait fin à la ségrégation raciale dans les services et les lieux publics, tels que les plages actuellement réservées aux Blancs, « dès que possible ».

Albanie

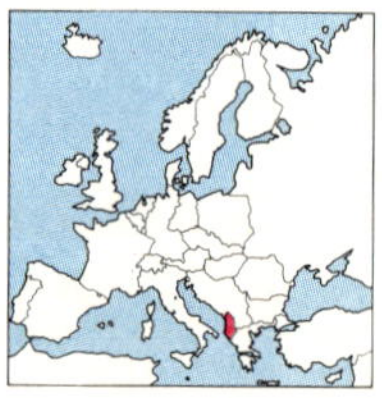

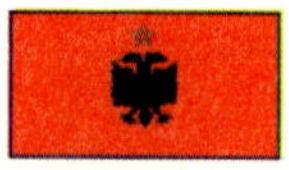

Europe
du Sud-Est
28 748 km²
Pop. : 3,08 M
ONU

Capitale : Tirana (Pop. : 206 000)
Langue officielle : albanais
Religion : athées
Régime politique : république populaire
Chef d'Etat : Ramiz Alia (depuis 1982)
Chef de gouvernement : Adil Carçani (depuis 1982)
PNB par habitant : 930 $ (1986)
Monnaie : lek (= 1,04 F)

Le ministre des Affaires étrangères, Reis Malile, a effectué en mars une visite officielle en France, la première d'un chef de la diplomatie albanaise depuis 1945.

Algérie

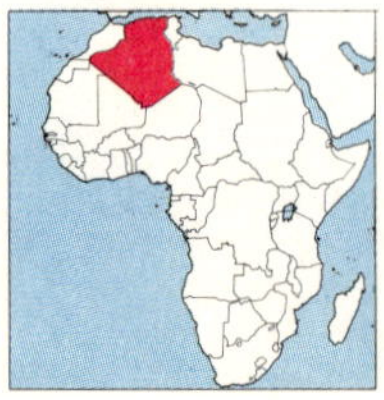

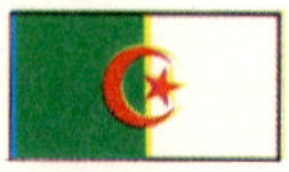

Afrique du Nord
2 381 741 km²
Pop. : 23,85 M
ONU, LA,
OUA, OPEP

Capitale : Alger (Pop. : 1 721 607)
Langue officielle : arabe
Religion : musulmans sunnites
Régime politique : république socialiste
Chef d'Etat : Chadli Benjedid (depuis 1979)
Chef de gouvernement : Mouloud Hamrouche (depuis 1989)
PNB par habitant : 2 570 $ (1986)
Monnaie : dinar algérien (= 0,88 F)

La France a accordé en janvier sept milliards de francs de crédits à l'Algérie. Le même mois, les deux pays ont mis un terme à une longue et épineuse négociation en signant un accord de compromis sur le prix du gaz naturel algérien fourni à Gaz de France. En février, M. Benjedid a célébré le dixième anniversaire de son accession à la présidence.

Allemagne (RDA)

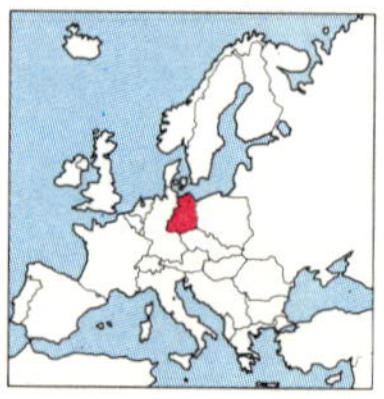

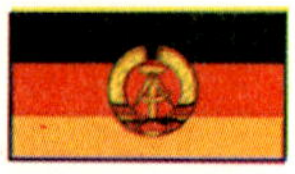

Europe centrale
108 333 km²
Pop. : 16,6 M
ONU, PV,
Comecon

Capitale : Berlin-Est (Pop. : 1 223 309)
Langue officielle : allemand
Religions : protestants 80,5 %, catholiques 11 %
Régime politique : république socialiste
Chef d'Etat : Egon Krenz (depuis 1989)
Chef de gouvernement : Hans Modrow (depuis 1989)
PNB par habitant : 10 400 $ (1985)
Monnaie : mark RDA (= 3,40 F)

L'année 1989 a été, pour les Allemands de l'Est, celle des bouleversements les plus profonds depuis la naissance de la RDA, le 7 octobre 1949. Quelques jours après la venue à Berlin-Est du président Mikhaïl Gorbatchev, en octobre, le numéro un est-allemand, Erich Honecker, a été contraint à démissionner après avoir régné en maître absolu sur le pays depuis 1976. Le même mois, alors que des dizaines de milliers de personnes manifestaient presque quotidiennement dans les rues des principales villes pour réclamer des élections libres, M. Honecker a été remplacé par Egon Krenz. Ce dernier s'est immédiatement trouvé confronté au problème du départ en masse vers l'Ouest de centaines de milliers de ses concitoyens, surtout après la décision de la Hongrie d'ouvrir ses frontières avec l'Autriche. Au total, plus de 300 000 Allemands de l'Est se sont réfugiés à l'Ouest depuis le début de l'année. Cette hémorragie a eu des conséquences graves sur l'économie du pays, déjà en piteux état. Le 8 novembre, le Bureau politique du parti communiste a démissionné en bloc et Hans Modrow, un réformateur notoire, a été nommé à la tête du gouvernement. Puis, le lendemain, le gouvernement Krenz, de plus en plus contesté par la population, a pris la décision historique d'ouvrir une brèche dans le mur de Berlin, décision accueillie par une explosion de joie sans précédent. Le 10 novembre, le PC est-allemand s'est déclaré partisan d'élections libres au moment même où des dizaines de milliers d'Allemands de l'Est se rendaient à Berlin-Ouest pour goûter pendant quelques heures à un parfum de liberté. Début décembre, le nouveau numéro un et son gouvernement s'efforçaient de se maintenir au pouvoir. Le président Mitterrand devait se rendre à Berlin-Est à la fin décembre pour rencontrer les dirigeants est-allemands.

Allemagne (RFA)

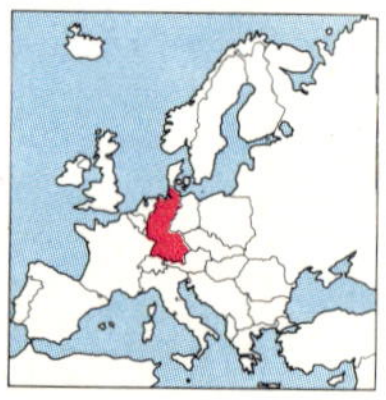

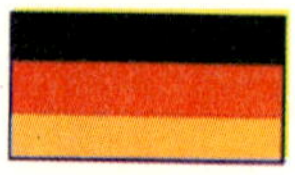

Europe centrale
248 706 km²
Pop. : 61 M
ONU, CEE,
OTAN, OCDE

Capitale : Bonn (Pop. : 291 400)
Langue officielle : allemand
Religions : protestants 49 %, catholiques 44,6 %
Régime politique : république fédérale
Chef d'Etat : Richard von Weizsäcker (depuis 1984)
Chef de gouvernement : Helmut Kohl (depuis 1982)
PNB par habitant : 12 080 $ (1986)
Monnaie : mark allemand (= 3,39 F)

L'Allemagne de l'Ouest a été profondément influencée par les événements historiques qui ont secoué l'Europe de l'Est cette année, et particulièrement l'Allemagne de l'Est. L'arrivée de plus de trois cent mille réfugiés est-allemands au cours de l'année a posé des problèmes majeurs au gouvernement du chancelier Helmut Kohl. Ces problèmes sont devenus encore plus aigus après l'ouverture en novembre du mur de Berlin, érigé le 13 août 1961. Des milliers de réfugiés d'Allemagne de l'Est sont venus grossir les rangs de quelque cent mille chômeurs que comptait déjà Berlin-Ouest. Les travailleurs immigrés turcs, nombreux en Allemagne de l'Ouest, ont protesté contre l'attribution de logements et d'emplois aux nouveaux venus. A la fin novembre, M. Kohl a présenté devant le Bundestag, qui l'a immédiatement approuvé, un plan en dix points visant à restaurer, à terme, l'unité allemande. Toutefois, le nouveau régime est-allemand s'est refusé à toute discussion sur la question de la réunification par étapes de l'Allemagne. Le plan Kohl n'a en outre pas manqué de mettre les chancelleries occidentales en émoi et a été au centre, début décembre, du premier sommet Bush-Gorbatchev, à Malte.

Andorre

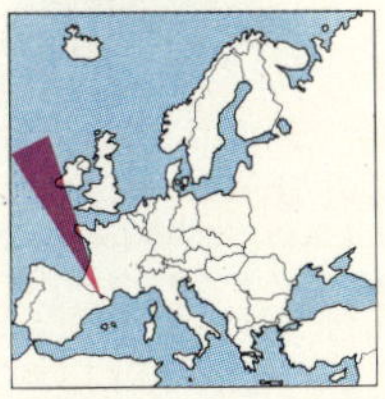
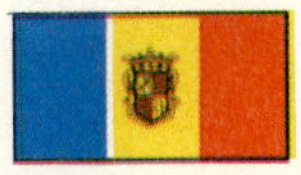

Europe méridionale
465 km²
Pop. : 51 400

Capitale : Andorre-la-Vieille (Pop. : 15 639)
Langue officielle : catalan
Religion : catholiques
Régime politique : principauté
Chefs d'Etat : l'évêque espagnol d'Urgel, Mgr Joan Marti y Alanis, et le président français François Mitterrand
Chef de gouvernement : Josef Pintat Solans (depuis 1986)
PNB par habitant : 9 000 $
Monnaies : franc français et peseta espagnole

Les femmes, qui ne pouvaient jusqu'alors être embauchées que par les polices municipales, ont été admises dans la police de la principauté en 1989. Celle-ci compte 90 membres.

Angola

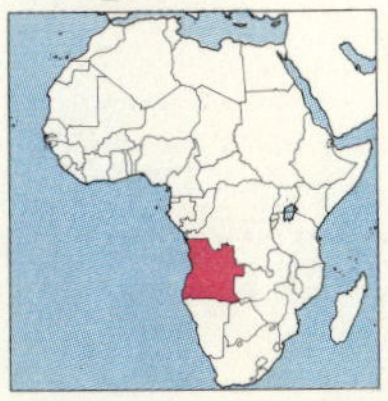
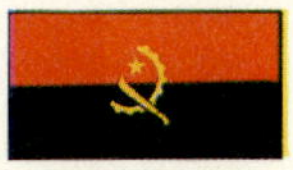

Afrique du Sud-Ouest
1 246 700 km²
Pop. : 9,39 M
ONU, OUA

Capitale : Luanda (Pop. : 1,2 M)
Langue officielle : portugais
Religions : catholiques 55 %, protestants 9 %, animistes 34 %
Régime politique : république populaire socialiste
Chef d'Etat : José Eduardo dos Santos (depuis 1979)
PNB par habitant : 500 $ (1985)
Monnaie : kwanza (= 0,20 F)

Le gouvernement et les rebelles de l'UNITA, soutenus par l'Afrique du Sud, ont signé en juin un accord destiné à mettre fin à quatorze années de guerre en Angola. Plus de 70 000 civils ont été tués depuis le début du conflit. Le retrait des 50 000 soldats cubains envoyés en Angola pour soutenir le régime de Luanda devait s'achever à la fin de l'année.

Antigua et Barbuda

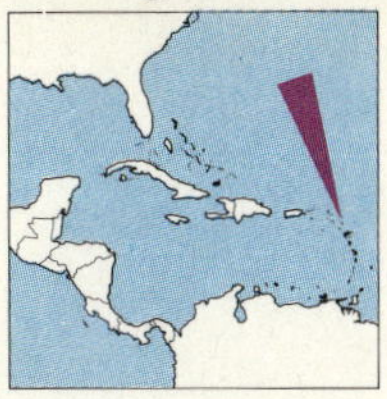
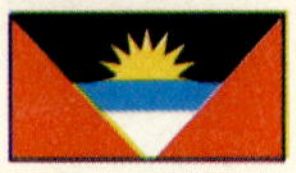

Caraïbes
442 km²
Pop. : 81 500
ONU, OEA, Caricom, CW

Capitale : Saint John's (Pop. : 30 000)
Langue officielle : anglais
Religion : chrétiens (surtout anglicans)
Régime politique : monarchie constitutionnelle
Chef d'Etat : reine Elisabeth II
Chef de gouvernement : Vere C. Bird (depuis 1981)
PNB par habitant : 2 380 $ (1986)
Monnaie : dollar des Caraïbes (= 2,35 F)

Le parti conservateur a remporté en mars 15 des 17 sièges au Parlement, mais les partis d'opposition ont affirmé que le scrutin avait été marqué par de nombreuses fraudes.

Arabie Saoudite

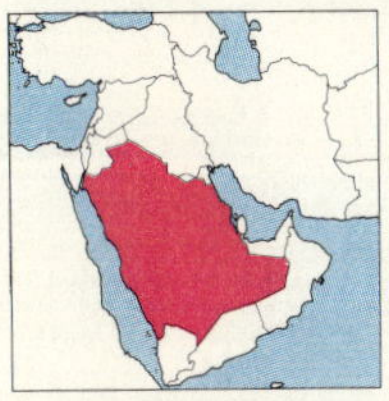
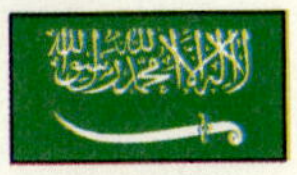

Moyen-Orient
2 200 000 km²
Pop. : 11,52 M
ONU, LA, CCG, OPEP

Capitale : Riyad (Pop. : 666 840)
Langue officielle : arabe
Religion : musulmans (sunnites 85 %, chiites 15 %)
Régime politique : monarchie absolue
Chef d'Etat : roi Fahd ibn Abdul Aziz (depuis 1982)
Chef de gouvernement : roi Fahd ibn Abdul Aziz
PNB par habitant : 6 930 $ (1986)
Monnaie : riyal (= 1,70 F)

L'Arabie Saoudite a fait preuve, cette année, d'un grand rigorisme dans l'application des lois islamiques. Une centaine de personnes ont été exécutées au cours de l'année.

Argentine

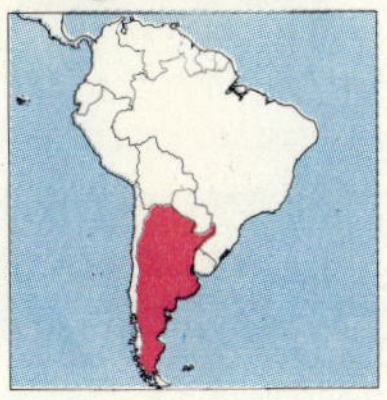
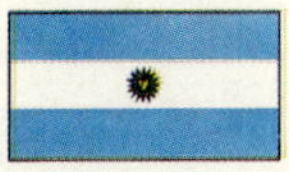

Amérique du Sud
2 780 092 km²
Pop. : 31,06 M
ONU, ALADI, OEA

Capitale : Buenos Aires (Pop. : 9 927 404)
Langue officielle : espagnol
Religion : catholiques 92 %
Régime politique : république fédérale
Chef d'Etat : Carlos Menem (depuis 1989)
PNB par habitant : 2 350 $ (1986)
Monnaie : austral (= 0,08 F)

Arrivé au pouvoir le 8 juillet, en plein marasme, Carlos Menem est parvenu rapidement à redonner confiance aux Argentins. Tournant le dos à la politique de nationalisations des précédents régimes péronistes, il a lancé un plan d'assainissement économique libéral. Soutenu par les milieux bancaires, industriels et agricoles du pays, M. Menem a bloqué les salaires pendant plusieurs mois. L'inflation est passée de deux cents pour cent en juillet à neuf pour cent en septembre, tandis que la Bourse s'inscrivait nettement à la hausse.

Australie

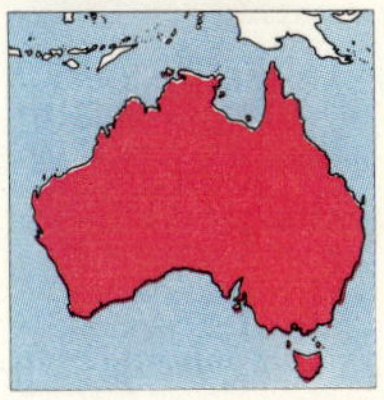
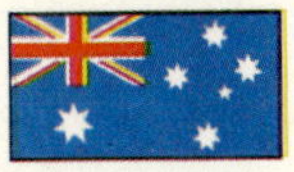

Pacifique Sud
7 682 300 km²
Pop. : 16,25 M
ONU, ANZUS, CW, OCDE

Capitale : Canberra (Pop. : 285 800)
Langue officielle : anglais
Religions : anglicans 36 %, autres protestants 25 %, catholiques 33 %
Régime politique : monarchie constitutionnelle fédérale
Chef d'Etat : reine Elisabeth II
Chef de gouvernement : Robert Hawke (depuis 1983)
PNB par habitant : 11 910 $ (1986)
Monnaie : dollar australien (= 5,03 F)

Le parti travailliste de M. Hawke a enregistré, en novembre et décembre, un sérieux revers, puis une victoire inattendue, lors d'élections dans les Etats d'Australie-Méridionale et du Queensland. Une grève des pilotes de ligne, entamée en août, a paralysé le trafic aérien pendant des mois, et le gouvernement a dû faire appel à l'armée de l'air.

Autriche

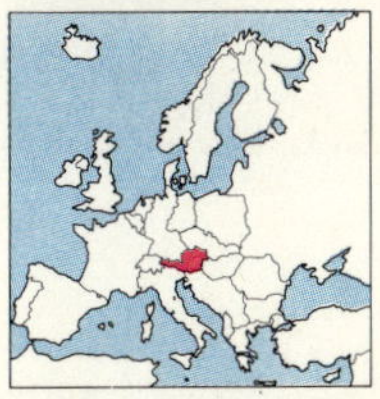
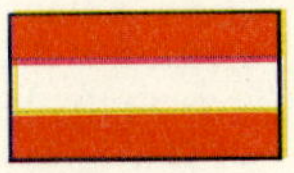

Europe de l'Ouest
83 854 km²
Pop. : 7,58 M
ONU, EFTA, OCDE

Capitale : Vienne (Pop. : 1 479 841)
Langue officielle : allemand
Religions : catholiques 84,3 %, protestants 5,6 %
Régime politique : république fédérale parlementaire
Chef d'Etat : Kurt Waldheim (depuis 1986)
Chef de gouvernement : Franz Vranitzky (depuis 1986)
PNB par habitant : 12 297 $ (1986)
Monnaie : schilling (= 0,48 F)

La prospère Autriche, farouchement attachée à sa neutralité, a demandé en juillet à devenir le 13e membre de la CEE. Certains pays de la Communauté, notamment la France, la Belgique et la Grande-Bretagne, se sont montrés réticents à faire de la place au nouveau venu. Par ailleurs, l'Autriche est devenue, à partir d'août, une plaque tournante pour les réfugiés est-allemands, surtout après l'ouverture en septembre de la frontière austro-hongroise.

Bahamas

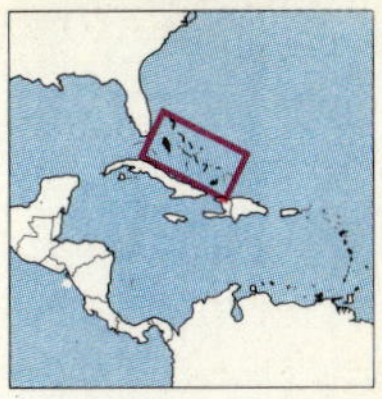
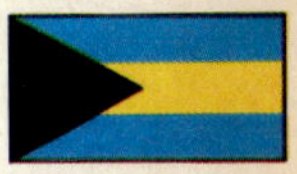

Caraïbes
13 864 km²
Pop. : 236 171
ONU, OEA, CW, Caricom

Capitale : Nassau (Pop. : 135 437)
Langue officielle : anglais
Religions : baptistes 29 %, anglicans 23 %, catholiques 22 %
Régime politique : monarchie const.
Chef d'Etat : reine Elisabeth II
Chef de gouvernement : Sir Lynden O. Pindling (depuis 1967)
PNB par habitant : 7 190 $ (1986)
Monnaie : dollar des Bahamas (= 6,35 F)

Le gouvernement a sensiblement renforcé cette année son dispositif de lutte anti-drogue, notamment en quadruplant les effectifs de la police.

Bahreïn

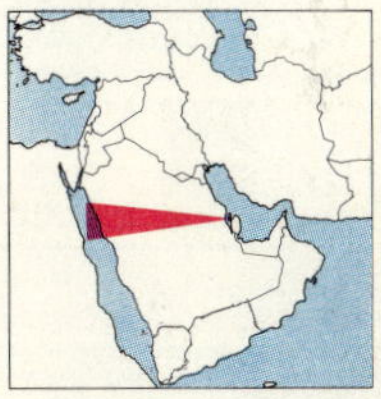
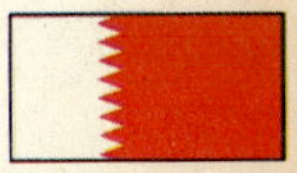

Moyen-Orient
687,75 km²
Pop. : 421 040
ONU, LA, CCG

Capitale : Manama (Pop. : 151 500)
Langue officielle : arabe
Religions : musulmans 85 %, chrétiens 7,3 %
Régime politique : émirat
Chef d'Etat : Isa ibn Salman Al-Khalifa (depuis 1961)
Chef de gouvernement : Khalifa ibn Salman Al-Khalifa (depuis 1973)
PNB par habitant : 8 530 $ (1986)
Monnaie : dinar du Bahreïn (= 16,88 F)

Follement sexy, une voix féminine qui vantait à la radio les charmes de produits français a été censurée en novembre par les autorités.

Bangladesh

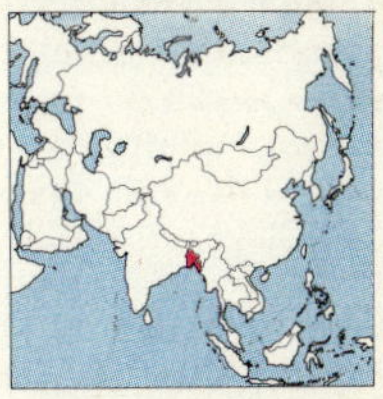
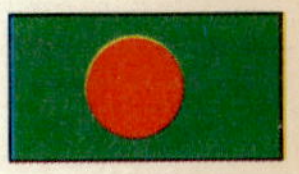

Asie du Sud
143 999 km²
Pop. : 104,1 M
ONU, CW

Capitale : Dacca (Pop. : 3 440 147)
Langue officielle : bengali
Religions : musulmans 80 %, hindouistes, bouddhistes, chrétiens
Régime politique : république présidentielle
Chef d'Etat : Hussain Mohammed Ershad (depuis 1983)
Chef de gouvernement : Moumoud Ahmed (depuis 1988)
PNB par habitant : 140 $ (1986)
Monnaie : taka (= 0,20 F)

En novembre, une épidémie de dysenterie dans le nord du pays a fait près de trois cent cinquante morts, surtout des enfants et des femmes.

Barbade

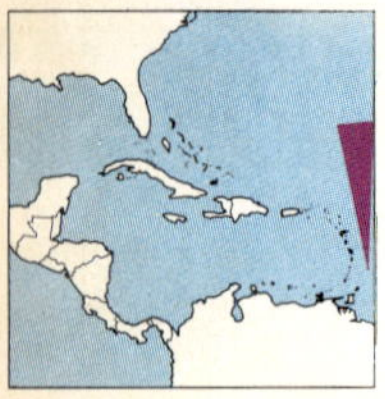
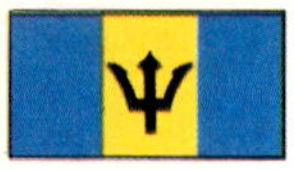

Caraïbes
430 km²
Pop. : 253 881
ONU, CW,
Caricom, OEA

Capitale : Bridgetown (Pop. : 7 466)
Langue officielle : anglais
Religions : anglicans 70 %, méthodistes, moraves, catholiques
Régime politique : monarchie constitutionnelle
Chef d'Etat : reine Elisabeth II
Chef de gouvernement : Erskine Sandiford (depuis 1987)
PNB par habitant : 4 668 $ (1987)
Monnaie : dollar de Barbade (= 3,16 F)

Le ministre des Finances, Richard Haynes, a fondé en février le parti national démocratique et est devenu chef de l'opposition. Le tourisme reste la locomotive de l'économie.

Belgique

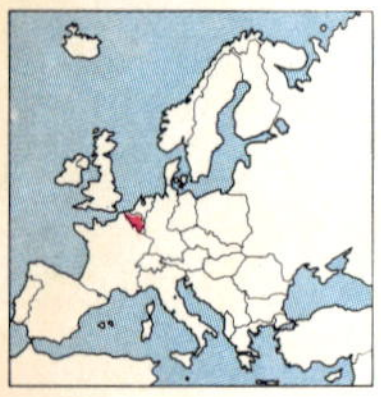
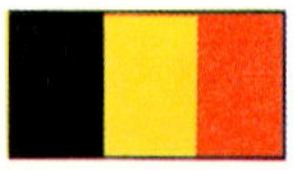

Europe
de l'Ouest
30 518 km²
Pop. : 9,88 M
ONU, CEE,
OTAN, OCDE

Capitale : Bruxelles (Pop. : 970 346)
Langues officielles : français, néerlandais, allemand
Religion : surtout catholiques
Régime politique : monarchie constitutionnelle
Chef d'Etat : roi Baudouin Ier (depuis 1951)
Chef de gouvernement : Wilfried Martens (depuis 1981)
PNB par habitant : 9 230 $ (1986)
Monnaie : franc belge (= 0,16 F)

La décision du gouvernement Martens de fermer les derniers grands charbonnages avant la fin 1992 a déclenché de violentes manifestations de mineurs en juin. Le chômage reste l'un des points noirs de la situation économique belge, bien que l'OCDE ait indiqué en septembre que la Belgique faisait désormais partie du peloton de tête des vingt-quatre pays industrialisés membres de cette organisation. La ville de Liège, en faillite, a connu une année particulièrement difficile. L'année a en outre été fertile en faits divers. En janvier, l'ancien Premier ministre Paul Vanden Boeynants a été enlevé, puis libéré en février en échange d'une forte rançon. Une organisation extrémiste a revendiqué le meurtre d'un chef de la communauté musulmane, en mars, et d'un dirigeant de la communauté juive de Belgique, en octobre. En juillet, après une course folle de plus de 500 km, un Mig soviétique, sans pilote à bord, s'est écrasé près de Courtrai, tuant un jeune homme. Début décembre, une explosion accidentelle dans un stand de tir de la banlieue bruxelloise a fait douze morts.

Belize

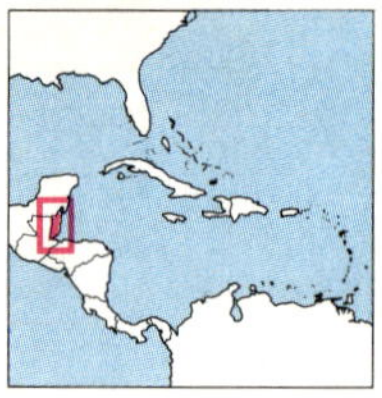
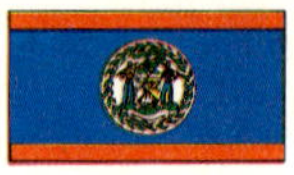

Amérique
centrale
22 963 km²
Pop. : 176 000
ONU, Caricom,
CW

Capitale : Belmopan (Pop. : 3 500)
Langue officielle : anglais
Religions : catholiques 62 %, protestants 28 %
Régime politique : monarchie constitutionnelle
Chef d'Etat : reine Elisabeth II
Chef de gouvernement : George Price (depuis 1989)
PNB par habitant : 1 170 $ (1986)
Monnaie : dollar de Belize (= 3,17 F)

La formation sociale-démocrate de l'ancien Premier ministre George Price a battu aux élections de septembre le parti conservateur au pouvoir.

Bénin

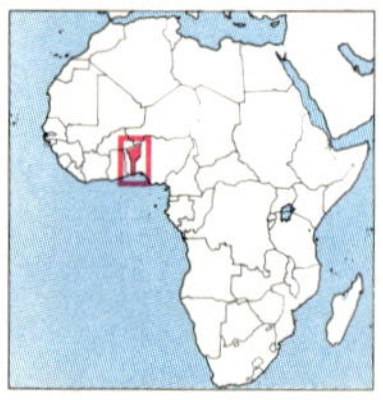
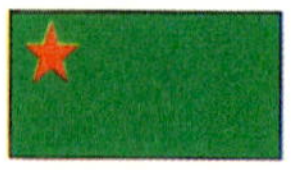

Afrique
occidentale
112 622 km²
Pop. : 4,44 M
ONU, OUA

Capitale : Porto-Novo (Pop. : 208 258)
Langue officielle : français
Religions : surtout animistes, chrétiens, musulmans
Régime politique : république populaire socialiste
Chef d'Etat : Mathieu Kérékou (d. 1972)
PNB par habitant : 270 $ (1986)
Monnaie : franc CFA (= 0,02 F)

Le Bénin a officiellement renoncé en décembre aux dogmes marxistes-léninistes, qui dominaient la vie politique et économique du pays depuis 1974, au profit du libéralisme économique.

Bhoutan

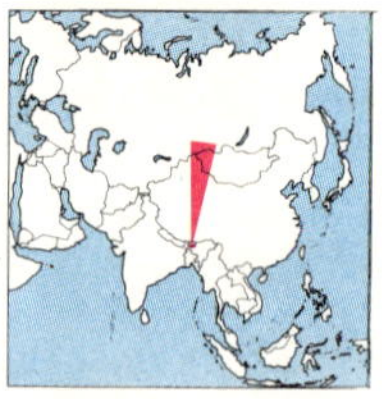
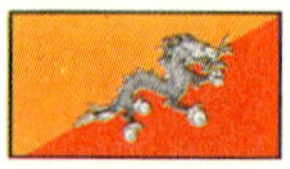

Asie du Sud
46 500 km²
Pop. : 1,4 M
ONU

Capitale : Thimbu (Pop. : 15 000)
Langues officielles : dzongk-ka, népalais, anglais
Religions : bouddhistes 75 %, hindouistes 25 %
Régime politique : monarchie
Chef d'Etat : Jigme Singye Wangchuk (depuis 1972)
Chef de gouvernement : Conseil de ministres
PNB par habitant : 160 $ (1987)
Monnaie : ngultrum (= 0,40 F)

Le port du costume national est devenu obligatoire au Bhoutan depuis avril. Tout contrevenant est passible d'une peine de sept jours de prison.

Birmanie

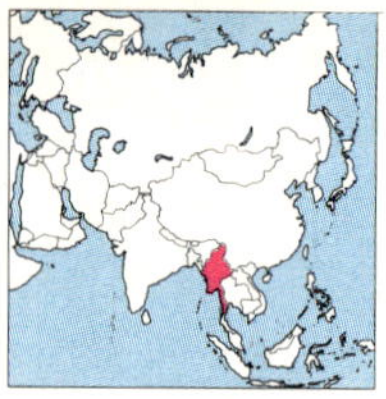
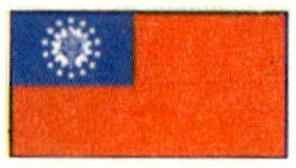

Asie orientale
676 577 km²
Pop. : 39,84 M
ONU

Capitale : Rangoon (Pop. : 2 458 712)
Langue officielle : birman
Religion : bouddhistes
Régime politique : république populaire
Chef d'Etat : Saw Maung (depuis 1988)
Chef de gouvernement : Saw Maung (depuis 1988)
PNB par habitant : 200 $ (1986)
Monnaie : kyat (= 0,97 F)

Les élections générales que la junte militaire avait promises après son coup d'Etat de septembre 1988 ont finalement été fixées au 27 mai 1990. Ce sera le premier scrutin multiparti en Birmanie depuis 1960.

Bolivie

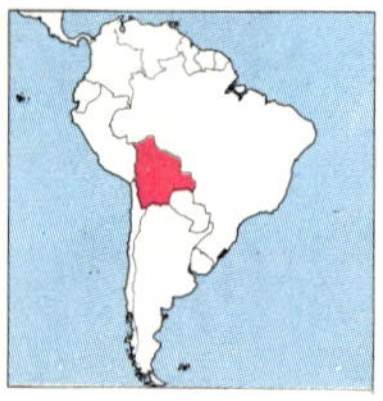
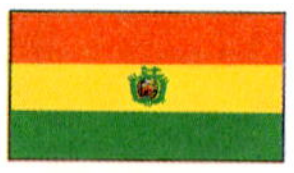

Amérique
du Sud
1 098 581 km²
Pop. : 7 M
ONU, ALADI,
OEA

Capitale : Sucre (légale), La Paz (de facto ; pop. : 992 592)
Langues officielles : espagnol, quechua, aymara
Religion : catholiques 95 %
Régime politique : république présidentielle
Chef d'Etat : Jaime Paz Zamora (depuis 1989)
PNB par habitant : 540 $ (1986)
Monnaie : boliviano (= 2,51 F)

Cent jours après son accession au pouvoir, le président Paz Zamora a été contraint à la mi-novembre de décréter l'état de siège dans le pays, dans l'espoir de mettre fin à une vague d'agitation sociale. L'octroi en août d'un crédit de deux milliards de dollars par la Banque mondiale n'a pas eu d'effet immédiat sur une situation économique catastrophique.

Botswana

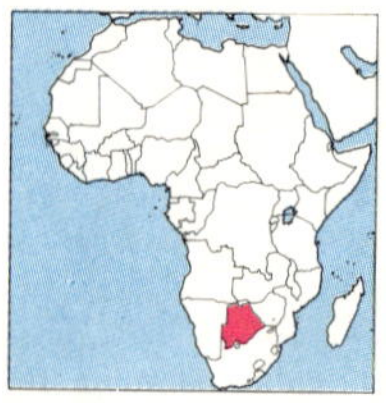
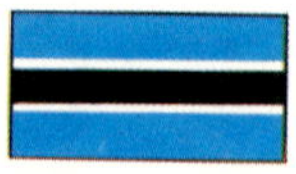

Afrique australe
582 000 km²
Pop. : 1,21 M
ONU, CW,
OUA

Capitale : Gaborone (Pop. : 110 973)
Langues officielles : anglais, bantou (tswana)
Religions : bahai, musulmans, hindouistes, chrétiens
Régime politique : république présidentielle
Chef d'Etat : Quett Ketumile Joni Masire (depuis 1980)
PNB par habitant : 840 $ (1986)
Monnaie : pula (= 3,10 F)

Début octobre, pour la cinquième fois consécutive depuis l'accession du Botswana à l'indépendance en 1966, le parti au pouvoir a remporté des élections législatives.

Brésil

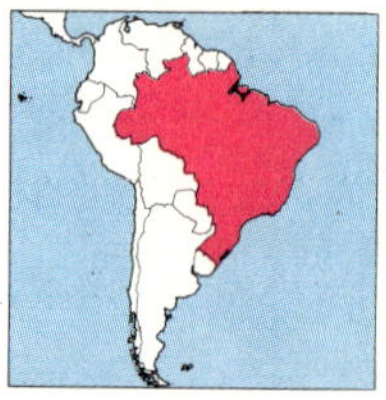
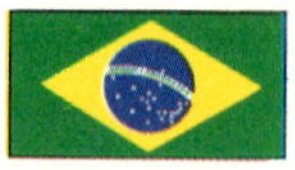

Amérique
du Sud
8 511 965 km²
Pop. : 144,3 M
ONU, ALADI,
OEA

Capitale : Brasilia (Pop. : 410 999)
Langue officielle : portugais
Religions : catholiques 89 %, protestants 6,6 %, spiritualistes
Régime politique : république fédérale
Chef d'Etat : José Sarney (depuis 1985)
PNB par habitant : 1 740 $ (1986)
Monnaie : cruzado (= 0,75 F)

Après des jours d'intense suspense, c'est finalement le candidat de la gauche radicale, Luis Ignacio da Silva, dit Lula, qui a été choisi pour affronter le candidat de la droite populiste, Fernando Collor de Mello, lors du second tour des élections présidentielles, prévu pour le 17 décembre. Selon les sondages, Lula est bien placé pour l'emporter au second tour. Au premier tour, les responsables qui ont assuré depuis dix ans le retour du pays à la démocratie ont été balayés, et des thèmes nouveaux tels que l'égalité sociale ont été au centre du débat électoral. En octobre, le gouvernement américain a cherché à dissuader la France de vendre au Brésil la technologie du moteur Viking de la fusée européenne Ariane, craignant qu'elle puisse être utilisée pour fabriquer des missiles balistiques. Le Brésil doit choisir soit Ariane, soit le lanceur américain Delta pour mettre ses deux satellites de télécommunications, Brasilsat, en orbite dans le courant de 1990.

Brunei

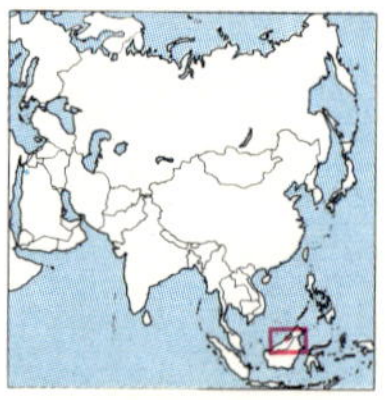
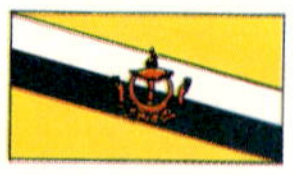

Asie orientale
5 765 km²
Pop. : 226 300
ONU, CW,
ANSEA

Capitale : Bandar Seri Begawan (Pop. : 63 868)
Langues officielles : malais, chinois
Religions : musulmans 63 %, bouddhistes 14 %, chrétiens 10 %
Régime politique : sultanat
Chef d'Etat : sultan Muda Hassanal Bolkiah Mu'izzadin Waddaulah (depuis 1967)
PNB par habitant : 15 400 $ (1986)
Monnaie : dollar du Brunei (= 3,21 F)

Le groupe français Elf Aquitaine a annoncé en décembre avoir découvert un important gisement de pétrole et de gaz au nord des côtes du Brunei, sa première découverte dans ce pays.

Bulgarie

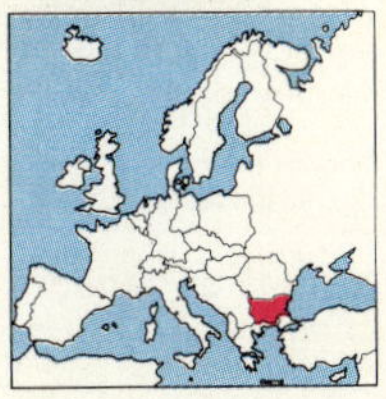

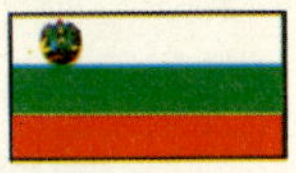

Europe du Sud-Est
110 911,5 km²
Pop. : 8,97 M
ONU, PV, Comecon

Capitale : Sofia (Pop. : 1 128 859)
Langue officielle : bulgare
Religions : surtout orthodoxes, musulmans 7 %
Régime politique : république populaire socialiste
Chef d'Etat : Petar Mladenov (depuis 1989)
Chef de gouvernement : Georgi Atanasov (depuis 1986)
PNB par habitant : 6 460 $
Monnaie : lev (= 7,41 F)

Le ministre des Affaires étrangères, Petar Mladenov, 53 ans, un homme de la génération Gorbatchev favorable à des réformes limitées dans le cadre du système socialiste en vigueur en Bulgarie, est devenu chef de l'Etat en novembre. Il a ainsi mis fin au règne de Todor Jivkov, maître absolu du pays depuis 1971.

Burkina Faso

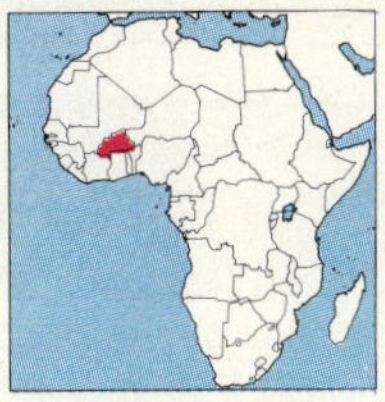

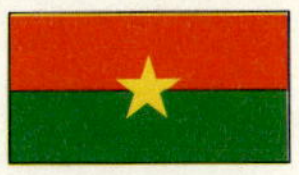

Afrique occidentale
274 122 km²
Pop. : 8,53 M
ONU, OUA

Capitale : Ouagadougou (Pop. : 442 223)
Langue officielle : français
Religions : animistes 45 %, musulmans 43 %, chrétiens 12 %
Régime politique : république présidentielle
Chef d'Etat : Blaise Compaoré (depuis 1987)
Chef de gouvernement : Blaise Compaoré
PNB par habitant : 150 $ (1986)
Monnaie : franc CFA (= 0,02 F)

Le chef de l'Etat a échappé en septembre à une tentative d'assassinat qui aurait été organisée par deux de ses principaux adjoints.

Burundi

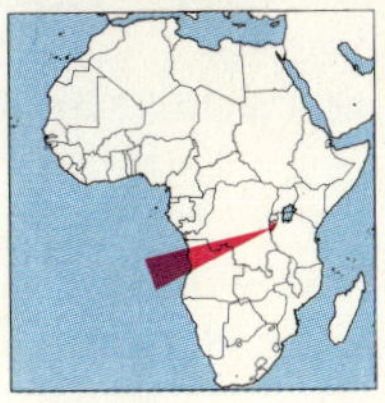

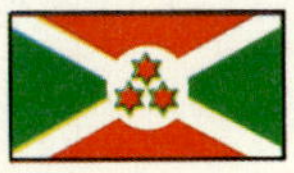

Afrique équatoriale
27 834 km²
Pop. : 5,13 M
ONU, OUA

Capitale : Bujumbura (Pop. : 272 600)
Langues officielles : kirundi, français
Religions : catholiques 60 %, croyances tribales 32 %
Régime politique : république présidentielle
Chef d'Etat : Pierre Buyoya (depuis 1987)
Chef de gouvernement : Adrien Sibomana (depuis 1988)
PNB par habitant : 240 $ (1988)
Monnaie : franc burundais (= 0,04 F)

Le pays a célébré en septembre le deuxième anniversaire de l'avènement de la troisième république, alors que la chute des cours du café, principal produit d'exportation, a aggravé les difficultés du pays.

Cambodge

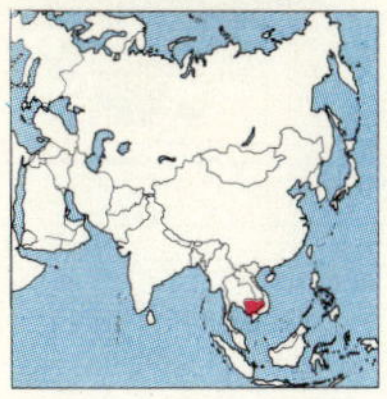

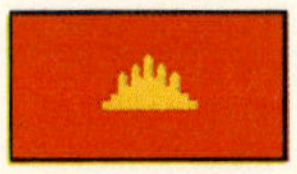

Asie orientale
181 035 km²
Pop. : 6,23 M
ONU

Capitale : Phnom Penh (Pop. : 500 000)
Langue officielle : khmer
Religions : bouddhisme theravada, catholiques et minorités musulmanes
Régime politique : république populaire
Chef d'Etat : Heng Samrin (depuis 1979)
Chef de gouvernement : Hun Sen (d. 1985)
PNB par habitant : pas d'estimation
Monnaie : riel (= 0,042 F)

Les derniers soldats vietnamiens ont quitté le Cambodge fin septembre, soit dix ans et neuf mois après leur déploiement dans ce pays. Les troupes vietnamiennes mirent fin en janvier 1979 au régime des Khmers rouges, responsable en près de quatre ans au pouvoir du massacre de centaines de milliers de Cambodgiens. Les Vietnamiens, dont les pertes au Cambodge sont évaluées à plus de 50 000 hommes, ont laissé une situation très instable. Les combattants khmers rouges restent actifs dans l'Ouest et le Sud-Ouest, notamment près de la ville stratégique de Pailin. La Conférence sur le Cambodge, qui s'est tenue à Paris en août, n'est pas parvenue à une solution globale. Elle s'est heurtée à la question de la formation d'un gouvernement à Phnom Penh incluant les Khmers rouges. Hanoi et le Premier ministre cambodgien s'y sont opposés, alors que le prince Sihanouk, soutenu par Pékin et Washington, n'en a pas démordu.

Cameroun

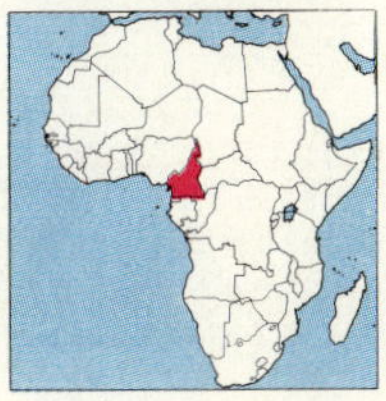

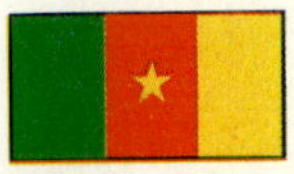

Afrique équatoriale
465 054 km²
Pop. : 11 M
ONU, OUA

Capitale : Yaoundé (Pop. : 435 892)
Langues officielles : français, anglais
Religions : animistes 39 %, catholiques 21 %, musulmans 22 %, protestants 18 %
Régime politique : république présidentielle
Chef d'Etat : Paul Biya (depuis 1982)
PNB par habitant : 910 $ (1986)
Monnaie : franc CFA (= 0,02 F)

Lors d'une visite à Bruxelles en mai, le président Biya s'est prononcé pour une diversification des relations commerciales de son pays, dont la France demeure le premier partenaire.

Canada

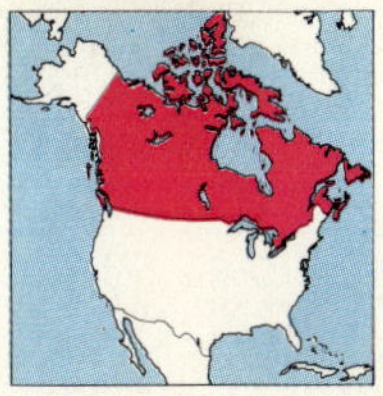

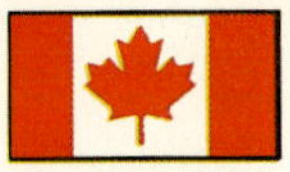

Amérique du N.
9 203 204 km²
Pop. : 25,6 M
OTAN, OCDE, ONU, CW, OEA

Capitale : Ottawa (Pop. : 819 263)
Langues officielles : anglais, français
Religions : catholiques, protestants
Régime politique : monarchie parlementaire
Chef d'Etat : reine Elisabeth II
Chef de gouvernement : Martin Brian Mulroney (depuis 1984)
PNB par habitant : 14 100 $ (1986)
Monnaie : dollar canadien (= 5,55 F)

Les relations franco-canadiennes se sont améliorées après la signature en mars d'un accord sur la pêche portant à la fois sur les quotas de pêche des pêcheurs français dans les eaux canadiennes et sur la délimitation des zones économiques des deux pays au large de l'île canadienne de Terre-Neuve et de l'archipel français de Saint-Pierre-et-Miquelon. En avril, des contraintes budgétaires ont conduit Ottawa à abandonner son projet d'acquisition de huit sous-marins nucléaires français ou britanniques, contrat qui aurait porté sur plus de quarante milliards de francs. Lors d'une visite en mai, François Mitterrand a regretté la décision de l'Institut Pasteur de publier ses Annales scientifiques en anglais. Cet été a été terrible pour les forêts du centre du pays où 6,4 millions d'hectares ont été calcinés, du jamais vu depuis le début du siècle. En septembre, le parti libéral du Premier ministre du Québec, Robert Bourassa, a été reporté à la tête de la province pour la quatrième fois, en dépit d'un vote de protestation de la minorité anglophone. Au début décembre, un déséquilibré misogyne a ouvert le feu à l'université de Montréal, tuant quatorze jeunes femmes.

Cap-Vert

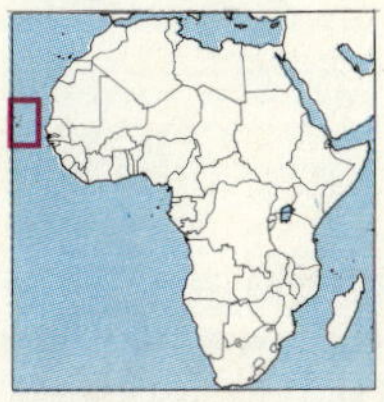

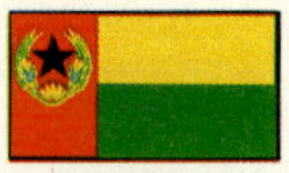

Atlantique
4 033 km²
Pop. : 359 000
ONU, OUA

Capitale : Praia (Pop. : 37 676)
Langue officielle : portugais
Religion : catholiques 98 %
Régime politique : république
Chef d'Etat : Aristides Maria Pereira (depuis 1975)
Chef de gouvernement : Pedro Verona Rodrigues Pires (depuis 1975)
PNB par habitant : 460 $ (1986)
Monnaie : escudo du Cap-Vert (= 0,08 F)

A l'occasion d'un séjour à Paris en mai, le Premier ministre cap-verdien s'est entretenu avec Michel Rocard de la question de l'aide au développement fournie par la France et de la coopération bilatérale.

Chili

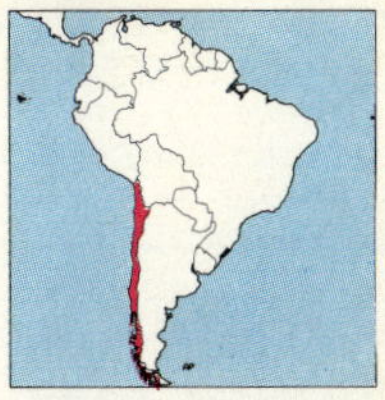

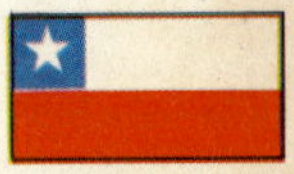

Amérique du Sud
736 905 km²
Pop. : 12,68 M
ONU, ALADI, OEA

Capitale : Santiago (Pop. : 4 858 342)
Langue officielle : espagnol
Religions : catholiques, protestants, juifs
Régime politique : république présidentielle
Chef d'Etat : Augusto Pinochet Ugarte (depuis 1974)
PNB par habitant : 1 320 $ (1986)
Monnaie : peso chilien (= 0,025 F)

Alors que les Chiliens se rendaient aux urnes en décembre pour les élections présidentielles, le président Pinochet a promis de respecter le verdict du scrutin. Mais il a souligné qu'il n'accepterait pas qu'un éventuel gouvernement civil s'en prenne aux militaires. Le chef de l'opposition, Patricio Aylwin, était donné largement favori par les sondages peu avant le scrutin.

Chine populaire

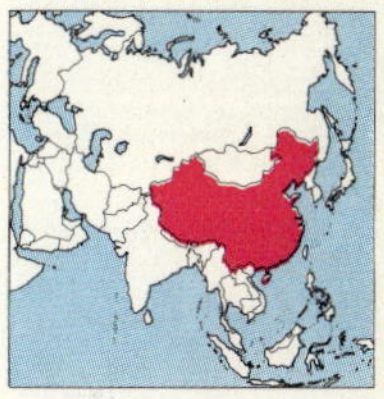

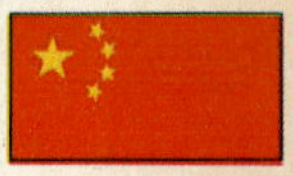

Asie orientale
9 536 721 km²
Pop. : 1 072,2 M
ONU

Capitale : Pékin (Beijing ; pop. : 5,86 M)
Langue officielle : chinois
Religions : athées, confucianistes, bouddhistes, taoïstes
Régime politique : république populaire
Chef d'Etat : Yang Shangkun (depuis 1989)
Chef de gouvernement : Li Peng (d. 1987)
PNB par habitant : 250 $ (1986)
Monnaie : yuan (= 1,71 F)

L'année 1989 a été pour la Chine populaire celle où le pays a fait un énorme bond en arrière. Les timides espoirs de réformes économiques et politiques, tout comme ceux nés de la réconciliation historique, en mai lors de la visite de Mikhaïl Gorbatchev en Chine, entre les deux géants du monde communiste, sont morts dans le bain de sang de la place Tian'anmen. L'intervention de l'armée contre les milliers d'étudiants et d'ouvriers qui manifestaient le 4 juin dans le centre de la capitale pour réclamer plus de démocratie a fait au moins trois mille morts, selon des sources occidentales, à peine trois cents selon les autorités chinoises. L'écrasement dans le sang du Printemps de Pékin et le limogeage pour cause de laxisme face aux idées « bourgeoises » du secrétaire général du PC chinois, Zhao Ziyang, ont sonné le glas de toute libéralisation du régime. M. Zhao a été remplacé en juin par un communiste pur et dur, Jiang Zemin. La tuerie à Tian'anmen a été suivie par une vague de répression sans précédent. Des dizaines, voire des centaines de « contre-révolutionnaires » ont été exécutés. Les pays occidentaux ont vite réagi et leurs sanctions diplomatiques et économiques ont transformé la Chine en une citadelle assiégée. L'Albanie et l'Allemagne de l'Est ont été les seuls pays à ne pas protester contre le terrible massacre du 4 juin. Les relations avec la France se sont encore dégradées en septembre, lorsque Pékin a protesté contre une réunion à Paris d'importants dissidents chinois en exil. Puis, en novembre, M. Jiang a remplacé Deng Xiaoping, qui fut pendant de longues années le véritable homme fort du régime et l'instigateur d'une politique de réformes et d'ouverture vers l'Occident. En décembre, M. Jiang a reconnu publiquement qu'il existait de sérieuses dissensions au sein de la haute direction communiste à Pékin.

Chypre

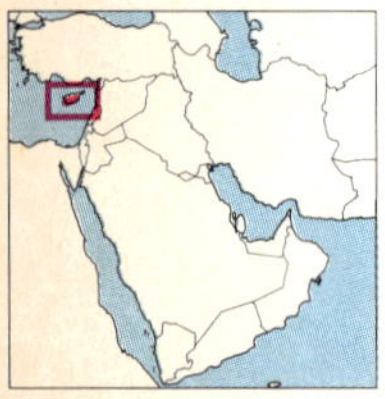
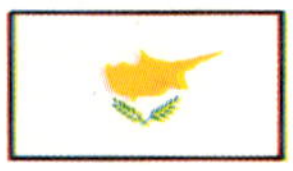

Europe méridionale
9 251 km^2
Pop. : 680 400
ONU, CW

Capitale : Nicosie (Pop. : 164 500)
Langues officielles : grec, turc
Religions : grecs orthodoxes 80 %, turcs musulmans 19 %
Régime politique : république
Chef d'Etat : Georges Vassiliou (depuis 1988)
PNB par habitant : 6 831 $ (1987)
Monnaie : livre cypriote (= 12,98 F)

Malgré les efforts déployés tout au long de l'année par l'ONU, peu de progrès ont été réalisés en vue d'un règlement politique du problème de Chypre, divisé en deux depuis l'intervention turque en 1974.

Colombie

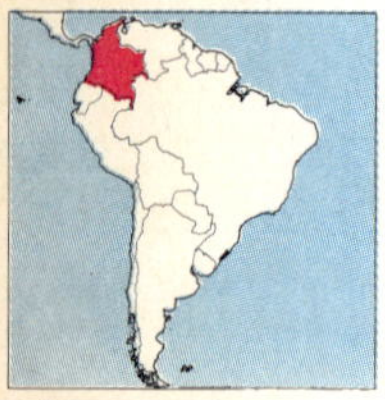
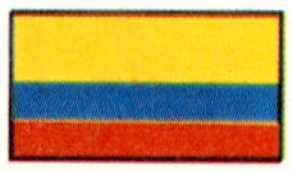

Amérique du Sud
1 141 748 km^2
Pop. : 27,9 M
ONU, ALADI, OEA

Capitale : Bogota (Pop. : 3 982 941)
Langue officielle : espagnol
Religion : catholiques
Régime politique : république présidentielle
Chef d'Etat : Virgilio Barco Vargas (depuis 1986)
PNB par habitant : 1 129 $ (1986)
Monnaie : peso (= 0,017 F)

Lors d'une visite éclair à Bogota en octobre, François Mitterrand a apporté son soutien à la lutte sans merci engagée cette année par le gouvernement colombien contre les caïds de la cocaïne. Le fléau de la drogue a durement frappé le pays, qui a bénéficié en août d'une aide logistique et économique américaine de 65 millions de dollars.

Comores

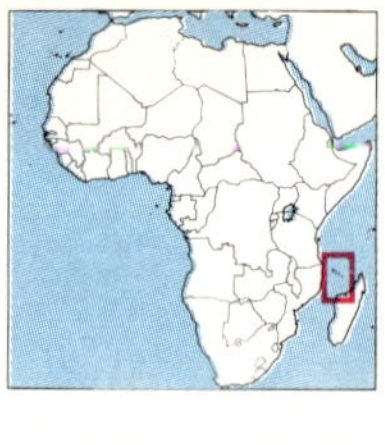
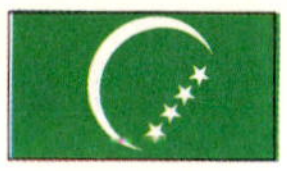

Océan Indien
1 862 km^2
Pop. : 422 500
ONU

Capitale : Moroni (Pop. : 20 112)
Langues officielles : français, arabe
Religions : musulmans (sunnites) 99 %, chrétiens
Régime politique : république fédérale islamique
Chef d'Etat : vacant
PNB par habitant : 280 $ (1986)
Monnaie : franc comorien (= 0,02 F)

La Garde présidentielle, dirigée par le mercenaire français Bob Denard, a désarmé les forces armées comoriennes et pris le contrôle de l'archipel à la fin novembre, à la suite de l'assassinat, dans des conditions mystérieuses, du président Ahmed Abdallah Abderemane.

Congo

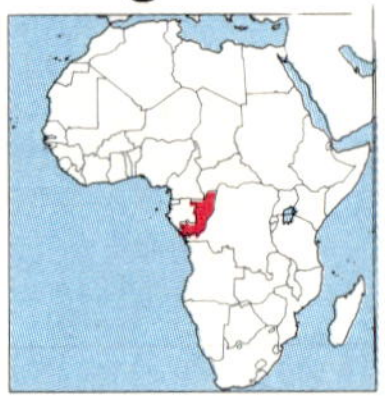
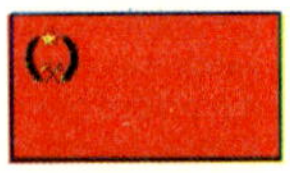

Afrique équatoriale
342 000 km^2
Pop. : 2,27 M
ONU, OUA

Capitale : Brazzaville (Pop. : 585 812)
Langue officielle : français
Religions : catholiques 54 %, protestants 24 %, animistes 19 %, musulmans 3 %
Régime politique : république populaire
Chef d'Etat : Denis Sassou-Nguesso (depuis 1979)
Chef de gouvernement : Ange-Edouard Poungui (depuis 1984)
PNB par habitant : 1 040 $ (1986)
Monnaie : franc CFA (= 0,02 F)

Ce pays, l'un des Etats les plus touchés par le sida, a inauguré en novembre une banque du sang, en présence de Danielle Mitterrand, venue au Congo dans le cadre d'une campagne d'information sur le fléau.

Corée du Nord

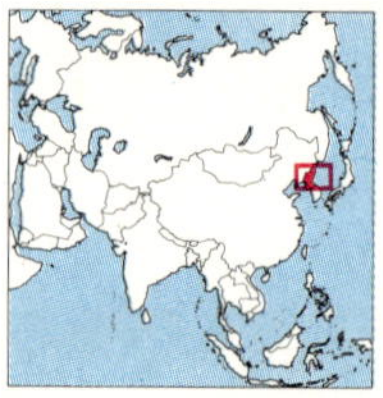
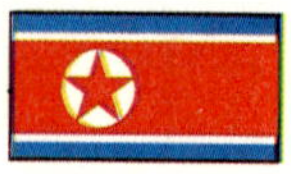

Asie orientale
120 538 km^2
Pop. : 21,89 M

Capitale : Pyongyang (Pop. : 2,64 M)
Langue officielle : coréen
Religions : bouddhistes, chondo, chrétiens
Régime politique : république démocratique populaire
Chef d'Etat : Kim Il Sung (depuis 1972)
Chef de gouvernement : Yon Hyong Muk (depuis 1989)
PNB par habitant : 1 180 $ (1985)
Monnaie : won (= 6,91 F)

Les négociations entre la Corée du Nord et la Corée du Sud en vue d'une éventuelle normalisation des relations entre les deux Etats voisins ont repris en octobre, après une interruption de plus de sept mois.

Corée du Sud

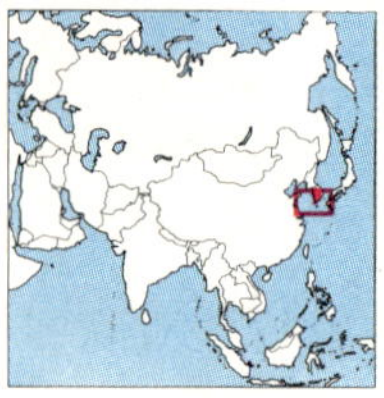
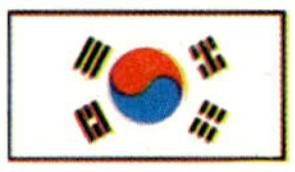

Asie orientale
99 022 km^2
Pop. : 42 M

Capitale : Séoul (Pop. : 9 645 824)
Langue officielle : coréen
Religions : animistes, bouddhistes, confucianistes, chrétiens
Régime politique : république présidentielle
Chef d'Etat : Roh Tae-Woo (depuis 1988)
Chef de gouvernement : Kang Young-Hoon (depuis 1988)
PNB par habitant : 3 450 $ (1988)
Monnaie : won (= 0,01 F)

Le président sud-coréen a effectué à la fin novembre une visite d'Etat à Paris, dans le cadre d'une tournée européenne essentiellement destinée à renforcer la position internationale de son pays, qui est au dixième rang du commerce international, avant l'instauration du Marché unique européen en 1992.

Costa Rica

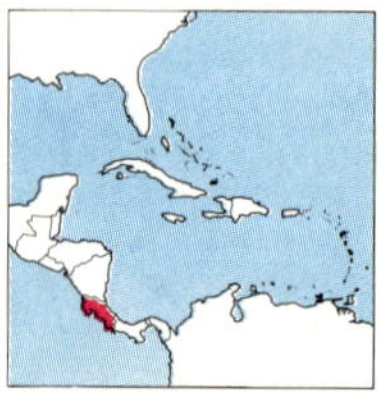
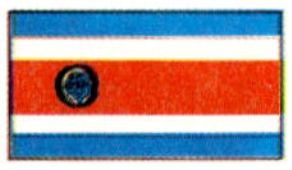

Amérique centrale
51 100 km^2
Pop. : 2,81 M
ONU, OEA

Capitale : San José (Pop. : 241 464)
Langue officielle : espagnol
Religion : catholiques
Régime politique : république
Chef d'Etat : Oscar Arias Sanchez (depuis 1986)
Chef de gouvernement : Rodrigo Arias Sanchez
PNB par habitant : 1 420 $ (1986)
Monnaie : colon (= 0,079 F)

En cette année préélectorale, le président Oscar Arias s'est trouvé confronté à une brusque aggravation de la situation économique ainsi qu'à des accusations de corruption au sein de son gouvernement.

Côte-d'Ivoire

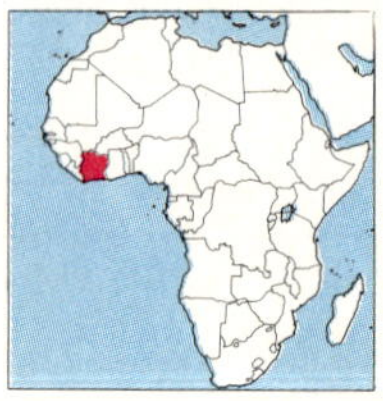
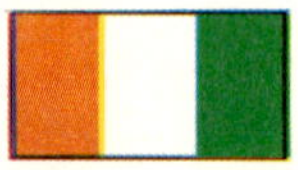

Afrique occidentale
322 463 km^2
Pop. : 11,63 M
ONU, OUA

Capitale : Abidjan (Pop. : 1,85 M)
Langue officielle : français
Religions : musulmans 24 %, chrétiens 32 %, animistes 44 %
Régime politique : république présidentielle
Chef d'Etat : Félix Houphouët-Boigny (depuis 1960)
PNB par habitant : 740 $ (1986)
Monnaie : franc CFA (= 0,02 F)

La gigantesque basilique de Yamoussoukro, mise en chantier il y a trois ans sur une cocoteraie léguée par la famille Houphouët-Boigny, a été achevée en novembre. Le pape Jean-Paul II doit l'inaugurer en 1990. La construction de l'édifice a coûté plus de 800 millions de francs.

Cuba

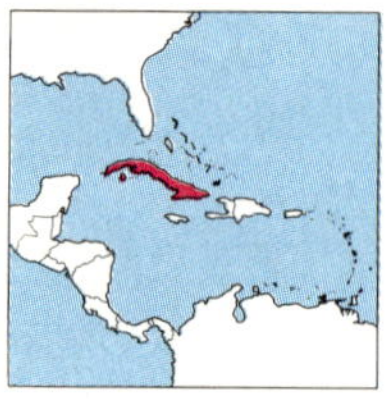
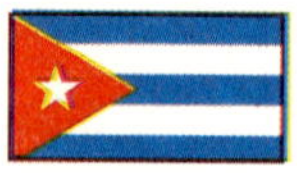

Caraïbes
114 524 km^2
Pop. : 10,24 M
ONU, Comecon

Capitale : La Havane (Pop. : 2 014 800)
Langue officielle : espagnol
Religions : catholiques, méthodistes, baptistes
Régime politique : république socialiste
Chef d'Etat : Fidel Castro
PNB par habitant : 2 696 $ (1981)
Monnaie : peso (= 8,8 F)

Le régime cubain n'a cessé cette année de proclamer sa totale opposition à toute réforme économique ou sociale similaire à celles engagées en Union soviétique par le président Mikhaïl Gorbatchev, dont une visite à La Havane en avril n'a pas décrispé l'atmosphère entre les deux alliés. Le pays a été secoué par un vaste scandale en juillet lors de l'exécution pour trafic de drogue d'un général, devenu un véritable héros national, et de trois autres officiers supérieurs.

Danemark

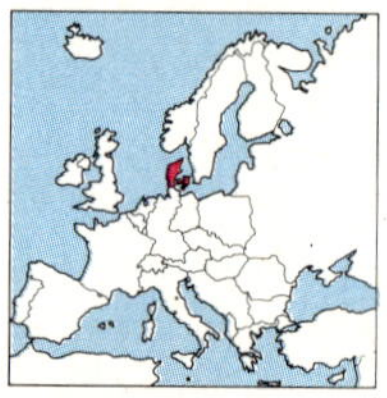
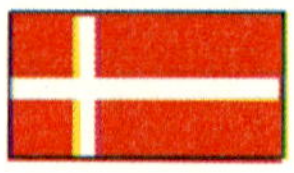

Europe du Nord
43 075 km^2
Pop. : 5,13 M
ONU, CEE, OTAN, OCDE

Capitale : Copenhague (Pop. : 619 985)
Langue officielle : danois
Religion : luthériens 90 %
Régime politique : monarchie constitutionnelle
Chef d'Etat : reine Margrethe II (depuis 1972)
Chef de gouvernement : Poul Schlueter (depuis 1982)
PNB par habitant : 12 640 $ (1986)
Monnaie : couronne danoise (= 0,87 F)

Le Danemark est devenu en octobre le premier pays au monde à accorder les mêmes droits aux homosexuels qu'aux couples hétérosexuels en ce qui concerne le mariage, l'héritage, la retraite ou le logement.

Djibouti

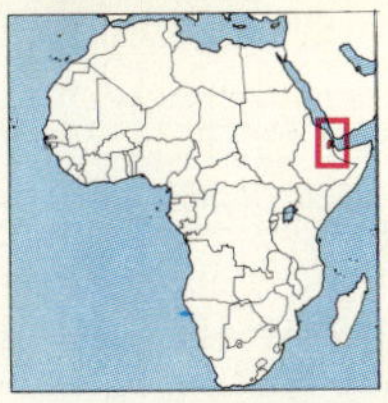
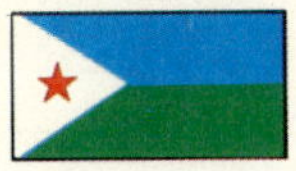

Afrique orientale
23 200 km²
Pop. : 484 000
ONU, LA, OUA

Capitale : Djibouti (Pop. : 290 000)
Langues officielles : français, arabe
Religion : surtout musulmans
Régime politique : république présidentielle
Chef d'Etat : Hassan Gouled Aptidon (depuis 1977)
Chef de gouvernement : Barkat Gourad Hamadou (depuis 1978)
PNB par habitant : 760 $ (1984)
Monnaie : franc de Djibouti (= 0,036 F)

Le raffermissement des engagements politiques et économiques de la France à l'égard de Djibouti, seul pays francophone d'Afrique de l'Est, a dominé une visite à Paris, en juin, du président Aptidon. Le pays a célébré le même mois le douzième anniversaire de son indépendance.

Dominique

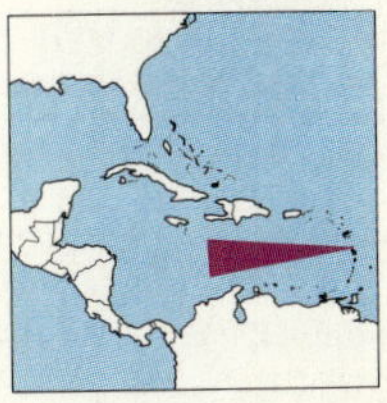
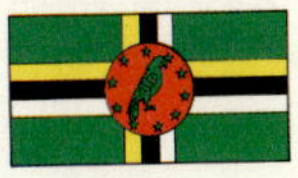

Caraïbes
751 km²
Pop. : 94 191
ONU, CW, Caricom, OEA

Capitale : Roseau (Pop. : 20 000)
Langue officielle : anglais
Religion : catholiques 80 %
Régime politique : république
Chef d'Etat : C.A. Seignoret (depuis 1983)
Chef de gouvernement : Mary Eugenia Charles (depuis 1980)
PNB par habitant : 1 210 $ (1986)
Monnaies : franc français, livre sterling et dollar des Caraïbes (1 $EC = 2,35 F)

La Dominique n'a pas été épargnée par l'ouragan Hugo qui s'est abattu en septembre sur de nombreuses îles des Caraïbes. Plusieurs bananeraies ont été dévastées, et des centaines d'habitants évacués.

Egypte

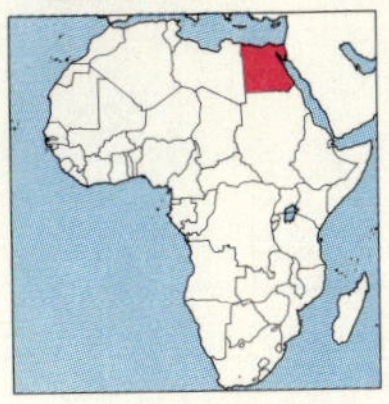
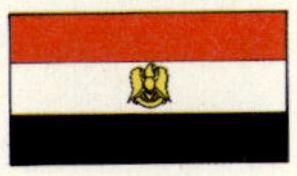

Afrique du Nord
1 002 000 km²
Pop. : 49,28 M
ONU, LA, OUA

Capitale : Le Caire (Pop. : 6 325 000)
Langue officielle : arabe
Religions : musulmans sunnites 90 %, coptes chrétiens 7 %
Régime politique : république présidentielle
Chef d'Etat : Hosni Mubarak (depuis 1981)
Chef de gouvernement : Atef Mohamed Naguib Sidki (depuis 1986)
PNB par habitant : 760 $ (1986)
Monnaie : livre égyptienne (= 9,07 F)

Mise au ban du monde arabe depuis 1979 pour avoir signé un traité de paix avec Israël, l'Egypte a réintégré cette année la Ligue arabe. En juillet, le président Hosni Moubarak a remporté un second succès en étant élu à la présidence de l'Organisation de l'unité africaine. Par ailleurs, pour la première fois en Egypte, un trafiquant de drogue a été pendu en juillet.

El Salvador

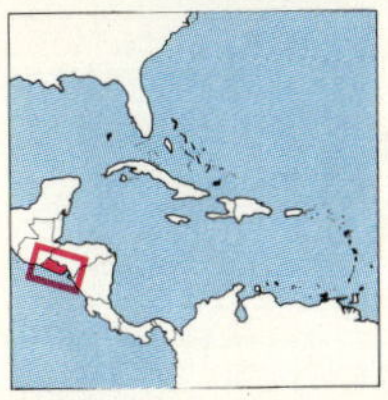
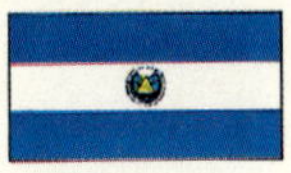

Amérique centrale
21 393 km²
Pop. : 5,48 M
ONU, OEA

Capitale : San Salvador
Langue officielle : espagnol
Religion : catholiques
Régime politique : république présidentielle
Chef d'Etat : Alfredo Cristiani (depuis 1989)
PNB par habitant : 820 $ (1986)
Monnaie : colon (= 1,27 F)

Après des mois d'accalmie, le Salvador a connu en novembre une terrible flambée de violence qui a fait au moins un millier de morts. L'opinion internationale a surtout été frappée par l'assassinat de six jésuites à San Salvador, apparamment par les tristement célèbres « escadrons de la mort ». La vaste offensive des guérilleros du FMLN visait à renverser le régime pro-américain du président Alfredo Cristiani, en place depuis mars. Les forces gouvernementales ont riposté en lançant des attaques aériennes contre les rebelles, notamment dans les faubourgs de la capitale. De nombreux civils ont péri dans ces attaques. En fin d'année, l'ONU s'efforçait d'organiser un cessez-le-feu durable dans le pays.

Emirats arabes unis

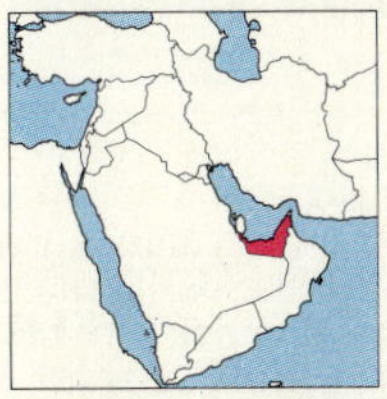
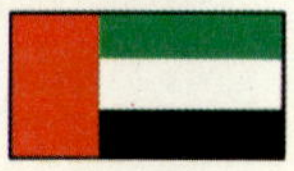

Moyen-Orient
83 657 km²
Pop. : 1,77 M
ONU, LA, CCG, OPEP

Capitale : Abu Dhabi (Pop. : 670 125)
Langue officielle : arabe
Religion : musulmans 90 %
Régime politique : fédération d'émirats
Chef d'Etat : Sheikh Zayed ibn Sultan al Nahyan (depuis 1971)
Chef de gouvernement : Sheikh Rashid ibn Saïd al-Maktoum (depuis 1979)
PNB par habitant : 14 410 $ (1986)
Monnaie : dirham (= 1,73 F)

Les premiers des trente-six chasseurs français Mirage-2000 commandés il y a cinq ans par les Emirats arabes unis ont été livrés au début décembre, peu avant le dix-huitième anniversaire du retrait britannique du pays.

Equateur

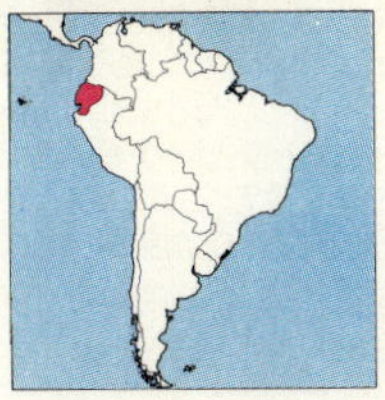
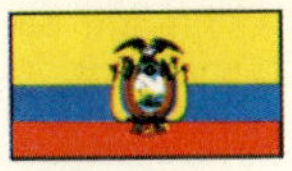

Amérique du Sud
270 670 km²
Pop. : 9,64 M
ONU, ALADI, OEA, OPEP

Capitale : Quito (Pop. : 1 110 248)
Langues officielles : espagnol, quechua
Religion : catholiques
Régime politique : république présidentielle
Chef d'Etat : Rodrigo Borja Cevallos (depuis 1988)
PNB par habitant : 1 160 $ (1985)
Monnaie : sucre (= 0,01 F)

A l'occasion d'une visite officielle, à la mi-octobre, de François Mitterrand à Quito, où il a inauguré un parc de la Révolution française, la France a accordé à l'Equateur un crédit préférentiel de 310 millions de francs, ainsi qu'une aide, non remboursable, d'assistance technique pour la lutte contre le trafic de la drogue, d'un montant de vingt millions de francs.

Espagne

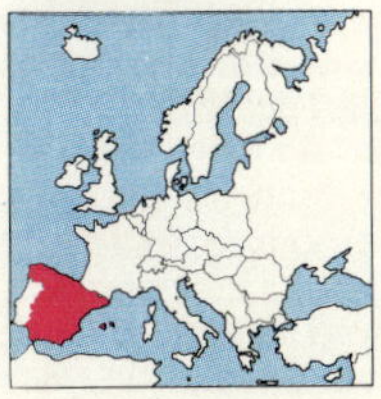
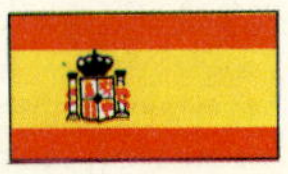

Europe du Sud-Ouest
504 750 km²
Pop. : 39 M
ONU, OTAN, CEE, OCDE

Capitale : Madrid (Pop. : 3 123 713)
Langue officielle : espagnol
Religion : catholiques
Régime politique : monarchie constitutionnelle
Chef d'Etat : roi Juan Carlos Ier
Chef de gouvernement : Felipe Gonzalez Marquez (depuis 1982)
PNB par habitant : 5 198 $ (1986)
Monnaie : peseta (100 pesetas = 5,34 F)

Initialement déclaré vainqueur des élections législatives anticipées d'octobre, le parti socialiste du Premier ministre Felipe Gonzalez a perdu, en novembre, la majorité absolue, au terme d'une sourde bataille de procédure entre son parti et une coalition de communistes et socialistes dissidents. Cette défaite de M. Gonzalez ne devrait pas cependant bouleverser l'échiquier politique. Les changements en Europe de l'Est ont été au centre du troisième sommet annuel franco-espagnol qui s'est tenu en octobre à Valladolid.

Etats-Unis d'Amérique

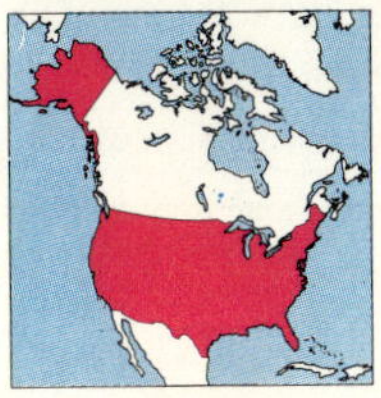
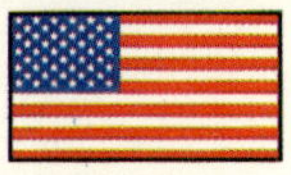

Amérique du Nord
9 166 758 km²
Pop. : 238,7 M
ONU, OTAN, OEA, OCDE

Capitale : Washington, D.C. (Pop. : 638 333)
Langue officielle : anglais
Religions : protestants 56 %, catholiques 36,7 %, juifs
Régime politique : république fédérale
Chef d'Etat : George Bush (depuis 1989)
PNB par habitant : 16 710 $ (1986)
Monnaie : dollar (= 6,61 F)

L'année aura été relativement clémente pour le président George Bush, arrivé à la Maison Blanche le 20 janvier : le dialogue avec l'URSS est désormais en bonne voie, grâce notamment au premier sommet Bush-Gorbatchev, à Malte en décembre, les tensions avec le Canada et le Mexique ont diminué, les forces soviétiques ont quitté l'Afghanistan, de plus en plus de pays de l'Est se sont ouverts à l'Ouest, et une brèche historique a été percée dans le mur de Berlin. Mais il y a toujours une ombre au tableau : les efforts diplomatiques des Etats-Unis pour mettre fin au drame libanais et régler la question palestinienne n'ont pas abouti, le dialogue avec la Chine a été gelé en juin, l'Amérique centrale reste secouée par la violence, et les tensions commerciales avec la CEE et le Japon persistent. Sur le plan intérieur, l'année a été marquée par l'extension et les ravages de la drogue, du sida et de la criminalité. Le pays a en outre été déchiré par un âpre débat national sur l'avortement. En mars s'est produite une catastrophe écologique : une énorme marée noire s'est répandue sur les côtes de l'Alaska.

Ethiopie

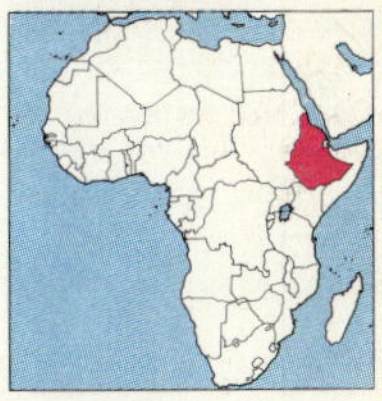
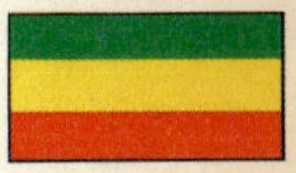

Afrique orientale
1 221 900 km²
Pop. : 46 M
ONU, OUA

Capitale : Addis-Abeba (Pop. : 1 412 575)
Langues officielles : amharique, somali
Religions : musulmans 45 %, orthodoxes éthiopiens 40 %
Régime politique : république démocratique populaire
Chef d'Etat : Mengistu Haïlé Mariam (depuis 1977)
PNB par habitant : 120 $ (1986)
Monnaie : birr (= 3,07 F)

Le numéro deux du régime éthiopien, Fikre Sélassié Wog-Dérés, a subitement été limogé en novembre, et son départ a été officiellement attribué à des raisons de santé. Toutefois, son nom avait été lié à une tentative de putsch en mai.

Fidji

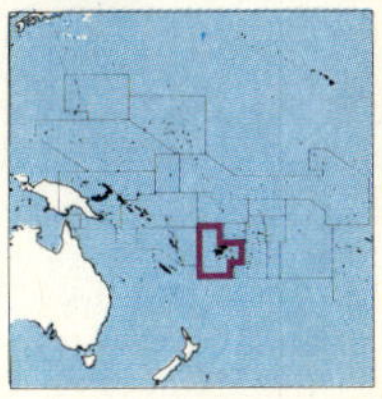
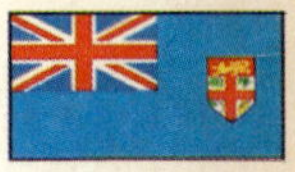

Pacifique Sud
18 333 km²
Pop. : 715 375
ONU

Capitale : Suva (Pop. : 71 608)
Langue officielle : anglais
Religions : chrétiens 42 %, hindouistes 33 %, musulmans 6 %
Régime politique : république
Chef d'Etat : Ratu Sir Penaia Ganilau (depuis 1987)
Chef de gouvernement : Ratu Sir Kamisese Mara (depuis 1987)
PNB par habitant : 1 810 $ (1986)
Monnaie : Fidji-dollar (= 4,35 F)

Lors de sa première visite officielle à Suva, à la fin août, Michel Rocard a formellement démenti la rumeur selon laquelle la France aurait accordé une aide militaire à l'armée fidjienne.

Finlande

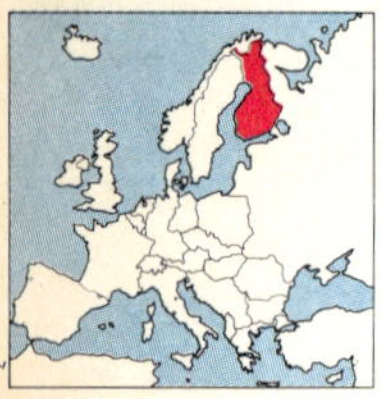

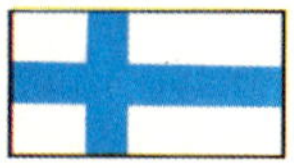

Europe du Nord
304 623 km²
Pop. : 4,94 M
ONU, CN, OCDE, EFTA

Capitale : Helsinki (Pop. : 490 034)
Langues officielles : finnois, suédois, lapon
Religions : luthériens 89,2 %, grecs orthodoxes 1,1 %
Régime politique : république parlementaire démocratique
Chef d'Etat : Mauno Koivisto (depuis 1982)
Chef de gouvernement : Harri Holkeri (depuis 1987)
PNB par habitant : 18 118 $ (1987)
Monnaie : finnmark (= 1,52 F)

La Finlande, qui a accueilli avec enthousiasme Mikhaïl Gorbatchev en octobre, est devenue en mai le 23e membre du Conseil de l'Europe et a ratifié la Convention européenne des droits de l'homme.

France

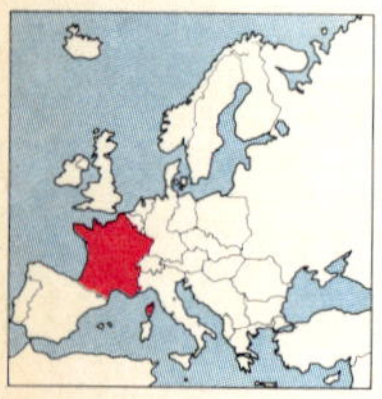

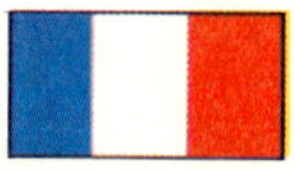

Europe de l'Ouest
543 965 km²
Pop. : 55,84 M
ONU, CEE, OCDE, OTAN

Capitale : Paris (Pop. : 2 188 918)
Langue officielle : français
Religions : catholiques 76 %, musulmans 4,5 %, protestants 1,4 %
Régime politique : république parlementaire
Chef d'Etat : François Mitterrand (depuis 1981)
Chef de gouvernement : Michel Rocard (depuis 1988)
PNB par habitant : 10 740 $ (1986)
Monnaie : franc français

Pour la France, l'année a surtout été celle du bicentenaire de la Révolution, célébré avec faste le 14 juillet en présence de dizaines de chefs d'Etat ou de gouvernement. L'événement, qui a placé la France au centre du monde pendant plusieurs jours, a été suivi par plus de huit cents millions de téléspectateurs. Un nombre record de visiteurs sont accourus pour assister au grandiose spectacle, mais aussi pour admirer l'Opéra-Bastille, la Pyramide du Louvre, l'Arche de la Défense et la tour Eiffel, centenaire. En politique étrangère, l'année a été marquée par la volonté de François Mitterrand d'aller de l'avant dans la réalisation du grand Marché unique européen, en dépit des réticences de certains partenaires européens, notamment de la part de la Dame de fer britannique. La France, qui a occupé la présidence de la CEE du 1er juillet au 31 décembre, a d'ailleurs estimé que la réalisation de ce grand projet devrait avoir la priorité sur l'élargissement de la Communauté à la Turquie et à l'Autriche. Au Liban, la France a été particulièrement active, cherchant par tous les moyens à favoriser un règlement pacifique et à venir en aide à la population de ce pays meurtri. Les événements historiques qui ont secoué toute l'Europe de l'Est à l'automne ont été suivis de très près par les dirigeants français, qui ont toutefois exprimé une inquiétude parfois très vive à la perspective de la réunification de l'Allemagne.
Sur le plan intérieur, l'année sociale et politique a aussi été fertile en développements : aux municipales de mars, c'est surtout l'abstention qui s'est manifestée, alors que les européennes de juin ont donné lieu à une poussée des Verts. Le vaste et parfois âpre débat national sur le port du foulard islamique à l'école laïque, qui a éclaté à la rentrée, a relancé celui sur l'immigration et l'intégration. Ces questions ont été au centre des législatives partielles de Dreux, remportées, début décembre, par la candidate du Front national, donnant ainsi au parti d'extrême droite la possibilité de réintégrer l'Assemblée nationale. Les conflits sociaux n'ont d'autre part pas manqué : les ouvriers des usines Peugeot, les gardiens de prison, les agents du fisc, les instituteurs et les employés des crèches de la ville de Paris sont tous descendus dans la rue. Le terrorisme n'a, par ailleurs, pas épargné la France, comme en témoigne l'attentat contre le DC-10 d'UTA en septembre, qui a fait cent soixante et un morts. Enfin, l'été, catastrophique pour les forêts françaises, aura au moins contribué aux meilleures vendanges enregistrées depuis près d'un siècle.

Gabon

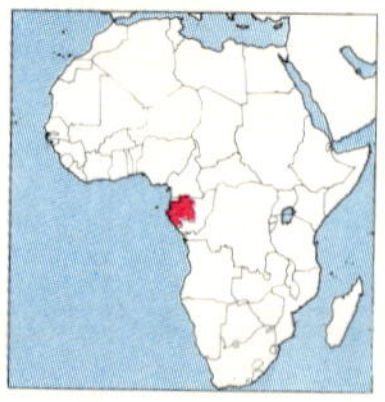

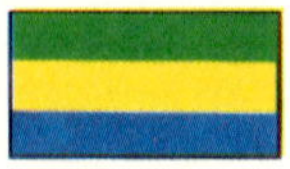

Afrique équatoriale
267 667 km²
Pop. : 1,22 M
ONU, OUA, OPEP

Capitale : Libreville (Pop. : 350 000)
Langue officielle : français
Religions : chrétiens 84 % (surtout catholiques), animistes
Régime politique : république présidentielle
Chef d'Etat : Omar Bongo (depuis 1967)
Chef de gouvernement : Léon Mébiame (depuis 1975)
PNB par habitant : 3 020 $ (1986)
Monnaie : franc CFA (= 0,02 F)

Le parti démocratique gabonais, au pouvoir, a célébré à la mi-mai le vingt et unième anniversaire de sa création. Le président Omar Bongo a remanié son gouvernement en août, afin de faire participer davantage la jeune génération à la gestion du pays. Le portefeuille des Affaires étrangères a été attribué à Ali Ben Bongo, fils du chef de l'Etat.

Gambie

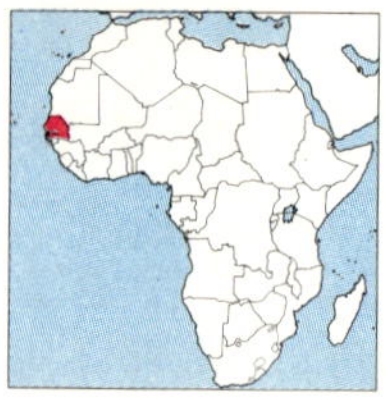

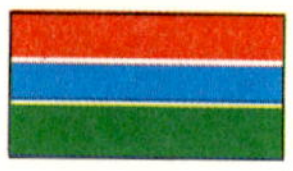

Afrique occidentale
10 688,13 km²
Pop. : 788 163
ONU, OUA, CW

Capitale : Banjul (Pop. : 44 188)
Langue officielle : anglais
Religions : musulmans 70 %, chrétiens, animistes
Régime politique : république
Chef d'Etat : Dawda Kairaba Jawara (depuis 1970)
PNB par habitant : 230 $ (1986)
Monnaie : dalasi (= 0,99 F)

Lors d'une visite aux Etats-Unis du président Jawara en mai, le gouvernement américain s'est félicité de la situation des droits de l'homme en Gambie, qui a accueilli de nombreux réfugiés sénégalais.

Ghana

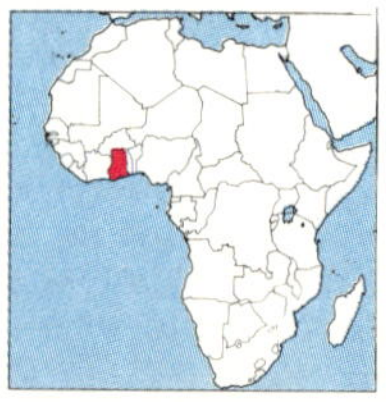

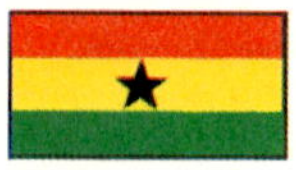

Afrique occidentale
238 305 km²
Pop. : 13,8 M
ONU, OUA, CW, CEDEAO

Capitale : Accra (Pop. : 867 459)
Langue officielle : anglais
Religions : chrétiens 52 %, musulmans 13 %, religions traditionnelles
Régime politique : république
Chef d'Etat : Jerry John Rawlings (depuis 1981)
PNB par habitant : 390 $ (1986)
Monnaie : cedi (= 0,024 F)

Le chef de l'Etat ghanéen a rétabli la censure sur la presse en mars après avoir accusé les éditeurs de journaux de recourir au sensationnel, aux blagues douteuses, aux jeux de hasard et à la pornographie pour attirer les lecteurs.

Grèce

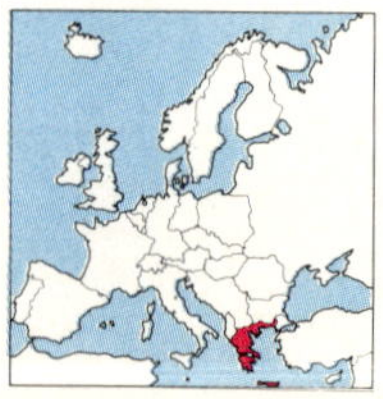

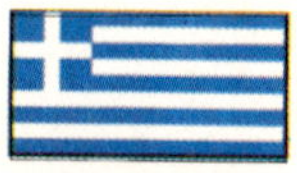

Europe du Sud-Est
131 957 km²
Pop. : 9,99 M
ONU, CEE, OTAN, OCDE

Capitale : Athènes (Pop. : 3 027 331)
Langue officielle : grec
Religion : grecs orthodoxes 98 %
Régime politique : république parlementaire démocratique
Chef d'Etat : Christos Sartzetakis (d. 1985)
Chef de gouvernement : Xenophon Zolotas (depuis 1989)
PNB par habitant : 4 710 $ (1987)
Monnaie : drachme (100 drachmes = 3,94 F)

Au terme de longues semaines de crise politique provoquée par les résultats non concluants des élections générales de juin et du début novembre, la Grèce s'est dotée à la fin novembre d'un gouvernement d'union nationale composé essentiellement d'économistes. Ce gouvernement intérimaire, dirigé par un ancien gouverneur de la Banque de Grèce âgé de quatre-vingt-cinq ans, devra tenter de faire face à une situation économique en constante dégradation jusqu'aux élections prévues en avril 1990.

Grenade

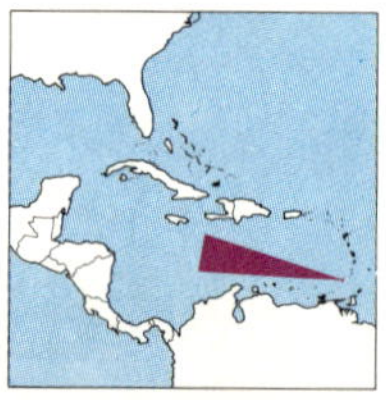

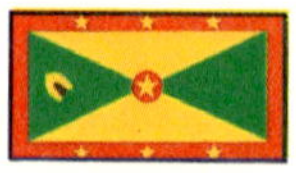

Caraïbes
311 km²
Pop. : 88 000
ONU, CW, Caricom, OEA

Capitale : Saint George's (Pop. : 4 788)
Langue officielle : anglais
Religions : catholiques, anglicans, méthodistes
Régime politique : monarchie constitutionnelle
Chef d'Etat : reine Elisabeth II
Chef de gouvernement : Herbert Blaize (depuis 1985)
PNB par habitant : 1 240 F $ (1984)
Monnaie : dollar est-caraïbe (= 2,35 F)

Malgré l'aide des Etats-Unis et l'effort fait pour développer l'industrie cacaotière, qui fait vivre le quart de la population, la Grenade a dû, pour combler son déficit, demander un prêt au Fonds monétaire international.

Guatemala

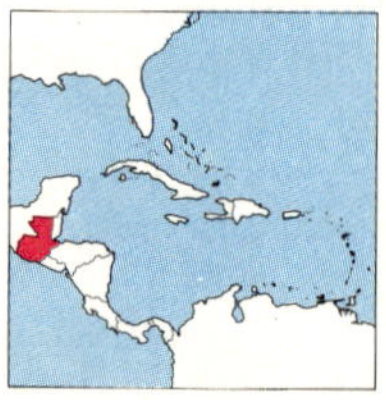

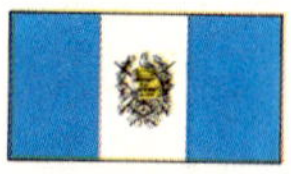

Amérique centrale
108 889 km²
Pop. : 8,99 M
ONU, OEA, Caricom

Capitale : Guatemala Ciudad (Pop. : 1,5 M)
Langue officielle : espagnol
Religion : catholiques
Régime politique : république présidentielle
Chef d'Etat : Vinicio Cerezo Arévalo (depuis 1986)
PNB par habitant : 930 $ (1988)
Monnaie : quetzal (= 2,31 F)

Le gouvernement démocrate-chrétien du président Cerezo a survécu à une rébellion militaire qui a éclaté en mai. La France et sept autres pays donateurs ont décidé en mars d'accorder une aide financière au pays.

Guinée (République de)

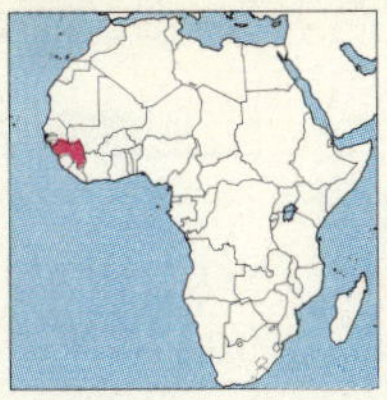

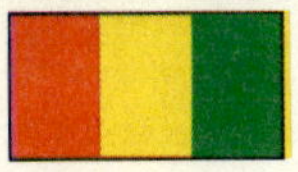

Afrique occidentale
245 857 km^2
Pop. : 6,53 M
ONU, OUA

Capitale : Conakry (Pop. : 705 280)
Langue officielle : français
Religions : musulmans 69 %, croyances tribales 30 %, chrétiens 1 %
Régime politique : république présidentielle
Chef d'Etat : Lansana Conté (depuis 1984)
PNB par habitant : 320 $ (1985)
Monnaie : franc guinéen (= 0,011 F)

Le président Conté, confronté à une dette extérieure de quelque deux milliards de dollars, s'est efforcé lors d'une visite officielle à Paris en mai de convaincre les industriels français d'investir davantage dans l'ancienne colonie française.

Guinée-Bissau

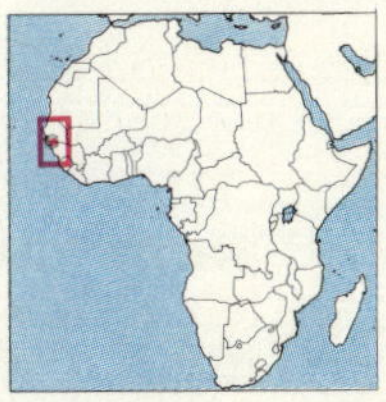

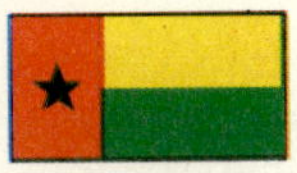

Afrique occidentale
36 125 km^2
Pop. : 932 000
ONU, OUA

Capitale : Bissau (Pop. : 109 214)
Langue officielle : portugais, créole
Religions : musulmans 30 %, chrétiens 5 %
Régime politique : république
Chef d'Etat : Joao Bernardo Vieira (depuis 1980)
PNB par habitant : 170 $ (1988)
Monnaie : peso guinéen (= 0,004 F)

Ce pays africain, l'un des plus pauvres du monde, a bénéficié en avril d'une aide de la CEE. Le mois suivant, la Banque mondiale a accepté de réduire la dette du pays.

Guinée équatoriale

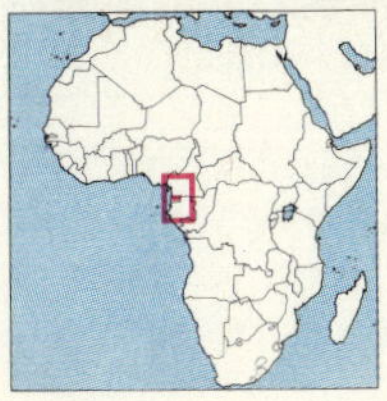

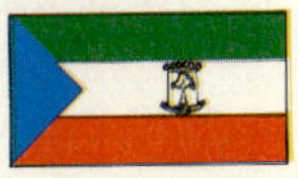

Afrique occidentale
28 051 km^2
Pop. : 336 000
ONU, OUA

Capitale : Malabo (Pop. : 10 000)
Langue officielle : espagnol
Religions : surtout catholiques, protestants
Régime politique : république présidentielle
Chef d'Etat : Teodoro Obiang Nguema Mbasogo (depuis 1979)
PNB par habitant : 420 $ (1983)
Monnaie : franc CFA (= 0,02 F)

Le président Nguema, candidat unique aux élections de juin, a obtenu 99,96 pour cent des voix. Seules soixante-neuf personnes ont voté contre un nouveau mandat de sept ans.

Guyana

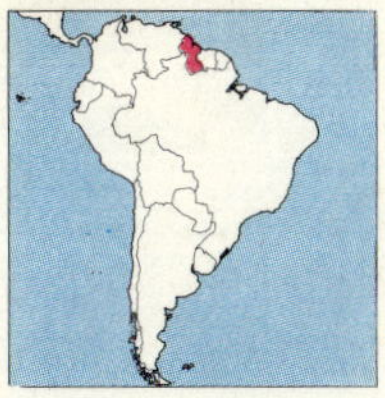

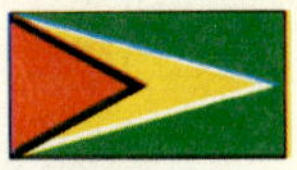

Amérique du Sud
214 969 km^2
Pop. : 812 000
ONU, Caricom, CW

Capitale : Georgetown (Pop. : 188 000)
Langue officielle : anglais
Religions : chrétiens 52 %, hindouistes 34 %, musulmans 9 %
Régime politique : république présidentielle
Chef d'Etat : Hugh Desmond Hoyte (depuis 1985)
Chef de gouvernement : Hamilton Green (depuis 1985)
PNB par habitant : 500 $ (1986)
Monnaie : dollar guyanais (= 0,63 F)

Le Guyana, qui a servi d'escale aux trafiquants de drogue d'Amérique latine, a pris au cours de l'été des mesures sévères pour réprimer le trafic, notamment celui de cocaïne.

Haïti

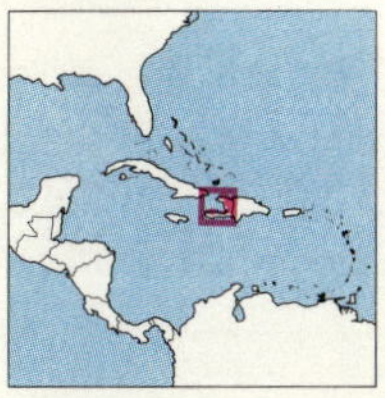

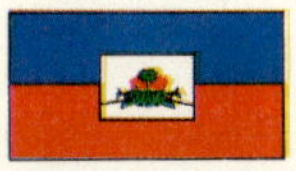

Caraïbes
27 750 km^2
Pop. : 5,3 M
ONU, OEA

Capitale : Port-au-Prince (Pop. : 449 831)
Langue officielle : français
Religions : catholiques, vaudou
Régime politique : république présidentielle
Chef d'Etat : Prosper Avril (depuis 1988)
PNB par habitant : 330 $ (1986)
Monnaie : gourde (= 1,27 F)

Un an après le putsch militaire qui l'a porté au pouvoir, le général Avril s'est engagé en septembre à instaurer un régime démocratique. Des élections législatives et présidentielles sont prévues pour 1990.

Honduras

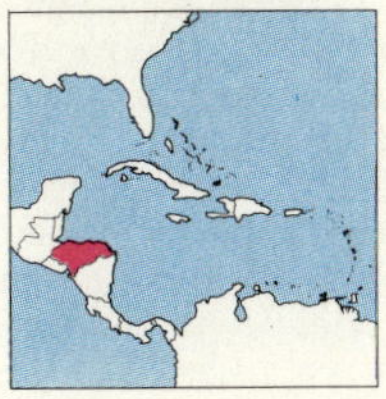

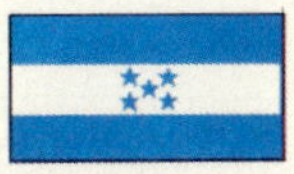

Amérique centrale
112 088 km^2
Pop. : 4,3 M
ONU, OEA

Capitale : Tegucigalpa (Pop. : 604 600)
Langue officielle : espagnol
Religion : catholiques
Régime politique : république présidentielle
Chef d'Etat : José Azcona Hoyo (depuis 1986)
PNB par habitant : 740 $ (1986)
Monnaie : lempira (= 3,17 F)

Une dizaine des 1 200 militaires américains envoyés au Honduras pour des travaux de construction ont été grièvement blessés en juillet lors d'un attentat à la bombe.

Hongrie

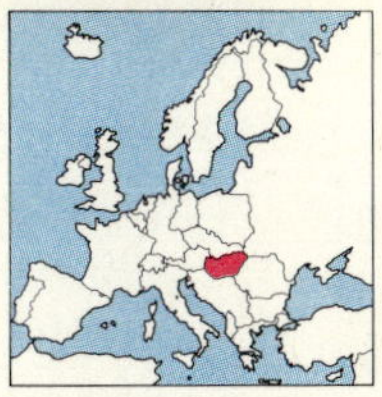

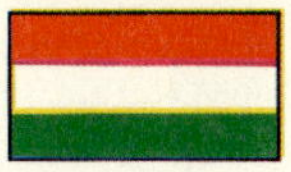

Europe centrale
93 032 km^2
Pop. : 10,6 M
ONU, PV, Comecon

Capitale : Budapest (Pop. : 2,1 M)
Langue officielle : hongrois
Religions : catholiques 49 %, protestants 23,5 %
Régime politique : république
Chef d'Etat : Mathias Szuros (depuis 1989)
Chef de gouvernement : Miklos Németh (depuis 1988)
PNB par habitant : 2 010 $ (1986)
Monnaie : forint (= 0,105 F)

La Hongrie a été parmi les premiers pays de l'Est à se lancer dans la voie de réformes politiques et économiques. Dès juillet, les autorités ont autorisé la tenue des premières élections avec la participation directe de l'opposition depuis l'arrivée au pouvoir des communistes, en 1948. Puis, en octobre, la Hongrie a mis fin au communisme d'Etat, rompant définitivement avec la dictature du prolétariat et son idéologie. Le pays a ensuite pris la décision historique d'ouvrir ses frontières avec l'Ouest, afin de permettre le passage de milliers de réfugiés est-allemands, au grand dam des régimes roumain, tchécoslovaque et est-allemand. Le mois suivant, Budapest annonçait le rétablissement de ses relations diplomatiques avec le Vatican. En novembre également, l'opposition libérale a remporté le premier référendum libre dans un pays de l'Est, qui a décidé de la tenue d'élections législatives au printemps 1990, avant les présidentielles.

Inde

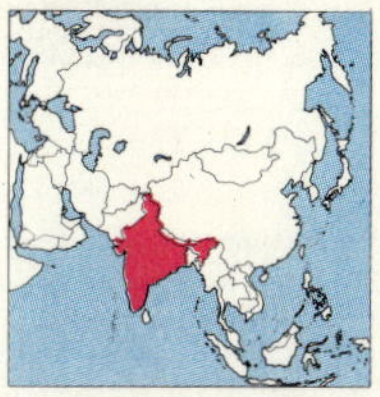

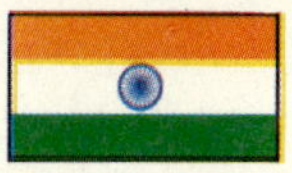

Asie du Sud
3 166 829 km^2
Pop. : 748 M
ONU, CW

Capitale : New Delhi (Pop. : 5 714 000)
Langues officielles : hindi, anglais
Religions : hindouistes 82,7 %, musulmans 11,2 %, chrétiens 2,6 %, sikhs 1,9 %, bouddhistes, jaïns
Régime politique : république fédérale parlementaire
Chef d'Etat : R. Venkatamaran (depuis 1987)
Chef de gouvernement : V. Pratap Singh (depuis 1989)
PNB par habitant : 270 $ (1986)
Monnaie : roupie (= 0,40 F)

Une nouvelle ère s'est ouverte pour l'Inde en décembre. Le Premier ministre Rajiv Gandhi, arrivé au pouvoir à la suite de l'assassinat de sa mère, Indira Gandhi, en 1984, a dû démissionner après avoir perdu les élections de novembre. Il a été remplacé début décembre par l'ancien ministre des Finances, Vishnawath Pratap Singh, âgé de 58 ans.

Indonésie

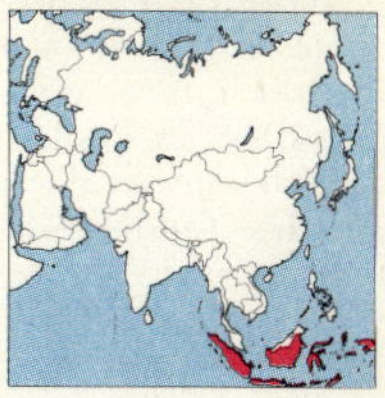

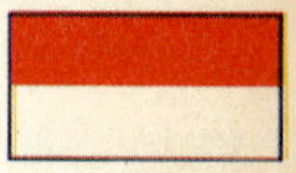

Asie orientale
1 919 443 km^2
Pop. : 172 M
ONU, ANSEA, OPEP

Capitale : Jakarta (Pop. : 6 503 449)
Langue officielle : bahasa indonesia
Religions : musulmans 78 %, chrétiens 11 %, bouddhistes, hindouistes
Régime politique : république présidentielle
Chef d'Etat : Raden Suharto (depuis 1968)
PNB par habitant : 510 $ (1986)
Monnaie : rupiah (= 0,004 F)

Au pouvoir depuis plus de vingt ans, le général Suharto a indiqué qu'il pourrait se retirer de la vie politique après la fin de son cinquième mandat, en 1993. La course à sa succession s'est aussitôt ouverte.

Irak

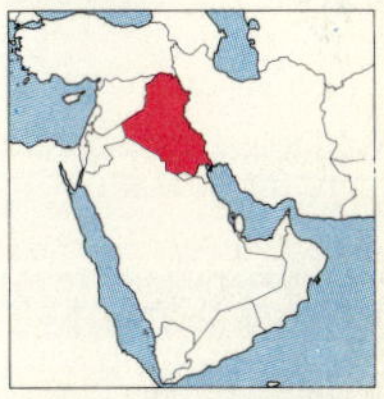

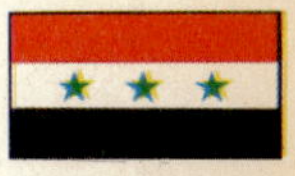

Moyen-Orient
434 924 km^2
Pop. : 17,06 M
ONU, LA, OPEP

Capitale : Bagdad (Pop. : 4 648 609)
Langue officielle : arabe
Religions : musulmans 64 %, chrétiens 2 %
Régime politique : république présidentielle socialiste
Chef d'Etat : Saddam Hussein al-Takriti (depuis 1979)
Chef de gouvernement : Saddam Hussein al-Takriti
PNB par habitant : 2 140 $ (1984)
Monnaie : dinar irakien (= 20,42 F)

La cessation des hostilités dans le conflit avec l'Iran, en août 1988, a permis au régime militaire irakien de jouer un rôle plus actif dans les affaires régionales et d'entreprendre la reconstruction de son économie, très atteinte par des années d'une guerre particulièrement meurtrière.

Iran

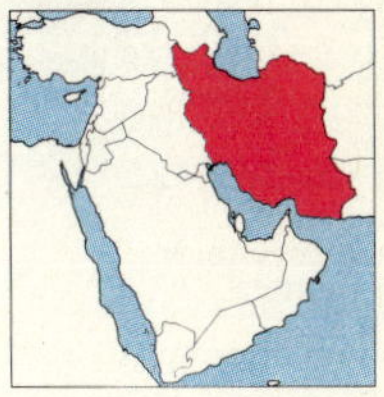

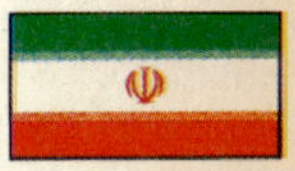

Moyen-Orient
1 648 000 km^2
Pop. : 53,92 M
ONU, OPEP

Capitale : Téhéran (Pop. : 6 042 584)
Langue officielle : persan
Religion : musulmans (chiites 96 %, sunnites 3 %)
Régime politique : république islamique
Chef d'Etat : Ali Akhbar Rafsanjani (depuis 1989)
Chef de gouvernement : Ali Akhbar Rafsanjani (depuis 1989)
PNB par habitant : $1 690 (1986)
Monnaie : rial (= 0,089 F)

L'arrivée au pouvoir de Rafsanjani à la suite de la mort du Guide de la révolution iranienne n'a guère mené à une réelle amélioration des rapports entre Téhéran et l'Occident. Malgré le déblocage par Washington d'avoirs iraniens gelés, le Grand Satan américain a continué à s'attirer les foudres des mollahs, dix ans après la prise d'otages à l'ambassade des Etats-Unis à Téhéran. La sentence de mort prononcée en janvier par Khomeyni contre l'écrivain « blasphémateur » britannique Salman Rushdie a été maintenue, et de nouveaux ressortissants européens et américains ont été enlevés au Liban par des groupes pro-iraniens.

Irlande

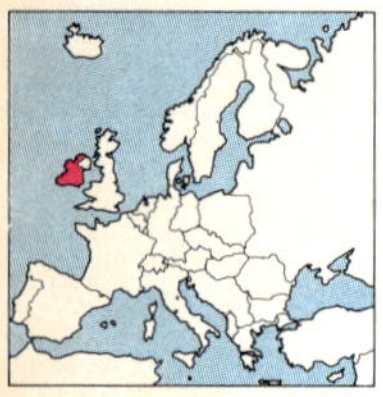

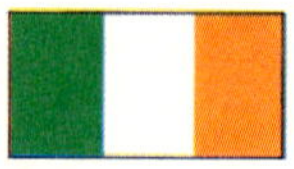

Europe de l'Ouest
70 283 km²
Pop. : 3,54 M
ONU, CEE, OCDE

Capitale : Dublin (Pop. : 920 956)
Langues officielles : irlandais (gaélique), anglais
Religions : surtout catholiques, Eglise d'Irlande, presbytériens, méthodistes
Régime politique : république parlementaire
Chef d'Etat : Patrick Hillery (depuis 1976)
Chef de gouvernement : Charles Haughey (depuis 1987)
PNB par habitant : 5 080 $ (1986)
Monnaie : livre irlandaise (= 9,05 F)

Se fondant sur une série de sondages d'opinion qui lui étaient nettement favorables, le Premier ministre Charles Haughey a organisé à la mi-juin des élections anticipées, dans l'espoir d'obtenir enfin la majorité absolue au Parlement. Il a perdu son pari. Son parti, le Fianna Fail, a perdu trois sièges et il a dû constituer un gouvernement de coalition.

Islande

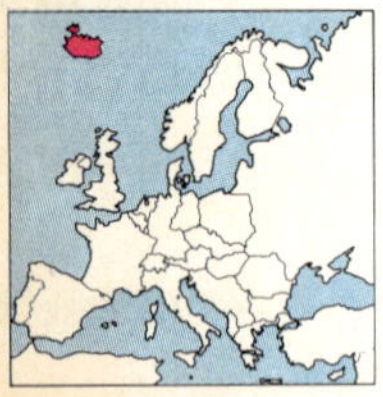

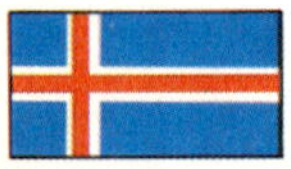

Atlantique Nord
103 000 km²
Pop. : 247 357
ONU, OCDE, CN, OTAN, EFTA

Capitale : Reykjavik (Pop. : 93 245)
Langue officielle : islandais
Religion : luthériens évangéliques
Régime politique : république parlementaire
Chef d'Etat : Vigdis Finnbogadottir (depuis 1980)
Chef de gouvernement : Steingrimur Hermannsson (depuis 1988)
PNB par habitant : 15 252 $ (1986)
Monnaie : couronne islandaise (= 0,12 F)

En novembre, M. Mitterrand s'est rendu à Reykjavik afin d'y confirmer l'accord des Douze pour la création de nouveaux liens entre la CEE et l'Association européenne de libre-échange.

Israël

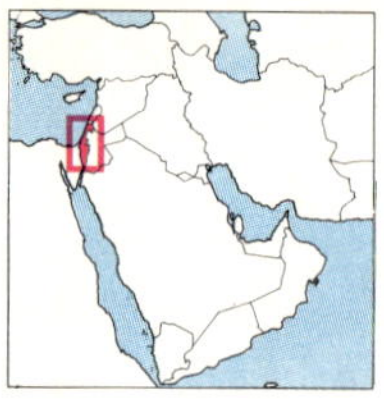

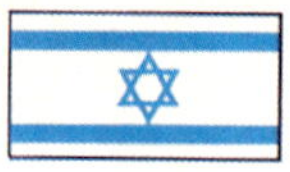

Proche-Orient
20 770 km²
Pop. : 3,54 M
ONU

Capitale : Jérusalem (Pop. : 920 956)
Langues officielles : hébreu, arabe
Religions : juifs 82 %, musulmans 13 %
Régime politique : république parlementaire
Chef d'Etat : Chaim Herzog (depuis 1983)
Chef de gouvernement : Yitzhak Shamir (depuis 1986)
PNB par habitant : 6 350 $ (1986)
Monnaie : nouveau shekel (= 3,49 F)

Le soulèvement palestinien, entré le 9 décembre dans sa troisième année, n'a montré aucun signe d'apaisement. Plus de six cents Palestiniens, en majorité des jeunes, ainsi que dix-neuf Israéliens, ont été tués depuis le début de l'*intifada*. La vague de protestations contre l'occupation israélienne de la bande de Gaza et de la Cisjordanie a pesé lourdement sur la politique intérieure et extérieure d'Israël, de plus en plus critiqué pour sa répression dans les Territoires occupés. L'armée israélienne a, en outre, été dénoncée aux Nations unies, après le rapt, en juillet, d'un cheikh pro-iranien au Liban. Aucun progrès concret n'a par ailleurs été enregistré dans le processus de paix au Proche-Orient.

Italie

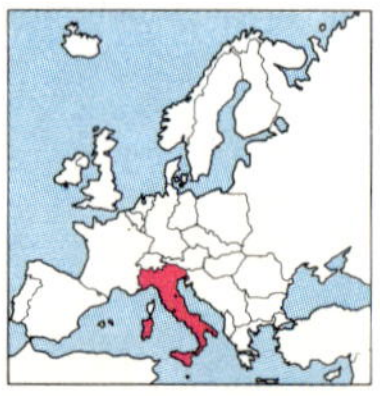

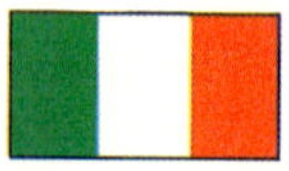

Europe méridionale
301 268 km²
Pop. : 57,4 M
ONU, CEE, OTAN, OCDE

Capitale : Rome (Pop. : 2 817 227)
Langue officielle : italien
Religion : catholiques
Régime politique : république parlementaire
Chef d'Etat : Francesco Cossiga (depuis 1985)
Chef de gouvernement : Giulio Andreotti (depuis 1989)
PNB par habitant : 8 570 $ (1986)
Monnaie : lire (1 000 lires = 4,68 F)

Dès son entrée en fonctions à la fin juillet, le gouvernement Giulio Andreotti s'est fixé comme objectif prioritaire la préparation de l'Italie à l'échéance du 1er janvier 1993, date de l'entrée en vigueur du Marché unique européen. L'autre priorité du gouvernement a été la réduction du déficit budgétaire. Il s'y est attaqué en septembre en décidant une série de hausses fiscales et de coupes dans les dépenses destinées à maintenir en 1990 le plafond du déficit à cent milliards de dollars. En novembre, la visite à Rome de Mikhaïl Gorbatchev a été marquée par la première rencontre entre un président soviétique et un souverain pontife.

Jamaïque

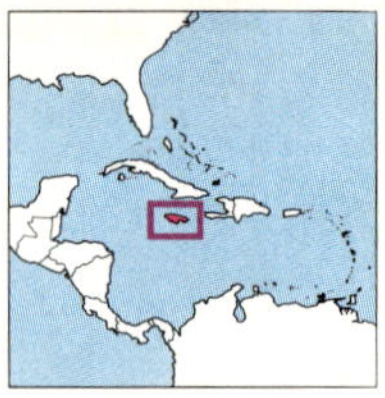

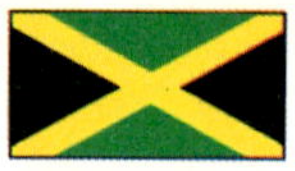

Caraïbes
11 425 km²
Pop. : 2,3 M
ONU, OEA, Caricom, CW

Capitale : Kingston (Pop. : 524 638)
Langue officielle : anglais
Religion : surtout protestants
Régime politique : monarchie constitutionnelle
Chef d'Etat : reine Elisabeth II
Chef de gouvernement : Michael Manley (depuis 1989)
PNB par habitant : 1 068 $ (1987)
Monnaie : dollar jamaïcain (= 1,15 F)

Lors d'une visite à Paris en juin, Michael Manley a proposé la création d'une force armée multinationale pour lutter contre le trafic de la drogue, calquée sur les « casques bleus » des Nations unies.

Japon

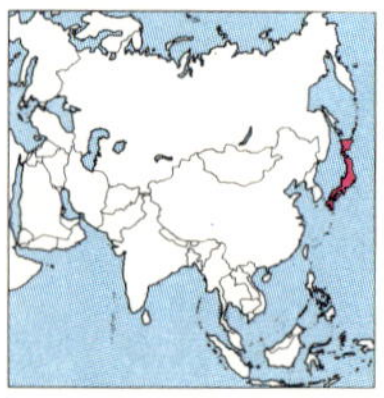

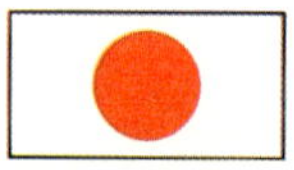

Extrême-Orient
377 815 km²
Pop. : 122,26 M
ONU, OCDE

Capitale : Tokyo (Pop. : 8 209 000)
Langue officielle : japonais
Religions : bouddhistes, shintoïstes
Régime politique : monarchie parlementaire
Chef d'Etat : empereur Akihito (depuis 1989)
Chef de gouvernement : Toshiki Kaifu (depuis 1989)
PNB par habitant : 14 039 $ (1986)
Monnaie : yen (100 yens = 4,74 F)

Les scandales politico-financiers ont ébranlé le Japon presque aussi souvent que les tremblements de terre. Bien que prévue en raison de sa longue maladie, la mort de l'empereur Hirohito n'en a pas moins profondément affligé les Japonais. Peu après les funérailles de l'empereur, le monde politique a été secoué par l'affaire Recruit, du nom de la firme qui a reconnu avoir versé des pots-de-vin à des dirigeants politiques. La démission du Premier ministre Noboru Takeshita en avril et son remplacement le mois suivant par Sousuke Uno n'ont pas mis fin aux remous politiques. Uno, dont le parti libéral démocrate a perdu, en juillet, la majorité absolue au Parlement pour la première fois depuis 1955, a été compromis dans une affaire de sexe. En août, après la démission de Sousuke Uno, le Japon s'est doté d'un nouveau Premier ministre, l'ancien ministre de l'Education Toshiki Kaifu. Ces bouleversements gouvernementaux dans un pays connu jusque-là pour sa stabilité politique n'ont pas eu d'effets défavorables sur la performance économique du Japon, qui a marqué, en octobre, quarante-six mois consécutifs de croissance.

Jordanie

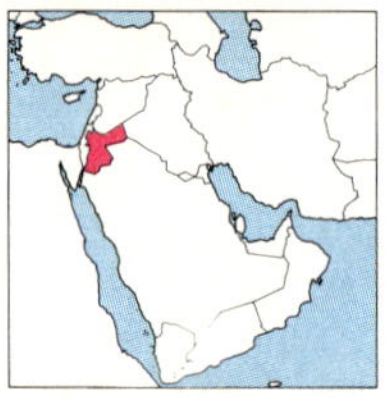

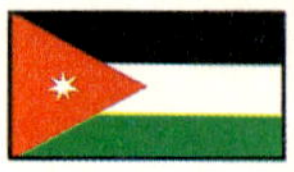

Moyen-Orient
89 206 km²
Pop. : 2,97 M
ONU, LA

Capitale : Amman (Pop. : 777 500)
Langue officielle : arabe
Religion : musulmans sunnites 80 %
Régime politique : monarchie constitutionnelle
Chef d'Etat : roi Hussein II (depuis 1952)
Chef de gouvernement : Zeid Ben Chaker (depuis 1989)
PNB par habitant : 1 540 $ (1986)
Monnaie : dinar jordanien (= 21,21 F)

Les premières élections législatives en Jordanie depuis vingt-deux ans ont été marquées par un véritable raz de marée islamique : trente et un représentants de groupes islamiques, partisans de la stricte application des lois de l'islam, ont été élus en novembre au nouveau Parlement, qui compte quatre-vingts sièges. Ce résultat inattendu a suscité de vives inquiétudes parmi les milieux libéraux du royaume.

Kenya

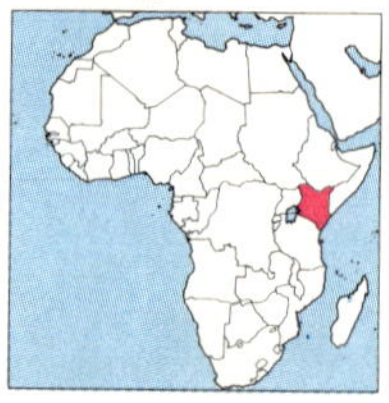

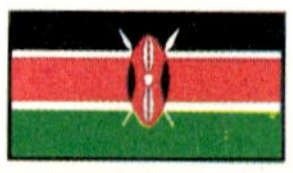

Afrique orientale
582 600 km²
Pop. : 22,8 M
ONU, CW, OUA

Capitale : Nairobi (Pop. : 827 775)
Langue officielle : swahili
Religions : protestants 19 %, catholiques 27 %, autres chrétiens 27 %, musulmans 6 %, croyances tribales 19 %
Régime politique : république présidentielle
Chef d'Etat : Daniel Arap Moi (depuis 1978)
PNB par habitant : 300 $ (1986)
Monnaie : shilling kenyan (= 0,32 F)

Confronté au problème posé par l'un des plus forts taux de natalité au monde, le gouvernement a indiqué qu'il envisageait de porter l'âge minimum légal du mariage de seize à dix-huit ans pour les jeunes Kenyannes.

Kiribati

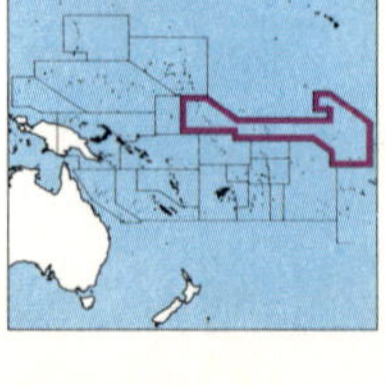

Pacifique
717,1 km²
Pop. : 66 250
CW

Capitale : Tarawa (Pop. : 24 598)
Langue officielle : anglais
Religions : protestants, catholiques
Régime politique : république présidentielle
Chef d'Etat : Ieremia Tabai (depuis 1979)
PNB par habitant : 390 $ (1985)
Monnaie : dollar australien (= 5,03 F)

Cette minuscule république perdue dans le Pacifique, dont l'économie dépend beaucoup de la pêche, a accusé la Corée du Sud d'avoir violé l'accord bilatéral sur les pêcheries.

Koweït

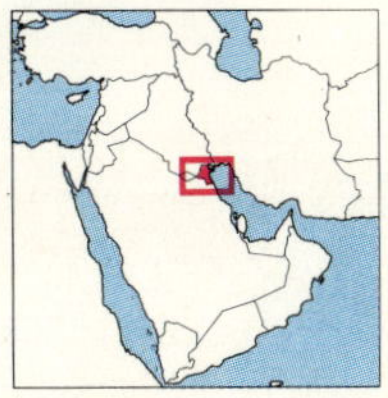
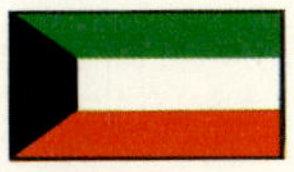

Moyen-Orient
17 819 km²
Pop. : 1,96 M
ONU, LA, OPEP, CCG

Capitale : Koweït (Pop. : 44 335)
Langue officielle : arabe
Religions : musulmans sunnites 78 %, chiites 14 %, chrétiens 6 %
Régime politique : émirat
Chef d'Etat : cheikh Djabir al-Ahmad al-Djabir al-Sabbah (depuis 1977)
Chef de gouv. : Saad al-Abdallah al-Salim al-Sabbah (depuis 1978)
PNB par habitant : 13 890 $ (1986)
Monnaie : dinar koweïtien (= 21,90 F)

La fin de la guerre entre l'Iran et l'Irak a été accueillie avec un profond soulagement par le gouvernement du Koweït, petit Etat pétrolier du Golfe situé entre les deux belligérants et qui a fait l'objet de nombreuses agressions iraniennes.

Laos

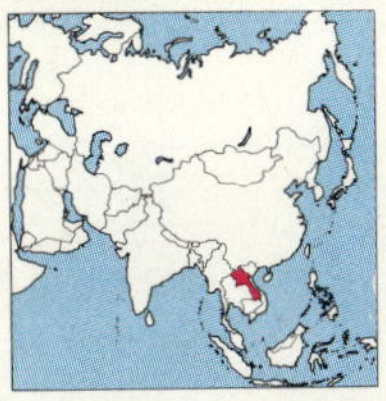
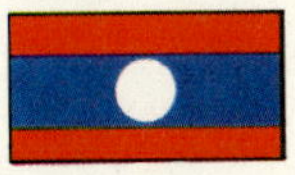

Asie orientale
236 800 km²
Pop. : 3,83 M
ONU

Capitale : Vientiane (Pop. : 377 409)
Langue officielle : laotien
Religions : surtout bouddhistes, croyances tribales 34 %
Régime politique : république démocratique populaire
Chef d'Etat : Phoumi Vongvichit
Chef de gouvernement : Kaysone Phomvihane (depuis 1975)
PNB par habitant : 220 $ (1984)
Monnaie : kip (= 0,013 F)

Le Premier ministre laotien, qui a effectué une visite en France à la fin décembre, s'est félicité, lors d'un séjour à Pékin en octobre, de la façon dont le régime chinois avait réprimé les manifestations pour la démocratie de juin dans la capitale chinoise.

Lesotho

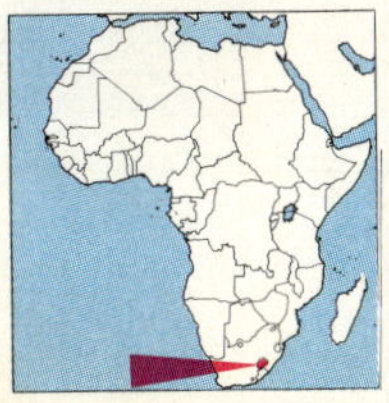
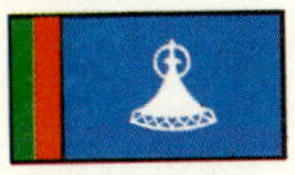

Afrique australe
30 355 km²
Pop. : 1,67 M
ONU, CW, OUA

Capitale : Maseru (Pop. : 109 382)
Langues officielles : sotho, anglais
Religions : catholiques 44 %, protestants 49 %
Régime politique : monarchie constitutionnelle
Chef d'Etat : roi Moshoeshoe II (depuis 1966)
Chef de gouvernement : Justin Lekhanya (depuis 1986)
PNB par habitant : 410 $ (1986)
Monnaie : loti (= 2,48 F)

Au terme d'un procès controversé à Maseru, le général Justin Lekhanya a été acquitté au début octobre du meurtre d'un étudiant qu'il avait abattu de deux balles pour l'empêcher de violer une jeune femme.

Liban

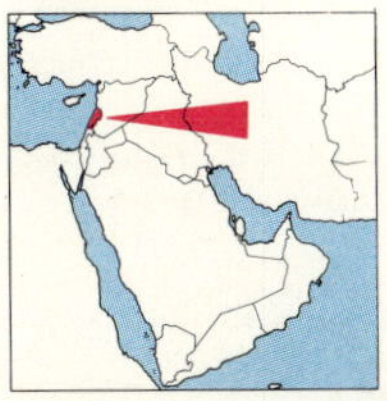
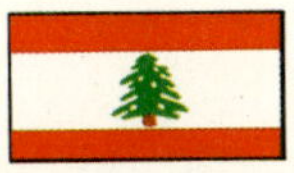

Proche-Orient
10 452 km²
Pop. : 3,5 M
ONU, LA

Capitale : Beyrouth (Pop. : 702 000)
Langue officielle : arabe
Religions : musulmans (sunnites, chiites, druzes), chrétiens (surtout maronites et grecs orthodoxes)
Régime politique : république parlementaire
Chef d'Etat : Elias Hraoui (depuis 1989)
Chef de gouvernement : Dr Selim Hoss (musulman) ; Michel Aoun (chrétien)
PNB par habitant : pas d'estimation
Monnaie : livre libanaise (= 0,013 F)

L'existence de deux gouvernements rivaux, l'un musulman, l'autre chrétien, a complètement paralysé la vie politique au Liban. En mars, le général Aoun, chef du camp chrétien, a proclamé une « guerre contre l'occupant syrien ». Les secteurs chrétiens ont alors été soumis à un blocus maritime et terrestre, et les combats entre les troupes d'Aoun et l'armée syrienne ont fait six mille victimes en six mois. Afin de mettre fin à ce carnage, les pays arabes ont demandé à des représentants du Maroc, de l'Algérie et de l'Arabie Saoudite d'élaborer un projet de règlement. Leur plan a été accepté par les députés libanais en octobre. Mais en novembre, alors que la crise semblait s'apaiser, le nouveau président, René Moawad, a été assassiné à Beyrouth. Il a été remplacé par un leader prosyrien, Elias Hraoui, qui a formé un gouvernement d'union nationale, composé de quatorze membres également répartis entre chrétiens et musulmans.

Liberia

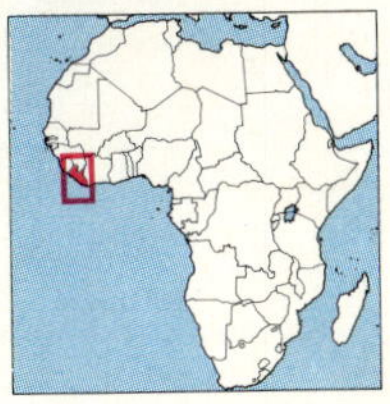
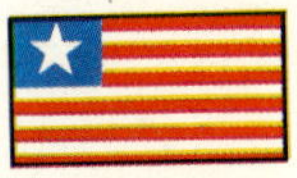

Afrique occidentale
111 370 km²
Pop. : 2,44 M
ONU, OUA, CEDEAO

Capitale : Monrovia (Pop. : 425 000)
Langue officielle : anglais
Religions : musulmans 26 %, chrétiens, religions traditionnelles
Régime politique : république présidentielle
Chef d'Etat : Samuel Kanyon Doe (depuis 1980)
PNB par habitant : 450 $ (1986)
Monnaie : dollar libérien (= 6,35 F)

Le président Samuel Doe a annoncé en novembre une série de mesures économiques et fiscales douloureuses pour ses concitoyens, dont la hausse immédiate de 54 pour cent du prix du riz, nourriture de base des Libériens.

Libye

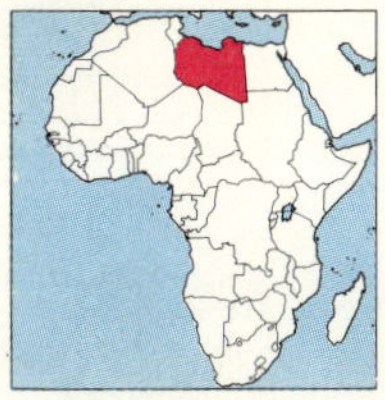
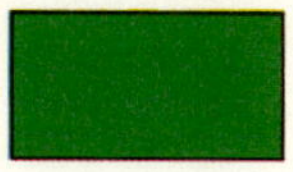

Afrique du Nord
1 759 540 km²
Pop. : 3,96 M
ONU, LA, OUA, OPEP

Capitale : Tripoli (Pop. : 990 697)
Langue officielle : arabe
Religion : musulmans sunnites 97 %
Régime politique : république populaire socialiste
Chef d'Etat : Muammar al-Kadhafi (depuis 1969)
Chef de gouvernement : Abdessalam Jalloud
PNB par habitant : 7 180 $ (1985)
Monnaie : dinar libyen (= 20,32 F)

La Libye a célébré en septembre le vingtième anniversaire de l'arrivée du colonel Kadhafi au pouvoir. S'adressant aux nombreux chefs d'Etat ou de gouvernement venus assister aux festivités à Tripoli, Kadhafi a réaffirmé qu'il restait l'allié des révolutionnaires dans le monde, et notamment en Nouvelle-Calédonie, à la Réunion, à Mayotte et en Guyane française. Il a accusé la France « d'opprimer » les peuples de ces territoires.

Liechtenstein

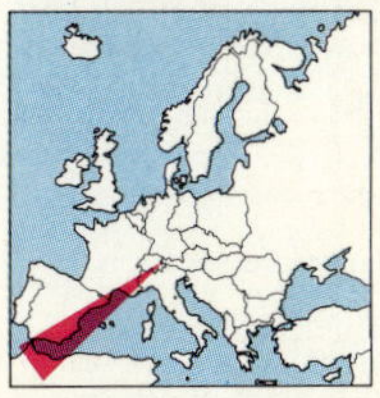
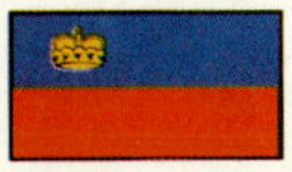

Europe de l'Ouest
160 km²
Pop. : 27 700
EFTA

Capitale : Vaduz (Pop. : 4 606)
Langue officielle : allemand
Religions : catholiques 87 %, protestants 8,6 %
Régime politique : monarchie constitutionnelle
Chef d'Etat : prince Hans Adam II (depuis 1989)
Chef de gouvernement : Hans Brunhart (depuis 1978)
PNB par habitant : 15 000 $ (1984)
Monnaie : franc suisse (= 3,87 F)

Peu après le décès de la princesse Gina, mère du prince régent, l'Etat alpin a été endeuillé de nouveau par la mort, en novembre, du prince Franz-Joseph II, qui avait accédé au trône en 1938. Son fils, le prince Hans Adam II, lui a succédé.

Luxembourg

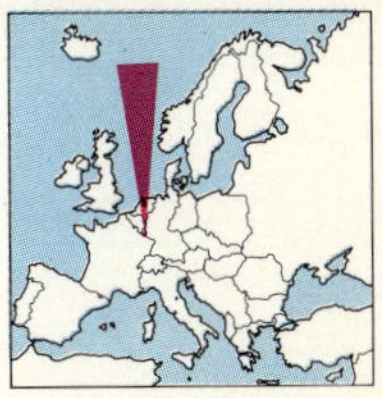
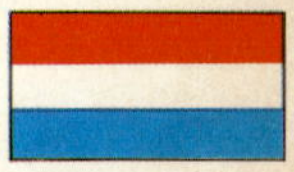

Europe de l'Ouest
2 586 km²
Pop. : 372 100
ONU, CEE, OTAN, OCDE

Capitale : Luxembourg (Pop. : 76 640)
Langues officielles : luxembourgeois, français, allemand
Religion : catholiques 95 %
Régime politique : monarchie constitutionnelle
Chef d'Etat : grand-duc Jean (depuis 1964)
Chef de gouvernement : Jacques Santer (depuis 1984)
PNB par habitant : 15 680 $ (1986)
Monnaie : franc luxembourgeois (= 0,16 F)

En novembre, lors d'une visite au Luxembourg, paradis des banques, François Mitterrand a annoncé la prochaine signature d'un accord bilatéral sur la répression de la fraude fiscale dans le futur Marché européen sans frontières des capitaux.

Madagascar

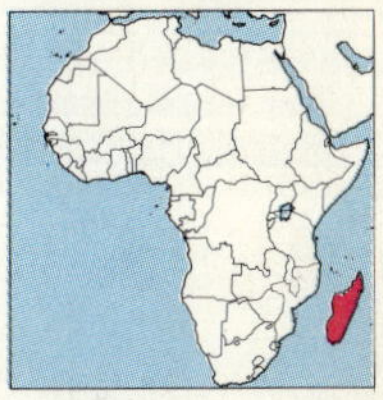
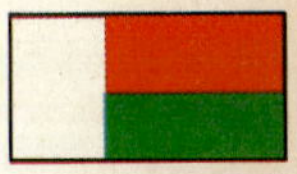

Océan Indien
587 041 km²
Pop. : 10,92 M
ONU, OUA

Capitale : Tananarive (Pop. : 703 000)
Langues officielles : malgache, français
Religions : chrétiens 50 %, musulmans 3 %, animistes 47 %
Régime politique : république
Chef d'Etat : Didier Ratsiraka (depuis 1975)
Chef de gouvernement : Victor Ramahatra
PNB par habitant : 230 $ (1987)
Monnaie : franc malgache (= 0,004 F)

Le président Ratsiraka a été réélu en mars avec 62 pour cent des voix, soit 18 points de moins qu'en 1982. Les villes, dont Tamatave, fief du président, ont voté massivement pour les candidats de l'opposition.

Malaisie

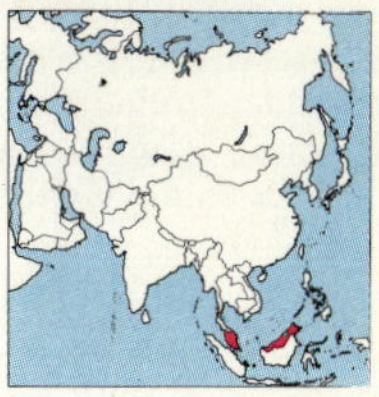
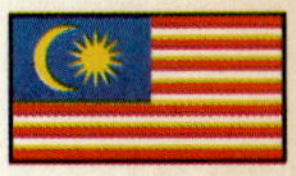

Asie orientale
329 759 km²
Pop. : 17 M
ONU, ANSEA, CW

Capitale : Kuala Lumpur (Pop. : 937 875)
Langue officielle : malais
Religions : surtout musulmans, bouddhistes, hindouistes, chrétiens
Régime politique : monarchie constitutionnelle fédérale
Chef d'Etat : sultan Azlan Chah (depuis 1989)
Chef de gouvernement : Mahathir Mohamad (depuis 1981)
PNB par habitant : 1 850 $ (1986)
Monnaie : ringgit (= 2,35 F)

A l'issue d'une cérémonie renouvelant les fastes de rigueur au XVe siècle dans le sultanat de Malacca, un ancien juriste de 61 ans, le sultan Azlan Chah, est devenu, en septembre, le neuvième roi de Malaisie. Les rois de Malaisie sont, depuis l'indépendance du pays en 1957, des monarques constitutionnels désignés tous les cinq ans.

Malawi

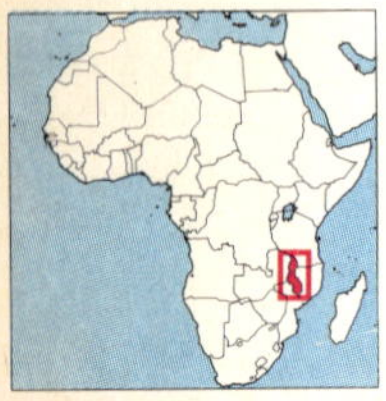
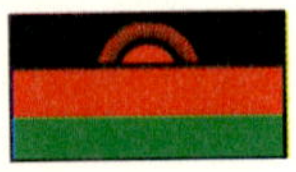

Afrique australe
94 300 km^2
Pop. : 7,1 M
ONU, CW,
OUA

Capitale : Lilongwe (Pop. : 186 800)
Langues officielles : chewa, anglais
Religions : surtout chrétiens, musulmans 7 %
Régime politique : république présidentielle
Chef d'Etat : H. Kamuzu Banda (depuis 1966)
PNB par habitant : 160 $ (1986)
Monnaie : kwacha (= 2,33 F)

Plusieurs dizaines de milliers de personnes fuyant la guerre civile au Mozambique voisin se sont réfugiées au Malawi depuis le début de l'année, rejoignant 660 000 des leurs entassés dans des camps surpeuplés de ce petit pays depuis 1988.

Maldives

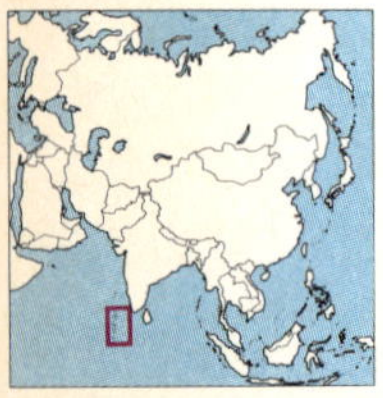
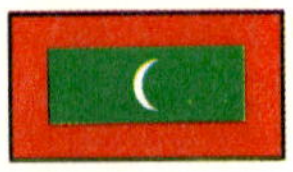

Océan Indien
298 km^2
Pop. : 200 000
ONU, CW

Capitale : Malé (Pop. : 46 334)
Langue officielle : divehi
Religion : musulmans
Régime politique : république présidentielle
Chef d'Etat : Maumoon Abdul Gayoom (depuis 1978)
PNB par habitant : 310 $ (1986)
Monnaie : rufiyaa (= 0,69 F)

Le président Gayoom a gracié en septembre seize participants à la sanglante tentative de coup d'Etat de novembre 1988 dirigée contre son régime. Les derniers soldats indiens envoyés à l'époque pour soutenir le régime ont quitté le pays en novembre.

Mali

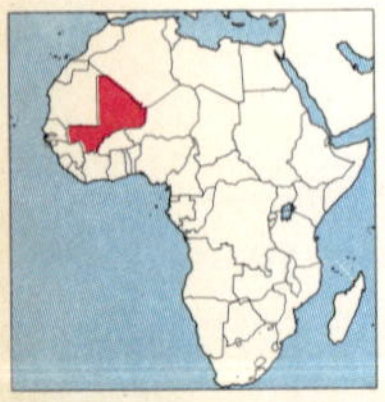
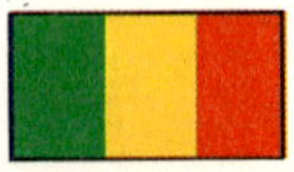

Afrique
occidentale
1 240 142 km^2
Pop. : 7,78 M
ONU, OUA

Capitale : Bamako (Pop. : 404 022)
Langue officielle : français
Religions : musulmans sunnites 90 %, animistes 9 %, chrétiens 1 %
Régime politique : république présidentielle
Chef d'Etat : Moussa Traoré (depuis 1969)
PNB par habitant : 170 $ (1986)
Monnaie : franc CFA (= 0,02 F)

Une bonne récolte de coton et l'application de mesures gouvernementales d'austérité ont permis une légère amélioration de la situation économique du pays, qui reste très dépendant de l'aide économique occidentale.

Malte

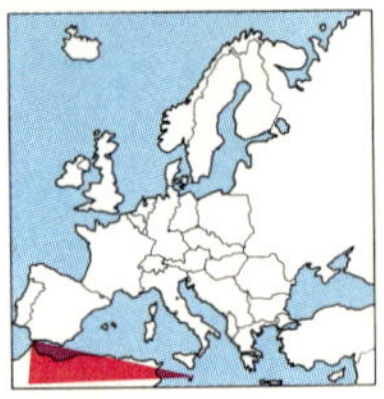
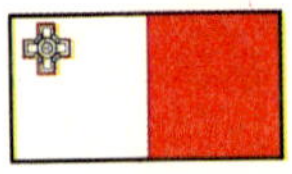

Europe
méridionale
316 km^2
Pop. : 345 636
ONU, CW

Capitale : La Valette (Pop. : 9 239)
Langues officielles : maltais, anglais
Religion : catholiques
Régime politique : république parlementaire démocratique
Chef d'Etat : Vincent Tabone (depuis 1989)
Chef de gouvernement : Eddie Fenech Adami (depuis 1987)
PNB par habitant : 3 470 $ (1987)
Monnaie : lire maltaise (= 18,41 F)

Après des années d'anti-impérialisme et de non-alignement militant, Malte, qui compte demander son admission à la CEE en 1990, a fêté en septembre ses 25 ans d'indépendance, le regard résolument tourné vers l'Occident.

Maroc

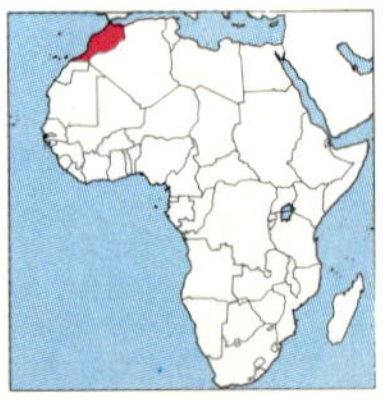
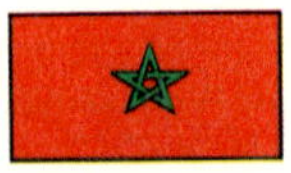

Afrique du Nord
458 730 km^2
Pop. : 23 M
ONU, LA

Capitale : Rabat (Pop. : 518 616)
Langue officielle : arabe
Religions : musulmans sunnites 98 %, chrétiens 2 %
Régime politique : monarchie constitutionnelle
Chef d'Etat : Hassan II (depuis 1961)
Chef de gouvernement : Azzeddine Laraki (depuis 1986)
PNB par habitant : 590 $ (1986)
Monnaie : dirham (= 0,75 F)

Le roi Hassan II, qui a célébré son soixantième anniversaire en juillet, a effectué en août son premier voyage à Tripoli depuis l'arrivée au pouvoir du colonel Kadhafi. La normalisation des relations entre Tripoli et Rabat ainsi que le retour au bon voisinage entre le Maroc et l'Algérie ont contribué à la proclamation en février de l'Union du Maghreb arabe. La Libye et le Maroc avaient rompu leurs liens après un désaccord sur la question du Sahara occidental.

Maurice (île)

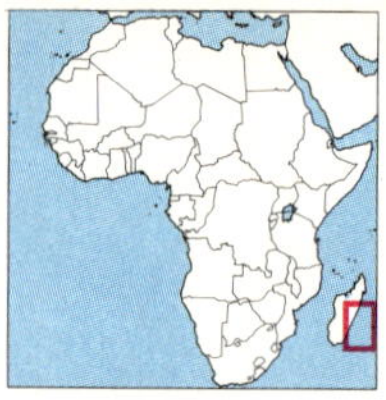
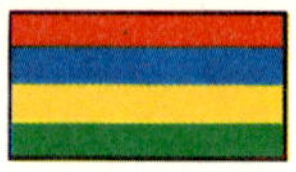

Océan Indien
2 040 km^2
Pop. : 1,057 M
ONU, CW,
OUA

Capitale : Port-Louis (Pop. : 138 038)
Langue officielle : anglais
Religions : hindouistes 53 %, chrétiens 30 %, musulmans 13 %
Régime politique : monarchie constitutionnelle
Chef d'Etat : reine Elisabeth II
Chef de gouvernement : Anerood Jugnauth (depuis 1982)
PNB par habitant : 1 720 $ (1987)
Monnaie : roupie mauricienne (= 0,42 F)

Sir Anerood a demandé en septembre l'aide des autres Etats de l'océan Indien pour pouvoir récupérer l'île de Diego Garcia, possession britannique dotée d'une base américaine.

Mauritanie

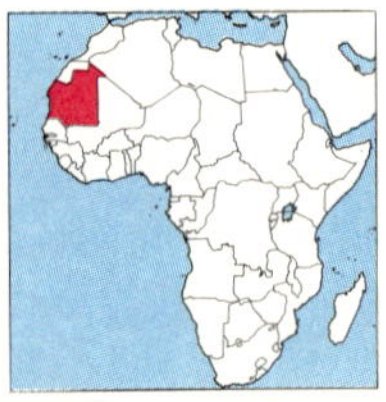
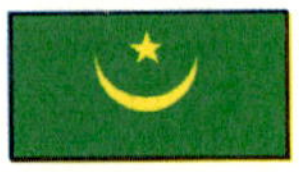

Afrique
occidentale
1 030 700 km^2
Pop. : 1,89 M
ONU, LA, OUA

Capitale : Nouakchott (Pop. : 500 000)
Langues officielles : arabe, français
Religion : musulmans sunnites 99 %
Régime politique : république
Chef d'Etat : Moaouia Ould Sidi Mohamed Taya (depuis 1984)
PNB par habitant : 440 $ (1986)
Monnaie : ouguiya (= 0,08 F)

Des incidents frontaliers entre forces mauritaniennes et sénégalaises se sont poursuivis. En mai, Nouakchott a demandé à l'ONU d'enquêter sur le sort de ses ressortissants au Sénégal.

Mexique

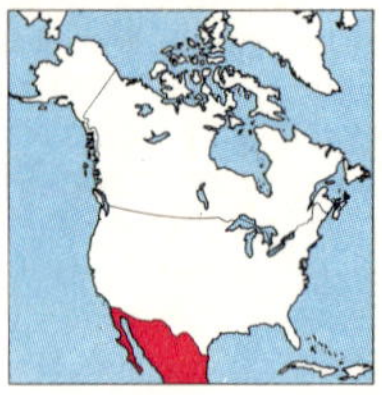
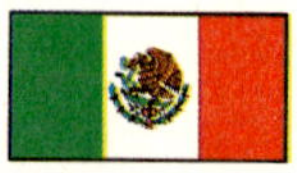

Amérique
du Nord
1 958 201 km^2
Pop. : 82,7 M
ONU, OEA,
ALADI

Capitale : Mexico (Pop. : 12 932 116)
Langue officielle : espagnol
Religion : catholiques 92,6 %
Régime politique : république fédérale
Chef d'Etat : Carlos Salinas de Gortari (depuis 1988)
PNB par habitant : 1 850 $ (1986)
Monnaie : peso (= 0,0003 F)

Le Mexique et les Etats-Unis, dont les relations ont connu des années de vives tensions, ont signé en octobre sept accords de coopération destinés à renforcer leurs liens, notamment sur le plan économique. Les deux parties se sont engagées à accroître les investissements et le commerce et à renforcer leur dispositif de lutte contre le trafic de la drogue. Danielle Mitterrand s'est rendue au Mexique en octobre à l'invitation de l'écrivain colombien Gabriel Garcia Marquez, prix Nobel de littérature.

Monaco

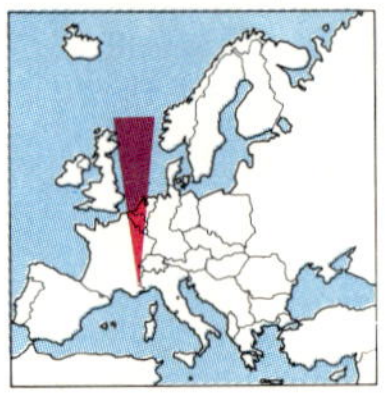
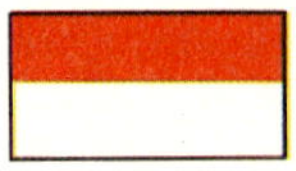

Europe
méridionale
195 ha
Pop. : 27 063

Capitale : Monaco
Langue officielle : français
Religion : catholiques
Régime politique : principauté constitutionnelle
Chef d'Etat : prince Rainier III (depuis 1949)
Chef de gouvernement : Jean Ausseil (depuis 1985)
PNB par habitant : 10 000 $
Monnaie : franc français

Les habitants de la principauté monégasque ont célébré en grande pompe le 25 juin les quarante ans de règne du prince Rainier, 66 ans, qui a accédé au trône le 9 mai 1949 à la suite du décès de son grand-père, le prince Louis II.

Mongolie

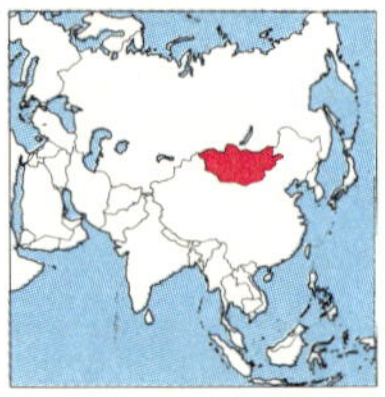
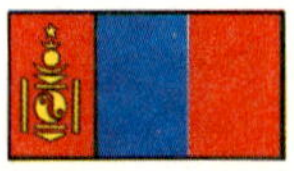

Asie orientale
1 567 000 km^2
Pop. : 2 M
Comecon, ONU

Capitale : Oulan-Bator (Pop. : 500 000)
Langue officielle : mongol
Religions : bouddhistes lamaïstes tibétains
Régime politique : république populaire
Chef d'Etat : Jambyn Batmunkh (depuis 1984)
Chef de gouvernement : Dumaagiyn Sodnom (depuis 1984)
PNB par habitant : 940 $ (1978)
Monnaie : tugrik (= 1,86 F)

La perestroïka et la glasnost ont fait leur apparition en Mongolie. Le conquérant mongol Gengis Khan, qui faisait figure de tyran, a retrouvé sa place de héros dans les livres scolaires.

Mozambique

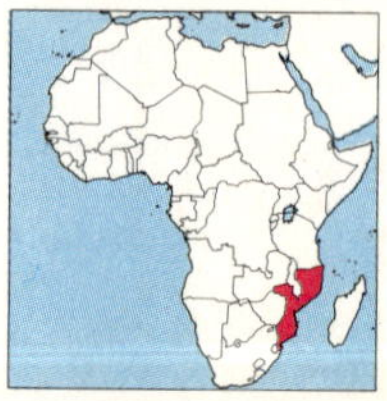
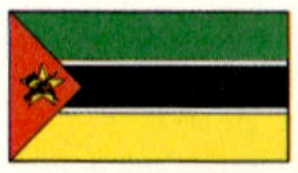

Afrique australe
799 380 km^2
Pop. : 14,9 M
ONU, OUA

Capitale : Maputo (Pop. : 882 814)
Langue officielle : portugais
Religions : animistes 60 %, chrétiens 18 %, musulmans 16 %
Régime politique : république populaire
Chef d'Etat : Joaquim Alberto Chissano (depuis 1986)
Chef de gouvernement : Mario da Graça Machungo
PNB par habitant : 90 $ (1986)
Monnaie : metical (= 0,0098 F)

Des milliers de civils ont péri depuis le début de l'année, victimes aussi bien du sanglant conflit entre les troupes gouvernementales et les guérilleros de la Renamo que de la famine qui s'est abattue sur le Mozambique.

Namibie

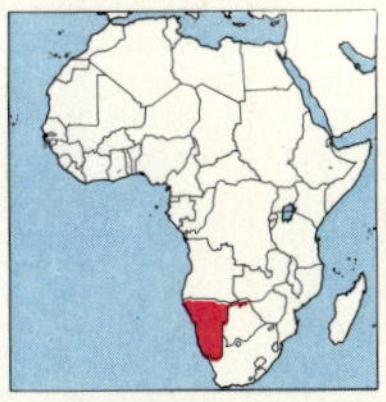
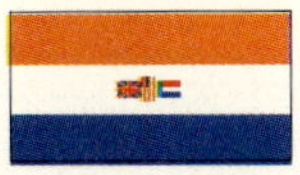

Afrique australe
824 269 km²
Pop. : 1,29 M

Capitale : Windhoek (Pop. : 114 500)
Langues officielles : afrikaans, anglais
Religions : protestants, religions traditionnelles
Régime politique : territoire sous contrôle sud-africain
Chef d'Etat : Louis Pienaar (depuis 1985)
PNB : 1 020 M$ (1986)
Monnaie : rand sud-africain (= 2,36 F)

La dernière guerre coloniale d'Afrique a pris fin en novembre lors du départ des dernières troupes sud-africaines de Namibie, territoire administré par le gouvernement de Pretoria depuis 1915. Bien qu'ils n'aient jamais remporté une seule bataille, les guérilleros de l'organisation nationaliste SWAPO ont en quelque sorte gagné la guerre. Cette victoire a été remportée quelques jours avant le départ des troupes sud-africaines, lorsque la SWAPO marxiste a gagné, avec plus de cinquante-sept pour cent des voix, les élections constituantes. Pretoria n'a jamais révélé le bilan de ses pertes au cours de ce conflit de vingt-trois ans. L'Assemblée devra rédiger et adopter à la majorité des deux tiers la Constitution du futur Etat. L'indépendance de la Namibie, que la communauté internationale exige depuis quarante ans, est en passe d'être acquise.

Nauru

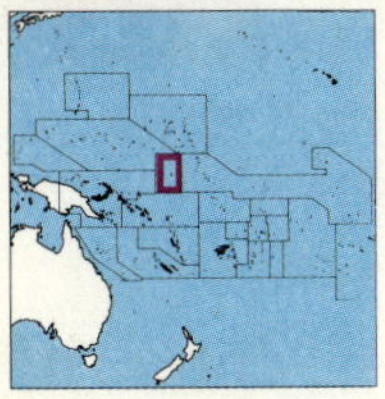
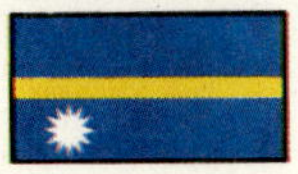

Pacifique
21,30 km²
Pop. : 8 042
CW

Capitale : Yaren (Pop. : 4 000)
Langues officielles : nauruan, anglais
Religions : catholiques, protestants
Régime politique : république
Chef d'Etat : Kenas Aroi (depuis 1989)
PNB par habitant : 9 091 $ (1985)
Monnaie : dollar australien (= 5,03 F)

Hammer De Roburt, président de l'île de Nauru, la plus petite république du monde, depuis 1978, a été destitué à la mi-août par son conseiller et ancien allié politique, Kenas Aroi.

Népal

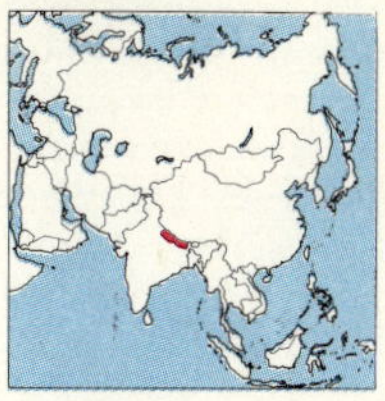
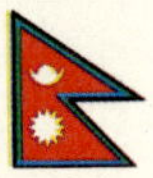

Asie du Sud
147 181 km²
Pop. : 16,63 M
ONU

Capitale : Katmandou (Pop. : 235 160)
Langue officielle : népalais
Religions : hindouistes 90 %, bouddhistes 5 %, musulmans 3 %
Régime politique : monarchie constitutionnelle
Chef d'Etat : Birendra Bir Bikram Shah Dev (depuis 1972)
Chef de gouvernement : Marich Man Singh Shrestha (depuis 1986)
PNB par habitant : 160 $ (1986)
Monnaie : roupie népalaise (= 0,24 F)

Paris s'est inquiété des tensions entre l'Inde et le Népal, menacé d'asphyxie économique par la fermeture par l'Inde de ses postes frontières avec ce pays enclavé à la suite d'un conflit commercial.

Nicaragua

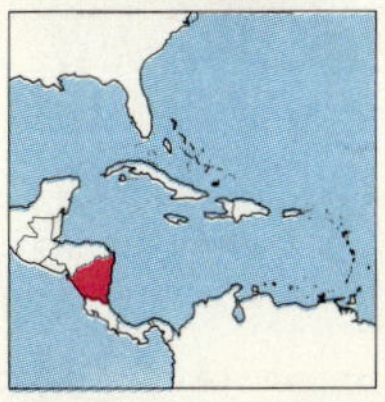
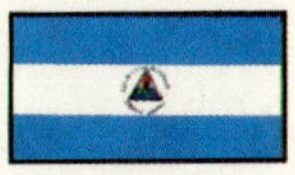

Amérique centrale
127 849 km²
Pop. : 3,5 M
ONU, OEA

Capitale : Managua (Pop. : 682 111)
Langue officielle : espagnol
Religion : catholiques 91 %
Régime politique : république
Chef d'Etat : Daniel Ortega Saavedra (depuis 1984)
PNB par habitant : 790 $ (1986)
Monnaie : cordoba (= 0,035 F)

Le gouvernement sandiniste et l'opposition ont signé en août un accord politique offrant des garanties à l'opposition pour l'organisation des élections prévues pour février 1990. Le régime s'est notamment engagé à permettre aux partis d'opposition de disposer d'une chaîne de télévision pour mener leur campagne électorale.

Niger

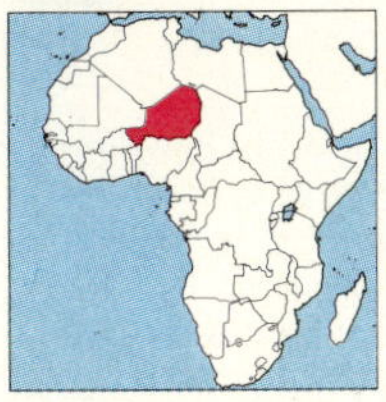
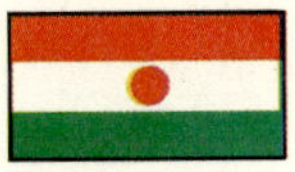

Afrique occidentale
1 186 408 km²
Pop. : 7,19 M
ONU, OUA

Capitale : Niamey (Pop. : 399 100)
Langue officielle : français
Religions : musulmans 97 %, animistes
Régime politique : république
Chef d'Etat : Ali Seybou (depuis 1987)
Chef de gouvernement : Mamane Oumarou (depuis 1988)
PNB par habitant : 260 $ (1986)
Monnaie : franc CFA (= 0,02 F)

Plus de 99 pour cent des électeurs se sont prononcés en faveur de la nouvelle Constitution au cours d'un référendum organisé en septembre. Ali était le candidat unique aux présidentielles prévues fin décembre.

Nigeria

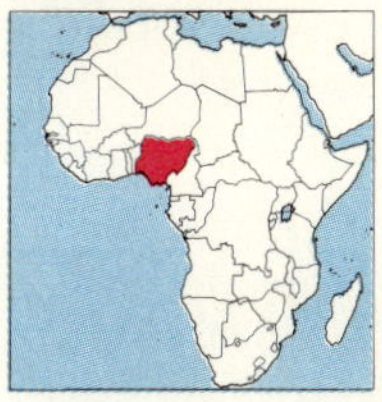
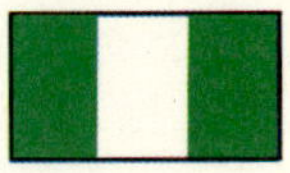

Afrique occ.
923 773 km²
Pop. : 105 M
ONU, CW, CEDEAO, OUA, OPEP

Capitale : Lagos (Pop. : 1 097 000)
Langue officielle : anglais
Religions : musulmans 48 %, chrétiens 34 %
Régime politique : république fédérale
Chef d'Etat : Ibrahim Babangida (depuis 1985)
PNB par habitant : 730 $ (1986)
Monnaie : naira (= 0,84 F)

Le général Babangida a évoqué en octobre la corruption des responsables de l'opposition et l'inexpérience politique du pays pour justifier sa décision de dissoudre toutes les formations politiques existantes. Le gouvernement a ensuite créé de toutes pièces deux nouveaux partis. Les élections locales qui devaient se tenir en décembre dans le cadre du processus de transition vers un régime civil ont en outre été reportées au début de 1990.

Norvège

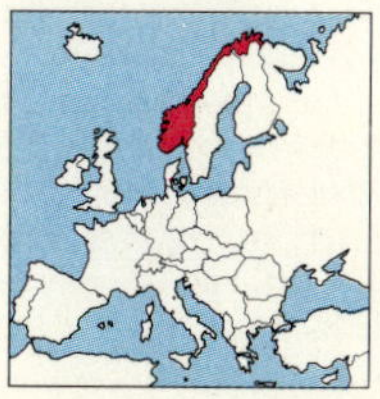
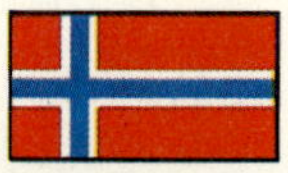

Europe du Nord
323 877 km²
Pop. : 4,2 M
ONU, EFTA, OTAN, CN, OCDE

Capitale : Oslo (Pop. : 453 730)
Langue officielle : norvégien
Religions : surtout luthériens évangéliques, catholiques
Régime politique : monarchie constitutionnelle
Chef d'Etat : roi Olav V
Chef de gouvernement : Gro Harlem Brundtland (depuis 1986)
PNB par habitant : 16 400 $ (1986)
Monnaie : couronne norvégienne (= 0,93 F)

Le gouvernement travailliste et minoritaire de Mme Brundtland a fêté en mai son troisième anniversaire. Ce gouvernement, qui comprend de nombreuses femmes, a réussi à retrouver la confiance des Norvégiens. La vie politique a été largement dominée par un débat sur la question de l'immigration.

Nouvelle-Zélande

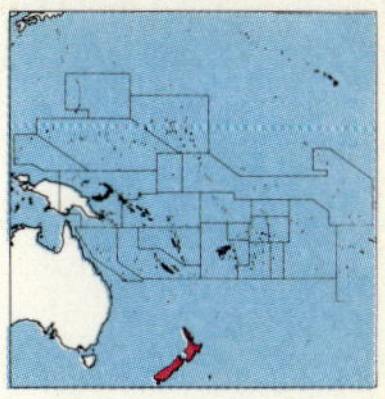
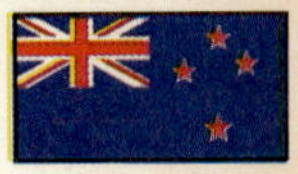

Pacifique Sud
268 046 km²
Pop. : 3,3 M
ONU, CW, OCDE

Capitale : Wellington (Pop. : 325 200)
Langue officielle : anglais
Religions : anglicans, presbytériens, catholiques, méthodistes
Régime politique : monarchie const.
Chef d'Etat : reine Elisabeth II
Chef de gouvernement : Geoffrey Palmer (depuis 1989)
PNB par habitant : 7 110 $ (1988)
Monnaie : dollar néo-zélandais (= 3,92 F)

Le vice-Premier ministre Geoffrey Palmer a été élu à la tête du gouvernement en août. Les relations entre Wellington et Paris, longtemps empoisonnées par l'affaire du *Rainbow Warrior*, se sont nettement améliorées. Palmer, qui a rencontré Michel Rocard à deux reprises depuis le début de l'année, s'est félicité des accords de Matignon sur la Nouvelle-Calédonie.

Oman

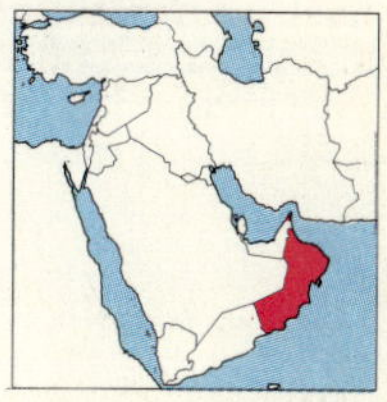
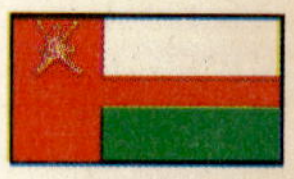

Moyen-Orient
300 000 km²
Pop. : 1,2 M
ONU, LA, CCG

Capitale : Mascate (Pop. : 250 000)
Langue officielle : arabe
Religions : musulmans ibadhi 75 %, musulmans sunnites
Régime politique : sultanat
Chef d'Etat : Qaboos ibn Saïd (depuis 1970)
Chef de gouvernement : Qaboos ibn Saïd
PNB par habitant : 4 990 $ (1986)
Monnaie : rial oman (= 16,51 F)

Pour la première fois dans l'ensemble des pays arabes du Golfe, une femme a été élue en juin membre du Conseil d'administration de la Chambre de commerce omanaise.

Ouganda

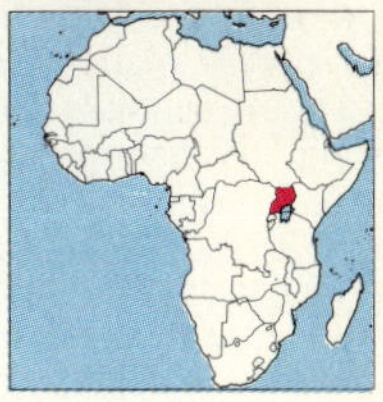
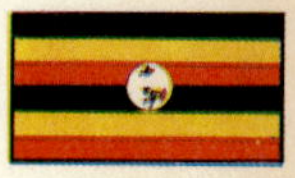

Afrique orientale
236 860 km²
Pop. : 15,5 M
ONU, CW, OUA

Capitale : Kampala (Pop. : 458 423)
Langues officielles : anglais, bantou (souahéli)
Religions : chrétiens 62 %, musulmans 6 %
Régime politique : république
Chef d'Etat : Milton Obose (depuis 1989)
Chef de gouvernement : Samson Kisekka (depuis 1986)
PNB par habitant : 230 $ (1984)
Monnaie : shilling ougandais (= 0,029 F)

Le Parlement intérimaire ougandais a adopté en octobre une loi étendant à cinq ans le mandat du président Museveni, qui s'était engagé en janvier 1986 à organiser des élections avant janvier 1990 au plus tard.

Pakistan

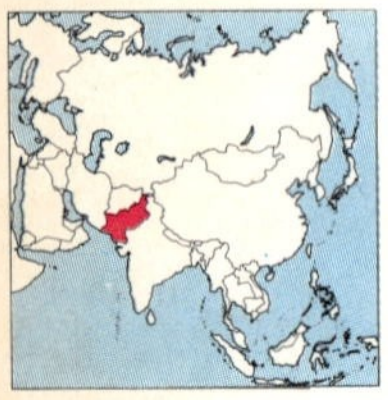

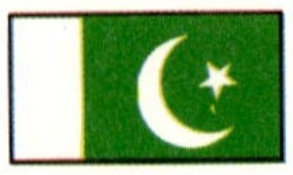

Asie du Sud
796 095 km²
Pop. : 102,2 M
ONU

Capitale : Islamabad (Pop. : 201 000)
Langues officielles : urdu, anglais
Religions : musulmans 97 %, chrétiens, hindouistes
Régime politique : république fédérale islamique
Chef d'Etat : Ghulam Ishag Khan (depuis 1988)
Chef de gouvernement : Benazir Bhutto (depuis 1988)
PNB par habitant : 350 $ (1986)
Monnaie : roupie (= 0,315 F)

Benazir Bhutto, première femme au monde à gouverner un pays musulman, a franchi en novembre le cap de sa première année au pouvoir sans avoir engagé de grandes réformes, en raison notamment d'âpres batailles politiciennes qui ont pratiquement paralysé l'action de son équipe encore mal rodée.

Panama

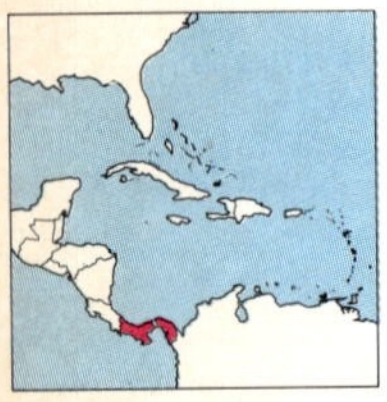

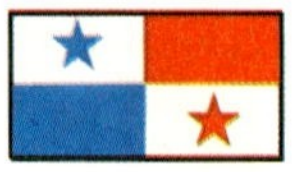

Amérique centrale
77 046 km²
Pop. : 2,32 M
ONU, OEA

Capitale : Panama City (Pop. : 386 393)
Langue officielle : espagnol
Religions : catholiques 85 %, protestants 5 %, musulmans 4,5 %
Régime politique : république présidentielle
Chef d'Etat : Francisco Rodriguez (depuis 1989)
PNB par habitant : 2 330 $ (1986)
Monnaie : balboa (= 6,35 F)

Le soulèvement en octobre d'officiers de l'armée, qui ont tenté en vain de renverser l'homme fort du régime, le général Noriega, a marqué un nouveau tournant dans la crise qui secoue le Panama depuis deux ans. Celle-ci s'est aggravée en mai lors de l'annulation par le gouvernement des résultats des présidentielles, au moment où le candidat de l'opposition, Guillermo Endara, paraissait devoir l'emporter. Le lendemain, les Etats-Unis, hostiles à Noriega, qu'ils accusent d'être un trafiquant de drogue, ont envoyé deux mille soldats d'élite au Panama et rappelé leur ambassadeur. Mais ni les pressions américaines ni ses adversaires politiques n'ont pu évincer Noriega, resté le maître absolu du pays.

Papouasie - Nouvelle-Guinée

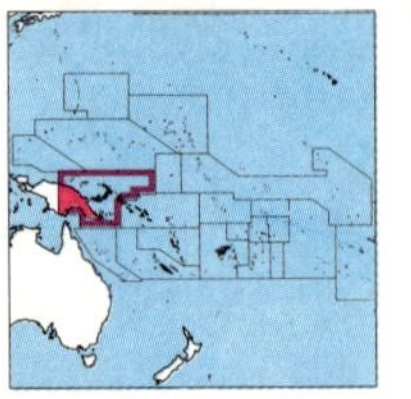

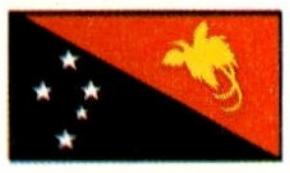

Pacifique
462 840 km²
Pop. : 3,48 M
ONU, CW

Capitale : Port Moresby (Pop. : 152 100)
Langue officielle : anglais
Religions : protestants 63 %, catholiques 31 %, religions locales
Régime politique : monarchie constitutionnelle
Chef d'Etat : reine Elisabeth II
Chef de gouvernement : Rabbie Namaliu (depuis 1988)
PNB par habitant : 690 $ (1986)
Monnaie : kina (= 7,47 F)

La mine de cuivre de Bougainville, principale source de revenus du pays, a été rouverte en septembre après quatre mois d'interruption de production, dus à une campagne de sabotage menée par des propriétaires terriens.

Paraguay

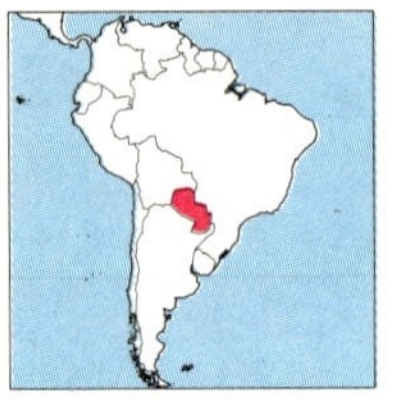

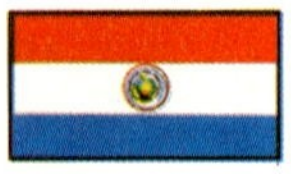

Amérique du Sud
406 752 km²
Pop. : 4,01 M
ONU, ALADI, OEA, SELA

Capitale : Asuncion (Pop. : 729 307)
Langues officielles : espagnol, guarani
Religion : catholiques 97 %
Régime politique : république présidentielle
Chef d'Etat : général Andrés Rodriguez (depuis 1989)
PNB par habitant : 880 $ (1986)
Monnaie : guarani (= 0,006 F)

La plus ancienne dictature de l'Amérique latine a pris fin le 3 février lorsque le général Alfredo Stroessner, au pouvoir depuis 1954, a été renversé par un coup d'Etat militaire. Le putsch a été organisé par l'un des anciens collaborateurs de Stroessner, le général Andrés Rodriguez. En mai, ce dernier a été élu président de la République avec plus de 75 pour cent des suffrages, alors que les partis d'opposition dénonçaient les irrégularités du scrutin. Rodriguez s'est engagé à mener à bien une réforme de la Constitution et à s'attaquer au problème de la dette extérieure du pays.

Pays-Bas

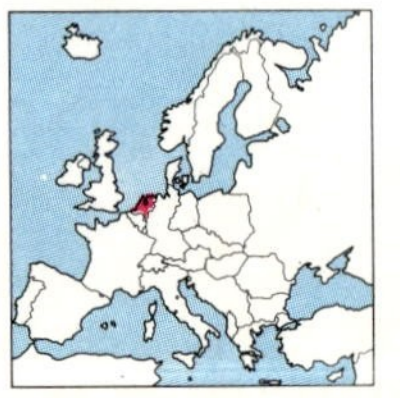

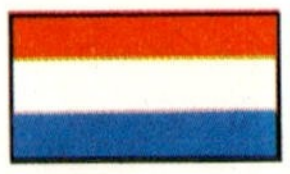

Europe du Nord-Ouest
41 863 km²
Pop. : 14,71 M
ONU, CEE, OTAN, OCDE

Capitale : Amsterdam (Pop. : 691 738)
Langue officielle : néerlandais
Religions : catholiques 36 %, réformés néerlandais 19 %
Régime politique : monarchie constitutionnelle
Chef d'Etat : reine Beatrix Ire (d. 1980)
Chef de gouvernement : Ruud Lubbers (depuis 1982)
PNB par habitant : 8 500 $ (1984)
Monnaie : florin (= 3,01 F)

Le pays a réussi à la fin octobre, après six mois de vacance du pouvoir, à se doter d'un nouveau gouvernement orienté au centre gauche et composé de chrétiens-démocrates et de socialistes. Lors d'une visite à La Haye en novembre, François Mitterrand et Ruud Lubbers ont discuté de questions communautaires.

Pérou

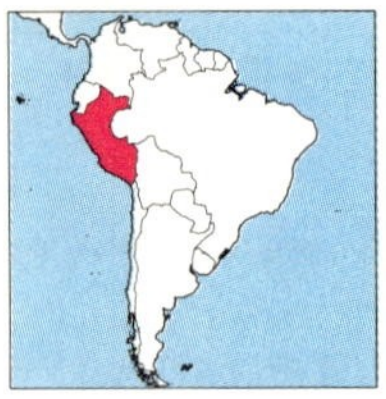

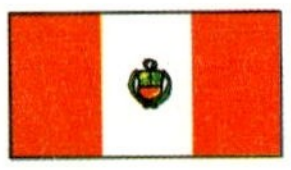

Amérique du Sud
1 285 216 km²
Pop. : 21,3 M
ONU, ALADI, OEA

Capitale : Lima (Pop. : 5 258 600)
Langues officielles : espagnol, quechua
Religion : catholiques (plus de 90 %)
Régime politique : république
Chef d'Etat : Luis Alberto Sanchez (depuis 1989)
Chef de gouvernement : Guillermo Larco Cox (depuis 1987)
PNB par habitant : 970 $ (1985)
Monnaie : inti (= 0,005 F)

Les élections municipales de novembre ont été marquées par un virage à droite après quatre années de gouvernement populiste et social-démocrate. Le scrutin a aussi été un désaveu du Sentier lumineux, la sanglante guérilla maoïste, qui avait appelé au boycottage des élections. Cette organisation avait appuyé sa consigne d'une campagne d'attentats et d'assassinats sans précédent qui a fait au moins une centaine de morts.

Philippines

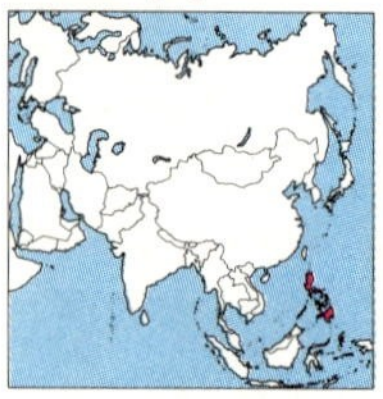

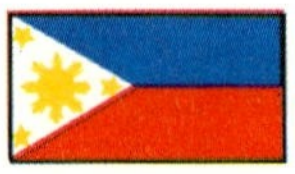

Asie orientale
300 000 km²
Pop. : 58,72 M
ONU, ANSEA

Capitale : Manille (Pop. : 1 630 485)
Langue officielle : tagalog
Religions : catholiques 83 %, protestants 9 %, musulmans 5 %
Régime politique : république
Chef d'Etat : Corazon C. Aquino (depuis 1986)
PNB par habitant : 614 $ (1986)
Monnaie : peso (= 0,29 F)

Cory Aquino, déjà confrontée à une guérilla communiste et à une rébellion musulmane, a survécu de justesse en décembre à une nouvelle tentative de coup d'Etat, la septième depuis 1986. Cette révolte, organisée par les partisans de l'ex-dictateur Ferdinand Marcos, mort en exil à Hawaii, a fait des centaines de morts. Les positions rebelles à Manille ont été survolées par des avions de combat américains, mais ceux-ci n'ont pas ouvert le feu.

Pologne

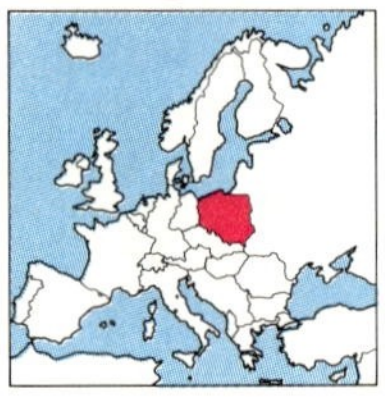

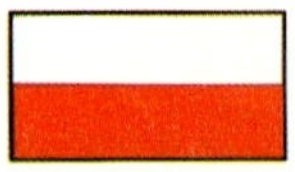

Europe de l'Est
312 683 km²
Pop. : 37,8 M
ONU, PV, Comecon

Capitale : Varsovie (Pop. : 2 432 000)
Langue officielle : polonais
Religion : catholiques 93 %
Régime politique : république socialiste
Chef d'Etat : Wojciech Jaruzelski (depuis 1985)
Chef de gouvernement : Tadeusz Mazowiecki (depuis 1989)
PNB par habitant : 2 070 $ (1986)
Monnaie : zloty (= 0,009 F)

La Pologne a connu une série de profonds bouleversements depuis juin, date à laquelle s'y sont tenues les premières élections semi-démocratiques de l'après-guerre. Le mois suivant, les relations diplomatiques entre Varsovie et le Vatican ont été rétablies. Elles avaient été rompues en 1945 après l'arrivée des communistes au pouvoir. Puis, en août, après des mois de remous politiques, le pays s'est doté d'un Premier ministre catholique, Tadeusz Mazowiecki, proche du dirigeant de Solidarité Lech Walesa. La Pologne est ainsi devenue le premier Etat du bloc de l'Est à nommer un chef de gouvernement non communiste. Cet événement historique n'a toutefois pas mené à un règlement de la terrible crise économique que traverse le pays. Les prix des produits alimentaires ont augmenté d'environ 200 pour cent, et certains produits de base sont introuvables. La hausse du coût de la vie a déclenché une vague de grèves, et la survie économique de la Pologne dépend plus que jamais de l'aide des pays occidentaux. La CEE et les Etats-Unis ont décidé de lui accorder une aide d'urgence.

Portugal

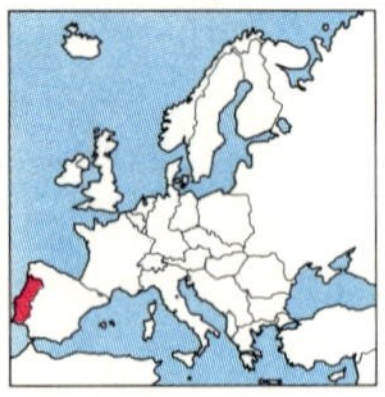

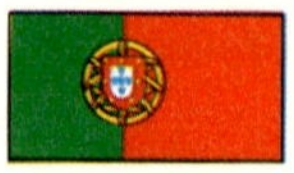

Europe du Sud-Ouest
91 985 km²
Pop. : 10,29 M
ONU, OTAN, OCDE, CEE

Capitale : Lisbonne (Pop. : 807 937)
Langue officielle : portugais
Religion : catholiques 94,5 %
Régime politique : république parlementaire
Chef d'Etat : Mario Soares (depuis 1986)
Chef de gouvernement : Anibal Cavaco Silva (depuis 1985)
PNB par habitant : 2 230 $ (1986)
Monnaie : escudo (100 escudos = 4,06 F)

La question d'une aide de la France à la reconstruction du centre de Lisbonne, dévasté par un incendie en 1988, a été évoquée en octobre lors d'une visite à Paris du président Soares. Ce dernier s'est également rendu à Bordeaux pour y rencontrer des membres de la communauté portugaise.

Qatar

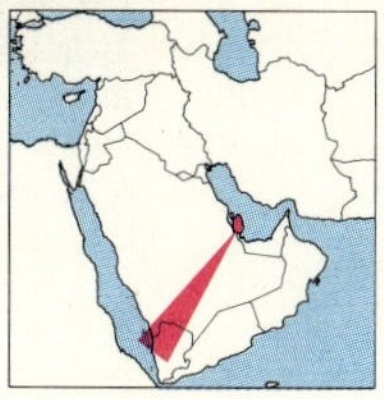

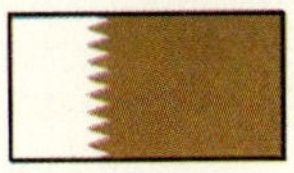

Moyen-Orient
11 437 km^2
Pop. : 371 863
ONU, LA, OPEP, CCG

Capitale : Doha (Pop. : 217 294)
Langue officielle : arabe
Religion : musulmans 95 %
Régime politique : émirat
Chef d'Etat : Khalifa ibn Hamad al-Thani (depuis 1972)
PNB par habitant : 22 940 $ (1984)
Monnaie : riyal (= 1,74 F)

En juillet, un important remaniement gouvernemental a privilégié les partisans d'une politique d'ouverture du pays, au détriment du courant conservateur jusqu'alors bien ancré.

République centrafricaine

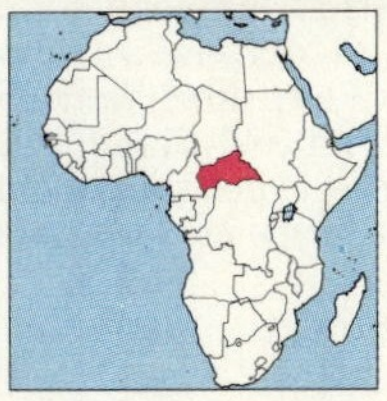

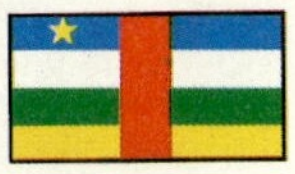

Afrique équatoriale
622 436 km^2
Pop. : 2,86 M
ONU, OUA

Capitale : Bangui (Pop. : 596 776)
Langue officielle : français
Religions : croyances animistes 57 %, catholiques 20 %, protestants 15 %, musulmans 8 %
Régime politique : république présidentielle
Chef d'Etat : André Kolingba (depuis 1981)
PNB par habitant : 290 $ (1986)
Monnaie : franc CFA (= 0,02 F)

Lors d'une visite à Bangui en novembre, la présidente de la fondation France Libertés, Danielle Mitterrand, a lancé une campagne visant à informer les jeunes sur le sida.

République dominicaine

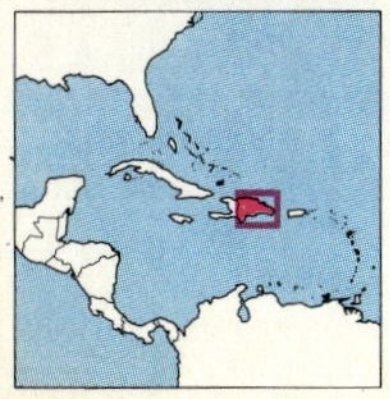

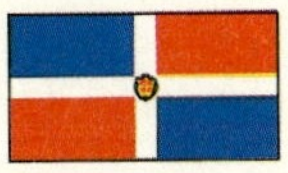

Caraïbes
48 442 km^2
Pop. : 6,7 M
ONU, OEA

Capitale : Saint-Domingue (Pop. : 1 313 172)
Langue officielle : espagnol
Religion : catholiques
Régime politique : république présidentielle
Chef d'Etat : Joaquin Balaguer (depuis 1986)
PNB par habitant : 710 $ (1986)
Monnaie : peso oro (= 0,98 F)

La mort de quarante-cinq coupeurs de cannes haïtiens dans un accident de la route en République dominicaine a aggravé les tensions entre les deux pays. Saint-Domingue a réclamé l'indemnisation des familles des victimes.

Roumanie

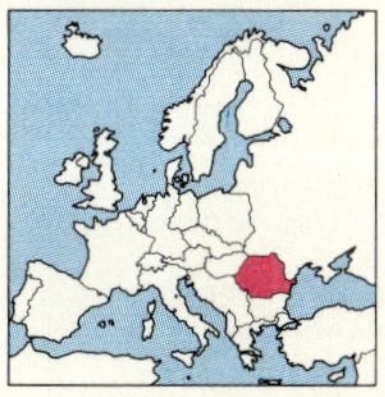

Europe du Sud-Est
237 500 km^2
Pop. : 22,8 M
ONU, PV, Comecon

Capitale : Bucarest (Pop. : 2 272 526)
Langue officielle : roumain
Religions : orthodoxes 80 %, catholiques 6 %
Régime politique : république socialiste
Chef d'Etat : Nicolae Ceausescu (depuis 1967)
Chef de gouvernement : Constantin Dascalescu (depuis 1982)
PNB par habitant : 2 540 $ (1981)
Monnaie : leu (= 0,43 F)

Véritable cavalier seul d'une Europe de l'Est en pleine mutation, Nicolae Ceausescu, en apparence insensible à son isolement croissant, s'est fait triomphalement réélire chef de l'Etat et du parti communiste en novembre. Partisan d'un « socialisme scientifique » à la roumaine, Ceausescu, qui fait l'objet d'un culte de la personnalité qu'on ne retrouve qu'en Corée du Nord, n'a cessé de fustiger les pays réformateurs d'Europe de l'Est, la Pologne et la Hongrie en tête. Toute dissidence est immédiatement et brutalement réprimée. Malgré les critiques de plus en plus vives de l'ensemble des pays occidentaux, Ceausescu a poursuivi son projet de centralisation urbaine qui entraîne la destruction de plusieurs milliers de petites localités rurales et le déplacement forcé de leurs habitants vers les villes. Le prestige de l'inamovible numéro un roumain a toutefois été sérieusement ébranlé par la défection à l'Ouest, début décembre, de l'ancienne gymnaste Nadia Comaneci, star des Jeux olympiques de Montréal en 1976. La jeune femme s'est réfugiée en Floride, aux Etats-Unis.

Royaume-Uni

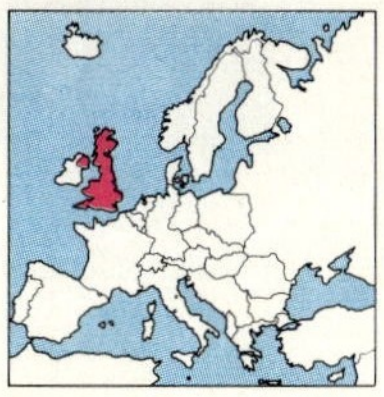

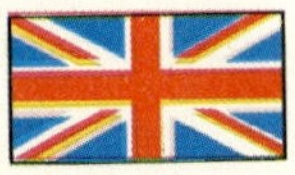

Europe occ.
244 046 km^2
Pop. : 55,78 M
ONU, CW, CEE, OTAN, OCDE

Capitale : Londres (Pop. : 6 770 400)
Langue officielle : anglais
Religions : anglicans, catholiques
Régime politique : monarchie constitutionnelle
Chef d'Etat : reine Elisabeth II
Chef de gouvernement : Margaret Thatcher (depuis 1979)
PNB par habitant : 8 920 $ (1986)
Monnaie : livre sterling (= 10,32 F)

Une fois de plus, la personnalité de Margaret Thatcher, qui a fêté en mai ses dix ans au 10 Downing Street, a dominé l'année politique en Grande-Bretagne. Mais ses adversaires sont certains d'avoir décelé des taches de rouille sur la Dame de fer. Elle a même essuyé en décembre un sérieux coup de semonce lorsque soixante membres du parti conservateur ont voté en faveur d'un challenger briguant le poste de Maggie. La défection d'autant de membres du parti qu'elle conduit sans la moindre contestation interne depuis quatorze ans a affaibli sa position, tant sur le plan intérieur qu'à l'étranger. D'autant plus que ces défections ont suivi de près la démission spectaculaire du chancelier de l'Echiquier, Nigel Lawson. Ce sont surtout de profondes divergences au sujet de l'Europe qui ont déclenché cette crise sans précédent au sein du parti conservateur. Mme Thatcher a toujours été viscéralement opposée à l'entrée du sterling dans le Système monétaire européen comme au grand projet d'Union économique et monétaire de l'Europe, les considérant comme des menaces directes contre la souveraineté du Royaume-Uni. L'arrivée de George Bush à la Maison Blanche n'a, par ailleurs, pas été de bon augure pour elle. En effet, le nouveau président américain semble considérer la RFA comme le véritable moteur de l'Europe, contrairement à Ronald Reagan pour qui Londres a toujours été l'interlocuteur privilégié sur le vieux continent. Sur le plan économique aussi, l'année aura été difficile pour Margaret Thatcher : taux d'intérêt à 15 pour cent, inflation, chômage et déficit budgétaire en hausse.

Rwanda

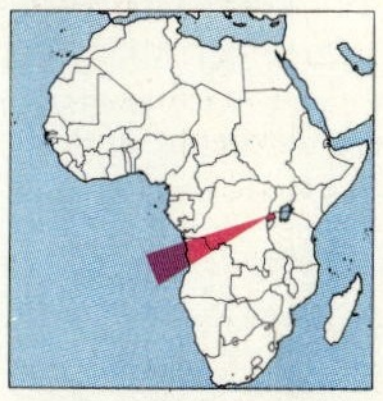

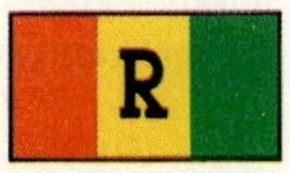

Afrique équatoriale
26 338 km^2
Pop. : 6,71 M
ONU, OUA

Capitale : Kigali (Pop. : 156 650)
Langues officielles : français, kinyarwanda, swahili
Religions : chrétiens 68 %, traditionalistes 23 %, musulmans 9 %
Régime politique : république
Chef d'Etat : Juvénal Habyarimana (depuis 1975)
PNB par habitant : 290 $ (1986)
Monnaie : franc rwandais (= 0,08 F)

Une lutte pour le pouvoir s'est engagée dans cette ancienne colonie belge en novembre, et la position du président Habyarimana, réélu avec 99,98 pour cent des suffrages à la fin 1988, est de plus en plus délicate.

Sainte-Lucie

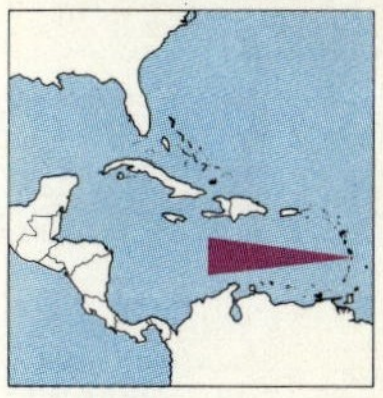

Caraïbes
617 km^2
Pop. : 146 600
ONU, CW, Caricom, OEA

Capitale : Castries (Pop. : 52 868)
Langue officielle : anglais
Religion : catholiques 86 %
Régime politique : monarchie constitutionnelle
Chef d'Etat : reine Elisabeth II
Chef de gouvernement : John Compton (depuis 1982)
PNB par habitant : 1 320 $ (1986)
Monnaie : dollar des Caraïbes de l'Est (= 2,35 F)

L'ancienne colonie britannique, qui a fêté en février le dixième anniversaire de son indépendance, a connu une récolte record de bananes, l'un des piliers de son économie.

Saint Kitts et Nevis

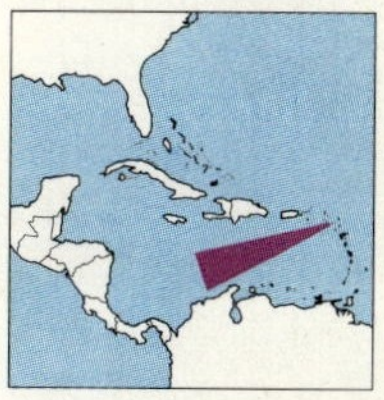

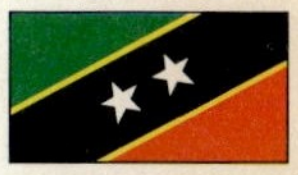

Caraïbes
267 km^2
Pop. : 43 700
ONU, CW, OEA, Caricom

Capitale : Basseterre (Pop. : 14 283)
Langue officielle : anglais
Religions : protestants 76,4 %, catholiques 10,7 %
Régime politique : monarchie constitutionnelle
Chef d'Etat : reine Elisabeth II
Chef de gouvernement : Kennedy A. Simmonds (depuis 1983)
PNB par habitant : 1 700 $ (1986)
Monnaie : dollar des Caraïbes de l'Est (= 2,35 F)

Pour la troisième fois consécutive, la coalition conservatrice de Kennedy Simmonds a remporté les législatives de mars, au détriment des travaillistes.

Saint-Marin

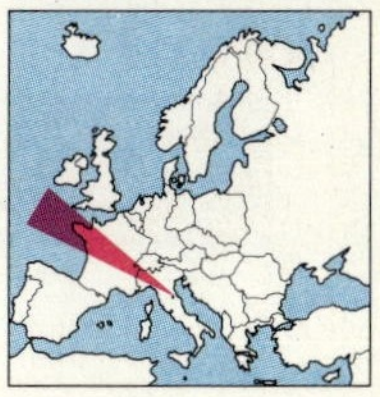

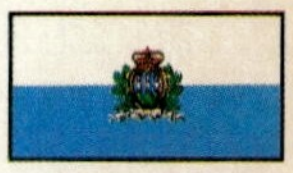

Europe méridionale
61,19 km^2
Pop. : 22 746

Capitale : Saint-Marin (Pop. : 4 363)
Langue officielle : italien
Religion : catholiques 95 %
Régime politique : république
Chefs d'Etat : deux corégents nommés tous les six mois
Monnaie : lire italienne (= 0,005 F)

L'économie de la plus ancienne république libre du monde dépend presque exclusivement des transferts de fonds de ses citoyens vivant à l'étranger.

Saint-Vincent-et-Grenadines

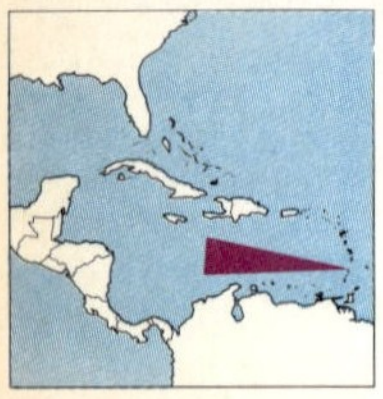
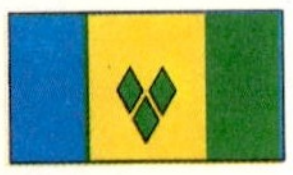

Caraïbes
388 km²
Pop. : 112 614
ONU, CW,
Caricom, OEA

Capitale : Kingstown (Pop. : 28 942)
Langue officielle : anglais
Religions : anglicans 47 %, méthodistes 28 %, catholiques 13 %
Régime politique : monarchie constitutionnelle
Chef d'Etat : reine Elisabeth II
Chef de gouvernement : James Mitchell (depuis 1984)
PNB par habitant : 960 $ (1986)
Monnaie : dollar des Caraïbes de l'Est (= 2,35 F)

Le parti au pouvoir dirigé par James Mitchell a raflé en mai la totalité des quinze sièges au Parlement, évinçant le parti travailliste qui disposait jusqu'alors de cinq sièges.

Salomon (îles)

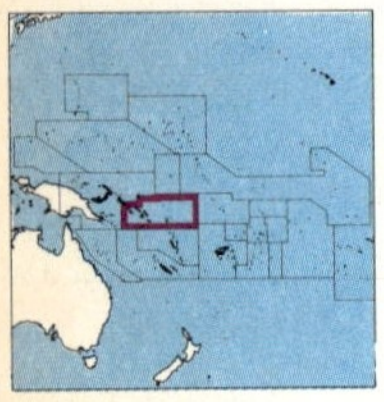
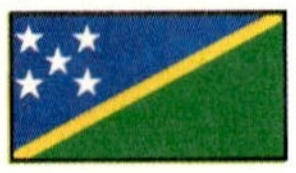

Pacifique
27 556 km²
Pop. : 285 796
ONU, CW

Capitale : Honiara (Pop. : 26 000)
Langue officielle : anglais
Religions : protestants 76 %, catholiques 19 %
Régime politique : monarchie constitutionnelle
Chef d'Etat : reine Elisabeth II
Chef de gouvernement : Solomon Mamaloni (depuis 1989)
PNB par habitant : 530 $ (1986)
Monnaie : dollar des Salomon (= 2,86 F)

Dès son élection en avril, le Premier ministre Mamaloni a pris des mesures contre les francs-maçons, les accusant de saper la sécurité nationale.

Samoa occidentales

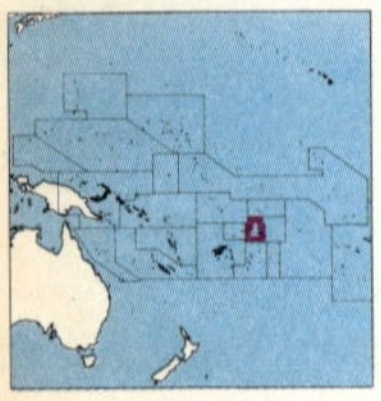
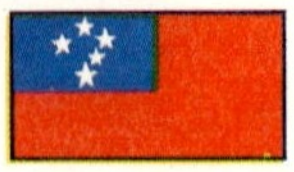

Pacifique Sud
2 830,8 km²
Pop. : 163 000
ONU, CW

Capitale : Apia (Pop. : 33 170)
Langues officielles : samoan, anglais
Religions : congréganistes 47 %, catholiques 22 %, méthodistes 16 %
Régime politique : monarchie constitutionnelle
Chef d'Etat : roi Malietoa Tanumafili II
Chef de gouvernement : Tofilau eti Alesana (depuis 1988)
PNB par habitant : 770 $ (1985)
Monnaie : tala (= 2,84 F)

Le Premier ministre des îles Samoa occidentales a annulé pour des raisons de santé, en avril, une tournée qu'il devait effectuer en Europe, notamment en France et en Belgique.

Sao Tomé et Principe

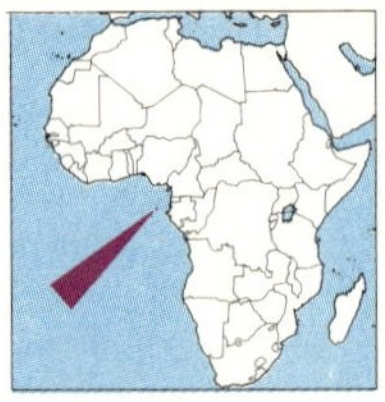
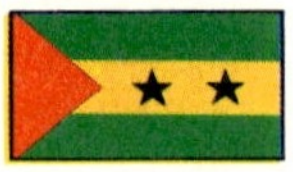

Atlantique
387 km²
Pop. : 115 600
ONU, OUA

Capitale : Sao Tomé (Pop. : 34 997)
Langue officielle : portugais
Religion : catholiques 80 %
Régime politique : république
Chef d'Etat : Manuel Pinto da Costa (depuis 1975)
PNB par habitant : 340 $ (1986)
Monnaie : dobra (= 0,05 F)

Le président saotoméen a annoncé en mars que des élections présidentielles et législatives ainsi qu'un référendum sur la Constitution seraient organisés en 1990.

Sénégal

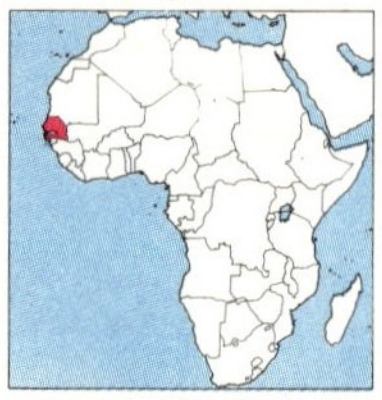
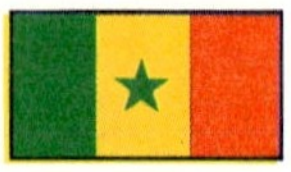

Afrique occidentale
196 192 km²
Pop. : 6,98 M
ONU, OUA

Capitale : Dakar (Pop. : 978 553)
Langue officielle : français
Religions : musulmans 91 %, chrétiens 6 %, animistes 3 %
Régime politique : république
Chef d'Etat : Abdou Diouf (depuis 1981)
PNB par habitant : 420 $ (1986)
Monnaie : franc CFA (= 0,02 F)

Le Sénégal et la Gambie se sont mis d'accord pour dissoudre, à compter du 30 septembre, la confédération de la Sénégambie, formée en 1981. Ils ont décidé de créer de nouvelles structures de coopération économique.

Seychelles

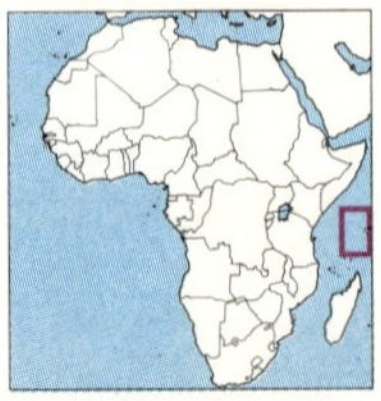
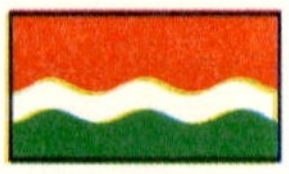

Océan Indien
453 km²
Pop. : 67 000
ONU, CW,
OUA

Capitale : Victoria (Pop. : 23 000)
Langues officielles : créole, anglais, français
Religion : catholiques 96 %
Régime politique : république
Chef d'Etat : France Albert René (depuis 1977)
PNB par habitant : 3 590 $ (1988)
Monnaie : roupie (= 1,14 F)

Le président France Albert René a été réélu pour un troisième mandat de cinq ans lors d'élections organisées en juin pour lesquelles il était le candidat unique.

Sierra Leone

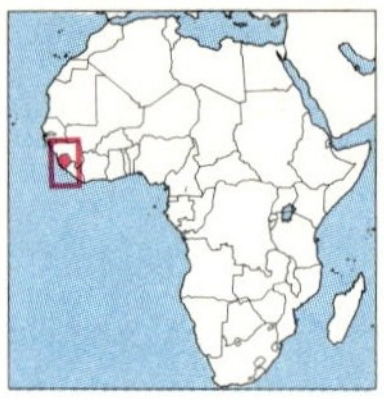
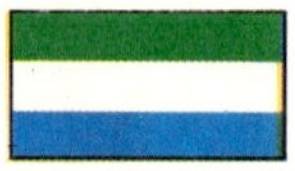

Afrique occidentale
73 326 km²
Pop. : 3,88 M
ONU, OUA,
CEDEAO, CW

Capitale : Freetown (Pop. : 469 776)
Langue officielle : anglais
Religions : croyances tribales 52 %, musulmans 39 %, chrétiens 8 %
Régime politique : république
Chef d'Etat : Joseph Saidu Momoh (depuis 1988)
PNB par habitant : 310 $ (1986)
Monnaie : leone (= 0,097 F)

La Sierra Leone a connu en mars sa plus grave catastrophe minière lorsque plus de deux cents chercheurs clandestins de diamants ont été tués par un éboulement dans une mine du sud du pays. Le drame s'est produit lors d'une opération de police lancée pour chasser les mineurs clandestins.

Singapour

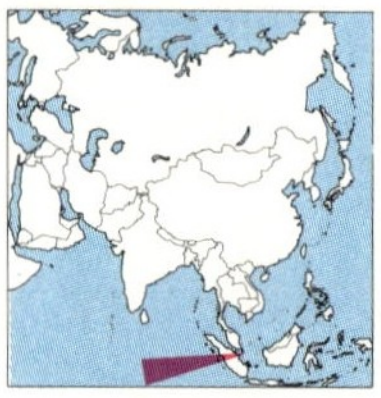
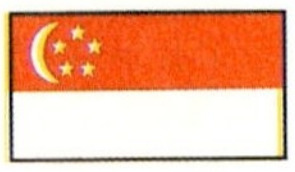

Asie orientale
618,2 km²
Pop. : 2,61 M
ONU, ANSEA,
CW

Capitale : Singapour (Pop. : 2 612 800)
Langues officielles : chinois, malais, tamoul, anglais
Religions : bouddhistes, taoïstes, musulmans, hindouistes, chrétiens
Régime politique : république parlementaire
Chef d'Etat : Wee Kim Wee (depuis 1985)
Chef de gouvernement : Lee Kuan Yew (depuis 1959)
PNB par habitant : 6 630 $ (1986)
Monnaie : dollar de Singapour (= 3,26 F)

Lee Kuan Yew a fêté en septembre ses 66 ans, après avoir passé plus de trente ans à la tête du pays. Il a annoncé qu'il comptait quitter ses fonctions en 1990, à condition que le vice-Premier ministre, Goh Chok Tong, accepte de le remplacer.

Somalie

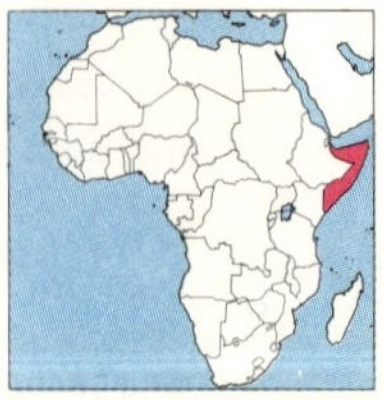

Afrique orientale
637 657 km²
Pop. : 6,26 M
ONU, LA, OUA

Capitale : Mogadishu (Pop. : 250 000)
Langues officielles : somali, arabe
Religion : musulmans sunnites 99 %
Régime politique : république
Chef d'Etat : Mohammed Siyad Barre (depuis 1969)
Chef de gouvernement : Mohammed Ali Samater
PNB par habitant : 280 $ (1986)
Monnaie : shilling somalien (= 0,017 F)

La Somalie, déchirée par la guerre civile et une terrible famine, a célébré sans faste en octobre le vingtième anniversaire de l'arrivée au pouvoir du président Siyad Barre, qui a annoncé à cette occasion la libération de 1 618 prisonniers, dont plusieurs étaient des détenus politiques.

Soudan

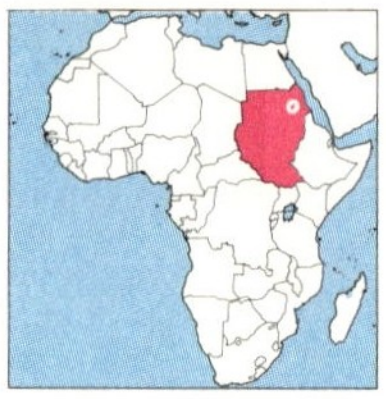
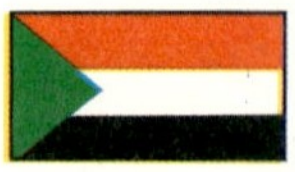

Afrique du Nord
2 505 813 km²
Pop. : 25,56 M
ONU, LA, OUA

Capitale : Khartoum (Pop. : 476 218)
Langue officielle : arabe
Religions : musulmans 73 %, animistes 18 %, chrétiens 9 %
Régime politique : république
Chef d'Etat : Omar Hassan Ahmed el Beshir (depuis 1989)
Chef de gouvernement : Omar Hassan Ahmed el Beshir (depuis 1989)
PNB par habitant : 330 $ (1987)
Monnaie : livre soudanaise (= 1,41 F)

En novembre, la junte soudanaise a libéré les principaux dirigeants du régime qu'elle avait renversé en juin lors d'un coup d'Etat, dont l'ancien Premier ministre Sadiq al-Mahdi. Ce dernier, qui dirigeait le gouvernement depuis 1986, a été placé en résidence surveillée à Khartoum.

Sri Lanka

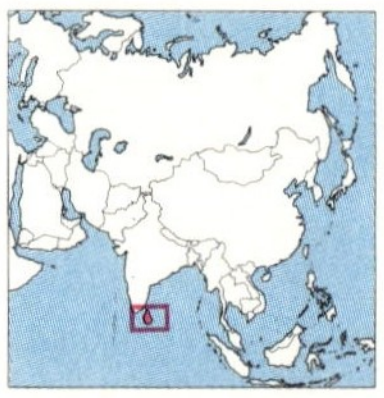
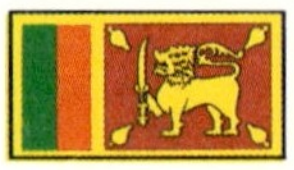

Asie du Sud
65 610 km²
Pop. : 16,6 M
ONU, CW

Capitale : Colombo (Pop. : 587 647)
Langue officielle : cinghalais
Religions : bouddhistes 69 %, hindouistes 15 %, chrétiens 7 %, musulmans 7 %
Régime politique : république
Chef d'Etat : Ranasinghe Premadasa (depuis 1989)
Chef de gouvernement : D.B. Wijeratne (depuis 1989)
PNB par habitant : $400 (1986)
Monnaie : roupie cinghalaise (= 0,19 F)

Les troupes indiennes envoyées au Sri Lanka en 1987 pour tenter de mettre fin au sanglant conflit entre les rebelles tamouls et les forces gouvernementales ont poursuivi leur retrait tout au long de l'année. Au moins dix mille personnes, dont de très nombreux civils, ont été tuées depuis janvier.

Suède

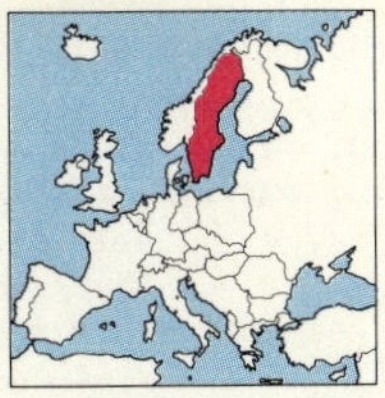

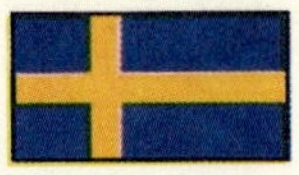

Europe du Nord
449 964 km²
Pop. : 8,4 M
ONU, EFTA, OCDE

Capitale : Stockholm (Pop. : 663 217)
Langue officielle : suédois
Religion : luthériens 95 %
Régime politique : monarchie constitutionnelle
Chef d'Etat : roi Carl XVI Gustaf
Chef de gouvernement : Ingvar Carlsson (depuis 1986)
PNB par habitant : 18 607 $ (1987)
Monnaie : couronne suédoise (= 1 F)

En septembre, le gouvernement a lancé une croisade contre l'absentéisme. En effet, un rapport officiel a démontré que le salarié suédois prend en moyenne vingt-six jours de congé de maladie par an, soit le taux le plus élevé en Europe occidentale.

Suisse

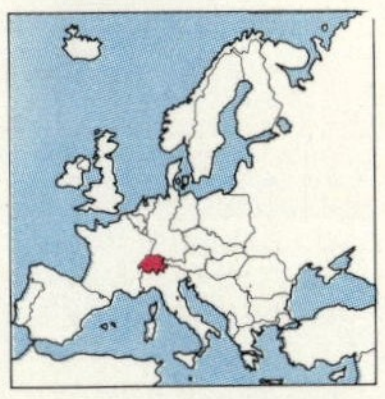

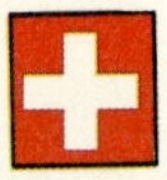

Europe de l'Ouest
41 293 km²
Pop. : 6,6 M
EFTA, OCDE

Capitale : Berne (Pop. : 300 316)
Langues officielles : allemand, français, italien, romanche
Religions : catholiques 47,6 %, protestants 44,3 %
Régime politique : état fédéral
Chef d'Etat : Jean-Pascal Delamuraz (depuis 1989)
PNB par habitant : 17 840 $ (1985)
Monnaie : franc suisse (= 3,94 F)

Plus du tiers des électeurs suisses ont voté, en novembre, en faveur de l'abolition de l'armée. Ce score plus élevé que prévu a ouvert un débat national sur l'utilité du maintien d'une armée de citoyens-soldats, qui engloutit plus de quarante milliards de francs par an. De nombreux Suisses réclament désormais un service civil.

Surinam

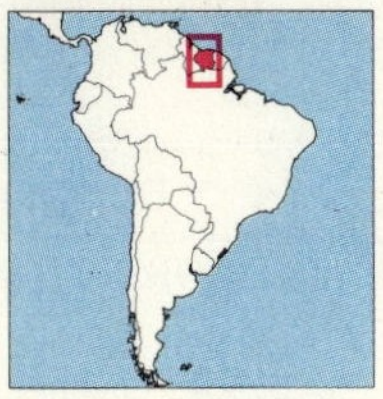

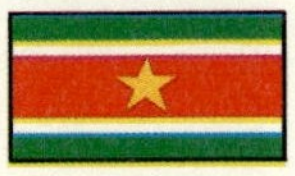

Amérique du Sud
163 820 km²
Pop. : 415 000
ONU, OEA

Capitale : Paramaribo (Pop. : 67 905)
Langues officielles : néerlandais, anglais
Religions : musulmans, hindouistes, chrétiens
Régime politique : république
Chef d'Etat : Ramsewak Shankar (depuis 1988)
PNB par habitant : 2 510 $ (1986)
Monnaie : florin de Surinam (= 0,49 F)

L'homme fort du Surinam, le commandant en chef de l'armée, Desi Boutrese, et le chef de la guérilla anti-gouvernementale ont décidé en novembre d'élaborer un nouveau plan de paix après l'échec de celui de juillet.

Swaziland

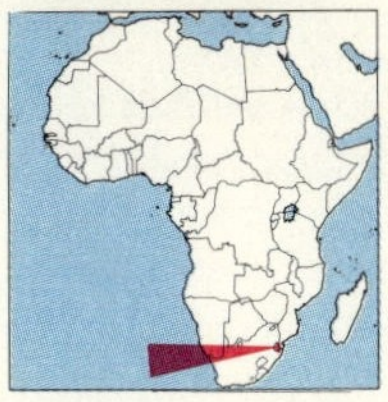

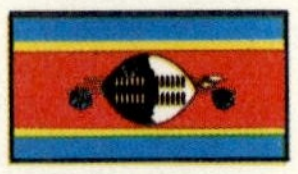

Afrique australe
17 400 km²
Pop. : 676 049
ONU, OUA, CW

Capitale : Mbabane (Pop. : 23 290)
Langues officielles : bantou, anglais
Religions : chrétiens 77 %, croyances traditionnelles 23 %
Régime politique : monarchie constitutionnelle
Chef d'Etat : roi Mswati III
Chef de gouvernement : Sotja E. Dlamini (depuis 1986)
PNB par habitant : 730 $ (1984)
Monnaie : lilangeni (= 2,48 F)

En octobre, le gouvernement a interdit le transport des morts sur toutes les routes du pays pendant les heures du jour, afin de ne pas offenser la famille royale.

Syrie

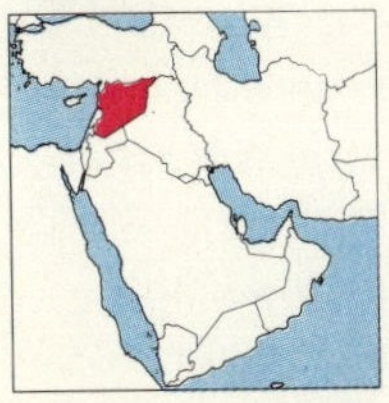

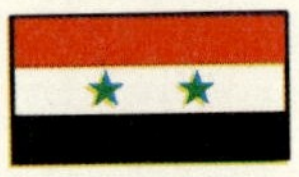

Moyen-Orient
183 180 km²
Pop. : 11,4 M
ONU, LA

Capitale : Damas (Pop. : 1 251 028)
Langue officielle : arabe
Religion : musulmans sunnites 90 %
Régime politique : république
Chef d'Etat : Hafez al-Assad (depuis 1971)
Chef de gouvernement : Mahmoud Zubi (1987)
PNB par habitant : 2 000 $ (1984)
Monnaie : livre syrienne (= 0,57 F)

Grâce à ses 35 000 soldats déployés au Liban, la Syrie est restée maître du jeu dans ce pays. Le président Assad n'a donné aucun signe de vouloir retirer ses hommes du Liban, en dépit des appels pressants de la plupart des pays occidentaux, qui considèrent toujours la Syrie, équipée et armée par l'Union soviétique, comme le véritable arbitre du drame libanais.

Taiwan

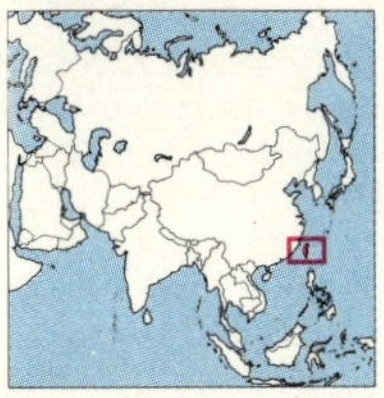

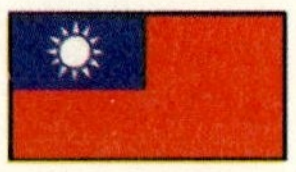

Asie orientale
36 179 km²
Pop. : 19,7 M

Capitale : Taipei (Pop. : 2,64 M)
Langue officielle : chinois
Religions : bouddhistes, taoïstes, chrétiens
Régime politique : république
Chef d'Etat : Lee Teng-hui (depuis 1988)
Chef de gouvernement : Lee Huan (depuis 1989)
PNB par habitant : 5 075 $ (1987)
Monnaie : dollar taïwanais (= 0,24 F)

En décembre, le score plus qu'honorable de l'opposition a accru les pressions sur le gouvernement, qui demeure réticent à s'engager sur la voie de réformes politiques et sociales réclamées par un nombre croissant de citoyens. En octobre, 54 personnes à bord d'un avion civil taïwanais ont péri lorsque l'appareil a heurté une montagne dans l'est du pays.

Tanzanie

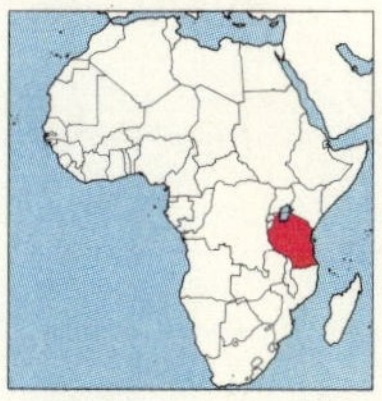

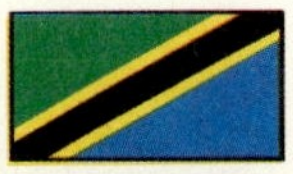

Afrique orientale
945 050 km²
Pop. : 23,2 M
ONU, CW, OUA

Capitale : Dodoma (Pop. : 47 703)
Langues officielles : bantou (swahili), anglais
Religions : musulmans 33 %, chrétiens 40 %
Régime politique : république
Chef d'Etat : Ndugu Ali Hassan Mwinyi (depuis 1985)
Chef de gouvernement : Joseph S. Warioba (depuis 1985)
PNB par habitant : 240 $ (1986)
Monnaie : shilling tanzanien (= 0,046 F)

Le gouvernement a reconnu pour la première fois, en septembre, que la corruption avait atteint tous les niveaux de la société, et il s'est engagé à lutter contre ce fléau qui menace la stabilité économique du pays.

Tchad

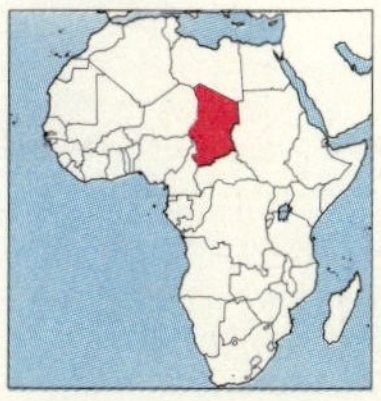

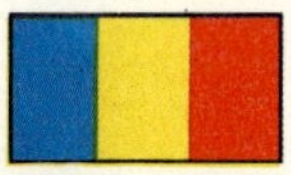

Afrique équatoriale
1 284 000 km²
Pop. : 5,4 M
ONU, OUA

Capitale : N'Djaména (Pop. : 511 700)
Langues officielles : français, arabe
Religions : musulmans 44 %, animistes 38 %, chrétiens 17 %
Régime politique : république présidentielle
Chef d'Etat : Hissène Habré (depuis 1982)
PNB par habitant : 88 $ (1984)
Monnaie : franc CFA (= 0,02 F)

Le Tchad et la Libye ont signé à Alger, en août, un accord-cadre destiné à mettre fin au sanglant conflit frontalier autour de la bande d'Aouzou. Cet accord prévoit notamment l'arrêt des hostilités, le repli des forces en présence et la libération de centaines de prisonniers de guerre libyens détenus au Tchad. Le mois suivant, la France a annoncé que son dispositif militaire au Tchad, mis en place en février 1986 à la suite d'une grande offensive libyenne, serait ramené de 1 500 à 1 300 hommes. En octobre, le président Hissène Habré s'est rendu en Belgique et en France, où il a été reçu par François Mitterrand. En décembre, les électeurs tchadiens ont voté en faveur d'une nouvelle Constitution destinée à renforcer le processus démocratique.

Tchécoslovaquie

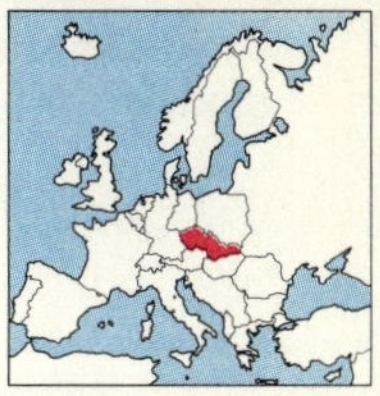

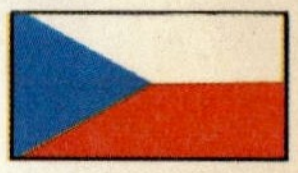

Europe centrale
127 903 km²
Pop. : 15,5 M
ONU, PV, Comecon

Capitale : Prague (Pop. : 1 194 000)
Langues officielles : tchèque, slovaque
Religion : catholiques 24 %
Régime politique : république fédérale socialiste
Chef d'Etat : Gustav Husak (depuis 1975)
Chef de gouvernement : Marian Calfa (depuis 1989)
PNB par habitant : 8 700 $ (1985)
Monnaie : couronne tchèque (= 0,66 F)

A l'instar des autres pays du bloc de l'Est, la Tchécoslovaquie a connu ses plus profonds bouleversements depuis l'après-guerre. En l'espace de quelques semaines, ce pays, jusqu'alors l'un des piliers du monde communiste, a fait tomber tous les dogmes du régime communiste. Même l'intervention des forces du pacte de Varsovie, en 1968, a été critiquée, et le héros du Printemps de Prague, Alexandre Dubcek, a réapparu sur le devant de la scène politique. L'homme qui avait « normalisé » le pays après l'intervention des chars soviétiques, Gustav Husak, a été évincé du pouvoir. En décembre, le nouveau Premier ministre, Marian Calfa, un juriste de 43 ans, a confirmé l'abandon du rôle dirigeant du parti communiste dans la vie politique du pays en formant un gouvernement dont la moitié des membres n'appartiennent pas au PCT. Tous les dirigeants âgés ont été priés de prendre leur retraite.

Thaïlande

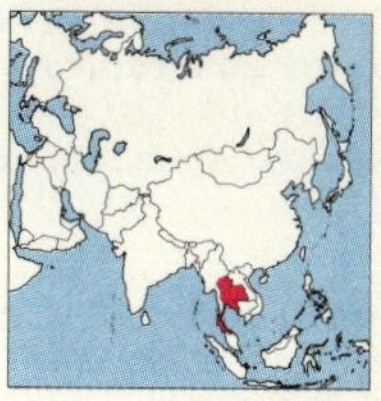

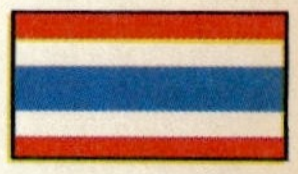

Asie orientale
513 115 km²
Pop. : 53,9 M
ONU, ANSEA

Capitale : Bangkok (Pop. : 5 609 352)
Langue officielle : thaï
Religions : bouddhistes 95 %, musulmans 4 %
Régime politique : monarchie constitutionnelle
Chef d'Etat : roi Bhumibol Adulyadej (depuis 1946)
Chef de gouvernement : Chatichai Choonhavan (depuis 1988)
PNB par habitant : 810 $ (1986)
Monnaie : baht (= 0,25 F)

Au début décembre, le parti communiste de Malaisie a signé un accord de paix avec les gouvernements de Thaïlande et de Malaisie, mettant ainsi fin à 41 ans de soulèvement qui ont fait des centaines de morts des deux côtés de la frontière. Les combattants communistes ont accepté, en échange de garanties, de déposer les armes.

Togo

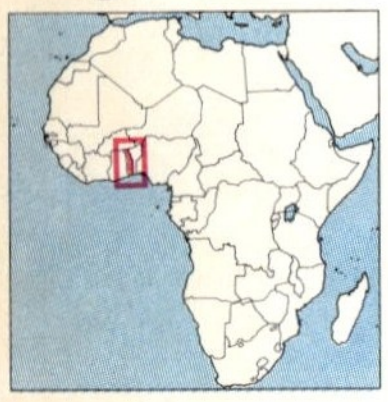
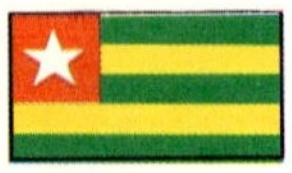

Afrique occidentale
56 785 km²
Pop. : 3,25 M
ONU, OUA, CEDEAO

Capitale : Lomé (Pop. : 366 476)
Langue officielle : français
Religions : animistes 46 %, chrétiens 37 %, musulmans 17 %
Régime politique : république
Chef d'Etat : Gnassingbé Eyadéma (depuis 1967)
PNB par habitant : 250 $ (1986)
Monnaie : franc CFA (= 0,02 F)

L'ancien ministre de l'Intérieur, Kpotivi Laclé, qui avait joué pendant des années un rôle de tout premier plan sur la scène politique togolaise, a été arrêté en mars pour trafics divers et détournements de fonds.

Tonga

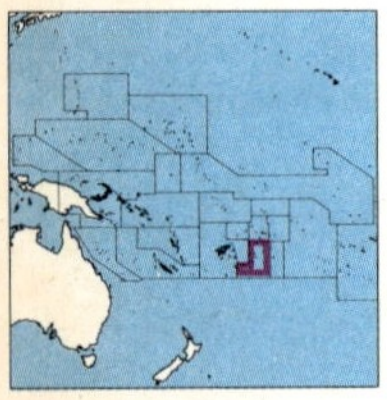
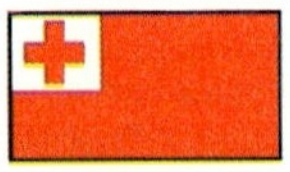

Pacifique Sud
748 km²
Pop. : 95 200
CW

Capitale : Nuku'alofa (Pop. : 28 899)
Langues officielles : tongan, anglais
Religion : chrétiens 90 %
Régime politique : monarchie constitutionnelle
Chef d'Etat : roi Taufa'ahau Tupou IV (depuis 1965)
Chef de gouvernement : prince Fatafeehi Tu'pelehake (depuis 1965)
PNB par habitant : 580 $ (1986)
Monnaie : pa'anga (= 5,03 F)

La France a accordé en mars une aide économique, pour permettre aux autorités de ce petit royaume du Pacifique Sud de reconstruire les nombreuses installations ravagées par le passage du cyclone Gina à la fin 1988.

Trinité et Tobago

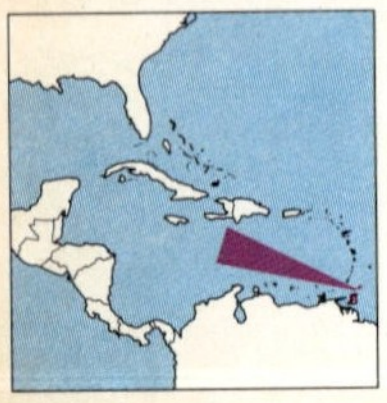
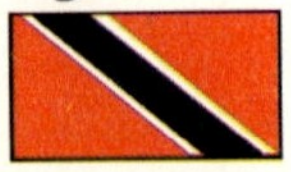

Caraïbes
5 124 km²
Pop. : 1,24 M
ONU, Caricom, CW, OEA

Capitale : Port-of-Spain (Pop. : 58 400)
Langue officielle : anglais
Religions : chrétiens 48,6 %, hindouistes 25 %, musulmans 5,9 %
Régime politique : république
Chef d'Etat : Noor Hassanali (depuis 1986)
Chef de gouvernement : Arthur Robinson (depuis 1986)
PNB par habitant : 5 120 $ (1986)
Monnaie : dollar Trinité et Tobago (= 1,49 F)

L'épouse du chef de l'Etat a été l'objet d'une tentative d'assassinat en septembre. Deux inconnus ont ouvert le feu avec des fusils d'assaut sur la voiture transportant Mme Hassanali.

Tunisie

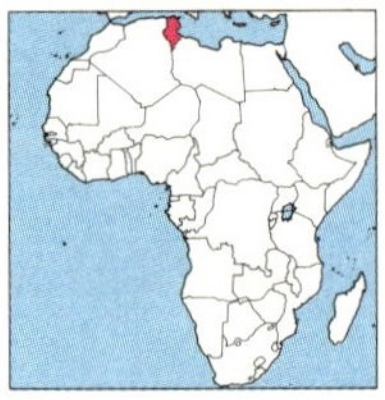
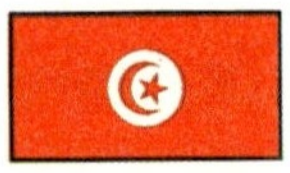

Afrique du Nord
154 530 km²
Pop. : 7,32 M
ONU, LA, OUA

Capitale : Tunis (Pop. : 596 654)
Langue officielle : arabe
Religion : surtout musulmans
Régime politique : république
Chef d'Etat : Zine el Abidine Ben Ali (depuis 1987)
Chef de gouvernement : Hamed Karaoui (depuis 1989)
PNB par habitant : 1 300 $ (1986)
Monnaie : dinar (= 6,72 F)

Le ministre de la Justice, Hamed Karaoui, a été nommé Premier ministre en septembre lors d'un remaniement destiné à donner un nouveau souffle au gouvernement. En novembre, soit deux ans après l'arrivée au pouvoir du président Ben Ali, les partis d'opposition, aussi bien islamistes que laïcs, ont réclamé une plus grande participation dans la vie politique.

Turquie

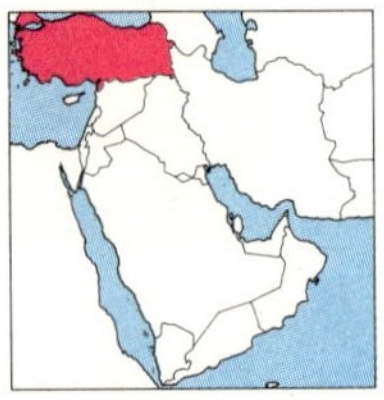
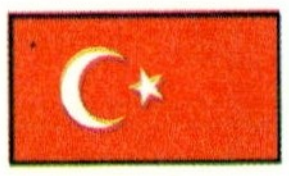

Europe du Sud-Est
779 452 km²
Pop. : 50,67 M
ONU, OTAN, OCDE

Capitale : Ankara (Pop. : 2 251 533)
Langue officielle : turc
Religion : musulmans 98,2 %
Régime politique : république
Chef d'Etat : Turgut Ozal (depuis 1989)
Chef de gouvernement : Yildirim Akbulut (depuis 1989)
PNB par habitant : 1 020 $ (1986)
Monnaie : livre turque (= 0,003 F)

Après six ans à la tête d'un gouvernement libéral, Turgut Ozal a été élu, en octobre, huitième président de la République pour un mandat de sept ans lors d'un vote au Parlement qui a été boycotté par l'opposition de gauche. Il s'est engagé à faire tout son possible pour juguler l'inflation galopante et à accélérer le processus d'intégration de la Turquie dans la Communauté économique européenne.

Tuvalu

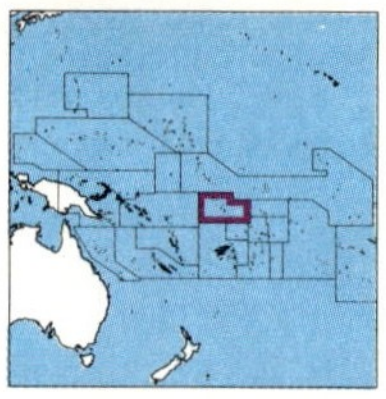
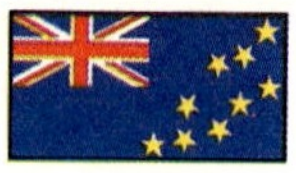

Pacifique Sud
24 km²
Pop. : 8 229
CW

Capitale : Funafuti (Pop. : 2 620)
Langues officielles : tuvalu, anglais
Religion : protestants
Régime politique : monarchie constitutionnelle
Chef d'Etat : reine Elisabeth II
Chef de gouvernement : Tomasi Puapua (depuis 1981)
PNB par habitant : 500 $ (1984)
Monnaie : dollar australien (= 5,03 F)

Le Japon a livré au gouvernement de cet ancien protectorat britannique six navires de pêche ultramodernes qui seront utilisés pour la formation des pêcheurs de Tuvalu.

Union soviétique

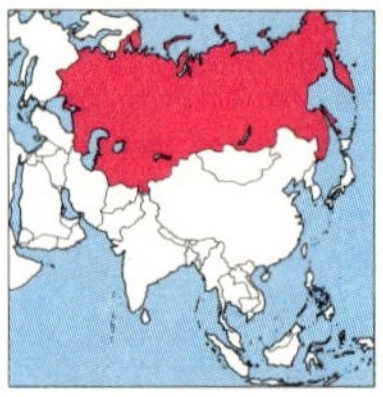
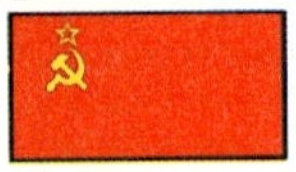

Eurasie
22,4 M km²
Pop. : 284,5 M
ONU, PV, Comecon

Capitale : Moscou (Pop. : 8 815 000)
Langue officielle : russe
Religions : chrétiens, musulmans, juifs, bouddhistes
Régime politique : fédération de Républiques socialistes
Chef d'Etat : Mikhaïl Gorbatchev (depuis 1988)
Chef de gouvernement : Nicolaï Ryjkov (depuis 1985)
Chef du parti communiste : Mikhaïl Gorbatchev (depuis 1985)
PNB par habitant : 6 000 $ (1985)
Monnaie : rouble (= 10,45 F)

L'année aura été particulièrement paradoxale pour Mikhaïl Gorbatchev : alors que sa cote de popularité n'a cessé de grimper à l'Ouest, il s'est trouvé confronté, en URSS même, à une série de crises qui lui ont valu de plus en plus de critiques, surtout de la part des conservateurs opposés à sa politique de réformes. Lorsqu'il a quitté Moscou pour Malte, où allait se tenir, début décembre, son premier sommet avec George Bush, Gorbatchev avait de quoi s'inquiéter. Il a laissé derrière lui un pays en pleine ébullition, secoué par une profonde crise économique et une montée sans précédent de sentiments nationalistes. Des pays baltes au Kazakhstan, en passant par l'Ukraine, la Géorgie, l'Ouzbékistan, la Moldavie et l'Azerbaïdjan, les populations ont commencé à réclamer avec insistance, et parfois violemment, leur autonomie. Ce sont les Baltes qui ont été à l'avant-garde du mouvement. En novembre, les députés du Soviet suprême ont adopté à Moscou une loi sur l'indépendance économique des trois Républiques baltes, rattachées à l'URSS depuis 1940. L'Estonie, la Lituanie et la Lettonie pourront désormais disposer de leurs terres et de leurs ressources naturelles. En décembre, le Soviet suprême de Lituanie a purement et simplement abrogé l'article six de la Constitution affirmant le rôle dirigeant du parti communiste. Gorbatchev a, par ailleurs, dû faire face à une vague de violences ethniques, notamment en Géorgie, où plus de quarante personnes ont été tuées lors d'affrontements entre chrétiens et musulmans en avril et juillet. Sur le plan social, une longue grève des mineurs de charbon de Sibérie et d'Ukraine a menacé de paralyser l'économie du pays, déjà en piteux état. Afin de pallier les graves pénuries, Gorbatchev a dû débloquer près de cent milliards de francs en juillet pour acheter à l'Ouest des biens de première nécessité.

Uruguay

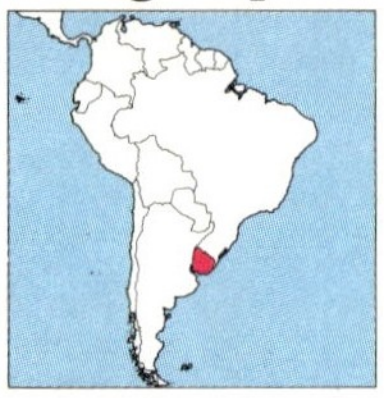
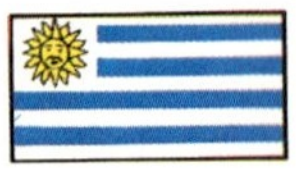

Amérique du Sud
186 926 km²
Pop. : 3,08 M
ONU, ALADI, OEA

Capitale : Montevideo (Pop. : 1 246 500)
Langue officielle : espagnol
Religion : catholiques 66 %
Régime politique : république
Chef d'Etat : Julio Maria Sanguinetti (depuis 1985)
PNB par habitant : 1 860 $ (1986)
Monnaie : peso (= 0,01 F)

Le candidat conservateur, Luis Lacalle, avocat et propriétaire terrien, a été élu président de la République en novembre lors des premières élections réellement libres depuis le début de la dictature militaire, en 1973. Il succédera à Julio Sanguinetti en mars 1990. Lacalle s'est engagé à appliquer un programme économique comportant des privatisations importantes.

Vanuatu

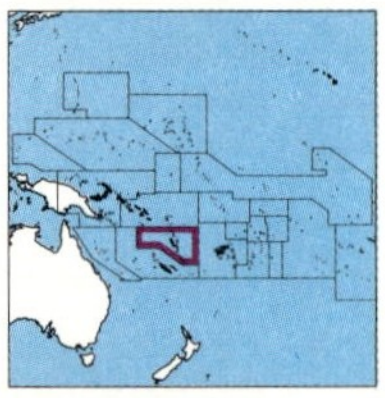
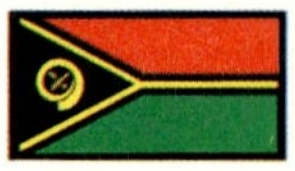

Pacifique Sud
14 760 km²
Pop. : 149 400
ONU, CW

Capitale : Vila (Pop. : 15 000)
Langues officielles : bichlamar, anglais, français
Religion : chrétiens 80 %
Régime politique : république
Chef d'Etat : Fred Timakata (depuis 1989)
Chef de gouvernement : Walter Lini (depuis 1980)
PNB par habitant : 350 $ (1981)
Monnaie : vatu (= 0,06 F)

La France a indiqué en novembre qu'elle envisageait de rétablir des relations diplomatiques normales avec le Vanuatu, qui avait expulsé l'ambassadeur de France en 1987.

Vatican

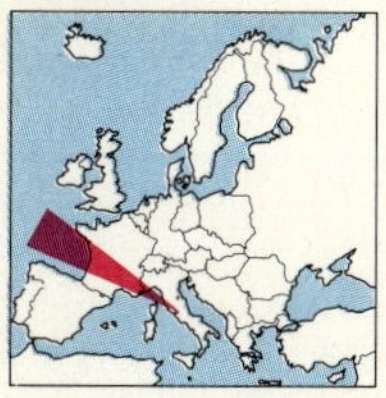
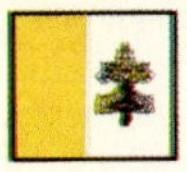

Europe méridionale
44 ha
Pop. : 1 000

Capitale : Vatican
Langues officielles : italien, latin
Religion : catholiques
Chef de l'Eglise catholique : pape Jean-Paul II (depuis 1978)
Secrétaire d'Etat : cardinal Agostino Casaroli (depuis 1979)
Monnaie : lire

En novembre, Mikhaïl Gorbatchev est devenu le premier président soviétique à franchir la frontière symbolique du Vatican. Cette visite devrait aider au rétablissement des relations entre le Kremlin et le Saint-Siège.

Venezuela

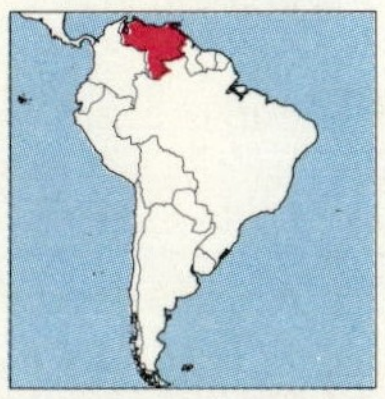
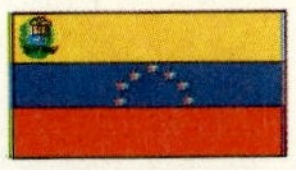

Amérique du Sud
912 050 km²
Pop. : 18,77 M
ONU, ALADI, OEA, OPEP

Capitale : Caracas (Pop. : 1 044 851)
Langue officielle : espagnol
Religion : catholiques
Régime politique : république
Chef d'Etat : Carlos Andres Perez (depuis 1989)
PNB par habitant : 2 930 $ (1986)
Monnaie : bolivar (= 0,44 F)

Lors d'une visite à Caracas en octobre, François Mitterrand a souligné la nécessité de venir en aide aux pays d'Amérique latine qui sont, comme le Venezuela, menacés d'asphyxie économique par le fardeau de leur dette extérieure. La France a ainsi décidé l'ouverture immédiate d'une ligne de crédit de un demi-milliard de francs pour l'achat de produits français. Egalement confronté au problème de la drogue, le Venezuela a intensifié sa lutte contre le fléau, saisissant plus de deux tonnes de cocaïne en novembre. Le même mois, la communauté polonaise du Venezuela, forte de quelque deux mille personnes, a accueilli avec émotion le chef du syndicat Solidarité, Lech Walesa, venu rencontrer des dirigeants syndicalistes.

Vietnam

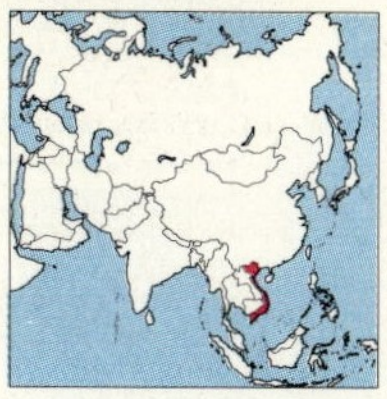
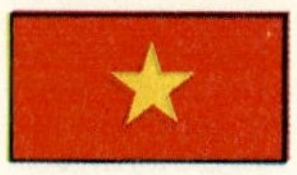

Asie orientale
329 566 km²
Pop. : 61,4 M
Comecon, ONU

Capitale : Hanoi (Pop. : 2 M)
Langue officielle : vietnamien
Religions : bouddhistes, taoïstes
Régime politique : république socialiste
Chef d'Etat : Vo Chi Cong (depuis 1987)
Chef de gouvernement : Du Muoi (depuis 1988)
PNB par habitant : 200 $ (1989)
Monnaie : dong (= 0,01 F)

Le retrait sans gloire des derniers soldats vietnamiens du Cambodge, en septembre, a relancé les espoirs que le Vietnam connaîtrait, pour la première fois depuis près d'un demi-siècle, une période de paix, sinon de prospérité.

Yémen (nord)

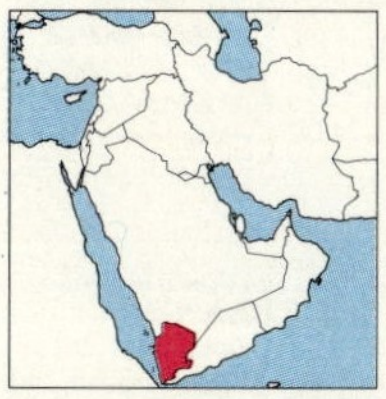
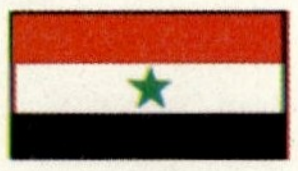

Moyen-Orient
195 000 km²
Pop. : 8,6 M
ONU, LA

Capitale : Sanaa (Pop. : 427 151)
Langue officielle : arabe
Religion : musulmans (sunnites 39 %, chiites 59 %)
Régime politique : république
Chef d'Etat : Ali Abdallah Saleh (depuis 1978)
Chef de gouvernement : Abdel Aziz Abdel Ghani (depuis 1983)
PNB par habitant : 550 $ (1986)
Monnaie : riyal (= 0,65 F)

Le Nord-Yémen a tenté en février de minimiser le différend frontalier qui l'oppose à l'Arabie Saoudite, notamment à propos de gisements pétroliers.

Yémen (sud)

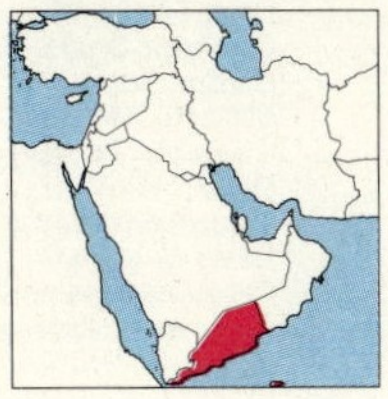
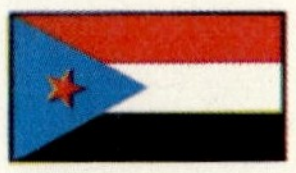

Moyen-Orient
336 869 km²
Pop. : 2,3 M
ONU, LA

Capitale : Aden (Pop. : 318 000)
Langue officielle : arabe
Religions : surtout musulmans, chrétiens, hindouistes
Régime politique : république démocratique populaire
Chef d'Etat : Haidar al-Attas (depuis 1986)
Chef de gouvernement : Yassine Saïd Noomane (depuis 1986)
PNB par habitant : 270 $ (1987)
Monnaie : dinar (= 18,38 F)

Le Yémen du Sud, marxiste, et le Yémen du Nord, nationaliste arabe, s'apprêtaient en fin d'année à annoncer la naissance d'un Etat confédéral de douze millions d'habitants.

Yougoslavie

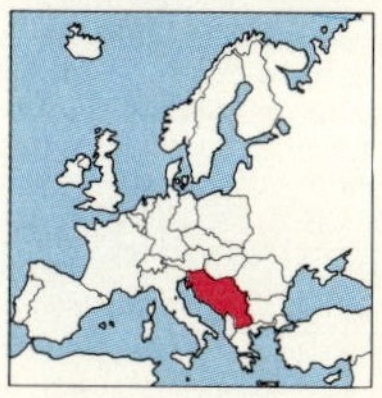
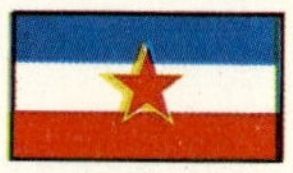

Europe méridionale
255 804 km²
Pop. : 23,41 M
ONU

Capitale : Belgrade (Pop. : 1 470 073)
Langues officielles : serbo-croate, macédonien, slovène
Religions : orthodoxes 41 %, catholiques 32 %, musulmans 12 %
Régime politique : république fédérale socialiste
Chef d'Etat : Janez Drnovsek (depuis 1989)
Chef de gouvernement : Ante Markovic (depuis 1989)
PNB par habitant : 2 300 $ (1986)
Monnaie : 1000 dinars = 0,6 F

En mai, une équipe de technocrates dirigée par un jeune économiste slovène inconnu, Janez Drnovsek, a pris en main pour cinq ans les destinées de la Yougoslavie. Ce dernier, âgé de 38 ans, est ainsi devenu le plus jeune chef d'Etat européen. La nouvelle direction collégiale marque la fin d'une ère : elle ne compte plus aucune personnalité ayant côtoyé le maréchal Tito.

Zaïre

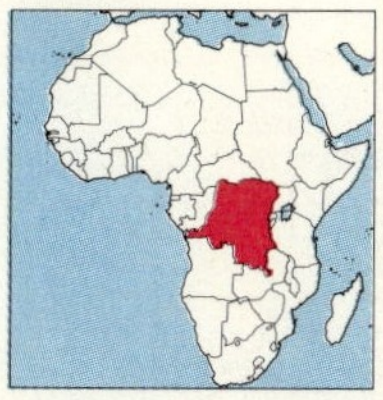
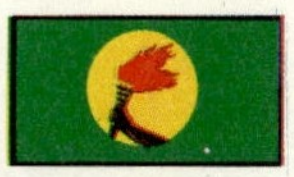

Afrique équatoriale
2 344 885 km²
Pop. : 32,56 M
ONU, OUA

Capitale : Kinshasa (Pop. : 2 653 558)
Langue officielle : français
Religions : surtout catholiques, protestants, musulmans
Régime politique : république présidentielle
Chef d'Etat : Marshal Mobutu Sésé Séko (depuis 1965)
Chef de gouvernement : Pida N'bagui Sambwa (depuis 1989)
PNB par habitant : 160 $ (1983)
Monnaie : zaïre (= 0,002 F)

Le Zaïre et la Belgique ont réglé en août une crise de plusieurs mois, grâce à une médiation marocaine. Depuis que la presse belge avait critiqué le président Mobutu, le Zaïre avait mis fin à sa coopération traditionnelle avec son ancienne puissance coloniale.

Zambie

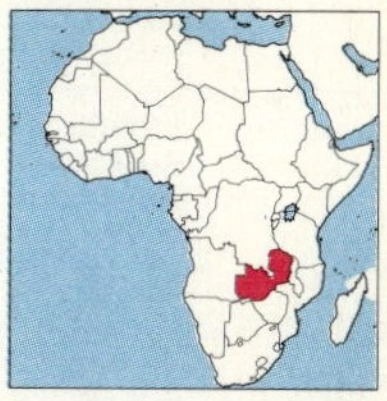
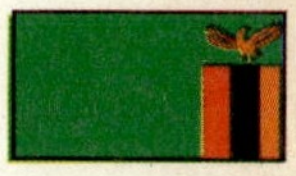

Afrique australe
752 614 km²
Pop. : 7,12 M
ONU, CW, OUA

Capitale : Lusaka (Pop. : 818 994)
Langue officielle : anglais
Religions : chrétiens 66 %, musulmans
Régime politique : république
Chef d'Etat : Kenneth David Kaunda (depuis 1964)
Chef de gouvernement : Malimba Masheka (depuis 1989)
PNB par habitant : 300 $ (1987)
Monnaie : kwacha (= 0,61 F)

Le régime a pris en novembre la voie de l'austérité économique, dévaluant le kwacha et abandonnant certaines subventions.

Zimbabwe

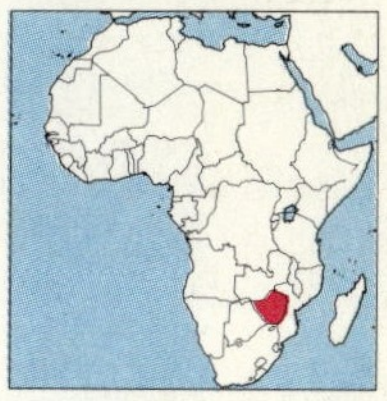
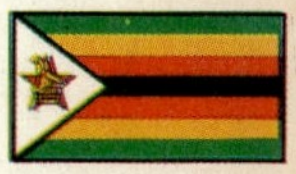

Afrique australe
390 308 km²
Pop. : 8,87 M
ONU, CW, OUA

Capitale : Harare (Pop. : 656 100)
Langue officielle : anglais
Religions : surtout anglicans et catholiques
Régime politique : république
Chef d'Etat : Robert G. Mugabe (depuis 1987)
PNB par habitant : 780 $ (1984)
Monnaie : dollar de Zimbabwe (= 3,13 F)

Forte poussée du chômage : près de un million de chômeurs en fin d'année. Pour rembourser sa dette, le régime a dû limiter ses investissements.

Abréviations

ALADI	Association latino-américaine d'intégration	LA	Ligue arabe
ANSEA	Association des nations du Sud-Est asiatique	OCDE	Organisation pour la coopération et le développement économiques
ANZUS	Australie, Nouvelle-Zélande, Etats-Unis	OEA	Organisation des Etats américains
Caricom	Marché commun des Caraïbes anglophones	ONU	Organisation des Nations unies
CCG	Conseil de coopération du Golfe	OPEP	Organisation des pays exportateurs de pétrole
CEDEAO	Communauté économique des Etats d'Afrique de l'Ouest	OTAN	Organisation du traité de l'Atlantique-Nord
CEE	Communauté économique européenne	OUA	Organisation de l'unité africaine
CN	Conseil nordique	PV	Pacte de Varsovie
Comecon	Conseil d'assistance économique mutuelle	SELA	Système économique latino-américain
CW	Commonwealth		
EFTA	Association européenne de libre-échange		

Index général

Crédits photographiques

Position des illustrations : h = haut, b = bas, m = milieu, g = gauche, d = droit

Couverture

De haut en bas et de gauche à droite :
Lauterwasser/Sipa Press
Nasa/Sipa Press
Sipa Press
Rex/Sipa Press
Presse Sport
Sipa Press
Lacroix/Sipa Press
Danger Christian
Laski/Malanca/Sipa Press
Orth/Sipa Press
Ilhami/Sipa Press
Sichov/Sipa Press

Achcan/Sipa Press 98 hg
Ache/Seneprat/Sipa Press 17 mg
ADN/Sipa Press 89 hg
Adshead/Aviation Week/Sipa Press 48 hd
Aéroports de Paris 27 mg
AFP 74 hd
AKG/Sipa Press 94 mh
Alfred/Sipa Press 88 hd
Al Jawad/Sipa Press 12 md, 13hd, 68 bg, 74 bg
Al Tawil/Sipa Press 93 hg
Archives Smeets by Spadem 1989 11 bd, 101 bg
Argyropoulos/Sipa 59 bd
Aslan/Sipa Press 53 bd, 55 m
Automobiles Grandin 74 mb
Barthelemy/Chesnot/Sipa Press 39 mh
Barthelemy/Sipa Press 43 bg, 65 bd, 103 bg
Barthelemy/Villard/Sipa Press 21 mb
Baumann/Sipa Press 67 hd
Beinat/Sipa Press 8 bg, 35 mg, 65 hg
Benaroch/Sipa Press 17 bd
Benguigui/Sipa Press 12 mm, 39 bd, 65 bg, 83 bd
Berman/Sipa Press 17 hg, 54 md
Boccon-Gibod/Sipa Press 56 bd, 28 bd, 29 hg, 61 md, 61 hd
Bocxe/Sipa Press 97 hg
Brown/Sipa Press 52 md
Canada Wide/Sipa Press 76 bg
Canapress Photo Service 83 hg
Chamussy/Sipa Press 5 mm, 52 bd, 57 hd, 88 mb, 93 bd, 97 md
Charier/Sipa Press 57 mg
Chesnot/Sipa Press 14 mm, 28 hg, 73 hd, 90 md, 96 bg, 105 hd
Chevalier/Sipa Press 88 hg
Chine Nouvelle/Sipa Press 42 hg
Cioci/Sipa Press 66 hd
Clopet/Sipa Press 30 hg
Colin/Sipa Sport 16 bd
Collection Stéphane Génoves 29 md
Compoint/Sipa Sport 55 bg
Conzalves/ZNZ/Sipa Press 18 hg
Courtauld Institute Gallery, London 74 hg
Dagbladet/Sipa Press 52 mh, 54 mg
Danger Christian 4 bg, 9 mg, 30 md, 63 bd, 89 bd, 91 bd
Delahaye/Sipa Press 57 md, 68 md, 38 hd, 39 mg
De Mulder/Sipa Press 61 mh
Derail/Sipa Press 15 md
Detier/Sipa Press 65 m
Dix/Sipa Press 41 bg
DOD/Sipa Press 105 bd
Droits réservés by Spadem 1990 78 bd
Dumas/Sipa Press 89 bg, 55 bd
Editions Chronique 33 hg, 77 m
Efe/Sipa Press 97 mh
Eltiempo/Sipa Press 100 bg
Ernakoff/Sipa Press 50 mb
Facelly/Sipa Press 13 bd, 21 bd, 79 mg, 91 bg
Farnood/Sipa Press 48 m
Feinblatt/Media/Sipa Press 45 m, 25 bd
Foulon/Sipa Sport 10 hg
Franck Orr/Sipa Press 19 bd
Frasier/Sipa Press 66 mb
Ginies/Sipa Press 47 bd, 98 bg
Globa/Sipa Press 76 bg
Glories/Sipa Press 19 hg, 55 mh
Goncalvez/ZNZ/Sipa Press 18 hg
Goudeneiche/Sipa Press 73 bd
Goyhenex/Chesnot/Sipa Press 6 mh
Goyhenex/Sipa Press 54 mb
Graham Ford 82 md
Guardia/Sipa Press 40 hd
Guillem/Sipa Press 48 md
Gulaydin/Sipa Press 51 hd
Guy Laroche 10 mb, 10 bd
Guzelian/Sipa Press 6 mg
Haley/Sipa Press 22 mm, 35 bd, 46 hd, 94 mb, 104 bd
Hamburg Abenbla/Sipa Press 42 bg
Harvey/Sipa Press 34 hd, 70 mh
Haskell/Sipa Press 97 bg
Héli-Union France 36 mg
Hernandez/Sipa Press 82 hg
Ilhami/Sipa Press 44 bg
Jean des Cars 24 mh
Jean Tholance 8 md
Joffet/Sipa Press 89 hd
Johnson/Sipa Press 66 md
Julienne/Sipa Press 51 mg
Kara/Sipa Press 35 hd, 43 md
Kessler/Sipa Press 41 bd, 23 mh, 37 mm, 78 hg, 87 hg, 93 m
Khansay/Sipa Press 23 mm
Klein/Sipa Sport 56 hg, 99 bd
Klock/Sipa Press 63 md
Kuss/Sipa Press 87 hd, 71 hd
Lacroix/Sipa Press 66 md
Laski/Malanca/Sipa Press 100 mh
Laski/Sipa Press 16 hg, 19 hd, 30 bd, 32 bd, 46 mb, 51 bd, 53 mg, 62 mm, 68 hg, 86 bg, 91 hg, 101 hd
Lautterwasser/Sipa Press 58 hg
Le Daily News/Sipa Press 83 m
Lehr/Sipa Press 85 hg
Lehtikuya Oy/Sipa Press 73 hg
Lerman/Sipa Press 87 bg
Le Secrétain/Sipa Press 60 mh, 69 bg, 102 hg, 103 hd
Lochon/Sipa Press 66 mg, 77 hd
Lorente/Sipa Press 85 md
Ludwig/Sipa Press 99 mg
Lusa/Sipa Press 15 hg
Mac Nan/Sipa Press 4 md
Malanca/Sipa Press 33 hg, 44 hg, 47 hd, 47 hg, 90 hg
Marmorat/Sipa Press 75 bg
Mattéini/Sipa Press 15 bg
Mauger/Sipa Press 9 bd
Media/Sipa Press 54 mh
Mike/Sipa Press 32 hg
Miladinovic/Sipa Press 87 bd
Montréal Gazette/Sipa Press 101 bd
Morris/Sipa Press 49 bg
MTI/Sipa Press 24 bd
Nasa/Sipa Press 75 hd, 75 hd
Nicolas/Sipa Press 6 bd, 11 mg, 37 bg, 37 mh
Nishimura/Sipa Press 4 hg
Noao/Ciel et Espace/S. Pr 25 hg
Nordisk Pressefoto/Sipa P 84 mb
Nunn/Sipa Press 20 bd
O'Hara/Sipa Press 19 mh
Orth/Sipa Press 26 hg, 29 bg
Oshihara 19 hd, 36 mh
Ozkok/Sipa Press 105 hd
Pata/Sipa Press 21 mg, 37 bd, 53 bd, 53 mb, 75 bd, 80 bg, 99 bg
Peter/ZNZ/Sipa Press 27 hd
Peters/Sipa Press 33 hd
Photo Prod 53 hd
Pinilla/Imagen/Sipa Press 64 bg
Plaski/Sipa Press 27 mh
Première 78 bd
Presse Sport 81 hd, 14 bd, 91 hd, 63 mg, 23 bg, 24 mg, 33 mb, 38 mg, 49 bd, 56 bg, 71 hg, 71 mh, 71 bd, 72 bd, 77 bg, 78 bg, 82 bg, 92 bg, 93 bg, 100 md
Prisma/Sipa Press 63 bg
Publicis 17 md
Quest Group/Sipa Press 50 hg
Quinn/Sipa Press 33 bd
Ragazzi del Lago/Sipa Press 85 bd
Rawass/Sipa Press 45 hg
Razlikli/Sipa Press 48 bd
Reider/Sipa Press 41 md, 45 bd
Relations publiques Citroën 27 bd
Relations publiques Peugeot 83 bg
Réunion des musées nationaux 7 hg
Rex/Sipa Press 44 md, 47 bg, 50 md, 58 mh, 71 bg
Richards/Sipa Press 86 mh
Robert/Sipa Press 36 bd
Savino/Sipa Press 5 hg
Schreiber/US Press/Sipa Press 18 bg
Schwartz/Sipa Press 75 bg, 79 bd, 83 bg, 91 bd
Setboun/Sipa Press 99 hd
Sichov/Sipa Press 31 bd, 96 hg, 104 hd
Sipa Press 5 bd, 9 hd, 13 bg, 20 hg, 34 bd, 58 mb, 64 m, 67 bd, 72 bg, 93 hd, 103 bd
Société française de photographie 102 bg
Sotheby's by Spadem 1990 40 bg
Split Second/Sipa Sport 50 md
Stanley/Denver Post/Sipa 81 bd
Stevens/Sipa Press 25 hd, 31 hd, 43 mg, 77 bd, 90 hd, 92 hg, 102 md, 105 m
Strong/Sipa Press 12 hg, 41 hd, 72 hg, 79 hg, 103 hg
Suu/Joffet/Sipa Press 29 mg
Tajo/Sipa Press 7 bd
Tawil/Sipa Press 81 bg
Trippett/Sipa Press 8 hg, 69 hg, 85 bg
Tschaen/Sipa Press 18 bd, 23 bd, 66 hg
US Air-Force/Sipa Press 62 bg
US Navy/Sipa Press 34 hg
US Press/Sipa Press 26 bd
Vienna Report/Sipa Press 76 hd
Viglioli/Sipa Press 77 hg
Villani/Sipa Press 12 md
Villard/Barthelemy/Sipa Press 70 bg, 84 hg
Wallis/Sipa Press 94 m, 95 pp
Witt/Sipa Press 25 bd, 43 bd, 51 bg, 59 bd, 69 hd, 80 hg, 104 bg
Witt/Stevens/Sipa Press 31 mg
Zihnioglu 60 bd, 60 mg, 60 md, 60 bg, 61 bg
Zihnioglu/Sipa Press 59 hd